祝君波　著

嘉兴路

出发与回望

华东师范大学出版社

·上海·

图书在版编目（CIP）数据

绍兴路：出发与回望 / 祝君波著. — 上海：华东
师范大学出版社，2022
　　ISBN 978-7-5760-2378-7

　　Ⅰ.①绍… 　Ⅱ.①祝… 　Ⅲ.①社会科学—文集　Ⅳ.
①C53

中国版本图书馆CIP数据核字(2022)第191949号

绍兴路：出发与回望

著　　者　祝君波
策划编辑　王　焰
责任编辑　朱妙津
责任校对　王丽平
装帧设计　高　山　郝　钰　徐　懿　纪蕙宁

出版发行　华东师范大学出版社
社　　址　上海市中山北路3663号　邮编 200062
网　　址　www.ecnupress.com.cn
电　　话　021-60821666　行政传真　021-62572105
客服电话　021-62865537　门市（邮购）电话　021-62869887
地　　址　上海市中山北路3663号华东师范大学校内先锋路口
网　　店　http://hdsdcbs.tmall.com

印 刷 者　上海雅昌艺术印刷有限公司
开　　本　787毫米×1092毫米　1/16
印　　张　34.75
字　　数　662千字
版　　次　2022年10月第1版
印　　次　2022年10月第1次
书　　号　ISBN 978-7-5760-2378-7
定　　价　128.00元

出 版 人　王　焰

（如发现本版图书有印订质量问题，请寄回本社客服中心调换或电话021-62865537联系）

谨以此书献给
出版界的前辈和同道！

1972 年 11 月，我到上海绍兴路 5 号报到，加入出版队伍，到 2018 年 5 月在这里退休，凡四十余年。我从 5 号这座楼、这扇窗，看到了党的十一届三中全会以来上海以及我国出版业发生的历史性巨变，感慨万千。

目　录

出版的坚守与艺术的追求

——为祝君波同志《绍兴路：出发与回望》序

柳斌杰

人类在前行的同时，总是不断地回望自己走过的道路。这就是总结历史，继续开创未来。作为记录历史、传承文明的出版业也是如此。中国是古文字、造纸术和印刷术的发明国，技术与思想融合，留下了无数灿烂的典籍，形成了我们文化的核心和历史的见证。

近代中国出版从商务印书馆成立起计，经历了晚清民国、新中国和改革开放三段历史，在传承文明、启迪民智方面作出了巨大贡献。同时推动了人民革命、社会进步和科学创造，使每一个国民受惠无穷，使中华民族走上了文明的征程。

回望百年历史，上海出版无疑具有重要的地位和作用。晚清民国时期，它是中国出版中心，图书、唱片、杂志三大类的出版机构和出版物，都曾占全国百分之七十以上的市场。我们中共的出版机构，也是在上海创立的。新中国成立至今，虽然出版中心北移，但上海一直是全国的出版重镇，机构总量、出版物品质、创造能力、对外影响力，在全国甚至国际上都是举足轻重的。

上海出版具有深厚的历史传统，许多出版社都是在民族出版事业的基础上创办起来的，所以人才济济，历史积淀深厚，出版社从文化内涵到管理制度，都比较先进。上海又是我国四十多年改革开放的前沿阵地，上海同行与国外机构进行技术引进、版权合作、文化交流、人才培训、管理制度借鉴以及文化体制改革等方面，都做得有声有色，起到引领的作用，同时在事业发展过程中不断涌现了一批出版领军人物，推动出版业务领域的创新发展，在很多方面都开了出版业之先河。

我在总署工作期间，时常往来京沪两地，与当地出版同仁有很多交往，本书作者祝君波同志就是我认识比较早、与总署工作联系比较多、给我留下印象比较深的一位出版人。他70年代初中毕业就分配到出版界当学徒，从最传统的雕版开始职业生涯，通过自学和工作实践锻炼，成为一位出色的出版专家和领军人物、艺术品拍卖的开拓者和政府机构管理人才，四十多年坚定不移地从事出版，先后担任过三家知名出版社的社长兼党委书记，后来在上海局级领导岗位上工作直至退休。这样的充实经历，使他积累了丰富的基层工作经验，又有宏观管理的眼光和理论、艺术素养，与他交流深知其思想敏锐和意识前卫。君波同志最大的特点是把出版积累的文化创意思想、艺术感悟和经营方法，跨界辐射到其他方面，形成新的创新项目。比如他借助朵云轩品牌在 1992 年创立了中国第一家艺术品拍卖行，在 1993 年成功举办了首届拍卖会，推动了艺术品市场的形成和文物店体制的改革，被誉为"中国拍卖第一人"。比如他在孙颙同志支持下，与莱比锡"世界最美的书"（德国图书艺术基金会）合作，创立了"中国最美的书"这一品牌，让中国图书融入国际，扩大了我国书籍设计的影响力，同时让我国设计师有了一个去莱比锡参与竞争、获奖的通道，调动了大家的积极性和创造性，提高了中国书籍装帧设计的质量。2004 年，他在总署的领导下，积极推动 ChinaJoy 游戏大展在上海落地，获得成功后使之永久落户上海，办成我国具有全球影响力、市场化程度最高的文创展会，我曾多次出席此展开幕式，亲身感受其国际影响力之大。这其中也凝聚了他很多心血。他还创办过"世界华人收藏家大会"这一全球品牌，历时十年五届，融雅集、论坛、展览、出版于一体，对团结全球华人收藏家、引导他们树立正确的收藏观起了很大的作用。君波同志也组织和领导过很多具有文化积累价值的出版项目，成绩卓著。而他最与众不同的是把出版物与展览、文创产品、论坛等融为一体，大大拓展了出版的功能和作用，丰富了展会活动。这种继承传统、不断创新、立足本业、跨界融合的做法，成为君波同志出版人生的独特之处。

君波同志的另一个特点就是思行统一。既在实践中努力探索，又不断地思考为什么、怎么做，并且将自己的经验上升到理论。在出版发展、出版改革、拍卖业、收藏业、游戏业、数字出版发展的各个阶段，他不断写出专文，发表演讲，还在多所高校受聘担任教授，向青年学子传授知识。这次他选出自己四十余年的八十余篇文章，以"绍兴路：出发与回望"为题加以出版，旨在为出版同仁留下一份出版者时代记忆。他对我说，他的写作和讲课比较喜欢借鉴美国西点军校案例教学法，比较喜欢学习司马迁夹叙夹议的写作风格，即对出版现象或实例进行叙述，从中引出感悟和思考，而不做纯出版学的研究。他从绍兴路这个"点"出发，记下所见所闻所思，给业界同道留下一份真实史料，引起大家的思考和联想。他认为一个人的能力是弱小的，但一个人四十余年的出版经历、出版经验、出版思考，或许能部分地反映出历史真相，为出版史的宏大叙述提供一点资料。所以，他的文章具有纪事性、实践性和理性思考的特点，相信该书出版有它的独特价值。

在本书中君波同志认为，出版是一种文化，而且在各门类的文化中居于核心的地位，所以从事这项工作的出版人，要有高度的责任感和使命感，要把社会效益放在第一位。其次，出版又是一个产业，是一种商品，出版机构又是企业，它也要以实现市场价值为目的。市场既是经济效益的获取途径，也是社会效益的实现方式。卖不出去的书，没有市场的书，最终也无法实现文化价值。其三，出版由读者、作者和出版人构成产业链、价值链，都是推动出版业发展的动力。我国出版过多强调出版人的功绩，而忽视作者和读者的作用，这是失之偏颇的。尽管我国出版社处于重要的、有利的地位，也不能否定作者的原创对于读者的影响力。出版社在集成图书方面有长处，而在原创方面作者始终居于主导地位，读者消费需求则是出版原动力，必须受到重视。其四，中国的近代出版起于民族出版家，改革开放时期，部分民营文化人参与出版事业，这是具有积极意义的。其五，当前和未来，传统出版和数字出版处于历史交替时代，在可预见的年代，两方面都会并行、交融发展，不可偏废。其六，一个没有经济基础的出版社，对员工和作者都是没有凝聚力的。所以，一个出版社的社长，要善于把文化和经济统一起来。这是一个不能分割的统一，不存在孰先孰后的问题。君波同志这些出版实践中的体悟，思想深刻，认识明确，很有见地。我想对于我们出版同仁很有职业上的启迪和实践上的帮助。

我衷心祝贺君波同志新书出版，也盼望更多出版家留下出版记忆。我们这一代人很幸运地经历了新中国出版事业的由弱变强和我国文化体制、新闻出版改革开放的美好时代，这个时代与纸本读物的黄金时代相重合，也与网络出版、数字出版相衔接，构成了我国出版和全民阅读的辉煌年代。在传播社会主义核心价值观，在传播人类科学文化知识，在传承中华优秀文化，在满足人民精神文化需求和推动科教兴国、促进对外文化交流方面，都留下了无数可圈可点的亮点和永志不忘的历史功绩。一代出版人退下来以后，反观自己走过的路，将自己的经历即所见所闻所思写出来加以出版，为社会为后人留下一点文献，也是一件很有意思的事。文化是一个川流不息、有容乃大的精神生命体，只要每一代人都能为之贡献一点活力，那么中华民族的文化将会永远光彩夺目，照亮人类文明进步的新征程。

2021 年 11 月 8 日

（本文作者曾任第十二届全国人大教科文卫委员会主任委员，国家新闻出版总署党组书记、署长，中国出版协会理事长）

情系绍兴路

一

那是 2018 年的 5 月，明媚的阳光照进上海绍兴路 5 号我的办公室，朝南的 323 室正对着园中的绿茵，当年的小樟树已长到五楼了，窗外满是阳光和绿叶。清理完办公室，将告别在这里的工作。回想起 1972 年 11 月 22 日自己手持通知书来这幢楼报到，当一名出版发行业的学徒，一晃四十余年过去了。而我的人生起点和退休，竟发生在同一个门牌号里，这不能不说是一个巧合，但似乎又注定了我那充实而富有意义的出版人生。现在的年轻人总是不断地跳槽，选择更适合自己的岗位，而我们那一代人往往从一而终，让时代选择我们。

1977 年春摄于瑞金二路
272 号（上海古籍出版社）

我们当时没有选择。中学毕业不能继续升学，统一参加工作。我很幸运，因为母亲、姐姐和兄长已分到外地支内和务农，我可留城进上海工矿。但是进出版界，却是天上掉下馅饼，因为我喜欢读书，更向往出版工作的那份崇高和神秘。

四十余年的职业生涯与绍兴路 5 号结缘，无数次地在这里进出。绍兴路是一条东西长 480 米的小马路，典型的法式风情，小马路、老洋房、梧桐树，因为 1949 年以后上海市出版局设在 5 号，又有上海人民出版社在 54 号，上海三联书店在 7 号，上海文艺出版社及《故事会》杂志社在 74 号，加上上海昆剧团在 9 号；还有一个不大的绍兴公园安放着日本长崎赠送上海的梅屋庄吉塑像……这里成了上海一条充满文化气息的马路。5 号建于 1930 年，主人为当年华西电气公司和合众轮船公司的老板朱季琳，朱是名人马相伯的外甥，他建造的主楼和相连的八幢三层别墅外加网球场，曾是几十人居住的钟鸣鼎食之家，有一张 1947 年朱家的合照为证。1932 年这里曾是法国陆军总部，上海法军人数最多时有 1600 余人。

出版局在此地的办公楼只是原来的主人房，一幢五层的建筑。1949 年以后另外八幢别墅以及网球场分别归私人居住和新建了永昌学校。主楼为西式洋房，柚木地板、彩绘玻璃别具风情。我们报到后知道电影《火红的年代》也在这里取景。不过面积太小，"文革"中我们亲见在院子挨着主楼边上建了一幢六层建筑，不美但实用。

绍兴路5号作为管理上海新闻出版业的行政机构，这里发生的一切，见证了一段历史。它长期管辖上海出版编、印、发一条龙的产业链，又延伸到音像、杂志、报纸、数字出版的各方各面。

从1975年起，我在绍兴路5号工作，曾四进四出，留下难忘的印象。1975年起在楼里团委两年，1979年在六楼读编辑业务进修班一整年，2000年春起在这里六年，2012年春到退休又是六年。这是人生的四段旅程。在团委的时候还是"文革"时期，这里实际上还受工宣队、军宣队领导；1979年的一次已是三中全会以后，青年人要补文化和业务知识课；2000年这一段是新世纪出版大发展的历史时期；2012年我已临近退休。不过我想说的是，不在5号上班的三十余年，我依然与它发生着密切的联系。因为朵云轩、书画社、人美社都是5号的下属机构，即便后来的东方出版中心，虽然总部在北京，但书展、版权等很多业务，还要纳入5号管理。所以，绍兴路5号不仅是我工作的起点和终点，也是自己出版生涯的载体，我人生经历中的那些最难忘的时刻，比如粉碎"四人帮"、听三中全会精神传达、学习邓小平"南方谈话"，都发生在这幢楼内，这里沉浸着我的青春记忆、情感寄托、事业追求和人生情怀。

我的这本书取名《绍兴路：出发与回望》原因也在于此。文章不全是纪事性的，但整体上都是以我的人生为背景的许多真切的回忆。即便是一些研讨性文章，在今天看来都是因为与绍兴路结缘产生的。

二

上海绍兴路5号是新中国出版的时代标志，统领着上海的出版工作。我在工作中与其他有志于这项工作的同仁一样写了许多文章，反映了我们对自己职业的一些共同见解和不同感悟。新中国时期的出版人大多起于编辑，所以很多出版人的文章是讲编书、选题以及那些一丝不苟的案头工作。年轻时候，我也很向往这条编辑人生的道路。1979年在出版局脱产一年读编辑专业，我的成绩还是全班名列前茅的，但回社以后，领导还是叫我做编辑出版管理，后来兼发行科长，调到朵云轩当经理。我在这些岗位上起步，直至先后担任过三个出版社的社长兼党委书记。其间虽然也编过一些书，但我对出版的认识与累积的经验，更多地来自参与编印发全过程的经营和管理，以及对出版社的整体建设和把握，比如：出版社困难阶段的业务调整和产品线建设，推进编辑和发行形成合力……短板是缺少其他同道那样的学术高度以及编辑经验。由于朵云轩的收藏、拍卖事业，更使我走上文化跨界和创新的道路。自己的业绩不再仅仅停留在出版上，还凭借美

1973 年 3 月上海市文化五七干校（奉贤）受训毕业合影

术出版社的文化专业与国外交流获得的经验，在上海文化产业界参与了中国第一家拍卖行、"中国最美的书"评比、游戏大展 ChinaJoy 以及世界华人收藏家大会这样一些在全国甚至世界产生影响的项目策划与建设，这是我始料未及的。我自诩是一位资深出版人，但更准确地说是一位跨界的文化人、产业开拓者。因为担任社长，更大的压力往往来自经营，除了以书养书，我必须更多、更深入地考虑以文养书、以商养文，这就使自己成了一个不纯粹的出版人。这是我与传统出版人的不同之处。当然所有这一切，又大致在 5 号的工作范围，这也可以说是核心业务与外延开拓的交汇与贯通吧。

写上述文字，是想说明这本文集反映了自己各个时期的特点、经历以及体验。为了提高工作水平与社会交流，我一路走一路写，无意中反映了自己的出版人生、收藏人生及文化人生。这本书收入的 80 多篇文章，主体是出版，也有相当部分涉及艺术品收藏、拍卖方面的内容，还有一些是关于互联网时代的数字出版、游戏产业发生发展的思考。很多人说编辑是杂家，但我的文集内容似乎更杂更广，或者也算是一种丰富多彩吧，这是我的书与同道的不同之处。

1975 年春参加市文教组干部培训班，图为小组学习场景

三

关于收藏、拍卖、艺术市场的书我已出版多本了。现在这本书以"绍兴路"为名，是想把自己 1980 年代以来关于出版的文章集中在一起不致失散，成书发表，只想给本行业留一份文史资料，让业界通过一个出版人在绍兴路这个行业基地的从业经历和成长轨迹，从一个侧面反映"文革"、"文革"后拨乱反正、全面改革开放这三段时期的出版生态和文化背景。我在出版系统工作后期，又在市政协文史委交叉任职，深感党和政

府于 1959 年在人民政协设立文史委，让一些民主人士写出自己的个人史，还定了"存史、资政、团结、育人"的八字方针，翻阅前辈写下的"三亲"史料，一篇篇情真意切，真实、生动、感人，远胜过一些空泛的理论，有十分积极的意义，唯其如此，对我影响很大。

陪同马飞海同志观看书画展

我是学文学的，近年对纪实文学更感兴趣一点。这也驱使我的出版文章大多写成了纪事性的。又长期从事经营管理，就特别务实一些，有点讨厌那些脱离实际的文章。我特别喜欢美国西点军校的案例教学法和哈佛商学院 MBA 的授课方式，所以我在大学讲授出版和收藏，都用案例教学而获成功。我写文章也是如此，从实际出发，为实际服务。这也许和 1978 年以后全国以实事求是的思想路线为指导对我们这代人所产生的影响有关。

我非常喜欢司马迁写史的方法，就是夹叙夹议，观点往往在叙述了人物、故事、案例后用简洁的文字点出来，留给读者更多的思考空间。所以我这本书大量的是就事论事，部分是夹叙夹议，纯理论的东西少之又少。我这样一路写来，从不自觉到后来的自觉，无意中形成了自己喜欢的文风。

每一个人的行为都是个人史，个人如大海的一滴水，是微不足道的。但历史又是无数个人组成的。马克思说："人们的社会历史始终只是他们的个体发展的历史。"从这个意义上讲，出版史就是出版人的历史，出版人是出版史的主体，两者是在同一历史过程中发展起来的。每一个出版人留下的文献、资料与回忆都能够部分地反映某段时间的出版、文化的背景，使人们能从中认识到那个时代的出版、文化乃至整个社会的变革、变化或者进步，这就算有一点价值了。

四

编这本书是一次回顾，也是一次反思。一个人一辈子从事出版，其个人感情必深陷其中，从而，也会滋生一些主观性与盲目性。所幸的是，生在上海这个中国当年的出版中心后来的出版重镇，经历了中华民族历史上最伟大的改革开放时代，并多次出国、出访交流，还是使自己的反思具备了一定的深刻性。

1972 年入上海书画社的时候，1960 年复社的朵云轩书画社就是一家出版社。当年的出版机构甚少，即便经历了改革开放，全国也就数百家，就更显得这项工作的重要而神圣。但这有时也会导致我们的自恋及对本职工作认识上的偏差，认为我们出版人对出版业的繁荣发展最重要，对作者、读者在其中的作用认识则是很不清醒的。我们总结经验的时候，都说出版人了不起，我们书卖不好的时候，都怨读者不爱读书。我们不会公平地看待自己和工作对象。现在回过来想，我们中国出版经历的这段辉煌固然有出版人的作用，但首先得益于改革开放、科教兴国、全民教育的大背景，得益于一代作者的伟大创造与读者的阅读热情，我们只是做了应该做的事，而与海外同行相比，我国出版环节的差距其实还是很大的。我去过美国十余次，日本、德国各五次，我在内心还是有认知的。我们

1980 年 5 月上海市出版局首届编辑业务进修班毕业典礼合影

习惯于自我设标、自我评价、自我宣扬，这恰恰反映了我们职业上的不成熟，进而迷失了自我。以中国十四亿人口、五千年文明史、九百六十余万平方公里的地域以及文化，出版资源极为丰厚，我们理应做得更好。

在一些相互关系上，我们应该有更清醒的认识，更切合实际的把握，才会无愧于时代。在后面的二十多年里，我的工作大量地接触到民众参与的出版、收藏、互联网的项目，并领略到他们在这方面的独特贡献。对比我认识的一大批才华横溢的青年作家和互联网文化的青年创业者，我深感惭愧。我们长期以来只把他们当作读者，忽视了他们也是文化、出版的创造者。这一看法在我经历了数字出版、收藏领域后尤为强烈。所以，让人民群众逐步融入文化出版事业，是必然的方向。另外，我们对政治与文化、文化与经营的相互关系，也往往不能理性地把握，强调这一点忽视另一点的现象、用政治代替文化的现象时有发生。还有，出版既是文化的又是市场的。市场既是利润的来源，又是社会效益的实现方式，卖出去的书及文化产品，才有更大的阅读效果。但我们在认识上往往离开市场讲文化效益，热衷于做自认为有效益而堆在仓库里卖不掉的书，还把做这样的书误认为是生产社会效益。这就很难使出版走上以书养书、以商养文的健康发展道路，而且培养不出上海历史上曾出现过的那代有文化、懂专业、会经营的出版人，因为我们在认识上把文化和经营复合的图书产品简单地切开了，没有看到它是一个整体，讲文化品质和市场效益是必须统一的。一个只有文化性或只有市场性的出版社是

无法健康运营的。

还有，在对待出版文化的国际交流上我们的认知也不够理性和坚定。最近几年，我读了一些上海近代出版史料，使我的反思比较深入。在农耕文明时期，我国发明了古代印刷术、造纸术，造就了那个时代的出版繁荣。但到了后期，尤其是清代，我们闭关锁国，不与世界交流科技文化导致大大落后于西方。在1750年以后，世界出版进入了工业化、大众传播时代，古腾堡印刷机的发明促进了出版的普及以及宗教改革，是过去1000年里对世界产生影响最大的事件。中国近代变革也得益于两大动力，一是引进现代大学，二是引进现代出版。香港的前辈金耀基先生一次在上海演讲时说，由太学到大学，由经学到科学，是近代中国变革的两大标志。这很有道理。我们讲到马克思主义在中国的传播，也必然提到1920年在上海翻译出版了《共产党宣言》。中国近现代出版的进步也在于与西方的交流，引进了设备、出版方式和内容，促进了科学的传播。现代意义的图书、杂志、报纸、唱片以及相关的电影、广播、大学，都从上海这个码头登陆而波及全国。这是一段文明史。1897年后近代出版在上海产生，出现了商务、中华、世界、开明、大东这样的一些编印发一体化的大书局和传媒机构，就是中西文化在上海融合的结果。那时的出版促进了文化昌明和民族觉醒。

1972年我参加出版工作的时候，中国正处在又一次封闭的环境中，书店里没有几本书。"古为今用、洋为中用"说是说了，但出版没有体现"古"也没有体现"洋"，我们对本民族的优秀文化、对海外的优秀文化没有加以传承或引进，前人、西人已建立的知识高地本来是巨人的肩膀，但当时不愿意站在上面。这是一段无奈的历史。

2005年新春团拜会上与上海市新闻出版局老领导万启盈、宋原放、吉少甫、王国忠、徐福生等合影留念

四十余年的改革开放，就是中国出版的又一次面向世界，加入《伯尔尼公约》是我们出版业的一次大飞跃、大进步。除了大量书刊、印刷设备的引进外，出国参加书展、直接与外国同行的交流，也是我们出版发生巨变的推力。我国出版业的这次变革，大量引进世界优秀科技和人文艺术读物，借鉴西方出版经营管理的经验，其意义不亚

于晚清民国那一次。而在四十年后的今天，美国的一些政客认为，他们让中国引进文化、引进技术并没有使中国发生和平演变，这说明文化出版的对外开放和坚持我们的出版底线，是可以同时把握好的。而反思我们的认识，我们经历的那么好的开放机会，应该可以做得更好而实际上没有更自觉地去做，也不无可惜。面向未来，一定要坚持改革开放，不是说在嘴上，而是要落实在行动上。出版是一个民族在科技和文化上最大的推力（另一个推力是教育），我们的强国梦、大国梦，还有赖与国际的沟通、交流、合作，对此应该坚信不移。出版与新闻不同，既有意识形态的属性，也有人类文化的属性，具有人类知识、科学、文化的共同点。人类创造文明，必须依赖出版传播，其中就包含引进交流，这对我国的发展是非常重要的。当然交流是双向的，中华文明也是借助开放的通道走向世界的。

反思使自己更清醒地认识到自己职业生涯中的那些局限性和失误，这于个人是教训，传之于后人也不失为一种财富。而反观我辈与近代出版先贤的某些差距，感到时时在敲打我们的灵魂，有一种内疚和压力。

五

汇编这本以"绍兴路"为题的文集也是一种回忆，使人难免想起那些难忘的人和事。人生是目的，离不开功利性的一面，如职位、权力、职称、荣耀等；但人生更是过程，经历是每个人更大的财富。四十余年的出版生涯，与业界前辈精英的相逢、相知，是我一生最大的幸事。我们这一代人因为特殊的年代造就了中学起的实际"失学"，而命运又把自己推到了一个国家最发达的城市去从事知识、专业要求都很高的出版业，在实践中学习成了我们人生的特点。而这一切离不开很多领导、前辈和同道老师的指导和帮助。由于篇幅有限，成书时大量地压缩了写人物的文章、序言，还有一些精彩的内容也没有来得及写出来，这也成为本书的遗憾，但我内心总是深怀感恩之情。回想起来，我仅在5号这幢楼，就受过王维、马飞海、宋原放这代出版家的培养教育，后来的领导是王国忠、冯土能、徐福生这代新中国成长起来的出版家，再后来与钟修身、孙颙先生同在一个班子，受他们的直接领导，感受到他们的不同风格和特点，他们的责任、学识、文化情怀和做人的大度，给我留下了深刻印象。这也是绍兴路5号的文化传承。给我印象深刻的是，所有这些领导都不重虚荣，不讲排场，求真务实，唯才是举，不尚私人交往。直至今日，自己都没有给以上所有领导上门拜年，一次也没有。提过，但都被婉言谢绝。这是5号曾经的"家风家教"，令我一辈子难忘。

越出5号，认识了行业上世纪70年代以来的很多顶级专家，有的成了良师益友，尤其在书画社28年结识的那代领导，对我影响最大，我在那里入党、提干，36岁出任社长、法人代表，从一个中学生一步步走上领导岗位。王颜晋、杜淑贞、周蔚芸、续靖宇、宋心屏、黎鲁、蔡大拣等社领导给过我很多帮助、指导和提携，使我感受到出版界那代长者的高风亮节。去年是健在的老领导黎鲁百岁生日，我们几位老部下上门拜寿，再一次回忆起当年，往事还历历在目。黎鲁同志退休后出版了两本书，都叫我这个小辈写序，使我深感荣幸和压力。除了领导，因为出版的联系，我还有幸认识了数以百计的专家、学者如汪道涵、王元化、罗竹风、谢稚柳、杨仁恺、傅熹年、王世襄、阮仪三，艺术家如陈佩秋、程十发、刘旦宅、丁绍光、陈逸飞，出版人如巢峰、江曾培、刘冰、张英文、魏同贤、骆兆添、郑重、陈万雄等，得到他们的面授身教，受益匪浅。

还要提及的是，因为在新闻出版局领导岗位上分管数字出版的缘故，我还认识了一大批体制外的文化出版人，如陈东升、刘益谦、马未都、陈天桥、朱峻、吴文辉、林奇、韩志海、王双强等才俊，成功、失败且不论，他们的开创精神给我以新的教育与启迪。

1972年11月下"五七干校"受训，碰到书画社（朵云轩）的周志高老师，他担任男生排长，我担任副排长协助他工作，得到了他的亲授，后来他推荐我们36人到书画社工作。在书画社，我有幸分在茅子良老师担任负责人的雕版书部门，茅老师后来又介绍我入党。以上两位当时都是专家型的青年党员，引领我走"又红又专"的道路，就是政治上跟党走，业务上要成为专家。周老师后来创办《书法》杂志，出任《中国书法》主编，担任上海书法家协会主席。茅老师90年代初就加入西泠印社，曾获上海出版人奖。他们都是出版和美术的双料专家。他们的榜样力量对我影响很大。我在书里有两篇文章提到编辑的出版素养和学科素养，就是与他们一起工作而受到的启示。"又红又专"虽然是一个有时代烙印的概念，但在70年代仍属先进性和高标准的要求，我因为有这样的追求，一生没有因行政性工作荒废自己的业务，反而在退休以后能够继续在社会上发挥作用。在这里我想特别提一下孙颙同志，他是出版专家，又是一位作家，在我到局工作以后，他一直鼓励我写作，把自己的所见所闻所思提炼成文章，用另一种方式服务社会。我就是在他直接影响下开始写作的，我第一本收藏与拍卖的专著也是他写的序，这坚定了我的笔耕人生与信心。

自己从一个学徒工成长为专家、管理人员，是党组织长期培养的结果，也是受前辈、老师影响所致。回想自己的人生，如果不是刻苦学习出版专业、艺术专业和人文知识，也就不会做出一点有意义的事。这一体会希望与年轻一代出版人分享。

因为工作的原因，我得以认识总署的老领导柳斌杰署长，当年他是全国文化出版改革的领导者和重要推手。这次他为我的新书写了序言，给我以鼓励，内心十分感动。他的序以"出版的坚守与艺术的追求"为标题，贴切地概括出我从事出版工作的特征，这多少让我认识到还是领导有高度。

2009 年 8 月陪同柳斌杰（左二）、王仲伟（右二）、宋超同志
在上海书展欣赏戴敦邦所绘《中华民族人物谱》

出版是我喜欢的职业，虽说当初只是国家的分配，但组织的安排和自己的追求相一致，这是最理想的状态，能让人生发出炽热的职业激情与不竭的工作动力。中国的出版界荣宝斋、朵云轩是唯一兼具出版、拍卖、收藏、经营艺术品的机构，自己数十年间在出版以外，又尝试了拍卖等这些充满魅力的工作，得以与艺术零距离接触，在艺术出版、艺术传播与艺术品经营的过程中，受到了艺术的浸润和感染，进而将出版的严谨作风与艺术的想象力熔于一炉，使自己的出版人生更富有创意与价值，这实在是充满挑战又令人乐此不疲的。

在坚守、追求中我最大的感悟是：对于自己钟情且有意义的职业，就是要以赤诚之情，倍加珍惜，披心相付，永不言弃，如果四十多年的人生总是见异思迁，重于虚名，可能很难坚持下来。回望上海出版界很多前辈、同道，大多在出版岗位从一而终，就知道他们滴水穿石之功不是偶然的。出版，尤其是传统出版，一个社每年几百种、上千种的新书，重复地找选题、论证、立项、三审三校、印务、发行、收款、考核、评比，年复一年地做着这些动作，时间一久往往失去了新鲜感，能持之以恒、坚韧不懈，并不容易。

看似体面而又崇高的职业，事非经过不知难，背后凝聚着多少人的心血，即便如此，让我选择，来世还做一个出版人，不改衷肠，不负韶华，为作者，更为每一位读者。

谨以此书献给出版界的前辈和同道，向他们致以崇高的敬礼！

祝君波
2021 年 11 月于高安居

从分析图书结构入手确定自办发行对策

反思出版改革，对时下以整顿和治理为主题的形势，是很有意义的。十年出版改革，突出的一点是在观念上承认图书不单是精神产品，同时也是商品。紧跟着是出版社在体制上改生产型为生产经营型，注重市场效应。与此相适应也就带来了发行上的一系列重大改变，突破点是打破新华书店主渠道的一统天下，辅之以自办发行。近五六年的发展，自办发行已成气候，但也暴露出不少问题，诸如出版社库存上升，包袱越背越重；仓储发运人力、物力有限，难度很大；书款拒付和拖欠普遍，出版社贷款吃紧，资金战线由生产领域延伸到流通领域，周转不灵；局部地区与书店"撞车"，产生影响主渠道的积极性等问题。由此，重新认识主渠道和自办发行关系的问题被提了出来。确实，一个阶段以来，从上到下，对主渠道的批评似乎多了一些，对出版社自办发行也有点过于乐观，甚至把自办的书发得多少作为衡量其好坏的标准，有一定的片面性。

现在的问题，不是要在口头上重复这样一条真理：以新华书店为主渠道，以出版社自办发行为辅渠道。这是一个已经定性的问题。重要的是要做定量的分析，使两者达到一个恰当的度（尺寸）。经过五六年的实践，我们的研讨不是注重自办发行要不要，而是如何搞的问题。就目前上海出版社自办发行而言，概括起来，有四种模式：

一是上海辞书出版社模式。完全的自办发行。当然，它也依靠主渠道，但却是另一种依靠方式。

二是华东师大出版社模式。即大部分书依靠自办发行，小部分发货量依靠新华书店。

三是上海科技出版社（含上海译文出版社）模式。图书的五分之一或四分之一自办发行，其余都委托新华书店上海发行所。

四是个别单位，至今几乎不搞自办发行，完全依靠主渠道。

也许还有其他的模式和创造。

这些创造都有各社的特色，很难说谁的方式更好、更适合。我以为，衡量自办发行是否成功，不在于发本版书的比例有多高，而在于总印数的升降，在专业书、学术书的发行上是否有突破。概括地说，就是依靠新华书店和坚持自办发行要与自己社的状况相结合，从实际出发来选择自己的模式，来规划自己的量，来摆正主和次的关系。一句话，要从分析本版书的图书构成入手。有些同志认为，出版社自办发行由于财力不足，储运困难，经验缺乏，难以大发展。这种分析固然是对的，但我以为首要的是，在有些图书的推销上，要不要大力发展自办发行。如果有必要，没有条件可以逐步创造；如果无必要，有了条件也不必利用。以我社（上海书画出版社）为例，每年图书码洋约3000万元，大致以三个部分构成。一是教材类的学生字帖，四五百万元；二是年画和挂历，约2000万元；其余500万元左右是专业图书。如果对上述三种书的构成和特点不加分析，一概列为自办发行的重点，就有可能适得其反：自办发行的印数上去，但主渠道发行所的部分印数下来，造成一种印数转移。为此，要协调与主渠道的关系，使各自扬长避短，让"大炮"与"机枪"发挥不同的功能。从三种图书构成出发，探索我社自办发行的路子，可以用不完全准确的六个字概括，即不搞、少搞和大搞。

1988年在青浦召开自办发行研讨会，左一为王颜晋同志（曾任朵云轩法人代表、出版局计划财务处处长）

一是学生字帖基本不搞自办发行。我社的中小学生字帖发行量比较大，覆盖面比较广，时效性很强，现已被近十个省市作为每年秋季教材征订。在这类读物的发行上，发行所以及书店系统优势比较大，积极性也比较高。我们应全力支持发行所。近几年每年与书店联合召开宣传征订会；制定对策，以十省为根据地，扩大新的地盘。自办发行在这方面是短处，知难而退是明智的。

二是年画和挂历少搞自办发行。这类出版物群众性广，发行量大，时效性强，经营风险很大。但它是各级书店的经济支柱，书店发行积极性很高。为此，首先要支持主渠道搞。近几年来，我社和上海发行所、书店密切配合，求同存异，相比较而言，发行上比较成功。从近几年情况来看，上海的年画发行居全国第一，一条重要的经验，是上海社店抱成一团，出版社没有挫伤主渠道的积极性。当然，由于年画品种多，发行面广，书店难以面面俱到，因此，在其征订以后，我们还应积极地补充推销，打扫战场，扩大战果，拾遗补缺。因此称之为少搞。

三是专业图书大搞自办发行。我社是出版中国传统书法、绘画系列图书为主的专业美术出版社。前几年，曾提出了到本世纪末的出书长远规划，设计了一些带文化积累性的专著。这些书发行得好，不仅有社会效益，也不乏经济效益。从近几年的情况来看，新华书店对这些书的发行缺少积极性，发行量下降，以至于一些书难以开机印刷。从消极的角度采取措施，砍掉一些选题固然也是办法，但并非长久之计，而要使书店提高订数，在目前的大环境下也不现实。因此，自办发行的力气要花在专业书上。需要说明的是，专业书不等于滞销书，也不等于亏本书，发得好，也会有效益。

以上为我社自办发行的基本方针，据此，我们发行队伍建设以及物资条件的创造目标，也就更为明确。同时，它和社长、总编辑提出的出书方针也更趋向一致，这也使发行能更好地为出书服务。

刊于《上海出版工作》1989 年第 5 期

关于中文书进入美国市场的一点思考

中国图书向海外发行的问题是近几年来出版界同行所关心的。对此，本人也有过一些不切实际的想法和要求。1989 年 8 月间，随朵云轩去美国参加中国商展之际，我专门参观了一些美国人经营的外文版书店，对比着看看洛杉矶和旧金山两个最大的华人开办的中文书店，听听书店两位经理的介绍，感到有些看法要重新确立。从现象看本质，概括起来我的思考是：

第一个现象：美国本版英文书店宽敞整洁，经营市口好，图书品种多，顾客盈门；中文书店地方小，设备陈旧，品种比较少，顾客不是很多。透过这种现象想到的不仅仅是一个加强发行问题，而首先是对这个市场的认识问题。诚然，中文图书在美国市场如

1989 年 8 月在洛杉矶参加中国商品展览，图为在
朵云轩展厅与沈被章、顾衍时等交谈

何进一步发行是有文章可做的，但程度十分有限。我们可以设想在美国的主要大城市中都开几个中文书店，用好的设备，租大的店堂，做有影响的广告。但是即使做了，顾客还是有限，销量也不会大。收不抵支，最终还是难以为继。那么，美国的中文图书市场如何呢？应该坦率地说，目前有，但很小。我们说图书市场是购买力加文化素养的结合。美国有两亿多人，文

化消费十分发达，图书的销量很大。但是由于语言和意识形态的障碍，中文图书客观上与美国两亿人隔绝了。而我们还不可能比较多地出版英文版本，这就使得中文图书的市场缩小了。小到近百万华人的圈子里。而这些华人如今的情况也发生了很大变化：一部分主要是青年受西方教育，完全西化了；一部分早年去美国的华人，年龄也趋向老化，形不成购买的主力军。这也就削弱了近百万华人队伍的购买力。因此，对中文图书进入美国市场（欧洲市场情况也相仿）不能过于乐观。这个特殊性是和研究中文图书如何进入中国港澳台地区、新加坡甚至日本很不相同的。

第二个现象：大陆出版的中文图书中，民族性强和具传统特色的书比之于一般的书，图文并茂的书比之于纯文字的书，外观设计和印刷精美的书比之于非同类的书，要优越得多。尤其是对第二类图文并茂的书，此次到美国有了新的感受。现今美国现代化工业下紧张的生活，使人们在工余看纯文字的书时会感到疲劳，因此供成人看的连环画和各种图文并茂的图书应运而生。人们吸取了知识，却又在享受之中，和现代化相一致。这对我们大陆的出版工作者应该有启发。美国现在还有听的书，把小说制成录音带，汽车里和家里都可播放，既轻松又不浪费时间，这也是中文书进入美国的一种形式。这些，就是我们在有限的市场中可以作无限尝试的地方。搞好了，中文书进入美国以至于海外市场也是可以有所作为的。从本质上看，这也叫做我们不能照搬照抄在大陆发行的中文版本，而要从语言文字、版面设计、视觉角度和印制方式等方面，顺其道而行之。

第三个现象：旧金山中国城中的东风书店似乎比洛杉矶中国城中的中文书店经营得好一些。这个店顾客比较多，销售额除去开支尚有盈余，雇员的薪水也比较高一些。请两个店的经理谈了一谈，有一点是不同的。就是洛杉矶的书店纯粹卖大陆的书，而旧金山的书店除了卖大陆的书以外，台湾版和香港版的书也占一定的比重，此外还卖20%左右的英文图书。该店经理认为，这样就能召来四部分的顾客。读者来了就好办，他今天为买台湾版、香港版的书来，但同时也会买大陆的书，渐渐地就把这些读者都吸引过来了。由此是不是可以这样说，在中文图书市场本来就很小的情况下，办混合型的中文书店比办单纯的大陆书书店在经营上更有利一些，这也是培育市场的一种方法。从长远看，

访问日本东京内山书店受到内山完造后人的接待，该店兼营华文书

政治和文化影响也更持久、广泛。否则，也许不利于将那些也要读台湾版、英文版和香港版的中文书读者争取过来。

第四个现象：洛杉矶市里近十几年内形成了一些号称"朝鲜城""小台北""小东京"的新城区，加上原来的"中国城"（老城），亚洲的影响逐步大起来，以中国台湾地区、香港地区和中国大陆为主形成的华人移民新潮正在兴起。华裔总数在全美360万亚裔中已超出日本位居首位。这次移民新潮的特点是：来美的华裔移民有一定的经济实力和较高的文化素养，是未来潜在的中文书市场顾客；二是移民的地点由美国历史上传统的东海岸纽约州一带，转到以加州为主的西海岸。这是和美国的经济由历史上与欧洲发展贸

关于中文书进入美国市场的一点思考

易为主转到现今向亚洲辐射为重点的西海岸战略转移相一致的，过去的十年，加利福尼亚州的华人移民增加了3倍，达到32万之多，遥遥领先于15万华裔的纽约州。因此，透过这种现象，可以预示美国的西海岸也将出现文化市场的新变化。从我国文化界尤其是图书出版业来说，把眼光瞄准西海岸的洛杉矶、旧金山等地，是有其长远意义的。这既能影响华裔移民，又可以向与中华文化素有渊源的336万其他亚裔移民进行文化传播。

刊于《上海出版工作》1990 年第 1、2 期

朵云轩三十年经营的启示

1990 年是朵云轩创立九十周年和重建三十周年。围绕店庆在海内外举办了一系列拓展业务的纪念活动，尤其是在上海美术馆举办的朵云轩九十周年书画藏品展和同时出版的《朵云轩藏绘画选》《朵云轩藏书法篆刻选》，展示了许多稀世珍品，使众多专业爱好者为之欣喜。热闹之余沉静下来思索，朵云轩这九十年尤其是这后三十年的发展，有哪些是值得我们总结并在以后继承和发扬的？应该说几十年来朵云轩几代人历经坎坷、艰苦经营所获得的最宝贵的财富，是在办店方向上明确了"立足传统、文商结合、内外并举、以新代旧"这一宗旨。

立足传统，就是始终以经销祖国传统的书画艺术品以及与此相关的商品为核心，兼营其他。这个主题看起来是无可非议的，而实际上要真正坚持下来并不容易。这几年在商品经济比较繁荣的历史条件下，全国的同业中也有不少名义上搞字画，实际上纷纷去销售百货以及高档耐用消费品。有的发了财，也有的落了空。但不管是发财还是落空，有一点是共同的，就是背离了原先的办店宗旨，最终成为一个普通商店，再也没有其特色。在这一点上，朵云轩的同仁始终是比较清醒的，店堂也是纯净的。大家意识到，从大道理上讲，坚持祖国传统文化艺术是坚持社会主义方向的具体内容，是不容动摇的；从一个店的生存和社会影响看，必须要有自己的特色。上海是中国商品经济最发达的城市，朵云轩又办在上海最热闹的南京路上，如果朵云轩不是从事自己的特色经营，就失去了在南京路存在的必要，也失去了它的生命力。初看起来，有特色的店比较专门，读者和顾客比较少，经营难度比较大，但实际上看，它也有读者和顾客稳定、同类竞争者相对少的特点，办得好同样会顾客盈门，生意长盛不衰。朵云轩三十年来由小到大，成为海内外闻名的书画店这一事实，已证明了这条路还要走下去。

1987 年 10 月首次访问香港与
集古斋总经理彭可兆等合影

文商结合，是由朵云轩商品的文化艺术性所决定的。从这种商品的创造者来说，他们主要是个体的精神劳动者，例如画家、书法家、篆刻家以及工艺师，他们的艺术修养决定了其商品的艺术价值和经济价值，他们比较独立的人格也使得一个店单单从经济上与之打交道而不考虑他们的文化地位是肯定要失败的。从这种商品本身来说，它们凝聚的是艺术价值，一般说价值越高，销售价值也更大，但实际上又往往不是如此，艺术品的价值往往不在当时显现，如何在人们尚未认识一种字画作品的艺术价值时就懂得对其关注、鉴赏并大胆经营，这是一种复杂得多的经济文化现象。最后从这类商品的消费者看，他们是社会中最奇特的一类人，也就是最富有并且很有文化素养的一种人，他们花钱一方面是因为这类商品例如字画的保值性，另一方面也是为了满足自己的精神需要。鉴于这样一种特点，朵云轩的经营就不能由商到商，由钱到钱。当然，文化经营本身不可能不谈钱，从当今国际情况看，文化经营也是一种利润很大的行当，即使是为了赚钱，也必须从研究文化艺术性入手，达到文商兼得的目的。这方面朵云轩做了一些工作，对一些有发

2000 年秋组织书画家笔会，出席者有陈佩秋、林曦明、颜梅华等艺术家

新加坡"袖海楼主"杨启霖先生是东南亚有代表性的收藏家，1993 年 6 月朵云轩首拍就是重要竞买人，图为 1995 年春季在杨府观赏藏品时合影

展前途的画家，资助他办画展，为他出画册，进行文化投资。近几年在文商结合上办得较有成效的一件事是在朵云轩二楼辟出整个大厅办了"朵云画廊"，每年举办 30 至 50 个书画展，画家来自全国各地甚至海外，以未成名的中青年书画家为主。看起来这似乎是一件赔本的事，但实际上获益是多方面的。首先我们为培养和宣传这些艺术界新人以及促进上海美术界与外省的交流，做了一件有意义的事，从长远看，影响很大；其次我们从其中物色了一批很有发展前途的中青年画家，可以推向海外市场或者作为朵云轩字画经营的依靠力量，并在办展中征集到了一批好作品；再次几乎每天不间断的新画展吸引了一些读者尤其是书画爱好者，从长远看，这也是朵云轩在做培养消费者（其中也包

括未来的艺术家）的工作。目前，每年数以万计的观众来观展，也扩大了朵云轩其他商品尤其是文房用品、美术图书的销售额。这方面正在尝试做的工作还有"90'上海文人雅集"、组织画家去外省写生创作、办书画创作座谈会等等，起到了较好作用。

内外并举，是指既要开拓海外市场，又不放弃为国内读者服务。这是三十年来的一条基本经验。由于鲜明的传统特色和国内读者的字画消费层次比较低，朵云轩必须开拓海外市场，这是毫无疑问的。尤其是近十年来，我们在香港开设了特约经销店，在美国、新加坡等国和中国香港、台湾地区多次办了展销会，使我们产生了较大的社会影响和经济效益。作为上海市政府命名的涉外名店，外销是其重要的一部分。但是，外销又是一个很不稳定的市场，单单依靠外销，从前年政治风波以后海外对我们实行制裁的情况看，是不牢靠的。以上海地区为例，由于旅游者和外商数量和消费层次的变化，完全依靠外销的店损失比较大。朵云轩一直是内外并举，并且比较重视内销市场在悄悄发生的变化，例如少年儿童、老年人这两头的"书画热"，以及上海人与对外交往频繁而导致的"送礼热"，增加了一些适销对路的文化用品和礼品，有力地扩大了销售。平息政治风波以来连续两年创造了销售额和销售利润的新纪录。由此可见，今后一方面要做好内销市场的开拓工作，使其稳步上升；同时也要打到国际上去，参与国际市场的竞争。例如展销、设店、拍卖，等等。坚持这一点，就能立于不败之地。

最后是要坚持"以新代旧"，也就是以新字画、新文房用品、新的工艺美术品、木版水印字画逐渐取代文物类旧字画的经营。这是朵云轩面临的重大业务转折。从历史上看，重建后的朵云轩是从木版水印复制字画和旧字画经营起家的，而在销售额和销售利润上，木版水印并不占主导，主导的是旧字画。前二十五年，由于我们国家未很开放，加上历史上留存下来的旧字画比较丰富，所以朵云轩能比较容易地以较低的价格收进大批旧字画，十年动乱期间，各行各业受的冲击很大，而朵云轩坚持旧字画经营，一批老同志独具慧眼，反以更低的价格收入了一批好东西。一方面为国家保留和挽救了一批珍贵文物，另一方面也为朵云轩的经济效益提供了最好的货源保障。早些年，朵云轩得益于旧字画利润高的优点渡过了难关，但是"夕阳无限好，只是近黄昏"。改革开放以来，旧字画经营的黄金时代一去不复返了。一方面鉴于旧字画的大量外流，国家文物局重申了"少出高汇，细水长流"的政策，采取了一些措施限制出口，另一方面港台等客商涌入内地，以高于国营收购单位的价格大量收购，走私出境。这种情况，使得主要靠旧字画经营获利的画店被迫转轨。经过近几年的努力，朵云轩以新商品品种齐全、质量可靠为特点打开了销路，特别是实行了美术图书开架售书，文房用品礼品化以及开发朵云轩特色商品，促使销售量上升，并使朵云轩的销售利润结构发生了很大变化。以 1986 年为例，全年利润 112 万元，59.8% 是旧字画；以 1990 年为例，全年利润达到 196 万余元，旧字画仅为 59 万元，占 30%，而新商品的销售利润却成倍增长。这也证明了以新代旧这条路是行得通的，从长远来看，也是有潜力的。

　　朵云轩的以上经营方向，是几代人探索并经过曲折发展归纳出来的。在"七五"规划制定时大家有了初步的意识，经过"七五"期间的发展，尝到了甜头，思路也更明晰，方向也更坚定。到 2000 年，将是朵云轩建店一百周年，我们坚信在社会主义指引下，依照这一经营方针，朵云轩的事业会更加兴旺发达。

刊于《上海新闻出版》1991 年第 5 期

去海外拍卖市场"弄潮"

"弄潮"初战告捷

日前，北京、深圳开始公开拍卖文物及艺术品，海内外万众瞩目，外电报道尤为热烈。其实上海朵云轩1992年春秋两季曾两度在海外国际拍卖市场"弄潮"，不仅开了眼界，长了经验，且成绩斐然。

对海内外拍卖市场，早就耳闻：云谲波诡、内幕颇多。故这两次赴港"弄潮"，都与当地香港永成古玩拍卖有限公司合作。春季的"近代中国字画拍卖"于4月下旬的一天开槌，地点是香港五星级的海港酒店。

豪华的拍卖大厅座无虚席，红底金字的会标在灯光下格外引人注目。我代表朵云轩简短致辞以后，现场巨大的屏幕上打出了投拍的第一幅字画幻灯片，拍卖的报价声也随之响起："一万五，一万八，二万一……"上午的拍卖起步平稳，偶尔也出现几个小高潮。朵云轩带去的齐白石的作品，以16万5千港元的价目拍出。平时不引人注目的几把成扇，都以数倍于底价的价目成交。下午，徐悲鸿、李可染、吴冠中、赵少昂等名家的作品竞相拍出。买家们意兴盎然，报价声此起彼伏。印在拍卖图录封面上的《翠屏佳选》，是岭南派现代画家杨善深的精品，全图一对孔雀栖息石榴树上，工写俱备，形神兼得，引起买家的激烈角逐。底

1992年4月与九华堂总经理刘溁先生摄于香港海港酒店永成和朵云轩合作拍卖现场，刘先生引进我方合作，是创办拍卖行的尝试

价50万港元，从20万起叫，以每次递增3万的速度上升。最后举牌者越来越少，终以77万港元的高价落槌。临近尾声，高奇峰的《猴子图》再掀波澜。这幅作品曾刊于香港大会堂的画集，画中晓月之下，一只孤猴坐在山上，意境殊为奇特。底价35万，一开拍便跳跃上升。破了70万大关，还有两个买家竞争，而一位台湾的收藏家志在必得，

终以 82.5 万的高价击败对手，鸣金收兵。

夜幕降临，拍卖行准时报出当天的初战成绩：总价达 700 多万港元，我们悬提着的一颗心终于放了下来。

张大千独领风骚

隔不多日，我在香港富丽华大酒店有幸目睹了索斯比拍卖行在此燃起的烽烟。

索斯比的春季拍卖，行家们仍看好张大千。一方面他的作品曾创造国际上中国画家的最高拍卖纪录；另一方面索斯比这次推出的两幅作品实属难求。一幅作于 1948 年的《秋水春云》，全图峰峦叠嶂，工细写实。上题"秋君五十生日大千再拜"，想见作者当初为红颜知己李秋君作画是何等的一丝不苟。索斯比将此画刊于拍卖图录封面，起价 70 万港元。另一幅《爱痕湖》，四尺横写，作于 1966 年，全图笔势纵横，墨彩淋漓，一如大师游居海外后由工转写的泼彩山水风格。底价高达 200 万港元，令人瞠目。

果然不出所料，下午全场被这两件作品推向高潮。当左侧的屏幕上打出《秋水春云》的画面时，众买家全神贯注。随着拍卖师抑扬顿挫的报价声，右侧的计算机屏幕红色的阿拉伯数字立即跳出几种国家货币的数码，台下的买家有的举牌报价，有的交头接耳。起先是以 10 万为单位加价，超出 100 万后，又以 3 万加价，又很快超出 150 万。此时场上的竞争者已为数寥寥，加价数也趋缩小。"195 万、196 万"，终以 200 万港元一槌定音。加上 10% 的佣金，此作以 220 万港元的惊人高价创去年春索斯比中国画拍卖的最高纪录，而《爱痕湖》也以 180 万港元拍出位居第二。群雄逐鹿，张大千又一次独领风骚。

拍卖"无定价"的奥秘

当今现代化的电子通信技术为全球艺术品拍卖提供了极大的便利，使买家不为时空所限。足不出户便可洞察拍卖现场，以便决定报价，可谓"运筹于帷幄之中，决胜于千里之外"。

在朵云轩字画拍卖现场，我注意到大厅里有一排电话机，几位小姐守护在旁。在有些精品竞价时，这些小姐一手持话筒，一手握号牌，不时报出新价位，与现场买家竞争。

原来，在这些小姐的幕后，都有一位不出场的买家。小姐们把现场的价目传过去，又把话筒那端的买价报出来。据说这种电话拍卖还是初级的，世界上的大拍卖行还借电视实况转播而开展拍卖活动，使世界各地的买家如临其境，增加其冲动心理，加剧买家间的竞争。

拍卖是一种古老的商品销售方式，古巴比伦就盛行每年一次的妇女拍卖。那时男子要娶个称心如意的妻子，可到拍卖场去竞争，但拍卖真正成为一门新兴产业，则是本世纪的事。英国的索斯比和克里斯蒂，是世界上最大的两家拍卖行，前者在全球有100多个分公司，后者有70多个分部，一年的交易额都可达数十亿美元。真可令原始拍卖活动望尘莫及。

出入现代拍卖场的，大都是腰缠万贯之辈，要使他们购买欲倍增，拍品价格节节上升，拍卖行大有文章可做。基本的就是一头抓住货源（卖家），一头抓住客源（买家）。

拍卖行竭力寻觅画家及其后代、收藏家、经纪人，以高额利润引诱他们拿出价值连城的艺术品投拍。为了给卖家吃定心丸，拍卖行一改皮包公司的形象，会先垫付部分货款，甚至全价收购。如去年索斯比就以1.4亿美元的巨款购下病逝的收藏家皮耶瑞·马蒂斯的一批藏品，总计61位艺术家的2300件绘画作品；

1995年夏季中国拍卖代表团考察英国拍卖协会，图为双方交流

另一方面，有了货源，拍卖行还不放心，因为每件卖品都有一个底价，为了吸引买家底价一般不能定得太高，而拍卖时如竞价者少，则一件作品往往会在底价卖出，使得卖家和拍卖行不能获大利。因此拍卖行以各种方式挖空心思地吸引买家来竞争。如果高层次买家云集，竞价激烈，就会出现棋逢敌手、互不相让的局面，下槌价也会意想不到地越出底价数倍而扶摇直上。

如前些年拍一件宣德年制绘的中国青龙坛，起价10万英镑，最后日本古董商平野以72万英镑的高价取胜，超起叫价7倍有余；1990年雷诺阿的《红磨坊街的舞会》越过底价以四亿四千多万法郎成交，创世界名画拍卖的第二个纪录。

拍卖技巧："自卖自买"

拍卖前，在进入拍卖大厅时，买家都要向拍卖行的小姐领一块圆形并有长柄的号牌，上面用阿拉伯数字刻制醒目的号码。在领号牌的人群中我发现了Z先生，他是个收藏家，这次也拿了几件字画来投拍。"既然是卖家，他为何又来领牌做买家呢，莫非他想买几件别的艺术品？"可是在拍卖时我发现并非如此，他恰恰就在自己的拍品竞拍时举牌叫价。"难道他想把自己的东西买回去？"我百思不得其解。

通过请教，拍卖行的黄先生解开了我的谜：绝大部分的举牌人是真的想来买东西，他们在三天预展时已仔细鉴赏了原作，并且设计了自己的投拍限价。但也有个别的人举牌是来空举，空举大部分是为自己的卖品举牌，这又有两种情况。一种是来顶价，比如自己的某件艺术品竞拍时怕竞争的人少，被买家以略高于底价的价格买去，失去了卖高价的机会，于是自己以买家的身份来顶价，使对手占不了大便宜。这是一个拍卖行允许的拍卖技巧。但顶得不巧也会弄巧成拙。例如买家预先设定自己买某件艺术品最多出价为 10 万港元，而报到 10 万时顶价的人因毫无所知或贪心不足，还在一个劲地硬顶，便会使对手退出竞争，难以成交。而出现此种情况，顶价的人必须遵守拍卖行的规则将自己投卖的作品买去，并向拍卖行支付 10% 的佣金。可见顶价必须恰到好处，见好就收，千万不能贪心无度。另一种空举则真是自卖自买，情况极个别，一般都有难言之隐。

一个开拍卖行的人

我与联手者香港永成拍卖行的创办人 D 先生虽说初次相识，却毫不陌生。"在香港这个商业极度发达的城市里，要说办拍卖行不为赚钱，这是虚假的。"D 先生并未回避这点，"但是行行可以赚钱，我为什么又在七十多高龄来冒此风险呢？"他跟我谈起了年轻时的经历和爱好。

D 先生从小生长在美国，中学毕业后在航校学习受训。不久，抗日战争爆发，作为驱逐机飞行员，他跟随陈纳德将军来华参加对日作战，战后作为幸存者受到嘉奖和挽留，但是他不为高官所动，还是执意回到美国去经商。几十年来，他在美国和中国香港地区创下了自己的酒店产业，在华侨中以实业家而受人尊敬。D 先生珍爱中国字画，用他自己的话说，是个玩票的人，日积月累，家中藏品逐渐增多，感到其乐无穷。

说到这里，D 先生十分感慨地说，当年在大陆作战，没想到会有今天。去年有几个朋友来商议办拍卖行的事，便一口应承。一则自己十分喜欢中国艺术品，再者现在世界上的拍卖业几乎全让外国人所操纵，连中国艺术品的拍卖也让外国人包办，我们中国人为什么不自己出来试试！

永成和朵云轩首次合作拍字画的当天，D 先生很早来到现场，从头至尾在图录上记录拍卖成交价，时而紧张得全神贯注，时而又舒心地微笑。拍卖结束，他和夫人祝贺我们首次合作成功，并热情地鼓励我们在这块处女地上好好耕耘。

一片未开垦的处女地

20世纪以来，海外艺术品已成为一块"热土"。随之收藏家、商人、伪造能手、鉴定家、保险业主、侦探、警察和富人一个个粉墨登场。有些国家还制定政策，凡投资艺术品买卖可以抵交个人所得税，以此推动拍卖业的发展，提高国民的文化素养和防止国内艺术品外流。

然而我们国内，由于各种复杂的原因，艺术品经营还处于很低的水平，完全是一片未开垦的处女地。改革开放以来，海外商人纷至沓来，他们或以低价私下收购，或以走私大批偷运，或和盗窃团伙勾结挖掘古国文物；在港台市场，拍卖也主要为外国拍卖企业所垄断，局面令人担忧。

中国尤其是上海，有众多的艺术家和流散民间的艺术品，历史上有一批懂鉴定、会经营的人才。开垦这块处女地，首要的是吸引"买家"。招徕海外买家是一方面，国内有没有"食蟹者"呢，回答也是肯定的。前不久一位青年工人来朵云轩咨询。原来他买了200张股票认购证，投资股票已赚了几十万，听说艺术品保值和增值最可靠，想拿出所赚的一半收藏字画。看来随着证券热的降温，艺术品将是人们投资的新热点。

我告诉这个年轻人一个真实的故事，上海有个老画家，手中藏有三张齐白石的真迹，都是50年代逛朵云轩时以70元的价格买进的。当时年轻，收入也低，完全是出于喜爱才狠狠心硬省钱买下的。想不到如今成了一项最好的投资，增值数以千倍。我告诉这个年轻人一些投资艺术品的经验，他满意而去。

看来土地虽荒芜，还是有人愿意开垦和播种。1992年秋，当朵云轩在香港再度以一千万港元喜获拍卖秋收后，笔者和同仁们一致感到也要把目光投向国内艺术品市场这一片处女地。于是一个以朵云轩命名的拍卖行已在上海成立，今年她将在艺术品市场的大海中启程、航行。

刊于 1993 年 1 月 3 日《新民晚报》

市场经济呼唤全能编辑

出版社的本钱与一般的工业企业最大的不同，在于它完全依靠两件法宝：招牌和人才。工业企业在招牌和人才以外，很大程度上依赖技术、资金。引进一种技术设备，有雄厚的资金，竞争的优势、产品的产质量，都会随之确立起来。出版社本质上是种信息产业，它主要依赖于非机器设备的投入，因为它的物质生产过程（主要是印制）一般在体外循环，出版社的生产主要是图书产品的设计。因此招牌和人才特别重要。

招牌是一种无形资产，传闻世界上每年对企业这类资产进行评估，上排行榜。大的企业如可口可乐，据说无形资产价值数以百亿美元计。优秀出版社的招牌也是一笔巨大的无形资产，如何使此种资产增值，也是走向市场经济后的一门大学问。为什么相同的书稿，在社会上的发行量悬殊，好的作者愿将自己的书稿投给这个出版社而看轻那个出版社，与招牌关系很大。

1993 年 4 月与巢峰同志在荷兰鹿特丹中国艺术文化节上

人才的重要至少也说了十几年了，但如今出版社步入社会主义市场经济的轨道，竞争加剧，人才趋向流动，这个问题的迫切性更为明显。人才因素已成为出版社的决定性因素，其核心是高级管理人才，活力在于全能编辑人才。在 80 年代，出版社主要是学习国外发行方面的经验，重视出版社发行人才的配备，当时大家主观的共识是：我们的产品是优秀的，关键是要加强推销。为此绝大部分出版社在 80 年代专注于寻觅发行人才，建图书仓库。回过头来看，这一步是十分正确和必要的，但这种思路本质上还源自以产定销，以产推销。也就是不看市场需求，由编辑决定书稿，由发行员进行推销。主观上以为"优秀的"，未必是市场上需要的。进入 90 年代初期，中国出版社面临的共同问题是库存上升，销售额下降。从大环境看，主要是受到各种社会因素影响（如物价上升、文化消费多元化等），图书市场需求下降。从出版社内部编辑和经营思路分析，主要是未将图书出版转到以销定产的轨道上；而从内部人才结构上分析，主要是编辑的作用未作分离和调整，编辑开发选题和加工选题的职能混为一谈，许多编辑未意识到选题列选和组稿，是印制和发行的决定性因素，因此在大部分出版社内部，往往形成编辑和发行人员的扯皮：一旦图书畅销，编辑和发行便来争功抢赏；一旦图书滞销，编辑和发行便互相推卸责任。为了减少扯皮，也有些出版社想出了分层报印数的责任方式：一本书先由发行人员报印数，印数不足则由责任编辑加印数并由编辑承担责任，再不足则由总编辑（或社长）来添加印数，并分类记录在案。发行人员把自己报的印数推销完后，便可以慢悠悠地来推销编辑室和总编辑的印数。这种奇怪的现象出现在市场经济刚刚起步的阶段是可以理解的。但从发展的观点来看，必须予以解决。如何解决呢？首先从观念上要确立一种新认识，总编辑和编辑的劳动是出版社经营管理的决定性因素，甚至是一种主体的力量。不能设想决定产品设计的人与经营毫无联系，游离于经营决策以外；也不能设想在毫无章法的图书产品设计以外的技术编辑与发行人员有回天之力来改变设计的失误或成功。在出版社内部体制上，产品设计、组稿、加工、印制和推销必须统一研究，论证落实。现在中国出版社内此种分段管理，也就是编、印、发毫无内在联系的管理方式，必须予以改变；从组织结构上看，未来中国出版社应十分重视全能编辑的培养和队伍建设。在出版社内他们能连接市场（读者）、作者、选题、加工、印制、发行各个环节，他们是织锦的人。发行做的只是添花的工作。"锦上添花"是顺理成章的，而在一只破麻袋上添的花毕竟起不到"锦上添花"的效果。

传统的重视编辑的观念是陈旧的，必须扭转，但以为抓发行便能促经营也是本末倒置，必须重新确立编辑尤其是全能编辑在出版社的地位。在一个工业企业中，开发产品的人总是最少数、最优秀、最有决定权。现时中国出版社内每个编辑都研究选稿和加工，都有相同的权力和职能，这种平均使用编辑的做法，是不适合市场经济发展的。必须在社长和总编辑身边，造就几个、十几个直属编辑（或者称组稿编辑、全能编辑），作为出版社的智囊、编印发计划的制定者和组织者。不再完全由下面编辑上报选题，而主要由直属编辑根据社长、总编辑的宏观思路与市场需求研究确定选题，"发给"一般编辑、技术编辑制作为成品，由发行去实现其两种效益。

直属编辑的职能主要是研究市场、联系作者、开发选题、作可行性研究、写出项目建议书、衔接出版和发行，以及组织落实。他不是简单地提出一个意向性的选题，而是把一本书的内在、外表、文化功能和物质效益全部综合考虑在内。在选题论证会前，他已把某本书在市场上的需求作量化评析；与作者交谈后把写作计划大体确定下来，随后给作者一个框架和容量，不再允许作者随意缩小或扩大，以防引起书价的变化而连带到印数的减少；已经将一本书在项目建议书上物质化并准确地估算出印制价格以及图书零售价；排列出了作者写作时间、编辑的加工时间、印制时间、宣传日期以及在何时何地公开发行，估算出初版印数和第一次重版的时间间距，也预制出基本准确的盈亏表。在市场经济比较成熟的国家里，直属编辑的工作是十分繁重而又重要的。他们每周都有选题计划提交由社长或总经理主持，销售经理、出版经理以及编辑主任参加的论证会。由于直属编辑提供的选题计划书是立体的而非平面的，因此一旦在选题论证会上通过或修正通过，便成为各部门必须严格执行的计划书。近几年来，我国出版社有一个观念，以为市场经济下是发行决定编辑，这多少有点误解。以销定产是对的，但不是发行科来决定选题让编辑做，而是编辑要从市场里发现选题。在国外，直属编辑对市场的熟悉程度甚至使推销人员自叹不如。有些直属编辑本身就是从推销部或发行部滚打出来的。

直属编辑是出版社的"骄子"，也是出版社的活力所在，但是要成为一个称职的直属编辑实在非常不易。从知识构成来说，他必须比较广博又有深度，不仅懂专业，又精通经济尤其是财会知识、出版知识、版权贸易知识；从能力上来说，他必须有很强的交际能力、谈判能力、组织能力、专业能力、权衡利弊得失的决策能力、市场调查和分析综合能力；此外，要有很强的事业心和责任感。在海外，直属编辑与文字加工编辑一般是1∶6—7人（全部编辑和其他人员比例为1∶3），每个直属编辑一年要立项50—70种书稿，不仅工作量很大，而且他们的工作还决定了其他7个编辑做什么和怎么做，实际上又间接决定了其他21个辅助人员做什么和怎么做。

但是，由于他们的辛勤劳动，使一个出版社得以正常运转，使编辑和发行统一到市场需求上，不致于到制作成书后再发现是否好销、是否盈利；而且使社长和总经理、总编辑不再陷于忙忙碌碌的事务中，能集中精力考虑整体格局。因为他们在选题上逐个推敲的工作已基本由直属编辑和推销部主任参加的选题论证会所取代，而且使一般未有组稿能力的编辑专心于加工（在工业企业，设计师与工艺师一定是既合作又分工的），不致于把组稿和立项这样的大权交给一般的人；最后，直属编辑这种岗位本身，也为出版社高级管理人才（社长和总编辑）准备了后备干部。

说到这里，想到现时中国出版社和外国出版社之间谈判时的有趣现象：一个外国的出版商往往面对一群中国人谈判。中方往往要出场社长、总编辑以及下属的编辑、技术编辑和发行人员，甚至加上财会人员，因为在传统的中国出版业中，每个人的知识和能力都是单方面的，因此必须要用一群人来对付一个外国人，因为对方的知识是全面的、立体的，甚至对运费和税金这些细节都十分熟悉，这种局面不改观，中国出版业很难走出国门。

最后，我的结论是：人才是出版社最大的本钱，设计人才主要是直属编辑（又是全能编辑）是人才中最宝贵的部分，必须重视并逐步开发。人才的培养与开发，除了委以重任以外，还必须责、权、利三者统一，使人才在报酬上也比较丰厚，真正把他们的心和力都留在出版社、用在出版社，如此这个出版社才会有好的产品，才会在社会主义市场经济的发展过程中有自己的一席之地。

刊于《编辑学刊》1994 年第 3 期

2001 年春季上海文艺美术出版人士在绍兴路 5 号出席研讨会并合影

文物拍卖与藏宝于民

　　1995年6月18日，上海朵云轩将举办第三届国际书画、珠宝拍卖会，随之，南方的艺术品拍卖又会出现一个热潮。自从1993年6月上海的这家拍卖公司成功地举办了首届中国近代字画拍卖会以来，在短短两年中，中国境内的文物艺术品拍卖以及随之形成的民间收藏热，都显示出活跃的景象，尤其是在文物拍卖的试点城市北京、上海和广州。然而由于人们的认识不同，文物拍卖和藏宝于民还是一个有争议的话题。

　　长期以来人们有一种错觉，认为文物的收藏和管理越集中越好，把国家收藏绝对化，看不到民间收藏的重要性。因为不能正确看待文物拍卖对于促进藏宝于民的有益之处。

1995年作者随中国拍卖代表团考察英国伦敦苏富比、佳士得

　　民间收藏在国内外以及历史上，都是对国家收藏的重要补充。它像一个蓄水池，保证了国家收藏之来源。1949年以后，中国境内之所以能征集到如此丰富的文物以供国家收藏，一方面是我国政府有计划地发掘出土文物，另一方面应归结于历史上的藏宝于民。国民党政府之所以未能把境内文物全部运往台湾，一个重要的原因在于它无法把民间文物全部收起来。集中有集中的好处，但绝对化的集中是有风险的，历次战乱和自然灾害，都比较集中地毁灭了文物，其中也有教训可寻。随着我国人民经济能力和文化需求的增长，在坚持国家收藏文物为主的政策下，适当放开民间收藏，促进藏宝于民，是有深远意义的。

　　要使藏宝于民得以落实，必须要在境内形成有序管理的文物市场，其中文物拍卖市场是核心部分。近两年从境内文物拍卖的情况看，出现了几个有利于藏宝于民的特点：一是国内收藏者大批涌现。以上海朵云轩多次拍卖会为例，领牌竞投的人境外约占

40%，而境内高达 60%。这是我们国家藏宝于民的良好基础。二是在竞买方面，境内藏家的收藏实力和鉴赏能力逐年有明显提高。三是出现了文物的"回流"。由于境内外文物价格落差很大，几百年来一直是中国文物"水往境外流"，现在因拍卖活动抬高了境内文物的价格，而出现了文物回"娘家"的现象，其中相当一部分回流的文物为中国境内单位和私人购得。

对文物拍卖的另一个错觉是，有些人不甚了解情况，总认为中国自有了拍卖市场后，才有了文物销售，因此担心文物会被拍卖光。实际情况不是如此，笔者在 70 年代初，就听到过周恩来总理的重要意见，即多余的文物可以出口换汇，但要"少出高汇，细水长流"。可惜，相当长一段时间里，由于未找到文物拍卖这种市场形式，中国文物被大量而又低廉地卖往境外，总理的这一要求未能真正实现。以上海朵云轩为例，以前每年销售文物类字画数以千计，获利很少。现在举办拍卖，形成竞价，每年销售的字画量少而获益多，真正做到了"少出高汇"，而且不少字画为国内藏家所获。

刊于 1995 年 6 月 16 日《人民日报》

1999 年 8 月，中国拍卖行业协会文化艺术品拍卖研讨会在苏州召开，决定设立艺术拍卖专委会，是会由朵云轩负责会务

在市场经济条件下繁荣文化事业

（书面答记者问）

雅俗文化：政府引导、市场机制不可偏废

人民日报记者（以下简称记者）：有人主张，大众文化可以靠市场机制发展，雅文化则主要靠政府扶持，从事雅文化工作的知识分子的待遇也主要靠政策倾斜得以保障。您是否同意这种观点？请作一具体分析。

祝君波（上海书画出版社社长）：我认为大众文化主要靠市场机制发展，但也要靠政府的管理和引导，完全靠市场需求来引导不行。比如农村的普及型文化消费，因为很少有人愿意去做，这就要由政府来引导。近年来政府组织大规模的"文化下乡""万村书库"等活动，翻开了农村文化建设新的一页。又比如城市的某些大众文化，如卡拉OK，有时一哄而起，单靠市场竞争来抑制周期过长，也需要政府的管理。

雅文化的确有个政府扶持的问题。特别是在一些发达地区，政府实力雄厚，更应如

90年代初期在高校讲授艺术品拍卖课程

此。但是雅文化也有两条路可以作为重要补充：一是企业赞助，二是部分的市场化。我认为比较现实的方式是相结合来发展文化事业，多元化地找出路。我国经济还比较落后，一些文化团体如芭蕾舞团、京昆剧团、交响乐团、博物馆等，完全靠政府养起来有一定难度；或者说可以养活，但不能很好地发展，一搞剧目、项目，就感到财力不足。

扶持不是放在摇篮里。有些文化团体一方面被扶持，一方面又管理混乱，浪费十分严重。因此光扶持不行。雅文化也要局部地推向市场，引进市场机制。雅文化不能光等别人来"输血"，自身也要有"造血"机制。雅文化和大众文化的差异不在于有没有市场，只在于市场的大小。在相对较小的市场里，雅文化要做足文章，以质量争取观众和读者。

文化产业：饱和中的短缺

记者：从产业的角度看，哪些文化种类的市场已经饱和，哪些文化种类市场化程度较低，还有广阔的发展前景？

祝君波：我以为是否饱和主要由供求规律来决定。这里又可分为供给增加引起的生产过量和需求下降引起的供大于求。比如前些年生产挂历的出版社越来越多，品种过多过滥，大大超出需求，这是因为生产上升；而中国传统戏剧和电影则是由于需求下降（观众减少）而造成目前的"饱和"，这是由于观众被其他媒体争夺所致。

以我的眼光看，目前比较饱和的文化种类有戏曲、电影、报

与日本大阪画廊界代表山北教夫先生在朵云轩合影

刊、图书出版、音像制品，以及娱乐业，如卡拉OK、舞厅等。但每一种类情况又有不同，总的从产业角度是饱和，但饱和之中又有供不应求，如有的报刊需求还很大。现在比较有发展前途的文化种类是超大型的旅游设施、文化旅游业、软件开发、艺术品交易、视听文化。

文化需求是一种动态的需求。我以为，随着人口的增加和经济的高速发展，中国在未来10-20年内文化需求将成倍增长，市场极为广阔，目前比较饱和的文化种类也会出现供不应求的情况。比如出版业，中国和美国的年均销售额还有50倍以上的差距，有巨大的潜力。

人文精神：商业大潮中的净土

记者：文化产业的主体是文化还是产业？如何在人文价值与商业价值、社会效益与经济效益之间找到平衡点？

祝君波：人文价值与商业价值、社会效益与经济效益不一定是一种对立关系，而是一种交叉关系（但也不是同一关系）。从我接触到的工作实践看，在国家的法律制度范围内所从事的文化经营活动，在大多数情况下两者是统一的。这几年国内艺术品拍卖兴起，我将上海朵云轩、北京嘉德、北京翰海三家拍卖行1994年春和1995年春拍卖会上前10位成交价的作品排列组合，发现30件作品中齐白石10件、张大千6件、傅抱石3件、

徐悲鸿2件，其余依次为吴昌硕、任伯年、黄宾虹、李可染等。经济上高价位的，大致上也是美术史上公认的书画大家。

至于两者间的平衡点，我认为首先应该明确，难以有一个静止的平衡"点"，而只能是一段"线"，一个范围。它的上限是江泽民总书记提出的"以科学的理论武装人，以正确的舆论引导人，以高尚的精神塑造人，以优秀的作品鼓舞人"。它的下限是国家的法律明确禁止的。如果谈平衡点的话，则在提倡的和禁止的之间。其次，不同的文化样式与市场结合的广度、深度不同，因而它的平衡点也是不同的。

刊于 1996 年 6 月 26 日《人民日报》

出版社成本核算与利润

根据市新闻出版教培中心的安排，对出版社从业人员和在岗编辑室主任进行出版专业知识的培训。特制作本课提纲。

一、对出版业的认识

（一）认识出版和图书

人类在生存、发展的过程中，创造了文字以及宗教和文化。文字是国际公认的人类文明的标志。借助文字，人类可以将语言书面化，可以记载事件和人物，这就成为了后续的历史。人与人、族与族、国与国之间需要交流，文字及图书起到了交流的作用。将有意义的文字内容加以编排复制，使更多的人可以分享、阅读，这就是最初的出版。随着纸张和印刷的发明，图书出版就正常化了。古腾堡将中国人发明的木刻印刷术推进到铜活字和机器生产，将出版的规模和效率大大地向前推进了。少数人拥有《圣经》并加以解读的历史，变成了大众都能获得的产品和阅读权利，推动了宗教改革。历史创造了出版，但出版改变了人类的历史，在没有照相机、电影、唱片、电视的年代，图书几乎是最重要的传播工具。

从大英博物馆收藏的中国唐咸通九年刻印的《金刚经》残页，可知中国最早的印刷和出版是为了翻译和印制佛经，可知出版在全球至少有上千年的历史。但在20世纪，这一古老技术或产业或文化现象，还在全球显示出它的广泛需求和旺盛的生命力。

出版与新闻、与报业不同，它的生产方式虽然也是印刷，但它一般是装订成册、通过拷贝发行的。新闻如报纸是即时的，当天出版、当天销售，一般没有库存。

一本图书，可以不断地被重印，甚至不断地被译成各种文字在全球发行。这就是说，图书虽不如报纸快捷，但它具有广泛性和持久性。这种方式使它的文化生命力与众不同。功在当代，利在千秋，更持久，更有渗透性。

特别是文学、历史图书，还是很多其他产品的最初母本。它可以被拍成电影、电视剧、纪实片，可以改编为戏剧、音乐等作品。如果你注意一下其他的文化产品，就会发现其中不少也来自图书。

图书出版还营造了销售空间——书店。书店的销售、展示、人际交流的功能，使它成为读书人的精神家园。这也是与新闻所不同的。

图书的形态可以分成教科书、实用工具书、学术专著、大众读物、图片及图册。它们功能不同，但从中可以获知图书出版在传播科学文化知识，促进教育事业，培养人的各种素养，给人以文学艺术的审美情操等方面，都担当了重要的使命。在一个资讯发达的世界，它在国际文化交流中也起到了重要的作用。

图书阅读具有滴水穿石的力量。《共产党宣言》等书在中国的翻译、出版，促进了马克思主义的传播，很多人由此走上了革命的道路。科普读物和学术专著引导人们探求科学，培养出了一代又一代的科学家。文学艺术涵养了人们的心灵，使他们得到了很好的审美体验。阅读使人们获得真理、获得信息、获得力量，从而引导人类由愚昧走向昌明，由弱小变得强大。

（二）认知中国的出版与图书

中国人在汉代已经知道从青铜器、碑刻上用材料把文字内容拓下来，这是印刷的雏形。唐代，在西安大雁塔曾由皇帝下诏专门让玄奘翻译从印度带回来的佛经。在唐末随着纸张和雕版印刷的发明及成熟，中国人开始印制成册的刻版线装书，形成了农耕文明时代"耕读文化"的传统。数以万计的原作、孤本得以通过出版传之以后代。近代，在沿海城市如澳门、上海，开始引进西方的机器印刷，取代了传统的雕版线装书，又因摄影机的广泛使用，使图片印刷和出版成为可能，中国的出版形态就多元化了。如今，上海徐家汇土山湾出版遗迹的发掘，证明了上海早期出版的文明史。

通常，我们把1897年商务印书馆在上海成立视作我国近代出版史的开端。随后，中华、世界、大东、开明等书局以及百代唱片公司在上海涌现。最多时上海有出版机构一千多家。上海是近现代中国出版的中心，当时产品约占全国市场的百分之七十。其他重要的城市有北京、南京、广州、成都等。中国共产党早期的出版机构也设在上海，曾出版《新青年》杂志以及翻译出版《共产党宣言》等读物，促进马克思主义在中国的传播，引导革命的胜利。

1949年至1956年，我国完成社会主义改造，在出版业实行国有化制度以及出版社的审批制。目前我国有出版社556家（包括副牌36家），年出版新书120106种。北京有出版社250余家，是新中国的出版中心。上海有出版社30余家，是一个出版重镇。改革开放，使地方出版社以及大学出版社的能量大大地释放出来，迅速地发展壮大，南京、杭州、广州、长沙、济南、成都、天津，也是重要的出版基地。

我国的出版社在党的领导下运营和发展。它是社会主义精神文明建设的一支重要力量。根据《出版管理条例》的精神，它的主要任务是宣传马克思主义以及党和国家的政策主张，积累和传播科学文化知识，进行对外文化交流，满足人民群众的各类精神需求。出版不仅提供严肃读物，也要让人们得以健康地休闲娱乐。

我国的出版统计历来分成三大类，这就是教科书、图书和图片。我国正处在科教兴国的历史时期。大学以及普及教育使各类教育事业蓬勃发展，学生总量世界第一，目前正是教科书出版的黄金时期。1992年我国加入了《伯尔尼公约》组织，与各国展开版权贸易，引进以及出口各类中外读物，今后我国图书出版品种和类型也会大大增加。图片在历史上起过重要作用，从民国时期的月份牌年画到新中国时期的教图、宣传画和年画，再到当前的年画挂历，也是一个重要的出版板块。但随着家庭装饰空间的变化，图片会呈现下降的趋势。

我国有五千年的文明史，有广泛多元的地域文化资源，有十多亿的人口，这是我国出版业重要的基础。在我国从事出版工作是大有可为的。

我国人口众多，出版产业规模大，相对而言出版社的数量少，而单体出版社的员工比西方众多，大多为50—300人。我国出版社承担的出版品种、营业额和利润比较高。这是在中国经营出版社有利的方面。

根据我国的《出版管理条例》，自1985年起，出版社实行事业性质、企业化管理的特殊模式。一方面它承担了社会的公益责任，为了社会的利益，它要出版一些亏损的图书；另一方面它实行企业化管理，参与市场竞争，追求经营目标，用更有激励作用的分配制度，让编辑出版发行人员激发创造性、积极性，为社会奉献更好的产品、更优质的服务。据此出版社的主管主办机构，会在下达年度任务的时候，也下达销售收入和利润的指标。

图书业由作者、出版社和读者构成一个信息传输链。其中出版社相当于他们之间的桥梁。我国出版从业人员肩负着时代的使命。他们既要有政治意识、文化素养，还要有市场知识和经营能力，才能担负起应有的责任。

（三）认识图书的物质构成

1. 图书是精神产品，也是物质产品，有独特的物质形态。它由纸张、材料构成，但它的生产过程凝聚了作者、编辑、书籍设计者、纸张材料供应商、印刷厂、装订厂的劳动。随着材料和印刷技术的发展，它的直接物质构成也会更加丰富，更加复杂，更为多元。书籍会变得更加美丽，更加吸引读者。比如立体的书、有声的书、有气味的书等，已在发达国家出现。这就是我们图书成本面对的实际。

2．生产、存储、销售图书的空间也是物质的。大型的印刷厂、仓库和大型书城都已出现。这也涉及成本投入，也是图书出版要研究的对象。

3．图书最独特的是定价印在书上。世界上商品众多，却极少有这种定价现象。我想一是因为图书品种太多，如果不印定价，生产、销售者无法加以管理以及流通。二是读者在书店买书无法快捷有效地完成，一个大型书城陈列图书往往多达几十万种。三是没有定价，所有成本的付出者难以计算实现的收入。四是出版社难以计算出利润以及效益。

生产者在书上印了定价，这一定价包括所有参与者的劳动、报酬和利润。包括作者、印刷商、发行商以及纸厂的成本和利润。这是最要研究的一个特点。所以一个编辑、出版人员，要多思考为什么要我参与定价？如何定价？

二、图书成本核算与利润

（一）图书直接成本的范围

狭义的成本，即直接成本包括稿费或版税、编辑人员费、纸张材料费、印制费（又分成制版和印刷及装订费）。

表一　　直接成本的比例图示

成本	稿费	纸价	印制	装订	编辑人员费
100%	8%	37%	30%	13%	12%

1．稿费是按作者的字数以及标准确定的。一经出版就要支付。版税是按图书定价和图书实际销售额支付的。例：一本书 20 元，印了 1 万册，实际售出 7500 册，则支付方式为：20 元 ×7500×5%＝ 实际支付数。

2．出版社一般编辑、校对、出版、设计人员的支出统称为编辑人员费，进入直接成本。其他员工如发行和管理人员、辅助人员支出列入管理费支付，作为间接成本。

3．纸张材料费一般直接付给纸厂，也有印刷厂包揽纸张，国外的趋势是后者。单色一般用书写纸，彩色一般用铜版纸或艺术纸，封面或画册会用各种特种纸或材料。

4．有的印刷厂包括装订，未来会出现大量的印装一体机，也有一些印刷厂不包括装订业务，要分派到外厂完成。

（二）图书间接成本的范围

广义的成本，间接成本和直接成本的总和。间接成本如非编辑职工工资、利息、税金、宣传推广费、差旅费、租赁费等支出。各个出版社一般把间接成本总和除以销售收入总和，计算出一个比例，分摊到每本书上。

（三）图书定价与成本、利税的关系

表二　图书定价与成本、利税的关系

定价	其中：直接成本	管理费	税金	折扣	利润
100%	37%	13%	3%	40%	7%

1．这是根据一定量的统计数据计算出来的。具体到各个出版社会有差别。教材、图片利润比较高，存货损失几乎没有。图书很多是亏损或保本的，畅销书计入平衡以后这里算出利润是 7%，即一个亿的销售码洋，大约是 6000 万元的营业收入，扣除税金 3% 是销售收入 5820 万元。利润是 700 万元人民币。

2．管理费是间接费用。趋势是间接费用会上升，直接成本会下降。

3．折扣，指出版社给书商的成本和利润空间。以前是 25%。现在是 40%，折扣有上升的趋势。但这里的折扣是包销制的，书店不能退货，存货作为书店的损耗。

定价的非物质因素：A．某种图书在时间和空间上是否处于市场的最佳需求点。B．无形价值在定价中的体现（作者及题材的价值高低和出版者在读者心目中影响力的大小）。C．定价大约是直接成本的 2.5—3 倍（37 元 ×2.5=92.5 元，37 元 ×3.0=111 元）。

表一显示直接成本五个主要组成部分。也就是上面表二内的 37%。其中稿费、纸价、印制、装订都是付给社外的。一般完成后的三个月支付。

（四）利润的计算

毛利 = 图书定价 - 发行折扣 - 直接成本

利润 = 图书定价 - 发行折扣 - 直接成本 - 间接成本 - 利息 - 税金（增值税）

留存利润 = 利润 - 所得税

1．图书定价等于图书码洋。这是业界的一个传统称法。早先出版的批发折扣是 85%。码洋和实洋即营业收入比较接近。自从批发折扣为 60% 以后，码洋和实洋的差别越来越大。销售码洋变得虚化了。所以常用销售实洋（营业收入）或销售收入来表示和比较。

2．目前所得税为 33%（注：成立出版集团或转企改制后免交所得税）。

（五）成本核算的意义和方式

1．降低成本的目的在于降低书价，扩大销量，争取市场需求，争取更大的社会效益和经济效益。或保持常规定价，因为成本下降而多出一块利润。

2．成本与数量关系的多种组合

成本上升，则或定价上升，数量下降，效益下降。或定价持平，数量持平，效益下降。

数量上升，则或相对成本下降，定价下降，销售旺盛。或成本相对下降，定价不变，利润上升。

每位编辑或编辑部主任，要根据图书产品的实际来确定定价政策。同时确定定价尤其是特殊产品的定价时，要多听取发行人员对发行量（实际销售量）的评估。成本、印数和定价密切相关。

以下因素可以适当提高图书价格：

A．名家的重要著作。B．已知的引进版，在国外很畅销，读者很期待。C．产品独特、与众不同。D．内容好，设计精美又具收藏价值。E．发行时间恰到好处。F．其他要素。

（六）控制成本的四个阶段以及主要作用

成本预算阶段。选题调查和选题论证及制定阶段编辑对直接成本的分析，初步确定了此书的印制方式、开本、定价以及市场需求，也确定了基本的直接成本额，为社长、总编辑确定选题，为生产阶段技术编辑的工作作了周全的计划。现代企业，要求编辑在图书选题阶段或选题申报前提出成本（尤其是版税）、估计发行量和估计成本。与计划经济时代编辑不算成本账完全不同。

成本实施阶段。即组稿、加工、设计、印制及成书阶段，这个阶段十分重要。由两部分人来保证对图书成本的有效控制。一是责任编辑在组稿时对作者书稿量和形式的控制，以免无理由地突破预算；责任编辑在图书整体设计上的把握与预算相一致。二是技术编辑在排版、用纸、印制、装订四个环节上对成本的合理控制和节约。

成本决算阶段。图书出版以后技术编辑、出版科长（或经理）和财务科长分三级对成本费用付出前的把关，对明显超标的要缓付，直到弄清原因再作决定。

成本分析阶段。对一个阶段（半年或一年）内出版并发行的图书进行成本的综合分析。可以分成单本书、某类书和全社所有书的微观分析和宏观分析，从已经实际发生的情况中找出规律性的东西，为以后阶段的选题确定和成本管理提供决策依据。换句话说，它是下一轮成本预算和市场供求的基础。

（七）图书盈亏的结构比例

1．一个出版社的图书是一个大结构，根据两个效益统一的原则需要由社长和总编辑进行合理统筹。比如重点抓哪几个板块的产品线、盈利项目；每年给予什么项目以社内政策补贴，比如学术著作。

2．一个编辑室图书也是一个结构，也要进行盈、亏、平三类图书的合理搭配。各个出版社编辑室（部）的规模不同。有的社的部室比一个小型的出版社还要大（美国把年出书100种的出版社统计为大型机构）。所以室主任也在考虑以盈补亏、以书养书。随着出版社市场化程度的提高和分配制度的改革，很多单位已实行编辑部利润承包制，以部为单位考核销售收入、利润和分配。

3．单个编辑也可以统计为生产、销售点。每本图书要在市场中实现销售和参与竞争，很多出版社已在推广以个体编辑为主的经营利润考核制。所以编辑也要学会计算利润，控制成本和扩大销售。

4．盈亏要从动态需求和动态成本去看。

A．现在亏的不等于永远亏。有的书在第二印或者转让外文版权时转亏为盈。

B．现在盈的不等于永远盈。有的书在二印时印数过大，存货太多一直销不出去，反而把首印的利润也亏掉了。

C．该亏的要亏，关键是亏的价值观要先确定。即确定在一个社内什么样的图书允许亏，亏得有意义。比如填补了出版史上的专业空白，比如获得了大奖，为出版社争得了荣誉，等等。

（八）编辑人员的开源节流

开源，扩大收入：

1．与本社发行科积极配合，利用出版社资源，做好营销工作。

2．利用作者的资源加强某本图书宣传。我国的图书加上重印数，在市场内已近二三十万种。怎样使自己编辑的书让一部分读者注意到，关键是加强宣传，即非广告性投入，包括新闻宣传和事件营销。

3．拓展网络，加强直销。作者、学术机构、企业，都有一次购买数百本甚至上千本的直销机会，要去积极争取。

节约，控制支出：

1．与作者沟通，省却不必要的文字和图版，图版可以不用彩色的尽量不用。减去不必要的厚度、不必要的彩色，成本会大大下降。

2．与设计者沟通，把书设计得美而简练（当然经典的图文书不在此例）。

3．与技术编辑沟通，甚至下到印厂与技术人员沟通，在工艺技术上找到省钱的方法，改变原定的设计方案。大部头的套书、精装的大画册尤其要下厂协商。

（九）宏观责任人员的开源节流

这里主要指社长（及副职）、总编辑（及副职）以及财务总监、人事总监，他们分掌更大的职权，具有更大的责任和控制力：

1. 图书硬件尤其是物质构成费用呈下降趋势。出版社支出的版税和人工费、差旅费、营销费、仓储运输费等在上升，控制间接费用的意义更为重要。尤其是选用称职的编辑骨干人才，是建社的根本大计。

2. 随着未来图书发行与国外那样由包销制转为寄销制，图书生产和销售的风险在加大。尤其是库存要提取 10% 的提成差价，使得控制印数、压缩库存变得尤为重要。

3. 调整图书结构，丢弃无意义的"鸡肋"，开发有价值、有潜在需求的新产品线，是社长、总编辑需要时时关注的生命线。

4. 开发图书以外的文化产品及收入，以补主业收入之不足，成为必要。目前期刊、多种经营已是很多出版社的利润来源。

以上内容请各位在实际工作中灵活参考应用。一定要实事求是，从实际出发来发挥自己的创造性和积极性。

撰于 1997 年 12 月

上海市新闻出版局 1996-1997 年度先进表彰大会合影

我所知道的朵云轩书画家

去年岁末，上海书画出版社原总编辑、画家黎鲁先生来找我，提起曾在朵云轩当过领导的几位画家黎鲁、赵坚、杨涵现在年事已高，很想在新建成的朵云轩展览厅举办一次展览。他的迫切愿望给我以很大的启示。今年 2000 年适逢朵云轩建店 100 周年、上海书画出版社建社 40 周年，何不把朵云轩的同仁书画家组织起来办一个展览，既是向社会的一次汇报，又是百年庆典中一次有意义的活动。于是提交社长会议讨论，得到了几位社领导的响应。由于社内书画家计有四五十位之多，大家闻讯均表示了很高的热情，作品颇丰，于是决定分两次举办。一次是朵云轩十老画家作品展，集中展出朵云轩十位前辈画家的作品；另一次集中展出卢辅圣、刘小晴、周志高等中青年书画家的作品。想到展览有特定的时间和空间，往往瞬间即过，似乎应给书画家和朵云轩的后人留点有纪念意义的东西，于是又决定出版《翰墨缘——上海书画出版社朵云轩同仁书画选》。我不事丹青，但与这些书画家长期共事，对他们比较了解，于是自告奋勇来写这篇文章以彰其事。

朵云轩书画家是一个特殊的艺术群体，尽管每个人艺术风格不同，但有三个共同点：生活在上海，供职于朵云轩，热爱书画创作和研究。生活在上海，决定了他们的艺术更多地受到海派艺术的影响，他们的作品更多地烙上江南人文环境的印记，虽然不是绝对，却也大体如此。因此把他们归入海派艺术的一支，比较符合实际。供职于朵云轩，是说在这一特定的空间里，他们或者从事美术研究和出版，或者从事朵云轩的艺术经营事业，很多的木版水印精品由他们刻印而成，上千种的优秀出版物由他们编绘付梓，许多重要的学术研讨会、拍卖会、展览会由他们策划举办。朵云轩的业务成果，是与书画家们的学识贡献和社会影响分不开的。但他们是在辛劳的工作之余，才有自己的时间从事艺术创作，有些甚至到退休以后才重新拿起画笔，再次点燃艺术生命的火把。由于他们的刻苦和富有天赋，也由于他们在朵云轩有得天独厚的深广见识，所以他们终究又成为有艺术成就的一群人。

在我的印象中，朵云轩也出了些有特色的画师。前些年，在朵云轩艺术品拍卖会上，屡屡推出胡也佛（又名丁文）的作品，他的人物画线条流畅、飘逸，人物造型准确而又生动，为很多藏家所喜欢，经常大幅度超出底价成交。胡也佛何许人也？许多藏家争相前来咨询。其实，他就是朵云轩的前辈画家，早年在上海就小有名气，人物线条功力可与张大千媲美，新中国成立后长期在朵云轩木版水印室工作。1972年我到朵云轩工作时，他已退休，但时常回社领工资，他拄着手杖，留着很美的长胡须，颇具老派的风采，很使我们这些学徒好奇和敬仰。

黎鲁、杨涵、赵坚、程亚君是曾在朵云轩担任要职的前辈画家，抗战时期就投身革命，以画笔作武器为人民解放事业而奋斗，尤其在木刻版画创作上颇有建树。新中国成立后，他们一改画风，走上了中国画的创作道路，形成了版画与中国画结合的艺术风格。李成勋、沈觉初，是朵云轩的前辈画家，在海上艺坛也有一定的名气。其中沈觉初先生除绘画外，还专事竹刻，在这方面也属代表人物。胡也佛、李成勋以人物见长，沈觉初则擅画山水。到了90年代，一批后起画家应运而生。比如卢辅圣、吕清华的人物，应诗流的花鸟以及周阳高、张雄、孙扬的山水，都或以传统功力或有时代审美特点见长。尤其是卢辅圣先生的人物画以中国古代人物为题材，注重文学与绘画的结合，传统意蕴与现代观念的结合，以独创性引起海内外的关注。

朵云轩是海上书家的重镇。上海书法家协会有不少理事出于此地，突出的是方去疾先生曾任全国书协副主席，周志高先生曾任两届全国书协常务理事。已退休的前辈书法家在我的印象中比较深的有方去疾、高式熊、王壮弘、许宝驯等，方、高两位在篆刻方面是权威艺术家，而王先生对碑帖版本的研究，许先生的学识，都使我至今难以忘怀。80年代，朵云轩涌现了一批实力雄厚、风格各异的中青年书法家，比较有名的有周志高、刘小晴、吴建贤、方传鑫、茅子良、庄新兴、戴小京等人。刘小晴先生潜心创作之外，屡屡有专著推出，也很令我赞叹不已。

今年是朵云轩创立100周年。感谢茅子良先生在此前费心准确地考证写出了朵云轩的发展简史。他从上海图书馆查出1900年7月《申报》上刊登的朵云轩开张广告，证实朵云轩始建于公元1900年7月11日，农历六月十五。20世纪是个不平凡的世纪，人类经历了两次世界大战，中华民族经历了无数次的外患内忧。而建店时只有三五位职工的朵云轩，一个很不起眼的笺扇庄，经过百年顽强发展，居然成为全国知名的"江南艺苑""书画之家"，成为集收藏、经营、出版、复制、研究、拍卖于一体的综合性文化实体，这确实是一个值得研究的文化现象。朵云轩成功的原因是多方面的，其中不得不说朵云轩有一支良好的职工队伍，特别值得一提的是其中比例很高、艺术修养很深、学术层次很高的专家队伍。他们是读者与作者、艺术家与收藏家之间的桥梁，但他们自己又是艺术家。毛泽东说："感觉到了的东西，我们不能立刻理解它，只有理解了的东西才能更深刻地感觉它。"朵云轩的书画家们自己投身艺术创作，也就能更准确地把握艺术规律，在朵云轩的百年创业中，在书画出版和经营领域作出了突出的贡献。展望新世纪，我衷心地祝愿朵云轩的书画家们艺术青春永在！

刊于《翰墨缘——上海书画出版社朵云轩同仁书画选》（上海书画出版社出版，2000 年 4 月）

2000 年为朵云轩十位前辈艺术家举办书画展时合影

香港九华堂以及所藏的信札

2000年初春，香港九华堂经理刘濂先生偕夫人黄凌女士来上海，郑重其事地将所藏近代名人手札一千余封捐赠给上海书画出版社（朵云轩）。《书法》杂志闻讯拟刊登信札数通，以配合在上海举办的信札展览，我应杂志约稿写这篇文章以作介绍。

一、我所知道的九华堂

清朝末期，上海已为外国入侵，现代资本和商业在上海发展起来，封建遗老遗少和新型市民、商人、资本家及文人雅士云集，大批艺术家由各地汇集于此，一批画店先后应运而生了。

笺是作为信札和题诗用的精美纸张。自南朝陈以降，到明清木刻雕版刊行以来，清末民初尤风行写意画风的木版水印画笺，不少系彩色套版，齐白石、陈师曾、姚茫父等，均有佳作不断问世。因此当时还风行旧式信笺、诗笺、账册以及各种文房四宝用品，书画交易也颇兴盛，自然地也就有了类似九福堂、九华堂、朵云轩、同裕祥、二雅堂等的画店、笺扇庄。九华堂建于苏州，确切为哪一年目前尚未考定，但比建于1900年的百年老店朵云轩更早却是可以肯定的。九华堂后由苏州迁到上海河南路，最迟不晚于1892年，也经营书画、信笺、诗笺和文房用品。后因老板和经理有隙，经理又新开一家九华堂，故两堂并存。一家即新开的九华堂裕记于解放前停业，另一家即九华堂宝记后来合并入朵云轩。约在1916年，广州也开设了九华堂，创办人就是本文开头所提这批信札的原主人刘濂先生的父亲刘少旅先生。用现在的时兴话，广州九华堂似可说是上海九华堂的加盟店，有业务往来，但属独立法人性质，完全的自主经营、自负盈亏。广州九华堂的生意本应是不错的，只可惜抗日战争爆发，日本侵略者打进广州城，刘少旅先生于危难之中不得不将画店迁往香港经营，时在1939年。抗战胜利以后，香港九华堂的业务相对稳定，刘少旅先生与中国大陆和香港、台湾地区的一些艺术家在此期间建立和恢复了业务往来，为他们办画展、裱书画以及经营字画买卖，业务比较兴旺。后来，刘少旅先生年事渐高，遂将香港九华堂的业务交给长子刘濂先生经营。刘少旅先生善书画、通文墨，精于裱画，既是个经营者，又是个文人。刘滦先生在这样的家庭环境中耳濡目染，对书画鉴赏、业务经营颇入门道，渐入佳境。我结识刘滦先生，是因他主持九华堂期间，与上海朵云轩建立的业务往来和彼此信任。在70、80年代这两段重要的时期，刘滦先生足迹遍布中国南北，买进了大批中国书画、古董，经营大为好转，事业蒸蒸日上。加上其夫人黄凌女士喜好丹青，收藏眼光独特，抓住了不少机遇，使九华堂收藏日丰。近些年，香港九华堂关注祖国大陆文化经济发展的机遇，在内地多处投资，其中在上海朵云轩设立九华堂特约经销处，成为九华堂与朵云轩合作的新途径。

二、九华堂所藏的名人信札

1993年春季我到香港出差，承刘滦先生引荐，我见到了刘少旅先生。当时九华堂已交刘滦先生经营，刘少旅先生过着寓公般的生活，每天读书写字，余则整理资料。严格地说，刘少旅先生并不是个完全意义上的生意人，他开画店更多的是喜好诗文书画，乐于结交文人雅士，晚年则将很大的精力放在整理九华堂与名人来往的书信册上。那时他已年近九旬，很有耐心地邀我欣赏他亲自裱装的全部信札。多年来，书画家以及文人写给刘少旅先生的信件有千余封，尺寸、用纸、信封规格均不统一，保存、查阅颇不方便，刘少旅先生设计以八开卡纸统一装裱，工作做得十分细致、有效。

以现在看到的所捐书信初步整理，总计1099通，内中320余名艺术家的书信，时间最早的是1937年梁寒操的信。其中，张大千2封，傅抱石2封，溥心畬2封，高剑父5封，赵少昂36封，张书旂36封，汪亚尘14封，邓芬48封，商衍鎏37封，陶冷月5封，陈树人6封，黄君璧4封。

三、九华堂信札的价值

我粗略地翻看这批书信，感到其价值有三。

（一）书法艺术价值。这是一种审美的价值。这些年来，书界朋友都比较崇尚自然、率直的书风，反对书艺上的矫揉造作、古板僵硬，而信札则体现了这种审美需求。九华堂提供的这批信札，因系私人之间的通信，作者大都信手写来，自然天成，有独特的趣味。同时涉及的文人书画比较多，风格各异，为我们研究20世纪艺术家的书法，提供了一份珍贵的资料。其中如傅抱石等，除了以毛笔所写，还有硬笔书法，一般因很少在社会上流传，更属稀见可贵。

（二）历史文献价值。在这批书信中，既有谈书画交易，诸如举办展览、商讨润格的，也有不少是书画家们谈艺术见解，旁涉社会各方面人事的，行文或谨严有序，或生动有趣。特别值得一提的是，这些信札作者的文笔、性格、处事等特性，在书信中都有比较真实的表露，是研究艺术家和艺术活动不可多得的珍贵史料。

此外，九华堂作为中国一个传统的家族式画店，具有典型意义。这批书信也是进行中国旧式画店研究的一份宝贵文献资料。画店在中国历史悠久，于 20 世纪尤其发达，但是像九华堂这样完整地保存与书画家和有关人士来往书信的，并不多见。

（三）收藏价值。鉴于以上两点，我认为这批书信有相当的收藏价值，而且随着时间的推移，这种价值会越来越多地显现出来。尤其是当读者们细心地翻看这批信札，将会发现包括信笺、信封、邮票在内的全部收藏，是多么难得和有趣！

由此，我们由衷地感谢刘滦先生、黄凌女士的无私奉献精神。他们将一家之珍藏推及社会收藏和研究，实在是做了一件善事、益事。我也希望收藏单位能始终如一地善待此事，对这批信札的保管和研究负起历史的责任。

刊于《书法》2000 年第 6 期

1995 年秋季朵云轩拍卖会上与刘滦先生合影，刘先生将九华堂所藏
近代名人信札 1000 多件捐给朵云轩，是难得之举

中文图书市场发展的大趋势

中国加入 WTO 后，内地图书市场会受到来自国外出版势力的巨大冲击已是不争的事实。对此，我们应以怎样的心态和眼光来面对这一挑战显得尤为重要。以下我想就这一话题，结合中国图书市场以及上海的情况，从国有出版社的视角谈几点粗浅的认识。

一、对形势的分析不能一面倒

总的来说，对形势特别是内地图书出版形势的分析还是要全面、辩证。要看到有利因素，看到机遇，也要看到不利因素，看到挑战。一段时间以来，两种偏向都是存在的。一种是过于乐观，看不到问题的严重性，对今后面临的困难没有足够的估计。加上我们国有出版企业的领导大都为任期制，大家对自己任后的问题，也不是都关心。而从认识角度看，大部分人又把形势是否严重仅仅与中国加入 WTO 以后是否开放出版联系起来，以为开放了，中国出版形势就严重了，不开放，形势也就不严重了。一时间"狼来了""与狼共舞"的议论四起，也反映了人们看危机是看远不看近，即只看来自远方的危险性，未看到近处已有的危险性；看外不看内，只分析外国力量对中国出版的冲击，不分析中国内部各种因素对图书出版的冲击。仅仅这样来看问题，结论自然是乐观的：中国政府不开放出版业，出版社形势就不严峻。

另一种是把图书出版的前景说得一无是处。比较典型的一说是网络可以取代读者的图书阅读，打败图书出版；最近又听到有人分析 10-20 年后 E-BOOK 要占领图书 90%的市场、纸质书只会剩下 10%。还有一种分析是只要一开放出版，外国公司可以一下子打垮中国现有的出版社，占领中国市场。表现为不少论文片面地以外国出版集团的一些数据和中国的比较，对外国的尽拣好的说，对中国的尽拣坏的说，把中国的出版社比得一无是处。这里要指出的是有的比较方法也很不科学。比如有篇论文以德国贝塔斯曼和辽宁出版集团比，说贝塔斯曼年销售收入 110 亿美元折合人民币 935 亿元，是我国最大的出版集团辽宁出版集团年销售收入 20 亿元人民币的 47 倍，以此说明中国的不行。这里我们姑且不谈人民币与美元之间实际购买力的情况（现在经济界比较一致的研究显示

1 美元等于 3 元人民币），也不说两国的出版业不同的经济背景（德国的书价是中国的7—10 倍），更没有说我们比贝塔斯曼强的意思，我只想说明分析的方法不对，结论也不可靠。比如辽宁出版集团是家图书出版集团，集团的总销售是图书销售额，它对应的比较对象应是贝塔斯曼图书出版部门（1.7 万人，40 多家出版公司，年出书 1.1 万种，年销售额 71 亿马克，占贝塔斯曼集团年总销售额的 31%，折合人民币 284 亿元），是辽宁出版集团的 14.2 倍。但有的专家就是拿了贝塔斯曼的 110 亿美元今天与中国的某个报业集团比，明天和中国的某个出版集团比，后天与中国的娱乐集团比，在比较中贝塔斯曼的销售总额至少多了 3 倍以上。

比较中实物量和金额差别也要兼顾。比如美国图书年销售额 256 亿美元，中国2001 年总额 408 亿元人民币，合 49.32 亿美元；但以实物量计，2001 年中国是 69.25亿册，美国是 24.9 亿册（2001 年统计）。又比如中国近年图书发行量大致是 60 亿册以上，日本是 40 亿册左右。但换算成金额日本大得多。实际上在销售方面我们与美国、日本的差距并未如金额显示的那么大。

我们承认外国图书尤其是出版集团的综合实力是强大的，但分析问题或分析形势要全面、科学，比较对象首先应该明确。其中既要分析外国出版集团的强处，也要看到它们的短处（最近报载德国第二大的媒体集团已倒闭）；要分析我们内地出版社的短处，也要看到我们有很多优势，从而建立起我们的信心。

二、内地图书今后 10 年的形势依然有理由看好

经过改革开放 20 余年的发展，中国图书出版业的情况有了质的变化。以 2001 年为例，图书出版品种数达 15.45 万种，其中新版 91 万种重版 6.3 万种，总印数 63.1 亿册，总印张 406 亿印张，总定价 466 亿元，图书发行总销售 69.25 亿册 408.49 亿元。

伴随着以上数据的变化，中国出版人的素质提高了，经营意识增强了，在实践中培养出了一大批会理财、能编书的出版企业家，涌现了一批销售额 5 亿元、利润 5000 万元的出版社。中国出版社大都限于图书生产和销售，并且是在人均 GDP800 美元的基础上进行的，看到这一点，我们对未来也充满信心。

未来 10 年内地图书出版会持续发展基于以下理由：

1. 中国 13 亿人口，写书人的资源很丰富。图书出版业是靠写书人和买书人共同拉动的，只分析购买力需求，不分析"写书"方面的供给实力，也是一种片面性。中国有十分丰富的文化基础，有很好的写书人动力资源，这是今后出版持续发展的重要条件，

也是分析中国图书品种和销售上升的重要视角。今天在内地写书为实现理想、写书为改变社会地位，写书有经济收益，使中国人写书的积极性达到了历史顶点，甚至无法以外国的出版规律来解释。笔者在出版界工作，直接感受到这10年来自己想写本书、出本书的人越来越多。有些专业出版社，写书人自己写、自己编、自己出钱印的书已占25%的比重。这些书或部分进入市场，或不进入市场，不管怎样，它也是中文书出版和文化传播非常重要的一部分。至于传统上政府、政党、学校、企业、社会团体等推动内地的编书、出书活动，更是中国出版的组成部分和一大特色，绝对不能小看它的作用。

2．国家科教兴国的战略和重视文化建设的背景，还会持续拉动图书尤其是教材、科教书的出版。据估计，2010年中国人口可能达到15亿，其中各类在校学生将达到5亿人次。进入新世纪，内地推动终身教育制度，各类成人学校兴起，成人学生总人数数以亿计，他们和在校生一起，构成内地图书的主力需求，将给整个出版业以巨大的持续的推动力。因为文教书、教材和教科书在中国内地图书出版市场中占40%－50%的份额，是图书50%以上利润的来源。最近公布的出版统计数据显示，2001年全国教材出版占品种15.45万种的15.7%，占总册数63亿册的53.4%，占总用纸量的48.57%，占总定价466亿元的38.74%，教材对今后出版的拉动是巨大的。科教兴国的战略还使中国受高等教育的人数成倍增加，造成各类文化、科技图书的需求上升，给内地出版业创造了发展空间。这种规律已为发达国家的情况所证实。例如，英国科普读物销量很高，就在于受高等教育的人多。此外，政府推动先进文化建设的方略，也将促进人民对于图书销售的需求。

3．经济的高速发展，居民生活质量的提高，包括图书在内的文化消费将有进一步的增长。最近上海市统计局公布的数据显示，1989年上海人均GDP1475美元时，年人均文化消费是190.80元人民币，2001年人均GDP4500美元时，年人均文化消费是1360元人民币，增加了6倍多。预计2006年上海人均GDP达到7500美元时，文化消费可达到人均2720元。上海的统计报告说，2006年上海市民的生活将人民币实际购买力因素考虑进去，相当于2001年意大利、澳大利亚人均GDP2万美元的水平。我们有理由进一步相信，上海以及全国图书销售总量会上升。

4．中国图书的品质会进一步升级换代，这也是出版产业一种巨大的推动力。抛开内容不计，中文书的设计和硬件水平会有进一步改观。这几年有些人把内地图书总印张、总销售额增长快于图书发行册数的增长简单地归结为"乱涨价"，这是想当然的判断。20世纪七八十年代，内地纸质书的特点是薄的多、单色的多、用书写纸的多。进入90

年代内地书的厚度增加了，大量采用彩印和图文混排，铜版纸和胶版纸比重上升，产品的附加值大为提高，虽然图书总印数增长缓慢，但附加值的明显提高成为拉动图书产业的重要原因。和国际市场相比，内地纸质书的物质构成还有继续提高的空间，它在今后10年中还会持续推动中国出版销售上升，并带来相关的利润。

5．中国出版社在20世纪90年代积聚的实力（人力、智力和财力），在新世纪的发展中会进一步释放出来。以上海为例，年销售图书过亿元、利润过千万的出版社已有10余家，年销售额2亿元以上、利润2000万元以上的出版社也有4—5家。甚至出现了销售额5亿元以上、利润5000万元以上的单体出版社。这些持续10年销售和利润增长的大中型出版社，在90年代积累了相当丰厚的资金和实力，引进了大批中高层次的编辑人才，有众多的可重版的图书产品，又积累了比较丰富的办社经验和较强的经营实力，并且积极与海外出版机构交往。相信全国类似的出版社作为中坚力量，还会带动全行业向前发展。

6．对开放的看法。在今后10年内，这是一个不确定但又是对形势判断极为重要的依据。中国加入WTO未承诺对海外开放出版，这给了内地出版社一段自我调整、改革和发展的宝贵时机；但如果5年、10年后中国的图书出版有选择、有控制地逐步开放，也并不可怕，因为届时我们已有25年到30年改革发展的经验和积累，而进一步地开放形成新一轮的竞争，会使中国出版社加速分化，优胜劣汰，会促使市场机制的形成和图书出版业的进一步繁荣。相信挑战会变成好事。何况图书产业与汽车产业、甚至与音像制品行业的特点也不相同，图书产品是分散的内容产业，如果向外国出版公司的开放只是在中外合资的框架内开放，或者也只是允许它们单独经营图书新产品而不允许它们收购中国的出版社，则单从产业的角度看，形势还是乐观的，大部分优秀、良好的中国出版社不会被打垮。

三、我们面对的竞争形势

这里的我们，与当地媒体比，是图书出版业，与其他图书出版人比，是现有的中国562家国有出版社。

（一）来自其他媒体的竞争

前面谈到了中国的图书需求以及文化消费需求会持续增长，但是否会与其他媒体以及文化产品同比例上升，还很不确定。具体地说，它将面对电视、报纸、网络、期刊与广播等媒体或者音像制品、电影等文化产品的竞争或挤压。虽然有人说电视也给了出版以互动以及选题创新的机会，但电视更多的是冲击了图书的购买力和读者的阅读时间。

1．电视的冲击。这10年来，中国电视机的价格下跌了一半以上，电视技术进一步改进，使其声画并茂带动感的特点充分发挥了出来。高清晰度的电视、有线电视的出现以及电视节目的丰富，使电视成为大众必需、首选的信息来源和文娱方式。据有关机构调查，中国城乡家庭电视普及率已达到90%，看电视的时间在各大媒体中居第一位。内地的电视大都每天24小时播出，占据了观众大部分视觉时间。

2．报纸的冲击。据新闻出版总署统计，2001年中国报纸总计2111种，总数比上年增加5.18%，期印数增加1.21%，总印张增加6.61%，印数增加17.4%。这几年中国报业的竞争大战，掀起了扩版热、彩版热，使报纸由传统的4版扩展到16—24版，有20%向48版到100版发展，由单色演变为彩色（2001年已有300多种），内容涵盖更广，价格更低廉，出现了48版的报纸每份卖0.5元的现象。与此同时，报业广告上升，2000年即212亿元，预计2003年达到400亿元。报纸以传递快信息广价格低争夺了读者口袋里的钱，更重要的是争夺了他们的阅读时间。

3．网络的冲击。2001年我国个人电脑的年销售量是717万台，增幅45.19%，中国网民已有3000多万，并以每年10%以上的增幅在扩大；中国软件1996年的销售额是92亿元，2001年达到315亿元，年增长28.7%。据美国报业协会调查，网络对报业的冲击最大，2000年美国网民1亿多，大多数年轻人已不买报和不读报。这种现象在中国城市中已经出现。其次网络也会冲击图书销售，或者说没有网络传媒的话，图书销售会更旺盛。

4．音像制品的冲击。据新闻出版总署公布，2001年底我国有音像出版单位194家，音带和录像制品的销售额分别为8.42亿元和9.62亿元，比上年增长26.2%和50.67%。我国民间音像制品的实际销售量很大，大都为非法盗版市场占领，数据难以统计。美国是音像制品大国，它的音像制品在国民经济中占第6位，大大超过报纸和图书业（美国图书年销售额约65亿美元，国内音像制品销售额是其10余倍，达600多亿美元）。我国官方统计的音像制品销量不大，但如把盗版统计起来，这也是一个庞大的文化产品市场，对图书的冲击更直接，占据普通民众的视听时间也不少。

5．期刊的冲击。目前中国公开发行的期刊是8889种，内部发行的期刊估计也有7000种以上。90年代以来，由于市场化运作和引进广告，期刊的营业收入已达108亿元左右，大约是内地图书销量的1/4。目前期刊走势活跃，外国出版机构介入的兴趣更大，同时按国际通行的情况分析，有的国家期刊与图书销量是1:1，在日本则是7:3。

如 2000 年度西欧国家图书和期刊年销售额分别为 284 亿和 296 亿欧元。期刊的传递速度比图书快，在我国未来的发展空间比较大。

6．广播的情况。在中国，由于电视的迅速发展，广播较早地进入了衰老期。手头没有数据，只能就上海广播的现象看，听众在减少，广播的经营效益明显在下降。广播能否东山再起？德国 2001 年民众花在媒体上的时间调查显示，德国人日均听收音机 169 分钟，看电视 153 分钟，读书 32 分钟，上网 30 分钟，其中听收音机排第一位。原因是大部分德国人自己开车，花在途中的时间很多，私家车的发展提高了广播的收听率。未来中国私家车如有明显增加，广播的听众会增加。但在 10 年以内，它还不会挤占中国民众的读书时间。

除了以上媒体的互相竞争以外，还不得不提一下内地居民另外两项文化消费支出：一是子女教育费用。在这 10 年中已增加了几倍，并且带有强制性。二是旅游支出。据中国旅游协会估计，5—10 年内，中国每年出境游超出 5000 万人次，境内游达到 8000 万人次。这两项会占据居民文化消费的相当部分支出。

（二）来自海外同业的竞争

据资料显示，美国亚马逊网上书店提供的图书达 250 万种，这证明了可进入中国的图书资源还是极为丰富的，加上全球大部分出版社都看好 21 世纪中国巨大的图书市场，争相挖它的第一桶金，各种形式的竞争会对内地出版社构成冲击。改革开放的 20 年，我国在图书出版方面只开了版权贸易这扇门，因此内地出版社受到的冲击比较小，海外出版社对华版权贸易的力度却大为加强，近年引进版的图书数量急剧上升，已达年 7000 余种，大大超出输出出版 600 种的数量，占 2001 年新版图书 9.1 万种的 7.7%。如果进一步开放出版，以外国出版社的实力和经验，会对国有出版社构成一定的冲击。这也不能不使内地出版者怀有忧虑。

（三）来自内地业外的竞争

近 10 年，中国内地的出版在先前体制未变的情况下，以中国人的智慧创造了两项民间变相介入出版的渠道。一是民营书店，二是文化工作室。在 15 年以前，当民营书店（俗称"二渠道"）初现的时候，很多人向中央反映这是歪门邪道，要求予以禁止，这些意见主要来自国营书店，其次也有出版人。但毕竟国营书店一统天下形成的弊端太深刻，所以支持"二渠道"的人也不在少数，大家希望引进这种发行竞争机制，逼迫国营书店改进工作。于是民营书店在争论中发展。时至今日（近 10 年），随着这些书店的合法化、正规化以及发行量的增大（例如有些批发店可以发售年码洋数千万甚至数亿计的图书），它们不再满足于转手卖书，而是加入了编书、印书、卖书的行列，成了变相的出版商加批发商。他们人手精、成本低，发货折扣低到50%，具有极强的竞争力。而文化工作室的出现，则形成了一批体制外的"出版人"。这里要提到图书出版与办报纸、拍电影有很大的不同，进入行业的资金门槛低，很适合小部队单兵作战。工作室的人文化起点较高，干起编书这一行驾轻就熟。他们市场嗅觉比较好，加上收买了一些出版社的优秀编辑为他们业余开发选题、加工稿件，除了书号要借助出版社，其他一应俱全。在西方出版商对中国图书市场垂涎三尺，不知如何进入的时候，这些同胞却"悄悄地进村，打枪的不要"，抢了国有出版社一大块市场、一大笔利润。据说这样的工作室在北京有千百家。

最近获悉，很多国营大书店、大批发商也不满足于卖书的社会分工，已组建和正在组建机构，筹划选题，利用自己的发行渠道，把自己编的书放在第一位着力推销，立志要挣出版和发行两笔利润。想到这一点，内地书业的出版者应该有点不寒而栗了。大家的眼睛盯着境外，不知迫身的危险首先来自内部。

（四）来自业内的竞争

内地的出版社到2001年有562家，从现象上看比美国的近万家、德国的6000余家、我国台湾地区的4000多家要少得多，这也是有人认为内地出版社还太少，主张再放一些的缘故。实不知，中国出版社的规模特点是"不大不小"，大的、小的不多，平均规模却不小。不久前读到一份资料，说在美国年出版100种新书的出版社数量很少，而

1998年考察北美华文书店

中国2001年社均出版书已近162.6种，加上重版社均出书274种，也算世界出版业的一大奇迹了。

竞争推动了内地出版的质量提高，也造成了选题重复，平均印数下降，单产效益下降；下降又使每个出版社要通过扩容增加出书总量来维持效益和销售规模，这又促使出书品种急剧上升，平均印数再次下降。这一现象可以从新闻出版总署提供的数据（见下

表）中得到验证：

年份 \ 别类	出版社（家）	品 种（万）	册 数（亿）	社均出书量（种）	平均印数（万册）
1975	75	1.37	35.3	182	25
1985	416	4.6	61	110	13.2
2001	562	15.45	63.1	274	4.1
2003	570	19.03	66.7	333	3.51
2004	573	20.82	64.13	363	3.08

20 世纪 90 年代，政府管理部门提出了"加强管理，优化结构，提高质量"的方针和控制出书品种规模、注重质量效益的战略。这一方针无疑是必要的、有效的，否则情况会更严重。尽管如此，从以上表格可以看出 1985 年到 2001 年的 16 年间，出版社总量增长了 35%，总品种增长了 235%，社均出书增长了 149%，平均印数下降了 69%。这种局面使内地图书产业隐含了极大的矛盾。

（五）来自写书人与卖书人的合力夹击

传统上内地的出版以出版社为主导，出版社对写书人和卖书人具有一定的支配权，又握有图书的定价权，一直享有较高的垄断利润。但市场经济一旦从笼子里出来，情况就发生了变化。首先写书人不再满足于稿酬收入，他要等价交换，要按国际的通行惯例分得自己的一大块蛋糕。以上海为例，在 20 世纪 80 年代稿酬在一本书的定价中还占不到 1%，进入 20 世纪 90 年代版税制的并行使作者收入明显上升，有的甚至超过了出版人收益，趋势可能会达到出版人意想不到的地步。

至于卖书人的欲望，也逐步地上升。在 1985 年，内地图书折扣统一为 75%；后来 72% 也维持了很长一段时间。进入 20 世纪 90 年代，政府主导的统一折扣已难以维持，市场促使折扣大幅度下降，直到 60%。折扣的下降，既来自卖书人的利益驱动，也来自出版人之间的竞争。行业没有牢不可破的情义和惯例，加之民营书商、工作室以低成本、高定价、低折扣经销，真不敢想以后内地图书折扣底线在何处。

除此之外，书店还将实行了几十年的包销制改为寄销制，这一手比降低折扣更使出版人头痛和心寒，造成了大量的退货和出版社库存图书上升。

2002 年 6 月 4 日，《中国新闻出版报》公布的 2001 年出版年报显示：2001 年全国库存 35.54 亿册，而全年生产是 29.26 亿册（教材未计，一般也无库存），库存总额 297.5 亿元，而全年生产总额是 286 亿元。库存比例之高、隐性的风险之大令人惊叹。

总之，未来的内地图书市场，写书人和卖书人的利益得到了市场化的保障，风险将转嫁到出版人身上。

四、对把握形势的一点思考

形势比人强，是说客观规律对人的作用，但人也可以通过努力把握形势，趋利避害。

面对今后复杂、多变的图书出版形势，政府、市场和出版社都有很多工作要做和可做。挂一漏万地说，首先是我们的政府尤其是中央政府，对把握中国图书出版产业的发展负有重大的责任和握有最关键的主动权。市场经济的发展，是自由的和难以驾驭的；政府又在向管理型的政府转变。和十几年前相比，出版主管部门在主导产业中的作用相对弱化了，而在未来，政府的宏观调控作用恰恰不应弱化。诸如控制出版社数量、控制初版书数量、控制产业发展的节奏、创造持续发展的环境等方面的作用（如发"出生证"和发"粮票"的方式），绝对不能放弃，否则内地图书产业会面临某种危机。最近日本出版评论家小林一博在《出版大崩坏》一书中分析了日本出版陷入的危机，恰恰是中国应着力避免和可以避免的。

其次，市场的培育和市场机制的进一步完善是十分重要的。一是现在中国图书市场条块分割尤其是地区分割严重，统一、开放、竞争、有序的全国图书大市场不但远未形成，而且有可能陷入新的混乱；二是市场中写书人、出书人、印书人、卖书人和买书人的权益缺乏协调机制，尤其是写书人、出书人和卖书人三者关系的协调，政府已经逐渐淡出，而市场并未合理有效地担当起来。我国目前尚未产生如西方图书市场那样起协调作用的书商协会组织。因此应着力建立市场经济秩序，培育各种市场中介，有效地发挥市场的积极作用。

最后，对于市场的主体出版社来说，最重要的是审时度势，保持清醒的头脑。做大是对的，更重要的是做强；规模是重要的，但更重要的是注重产品的产销率，也就是以什么代价来做规模。在某种意义上看，未来绝对属于销售量大而库存少的出版社。为了达到这一点，中国内地的国有出版社最重要的是提高自己的竞争力和改革现行不适应的经营及管理体制。竞争力的核心是选题创新能力和综合经营能力；改革体制、机制的中心问题是在管理中引进竞争因素，调动人的积极性、创造性，实行人的优胜劣汰。

总之，对形势有一个正确的判断和有正确把握的能力，我们就能因势利导，趋利避害，使内地的图书出版业健康、有序、持续地发展。

刊于《编辑学刊》2002 年第 5 期、《2002 年世界华文出版年度观察》(华文出版社出版，2004 年 5 月)

在上海为旅日摄影家冯学敏出版画册并举办画展

联手开拓世界华文书市场

因为工作的关系，我从 1989 年起共有四次去美国出差，每次都有比较多的时间与当地华人书店的经理、读者接触，其中 1998 年和 2002 年夏季两度随上海出版代表团访问美国、加拿大，在五大华埠举办"上海书展"，留下了美好的回忆和深刻的印象。特别是 2002 年的访问中，在温哥华、纽约和洛杉矶召开了三个读者座谈会，与六位华人书店的经理作了个别访谈，初步了解了北美华文书市场的需求与经营的情况，对我从上海出版的角度如何协同开拓当地华文书市场启发很大。北美华人学者、作家、读者对我们的热切期盼，当地华人书店克服困难勤奋开拓的精神，都使我回想起来历历在目。本文主要想谈谈我对北美华文书市场的感受和思考。

一、中国出版"走出去"的两个市场和两个读者群

由于 20 多年改革开放形成的物质基础和文化积累，我国提出了"走出去"的发展战略。这个战略对经贸领域而言，是比较简单明了的，即分成境内和境外两个市场去发展就是了；而在我们图书出版领域，境外则很明显地分成了华文书市场和西文书市场，除了因语言文字的不同产品完全不同以外，受众也很不同。中国的出版物要进入国际市场，必须分门别类地研究华文和西文这两大类完全不同的图书、市场特点以及出书方法，才能有针对性地做好工作。这次以北美华文书市场分析为视角

1994 年春考察东京东方书店，该店的特色之一是经营中文书籍

进行研讨，旨在解剖北美这只"麻雀"，以找寻海外华文书出版发行的某些共同特性。

开拓海外华文书市场的工作是十分重要的。但我认为，在这方面还有两个认识上的不足。一是片面认为走出去就是走到洋人中间，没有走到洋人中间不算走出去。这是对

67

走出去的工作要重视华文书这一点认识不足。我们并不反对要用各种方式使我们的书走到洋人中间，但同时我们也不能放松对海外华人读者的工作，这是一个巨大的读者群，也是与我们有天然联系的一个广阔市场。有资料分析比较中国大陆和俄罗斯实行开放政策后中国出现投资迅猛增长而俄罗斯吸引外资缓慢的情况，结论是，中国得益于大批海外华人带来的人才、技术和资金，这是投资的"发动机"，正宗洋人的后续投资是在华人率先启动中国投资市场之后的事；另一个材料显示，2002年中国吸纳外资约500亿美元，其中约80%来自海外华人投资。它从一个角度证明我们做好海外华文书的出版发行工作是多么的重要。我们另一个不足是以为华文书就是华文书，只要把我们全国每年出版的九万多种新书，其中上海出版的八千多种新书拿去做版权贸易，或做发行工作就可以了，不必从选题上为海外华人"开小灶"，忽略了针对他们的特点从选题和出版阶段就加以细分和研究，只注意华文书的共性而忽略了海外华人读物的特殊性，对这一个不小的读者群了解不多。

二、当前拓展海外图书市场的工作和以往有两点明显的差别

一是重心、内容不同；二是工作途径不同。应该说1949年以后，中国内地也投入了很大精力、人力和财力去开拓境外市场，但着重于政治目的和政治内容，比较依赖于行政手段和政府财力的支持，而当前以及今后的工作则更专注于文化内涵，更依赖于市场行为和营销手段。这是两个鲜明的转变，从单纯为政治目的、以政治内容向海外市场推广，到注重图书的文化内容、工作的文化意义，我认为是一种更现实、更明智、更进步的思考。在冷战时期，意识形态的斗争是一个大背景，图书的海外传播也围绕了这一主题。今天，世界更开放了，经济全球化和西方强势文化的冲击，已把文化之间的冲突推到了一个中心的位置。各民族文化如何在竞争中相融、共存、互补，已是一个世界性的课题。中华文化虽然博大精深，延续了五千多年，在世界古老文化和文明中最具生命力，但我们如何在今后世界文明冲突中保存、弘扬民族文化，从世界的角度看，挑战还很严峻。因此图书出版的对外工作以文化为传播内涵，以弘扬民族文化为目的，还是抓住了问题的根本，也使我们的工作更有实效，更能为海外的华人读者认同和接受。上海从2002年起首创"中华文化和出版"的论坛，选择以文化为题，正是反映了这一当代特点和时代要求。

从过去依赖政府出钱、政治手段推动华文书在海外发行，到今天我们意识到要用市场的手段去开拓的市场，也就是靠图书的质量、发行力度和优质服务来达到目的，是基

于图书在海外再也不是以前免费发放的红宝书了。在一个选择性很强的社会里，要让读者心甘情愿地掏钱买我们的书，我们的书就要内容优秀或健康有益，表达方式上有亲和力和吸引力，外观漂亮而价格有竞争力。这次大家把研讨主题集中到分析市场上，从分析海外华人结构入手，从分析他们的要求、特点和阅读习惯入手，就是一个很好的开端。同样，我们开拓海外西文书市场，也要研究洋人的心理特点和读书习惯，这样才能使我们的图书发行基础更扎实，更符合书业的规律，而不能仅仅靠政府来买单。

三、中国大陆尤其是上海与香港、台湾地区三地书界应该共同联手打造优秀产品，开拓海外市场，弘扬民族文化

传统上北美的图书市场有三个来源：中国台湾、香港地区和中国大陆。就市场行为而言，台湾、香港地区进入最早，基础更好，曾经占据了有利的地位。近几年由于中国国际地位的增强，图书质量的提高，海外华文书市场结构发生了很大变化，大陆书的比重提高了。但现实地看，今后三地角逐北美市场的格局不会变，我们三地书界应有这样的共识：只能形成竞争合作的相互关系，来共同做好繁荣境外华文书市场的工作。竞争是必然的，因为北美以及海外的市场完全是自由的，读者的认可和要求是市场的根本动力，竞争会促进三地的图书取长补短，共同提高。合作互补也是必然的，因为那种把某地图书挤出市场的想法既不现实，也无必要。一是三地的图书内容和形式有各自鲜明的地方特色，不是另一地的图书可以完全取代的。二是北美的华人分别来自中国台湾、香港地区和中国大陆，他们与三地地域性的文化特色有着天然的不能割舍的联系。以温哥华和多伦多为例，当地香港人比例高，销售中香港书的比例就高达50%；以纽约东方书店为例，则销售中的60%是中国大陆书，因为来自中国大陆的移民比例比较高。

既然共存是一种现实，既然读者有多元化的特点，既然我们三地的出版人都意识到我们在北美做传递中华文化的工作有共同性，我们应该形成合力，联手来做这件有意义的事。从近几年的情况看，上海与香港的合作比较多，上海已连续六年与香港联合出版集团以及当地三联书店在北美办"上海书展"，今后也希望与台湾的同行有更多的合作，把合作优势发挥出来。

四、要了解海外华人群体的新变化、新问题，研究新需求

从以往的调研中可以看到，华人群体的结构变化一是新移民大量增加，这些移民与老一代华人的不同之处在于有知识背景，白领比例高，家庭经济基础比较好，移民的层

次大为提高。二是华人成分多元化了，从前以来自台湾、香港地区的为主，现在来自中国大陆的比例上升。三是随着中国改革开放的成功和实力增强，华人对中国大陆的认同感增强了。近三次我在北美所见所闻，与我1989年8月去北美的情况发生了很大的变化。四是从图书市场购买力讲，以港台背景的移民购书实力最强，大陆背景的移民因嫌北美书贵，大多由内地亲属寄去，未形成主体购买力。

从阅读特点看，读者一是对大陆简体字版逐步接受；二是对注音符号的识字方式也逐步认同；三是仍希望中国的古籍、学术类著作用繁体字出版，满足专家、老人的要求。

从图书销售热点看，主要有五方面：一是关于中国大陆时政的，这类书以港台居多；二是文化教育类的，尤其以学英语、华语以及工具书为先；三是商务、旅游、烹饪、医学、技术等方面的书；四是中国传统文化的书，比如古籍、文学、中医、气功、武术和书法等；五是大陆当代文学作品已受到关注，从前这方面大都为港澳作家所占据，近来情况有变化。

根据以上情况，我们上海完全有条件、有针对性地加强出版工作，这五个方面的书，上海每年出版量很大，有很好的作者群，有综合优势，应该尽力开发。即便时政类的，上海也出过《解读上海》这类好书，我们也有条件涉及，以补港台出版物的不足。

五、华文书进入北美的三种方式

对我们中国大陆出版人来说，第一种方式是把我们为国内读者印的书推销到海外去，由于大陆的图书装帧设计水平也在提高，同时在内容上有港台图书的不可替代性，加上上海与北美图书的差价已由十年前1元人民币∶1元美元，逐步下调为1∶0.4—0.5美元，因此这种方式还很有效。以洛杉矶三联书店陈列的四万五千余种书为例，其中约60%是大陆书，纽约东方书店两万种书，大陆的约占60%，这主要是加强了中国大陆书的直接发行。第二种是版权贸易方式，通过港台出版社引进港台重新设计出版后，主

1998年参加在旧金山举办的上海图书展

要在港台销售，部分再输往北美等华文书市场。在海外，经过二度出版的书，明显比大陆版的设计更精美，更受读者喜爱。第三种方式也就是以后要着重研究改进的方面，就是如何以海外读者为对象编写他们关心的选题，并以他们喜闻乐见的方式来表达。

对我们上海出版社老总们来说，今后几年很重要的工作是在调查研究的基础上，提出有针对性的选题。从海外读者渴望了解当代中国，以及学习中华文化这两大热点而言，我们上海出版人占据了更有利的条件，围绕反映当代中国和传播中华文明这两大主题我们掌握着丰富的材料，拥有广大的作者群，一旦了解了市场，有了创新意识，这方面的选题会源源不断地发掘出来。在这里应特别强调的是，发掘作者是发掘选题的重要方面。在对外的出版工作中，除了我们本地的作者，海外华人对客居中国、上海的洋人、华人写的反映当代中国的书很感兴趣，对在海外打拼的华人写的反映海外华人生活的书也很感兴趣。我在温哥华、洛杉矶碰到了一些华人作家，他们很有创作热情，苦于没有渠道出版，因为除港台和中国大陆以外，各地很少有华文出版社，我们应该关注这一写书人群体。我相信，当三种方式都充分利用起来并各显成效的时候，海外华文书市场定会更加活跃。

六、中华文化体现在民族精神和文化形式两方面，我们的图书要关注这两大系列的选题

我们的民族精神究竟包括哪些方面，这是一个学界正在探讨的问题。比如热爱祖国，勤劳勇敢，敬老爱小，吃苦在先享受在后，和为贵，中庸精神，与人为善，嫉恶如仇，礼仪之邦，等等，它蕴含在历史典籍、文学艺术、科学技术、家庭伦理等方面，面向海外华人梳理出版充分体现民族精神的读物非常重要。但是我们也要看到，海外华人身处异国他乡，已经逐步融入当地社会，他们对于民族精神的理解，受到了时代和地域的局限，我们不能要求所有的人都以统一的标准来接受民族精神。他们中的大部分人，可能对于了解和保留自己祖先的某些文化形式、文化符号更有热情，或者说通过这种了解或参与间接地了解中华民族的精神和文化要义，保存华裔的感情。对此我们应该充分理解。

事实上，一个民族的特性、精神也往往和它的文化形式紧密联系在一起。比如华文中国菜肴、唐装、中国结、书画、唐诗宋词、民族乐器、节庆、长城，等等，都是鲜明的文化符号。我们很大一部分图书可以从这里入手，只是表达的方式、语言技巧，都应该力求创新，与我们以前所做的有所不同。

七、出版人应该关注北美华人的识字热潮

去年在北美出差，结识了几位从事中文教育的人士，加上一些华人的介绍，始知北美近年掀起的学中文热潮方兴未艾，这和十年前传来的信息以及由此产生的担忧大不一样。当时一些中老年华人对后代在美国融入了英文世界，不想学或畏难不敢学中文心存忧虑，怕若干年以后移居海外的中华子孙不会断文识字而失去了与中华文化的联系。因为即使从中国大陆去的小孩，也大多只会讲中国话、家乡话，而不识中国字。这几年，中国大陆的快速崛起和经济腾飞，加上港台形成的大中华圈，促使很多洋人也在学中文，就更促使北美的华人认识到掌握华文的重要性，于是大家纷纷把子弟送到华文学校去，而北美开设的华文学校也越来越多，早先的海外华人更多地在中国餐厅里相聚，如今的华人，很多时候在华文学校碰头。这是一种令人喜悦的现象。

识字、读书、买书是连贯的组合。虽说他们识字的初衷更多的是想到中国找工作、做生意，但这毕竟为我们出版人送来了新读者，同时它也从另一方面解释了这些年为何北美的华文书店越开越多，书价越来越低。

有识字群体，就有读书需求。这些人当前最需要两种书，一是识字课本，二是通俗读物。教书的先生都反映适合海外华人学华文的书太少。这类识字课本不仅北美需要，而且其他国家的华人也需要。由于进学堂的不是适龄儿童，他们已经有了相当的西文基础，因此这类教材恐怕需要一些西文的注释、说明、翻译，绝不是照搬国内教材就能奏效的。再者他们生活在异国他乡，内地小孩看的课文、用的词语也明显地不适合他们，在通俗读物方面，也要听听当地华人的意见，编得更有特色，更切合实际。比如要用注音符号或拼音字母，要用外文翻译，类似我们读的英汉对照读物。篇目也要由浅入深，生动有趣才好。这种读物编好了，传播中华文化的工作也融入其中了。

八、促进上海加强华文书出版发行的几项具体工作

1．上海应与北美书界以及港台同业加强联系，经常举办座谈会交流信息，促进合作。这次是个开端，以后应持续不断。

2．上海在北美也应设立办事机构，加强市场调研，协调跨洋工作，提高办事效率和专业化水平。

3．上海在北美的书展取得了成效，对沟通与当地华人的联系，扩大发行量起了积极作用。今后应继续举办。为提高质量，书展要策划主题，增加有益的活动。比如文学年、健康年；比如有业外人士随团参与策划相关活动。去年随展举办"今日上海摄影展"和"刘

小晴书法展",对书展起了烘托作用。

4．发行工作要与推动华人读书相结合。如考虑策划每年一届的读书月活动，集中推荐若干种书在华人中推广、交流，读书活动优胜者可由实力雄厚的出版单位赞助奖励到内地观光，交流读书心得。

5．配合图书发行和华人读书，上海拟创办一份面向海外华人的华文期刊。

6．书展、书店、读书节、书业的互访和交流，还应扩及其他国家和地区。

北美是华人比较集中而又影响最大的一个区域。其次南美、欧洲、澳大利亚、东南亚、日本也是重要的华文书市场。我们分析北美为的是举一反三，扩及其他，尤其是一些新的有前景的市场。而已有众多读者的传统华文书市场，也还有更多潜在的读者等待我们去发展。我们面临的是一项艰苦而有意义的工作。对上海出版人来说，这是一种挑战，也是一种机遇。上海的图书近十年通过实施精品战略，提高质量，已在国内抢占了若干个制高点。2002年我们新出书已达8156种，销售收入近30亿元人民币。有十余个社年销售过亿，利润过千万。甚至出现了年销售过5亿元、利润近亿元的超强出版社。我们已积聚了向海外发展的若干条件。同时我们也应意识到，开拓海外市场难度远甚于我们熟悉的国内市场，这项工作做好了，这个难关攻克了，上海出版的综合竞争力会有一个明显的提升，反过来会进一步确立上海出版在国内的优势地位。在这方面，我们要很好地向港台同行学习，借鉴他们的经验，利用合作优势，把海外华文图书出版发行工作做好，以无愧于中华民族的后人。

刊于《编辑学刊》2003年第2期

关于期刊个性化的思考

经过二十多年改革开放的发展，我国已步入世界期刊大国的行列。目前中国期刊已有八千多种，质的提高是今后最关键的命题。这可以从两个方面去认识，一是比之于报纸、电视等大众媒体，期刊是更具个性化的产品。我国有两千多种报纸，但有八千多种期刊，说明期刊的门类分得更细，更个性化。二是中国期刊还处在一个发展的初级阶段：数量多、分类粗，内容陈旧、形式呆板，市场化程度比较低。以 2002 年为例，全国每种期刊平均期印数 2.26 万册，上海平均期印数 2.14 万册，在这样一个 13 亿人口的大国里，这种期印数一方面反映了需求不足，另一方面反映了期刊比之于报纸、电视还处于弱势，缺乏竞争性。期刊的诸多问题中，个性化是一个至关重要的问题。这个问题不解决，期刊雷同化和低层次重复便不可避免。

一、造成期刊雷同化的原因

我国期刊雷同化的现象是比较严重的，主要表现在两大方面：一是办刊类别的雷同；二是同类期刊之间雷同而缺乏个性。复旦大学新闻学院最近的调查报告显示：时尚类期刊风格接近、内容空洞、栏目雷同的有 65%。可见大家的认识是大体一致的。而造成雷同的原因很复杂，这里粗列以下几种：

1. 老的计划经济的审批体制，造成了严重的门类重复。我国审批体制以区域（省）和条线结合为特色，一个省有的，每个省都有；一条线有的，从上到下都有；一个大学有的，每个大学都有，等等，造成了套餐式的分布，其结果是大量重复，有的就是"孪生兄弟"。

2. 市场经济的初级阶段，人们容易从浅层次去理解满足市场需要，而忽视文化产品的特殊性和多元化，结果变成了争相追踪热点问题，人云亦云，互相仿效。这也造成了大量的雷同化现象。

3. 我国的出版管理客观上造成了信息源的局限性，加大了同类期刊在内容上做出独特性的难度；网络技术的发展，又使每个期刊在同一时间较易获得相同的信息。这两点加剧了我国期刊的雷同化。

4．办刊人员的主创能力不够强，未能在客观条件下发挥自己的主观想象力、创造力，在这方面突破不够。

二、个性化的核心含义

1．准确的读者定位。这是刊与刊在门类上的区别，是错位经营的根本，也是个性化的基础。给哪部分人看，既规定了期刊的内容，也规定了期刊的市场。在这方面，笔者感到上海作家协会积累了成功的经验，值得同业借鉴。上海作协历来有四个刊物，分别是《收获》《萌芽》《上海文学》《海上文坛》，在上世纪90年代全国文学读者数量减少，文学刊物发行量一落千丈的情况下，他们积极调整思路和办刊方向，将这几本刊物办出了特点，拥有了各自的读者，取得了两个效益的统一。《收获》发行量10万余册，以发表长篇小说为主，拥有比较专业的读者；《萌芽》发行量25万册，以发表初高中生的"新概念"作文为主，以学生为主要读者；《上海文学》以发表短篇小说和文学批评为主；《海上文坛》以纪实文学和反映城市生活的内容为主，以城市白领为主要读者群。四种期刊各得其所，各领风骚。同一个单位的四种期刊办到这种程度，是期刊个性化和错位经营的典范。

2．内容的差异性和不可替代性。即使尽可能地在读者方面定位和错位，在男女老幼以及不多的分类面前，期刊的重复还是不可避免，于是如何做内容尤其如何在八千多种期刊中做出个性来，差异性和不可替代性是最重要的。正所谓"人有我优，人无我有"，前者说的是产品的差异性，优劣之分；后者说的是产品的不可替代性，人无我有。把内容做到了这种程度，个性化的境界也就达到了。而要做到这一点，就要比人家百倍的辛苦、千倍的敏锐，要去抢、去争、去挖，做出新的独创的东西。

3．独特的表达方式。内容题材相同相近，表达还可以不同。表达也是构成个性化的重要元素，比如视角、文体、语言、文风、设计、图片等形式元素的组合变化，可以中和内容方面的雷同，而有些期刊的个性化，则更多地由这方面来凸显。可以说，有的时候是内容决定一切，有的时候则是形式大于内容，形式也给我们展现了一个个性化的天地。

三、从个性化的视角看期刊发展

从产业发展的角度看，期刊总是越大越好，大也是强的一种存在形式；从文化价值的角度看，甚至有时从商业的角度看，小也是好的，也是强的一种表现方式；而从市场实际看，不会给每一种期刊以做大的机会，总是有大有小，但大绝不等于好，小也绝不同于差。如今讨论大小、强弱，几乎都在脱离个性化要求和可能性条件而制造一种唯一结论：做大做强。这多少只是一种美好的期待。在市场激烈竞争的今天和需求总量总体平衡的时候，一个期刊印数突破性的

2002 年夏季参加《小朋友》杂志 80 庆典
与贺友直 (中)、林曦明先生合影

增长，总是意味着另一部分期刊印数的下降，不会大家一起做大做强。按照期刊个性化的原理，做小做好做强同样也有生存空间。目前全世界期刊界发行量不大、读者层次高、社会影响大的刊物也不在少数。这对大部分印数不能上到 10 万以及 20 万档次的期刊，至少也是一种希望和出路。关键不在于是大是小，而是好到什么程度。上海文艺出版总社的《咬文嚼字》在产业规模上无法与该社的《故事会》比，但是从语言文字的独特视角办出了个性，短短几年里发行量达到了 30 余万，不能不说是个性化的典范。

四、个性化和城市期刊风格定位

个性化一般指刊与刊之间的差异，其实也可以体现城市性格特征对办刊的影响。今天城市的经济、文化、地理位置、规模以及人的精神风貌，对办刊提供了条件并起着制约作用。我国不仅东西部地区之间存在巨大差异，南北的差异也是巨大的。文化生产和消费不是麦当劳，可以让不同的人在同一时间按同一标准生产和消费；文化受享用者的习俗和精神制约，因此办刊也要从城市自身的条件、需要出发。比如北京可以办出《瞭望》《半月谈》等时政类大刊、名刊，上海就很难做到。从上海实际出发，应该着力发展财经、文教、时尚生活、科技、文学艺术这几大板块。上海城市有这方面的基础。比如财经类期刊，上海有 54 种，占上海期刊总量的 8.5%，虽然亮点不多，但是从上海这一全国性经济中心看，应该是大有前途。又比如时尚生活类期刊，上海从前就有"东方巴黎"的美誉，加上时尚休闲是很现代的话题，上海应有良好的发展条件。总之，有所不为才能有所为，集中人力、财力、物力，着重做好几个门类的期刊，就能体现上海的地域特色。

五、个性化和引进版

随着我们视野的开阔和理念的变化，在期刊界"洋为中用"也是必需的。据统计，我国以版权贸易方式引进的期刊已有40多种，这当然也是一条缩短与世界期刊界差距的道路。尤其是在意识形态不强的期刊方面，引进可以少走弯路。但也需注意以下几点。

1．要认识到引进版有优势，可控的引进利大于弊。特别在科技、时尚生活、体育甚至文学艺术、财经领域，人有我无的东西还不少，引进可以推动我国的科技文化水平。

2．也要认识到引进版的差异。即使不看意识形态，仅从实用性分析，这种差异也是存在的。对我国读者需要什么以及引进什么要有研究分析。比如时装，最早从欧美引进出版，后来从日本引进的时尚类期刊在中国影响很大，北京的《瑞丽》、上海的《秀》《今日风采》等有上升势头。为什么日本引进版期刊在中国有后来居上的趋

参加在上海光大会展中心举行的期刊工作研讨会，是会由中国期刊协会与
上海期刊协会、复旦大学新闻学院合作举办

势呢？从个性化的角度看，日本与中国同为东方人，审美眼光、模特造型以及肤色都很相近。在期刊风格上，欧美时装讲究高贵、华丽，图片欣赏性强，有气派；日本时装注重雅俗共赏，每个版面图片多，对服装的讲解细致，内容丰富，实用性强。时尚类刊物不便宜，但我国女性认为日本引进版刊物物有所值。可见对引进版也要错位，不能都引进一种风格的东西，只有多元化，才有个性化。

六、个性化与经营的多元化

要实现期刊的个性化，首先需要改经营手法的单一化为多元化。我国期刊的经营方式总体上比较单一，早先以发行为主要营利和销售方式，近些年引进了广告的概念，但从全国统计看，我国期刊年销售码洋116亿元，年广告收入约15亿元人民币，还是发行为主。大部分刊物靠政府补贴、行业资助才维持不亏。至于像国际上把卖刊、卖广告与产品经营、活动经营、信息经营三者开发出来形成一种产业链和多种经营的格局，还有待进一步地适应和开发。比如美国《财富》办财富论坛，《花花公子》的服装品牌开发等等，都是很好的范例。多元化经营程度低，个性化的层次也就低，因为刊物的经营也体现为创意和个性。

其次，要改变经营体制单一的局面。以前都是刊社编印"一条龙"加上邮局发行的体制；近年来都在探索编辑权和经营权分离，业外资金进入合作的模式，又是一种方式的探索。俗话说"条条大路通罗马"，经营本来是灵活多样的，工业系统的改革经验也说明了这一点。我们应该鼓励多种形式的体制探索。

七、与时俱进的个性化

从西欧各国办刊的经验看，个性化的东西也有生命周期，不能一成不变。而读者也总是需要新鲜的东西。一本刊物虽有个性，但老化了，不能给读者新东西，读者就会选择离开。所以个性化与新鲜感息息相关。有个性化的刊物往往是领先的、出挑的，容易被别人学习模仿的，于是也逐步地被雷同化，这就要不断地调整塑造个性，保持与众不同。这是很难的，但又是必须要做的。特别是对老化的、丧失个性的刊物，要使之死而复生，甚至改个刊名又重来。在世界上，"万寿无疆"的老刊也有（这些刊实际上也在不断地调整和补充新东西），但更多的期刊只有十年左右的生命周期，一过就要更新。尤其是时尚生活类的期刊，总是不断地变化跟风。这就要与时俱变、与时俱进。对大部分期刊来说，变或进都是一种调整。上海的期刊这两年比较出成绩的地方，就是保住了一些老刊，而又不断地更名创造新刊，给市场注入活力和新鲜感。比如《新民周刊》《理财周刊》，比如《秀》《今日风采》《出色》，等等。新增刊号太少，很多新刊还是要来自老刊的淘汰。上海现有 630 种期刊，如果其中有 10% 的老刊（尤其是办了多年而又毫无希望的）能够及时停刊创办新刊，也许上海期刊的发展会出现一种意想不到的局面。而如果年复一年，日复一日，江山依旧，个性不再，就不会有大希望。

刊于《编辑学刊》2003 年第 5 期、《上海报刊动态》2003 年第 7 期

别以为书出得越多越赚钱

——上海出版社的营利模式及其启示

听了大家的发言很受启发。关于会议的总结，顾林凡先生说得很好，很全面了。我想说的是，从上届年会到现在又是两年过去了，这两年中国出版业发生了太多的变化，大家有许多话要在一起说说，这是很有好处的。我感到每次与香港同行交流、研讨，总有两方面的收获，这次也不例外：一是思想观念方面的。他们来自香港这个中西文化交汇的过渡地区，他们带来的经验，他们从香港对内地出版的审视以及见解，都有独到之处，使我们有耳目一新的感觉。二是思维方式方面的。我们在内地待久了，多少形成了一些习惯性的思维方式，很需要找到一些新视角、新方式。这次研讨会上香港同行提出问题、分析问题的方式甚至文风，都给我们以新鲜感。在此我代表上海市新闻出版局以及与会的上海代表，衷心地感谢香港联合出版集团的三位领导以及每一位同道。我想此时此刻，我们已经在盼望两年以后到香港参加第十届沪港出版年会，听陈万雄先生等各位专家的"华山论剑"。

在这里我作为会议的代表就"上海出版社的营利模式及其启示"介绍一些情况，发表一点我的看法。选择这个题目既是因为受了这次年会上一些发言的启发，也是基于如下三个原因：

1. 我感到中国的图书不能这样无控制地出下去了。无论从文化的角度，还是从经营的方面看，我们都无法在年出版新书10万种的基数上，再以每年递增10%的速度发展新书品种。这种品种的急速扩张，降低了图书的品位和质量，也使产业面临很多的危险。最近从全国图书出版管理会议透出的信息：2004年我国新出图书将达到12万种，而美国年出新书不过四五万种。在美国，年出图书数百种已是大社的概念了，而我国出版社的平均出书2003年已达333种，有的甚至是上千种。我寻思很多出版人认为书是赚钱的，一般图书出版越多就越赚钱。我想用这个分析告诉大家，上海出版社的盈利很大程度也并不是靠书，我们应该怎样正确地对待书。

2. 2003年我局领导班子讨论出版社发展时，曾提议对上海出版社做一个调研，看看利润的来源，分析上海出版社成功发展的模式有哪几钟。可惜管办分离、政事分开的迅速推进，这项调研并未来得及展开，但我一直认为做这样一个调研是有价值的。今天的发言，算是对这个题目的一点回应，当然远远谈不上全面。

3. 这次沪港出版年会以双方年轻人交流为特色，我想从我的体验告诉大家一些客观和真实的情况。更何况昨天的会上，也有一些出版社的同行对当前的图书出版提出了很多的困惑和质疑，提到了内地出版社如何生存，图书究竟如何来做等问题。90年代以来内地以及上海的出版社有了很大的发展，但是退货、库存的矛盾越来越突出。上海也有类似的问题，2001年清产核资时清掉过一大批，最近不少社感到库存又膨胀了起来。这里涉及一个本质问题，大家都是做图书的，但对书、对出版社的经营规律究竟如何认识？如何把握？

昨天会上发了一本《上海出版概况》的小册子，在第8—9页上有一组关于上海图书出版的介绍：2003年上海出版15636种，新书8726种，占56%，增7.56%，销售收入17.3万元，利润3.6亿元。由于各出版社的销售收入和利润未作进一步的结构分析，长期以来出版社和图书出版这两个概念就混淆了起来，把出版社的收益等同于书的收益。2003年上海生产总值过亿的出版社有14家，过2亿的有4家，分别是外教、上教、科技和华师大。利润过2000万元的有6家，分别是外教1.16亿元，上教5500万元，文艺3300万元，华师大3000万元，书画3100万元和科教2450余万元。这里以这些盈利大户为主，兼顾其他的一些社，实际上可以分析出四种营利模式。

（1）以教材、教辅为主的营利模式。国外的出版业把教材作为特例，我国由于使用书号加上从事教材、教辅出版的单位太多，这一类读物竟成了出版业的基本构成，但实际上教材不是一般图书。据2003年全国出版统计，当年出版教材2.87万种，占出书品种的14.6%，占用纸量的11.77%（对应报纸占67.89%，书籍占14.11%，期刊占6.13%），占总印数的48%，总定价（196.6亿比561亿）的35%。如果把无法准确统计的各类教辅书也算上，这个比例可能高得惊人。上海教材、教辅的比例低于全国的平均水平，但这几年分量也不轻，比例也并不低。以盈利来细分，以上六家出版单位虽然也做了很多品种的专业图书，但营业规模和利润很大程度上靠教材、教辅。如上教和外教两家利润合计17100万元，占3.6亿元的47%，它们是教材及教辅出版的第一梯队；华师大和科教两家合计5450万元利润，占15%；文艺和书画两家利润中教材、教辅不占主体（这在以后的两种模式中会提到），但书画的美术、写字教材历来是该社出版物的主体，每年有0.8亿－1亿元的销售码洋，上海文艺的音乐教材也占不少的份额，在两社出版物中的利润比例不低。此外，不足2000万元利润的出版社，这一类出版物比较集中的还有复旦、交大、财大、立信等若干家，加上文艺、书画合计约有3000万元的利润，约占8.3%。由此可见，上海教材、教辅的利润占利润总额50%以上是一个并不高估的比例（注：在我发言以后，一些未提到名的出版社代表对我说，他们社的教材、教辅名气不如前几家大，但也是所在社重要或主要的利润来源）。

在上海出版界有一个误区：把自己教材、教辅在经营中的比例说得越低越好，似乎靠教材赚钱并非凭真本事，理不直气不壮。其实全世界的出版业都是立足教育事业的，因为人类最大的阅读群体总是各类学生。美国的年出版统计，教材发行总册数也要超过一般图书。首先，出版立足教育是一项基础性工作，这不是出版业的弱势，而是永恒强项，关键是你能不能介入这一行，吃到这块肥肉。其次，你在教材、教辅上的丰厚回报（由于有稳定的读者，可以不断重印，库存少等优势带来的长远回报），能不能以各种方式反投资到专业和学术出版上来，回报社会，创出学术品牌。这几年上海几家教材出版大户已意识到这点，大量地投资一些有价值的学术图书，说明出版教材并不埋没学术。第三，上海出版的发展恰恰应该积极地保住和争夺教材、教辅市场，以自己的质量、品牌给教师、学生、家长以及教育主管部门以信任，只有这样才能在科教兴国的国家战略中，找到上海出版的产业化基础。事实上，回想1949年以前上海出版的昔日辉煌，回顾50年代以来上海出版在全国占大比重的时期，不能忽视的一个重要原因是当时上海课本在全国的份额很大。这里也要纠正一种误判，确立在今天做好教材也是一种真功夫的意识，编出好的教材并通过审定，在竞争中夺取市场，与计划经济时代组织上分配你做教材已不可同日而语，没有一定的实力，没有一定的功力，事实上是做不好教材以及教辅出版工作的。教材的特点是一次性投入大，规范化要求高，从编写到出版，从试用到进学校，周期很长，但服务于教育的贡献大，产品没有坏账，没有库存，收益率稳定，回报率高。面向21世纪的出版业，不应放弃这一市场，上海更应积极介入。

（2）以期刊为主的营利模式（或者相对倚重期刊的营利模式）。上海期刊到2003年销售额8.5亿元，广告收入1.6亿元。长期以来，上海的名刊大刊主要在出版社手中，是全国少见的例子。其中最典型的是上海文艺出版社，2003年该社净利润3300万元，教材、图书、杂志三者相比，期刊是主要的经营构成。以《故事会》一枝独秀为例，年毛利润达3500万元。2004年改版成功，月刊改为半月刊以后估计年发行量达5000万册，年利润有5000余万元。90年代一路走来，《故事会》几乎成了文艺社经济上的火车头。这个社有12刊1报，近年创办的《上海壹周》也已有15万份的发行量，2000多万元的销售收入，情势喜人。此外，引进法文版 *ELLE* 的《世界时装之苑》，在很长时间一直是上海译文出版社的重要销售和利润来源，最高时有"半边天"之称。上海科技社的6刊以《上海服饰》和《大众医学》为亮点，也达到5000万元以上的销售收入，占全社50%以上的利润，因为在发行以外，一直有2000万—3000万元的广告收入。此外，上海少儿社的9刊2报也有过辉煌的历史，并且至今仍是该社出版的重要板块（4000万—5000万元的销售码洋）。期刊是投资周期比较长的媒介，与作为文化产品的图书相比，它更有传媒的特点：连续性出版，有具体细分的读者，投资周期比较长，但是做好了没有库存的压力，可以开发多重效益，在服务读者以外，也可以成为商品流、服务业的扩散平台，广告收入和衍生收入十分可观。

不幸的是，近年来全国的"社刊工程"呈现出一种下滑的态势，原因是多方面的。对期刊不作投入和体制上长期与图书混合经营的模式，是其中两个比较重要的原因。期刊是连续性出版物，还是要有适当的投入；期刊有自己的办刊规律，还是要建立与之相适应的体制、机制，否则会制约这一产业发展。图书和期刊相比，是不同的载体。但如果说图书出版社要向其他媒体如电视、报纸、期刊、网络拓展的话，离它最近的还是期刊。现在上海出版社有70多个刊号，还有不少品牌期刊，应该居安思危，与时俱进，研究新情况和新对策，把社刊工程提高到一个发展的新阶段。

（3）依靠非图书或者非主营收入营利的模式。昨天早餐时谈到我今天的话题时，有同志给我补充了一个典型事例，就是上海的东方出版中心。该社地处虹桥开发区，占有大批土地，近年以开发房地产和综合服务作为立社之本。还有上海书画社也是这种模式，历史上书画的专业分工范围窄，无法突破专业分工在出版上做成大户，因此走的是非主业发展与主业发展并举的道路。除美术出版和教材以外，90年代一是抓住艺术品市场的兴起，以朵云轩百年老店的品牌为旗号，成立了艺术品拍卖公司，近年仅此一项年利润已达2000多万元；二是抓住了90年代以来上海房地产市场兴起的机会，买下了南京路步行街朵云轩大楼、钦州路出版大楼以及延安路出版社办公楼，进行了调整，使得资产增加，并获得了房产的回报。去年该社3100万元利润，非出版营业利润占70%以上的比重。其实，上海90年代后期以来，出版社非主营收入比例在上升，原局属出版社每年这部分营业利润有1.5亿—2亿元，各社都有一些新招和高招，而以上两个社比较典型而已。

一业为主，以一业之回报投入其他行业，不把"鸡蛋放在一个篮里"，是更为现代和更为稳健的经营之道。在国外，也没有一个行业是不走这种发展道路的。可惜我们很长时间的经营囿于计划经济和组织安排，不善于从市场捕捉机会，善于做书甚至硬做死做，成为库存也在所不惜，还认为这是走"正道"，实际上也是步入了误区。

今后的出版业更带综合性，总编辑和编辑应该做好书，但经营层和投资层一定要眼观六路、耳听八方，善于把书上赚来的钱一方面有控制地投资到书上，维护图书出版的再生产，另一方面投资到其他方面，产生更持续的生产力。90年代末期以来，上海的房地产业遇到了一个千载难逢的大好时机，不少出版社盖了新房，买了房产，得到了比书多得多的经济回报；而有的社一味地做书，书号成倍地使用，惊回首发现库存居高不下，教训岂不深刻！可见，一个社，尤其是一个大社或者集团，单元的投资方式和经营方式，肯定是不足取的。

（4）以一般图书为主的营利模式。应该说，前面提到的六家上海出版创利大户，每一家都是与一般图书相关的，比例多少各家有所不同，但它们肯定不是以一般图书为主要销售和利润来源的。其中有的一般图书品种也许不少，但在利润上不占主体。上海以一般图书为主的出版社，辞书社和古籍社可以算比较标准的两家，有期刊，但不成规模。其次人民、译文、少儿甚至科技，一般图书的比例也比较高。但从经营上分析，一个社一般图书的盈利在几百万元至上千万元是有可能的，要再上一个级别则困难重重。为什么做不大呢？品种多，造成平均印数下降；由稿酬制向版税制过渡，作者在图书总定价中的利益分成大大上升；出版社内部的管理费用急剧上升，出版社的利益明显下降；此外社店结算转为寄销制以后，退货率上升，库存上升。如今单纯以做一般图书为主的出版社，面临着越来越多的困难。2003年全国一般图书生产总码洋361亿元，库存400多亿元，如果来一次清盘的话，后果不堪设想。当然上海也有一些小的图书出版社，面对这样的形势，有一个恰当的定位，比如文汇、学林社，专注于做一些专业书、文化书，品位比较高，经营上追求自负盈亏，略有盈余（一般年利润定位100万—300万元），不盲目地扩容和做大，其实也是一种不错的活法和选择。

做一般书的好处和苦处也是明明白白的。书在经营上最大的好处是没有很强的时效性，可以重版（像现在国内的书店只卖当年的新书也属不正常）；但做书每年更换一大批产品，印数的风险很大，不像报刊、教材那样有规律，所以库存是个大问题。20年前我当发行科长时的情况与今天完全不同，那时与书店的交际很重要，书由书店订去后，责任风险就到了它那里，所以出版社库存的问题并不突出。今天退货则无情地横在做书人面前，加上每年有10万种（2003年是10.08万种）新书与你竞争，你能想出来的选题，别人几乎也想得出来，竞争十分激烈。做书，这实在是一件要有理性，很耐心、很细致去做的事。尤其要指出的是，一般图书是典型的传统出版，不可能超常规、跨越式发展。

即便个别出版社超常规和跨越式也不等于全行业有这种特点。现在讲科学的发展观，在这方面总的判断失误，就会造成具体出版行为的失误。

这里，我想对联合出版集团的经营也说几句。在对集团的多次考察中获悉，在香港从事华文书出版是很艰难的事。香港的同行很热爱书，也很会做书，但他们品种做得并不多，用比较小的代价和风险，做比较有质量的书，重在品牌的维护和延续，这是商务、三联和中华已走和正在走的路。在香港书号的使用是无限的，而他们出书是有限的。盈利从何而来？在集团层从香港的实际出发，重视对印刷业的投资，使之成为集团的盈利主体。近年，他们也很重视门店建设，90年代至今已建成40家门店，既是集团出书、销货的保障，也是利润的来源。我从70年代末起与集团的机构有交往，知道他们也很重视对香港房地产的投资，因为在香港所有的生意不与房地产结合，也是难以成功的。

同样，我们认识西方的出版社、出版集团也是一样。贝塔斯曼是由图书起家的，今天它还在仅仅做书吗？据一些资料分析，书大约还占三分之一，娱乐业也占三分之一，还有新闻、杂志和实业也占相当比重。可见图书和出版社、书和出版经营不是一个概念。以上介绍了四种营利模式，我想应该还有第五、第六种，高层的管理人员应该跳出编辑和总编辑的视野，做更多的战略思考、研究和抉择。

今天，上海的传统出版人感受到了来自网络出版的冲击，人们在讨论盛大现象和陈天桥现象，一个网络公司在短短的几年中从无到有，成为一个拥有几千万用户、年销售收入达十多亿、利润四五亿、市值三十多亿美元的公司，说起来如同神话一样。我们谈到网络游戏对娱乐类、少儿类图书的冲击，但我们从未想过和反思过：我们上海、全国出版界每年有多少人出国考察，多少人参加学习会、研讨会，我们很多出版社积累了这么多的资产，为什么我们没有一家出版社介入这一行业呢？我们很多单位都有比陈天桥个人好得多的条件，我们与新媒体失之交臂，一方面是体制、机制的限制，另一方面我们确实没有真正理解产业化和市场化，没有一种出版家、企业家的视野，我们始终处于很大的局限中，没有更多地关注图书以外的事物。

从以上的分析，我想引出如下几点启示：

1. 书还是要做的，因为一般图书还有社会需求，在相当长的时间里还会占有很大或相当的需求份额。我们还必须做书，因为这也是我们的文化责任使然，电视、报纸、网络、期刊很强大，但它们对文化、科技的积累与传播，对教育起的推动作用，还未超过图书。这是我们的能力使然，因为我们适合做书，这是我们的看家本领，我们不适合整体地不做书。当然这也是我们的利益使然，尽管上海出版社的营利模式多元化了，但每家社的图书还有利可图，图书还是上海出版社的重要利润来源。问题是你做多少书，你做什么书和你如何做书。这又是一个可以深入和永久讨论的出版话题。这里我只讲两点看法：一是书最大的长处是阐述文化、传播知识，书与其他媒体比这一点是最重要的，因此做有文化价值的书是出版人的追求；二是不为库存做书，主观愿望再好，书在仓库里最终送纸厂销毁，总是一种悲哀。

2. 认识书是一种物质存在，书也是作品，作品存在的物质形式是多样的。今天，科技的发展，新载体的出现，迫使我们面对纸质书存在又同时向其他载体的转型。在中国，图书以及相伴的文字载体，从最早的甲骨文、钟鼎文、竹木简、石鼓，到隋唐的雕版书、宋代活字印刷以及现代的西式图书，纸质书已发展到一个新阶段。近 20 年，随着声光电的引进，图书更以卡带、光盘、手机、网上传输等方式出现，而且正在酝酿着重大的突破。历史上的文字或者图书载体，有的已被完全取代，有的则被边缘化了。我曾长期在美术出版社工作，知道绝大部分美术社随昔日业务支柱（俗称四大金刚：连环画、年画、宣传画、挂历）的倒塌而一蹶不振。从 50 年代走过来的出版人都知道，当年美术出版社财大气粗，占尽风光，而一旦社会有更先进的媒介取代了以上的载体，一旦他们毫无准备没有抓住新的社会需求的话，他们就从昔日的强者变为弱者。

为此，今天我们的传统出版社一方面不应放弃纸质书，另一方面要研究书的其他存在形式，努力实现自己的转型。目前国际上在研究电子书的三种形态：一是网上图书，二是便携式阅读器，三是手机。它们是纸质书的竞争者（但也是合作伙伴），一旦解决了阅读习惯和收费问题，这个产业会有突破性、革命性的变化。其次，大家谈到了传统出版社由单一纸质产品向内容提供商转型的问题，这是先由国际唱片业受到网络下载冲击而率先提出来的。近年来，世界唱片业一落千丈，网络音乐和网络下载的便捷、质量和价格，使传统的唱片业以年 10% 以上的速度递减，使出卖音乐的人比单一出卖唱片的人有更多的生存空间。同理，掌握了内容并将内容做成各种"书"的人，比只会做纸质书的人有更多的生存空间。很巧，我今年 3 月在参加完莱比锡"世界最美的书"颁奖典礼以后，顺访了一家意大利的美术出版社 Scalar。实地考察以后发现，这家出版社实际上主要是一家内容提供商，每年也出版 15—20 种图册，但更主要的业务是向世界的出版商、报刊社和广告公司提供各类图片。他们在全世界派出摄影记者，有计划地收集和买断图片资料，至今已有储备 15 万张。他们还在计划收集有关中国比如北京、上海和西藏的图片。这些图片运用日本最先进的储存硬盘，加上软件检索系统，可以便捷地从库存中打出目录，抽出图片资料，进行商业化交易。这对我们很有启发：利用自己的信息资源优势做其他载体的书和做内容提供商，是一些图书出版社拓展的方向。

3．学习做书以外的产业。这既是本文举例证明行之有效的一种营利需要，也是未来出版社生存的需要。因为纸质书的命运究竟如何，实在是一件人算不如天算的事。我们有时把它强调到乐观得可以高枕而卧的程度，有时又把它看得过分悲观。但不管怎么说，有准备总比无准备好。在古代，楚辞、汉赋、唐诗、宋词、元曲、明清小说的更替，说明了在文学范畴的变化和进步是不可阻挡的。在前几年，谁也不会想到胶片照相机会随着数码照相机的普及而遭到毁灭性的打击。当新的一代读者伴随着他们养成的阅读习惯成长起来以后，当科技进一步发展以后，借助其他载体阅读"书"的人必然越来越多，做书的人从其他产业、行业借助发展空间也是必然的。问题同样是扩展什么和如何扩展。破解了这个难题，我们就找到了长盛不衰的法宝。

（注：此为第九届沪港出版年会上的发言）

刊于《编辑学刊》2005 年第 2 期

参加 2003 年《故事会》创刊 40 周年座谈会合影

"中国最美的书"是怎样走向莱比锡的

我国的图书走向世界有多个方面和多种渠道，除了华文书的直销、外文版的直销以及版权贸易以外，参加各种国际评奖也是一个重要方面。由于图书内容的千差万别，难以有一个国际标准，所以目前有关书籍的评奖主要集中在印刷和设计上。近年华文书在国际印刷和设计方面频频得奖，对于传播中华文化和改变国外同业对华文书的看法，产生了积极的影响。上海市新闻出版局从 2002 年起，做了组织"中国最美的书"参评莱比锡"世界最美的书"的工作，现将有关情况以及我们的认识汇报如下。

一、莱比锡"世界最美的书"的评比及地位

莱比锡在 16 世纪已是欧洲的商业中心，又因德国是现代印刷发明家古腾堡的故乡，当时的图书出版业就已名冠中西。书业的发展，促进了与美术设计的结合，书是一件艺术品的观念在德国根深蒂固。如今，在莱比锡图书馆和莱比锡设计学院都设有独立的设计陈列馆，展示德国历史上的设计样品。

1991 年两德统一前，在西德有"世界最美的书"的评比，东德有"莱比锡国际书籍设计艺术博览会"以及评奖。上世纪 50 年代起，上海以及我国的不少设计图书在东德参评并获奖。其中 1959 年 9 月上海在东德获得金奖 2 枚、银奖 3 枚、铜奖 3 枚。两德统一以后，经过整合保留了每年一届"世界最美的书"的展出和评比，主办方由德国图书基金会、德意志图书馆、法兰克福市、莱比锡市以及德国文化媒体促进会等机构组成。

"世界最美的书"是当今书籍设计的最高奖项，共设金字符奖 1 枚、金奖 1 枚、银奖 2 枚、铜奖 5 枚、鼓励奖 5 枚。目前全球每年新出图书约有 40 多万种，莱比锡主办方每年仅发出 14 个奖，可见含金量之高。

按规则，每年 1 月前，各参评国在本国最美的书的评选基础上，向莱比锡报送参评书目。以 2004 年、2005 年两届的情况看，每届有 30 多个国家和地区参加，推荐的图书约 680 种。由 7 位国际评委组成评委会，通过三轮投票评出"世界最美的书"得奖图

书 14 种。3 月的莱比锡书展会分国别展出各国推荐的全部图书，同时举行颁奖典礼。

二、组织"中国最美的书"的出发点

在我国组织"中国最美的书"评选并送往莱比锡参评"世界最美的书"，后来被证明有联动效应，而这也在于它的出发点是多元的。

1．提高上海图书的设计水平，这是初始的直接原因。上海曾是现代中国出版业的中心，上海的设计在国内也曾处于领先的水平。上世纪 50 年代上海在莱比锡得过诸多奖项，1989 年《明十竹斋书画谱》更是以浓郁的民族特色，一举获得当年唯一的国家设计大奖。进入新世纪，全国的设计水平在提高，上海如何保持领先地位，其中的方法之一是通过参与国际交流和竞争来推动。

2．设立一个中国与国际交流的平台。1991 年两德合并以后，我国失去了与莱比锡的联系，而恢复联系并建立一个全国共享的平台，架起通向莱比锡的桥梁，是一件有价值的事情。

3．上海作为一个向国际化方向发展的城市，在书业应该有一两个全国性的奖项，并由此走向国际。由于管理体制的特殊性，现时所有奖项均集中在北京，设立每年一届"中国最美的书"评选，也是要改变这种结构，增加上海出版交流的国际功能。

4．我国图书设计家的地位并不高，设计人员积极性也未充分发挥，近几年设计家的商业化倾向也很严重。如何调动他们的积极性和创新精神，需要一种新的激励方式，而引导他们参与莱比锡的竞争，是十分有效的。

三、我们所做的主要工作

1．2002 年秋，我局派出王莳骏、袁银昌等三人小组，在法兰克福书展以及莱比锡考察，与"世界最美的书"评选机构建立了联系，了解了评选的方法和程序。

2．2003 年 8 月的上海书展，我局用 500 平方米的展厅单独举办了"图书设计艺术邀请展"，展出海外优秀设计书籍 500 余种，我国各地选送的图书 400 余种。在此基础上选出我国优秀书籍设计 16 种，参加了 2004 年 3 月的莱比锡书展以及评比，其中河北教育出版社出版的《梅兰芳藏戏曲史料图画集》荣获唯一金奖。

3．2004 年 3 月，我局祝君波、陶雪华等八人组成上海出版设计家代表团参加莱比锡书展，代表中国领取了奖状。这是我国第一次向"世界最美的书"派出代表团。中国相隔 15 年以后在莱比锡一举获得金奖，在国际图书设计界以及德国出版界产生了很大影响。

4．2004 年 10 月 29 日到 11 月 8 日，经新闻出版总署批准，我局与德国图书艺术基金会联合主办的"世界最美的书设计艺术展"在上海刘海粟美术馆举行，展出了 1991 年以来获奖的"世界最美的书"185 种，附展的还有"德国最美的书"100 余种。上海以及各地的 1 万多名专业观众前来观看，中央电视台（新闻联播）等 40 多种媒体给予了报道。展出期间，德国图书艺术基金会主席乌塔·施耐德女士、国际评委施纳特女士、国际评委威斯特费德先生专程来沪，与陶雪华、吕敬人、袁银昌等中国设计家一起参加我局举办的"国际图书设计艺术论坛"以及培训，各地 100 多位设计家来沪参与。

5．2004 年 10 月，2005 届"中国最美的书"在上海评选，各地送评图书约 400 余种，197 种图书进入复审。除中国评委外，首次邀请了国际评委参与。经过三轮投票，选出 24 种图书送往莱比锡。2005 年 2 月，"世界最美的书"评委会公布结果，中国有 2 种图书榜上有名（获鼓励奖），分别是中国友谊出版公司的《朱叶青杂说系列》（5 种）、湖南美术出版社的《土地》。

6．2005 年 3 月，上海又一次派出王莳骏、袁银昌、秦文君等八人组成的代表团前往莱比锡领奖和交流。中国在莱比锡两届领回三个奖项，又一次在国际图书设计界激起了波澜。

7．2005 年 5 月，在"中国最美的书"两届参评莱比锡的基础上，上海隆重地举行了颁奖典礼，给在国际、国内得奖的各位设计家颁发了证书，市、局领导在会上讲了话。会后，举行了以"中国图书设计与走向世界"为主题的研讨会，吕敬人、袁银昌、陶雪华、张志伟、李新等设计家、出版人发表了演讲，大家围绕什么是书籍设计之美和如何达到其美，什么是国际水平以及如何达到国际水平展开了热烈的讨论。大家一方面充分肯定了我国设计界在近 10 年取得的新成果，特别是顶尖的设计品与国际的水平正在拉近，另一方面也感到就我国每年 10 余万种新书这一庞大的数量来看，我国总体的设计水平并不高，与国际书业发达国家还有相当的距离。

四、我们取得的成果

我们几年来所做的工作，得到了广大设计家的欢迎，也得到了新闻出版总署邬书林、阎晓宏等领导的充分肯定。当初的几个出发点正在逐步实现，"中国最美的书"这一概念和品牌，也初步确立了起来，回想起来有如下收获：

1．中国图书的设计之美，中国艺术家的设计水平，初步地为世界所认识。两届 40

种书在莱比锡登台亮相，丰富多彩，有民族性又有现代感的设计风格，引起了国际同行的关注。我国政府和出版界对设计艺术的重视，也给莱比锡主办方留下了深刻的印象。

2．建立了中国图书走向国际设计舞台的平台，通过这个平台，我们输出了中国图书的文化，宣传了五千年文明古国在经历了二十多年现代化发展以后图书出版业的新气象。同时，我国设计家也向世界同行学到了很多有益的东西，各国设计家对设计艺术的执着追求，对美的整体把握，一丝不苟的工作作风，都给我国设计界以很多启示，更新了我们陈旧的设计观念，有助于我国设计水平的提高。

3．激励了我国广大设计人员立志设计事业、追求书籍之美的创新精神，许多年轻的设计家在一种全新的、公正的评奖方式中脱颖而出，走向了国际。获奖者受到了鼓舞，一次获奖给他们以终生动力；未获奖者看到了希望和方向，也增强了责任感和创新精神。

五、几点认识

在创立"中国最美的书"这一品牌以及组织参评"世界最美的书"的过程中，上海市新闻出版局也积累了一些经验，取得了一些新的认识。

1．"中国最美的书"是一个中国品牌，是一个民族品牌，代表了当代中国出版的设计水平，也反映了当代中国人对图书这一文化载体的认识。上海作为一个地方城市来主办这一评奖，一定要打破地域界限，放眼全国。我们一开始就确立了"服务全国，走向世界"的工作方针，以海纳百川的态度热忱欢迎各地的设计家。到目前为止，我们所有的支出，都是免费的，不向各地设计家收取任何费用。所有的组织工作都力求高质量，比如两届报送"世界最美的书"的目录，都做得十分独特和精美，以至于施耐德主席说，第一次看到你们的目录就知道你们的认真和实力。又如从两届的结果看，绝大部分"中国最美的书"奖项和全部"世界最美的书"的奖项均由外省市设计家获得，我们为上海能在这一领域为全国设计家走向国际服务感到无比欣喜。

2．我国的书籍设计有很好的传统，有不少新成果，但与国际水平相比，总体上的差距还不小，不能因为得了几个奖就模糊了自己的视线。在当前我们尤其感到，学习世界的经验，改变我们的观念，全面提高我国设计的总体水平，是一件更重要的工作，是今后参与"世界最美的书"竞争的基础，现在图书设计界存在如下的问题，值得引起大家的关注：一是片面追求豪华、笨重的设计风格，一些昂贵图书越来越脱离图书给人们阅读的本源；二是东拼西凑，东搬西抄，设计上没有个性，没有美的和谐感；三是不讲究设计整体感，重封面设计，不重内页设计，设计与材质和印制也严重脱节；四是重视个别得奖书、重点书的设计和投入，不重视提高日常图书的总体设计水准，等等。而国际的设计理念，在德国、在国际已发生了很大的变化，通过德国图书艺术基金会主席施耐德女士一席话，我们可以领悟：当今国际的图书设计，更强调书籍总体的艺术氛围，要求书籍的各个部分，包括封面、护封、环衬、扉页、目录、版面、插图、字体等在审美上保持一致，装帧形式必须适合图书内容，在制作上达到最高的艺术水平和技术水平的统一，图书设计的艺术性还在于文字的排列、比例，在于是否构成一件艺术品，是否体现了一种文化氛围。不仅要吸引人的视觉，还要使人手感舒适，阅读方便。以上对于我们不断地追求"世界最美的书"的理念和方向，有着很大的启发。

3．经历了短短两三年，"中国最美的书"这一品牌已在全国业界初步确立起来，这是我们组织者始料未及的。但我们知道，莱比锡的书籍设计品牌已有上百年的历史，我们上海要维护好"中国最美的书"这一品牌，还要做长期艰苦、细致、求善、求美的工作。今天，我们虽然已得到莱比锡方面的信任，已得到全国设计界的认可，但我们还是要按照国际化的标准来维护好这一奖项。今年5月在上海召开的研讨会上，全国设计家对我们提出了热切的期望和强烈的要求，希望我们永远摒弃评奖中论资排辈、看人头、摆摆平以及暗箱操作的陋习，公平、公正，维护好这一品牌。这使我们深受感动并深感责任重大。下一步，我们要在继承以往工作传统的基础上，在新闻出版总署的领导和支持下，着重做好以下工作：（1）加大对"中国最美的书"这一品牌的宣传力度，动员更多的中国设计家平等参与。为此，今年要发动设计家进行会标设计和评选，今后要更注重以这一品牌组织研讨会、展览会、培训以及有关促进设计的活动。（2）吸纳更多高水平的海外评委（包括我国香港、台湾地区的评委），同时建立评委轮换制，保持评委的质量。（3）严格评选程序，保持评选的公正性，形成合理有序的竞争机制。（4）继续加大国际交流力度，融入国际，宣传中国，同时学习国际的先进理念和经验。

刊于《编辑学刊》2005年第5期

2004 年 3 月在莱比锡书展"世界最美的书"
中国展区

2004 年 3 月代表中国接受莱比锡主办方授给中国的金奖及证书

2004 年 3 月在莱比锡书展翻阅中国获"世界
最美的书"金奖的《梅兰芳藏戏曲史料图画集》

2013 年秋季与周汉民（中）、徐炯（右二）、吴建中（右一）、乌塔主席
在上海图书馆出席"中国最美的书"创立十周年纪念活动

2013 年参加上海国际书籍设计家论坛的嘉宾在上海图书馆合影

我国经营性期刊的发展趋势及其对策

进入新世纪，我国期刊出版总量已达到9074种，步入了世界期刊出版大国的行列。但我国期刊与13亿人口的市场需求相比，发展前景还是很广阔的，与网络、电视、报业迅速发展扩张的现实相比，面临的形势还是很严峻的，与国际期刊界的经营业绩相比，差距更是很大的，与期刊产业化发展的趋势相比，目前的经营层次也还是很低的。中国期刊人只有认清这种情势，从"坐井观天"中跳出来，发奋图强，锐于改革，敢于创新，才能在新一轮的媒体竞争，新一轮的社会需求面前，求得自身的生存与发展。党的十六大指出了文化体制改革的方向，其中一个重要的思想，是根据分类指导的原则，把文化产品和文化服务分成公益性和非公益性两个大类，按照各自的不同性质和特点，去承担不同的任务并运用不同的管理方式。其中非公益性的文化产品和服务，要引进市场化的法则，走产业化的发展道路，通过产品和服务质量的提高，参与市场竞争，壮大和发展自己，在坚持正确的舆论导向和文化品位的前提下，不断地创造经济效益，积累财富，把党领导下的文化产业做大做强，提高抗风险和参与竞争的能力。我国期刊作为文化产品和文化服务的重要组成部分，其中经营性、消费性、市场化的期刊，也应逐步从9000多种期刊中分离出来，明晰定位，担负起期刊产业化的发展重任。本文结合分析国内外期刊的发展经验，结合分析产业化发展的特点规律，结合分析未来媒体的变化和期刊业面临的生态环境，着重阐述经营性期刊发展的几个必然趋势，并提出相应的对策思路，以供业界和政府部门参考。

一、商品化、市场化的发展趋势

1985年起，我国期刊界实行了"事业性质，企业化管理"的模式，从此我国期刊商品化和市场化的程度有了一定的提高，期刊界引入了品牌的意识、广告的意识，实现了自身一次重要的跨越。但时至今日，我国期刊的市场化、产业化、商品化程度还相当低，一个重要的原因是未对9074种期刊进行梳理和分类，没有根据不同的期刊提出不同的要求。商品化、市场化在一个逐步开放的社会中是一种趋势，但是哪一部分期刊应该产业化、市场化和商品化，哪一部分期刊只能公益性，长期以来没有进行必要的分类，所以经常发生一些错位：应该产业化的期刊在大谈自己学术化和社会责任的理念，强调领导不能给自己压经营指标，而不少科研单位对公益性的期刊又提出产业化的发展要求，强令减少补贴，减少国家和社会的支持，把它推向市场。

我们说期刊的商品化、市场化的发展趋势，主要是基于如下的认识：一是社会总体在向社会主义市场经济的方向转变，期刊作为社会的一部分，它也要适应这种转变。二是从国内外期刊发展的经验和特点看，一部分消费型、商品型、服务类的期刊必然要走经营发展的道路，美国有1.7万种期刊，其中约5000种消费类期刊，

在《故事会》创刊40周年座谈会上发言

承担了产业化的任务。这与我国的情况也有相仿之处。三是我们现有的观念、分类方法和管理方式如果不适应这种转变，就可能阻碍期刊业的发展。

为此，加快期刊产业化、商品化和市场化的进程，一是政府要发挥宏观管理的职能，提出经营性期刊的分类指标，对所有期刊进行一次梳理，明确其不同的特点和要求。要解放思想，实事求是，对经营性期刊建立全新的管理办法、考核办法。在出版导向、经营体制、对外合作、企业兼并、评奖制度等一系列重大的问题上，都要进行科学论证，建立符合我国期刊管理总要求，但又符合产业化发展需要的办法、体制和机制。二是作为期刊的上级主管主办单位，也应在国家总体的宏观指导下，对所属的期刊进行分析评估，建立适应市场化运作的经营机制，包括确定经营指标，选择经营人才，注入经营资金，建立独立核算的经营体制，实行竞争性的用人、用工的制度，让期刊社或期刊公司成为真正的市场主体。三是期刊社的干部职工，作为微观层的团队，要树立市场意识、竞争意识，放弃等、靠、要的事业模式，做好内容，加强广告和发行，在市场竞争中实现自我价值，在期刊发展中得到个人利益。四是协会、ABC质量以及发行量论证等中介机构，要根据这部分期刊的特点，建立相应的社会服务职能，建立公正、公平、公开的评估机制，促进行业自律，维护期刊社的合法权益。目前中国期刊的评比制度和各种排行榜存在很大的缺陷，改进的方式之一是政府、协会要在分类的基础上依照不同的标准进行评比。中介组织和机构的发行量排行榜，要在区分公益性和经营性的基础上细分门类发布，不能眉毛胡子一把抓。

二、细分读者、细分市场的办刊理念

细分读者、细分市场是期刊产业化发展的必要前提和保证。在80年代初期期刊业的黄金时代，人们处于信息和知识的饥渴期，当时的需求十分迫切而笼统，只要是有文化的人，似乎就是任何一本期刊的当然读者。那时期刊不讲究分层次，分专业，分年龄，分性别，一本期刊发行到上百万册是轻而易举的事情。如上海的《文化与生活》《青年一代》，都曾发到500万份以上，甚至凭票供应。90年代，这些包罗万象、包容性强的期刊越来越少，除《读者》《故事会》以外，大部分变成了专业化、定向性的期刊，一个细分市场的时代来临了。在中国，近10年来期刊的期平均发行量在减少，除了其他媒体的竞争抢夺了期刊的读者以外，主要是读者和市场发生了本质的变化。品种越来越多，读者越来越细化，而具体分析又有如下几种情况：一是社会人群的结构发生了变化。由于贫富、职业、专业的分别，造成了人与人的差异，造成了他们对期刊的需要和

在上海妇联《你》杂志推广活动中与孙小清等合影

购买力不同。比如城市女性期刊的发展，比如"打工妹"这些期刊的出现，都与此有关。二是社会很多新的产业、专业、娱乐方式的出现，拉动了新的消费族群，一些新期刊也应运而生。如高尔夫、游艇、健身、会展、IT、游戏、卡通等。三是读者年龄的分别，造成了虽在同一个消费门类，但关心的话题不同，期刊也相应地细分。这方面最典型的是时尚生活类期刊，比如《瑞丽》杂志同为女性生活类，由于年龄不同，从20—35岁，

分成4个版本。中国的《时尚》杂志从最初的1个版本，到现在已有10多个版本，其中以年龄细分读者是个重要的原因。法国巴亚集团出版2岁到15岁读者的期刊20多种，大多不按专业而按年龄区分。四是一些特殊的项目或者特殊的渠道，造就了新的读者、新的市场。如北京举办奥运会，上海举办世博会，现在都创办了新的刊物，在申办到举办的过程中，它是社会了解这些重大活动的渠道，也是广告商、活动组织者的商业化媒介。又比如中国银联新办的《金卡生活》，以我国5万名银联金卡持有者为读者对象，向他们提供高端阅读，介绍高档服务，期刊以各银行购买赠送为主，以广告收入运作，创办一年多，已在读者中产生了影响。又如，我国航空期刊的发展，是期刊产业化的一个典范。以《东方航空》为例，随着飞机的扩容，一个稳定而庞大的空中读者群随之产生，

现在每期发行量已达 10 万余册，每月每本传阅者数百人之多，成为一本影响大、广告回报丰厚的期刊。

　　细分读者为了求得更专业、更稳定的阅读市场和广告市场，从而扩展了期刊的发展外延。从这一特点规律出发，一是要求我国的期刊主管部门，要扩大产业化期刊的刊号资源，不能把刊号控得过死、过严，阻碍它的繁殖和发展；二是要求原有的期刊社及时关注新产业、新专业、新读者和新需求，实行期刊的更新换代。有关这一点，我在后面还会详细论述。

三、城市化和地域性的特点

　　期刊本身是人类文明尤其是城市化进程的产物，在一定程度上也将随着我国城市化的加快而发展。我国最早的期刊产生在上海这一现代文明的大城市，时至今日，世界期刊的中心和消费地，也主要在城市。在西方，纽约、巴黎、东京、伦敦、汉堡都是重要的期刊出版基地。在中国，北京、上海和广州也是最大的期刊出版中心，出版总量约占全国的 35%。从农业社会到现代工业社会，从乡村化到城市化，给期刊带来了发展的生机。

　　当前，我国社会发展的一个重要趋势是通过加快城市化进程，把更多的人口转移和固定在各类城市中，消除城乡二元结构，消除城乡的差别和

2002 年在（北京）中国期刊展上海《东方航空》展区

人们的贫富差别。我国现有 174 个百万人口以上的城市，估计到 2020 年，中国人口的 50% 以上将生活在城市。在此过程中，中国将形成国际化城市、大城市、地区性城市和中小城市等相协调的城市结构，并将形成以京津为中心的华北城市带，以上海为中心的长三角城市带，和以广州、深圳为中心的华南城市带。城市化、城市生活、城市话题，必然给我国期刊发展带来诱人的前景，读者需求和广告投入都会成倍上升。

　　城市化的进程，还会造成期刊的地方特色和区域性趋势。除少数期刊面向全国市场跨地区经营以外（如《读者》《半月谈》《故事会》等在全国开拓市场，设立分销处和分印处），更多的期刊将以固定的地方读者为主。这并不意味着保守，而是一种稳定的经营之道。今天，产品商、广告商更注重以某地的读者为对象开拓产品市场，并非都需

要面向全国发行的期刊，而读者也需要有一种反映自己所在城市生活的综合性期刊，它更具有地方特色、亲和力和语言风格。这类期刊发行量如在 5 万—10 万份之间，由于投入成本少，读者稳定，发行渠道明确，广告定位准确，会比同等发行量的全国性期刊效益更好，更具有成长性。

在美国，城市期刊的发展势头也越来越好。最早的《纽约》杂志于 1968 年创刊，此后美国的各大城市陆续出版了自己的期刊，比较有影响的是《纽约客》、*Timeout*、《芝加哥》、《洛杉矶》以及 *Wallpaper*。这类城市生活期刊因为定向，传播并塑造城市文化与物质消费，市场前景为业界看好。不久前发行量 18.5 万册的《芝加哥》刚被一国际传媒公司以 3500 万美元的价格收购。托夫勒曾经这样写道："最近，我们目睹了一些几年前没有一个熟知群众社会的权威敢于预言的事情：地方月刊重新诞生了。今天几十个美国城市，都有他们自己所办的、专谈当地和本区事情的期刊，实力雄厚，外表精美。这当然不是缩小差异的迹象。反之，我们期刊的数目比以前任何时期都增加了，读者可以有更多的选择。"

我国的城市期刊以计划经济时代的地方画报最为典型，但它们决不是现代意义的城市期刊，它们大多只是以新闻性、形象性为特征，为每一个城市做点文化门面，由于千篇一律，信息量小，商业化程度低，大多由政府贴钱主办。近年这种情况正在改变，1996 年深圳创办的《深圳风采周刊》，1999 年的《新民周刊》，1999 年由《广东画报》更名新办的《城市画报》，北京 2002 年办的《北京漫步》以及 2002 年《名胜世界·乐》，无疑是一批带现代性的成功的城市期刊。由于如下几个特殊的原因，我国将进入一个城市期刊的发展期。一是人口往城市集中，有消费期刊能力的读者越来越集中到城市，我国除千万人口的大城市外，数百万人的城市已有几十个，这是任何一个国家所不能相比的。二是信息资源更多地往城市集聚，更多的话题围绕城市生活展开。三是广告资源高度集中在城市。以期刊为例，北京、上海和广州三城市，占了中国期刊 31.7 亿元广告收入的 60%。四是交通的快速发展，使城市的辐射力加强。比如上海与南京、与杭州之间，都在计划建造高速列车。五是中国的城市拥有自身独特的方言、习俗，以此为基础的城市个性，还具有相当的文化生命力。

与这种趋势相适应，中国期刊界要及时调整自己的发展定位：一是对现有的地方性画报加大改造的力度，因为报纸、网络、电视的发展，使它已不具有新闻上的影响力，必须以市民为对象以文化、经济、社会等综合性内容为基础，打造出一批新的城市名片。二是把其他一些没有前途的刊号部分地转到城市刊物方面。三是在国家的调控政策下，

97

给一些城市下拨部分刊号发展城市类刊物。

四、品牌战略以及品牌的扩散效应

我国计划经济时代的期刊，大多承载着政治和文化方面的任务，以做好内容扩大发行量为手段，重在对读者产生政治、文化方面的影响。在这种模式下，期刊的品牌功能主要是为了政治、文化的效应，是为了改造世界、改造读者。而在市场化、产业化的模式下，期刊以自己丰富的内容、引领作用、权威性在读者中树立起品牌形象，同时又是一条市场与读者之间的商业化渠道，期刊社不断地向产品商出卖自己拥有的读者。为此，期刊品牌的产业链开发包括了如下几个环节：

1. 一本品牌期刊卖刊物信息的营利模式，俗称"卖纸头"和"信息"。以《读者》为例，每月约900万份的发行量，能给它带来2亿多元的利润，其中90%来自发行收入。上海的《故事会》月发行量约500万份，9200万元销售收入中86%来自发行收入，14%是广告收入。上海期刊总收入中的发行收入占72.9%，广告收入只占27.1%。而我国现阶段期刊总收入的70%—75%来自发行收入，说明市场化、商品化和品牌经营发展的空间还很大。

2. 期刊品牌延伸出其他媒介的品牌。在这方面，日本的期刊界做得最为成功。以动漫为例，他们一是在卡通期刊上发表长篇连载的作品，根据读者的阅读兴趣决定是否创作下去。而后，在成功的连载基础上出版成套图书，如日本小学馆的《机器猫》《蓝精灵》《柯南探案》《灌篮高手》等等，成套书一版再版，发行量和利润大大超过了期刊。美国《读者文摘》的图书利润，也超出了期刊本身；《国家地理》还出版多种报纸和80余种图书以及各个国家的音乐制品。在期刊的基础上，又参股投入拍摄电视连续剧，在影视产品中大赚其利。除此以外，期刊品牌的扩张在法国桦榭也有成功的经验，他们由最早的法文版 *ELLE* 发展到在世界各地出版了40多个版本 *ELLE*，实行了与当地的合作，成为期刊品牌延伸的成功典范。

3. 期刊品牌成为其他产业比如会展、咨询服务业的重要依托，又结出新的丰硕果实。这方面做得比较好的如《财富》杂志每年举办的"财富论坛"和财富世界500强排行榜，其影响远远超出了期刊本身，又给期刊的发行以反作用。英国《商务》杂志这方面的收入也占其总收入的一半以上，达到了数亿英镑。美国《国家地理杂志》产品开发延伸旅游业务，同时它的地图出版在美国也极具权威性。

4. 期刊品牌商标化，带动了生活产品的开发热。在中国，*ELLE* 已授权开发商生产女性的各类化妆品、服装和用具，在北京、上海的一些百货商店，已有 *ELLE* 的产品销售专柜。最近《瑞丽》的品牌战略也伸向这一领域，陆续推出了系列服装和各种生活用品。

随着技术与服务业的发展，品牌期刊与现代服务业的结合点会越来越多，产业化的道路也会越走越宽，这也将对我国的期刊业产生很大的影响。这方面如我国的老刊《故事会》不断地开发出《故事会》的系列丛书，新刊《瑞丽》探索广告、电子商务、短信等服务，《理财周刊》以举办理财博览会，创办"点金培训有限公司"，实行互动，已取得了明显的成效。这将吸引更多的期刊去开发期刊业的产业链，形成真正意义上的产业化。

在这方面需要提醒的是，首先要以内容为主，通过出版、宣传和发行，确定比较固定的读者群，形成品牌影响。品牌是期刊个性化和风格形成的标志。为此要很好地考虑期刊的内容、栏目、标识、语言文字风格、图片以及封面设计，并且相对固定化，以便尽快在读者中留下心理定势。其次要管理好读者，这是期刊产业链开发的基础。成功的期刊社，要不断地收集读者的通讯录，进行电脑化的科学管理，并不断地保持联系。读者是产品商、广告商最感兴趣的部分，拥有可靠的、具体的读者，才能在竞争中获胜。第三，产业链比如广告、产品、会展、网络的开发，既要有激情和想象力，也要进行深入细致的社会调查，减少开发的成本和风险。要量力而行，有的自己投资、经营，有的则交给更专业的公司合作开发。比如拍摄电影，可以与制片公司合作；比如广告业务，可以自营，也可以实行代理制；比如会展，可以投资举办新公司操办，也可以委托别的会展公司；比如服装业和化妆品，完全可以授权厂商开发和生产。

五、商业化的趋势与广告营销

我们基于如下的理由和依据，说中国的期刊会迎来又一个商业化的高峰和广告经营的黄金时期。一是我国加入 WTO 和全面建设小康社会的发展定位，造成世界各国的商品和服务大量进入中国；同时中国日益成为世界最大的"制造业工厂"，本土的品牌也在成长中；经济和文化的成长使中国也成为重要的消费市场。而产品和服务的丰富与竞争，必然促使更多地借助广告。二是我国的广告业由 1981 年的 1.18 亿元上升到 2003年的 1078 亿元，23 年的年递增速度是 34.5%，总量增加了 914 倍。预计到 2010 年，中国广告总收入有望达到 2400 亿—2600 亿元的营业规模。广告总量有如此大的增幅，对每一种载体而言都是一件好事情，是发展空间。今天中国期刊广告的份额如此之小，在 1078 亿元中，只有 31.7 亿元（2003 年统计），占 2.94%，而世界期刊的广告总额在 2000 年已超过了 400 亿美元，占全球市场 13% 的份额。这既说明中国期刊广告的弱势、不正常，又预示着它有跨越式、超常规发展的可能。期刊广告有它自身的优势，比之于电视与报纸媒体，它具有专业性强、印制精美、读者传阅率高等特点。目前大众媒体和户外广告在中国占据广告市场的主要份额，这种结构并不合理、并不成熟，这是初级的广告市场，真正高端的、专业的商品和服务，还是适合在期刊这类"小众化"的媒体上刊发，所以，我们有理由看好它的成长。三是从期刊业自身产业化发展的必然选择分析，期刊只有把广告这个产业链做强做大，才能支撑期刊业真正走上商业化、市场化的经营之路。就美国等国的经验看，期刊广告收入将超过发行收入，成为期刊主营收入的重要部分甚至主要部分。广告收入与发行收入的比例，美国是 69：31，德国是 62：38，捷克是 59：41，意大利是 55：45，而中国是 31.7 亿比 123.9 亿，也就是 25.5：74.5，比例严重偏低。

上海是我国期刊广告相对发达的地区，据对 2004 年 434 种期刊的统计，每种期刊的年均广告收入是 46.54 万元，但每期广告收入仅为 5.21 万元，显然是偏低的。如进一步分析，你会发现其中有 60 种期刊占了广告总收入的 75.52%，另外 374 种期刊只占 24.5%，年均每刊只有 13.23 万元，每期仅 1.48 万元，显然很多期刊几乎没有广告收入。这成为期刊界心中的痛。期刊如何走上商业化、产业化的发展之路，如何在做大广告蛋糕的同时提高在广告市场中的份额，这是一个关键的问题。

要逐步解决这个问题，一方面办刊人要努力做好期刊品牌，要解决期刊发行量的科学论证问题，不能再搞虚报发行量的把戏；还要多做广告商、品牌商的说服工作，要用成功的案例证明期刊广告的有效性。另一方面社会对期刊广告的作用也要有一个全新的认识，特别要由市场培育出以经营期刊广告为主的广告公司，改变目前全部向电视、报纸倾斜的情况。双方各尽所能，我国期刊广告的总量以及比例，一定会有比较明显的增长和提高。

六、集约化的必然性和多媒体整合

期刊业在国外早已走出了产业化的发展之路，即为了提高竞争力，在确保质量的前提下，进行集约化的组合，扩大规模，这是一种必然的趋势。全球化的发展趋势，又加剧了集约化的速度。以美国《读者文摘》为例，现已发展成为有 3500 个员工几十个版本兼具图书、音像出版的综合性媒体集团。法国的桦榭集团以 *ELLE* 为主打产品也已发展到有 80 多种期刊的规模。集约化降低了成本，扩大了市场，形成了大鱼吃小鱼的竞争优势。在日本，小学馆、讲坛社和集英社三家的期刊总量和市场占有率，也达到了 20% 以上，形成了实力强大的三大期刊集团。

在我国，期刊社事业单位的模式和主管主办单位的制度，阻碍了期刊的集约化，加上严格的刊号资源总量调控，使一些有条件做大做强或者跨地区经营的期刊社得不到集约发展的条件。但是，这并不说明我国期刊没有集约化发展的必然要求。恰恰相反，中国期刊的集中度在各地成立出版集团和报业集团以后还是比较高的，只是还未整合起来。如中国出版集团成立后，旗下拥有几十个刊号，只是未经调整和整合。在上海，期刊的集约化趋势更为明显：上海世纪集团拥有《世界时装之苑》《上海服饰》等 40 余刊，上海文艺总社拥有《故事会》等 24 刊。这两个出版集团的期刊占全市 612 种的 10.5%，总印数的 51.45%，总定价的 48.54%。如果进一步整合，实力和能量会更充分地发挥出来。此外，已经组建期刊集团的有广东的《家庭》、甘肃的《读者》和湖北的《知音》，走的是独木成林的集约化道路，如果注入一定的刊号资源，也会逐步地发展。

问题在于，我们总是希望我国出现像海外公司那样有几十个期刊占有一国 10% 以上市场份额的单一集团，但我们未解决必要的外部条件和内在动力机制，所以离真正的集约化还有一段长路要走。当前，创造条件是最重要的：一是要给产业化发展的集团以比较充足的刊号资源；二是允许它们异地办刊，或与其他媒体合作办刊；三是允许兼并收购其他期刊尤其是办得好的期刊；四是允许业外资金进入期刊业；五是允许更大的电视、报业媒体收购现有的期刊集团或期刊公司。有了这些政策，加上内在机制的改革，中国期刊的集约化指日可待。这里要指出的是，组建集团是集约化的一种外在形式，不等于是集约化，而只要做到集约化，形成了合力和实力，也不在于是否集团化。这一观念必须牢固地树立起来，因为我们要的是务实的集约化和规模。

七、以新替旧和结构调整

美国密西西比大学新闻系的一项调查表明，2004 年美国新创办的期刊达到了 1006 种，比 2003 年的 953 种增加了 53 种。这是自 1998 年美国年创新刊首次超过 1000 种以后，再次突破了 1000 种大关。在美国还有另一项统计，大部分期刊在创刊 8—10 年以后就到了它的生命限期，经过主观努力再无明显的发行收益和广告收益，就要宣判它的死刑。所以及时地停刊和不断地创刊，也是产业化发展的必要条件和必然趋势。

在海外，由于期刊以私有制为基础和以登记制为条件，所以停办刊物和申办新刊是很自然的事情，但在我国难度则要大得多。由于这10余年来，新增刊号极为有限，每年增加的少数刊号也主要在非经营性、非产业化的科技期刊方面。所以我国期刊以新替旧，进行结构调整的任务很重。

为什么老的期刊不能"万寿无疆"地办下去呢？一是因为需求发生了变化，当年创办的这个刊物是有读者的，现在读者流失了，或者读者的兴趣发生了变化，转移到别的方面了，这个刊物就维持不下去了。二是当年申请办刊就是主观的，而不是客观的。批下来的刊号一直办得勉勉强强，不死不活，现在实在无法办下去了。三是刊物还有一定的市场，由于内部经营、采编团队人力的原因，在社会上已造成了负面的效果，再要努力把这个刊物办下去，成本比办一个新刊还要大，不如推倒重来。四是完全靠计划的体制批下来刊号，又靠一些人为的因素在支持，比如某位领导在位时拨了经费，而他离开以后新的领导不支持经费，刊物也就办不下去了。

在我国碰到大量的问题集中到一点就是期刊办不下去也停不下来，很多刊办不好，又有很多新刊没有刊号办，这形成了一个很大的矛盾。为什么？原因一是看不到以新替旧是办刊的一个重要规律，认为停办老刊就是证明自己无能，会坏了自己的面子，于是硬撑在那里。二是被员工的个人利益所牵制。许多期刊社的人员会办某类期刊，他们改行办刊的能力不强，停办老刊会砸自己的饭碗，所以拼命强调老刊还有老读者，还有老作者，还有社会效益，以种种借口反对以新替旧。三是明知老刊不行了，但对办新刊不积极、不调研，没把握，还是不敢迈出这一步。四是出版行政管理部门没有及时指导，及时支持，特别是过多地强调原来刊号的定位属性，不让它跨专业改刊，就使得本来可以容易解决的问题一拖再拖。

期刊更名、改刊，是期刊出版界与时俱进、创意发展的关键工作，抓住了社会需要的新产业、新热点、新读者和新需求，把主观和客观结合起来，就会使我国期刊真正地由计划向市场过渡，由非理性向理性转变，实现产业化的目标。这几年改刊成功的重要经验：一是态度要坚决，不能优柔寡断，谋而不断，一旦发现自己办的期刊没有价值，还要不断地往里填钱，不如先把它停下来。要以对事业高度负责的态度来认真对待这项工作，千万不能因为公家出钱而无动于衷。二是对老员工要做好思想工作，不能因为他们有不同意见而束手无策。在这方面要以大局为重，个人服从整体。当然在确定改版以后，对完全不适合的老员工要调离新刊，但要妥善安排，不使其成为工作阻力。三是对新刊的办刊定位、栏目、设计、组稿、发行以及广告，要有深入的调查和细致的分析，有了目标定位还要配好团队，找好得力的干部，这样才不至于使改刊成为空中楼阁。现在有些新刊改刊不成功，大多是调研不扎实、措施不现实所造成的，我们应该总结成功的经验和失败的教训。

以上海为例，近几年积极推动以新替旧，结构调整，有近百种刊申请了更名，占了上海刊物的15%以上，还有一些期刊正在申请变更之中。虽然不能说每个改版都有十拿九稳的胜算，但至少从改刊中看到了新的方向和希望。如《理财周刊》《新民周刊》《新读写》《咬文嚼字》《金卡生活》《秀》《今日风采》等等，都是在改版以后创出了新品牌，走出了新的发展道路的。

八、国际化的潮流与国际合作

这也是期刊市场化和产业化发展的一种必然趋势。首先，它是由信息流决定的。期刊的重要资源是信息，信息越来越具有全球的性质，除了网络媒体以外，平面媒体也越来越采用国际的信息资源，期刊的信息与新闻不同，它依赖优质的图片，很好的构思与设计，特别是它的看点在于深度采访，它的资源必须通过合作的方式才能为另一种刊物获得。因此，为了让本国的读者获得国际的信息，就要进行这方面的合作。而在发展中国家，国际性强的刊物事实上具有看点和卖点。其次，它也是由商流决定的。今天，在全球范围内国际贸易的作用加大了，以中国为例，每年生产的物品的30%是流向海外的，而发达国家的大量高档产品比如飞机、汽车、照相机、电脑、服装、化妆品等，也要千方百计销售给别的国家才能获大利。而商流的发展，必然需要介绍和广告。我国加入WTO以后，大批外国品牌、商品和服务要进入中国，它们要占领市场，除了建立销售网络开店经营外，就靠进行宣传。第三，也是由竞争所决定的。国际媒体集团为了扩张，开拓新的市场，也要以兼并、参股和合作办刊的方式向中国这类新兴国家开拓期刊业务。第四，我国在加入WTO的对外承诺里，已同意向海外开放广告市场和书报刊发行市场，外商可以在中国开设独资经营的广告公司和独资经营的书报刊批发、零售公司。而这两个环节与期刊出版相当邻近，通过加大对中国的广告、发行，外商也可以来从事期刊的经营业务，这就会加大国际交流与合作的力度。第五，2005年5月在美国纽约召开的世界期刊联盟（简称FIPP）大会已决定，我国政府也已批准，2007年底世界期刊联盟大会将在北京召开。这是中国期刊加强与国际交流合作的一个重要举措。FIPP的年会意义重大，在亚洲仅在日本举办过，这次到中国召开，说明国际期刊界意识到了中国市场、中国文化的巨大吸引力和重要性。此后，2008年的奥运会、2010年的世博会，对期刊媒体与国际的合作交流，也会起到很大的作用。

国际化与国际合作当然具有两重性，一方面它带来了西方的文化，可能对我国的传统文化有一定的冲击，对读者尤其是青年读者在价值观、人生观方面会有潜移默化的作用。它巨大的资金、先进的扩张性的经营方式，对我国原有的民族品牌会有相当的冲击，形成抢资源、抢市场、抢广告、抢经营人才的局面。它自由化的办刊理念，对现行的新闻出版管理方式也会带来挑战，等等。

但是，在一个日益开放的国际环境中，产业化的这部分期刊，已不可能与世隔绝地封闭经营，而事实上适度的开放和国际合作，也有为我所用、对我有利的一面。这20多年来，我国期刊界发生的巨大变化，尤其是产业化的经营理念，绝大部分还是从国外引进的，它与中国的国情相结合，就成了新的生产力，给我国期刊界带来了新气象和新变化。那么，国际合作在当前有哪些事情可以做，对我方会有什么好处呢？这个问题值得在现行的政策框架下很好地研究。现在有一种不好的倾向，就是一谈期刊国际合作，就问能否让外国人来开期刊社？似乎开放、国际合作，就是让他们直接开出版社这一条路。这是一种误区。应该说，这样理解的开放在相当长的时间里是不存在的，但这不等于当前无所作为，可以做的工作还很多。

1．经过地方新闻出版局审核和总署批准发放合作许可证，中国期刊可以与国外期刊社合作办刊，在品牌、图文资料、经营方面合作。中方拥有出版权、编辑权和审稿权，外方参与经营管理。这类期刊从法国桦榭ELLE与上海译文出版社合办《世界时装之苑》开始，目前已有30多种。主要集中在科技、医学和生活服装类期刊上。最有影响的还包括轻工出版社与日本合作的《瑞丽》系列刊物，旅游界与美国Cosmo合作的《时尚》刊物。这类合作试点正在谨慎地进行，它对中国期刊界在期刊定位、经营方式、广告吸附力方面产生了显而易见的影响，它改变了我们的观念。

2．外国出版社在中国成立广告公司代理中国的期刊广告。这在政策上也是可行的，在经营上也是有效的。因为外国公司在代理世界知名品牌广告、在广告经营管理和人才培训方面，确有优势和独到之处，这种合作对中方也有益处。

3．外国出版公司在我国设立期刊发行公司，经营期刊发行，或代理某些期刊的总发行，这也是政策可行，经营有效的。从实际情况看，我国期刊以邮局发行为主的单一格局缺少竞争性，弊多利少；我国期刊以国营为主经营的单一模式，也是僵而不活。引入海外的竞争机制，对于增强发行的活力，会起到积极的催化作用。

4．合作培训人才，用考察、访问、外派工作、专业培训等方式，让外国期刊社帮助我方培训干部尤其是中青年骨干，这对最终形成产业化的经营格局也是大有益处的。

因为人才是产业化的关键。现在的情况是我们总是由不懂产业化的老师培训产业化的人才，这种效果是不好的，最好的方法还是向国外学习，向实践学习。近10年来，这方面的培训在增加，效果也越来越明显。

5．合作建立图片资料库，共享图片资源。在现代产业化的期刊中，图片所占的分量越来越重，所起的作用越来越大。而图片的拍摄、收集、储存的成本也越来越大，一次性使用的可能性越来越小。在西方期刊出版业，建立强大的图片资料库已有成功的经验，图片不仅供自己期刊使用，而且向第三方出售。大的图片公司已有几十万张图片，2004年我在意大利访问时看到Scalar这家图片公司也有15万张图片之多，并且全部进行数码储存和管理，网上推销，成为一个获利的营业项目。我认为，中国期刊业的落后，其中一个很重要的方面，是缺少类似的图片资料库，图片大量的分散储存和重复拍摄，浪费而又无效。在这方面如能与海外机构合作，引进图片储存技术与管理，一定可以在不远的将来，建立有知识产权的图片库。这对形成中国期刊的生产力是有益的。这项工作谁先做，谁得益。

6．聘用外国人或委托外国公司管理我国的期刊社经营。这在政策上也是无障碍的。这在我国最早的旅馆业是有先例的，经验证明也是有效的。中国的期刊社应该聘请一定的外籍人士，参与经营部门的管理。

总之，在坚持我方出版权的前提下，我们可以创造一些合作的方式，来推进我国期刊界的产业化进程。

九、企业化的趋势和改制

到目前为止，我国几乎全部的期刊社都属事业单位的体制，有的靠政府拨款资助出版，有的则自负盈亏，有的是盈利大家分享，亏损了又找政府要钱。总之，事业单位加上国有制，是一种"等、靠、要"的体制，是一种非市场化、非竞争性、非产业化的体制。在这种体制下，期刊社不是企业法人，不是市场主体，经营责任含混不清，用人、用干部和分配机制缺少张力、活力，干部能上不能下，员工能进不能出，收入能高不能低，或者是论资排辈分配，论职称排队分配，论学历分配，变成了二政府、铁饭碗。很显然，这种体制影响了产业化的推进和市场化的运作，阻碍人们生产力和创造力的发挥。为此，在明确公益性和经营性的期刊以后，第一步是把那些经营性的期刊社改成企业，让它们成为市场主体，到竞争的市场环境中放开手脚拼搏，在竞争中求发展。第二步是在企业的基础上，把有条件的期刊社逐步改造成股份制企业，吸纳更多的资金，以更灵活的投资机制来搞活企业。第三步是在股份制的基础上，进行兼并、参股和合作，把我国经营性的期刊社做强。

当前，企业化改制作为产业化发展的基础工作，实现以后，对我国很多期刊社来说有两点重大的改变。一是成为独立的企业法人。现在绝大部分的期刊社依附在某个单位内，还是一个内设机构，即使在出版集团、报业集团这些企业化管理有20年历史的机构，期刊也未成为独立企业，甚至未成为独立核算的部门，利润全部上交，亏损单位全包，许多期刊社甚至拿不出独立的财务报表，这就无法谈及企业化，更不要说市场化和产业化。严格地说，一个没有独立财务报表的单位，一个不能进行经营分析的部门，是很难提高经营管理水平的。很长的一个时期以来，我国出版社办的期刊占据优先的条件，曾经盛极一时，但近年也碰到很多问题。其中长期未能独立经营，与图书部门混岗、交叉兼职十分严重，有的人期刊没办好，推说在忙于图书，你说他图书没出好，他说我忙于出期刊，而有了成绩又两头要占。一些社的领导也是裁判员和运动员都自己担任，这就很难把工作做好。所以只有改制为企业，才能解决这类问题。

二是可以解决机制层面的根本问题。如职工与期刊社的关系，成为职工与企业的关系，要签订劳动合同，成为能进能出的社会人，真正打破大锅饭，建立有效的用工制度。如收入分配制度，也可以更有竞争性，真正把年资、学历、职称与贡献、能力放在一起比较，综合评定，拉开差距，鼓励先进。这将给期刊社带来进一步的活力。

十、跨媒体经营是期刊未来生存的重要条件

产业化的经营，一方面造成媒体之间的竞争，比如电视的普及会抑制书、报、刊的发展，网络以及家庭电脑的普及和内容的丰富，又会减少电视节目的收视率。另一方面媒体竞争也会促成它们之间的互动和合作。以期刊广告收入为例，2004年报纸广告收入265亿元，电视广告收入308.5亿元，广播广告收入32亿元，而期刊广告收入仅为31.7亿元，在传统的四大媒体间排在末位。这充分显示出在其他媒体的发展和挤压之下，期刊以及期刊广告并不具有优势。期刊是坚持自己的定位与其他媒体竞争到底，还是也选择合作？回答是肯定的。

这是因为：一种媒体的内容也可以部分地转化为另一种媒体的内容，只是表达方式不同；二是一种媒体的品牌可以成为另一种媒体的品牌，发挥出品牌的效应；三是媒体公司或集团的发展，是兼容的、综合的，如贝塔斯曼，既做图书、期刊，又做音像，还办报纸，全世界大体如此；四是中国目前媒体经营不仅地区割裂，而且行业割裂，这是

计划经济的分工，不符合媒体的经营规律。产业化的发展要求打破这种分工，实行媒体的交叉和兼容。只有这样，才可能出现媒体大企业。

前面曾提到日本的期刊社，大多是多媒体经营的，刊物、图书、电影以及动漫产品，都一体化开发。2003年我访问日本NHK发现，他们的电视频道、电视栏目大多又与平面媒体相结合，做成了刊物和图书，同样，期刊上好的故事、卡通、小说连载，又是电视节目的原创基础。这种综合的产品开发会造成社会需求的积聚效应，也促成了大公司的建成。

今后，只要我们提倡产业化，产业就必然会有跨地区跨媒体经营的发展要求和趋势，这就要求我们要很好地研究产业规律，研究如何改革现行的管理制度。以我的认识看，有条件的期刊必须在几个结合点上与强势媒体合作：

一是与电视合作。电视在我国拥有最广大的受众，它的节目更丰富，覆盖面更广。据统计，中国的电视机已超过3亿台。随着科技的发展，更清晰、点播式的电视将推向市场。但是电视具有瞬间性，而没有文字阅读的时间性，所以，电视也需要期刊来弥补它的不足，来巩固它的读者群；反过来与频道相结合的期刊，又借助强势的电视媒体而使自己具有更多的读者，更丰富的内容和更大的影响力。所以与电视合办的期刊今后要有生命力，关键是要拆除两者之间的"围墙"。

二是与报纸合作。报纸是每天与受众见面的媒体，比期刊拥有更大的读者群，但报纸不如期刊有深度和专业性强。于是近来的趋势是报纸越来越多地向期刊靠拢，报纸出现了杂志化、周刊化倾向。这种由报纸衍生出来或合办的期刊，更精美、更具信息量。在欧洲，很多期刊又变得报纸化，两者之间有一个中间地带，是双方交叉和合作的基础。在我国，报社办的期刊一直不算成功，主要在于报社人还没有用期刊的特点来办期刊，而这一点在今后会有很大的改观。

三是与网络合作。最新资料显示，我国已有58万个注册的网站，有9400万上网的电脑用户，每天发表的信息和文字大大超过其他媒体的总和。在网络信息产业的冲击下，所有的平面媒体将面临生存危机。在欧洲和美洲，网络经济跨过了1997年的危机以后，在信息、商务、广告、娱乐等领域重现了它的活力。最近FIPP的总裁访问上海，介绍了欧洲70%的名牌期刊已在创办网站。不过这些网站与我们的理解不同，它不是简单地把平面期刊搬到网上成为期刊的网络版，它以期刊品牌为号召力，重新按网站的要求来建设和设计，它是综合的、互动的、信息积累的、可查询的，具有传播、服务、商务和广告的功能。他们预测这种形式的网刊互动，是今后期刊生存的新方式。

另一方面，一些网站积累了相当的素材，每天又有大量的新资源，网站的好处是即时的发表，但它良莠不分，数量庞杂。于是网站看到了期刊的优势，希望能落地合作办刊。比如上海的文学网站"榕树下"，每天有6000—8000篇来稿，除了在网上堆砌式发表外，迫切需要有刊号发表其中的精品。这又是一种网刊互动的方式。又比如我国近年网络游戏产业迅速发展，涌现了盛大、九城这样的大企业，网络游戏的受众已有2633万之多，占了网民总数的28%。有的网络公司已提出要创办类似的期刊，这会有很大的号召力，因为这类网站已拥有现成的读者群。这就很有条件办出好期刊。

四是与图书合作，这点在前面已经说到了，中国大量的好期刊由出版社在主办，比如《故事会》《读者》《青年文摘》《瑞丽》，等等，而进一步的发展，在行政许可之下，期刊也会办出好的出版社，出版好的图书，因为在媒体与图书之间，离图书距离最近的是期刊。所以，在日本，大量的卡通期刊是卡通图书的来源，在美国，迪士尼的书和期刊也是连为一体的。

在我国，问题还是出在两个方面：一是人们长期以来在计划经济下形成了旧观念，每个人都认为自己要务本业，务本业才是务正业，这种狭隘的眼界阻碍了跨媒体的发展，也阻碍了产业化的发展，阻碍了中国出现大的传媒集团。二是现行的审批体制筑起了一道坚实的围墙，不给有条件、有能力的媒体人以更多的资源，限制了竞争扩张。这是与经营产业化完全相违背的。

以上，我们从10个方面论述了产业化发展的趋势、可能性。但真正做起来，还是有很大的难度以及很大的不确定性。但是，我们只要坚持党的领导不变，坚持正确的舆论方向不变，坚持改革开放不动摇，我们就一定可以走出中国式的期刊产业化发展的新路，为繁荣社会主义文化作出应有的贡献。

（注：此为上海新闻出版教培中心期刊主编培训班授课教材）

2005年9月23日撰于上海

以国际视野看待中国期刊发展

今天我想说两个方面的内容。一是 2005 年 11 月 27、28 日在伦敦举行的国际期刊联盟（FIPP）大会上，前任 FIPP 总裁威廉·克尔（William Kerr）先生就"期刊出版全球展望"做了专题演讲，对世界期刊的发展提出了五个观点。二是在伦敦期间，现任 FIPP 总裁唐纳德·库默费尔德先生（Donald Kummerfeld）在和我们上海代表团的会晤中，指出的中国期刊发展的三个问题。这对我们今天的讨论是有参考作用的。

一、现代期刊出版人应该重视的五个问题

威廉·克尔先生在"期刊出版全球展望"的专题演讲中，特别指出了现代期刊出版人应该重视的五个问题。

1. 亚太地区成为 21 世纪期刊的中心

虽然国内期刊界正在意识到期刊市场存在着许多危机，但克尔先生指出，在国际期刊界的眼里，美国和欧洲的期刊市场在激烈的竞争下已经成熟并饱和了，更多的国际型出版机构开始放眼于中国和印度——亚太地区最大的两个市场。"中国，尤其有着巨大的潜力。"他举了梅雷迪斯（Meredith）公司的例子。梅雷迪斯公司旗下的期刊主要和家庭生活有关，中国对于它们来说正是个新兴的大市场。它们研究调查的数据显示，最近的五年来，中国买房置业的家庭增加了一倍，其中住在市区的家庭可支配收入在过去的两年内翻了四倍。这些数据吸引着梅雷迪斯公司来中国与香港财讯传媒集团（SEEC）合作出版了《美好家园》（*Better Homes and Gardens*）的中文版，迈出了寻求商业机会投资合作的第一步。克尔先生提及的亚太地区市场主要指印度市场和中国市场，因为这两个国家的人口加起来就有 20 多亿，无疑有着巨大的市场潜力。而且我最近看到一些资料，认为印度的发展势头有可能超过中国，印度的意识形态和欧美基本一致，英语也是印度的国语之一，所以国际上认为印度的后发效应要超过中国。

2. 互联网是期刊出版的好朋友

克尔先生说，几年前互联网一度被视为出版最大的威胁，但现在人们意识到网络可

以为出版服务：编辑们在期刊网站上和读者进行直接交流；市场推广专员由此了解到读者的需求和潜在的读者群体；对于发行人员来说，网上订阅可以省下不少的销售成本，同时网上期刊所吸引的广告收入每年以惊人的比率提升。他总结道，互联网可以帮助期刊的出版和发展，因此我们也必须学习、探索和激发它的更大潜力。

这让我想起 2005 年 6 月唐纳德总裁访问上海时，也反复问了两个问题：中国到底有多少家期刊社在办网站？中国的期刊社手里有多少读者的名单？这两个问题都直指要害，唐纳德先生告诉我们，欧洲已经有 70% 的期刊社建立了自己的网站。另外，更重要的一点是，我们现在理解的网站——包括"龙源期刊网"等，都不是国际上所理解的期刊网站。当我说上海有 17% 的期刊已经挂在网上时，唐纳德先生反复强调：期刊网站并不是简单地把平面媒体搬到网上，而是用网络人才来办网站，利用的只是期刊的品牌和读者；依托品牌和读者作基础的网站，发展起来就会很快，而简单的期刊形态的迁移，是肯定不行的；要按照网络的要求，如点击、互动等来办网站，应该成为一个庞大的资料库。相比期刊，范围应该大大突破。

和互联网相关的拓展，我首先就想到电子书。目前上海的电子书累计已经有 1 万多种，每年的销售收入却只有 136 万元。国外的情况如何呢？这次我在英国考察时，也询问了一些出版社做电子书的情况。电子书的价格和纸质书相比，是多少？他们回答说价格一样。网上阅读的收费居然一点也不比纸

向成思危（右二）、沈仁干（右一）等领导介绍上海期刊情况

质书便宜，那么凭什么能够如此定价呢？出版商告诉我们，要上网的每一本书，都必须请来互联网公司的专业人士按照互联网的特点和要求重新设计；这样的电子书可以点击进入，可以查询，可以根据一道道问题阅读，而不是和纸质书一样只能按顺序翻阅。这其实就是一种二度加工。而请人设计的费用最终都要作为电子书的成本收回。

所以我理解"互联网是我们期刊的好朋友"有两层含义，一是它可以帮助我们在网上发展读者，推销期刊，做广告；二是以期刊的品牌和读者群为基础重新建立一个符合网络阅读规律的网站。我们的期刊现在开始做这方面的工作，也许还来得及。

我们万万不可忽略技术上的发展。对我冲击最大的技术上的变化，就是数码相机的

出现和普及。从胶卷冲印，到数码相机，也就是一到两年的时间——这时间快得让我猝不及防。我以前一直用胶卷，但到去年突然发现几乎已经没有人买胶卷了，全都是数码相机。所以如果期刊人能够在建平面期刊世界的同时，开始建网站的话，可能机会就来了。如《咬文嚼字》就可以在网上做成一个关于文字查询方面的"库"，点击进来，不仅能看到历年的所有资料，而且还有许多新的网上空间，网上链接。

3．不要单纯卖广告，要注重树立品牌

诚然现在许多期刊的盈利还是来自广告销售，但克尔先生警告同行们要注意品牌品质的保证，只有提供高质量的期刊内容，才能真正打开市场，吸引更多的读者订阅，这样才能有广告来源。除此之外，出版社还可以在成熟的期刊品牌上做文章，开发更多的产品。如出版基于期刊的 MOOK（介于期刊和图书的新形式）和一般图书，授权其他公司经营品牌产品等等，这也可以给期刊出版商开拓一个新的商机。

由期刊而拓展到图书等的趋势，我们在国内也看得比较清楚。比如 ELLE 杂志做了很多女性服饰类产品，如衣服、皮包等的开发；《瑞丽》杂志也做了许多系列产品，并建了自己的网站。我想克尔先生的意思就是做好品牌后，不要只想到广告，期刊出版和社会应该是一个产业链，很多产品可以开发。比如上海《理财周刊》每年办一个理财博览会，期刊社将银行、会计师事务所、保险公司等都邀请到一起，然后广告宣传，吸引读者来参加，咨询家庭生活中涉及的方方面面的理财问题。这样既收取了展费，又切实解决了读者的问题，还宣传了刊物自身，效果很好。所以《理财周刊》的刊本身盈利并不多，主要是依赖于一些展览会和它所提供的服务。

4．提供准确可信的发行量

针对美国前段时间爆出的虚假发行量事件，克尔先生再次提醒同行们不要为了吸引广告而虚报数字，这样只会自食恶果。为了将来更好的发展，现在的期刊业需要营造一个透明的环境，公布准确可信的发行数字。为了提高发行量，期刊需要建立订户数据库，提高期刊内容和编辑质量。如梅雷迪斯公司就为 2—3 年的长期订户提供优惠价，这样就能拥有许多忠实读者群，保证长期的发行量，同时还为期刊的推广发行省下不少经费。

FIPP 的两任总裁都强调，一定不要虚报发行数字，要老老实实发展订户。而且国外有一个特点，就是订户的订阅费比零售价格便宜许多。比如我这次在英国一个出版社中了解到一本小众杂志《服装理论》的发行情况，它只印 1000 册，但第一期就盈利。这本杂志非常专业，而其中的研究文章连《江青在"文革"中的服装理论》《中国在解放前的旗袍》等都有涉及。一本的零售价为 125 英镑，换算成人民币是 1875 元。但如

111

果长期订阅，订户就只需要付 45 英镑。期刊社对一次性付费的长期订户非常重视，价格也非常优惠；零售则由于存在太大的不确定因素而价格高昂。而我国的老百姓到邮局订阅期刊和在零售摊上购买期刊是一样的价格。这其中和邮局的关系很大。我认为对长期的订户，起码应该 8 折优惠，因为订户将一年的稳定性提供给了期刊社，并且还损失了利息。无法给予长期订户以优惠，是中国期刊社不能很好地发展订户的一个症结所在。

5．坚守职业道德

这和我国提倡的诚信机制一致。克尔先生特别提到了期刊出版者的职业道德问题。他说，一旦涉及良心、公正等问题，没有近路可走；每一个同行都必须把职业道德摆在读者和广告投资商之前；在现代社会，虚假消息和娱乐新闻层出不穷，一个优秀的期刊出版人要牢记"正直办刊"，切勿为了一时的利益而出卖了读者和社会对这个行业的信任。

以上几点虽然是克尔先生对整个国际期刊的一个看法，但我觉得对我们也有很大的借鉴意义。

二、中国期刊出版界存在的三大问题

FIPP 现任总裁唐纳德先生就他 2005 年 6 月时考察的中国期刊出版界的现状，阐述了存在的三大问题。我想这三个问题和社办期刊也是相关联的。

一大问题是缺少资金。

许多中国期刊出版社对于出版前景都有很好的企划和认识，但是由于期刊社是自负盈亏的个体，出版或是更改一种期刊所需要的运作资金远远多于出版一本书所需的资金，而这些投资从哪里来？唐纳德先生建议新闻出版的管理部门能够适当的放开，允许部分外资进入期刊出版和发行的市场，用国际资金解决出版问题。

根据我国《出版管理条例》，注册一家期刊单位的资金是 30 万元。这对有些期刊而言，还不够一期的费用。我个人认为成立一家期刊社，注册资金起码不能少于 300 万元。现在期刊的资金投入都非常大，特别是时尚生活类期刊，没有两三千万元，几乎无法开始运作。

唐纳德先生提出这个问题，说明他对中国的期刊，尤其是社办期刊还是比较了解的。他在中国期间就曾考察了《瑞丽》和上海文艺出版总社。但他不了解的是，中国的出版社社长是任期制的，很多社长、总编不愿意着眼长远的未来，去培育将来才能获益的一些"树苗"，注重的多是在自己的任期中取得光辉成就，有的甚至不惜上报虚账。这是任期制带来的问题。另外，国内出版社的利润大部分都须上交，这样社内就缺少发展资金。在韩国或者日本，出版人员认为如果办或者改一个新刊，起码要做好三年亏损的思想准备；而在我国如果一年没有盈利，可能社长就已经不满了。

一味地希望多快好省，就使得期刊的培育周期被大大压缩了，这实际上牵涉到投资理念和对期刊媒体的认识问题。唐纳德先生看到了这方面的问题，当然他希望的是中国政府能让外资进来，掌控某些媒体的命运。且不说他的解决方法如何，他所提出的问题还是很到位的。特别是社办期刊，投入太少。现在一办新刊，想到的就是和国外刊物合作，而不愿意做长期的投入；而一旦合伙，资本就有发言权，问题就产生了。

问题之二是中国期刊的发行量问题。

发行量是衡量一个期刊成功与否的重要标准，也直接影响着出版社的收入、投资商和广告商对期刊的投入。可是发行量怎么计算，出版社如何测算出真实的发行量，这是中国期刊出版社需要解决的迫切问题。唐纳德先生认为中国期刊的发行量水分太多，不真实，而一个真实透明的发行量能使出版社更精确地了解市场，预测走势，也能说服投资商、广告商注入更多的资金，为期刊社赢来更多的广告。

的确，2004 年中国的期刊广告收入由 2003 年的 24.38 亿元下跌为 20.3 亿元，在各类媒体广告总经营额中仅占 1.6%；而全球的期刊广告收入是 400 亿美金，占全球广告总收入的 13%。两者相差甚远。中国利润最丰厚的广告实际上是户外广告，上海黄浦江两旁大厦上的激光广告，一年就是五千万到上亿元，而期刊广告的吸引力越来越低。其中的原因很多。唐纳德先生就认为中国期刊发行量太不真实，有些期刊宣称二三十万的发行量，实际上只有两三万，这就使得投资商和广告商不会信任你。

第三大问题就是人员培训。

唐纳德先生说，如果中国的期刊出版业想在 21 世纪有大发展，就需要各种专业的编辑和营销人员。这其实也和缺少资金有一定的关系，不少领导者的出版理念和管理方针也在一定程度上决定了企业是否会注重员工的专业培训。此外，唐纳德先生还指出大陆缺乏专业的培训师也是导致问题产生的原因之一。

我认为这个问题实际上包含三层意思。第一，中国的期刊出版业需要培训；第二，现在出版产业的领导并没有意识到培训的重要性，再加上资金方面的原因，不肯对培训投入，加上由于我们的领导是任期制，所以也并不愿意在这方面投入；第三，缺乏专业的培训师。这次我在英国牛津的布鲁克斯学院考察他们的出版专业情况，了解到如果中国的编辑从业人员来培训的话，该学院可以提供两种形式，一是 7—10 天的短期培训，二是三个月到半年的中长期培训。后者的培训费，三个月的话，为 6 万元人民币，由牛津大学城提供住宿。培训和我们国内最大的不同，就是每一个参与培训的老师都在出版社、期刊社工作过，而国内的新闻学院，几乎是没有一个老师曾经在报社工作过。我们的教育方式是从老师到学生，然后学生又成为老师，所以我们设置的培训课很大程度上依靠广告，让经营图书的人去经营广告，很可能会断送掉这项业务。即使是学术性、专业性很强的小众刊物，也应该有专门的懂得刊物的发行人员。让社办期刊获得独立自主的经营权力，我们看到的一个个成功的社办期刊都是走这条路发展起来的。

要做好一份社办期刊，首先要遵循期刊发展规律，使之内容精彩；其次要处理好与出版社之间的"内聚"关系，与图书出版之间的相互呼应、支持的关系，以及与市场直接接触的关系。如果这三个关系处理得好的话，这样的社办期刊将会充满活力，将与出版社共同发展，共同繁荣！

刊于《编辑学刊》2006 年第 2 期

上海网络游戏产业的发展及政策

进入新世纪以来，网络游戏产业在我国异军突起，其中在上海的发展更是成绩显著、引人注目。今天很高兴能有机会向大家汇报情况和阐述政府的政策。

一、上海网络游戏产业的发展概况

上海在全国的互联网游戏出版产业中地位举足轻重，2004 年全年实现销售 8.1 亿元，约占全国的 73%，比上一年增长了 39%。2005 年的销售在统计中，已知上海盛大、九城两家单位的销售收入已分别达到 18.97 亿元和 4.65 亿元，共计 23.6 亿元，业内估计上海 2005 年销售收入约为 25 亿—26 亿元，仍将占全国网络游戏市场销售的 70%。

运营是网络游戏产业链的市场环节。上海现在从事网络游戏运营的企业有二十余家，其中既有盛大、第九城市、九游等上海的本土企业，也有光通、新浪、智冠等注册在外地而把游戏运营放在上海的企业。

上海网络游戏产业由盛大公司在 2001 年 7 月从韩国引进《传奇》作为兴盛的开端，目前已有 46 款游戏在上海运营。其中进口游戏 25 款，占 54.3%，自主研发游戏 21 款，占 45.7%。上海网络游戏的节目成分中角色扮演类 25 款，占 54.3%，休闲娱乐类 21 款，占 45.6%。总的来说，上海游戏节目正在呈现多元化的发展趋势，竞争更为激烈，节目更为丰富。

游戏产业的节目集中在上海运营，在于上海城市具有良好的发展环境，一是信息的人才较集中；二是网络技术比较发达，基础好，服务器等的服务水平比较高；三是城市有比较深厚的中西文化交汇的底蕴；四是政府的服务及政策环境比较好；五是交通、信息等条件比较发达。

二、上海网络游戏产业发展的前景预测

最近，我们正在制定"十一五"各行业的发展规划。我局《上海互联网游戏出版业发展现状及趋势》一文预测，上海将进一步巩固在全国网络游戏产业的中心地位，把网

络游戏培育成为新的产业增长点。到 2010 年上海网络游戏的销售收入约达 70 亿元人民币，带动相关产业 770 亿元，在全国市场保持 50% 以上的市场份额。

我们的预测依据是：(1)上海"十五"期间的网络游戏产业一直保持 40% 左右的年增长速度，从 2006 年到 2010 年，即使按照较为保守的年均 25% 的年增长率，到 2010 年销售收入也将达到 70 亿元人民币。(2) 根据中国出版工作者协会游戏工作委员会和美国 IDC（互联网数据中心）的预测，到 2010 年，中国网络游戏市场规模将达 140 亿元人民币。上海网络游戏产业近几年在全国的市场份额稳定在 70% 左右，考虑到一些不确定因素，如果到 2010 年，上海占全国的市场份额能保持在 50%，也可以达到 70 亿元人民币的市场规模。

三、上海网络游戏产业发展的相关政策

短短几年中网络游戏在我国以及上海迅速发展，受到了我们政府以及社会各方人士的关注，也引起了一些争议，其中一个突出的问题是对它正面和负面作用的分析与评价。从正面的角度看，网络游戏产业作为信息产业的重要组成部分，对整个中国的软件业、硬件业以及通信业的发展是一种巨大的支持；网络游戏的发展，也大批地吸纳了软件人才、文化创意人才和管理服务人员的就业，比如上海盛大、九城，都已发展到 1000—2500 名员工的规模；网络游戏因其互动、新颖和消费低廉的特点，也吸引了老老少少的玩家，丰富了市民的文化娱乐生活，特别是经过新闻出版总署审查批准出版运营的游戏节目，健康有益，积极作用还是主要的；另外，游戏的软件开发和玩家的竞技性比赛，有相当的难度，这也有益于促进我国软件开发水平的提高，帮助广大玩家提高操纵电脑的水平。

当然，网络游戏突如其来的发展，社会方方面面并无防范的准备，所以也产生了一些负面的问题。从这个角度看，一是有些未经审批的游戏节目夹杂着色情和暴力，对受众有负面的影响；二是受众过度地被吸引在网络游戏上，会影响他们的正常生活和学习；三是一些学生尤其是青少年由于自控能力较差，也发生上瘾、逃学、离家出走等情况，个别严重的思维紊乱，想入非非，导致跳楼自杀。这些情况以及个案在信息时代，被一些传媒反复地报道、宣传和放大，从而引起学校、家长和社会更大的忧虑以及反对。

面对这样的情况，我们不能因为它有负面作用就简单地中止整个产业的发展；也不能因为它有一些积极因素，而无视问题的存在。唯一可行的方法是继续跟踪、关注和研究这一人类刚刚接触到的崭新的娱乐方式，引导它向正面的、积极的方向发展，抑制它

的若干负面影响。以下，我结合网络游戏在上海发展中碰到的问题，介绍一下我们政府的法规和措施：

（一）积极促进法规和规章的制定，加强对游戏产业的管理

1．建立市场准入的机制。目前新闻出版总署和文化部分别制定了法规，审批符合条件的出版单位和运营单位，向它们发放许可证，首批发出后，目前已进入正常的程序。

2．建立游戏作品审查制度。为了保证游戏节目健康、有益，在内容上符合我国的《出版管理条例》和《互联网出版管理暂行规定》，以及文化部的若干新规定，游戏出版运营商事前将准备运营的游戏报送各省市新闻出版局审核，由各省再报送国家新闻出版总署审批，对合格的发给批准件即许可证。

3．要求网络出版和运营单位不唯利是图，一切从人民的利益出发，自觉地担负起社会责任。要根据国家的规定，在每个游戏的首页明显位置全文刊登《健康游戏忠告》："抵制不良游戏，拒绝盗版游戏，注意自我保护，谨防受骗上当。适度游戏益脑，沉迷游戏伤身。合理安排时间，享受健康生活。"同时，要求各游戏公司派专人加强监管，及时删除玩家出格的言论。

4．要求网络游戏运营商普遍安装新闻出版总署主持研发和推广使用的"网络游戏防沉迷系统"，限制玩家长时间地在网上过度玩乐。这项工作自2005下半年起推广，尽管对运营商的经济利益有一定的影响，但已顺利推进，初见成效。

5．我国文化部发布了《互联网上网服务营业场所管理条例》，明确规定：互联网服务营业场所经营单位不得接纳未成年人进入营业场所，应在入口处显著位置悬挂未成年人禁入标志，并规定了相应的罚则。文件还规定在中学、小学学校周围200米范围内不得设立网吧，已设立的一律迁出或停止营业，积极倡导民族网络游戏，完善自主研发的团队和体系，开发一批拥有民族文化特质和自主知识产权的产品。

我国的游戏产品是从引进韩国、日本以及欧美起步的。尤其是韩国，在游戏产品的研发方面早早地走在中国同业的前面，2004年秋我去韩国考察时，对这一点有了比较深刻的认识。我也认为，中国的游戏产业走引进、模仿和研发的道路是完全正确的。学习别国先进的东西，即使在今后也还是必要的。

问题是发展到今天这个阶段，我国已有了1.1亿台家用电脑，数千万的游戏玩家，我们仅仅向玩家提供外来游戏是很不够的。我国的文化政策向来是唱响主旋律，提倡多样化。在游戏界，主旋律之一应该是游戏内容的民族化。而多元化则包含引进的意思。

从2003年起，我国政府、社会、家长和舆论媒体不断提出这样的呼声。国家新闻

出版总署推出了"民族游戏工程"建设，要在 2010 年前，开发出 100 款民族游戏。其中首批公布了 21 款，上海有 7 款，目前上海盛大运营的近 20 款游戏，自主研发已占 50%。全国各家公司，也在积极地破解难题，提高民族游戏的质量，使之品种多，占有较大的市场份额。

民族游戏的概念不能误读成中国人开发的游戏，我的意思是外国的游戏研发机构也可以与中国公司合作，以中华文化元素、题材、背景和精神为内容，共同研发，为我国政府的政策服务，满足我国受众、玩家的正当需求。

（二）拓宽思路，积极创新，使我国游戏作品的门类多样化，丰富多彩

由于早期进入中国的游戏大都是打斗类的，具有明显的暴力倾向，于是人们错误地认为游戏节目就是如此，于是社会和家长的担心也与日俱增，而实际上这是一个认识上的误区，游戏节目是可以丰富多彩的。据专家分析，益智类、休闲类游戏在我国具有广泛的发展前景和机会，随着 2008 年奥运会的举办和 2010 年世博会的临近，这方面的需求会越来越多。2005 年 8 月 ChinaJoy 以及网络游戏产业高峰论坛在上海举办时，我国出版界、体育界的政府官员一致认为，政府要积极推动游戏产品向这方面发展，政府要制定行业标准，竞技体育游戏标准，组织这方面的赛事，培育这一健康有益的市场。随着社会需求的多元化，随着软件技术的发展和研发水平的提高，这类游戏的质量也会最优化，最终吸引更多的玩家。因为据我们的调研，中老年人的消费特点是对休闲、旅游游戏情有独钟；益智类游戏对青少年格外有益，也更受学校和家长的欢迎。

目前，我们上海的出版、文化、体育等政府管理部门，正在积极宣传上述思想，我们也希望今天与会的中外专家、官员，能注意到这一点。

（三）与上海科教兴市的发展战略衔接，上海文化、科技界正在形成一个共识，大力发展文化创意产业，提高城市的创新能力

创意产业最早由英国人提出，共涉及 13 个门类，其中包括软件业。互动娱乐产业既具有这一产业的特征，又具有后发的优势。科技部、文化部、国家新闻出版总署和市政府对此都很重视。目前，浦东新区、长宁、杨浦、徐汇等区也积极跟进，在具体推进落实。上海的网络游戏产业在"十一五"期间，要借助现有的基础和在科技文化、信息技术、服务等方面的综合优势，保持国内领先的水平和占有主要的市场份额。当前，上海要以创新文化和技术、增强核心竞争力为目标，沿着网络游戏的上游和下游开发产业链，形成研发中心、出版中心、运营中心、会展中心、产业研究中心、人才培训中心和国际交流合作中心。目前，这些中心的功能除了在浦东新区试验，各区也在积极探索。

2005 年国家新闻出版总署宣布位居洛杉矶 E3 展、东京电玩展之后的世界第三大数码游戏展 ChinaJoy 在上海落户，同时在张江建设国家基地，对上海的网络出版产业以极大的推动。中央相关部委也关注上海这一产业的发展趋势，积极制定规则和政策。

（四）严厉打击"私服"和"外挂"两种侵权行为，维护行业的正常程序，保护广大运营商、出版商的正当权益

网络游戏产业是一项高风险、高投入、高产出的行业。由于竞争的加剧和玩家眼界的提高，在我国一款大型游戏研发和推广的成本已大大上升。据业界分析直接投入约需 1000 万元，间接投入也需 1000 万元，这是上海游戏业一般的成本水平，并不包括特大、特难游戏的开发和推广。而如果盗版、"私服""外挂"的侵入，就会使出版研发机构的利益严重受损，形成不劳而获的阶层。当前，侵权盗版是文化创意产业中一个世界性的话题和难题，作为政府，一定要正视网络游戏界类似的"私服""外挂"的现象，坚决打击，决不重复音像业、软件业存在的问题。

深入开展打击"私服"、"外挂"专项治理工作会议留念

2004 年 3 月 18 日新闻出版总署等机构在沪召开打击"私服""外挂"专项治理工作会议与会同志合影

2003 年 12 月，我国新闻出版总署、信息产业部、国家工商行政管理总局、国家版权局和全国"扫黄打非"办等六部委联合下发了《关于开展对"私服""外挂"专项治理的通知》。上海各相关部门积极协调配合，加大了管理力度，每年及时关闭几十家侵权网站，总体上维护了上海网络游戏的正常秩序。但是，这方面的工作还刚刚开始，侵权行为也会变化手法，尤其当产业拥有高额利润时，就会有不法之徒以非正当手法进入，为此要不断地查处，依法打击，确保出版人、投资人、著作权人和玩家的利益。

以上是我的一些初步看法，供各位参考。同时我也希望这次中韩两国的专家通过互相学习、交流，多帮助对方了解自己，多提供政策建议。尤其是韩国的专家，应多向上海介绍先进经验，帮助我们提高。因为韩国在网络游戏业是先行者，在研发、融资和政府政策支持等方面有许多好的做法，"他山之石，可以攻玉"，我们很愿意向你们学习。

最后，我也代表上海市新闻出版局表示，我们将一如既往地为进入上海的外商、各界朋友、企业家，提供更好的管理和服务。

刊于《中韩数字内容产业未来发展论坛》（2006 年 3 月 28 日）

还要看到不足

2003年3月26日是我国图书设计界值得一提的日子。这天下午，我和上海设计家代表团成员一起，出席了莱比锡"世界最美的书"颁奖典礼，接受了主办方向我国《梅兰芳藏戏曲史料图画集》一书颁发的金奖证章，一时中国重返国际设计舞台一举夺金的消息透过媒体传向了业界。此后，上海主办评选的"中国最美的书"连续向莱比锡推荐了当年度的优秀设计，每次都赢得奖牌，这确是一个不小的成功！因为全球每年出版新书上百万种，而莱比锡"世界最美的书"只设14块奖牌，夺得其中的任何一块都实属不易！

看着从莱比锡拿回来的四块奖牌和"中国最美的书"三届60种书，确实一种自豪感油然而生。回想起来，我国的图书设计是在"文革"结束的废墟上起步的，当时基础很差，层次很低。这些年靠着综合国力的增强，靠着出版界的对外开放和交流，也靠着广大设计家的努力和智慧，才初步改变了图书设计的落后面貌。

2004年3月上海出版代表团拜访意大利出版界同行时合影

然而，这几年我与"世界最美的书"评委们交往，特别是有条件看到国际上大量优秀的设计成品，意识到从理念到操作，从产品到队伍，我们在图书设计上还存在很大的差距和问题。比如我们每年出版约15万种新书，但我们只重视少数"尖子书"、得奖书，绝大部分流通中的图书设计平平，这和国际上形成了巨大反差。比如我们引进西方设计理念，但大量只是模仿，有新意、有生命力的原创不多。比如近年图书设计界出现了一种厚、重、贵的偏向，过多地依赖贵重质材、特种印刷、豪华包装，把书打造得越来越像工艺品，脱离了携带、手感、实用、阅读、成本这些设计家要优先

与乌塔主席、王竞女士摄于 2004 年春莱比锡书展

考虑的最基本的设计元素，表面上是美，实际上是丑陋。又比如"读图时代"的提出，有它合理性的一面，但现在泛图现象也比较严重，不必要的配图、图和文的相脱离、图缺乏独创性的问题比比皆是。再比如电脑技术的引入，确实大大解放了生产力，提高了设计效率，但一味靠电脑，手绘趣味和原创意识的减弱，也是一个新问题。

审美具有时代性。一个时代的设计有自己的特点和优点，也可以同时产生一定的局限和缺点。希望我国设计家在保持民族传统、吸纳西方理念的过程中，在发现自身问题和解决问题的过程中，不断进步，达到和谐之美！

刊于《2003—2005 年中国最美的书》（上海文艺出版社出版，2006 年 10 月）

2015 年 3 月莱比锡书展上海展区，图为开幕式现场

<h1 align="center">八面来风，出版人如何面对？</h1>

进入新世纪，我国内地图书出版的大前提并没有发生根本性的变化。比如对出版社仍然实行审批制，强调出版的国有体制、社会效益第一的价值观以及专业分工，在资源配置上仍然实行书号的统一管理和总量控制。但是，随着国家整体在向社会主义市场经济的格局转变，随着出版发行改革的深入，出版的市场化和开放度也大为提高了。有感于此，这次沪港年会老友新朋相聚，我的发言主要从产业而非文化的角度，向香港的同道介绍一下我们正在发生的某些变化，以便增进彼此的了解，促进交流与合作。

<h3 align="center">一、涉及作者环节的方面</h3>

很长时间，作者并没有作为图书出版业产业链的一个环节受到重视。在"文革"中甚至作者写稿完全听命于出版社，作者的经济权利（稿费）也被完全剥夺，代之以只付少量的样书。

近30年出版业的发展，逐步确立了作者在图书出版业中的地位和作用。这是一个人们很少关注到的现象：一是作者写稿和投稿的自由度大为增强，国内提倡保护知识产权，作者的环境大为改善。二是竞争书稿的市场条件已经形成，作者可以货比三家。出版社强烈地意识到掌控优秀作者的资源是图书经营的重要环节，在作者服务和稿件竞争方面投入了大量的人力和物力。最近上海文艺出版社参加易中天《品三国》一书的拍卖会一举中标，条件是起印数55万，版税14%（按25元计首付作者192.5万元）。三是作者资源的日趋国际化。

2002年上海举办申博成功答谢会，受孙颙同志委派，祝君波、陈和及叶路等组成团队，参与《申博报告书》的编辑、设计和印务，圆满完成任务。该书一函三册，分为中文、英文、法文三个版本

这也包括两个方面。一方面内地作者的稿件大量外流，有的甚至先在境外出版，而后引入内地；另一方面内地出版社的稿源，15%—20%的比例由外版引入，一些经营成绩优

秀的出版社甚至 30% 的稿件来自境外，这也成了出版社经营的一个重要变化，也成为外国出版公司进入中国的一种方式。四是出版社的图书利润大为下降，其中重要的因素是作者在图书定价中的版税（或稿费）比例大为提高。在 80 年代，作者的收益占不到图书总定价的 1%，随着市场化程度的提高以及版税制与稿费制的交叉实行，作者的收益已占到了 5% 以上，而大批的畅销书和知名作者的图书，则要达到 8%—15%。

这种情况的出现和趋势的发展，有两个重要的结果在发生：一是出版社对作者的支配地位在下降；二是在作者、出版社、书店的环节中，出版社的利润大幅度下降，而作者的利润将大为上升。据我对一些畅销书的查访，出版社为了接受畅销书稿而竞争，接受了极为苛刻的条件，个别的作者得益 15%，出版社得益只有 5%，而且承受了很大的商业风险。这是一个历史性的变化，它体现了图书生产经营中，知识产权拥有者享有的地位和劳动报酬。

二、涉及生产主体的方面

图书出版社是生产者同时又通过对图书的定价权实行对产业的利益协调。近几年，内地的出版社发生了如下大的变化。一是普遍组建了出版集团，大致形成一省建一个出版集团的架构。上海是个例外，建有 2 家出版集团含 17 家出版社，其中世纪集团有 12 家出版社，文艺总社有 5 家出版社。出版集团又分成两种模式：一种是传统的出版集团，如上海组建的纯出版集团；一种是集出版、印刷、发行为一体的出版集团，如江苏、浙江和中国出版集团。目前中国内地的出版集团正在吸纳其他行业的经验，根据自己的特点探索前进。但行政推动下的集团如何按照市场准则运作，如何找到集团的优势加以发挥，仍有很多的工作要做。二是企业化改制。从 2005 年以来，中国出版集团、世纪出版集团、上海文艺出版总社都先后转制为企业，从国有事业到国有企业，有了一定的不同，但这种转变释放的生产力究竟有多大，业界也在探索之中。三是国家对教材的统一管理、限价政策和发行的招标，将对出版业产生越来越大的影响。据统计，2004 年图书生产总量 592.9 亿元，其中教材 221.5 亿元，占 37.3%。但是教材没有库存，所以利润要超过 50%。近来国家有感于教材的高利润给农村和城市弱势群体造成的经济负担，已在强制实行教材降价政策，目前已普遍下降了 10%，部分省市已开始实行农村九年制义务教材免费发放并最终走向城乡均免费发放。这对内地图书出版业将产生重大影响，一批以教材为主的高利润出版社将首当其冲。这一国家政策的实行，可能也会迫使部分出版社进行产业结构调整，加大对一般图书的出版投入。四是出版社之间的竞争在加剧。

不仅表现在抢作者、抢选题、争读者方面，在品牌建设、形象展示、影响排行榜等环节上，也很注重拼抢。五是出版社与体制外出版人的竞争也在加剧。体制外出版人主要是各类文化工作室、书商和经纪人，通过收购版权和自己编写，很多已成了准出版人，具有体制灵活、反应灵敏、决策效率高的特点，很多出版资源流向他们手里。

三、涉及市场需求的方面

市场需求是读者的文化需求、阅读时间和支付能力的综合反映。从理论上讲，一个国家的 GDP 连续十余年以每年 8%—10% 的速度增长，应该极大地拉动了图书的消费，但实际的情况并非如此。据统计，1985 年全国出书 4.6 万种，印 61 亿册，每种平均印 13.2 万册；2004 年全国出书 20.8 万种，印 64 亿册，每种平均印 3.08 万册。20 年来内地年出版图书总生产量大致在 60 亿—70 亿册之间，没有根本的突破。全国出版社的库存在近 5 年差不多每年增加 50 亿，目前总量已达到了 450 亿—500 亿（2004 年 449 亿），估计几年内会达到库存与当年生产总量 600 亿 1∶1 的比例。以上海为例，由于教材比例低，年生产总量 30 多亿与库存总量已大致相等。而据报纸的公布，全国居民每年的人均购书仍在人民币十余元左右，相对于书价的上涨，十几年没有大的增长甚至可能不升反降。

据 2005 年 9 月新闻出版总署公布的结果，全国新华书店的销售册数下降 4.2%，金额增长 1.6%，感觉总需求变化不大。本人最近对市场作了一些调查，证实一般图书的购买力总量还不小，主要来自如下几个方面。

一是 16-20 岁的年轻学生是最大的阅读主体。

二是政府、协会、图书馆、团体采购占了相当大的比重。比如政府推动学习型社会建设投放的购书款，比如各地重视图书馆建设追加的购书款，都还相当可观。

三是 2700 万大学本、专科生和研究生是重要的阅读群体。内地大学的扩招是件有争议的事，但客观上为我们提供了高端的阅读群体。

四是各类在职专业人士的阅读。比如职业培训的需求。

五是休闲阅读。以文学、传记为主，各个年龄段的人都有。

图书阅读的不增长或下降，在内地也一直受到业界的关注，大家分析的主要原因也是两点：一是互联网对纸质书销售的影响。影响肯定有，究竟有多大尚没有一个准确的说法。以上海为例，上海 2004 年已出版了 8726 种数码电子图书，通过方正系统挂在网上，但它的出售收入每年也就是 260 万元人民币，显然并不是很多人在阅读电子书。纸质书究竟需求前景如何，这是一个在演变过程中还难以做出质变结论的问题。但有一点可以肯定，工具书受到电子书和互联网的影响最大。语言类辞典和大型综合工具书通过网上查阅的便捷，是不言而喻的。二是文化消费的多元化。今天在业余时间能替代阅读书籍的消费已越来越多：健身、体育、旅游、电视、看碟片、听音乐、上网，等等，越来越丰富。从前，重视阅读和提高阅读率似乎是社会工作者的事，今天它已是出版人关注的生存之道，从欧洲到亚洲，越来越多的人提出要为提高公众阅读率去做点实事。最近，新闻出版总署发起了引导读书、读好书的活动。上海市提出了今年读书节举办五个月的倡议，都对图书出版产生了积极的影响。当然，多媒体和文化消费多元化的倾向，也迫使我们要把图书做得更专业、更精到、更有吸引力。

四、涉及发行流通的方面

发行流通是目前内地出版环节中最开放的部分，从政策讲，民营和外资都可以办独资的批发和零售机构，但是有一个预期并没有发生，就是外资在政策解冻之后会大规模进内地建立发行网点，抢占内地市场。为什么政策开放以后这方面的申请并不多呢？一是外资想进入的大城市，相对于中国的书价和发行利润，其房租、员工工资奇高，难以维持。二是传统的国有书店有一块学生课本业务，比重大，有利于对一般图书的补贴和支持。三是这些外资书店也限卖中国内地的出版物，不比国有书店有更多的优势。

但是变化还是在发生，这表现在另外的几个方面：一是国有书店进行了集团化和企业化转制，实力经过整合和加强，连锁和物流有了改进，但也可能强化了地区垄断。一些被出版集团收并的发行集团，可能更专心于维护母集团图书的占有率，控制其他图书进入市场。这是与建立统一、开放、竞争、有序的大市场之目标相违背的，也为推行者所始料不及。二是民营书商在 80 年代起步，现在它的批发、零售业务在萎缩，上海思考乐和明君书店的衰退，已证明了这一点。近年内地楼价奇高，加大了书业成本，加上零售量不能大增和书价偏低，已使民营书商不再停留在流通领域，而转向做准出版人。这也是一个新的变化。三是大型书城的出现，是内地发行业值得一提的改进。由于政府的倡导和政策支持，这类书城大多经营成功，而大城市的小书店，受书城挤压，生存已日渐困难。四是新的无店铺销售方式以其相对固定的读者和相对价低的成本，正在城市兴起。网上书店如当当书店，俱乐部会员制如上海贝塔斯曼书友会，号称有 150 万读者，另一家相类似的是九久读书人俱乐部，拥有 65 万读者和上亿元的营业额，还有很多直销的方式在创造中。五是包销制代之以寄销制。这是图书发行史上革命性的变化，也是内地发行与国际接轨、与市场机制接轨的表现。传统上，书店向出版社订货卖不掉可以退货，所以书店大量积压。目前这种风险全部丢给了出版社。但是，内地的寄销制由于没有建立起出版社、批发商和零售商合理的寄售结算制度，主动权完全掌握在零售书店手里，管理相当混乱，结款、退货既没有统一法规，又没有行业惯例，等待解决的问题很多、很棘手。据一个出版集团的发行主管告诉我，目前从货发出到收到款，大致要11个月，同时退货比例已高达20%—30%，这也是出版社库存上升、利润下降的一个原因。

五、涉及政府管理的方面

从出版管理这个角度分析，内地政府还是强有力的。但是政府在管理出版的内容之外，如何管好产业和市场，仍面临一些相当重要又具有难度的事情。一是书号管理涉及出版总量的控制，这些年的品种越出越多，带来了很多的问题。书号放多少为好，用什么办法调控，是政府面临的大问题。现在可以肯定地说，书号不控制肯定导致出版的同质化和粗制滥造，同时今天的政府面对的是大量拿了书号又转给他人使用的出版社。二是版权维护，也就是打击盗版的问题如何做得持久、有效。这也是涉及市场环境的核心问题之一。三是政府是否要制定图书交易规划，明确出版商和发行商的进退货制度，这也极为关键。四是政府的优惠政策尤其是原来的图书基金如何保证资金到位和发放有效，也是一个新问题。因为在集团化以后，政府的基金到了集团手里；同时以往政府的基金，也有如何改进投放的问题，有效的做法应该是投给那些有质量而不是长期存在仓库的图书。

以上分析，反映了本人所看到的图书出版的一些变化，很可能是片面的。但是有一点应该提出，在今天的时代，我们看问题的方法不同了，变化反映了一种过程，我们处在过程中很难判断哪些变化是对的，哪些是不必要的。实际情况是：一种事物也许从某个角度看是对的，从另一个角度看是会有问题的；处理好了是优势，把握不好是劣势。对同一事物不同的处理方法，会带来不同的结果。比如集团化是市场化的方向，也有国际成功的范例可查，但是为什么要集团化、如何集团化，不同的想法会有不同的结果。做好了会解放生产力，而做不好的集团可能破坏生产力。又比如民营书店，有人说是鱼塘放进的一条鲶鱼，对于促进竞争有积极意义，但如果不使国有这些"鱼"具有与"鲶鱼"同等的条件，则"鲶鱼"的放入也可能造成负面的作用。所以研判变化，正确应对，趋利避害，在一定程度上比要不要做的问题更为重要。

今天，作为中国内地的出版人，在面对政府、读者、作者、印刷厂和书商等社会关系时，在面向计划经济向市场经济的过渡阶段，在图书经营自身的发展变化中，其处境显然更艰难了，责任显然加重了。

但是，不管如何变化，作为一个出版人，他的行为必须立足以下的基础、意识或者方式：

1. 他瞄准市场，但不是一个市场的盲从者。他坚信做好书比什么都重要（做质量好、设计好、价格合适的书）。

2. 他爱作者，也爱读者。他拥抱他们，不仅仅为了利润，而有发自内心的文化追求。

3. 他不相信好看耀眼的表象，也不追求空洞无物的东西，他知道图书出版是务实的行当，操作性很强的工作，必须从一本本书做起，脚踏实地，不尚空谈。

4. 要有好书，还要有好的销售渠道和营销方式。每个出版人都在使用的渠道可能是靠不住的。

5. 他知道新媒介的威胁，他埋头做好有自主产权的内容，新媒介成了他的好朋友。

6. 他不在乎进了集团还是未进集团，变成了企业还是保留了事业，他知道低成本、高效率比什么都重要。

以上是一些初步的分析和认识，希望各位前辈、同道不吝指教。

（注：此为 2006 年 7 月在香港第十届沪港出版年会上的发言）

刊于《编辑学刊》2007 年第 4 期

首届"上海出版新人奖"颁奖大会合影

忆汪老与朵云轩的交往

2005年12月24日清晨七时四十分，汪老秘书葛伟昌先生给我来电，告诉我老先生在今晨七时许走了。尽管两天前我已获悉汪老病重，但仍感到突然和难过，因为在我的印象中，汪老总是那么红润、健康，总是那么儒雅、亲切。

我和汪老的交往，始于1992年春，那时我刚出任朵云轩总经理和上海书画出版社社长，很多方面要向汪老请教。汪老不仅是领导、学者，也是一位学识渊博的鉴赏家，甚至在书画、碑帖方面，也有很深的学养，在他家里，我就看到过他收藏的一些碑帖和画册。以前，国内的艺术品交易方式比较陈旧，那年春我去香港考察苏富比、佳士得的艺术品拍卖，回来以后想在上海创办一家拍卖公司。这件事一向汪老汇报，就得到他的大力支持，他说上海有了股票市场、房地产市场和黄金市场，还没有艺术品拍卖市场，朵云轩应该带头做起来。我把苏富比、佳士得的拍卖图集给他，汪老看得很仔细，很多名家他都能说出名号，非常熟悉。看完后他鼓励我们要向国际拍卖公司学习，规范操作。他叮嘱我，尤其要做好买家和卖家的服务工作，拍卖行好比一个人，用左手和右手牵着两个人来同场交易，客户工作最重要。当时，我们要印刷公司的第一本宣传册，汪老亲自为我们写了一篇文章登在上面，这给了公司以很大的支持。

1993年2月20日公司在静安希尔顿酒店揭牌成立，汪老亲临会场为我们揭牌。同年6月20日，我们的首场拍卖取得了成功，当时希尔顿酒店二楼宴会厅座无虚席，价格一再破纪录，场面极为热烈。事后，许多媒体报道上海在推动艺术品拍卖方面敲响了第一槌。汪老闻讯十分欣喜，同时告诫我们要谦虚谨慎，把好拍品质量关。此后，他又多次到拍卖展览会来观看展出。1994年、1995年还两次出席我们举办的招待会，向海内外的收藏家表示感谢，给了我们很大的支持。尤其是中国台湾、香港地区和日本的收藏家都因汪老的到来而十分兴奋，一一向他敬酒，与他合影留念。回想这段历史，我总感到有了他老人家的支持，上海朵云轩以及上海的艺术品拍卖业才有今天。

汪老对中国传统文化的继承、研究和出版是极为重视的。每次见到他，总是问我最近出版了什么好书，然后启发我应该出版什么书。1997年，我们和上海档案馆合作，出版馆藏的《民国名人手迹》一书。当时政策比较严，对收入台湾国民党高层人物的手迹限制较多，但汪老很支持这项工作，给予了很多的指示，还在书前题了词，此书出版后，在海外影响很大。记得此书首发的当天，在朵云轩三楼举办了近代名人墨迹展，汪老于下午前来观展，他看得很仔细。看完坐在展厅的红木大桌旁与我谈了很久，边谈边写，写了满满的几页纸。记得当时他对台湾学者南怀瑾的著作很关注，言谈中对海外出版情况也了如指掌，我心中暗自佩服他工作如此之忙，关注的面却这样广，这样有深度。

1993 年 6 月汪道涵同志参观朵云轩首届艺术品拍卖会预展
（展出于原南京西路美术馆）

汪老对中国传统书画很有研究，甚至像我社出版的《朵云》这类专业性极强的书画研究杂志，他也收集并阅读，好几次言谈中，他都提到其中的一些文章。他认为海派绘画很有历史地位，值得系统整理和出版，回来后我向社长室报告，后来我社出版了五卷本画册《海派绘画全集》，汪老知道后很高兴。回想起来，他为了鼓励我们从事出版工作，三次为我社题词留念，员工们受到很大鼓舞。

汪老学识的渊博在当代政治家中是稀见的，这其中重要原因来自他的爱书和读书。最使我终身难忘的是 12

1996 年夏季接待汪道涵同志来朵云轩观看民国名人手迹展

月初的一天，我在厦门开会，突然接到张秘书的来电，说汪老想看上海文艺出版社新出的《话说中国》，当时我已知汪老病重，时常昏迷，还想到读这套书，内心很激动。十分火急，我当即请上海文艺出版总社杨益萍社长派人送去了一套。从这件事看出，汪老真是活到老、学到老。

除了自己爱书，他也喜欢以书赠人，有次他对我说，"红粉送知己，宝剑赠英雄"，我喜欢送书给人。记得有一次香港方召麐先生来上海美术馆开画展，汪老和金庸先生也一同出席开幕式。汪老事先通知我为他准备一本介绍上海画院画家的画集送给方先生作为礼物。2005年春连战先生访问大陆前，汪老请我去了一次，说要送一本旧版的《台湾简史》（连战祖父连横著）给连战，让我赶快找一位朵云轩的师傅帮他做一个布面书函。做好送去以后，汪老看了很满意。在我的印象中，汪老也是极为注重礼节和细节的。

1997年夏季汪道涵先生在朵云轩三楼指导工作

2005年初辜振甫先生过世后，他让秘书通知我带些旧式的宣纸信笺去见他。去了才知道，辜振甫夫人给他来了信，汪老不去台北吊唁，但要回一封信以示吊唁。汪老看了信笺，又问有没有中式宣纸信封。当时中式信封正好缺货，汪老嘱我立即请人赶做几个，左下角要印落款"汪缄"。做中式信封的时候正逢雨季，时间紧，不易干，车间的师傅只好用电吹风吹，总算没有耽误汪老的需要。

汪老是一代大家，他的人品、学识、风范、睿智，不是三言两语所能说尽的。交往中，他对我们这些小辈和蔼可亲，言语中虽有教诲，但总使你感到极为平等。他讲话的声调、语气极为平缓，富有节奏，让你听得清清楚楚，但一点不显声高。这一点看似平淡，却不是常人所能做到。

记得汪老遗体告别前的一个上午，我接到葛伟昌秘书交办的任务，让我立即请人拟几幅挽联送去供选。我立即想到上海古籍出版社的赵昌平先生和朵云轩的卢辅圣先生擅长此道，请他们拟了几对。后来领导和家属选用了卢先生撰的一对，挂在吊唁大厅的两侧："申江水阔，百年初现宏图愿；海峡月圆，万里同怀硕儒风。"我觉得"硕儒风"用得很好，把汪老一代大家的风范体现了出来。

刊于《老先生》（香港世纪出版有限公司出版，2007年9月）、《报国有心 爱国无限——汪道涵百年诞辰纪念文集》（上海人民出版社出版，2015年4月）

对编辑学科专业素养的再认识

编辑职称是我国认定的 21 种专业职称之一，从事编辑工作的人毫无疑问属于专业人士，需要有深厚的专业功底。我这里强调的再认识，主要指对编辑学科专业素养的再认识，因为近 10 年来这一要求有被淡化的倾向，而淡化学科专业素养要求是出版业发展的一种危险信号。

编辑的专业性要求向来有两层含义：一是编辑要熟悉出版专业。这就是说，编辑要知道作者、编辑、印刷、发行和市场的特点和规律，以及还有加工稿件的要求和技能，这个层面的专业现在还是受到关心。二是编辑还有专业知识的要求。中国传统的图书馆分类学 21 类，目前出版社还在沿用，科学与否另当别论，但是出版工作总要落实到学科专业上。不管是完全自由的西方国家，还是有专业分工的中国，出版社都有自己的专业定位。学科素养不高、底子不厚的编辑，绝对不会成为真正的好编辑。

近年来，我国引进了英国人关于创意产业的概念，我们在沿用英国人创意产业 13 种分类法时注意到，除了新产业如软件业以外，大部分老的文化行业如电影出版、表演艺术、新闻、建筑设计等均列在其中。图书出版作为创意产业的一种，也受到人们的关注。

为什么图书出版也是创意产业？它的创意性表现在哪里？又通过谁来体现？我认为，首先每本书都有可能是独创，是思想、艺术、科学的结晶，是人脑的智慧表现。同时它能被拷贝、复制而大批销售，被产业化。其次，新的选题在题材、观点、表达方式等方面都可以做出个性。个性即与众不同，是创意产业的核心价值。第三，三个人即作者、编辑和设计者是出版创意产业的核心人物，三个人中的任何一个人，都可以改变一本书的成分，构成新创意，如作者对于内容，编辑对于形式，设计者对于整体的外观。

2007 年秋天，我在香山论坛作了《关于出版创新的几点思考》的演讲，其中提到出版的内容创新要分成作者创新和编辑创新两种不同的形式。其中我提到出版业的内容创新从根本上说是三个人在推动——作者、编辑和设计者。"作者的原创性尤其是大学者、大文学家、大科学家的原创，代表了一个时代、一个民族此时此地的科学、文艺水平。这类作品，是一个时代的精华，但有它产生的规律。出版工作者实际上是无能为力的，我们所做的工作只是服务，让它们得以顺利出版，走向读者。"

在那次演讲中，我还特别提到最重要的是要提升编辑人员的选题创意能力，即独创性。"编辑比作者更了解现存的图书状况和市场需求，加上丰富的编辑经验，从而提出有价值的编写方式，或者适应需求提出有创意的选题，或者提出单个作者根本不敢设想、从事的大型出版工程，再组织作者单体或群体进行编撰。这种编辑主导下的内容创新，是出版社软实力的集中体现。"我还提到编辑的创意"是一种点金术，可以使浅的变深，零星的变系统，单本的变全集，陈旧的发光发亮，不宜读的变宜读，无趣的变有趣"。

对于作者的原创，出版社实际上是采取"拿来主义"的，尤其是文学、艺术、科学，不存在对作品的再加工，但编辑的独创则是真显功力的地方，而这种功力，主要体现在编辑的学科专业知识上。一般说来，从作者手里拿到好稿件，也要有专业功力，你与作者有共同的话题，能深入地交流，能掂出好稿件的分量，成为作者的至交、知音，当然就有了竞争优秀稿件的能力，但这只是决定这本书在你社出还是在他社出的差别，并不会改变稿件自身。一个出版社的好编辑，不仅在于拉稿件，还在于能够编出不因作者主导的好书稿。比如《辞海》《二十四史校本》《万有文库》《十万个为什么》等等，许许多多好书实际起于出版社的创意、构想、设计，作者被出版人组织了起来。

我国自 20 世纪初以来的出版传统是出版家本身就是文化人、学者，例如鲁迅、巴金、茅盾等等。你能叫得出的大家，大都自己办过出版社、杂志、报纸，或者至少做过编辑。我们说的中国民族出版业的那段辉煌历史，其中之一是因为出版界有这么多的大家、学者、文人做出版人。新中国成立以后，出版人和学问家的职业渐渐分离，每个人只有一种职业，但在很长的时间里，尤其在商业化倾向不是很浓的年代，回想起来，很多出版社的领军人物和骨干编辑，还是专业型的、学者型的。笔者在上海参加出版工作，从 20 世纪 70 年代一路走来，回想上海的老社、名社，很多编辑也是学科领域的领军人物，不仅编书，也能著书立说，学贯中西，不输给大学教授，很有点家底。家底厚，所以出书的品位高，编书能出奇巧，出大智慧，上海的出版业在相当长的时间里能引领时代的潮流，开风气之先，在于出版人的学者型、专业化，但他们不古板，而是志存高远，视野开阔。

上海有几个出版社的前辈编辑，至今给我留下很深的印象，在于他们以人立社，有人有书。比如上海人民美术出版社，当年美术专业人才是何等地强：社领导一级，有沈柔坚、李槐之、杨涵、吕蒙、黎鲁、杨可扬、钱大昕等等，大都能画能写，熟谙美术；当时，上海美协半数的领导在人美社上班；底下编创人员有程十发、贺友直、赵宏本、哈琼文、刘旦宅、颜梅华、韩敏等一二百人。上海人美社如今还有老本可吃，有很多资源可以挖掘重版，这得益于那些岁月的积累。

上海古籍出版社也有专家治社的传统，很多领导既懂出版，又是古籍专家，自己高屋建瓴，所以编书游刃有余。比如李俊民、钱伯城、魏同贤，都是学有专攻的，这种传统一直沿袭到今天的总编辑赵昌平先生身上。除领导外，部门一层也有不凡的学者，如金性尧先生，研究唐诗自成一家，却在古籍社做编辑。

上海译文出版社曾是我很喜欢和佩服的单位，很长时间在全国出版界引领潮流，从工具书到外国文学，无一不强。我在20世纪70年代初就认识该社的领导。最早的是周烨（她是周建人的女儿），以及后来的孙家晋、包文棣、骆兆添、吴莹、杨心慈。他们都是翻译家，有很高的文学修养。他们的学养、专业，推及他们出版上的质量和治社的思路，你不能不佩服在那样的体制下能做出这么多出版成就，这实在不易。近几年上海发展好的出版社，如华东师范大学出版社和上海外语教育出版社，社领导都是专家型的。比如朱杰人对于华东师范大学出版社的贡献，在于他本身是古籍专家；庄智象的大智慧，也离不开他对外语专业的熟谙。这样的例子在上海可以举出很多。

我本人工作过的上海书画出版社曾是个不起眼的小社，但自从1978年以后引进了大批的专业人才，形成全国美术出版的一大品牌，名利双收。我们的书法读物在全国长期是三大品牌产品之一，在于编辑中曾有全国书协副主席1人，上海书协副主席先后3人，上海美协副主席1人。这样，厚积薄发，他们出版书法读物才如同"小菜一碟"。

在上海，这样的出版社、这样的前辈可以举出一大批。比如罗竹风、巢峰既是出版人，又是大学者，他们对于上海辞书出版社的建树是有目共睹的。上海文艺出版社的丁景唐、江曾培、孙颙、郝铭鉴，也都是专家型的。黄宗英和欧阳文彬也曾在该社工作过。

一个行业、单位的兴盛，我们太容易归纳到"干部是决定的因素"，但哪些干部是决定性的因素呢？往往说不到点子上。出版业都是学者当家既做不到，也不必要，否则出版社就成了科学院了。但是，只强调懂市场，熟悉出版专业，不注意积累学科专家，不配备奇才进班子，不提倡编辑做专家，恐怕也有副作用甚至反作用。

很长时间，业界对编辑是杂家似乎成了一种心理定势，"杂家"起于罗竹风先生的一篇杂文，但是仔细体味罗老那篇文章，他的真意并不认同编辑是杂家，他认为编辑被人们误认为了杂家，不被社会所尊重。罗老在出版界工作，自己就是一个专家，直至担任《辞海》的主编、上海社联主席，如果他的专业不行怎么可能担此重任呢？我国历来重视文以载道的传统，出版人自知责任重大，出版物要影响当代又惠及子孙，自己没有专业的力度、高度和深度，如何调动更多的学者来参与出版工程呢？

在一篇论说文中，我插进这么几段事例，似乎不很协调。但实实在在地说，这源于自己最近的一点思考：在今天图书出版要做出与电视、报纸、网络不同的特点和影响力，到底靠什么？出版社的领军人物应该如何合理地组合？我个人有一种感觉，就是用熟知出版专业和学科专业的人，总体是不会错的。

现在有一种分类法，把图书分成大众读物、教材和专业读物三大板块，这在一定程度上也有道理，但千万不要以为大众读物、教材与专业知识无缘。

现在还有一种出版现象，就是做出版的人要会炒作、会运作。在一个市场化的社会里，这种功夫也是必要的，但不要太过注重包装，而忽略内在。文与质还是要统一，质还是根本。无论对出版而言，还是对读者而言，留得住的才是好东西。我们的时代已经比较商业化，千万不能只引导学习那些操作、炒作、运作的功夫，而忽略了专业知识的更新、专业素质的积累和专业素材的挖掘。应该相信，精通出版又深入掌握一门学科知识的编辑，是最终的赢家。今天的编辑有太好的条件，以一段时间的积累完全可以成为一个学科方面的专家。做编辑，也要耐得住寂寞，然后才会感受辉煌降临。

"上海出版人奖"颁奖大会合影

一个懂专业的编辑，更有条件和学者对话，拿到一流的稿件；一个懂专业的编辑，也更有可能系统而不是零星地去做有影响力的出版物；同时也只有这样的人，才像个鉴赏家，能看得出什么是真品，什么是赝品，什么是优品，什么是劣品，在最高层次上把握出版的品位。

对编辑学科专业素养的再认识

一个出版社有几位、十几位专业的或者学者型的编辑，是可能的，但创造条件是十分必要的。在吸纳编辑时，首先要吸纳一定比例的较深专业知识背景的学生，包括硕士生博士生，不能只招中文系、传媒系的通才类学生；其次要鼓励他们在编辑之余从事一定的学术研究，鼓励发表研究成果；第三，对于有知名度、有成就的学者型编辑，要给予尊重，给予必要的甚至特殊的工作环境，比如研究的时间等。

　　对编辑自身的要求是很重要的：一是要有坚定的专业方向，不因编辑工作的"全面性"要求而放弃；二是要与出版工作尤其重大出版工程相结合，去提升自己的专业水平和学术地位，既出学术成果，又出专业成果；三是长期坚持，持之以恒，不怕吃"眼前亏"；四是一定要坚持交一流的学者朋友，读一流的著作。这一点，编辑有最好的条件，只可惜很多人都放弃了。

刊于《编辑之友》2008 年第 2 期

2019 年 12 月 21 日长青文化基金在朵云轩为九旬出版人颜梅华举办书法展，同时出版《颜梅华书法集》

上海美术出版重点工程的两个方面

还是在 2001 年，上海版协在庆余宾馆召开的上海出版战略研讨会上，金良年同志那篇《上海出版的弱势》的文章给我留下了很深的印象。我知道关于上海出版是不是处于弱势，业界有不同看法。但他在分析上海出版弱势的诸多原因时，把上海人民美术出版社业务的滑坡作为一个重要原因来分析，是有道理的。历史上，上海美术在上海出版中发行码洋、用纸量两项指标占很大比重，它的下滑，给上海出版造成了一定程度的困难。可见美术出版在上海也是很重要的。现在已经近"十一五"这个时段，美术出版以年、连、宣、挂历为主的历史早已一去不复返。即使是美术教材，在其他省份属美术出版的主打板块，在上海也一直划在教育类出版社，所以上海美术出版社可以做文章的还是图书。最近大家在讨论"十一五"重点出版规划，提出了许多很好的发展思路和重点选题，看了以后启发很大。除现有选题以外，上海美术出版的重点工程还能做什么，我个人的看法是，还可以从引进版和本土美术两方面去发掘。

一、关于引进版的美术书

我这里主要指比较系统地介绍西方以及其他国家代表性美术的专著，而不是时下已在做的技法类美术书的引进。首先要指出的是，上海关于美术的引进版总体量不大，与可以引进的相比差距还很大，与上海对文艺、社科、科技的引进相比，力度也不够。其次，引进做得比较多的是上海人美，主要集中在现代设计板块和部分画家传记，大部分是实用性的，纯美术的画册、专著还是比较少。

为什么提出引进版美术书是上海出版的一个重点呢？理由如下：第一，分析上海出版在以往 150 年间建立的优势，其中一个重要的原因是海纳百川。上海是中国与西方文化交流的结合点，西方先进文化和科技进入中国的登陆场。2004 年庆祝中国唱片百年，今年庆祝电影百年，加上西洋油画水彩版画雕塑进入中国，也都是先引进到上海，上海有这样的历史文化传统。第二，上海今天也应担负起这样的历史重任，即引进世界优秀的文化和产品。因为上海在信息、人才和出版经验方面有这样的基础。在这方面领先一步，上海在全国出版就会领先一步。第三，我国经济发展到"十一五"阶段，国民经济的发展和人民文化水准的提高，会有对高档美术读物的需求。这从日本和我国港台地区的出版走势，可以推及这一点。不仅是美术家有需要，而且是一部分高层次的市民或家庭也有需求。1999 年前后，上海人美曾出版过《世界绘画珍藏大系》（20 卷），定价

2002 年夏季上海人民美术出版社举办建社 50 周年
出版成果暨美术作品展（展出于上海图书馆）

不低，2000 套差不多都卖出去了，这也说明了这一点。第四，"十一五"期间，我国除了对外交流的大背景外，还有两个重大的世界级国际文化盛会。一是 2008 年的奥运会，一是 2010 年的世博会。特别是后者将在上海举办，持续 180 天，预计 7000 万人参观。直接地看，我们的美术出版给各省来沪的人奉献什么，又给来中国的外国人准备点什么，是一个要考虑的课题。从广义的角度看，奥运会、世博会提供了国际文化、国际出版交流的大背景，要求我们出版人顺应这一历史潮流，抓住机遇，作出积极的反映。为此，我们可以考虑的选题应该更有深度和广度，更有历史的责任感。由此出发，围绕这两个重要的活动，我们也应该大力推动一下美术图书的引进。因为美术书最直观，最受人们喜爱。100 多个国家参与世博会展览，美术是一种促进交流的门类。

这里，我指的不是那些配合展览的说明书，而是有分量的专业读物。从国家讲，重点是北美洲、欧洲、南美洲和日本；从门类来讲，重点是系统介绍美术品、美术家的画册，系统的美术史，系统的美术理论尤其是近现代的西方美术理论。此外摄影画册在西方品种最多、最丰富，也有引进价值。国内目前的出版物，这方面品种不多，上海还大有可为。

这类图书的引进，翻译人才、资金和营销是比较关键的三个环节，但上海是有可能解决的。资金，相信除出版社以外，有的项目业外也有人愿意投资，如上海古籍出版社《续修四库全书》整理出版经历过的那样。营销当然有困难，但可以借助海外的经验，尤其是大型书刊、画册直销的经验，海外都做得有声有色。还有重要的一点，是引进大型的美术书不仅是美术出版社的专利，其他有条件的出版社应该也可以做。上海已成立了两个出版集团，举集团之力完全可以承担这类大选题、大工程；还有一些有实力的单个出版社，也有条件来做一两个美术大项目。总之，上海在美术出版方面只有出了这类大项目，才称得上是填补了空白，抢占了制高点，才能算是领先了其他省份。

二、关于本地美术的整理和出版

上一段的意思概括起来就是：上海引进版的美术不做，上海依托这个城市的价值也就空放了。这一句的意思是说，本地的美术资源是上海的优势，如果让外省市来做了（现在已有这样的可能性），上海会丧失优势。做美术出版，既要从市场营销出发，也要从自身优势出发。我以为"十一五"甚至更长的时间内，上海美术要从开发本地美术资源出发，在全国抢占高地。

最近，我与上海图书馆吴建中馆长交流以后，更坚定了上述看法。因为他对上海地方资料尤其是150年来的资料之丰富、之珍贵深有体会，深深地感染了我。从这一段历史可以看出上海在全国的重要性，就不难理解上海是一个宝库，有无穷的宝藏。

我之所以把整理、出版上海本地美术作为一个重点，还基于如下的考虑：一是在中国美术的出版方面，如果与人比"古"上海并不占优势，上海的优势在新，这是上海这150多年里独占的优势。二是从20世纪80年代中期以来，在中宣部出版局的统一组织下，60卷的《中国美术全集》和十几个分类400余卷的"中国美术分类全集"，已把全国老的、一般的美术资源一扫而空，再从综合性美术上去发掘大工程，已很少可能，也没有必要

陪同王仲伟、陈佩秋等参观上海人美建社 50 周年展览

了。三是上海是世界观察中国的一个窗口，研究上海的问题，也有与世界交流的意义。世博会在上海召开，对各国的人来说，有了解中国、了解上海的兴趣，出版这方面的图书，既回应了读者的要求，也回应了地方政府的需求。四是注重美术出版的地域性（地方特色和地方文化），是近几年各省市都很重视的工作。湖南出版《齐白石全集》，江西出版《八大山人全集》，浙江对本土画家更是花费很大精力，全面地整理和出版。这一切都提醒我们不要放松自家土地上的优质资源。从道理上说，我们应该大气和慷慨，但如果真让外省的出版社抢占了开发上海美术资源的先机，则是上海出版人的失职。

强调对本土美术资源的整理和出版，不能归之于狭隘。恰恰相反，全国、全面这些概念，是由多个有地域特色的美术板块构成的，这项工作做好了，我国总体的美术才更饱满、更丰富和多样化。何况现在强调对本土美术的重视，恰恰是在20多年里全国比

较系统地出版了《中国美术全集》、"中国美术分类全集"的基础上提出来的，是美术出版的一个新阶段。特别是上海美术又与其他地方不同，它在我国近现代美术史上，具有全国性的意义，是全国性的资料，做好这项工作，是上海对全国美术出版的重要贡献。

对上海美术资源出版，尤其要注意以下方面：

1．对上海美术资源的整理筛选，在此基础上出版美术史料。现在做这项工作已显得晚了些，但设想留给后人来做，现在的条件还是好得多了。上海的美术资料很珍贵，但散失的情况也比较严重，整理的工作很重要、很艰巨。为此，整理也可以分成上海中国画、上海油画、上海版画、上海连环画、上海年画、上海宣传画（含广告画）、上海水粉（水彩画）等方面来进行。每个方面除了全市性、专业门类的史料外，整理出版画家个人的史料集也很重要。现在要大规模地开展评论还为时过早，许多画家的传记、代表作品、主要艺术见解包括文章、笔记、画语录，尚散失各处，未收集起来。所以要说评论，还是缺乏占有资料的基础。据初步估计，我们面对的杰出艺术家估计有200余人，涵盖各个方面，这项工作做好了功德无量，也极有价值。

2．对上海大师级美术家作品集的系统出版和介绍，这项工作也有规划的必要。这方面出版过一些书，比如上海书画出版社的《海派绘画艺术》，还有一些自费出版的，但分量还不够，整体性也不强。上海国画家如赵之谦、任伯年、吴昌硕、虚谷、吴湖帆、陆俨少、谢稚柳，单本的出版过一些，整体的、系统的还没有一套。油画家如林风眠、颜文樑、刘海粟等也曾有出版，但也没有整套的书。估计这方面的专集可以出版的有30—50人。当然画册如何出版是个大问题，像20世纪90年代一两篇序文加图片的做法是很不够的，最好是半文半图、相互映照的那种，具有很强的专业性和学术性，这方面西方有很好的做法和经验，我们可以借鉴。此外，开本以及重量也要适度，艺术分量重的书不等于印得厚重，而是要内容扎实，画册手感好。

3．关于美术史的出版。我在法国出差时看到南部普罗旺斯一带很注重研究本地的美术史。我想上海的油画史、国画史、书法史、版画史、连环画史、宣传画史、年画史，等等，应该都是有分量的。如果放大一些，把建筑美术、摄影、广告画、设计也放入其中，可以写的东西还很多、很丰富。这些"史"都出版出来，能从一个方面反映上海的文化史，极具学术价值。

4．关于论著的出版。一是对前人论著的整理和出版，一是今人对前人的总结和阐释，两个方面都很重要。对前部分，上海散失各处的不少，做这方面的收集和梳理工作也同样有意义。

以上所说对本土美术史料的整理，上海美协已做了一些工作，上海书画社在近年出版的《上海美术志》等是有分量的。地域性的文化性强的大工程，和出版社完全按读者需求组织的书不是一回事，因此需要政府介入，图书馆、高校、研究机构以及出版社一起来协作攻关。上海社科院与上海古籍社合作出版了上海近代的史料，就是这种合作的典范。我到政府工作的几年，深感有些大工程是需要几年、十几年甚至几十年坚持不懈做下去的，有的不是一个单位力所能及的，政府领导下的合作很重要。现在一个不好的现象是五年计划的制定，研究所、高校、学者、图书馆往往各自为政，各做各的，分散了资金和人才，没有发挥社会主义制度下集中力量办大事的特点和优势。我在前面也提到，《中国美术全集》、"中国美术分类全集"，就是在中宣部直接领导下，在跨地区协作的基础上举全国力量实现的。相比之下，上海统一于一个地方政府，比跨地区合作要容易得多，资源、人才都在上海，只是市场在全国，整合起来相对容易见效。尤其应该注意到，出版集团和各种媒体集团的成立，优势之一就是更有条件完成大工程，单个社难以做成的事，集团做起来要好得多、快得多。

刊于《出版改革与发展——上海出版界学术论文集(2005—2007)》(学林出版社出版，2008 年 6 月)

1997 年 6 月，上海书画出版社完成文化部交办的庆祝香港回归重大艺术出版项目，汪道涵（中）、贾树枚（右二）等领导前来参观并表示祝贺

关于出版创新的几点思考

党的十七大报告提出要"激发民族文化创造活力，提高国家文化软实力"，这次"香山论坛"选择"文化软实力与出版创新"作为主题，我认为是很有战略眼光，很有现实意义的。改革开放将近30年了，大家对发展是硬道理，对硬实力（就是国家经济、科技、军事、GDP、硬件设施）的重要性认识大为强化了，而对文化、制度、传媒等软实力的作用认识是很不够的。尤其是我们传媒界，对自身是国家软实力的重要构成部分，如何通过继承、创新、发展，提升文化影响力和意识形态作用力，思考、研究都不够。

一国的文化软实力，本意是相对他国的软实力而言的，是国家、民族国际竞争力的集中表现。文化软实力也是一种潜移默化的影响力，能源和能量的积聚有一个过程，不能急功近利。要立足国内，面向国际，长期坚持，才能水到渠成。

在出版界，在增强文化软实力方面，还是要从解决自身存在的突出问题出发，打好基础，尽快缩小与国际同行的差距。一方面发挥我们社会主义出版业固有的优越性，比如社会效益第一的价值准则，比如国家对出版业的税收优惠政策，比如垄断竞争的体制环境，比如国有出版社在过去30年积累的基础；另一方面要清醒地认识我们的差距还很大，尤其在内容创新、媒体创新、体制机制创新和管理方面，要解决的问题还很多，要切切实实地去正视和解决。下面，我就这几个问题发表一些个人的看法。

一、关于内容创新的思考

出版之所以重要，之所以作为一个古老行业延续至今，简单地说是因为有人想写和有人要看，而内容是双方的连接点。尽管内容创新不是出版的全部，出版与新闻的不同在于出版相对恒定，很多古老的、永恒的、经典的内容一直可以重版演绎传递下去。但是出版内容的更新从作者和读者的角度分析还是最为重要的。因为一个时代的出版没有新意，意味着这个时代没有大家，出版没有作为。而读者本质上是喜新厌旧的，没有新内容、新形式去刺激，出版也会失去需求的依托。

问题是强调出版内容创新，要明白内容创新的不同层面，否则就不知道哪些是作者、学者的创新，哪些是编辑也就是出版自身的创新，也就不知道软实力如何去提升。

我认为出版内容的创新，有三种情况：

一是新学科、新观点、新成果的体现。不管是文学艺术，还是科学，还是娱乐，一个时代总有一个时代的特征和大师，他们要顽强地表达自己的内心思想，最终借助出版的形式传递，但是，这种内容的创新不是因为出版的存在。

二是对既有的话题、经典、思想，进行再研究、再演绎和再创作，在此基础上滋生出新的内容。比如对《论语》的研究，古今中外各自表述甚多，时至今日，还有南怀瑾和于丹很不同的研究成果。

三是表达方式的创新。这一点对出版尤为重要。以著作权为例，它保护的不是思想，而是思想的表达形式。所以，在今天用不同的方法、语言、图片，甚至新的编排方式和设计，去解读历史，阐释学科，诉说话题，仍然可以推陈出新，有所作为。出版从这个意义上说，是不怕选题撞车，不怕重复的。因为同一个话题可以有千姿百态的表现形式和组合方式，有一百个观众，就有一百个哈姆雷特，编著工作也是如此。这也就使我们理解了全世界每年有数以百万计的新书推出，中国每年有数以十万计的新书推出，却不觉得明年没有书可出。

2006 年 8 月杨牧之总裁（前排左四）率中国出版集团同仁考察上海文艺出版总社时合影

从这里，我想引出两种创新方式，就是作者的原创性和编辑的独创性。作者的原创性尤其是大学者、大文学家、大科学家的原创，代表了一个时代、一个民族此时此地的科学、文艺水平。这类作品，是一个时代的精华，但有其产生的规律，出版工作者实际上是无能为力的，我们所做的工作只是服务，让它们得以顺利出版，走向读者。书出版以后，人们或许认为这个出版社多么的了不起，实际上只是这个出版社的眼光高，服务好，经济实力比较强，并不是对这种原创起到了作用。

对出版社而言，提升软实力，最重要的是提升编辑人员选题创意的能力，即独创性。

关于出版创新的几点思考

编辑比作者更了解现存的图书状况和市场需求，加上丰富的编辑经验，从而提出有价值的编写方式，或者适应需求提出有创意的选题，或者提出单个作者根本不敢设想、从事的大型出版工程，再组织作者单体或群体进行编撰。这种编辑主导下的内容创新，是出版社软实力的集中体现。它对编辑有很高的要求：对现有的内容、素材有很全面深入的把握，既知道以前既有的书，又知道如何以新的形式加以深化，还知道由哪些专家学者来创作。这是一种点金术，可以使浅的变深，零星的变系统，单本的变全集，陈旧的发光发亮，不宜读的变宜读，无趣的变有趣。最近，我注意到三联书店系统整理出版了曹聚仁先生的全部作品，这种附加劳动不多但使 20 世纪这位重要作家作品系统化的工作，还是很有编辑眼光的；又如前几年红极一时的上海文艺出版社的《话说中国》，内容几乎全部是老话题，但用讲故事、图配文的编写方式解读中国，推陈出新，引起轰动，证明编辑眼光也是独特的。"文革"前，上海少儿出版社的《十万个为什么》以及后来的《365夜故事》，都是编辑创意先行，其后作者把资源重新整合起来，制成人人模仿的畅销书。在这类图书中，出版社的编辑起了主导作用，创意是其核心价值。

今后出版工作还会千变万化，对作者的原创，特别是大作者、大学者们的原创，出版社永远只能是期待、打探和竞抢，抢到手了也只有几年的专有出版权，作者永远掌握主动权，在货比三家中游刃有余。而在编写方面，出版社才会有自己广阔的天地、用武之地和实实在在的内容掌控权。我认为今后"本社编"或本社策划编的图书比较丰富的出版社才有比较大的竞争力和真正的知识产权。为此，要提高编辑创意的能力，一定要改变编辑的知识结构和素养，特别是必须拥有一定比例的专业编辑，他们既懂得出版专业，又是学科领域的专家，这是创意、创新的组织保证。

二、关于媒介创新的思考

人类社会尤其是我们中国，久远的历史证明出版一方面是内容的不断创新，另一方面是载体的不断更新。以文学为例，从先秦散文起，依次为楚辞、汉赋、乐府、唐诗、宋词、元曲，直至明清小说，这是一条展示文学内容的创新之路，而从信息传播的手段分析，从甲骨文、钟鼎文、刻石、竹木简、帛书到隋唐版刻、宋代活字印刷、石印、珂罗版，直至现代印刷和视听传媒出现，每一次的载体更新，都极大地推动着传播的便捷和受众的扩大，推动着出版业的繁荣和发展。19 世纪末期西方现代印刷引进中国，引发了商务、中华、世界等各大书局为代表的民族出版业的兴盛。20 世纪末期，以互联网、数码化、全球性、互动、视屏等为特点兴起的新媒体革命，也造就了网易、分众、盛大、第九城市、北大方正等以新技术为传播手段的强势企业。

对世纪之交已经和正在发生的媒介革命，我们传统出版人有了一定的认识，但总体上认识不深刻，也不超前。所以现有的 500 多家出版社，在新媒体方面介入不深，更不要说形成产业规模了。

最近，我陪集团的领导多次考察上海的几家新媒体公司，我们看到以互联网为平台已经形成一个巨大的读者群和出版平台，出版人不能熟视无睹；以 3G 手机为平台，也将要构成一个巨大的阅读平台，而且这两个平台也有融合的趋势；纸质图书正在受到和将要受到严峻的挑战和冲击。

在上海，近年传统出版人议论比较多的是盛大现象：盛大拥有 3000 多万受众，最高在线人数 300 万，成为最大的互动娱乐公司，冲击了传统的娱乐类图书。2006 年其销售收入 20 亿元，利润 15 亿元，其中主业收入 8 亿元，远远超过上海所有报纸、图书、杂志的利润。盛大的成果，也使我们看到了什么叫超常规、跨越式的发展。

我们还注意到盛大收购的"中文起点"，这个网站最初是由几位大学生办起来的，2003 年收购以后，盛大注入了发展资金，提出了中国玄幻文学原创的内容定位。它以便捷的发表方式吸引了无数的作者，作品数以万计，并已筛选出 2000 多位签约作者（读者在网上付费阅读 80% 的收费归作者）。拥有 800 多万读者，其中 18% 是海外读者，网站年收入 5000 万元人民币，已成为中国第一大的文学网站。"中文起点"最大的特点是相对自由的发表空间，产业化的运作方式，有效的版权保护，价廉的读者收费（看一本 20 万字的网上作品 4 元人民币，不可下载）。而后是一系列的产业链开发：一是网上阅读收费；二是有偿转让出版纸质书版权（收入的 70% 归网站，30% 归作者）；三是改编出版动画书；四是拍摄影视作品；五是其他延伸产品。最近发行 100 多万册的《鬼吹灯》，就是一个成功的例子。

纸质书和互联网对抗不是出路，纸质书出版人必须尽早与网络融合，一方面坚守纸质书阵地，另一方面在网络上谋求新生。为此，它必须拥有强大的编辑力量和作者，才能挽起这两个市场。现在很多传统出版人还在观看，他们不相信纸质书会受到冲击，或者感觉到了这一点却因为国有体制所形成的局限，不敢踏足有风险的领域。

我的看法是，对新媒体一是要切切实实地投入，一步一步地做起来。在新媒体对传统社的冲击这一点上，越是小的社越安全，越是大的出版社受到的冲击越大，越要争取主动。二是新媒体的产品要跳出传统出版的生产思路，要符合新媒体的阅读方式和互动方式。我在中国看到的现实是，有的出版社不愿把书推到网上，怕它影响纸质书的销售，因为网络版和纸质版是同一本书。由于我们把纸质书简单地挂在网上，所以它的销价只是纸质书的十分之一，甚至更低。我在英国走访一个出版社，它的网络书和纸质书是两种不同的书，网络版编辑对纸质书作了深度加工，让读者根据互联网的特点去阅读，所以它不冲击纸质书，价钱也卖得相同。三是发展新媒体必须要有民营参与的新机制。四是传统出版人与新媒体要强强联合，越早联合越好，如果不联合，就会迫使新媒体公司成为内容提供商（它们完全可以做到这一点），最终抛弃传统出版人。最近在上海，我们看到大润解放这一公司模型，整合了报纸、新媒体与电讯三方资源形成手机阅读平台，发展了100多万读者，非常成功。

媒体创新还在于媒体的相互合作和整合。新中国成立以后，我们没有很好遵循媒体的发展规律，根据政府管理的需要和便捷，把媒体之间兼容、兼营的联系割断了，浪费了不少的出版资源，也使中国的媒体巨头难以出现。因为我们对电视、广播、报纸、书籍、杂志、音像、互联网实现了专项审批，很少有机构能获得更多的经营权。同时这种划分方式也使出版人不去思考事物之间的联系和产品的拓展，满足于耕种自己的一亩三分地。我们竭力呼吁要发展民族动漫产业，对日本动漫业的成就耿耿于怀，却不知道自己的动漫杂志、动漫图书、卡通片为什么缺乏吸引力。其实，日本动漫业的经验，就是以内容创意为核心、沿产业链多媒体综合开发。我去过日本几次，对小学馆、讲坛社出版动漫读物印象深刻。日本动漫形成了杂志领先、图书跟进、影视双管齐下、卡通玩具连续开发的模式。以某个卡通片为例，它最初由作者在杂志连载，边写边载（杂志是作品的广告，仅卖200日元一本，是不赚钱的，所以在日本地铁站可以看到大量乘客丢弃的卡通杂志），读者要看就写下去，出下去，从中发现开发优质产品的元素。二是杂志连载畅销的动漫出版纸质书，这可以赚钱了，《名侦探柯南》在日本出版了本片、特别片、电视彩色片、电影彩色片四套纸质书，其中本片58分册在日本发行超过1亿单册，在中国一地也印了15万套，合1000多万册。三是再拍摄影视片，赚更多的钱。第四推出卡通人物、服装、道具等玩具，再赚产品钱。由此可见出版社从杂志起主导了创意出版权，在各个环节中不断地获取版权利益。而我们媒介互相分裂，各做各的，所以卡通杂志大多亏，书也亏，影视也做得不太好。因为影视并没有以杂志为基础获取比较准确的市场信息，它另起炉灶编造的故事也往往缺少受众。

所以大的出版单位，尤其是集团一定要推动媒体整合，不能单打一。图书出版单位介入杂志、报纸、新媒体以及相邻相关的行业，是一种必然。

三、关于体制改革的思考

国际上认为制度设计是国家文化软实力的核心内容之一，将此套用过来，出版的制度是否先进，是否符合出版规律和经济规律，也是出版竞争力的集中表现。世纪之交，中央很关注出版的制度创新，推动了集团化改革、企业化改制。我想就这两项改革涉及的一两个方面分别谈一点看法。

（一）集团化——大与小的两个发展方向

从1999年上海成立世纪出版集团以来，集团化已经有了八年的实践。

我国的出版集团与西方的差别很大。比如所有制不同，组建的方式不同，跨媒体的程度也不同。但是有一个问题是共同的，这就是想集约，集约就涉及统分问题，就是集团是干什么的，下属单位是干什么的。集中到集团的权利有多少，在出版社的权利有多少。这个问题不解决，或者不解决好，它产生的问题很大。我们应该积极慎重地研究统分问题，特别要研究图书出版业产品规模小、品种多、差异性大、个性强的特点，根据当前生产运营周期长、退货率高的状况，来妥善地把握集团和出版社的统分问题，真正做到各得其所，发挥两个积极性和优势。我认为，在这方面探索得并不够。

在集团化的过程中，它的重点必然是关注大，而我们图书行业，体制改革——既要大，又要小。该集约的要集约，该分散的还需分散。中国图书出版社存在的体制上的问题是不够大，也不够小。从大的角度看，世界上有不少跨媒体、超大型的出版集团，即使我们的邻国日本，也有讲坛社、小学馆、集英社这样年销售上百亿人民币的出版社，在世界排名很靠前。现在成立了几个出版集团，正是朝做大的方面去努力，相信经过实践、探索，不久的将来会有成功的案例。

但另一方面，我们现在分小也不够。以中国图书年出版总量为例（10万种以上），如仿照日本、德国推算，我国出版社不是560家，而应是5600家，日本、德国都是6000—10000家。为什么？因为图书与工业产品（比如钢材、汽车、电器），与新闻（比如报纸、电视台）很不相同。它的产品差异性很大，很具体，很零碎，它的外在印刷物态是工业化的，但产品的创意主体作者、编辑和设计师这三者是个体劳动者。所以，你去研究全球的所有商品，会发现它是唯一由生产商把零售价标在上面的产品。图书很难集约化生产，所以英国人把它列为13种创意产业之一。图书生产与报纸也不同，它是资金门槛很低的产品，所以，它实际上是中小企业最活跃的行业。这几年，我到过桦榭、贝塔斯曼、兰登书屋、小学馆、讲坛社、集英社等大出版社，也在德国、英国看过四五家只有4到10个职工的出版社，发现这些小的出版社很有专业素质，很有活力和效率。我在德国参观过柏林出版社，年出书150种，已被转卖过几次，老板甚至都不是德国人，老板和出版社仅是一种资产关系，它的出书风格至今没变，新老板很少管它，由职业出版人打理，做得很好。1998年我随上海出版代表团到纽约贝塔斯曼（收购了兰登），会谈中来了十几个下属出版社，这次我才发现大的集团是中小出版社的收购者和联合体，它们的模式是上面大，下面创意的团队小而活。由此，我从出版行业的特点出发，主张现有的大部分出版社要分小。中国现在出版社年均出版新书大约300多种，大的社500—800种（我未记错的话，兰登书屋一年也就出版800种左右的新书）。我们把自己的书与日本、德国以及发达国家的放在一起相比，最明显的是我们的图书粗糙、粗放，不精细、不精致。

我提出划小核算单位还鉴于两点考虑：一是小可以做得更精、更好，而不是粗放。像中国这样严格实行出版管理的出版社，一个社长和总编直接管的产品实际上是太多了，缩小生产单位，如同公社到小队到家庭生产，小团队适合图书创意、设计和生产。二是国有制的弊端必须改革，如何改呢？把事业改成企业，甚至上市，国有的毛病还是改不掉。我认为在现行政治体制和国有体制的框架内，可行的办法也许是让现在的国有出版社继续国有，但下设几个子公司，由出版社、社会资本和员工共同投资，公司化运作。这比让文化工作室来买书号使国有出版社空心化来得好。出版社成为管理中心、审稿中心、物流中心、财务中心，坚持正确的出版导向和社会效益第一的价值观，但把编辑、出版甚至营销放在子公司里。因为图书的资金门槛不高，便于这种模式的试验。顺便提一下，一些社办杂志在这方面进行了有益的探索，已取得了宝贵的经验，值得图书借鉴。

这样形成集团、出版社和子公司三个层面的结构，活力和竞争力会大大增强。在我国，小合成大的经验比较少，大分小成功的例子很多。比如上海科教社，当年从上教社一个杂志编辑室分出来，后来成为名社大社。上海书画从上海人美分出来，又大大超出人美自身。当年各地人民社分成若干社，都是如此。只有更多的小变大了，集团才会做大，集团化才会成功。创意企业应拥有较多的创意团队，形成东方不亮西方亮的结构，而尽可能不要统一经营和管制。

（二）关于企业化改制的思考

我是赞成除了人民、教育这类出版社外，一般出版社最终走向混合所有制的体制，以根本改掉国企的毛病。目前，事业改企作为一种过程，也是必须的。问题是改制以后，要真正地按照企业的经济规律办事，按照出版的规律办事，抛弃原来的一些旧习惯、坏毛病。出版社1985年就实行企业化管理了，但我深感我们在管钱、管人方面存在的问题比较突出（相比较而言更擅长管导向）。现在企业化改制后，就怕不真正触及这两个问题。

一是投资问题。

或者投资产品（图书），或者投资实业公司，现时这两方面问题在出版单位都不少。以产品为例，不看市场，不看自身能力，不做选题分析，盲目、随意投入的现象实在严重。现在全国库存 500 多亿，各地每隔几年来一次清产核资，大批的书报废化浆。一方面有市场的客观原因，另一方面也有出版人的主观原因。很多单位按理早就该做大做强了，但总是进三步退两步，或者进两步退三步，它的净资产甚至越做越小。为什么？出版社没有按照市场规律、出版规律来办事，它的上级也没有严格要求它。有的出版社投资办公司，名为创新开拓，实际上盲目投资，缺少实事求是的科学论证，一投几百万、上千万，成了坏账，把出版社拖死在里面。什么是企业？企业是市场的主体，是市场的竞争者，追求利润的最大化。出版企业一方面要把内容变成载体传播给读者，另一方面要把钱变成书，书变成钱，在钱脱手的瞬间应当十分慎重。所以，国有出版业转制是个契机，是一项重大突破，应该借此改变投资理念、投资方式以及相关的考核方式和奖惩办法。

除了社会效益的考核，除了对有社会效益的学术图书建立必要的基金补贴制以外，出版社转企以后，应建立以利润为中心的企业管理机制。企业对产品规模、投资都要做市场预测，都要从是否盈利考虑。同时由于专业分工和产品差异，也要建立行业利润标准和各专业出版社的利润基准线，以便考核体系的建立。一个出版企业不可能每本书赚钱，但有了行业利润标准以后，就可以实行结构优化组合，以书养书。

这里还涉及对亏损企业的态度。全世界都有亏损企业，差异在于对待亏损的态度和方法不同。亏损从大的原因说只有两项：一是天意；二是人事。天意是客观规律，产业背景不好，人努力也不能胜天。如前几年的胶片彩印，忽然被数码打倒了，光学照相机、胶片以及相关的企业就必然亏损。中国出版企业当前还不属于这种情况。人事，指主观原因，同样的市场环境，甚至同一个出版单位，这个团队干亏了，那个团队干盈了（创意产业是一个比较个人化的行业，选择团队的主导人特别重要）。改成企业以后，对亏损的出版企业以及相关企业的认识应该更为理性。首先要分清是"无可救药"还是"有药可医"的，其次"有药可医"的"医药费"是我可以承受的，还是不可承受的。在此基础上应该快速地做出判断。全世界医治亏损企业只有两个办法，一是把它救起来，二是关掉它。我们从国有事业单位过来的人，往往判断清楚了，但还是一个"拖"字，其结果是病越拖越重，"医药费"的支付越来越大。转企以后对严重亏损、没有前途而难以救药的企业，特别是社办企业应该理性对待，这于国、于民、于职工都好，关键是要正确判断，鼓足勇气。

二是人力资源的管理。

出版企业不靠土地、技术、厂房、设备的优势，甚至资金的优势也比制造业来得次要。人是第一因素，这也是出版创意产业的根本特点。建立了合理的人员优选机制、竞争机制、薪酬机制，这个出版企业就有活力、创造力和竞争力。但人力资源是一把双刃剑，用好了是人力资源，用不好是人力负担。现在在上海地区，出版单位的年人均工资和工资性支出约为12万元，加上办公费是一笔不小的支出。中国的出版业集中在发达城市，城市的人工支出在急剧上升。如何面对这种挑战，传统事业型的人事管理办法已很不适应。

当前，中国出版企业人力资源管理的突出问题：一是人浮于事，用人有很大的随意性。我曾在三个出版社担任社长，有两个出版社的财务人员我上任时分别是16人和17人。其中有一个出版社的发行部改革后变成了5人，但发行量并不大。有一个出版社的发行员有11人，它的年销售收入只有490万元。一个出版社的财务人员与它的业务是什么比例，一个发行员一般要承担多少发行量，应该有人力资源、人力成本的意识。二是对员工没有建立起科学合理的考核办法，薪酬制度僵化，注重按职务（职称）、学历、资历发工资，忽视实际能力和贡献；在员工能进不能出的情况下，薪酬还能高不能低，所以薪酬对责任、效率、业绩的刺激作用不大。三是干部、职工的铁饭碗、终身制不能打破。这一轮转企，有的单位实行把员工全部包下来的办法，实际上饭碗更铁了。这类问题必须随着转企有很大改变，让出版社从改进管理中释放出人的巨大能量，因为管理的改进是增强企业软实力的最好办法。

最后，还想说一下出版创新与尊重规律的关系。解放思想和创新发展是积极的，没有创新，就没有未来。但解放思想要实事求是，要尊重经济规律，符合出版规律。新，不等于又好又快，新要受好和快检验。出版尤其是图书业，是个传统产业，它的行业特点比较恒定。所以，我们的创新必须要注意到这一点。在实际工作中，尤其是一些大幅滑坡的出版社中，人们经常可以看到一些所谓的创新之举，一些超常的做法，使这些单位几经折腾。在很多情况下，人们太急躁，太缺少耐心。而在传统产业里坚守的人，一定要有耐心，一定要认准方向，持之以恒。对不同类型、不同基础的出版社，一定要心中有数，不要用一个标准要求。出版社也如同森林王国，有猛兽，也有食草动物；有大象，也有小老鼠，这构成了一个产业。有大有小符合实际，不能要求个个做大。从80年代到现在，中国图书总印数一直在60亿—67亿间徘徊，没有增长（以后在新媒体并存的时代，更不可能增长，只会减少），说明它是一个常规的而非超常规的行业，某个出版社跨越发展不等于全行业跨越发展。这几年，有一些好社在这一点上认识不清醒，在不适当求大之中库存急剧上升，甚至业务大幅下滑，教训很深刻。所以创新要有利于又好又快地发展。只有既坚持创新，又很尊重客观实际，才更符合科学发展观的要求。

刊于《香山论坛2007》（中国出版集团公司出版，2008年10月）

寄语师大同学

上海师大出版专业的师生前年邀我去学校讲课，让我又一次故地重游，勾起了我的往事。36年前也即1972年11月22日，有250名中学生参加出版工作，作为其中的一分子，我第一站就到了奉贤的上海市文化"五七干校"劳动，校舍正好是上海师大现在的校区。

在奉贤劳动半年，同学各分东西，我算幸运，被直接分配到出版社工作。1976年再下干校，又在校区生活、劳动了半年，所以记忆特别强烈。如今回到上海师大发现一切变了，唯一的记忆是校中的那条河依旧流淌，只是河中已没有当年那么多青嫩的水草。因为1976年的夏季，我时常下到这条河里捞水草，切碎了去喂猪。那是一个知识得不到尊重的年代，在干校里我们随时会碰到巴金、赵丹、白杨等大作家、

1973年5月在上海市文化"五七干校"（今上海师大奉贤校区）劳动时与同学合影

大明星，他们不干自己的专业，在这里从事着惩罚性的劳动。今天，我在这同一块土地上，见到了你们这些与我当年年龄相仿的青年学生，很羡慕你们有受高等教育的机会，我们当年连这一个最起码的要求也无法实现。同时我感到与你们相隔36年，竟然在同一个地方，做着走向出版岗位的准备，是巧合，还是什么，竟无从说起。

做了36年的出版工作，见证了国家由封闭到开放，出版由萧条到繁荣的历史阶段，有几句话想对你们——未来的出版人说一说：

出版是项神圣的工作，也是一项艰苦的劳动。说起来文化出版工作虚无缥缈，做起来一字一句又十分具体。没有吃苦的准备，没有甘于寂寞的耐心，可以不选择做出版。

出版本来不是一个赚大钱的行业，传统出版在今天已步入了艰难的岁月，如果家境贫寒希望在经济上改变自己，或者对做出版没有特别浓厚的兴趣，可以不选择做出版。

出版是作者与读者之间的一座桥梁，出版人自身不是写家，但它甘愿为写家服务，

也甘愿为读者服务。当畅销书出现，耀眼的光环总戴在作家的头上。所以，如果没有这种服务的准备，也可以不选择做出版。

出版是被动的，它受制于写家的创造和读者的需求；但出版又是主动的，一旦它了解了作者和读者，把他们紧密地联系起来，它就引领了出版。所以，真正的出版人是有价值的。而价值的背后，是他的献身精神、热情、底蕴、亲和力和鉴别力。

以上不是要吓唬未来的出版人，而是让你们对这个行业了解得更全面，准备得更充分。

我们在同一块土地上生活，成功在你们的脚下。

刊于上海师大学生刊物（2008 年 11 月 18 日）

感言"东方"三十年

1978 年是个值得纪念的年份,中国的改革开放事业以党的十一届三中全会为起点,展开了气壮山河而又绚丽多姿的历史长卷;1978 年,对我们东方出版中心而言,同样也是一个值得回味的年份,因为在这一年,它的前身中国大百科全书上海分社宣告成立,从此开始了我们社的文化出版活动。中心有幸与改革开放 30 年同行,得了天时之利。

在中国古代的历史上,由官方发起编纂大书、大出版工程,不乏其例。比如明代的《永乐大典》、清代的《四库全书》,都在历史上留下了不可磨灭的功绩。但回想起来,这些项目大多以汇编、校勘为主,用今天的话来说皆非原创。1978 年 11 月 18 日,中央高层领导听取我国大学者、大出版家们的建言献策,在以经济建设为中心的同时,把目光投注到文化出版方面,由中国改革开放的总设计师邓小平亲自为中国大百科全书出版社题写社名,中央决定同时在北京成立中国大百科全书出版社,在上海成立分社。

由中央高层直接决策同时成立两个出版社来组织实施一套图书,这在中国出版史上是极为鲜见的。这本书横跨各个学科,由我国当时两万余位学者参与,历时 15 年,出齐 74 卷,合 1.27 亿字。如此质量,如此规模,也是绝无仅有。

关于《中国大百科全书》出版的功能、作用和意义,在 1993 年这项出版工程完成以后,人们对它的认识也许越来越清晰。但对作为主持这一工程的大出版家姜椿芳先生来说,他一开始就是十分自觉地策划引领着这个项目。早在"文革"关在狱中时期,他心中想的就是有朝一日走出牢房,要向中央建言出版《中国大百科全书》,有生之年一定要干成大百科全书。因为他知道,这是一个民族,也是一个国家综合国力的体现,是一个标杆性的工程。一个强盛的有生命力的民族或者国家,它当然有经济实力、科技实力、军事实力和文化实力。而大百科全书,是所有这些实力在出版方面的集中体现。一个连自己的"大百科"也没有的国家,怎么能算得上出版大国、文化大国、科技大国呢?《中国大百科全书》的完成,提升了我国科技水准、学术水准和出版水准,反映了当时国家的文化软实力。同时又为以后的修订、补充和完善,提供了一个基础性平台。所以,这是一件功德无量的工作,是划时代的出版工程。

完成这一浩大而又光荣的任务，在学术文化方面，奇的是当时竟然从全国调动起来两万多名学者参与其事。而在出版方面，大百科全书的编辑、校对和印制三个环节，最重要的编辑环节，主要由总社负责完成，这是全部工作的重中之重，承担的是核心任务，掌控的是知识产权。

上海分社得上海之地利，背靠江浙，承接中西文化之精华，辐射南方广阔腹地。这里积聚了中国学界的众多精英，也积聚了民族出版业的雄厚实力。上海分社在陈虞孙、

王元化同志（中）曾任中国大百科全书出版社上海分社领导，
2008 年建社 30 周年时前去拜访

汤季宏、王元化、刘火子这四位创业者的带领下，调集精兵强将，在编辑、校对、印制这三个重要环节上，承担了重要的工作。一是它承担了全部 74 卷中部分卷帙的编辑工作；二是它承担了全部文字的排校；三是整套图书的印制和装订。承担部分编辑工作，指的是《宗教卷》《农业卷》等 6 卷，由上海分社独立完成组稿、编辑工作；承担全部的校

对工作，是指全部 74 卷的排字、校对任务是在上海分社完成的。2006 年我到东方出版中心工作，时常去京出差，也时不时地听到一些出版界同道回忆当年为了大百科的编校工作，出差上海一住数月甚至一年的情景。因为当时在上海专门配置了海峰印刷厂，负责排版；设置了庞大的校对部门，以 8 个校次的质量要求在工作。所以北京总社的编辑几乎都来过上海出差。1.2 亿字数，8 个校次，这在有电脑排版的今天似乎并不困难，但在铅与火的时代，这简直是一件不可想象的艰难工作！然而，在上海分社历届领导和业务人员的参与下，这些困难被一个又一个地克服，精诚所至，金石为开，最后 74 卷大百科全书，皇皇巨著，在上海组合完成。党和国家领导人对《中国大百科全书》的出版给予高度评价，对上海分社的功绩以及员工付出的心血，也给予了应有的评价，在人民大会堂举行发布会，这一系列在当时非同寻常的安排，都说明了从政府到学者，大家对这一项目所投注的期盼、惊喜和赞誉。

上海分社以及 1995 年更名的东方出版中心，除了在《中国大百科全书》上作出的贡献以外，在其他的一些出版项目上，也有过不凡的表现。如 1979—1986 年间，完成引进、翻译、出版《简明不列颠百科全书》（11 卷），2006—2007 年出版《中国馆藏

满铁资料联合目录》（30卷）。前者发生在一个书荒的年代，这套书的出版对广大学者具有"及时雨"般的意义。当时我在上海出版界工作，闻讯此书出版，兴奋不已。但苦于书价较贵，只得通过上海分社的一位朋友，买了一套处理品的打折书，记得是四折，从此用起来很方便。到中心工作以后，才读到资料介绍：《简明不列颠百科全书》中文本2500万字用了六年的时间，在1986年9月13日完成了全套书的出版。当时的上海市市长江泽民同志还接见了美国出版界的客人。可见，这部书的出版，是高效率的产物，也是解放思想的产物。在当时的情况下，引进这样一套西方的百科全书，会碰到很多观念上的碰撞，碰到数不清的难题，不是有胆有识，要完成这样的工作很难想象。同时，正是有了这样的经验，也为后来出版大百科全书做了专业上和物质上的准备。

出版《简明不列颠百科全书》的时候，东方出版中心正是生气勃勃的年岁，而当《中国馆藏满铁资料联合目录》（30卷）放在我们面前的时候，东方出版中心正面临业务的低潮。承担这一项目，困难很多，把握不大。但是，了解了满铁的资料价值以后，大家达成了共识。后来，我碰到上海古籍出版社的总编辑赵昌平先生，他是一位资深的学者型的出版家，他说近代中国最有价值的是两份档案，一是"满铁"，这是日本人建立起来的南满铁路档案；一是盛档，即中国人建立起来的盛宣怀档案。你们把满铁30卷目录做出来，等于做了一把打开宝库的钥匙，是件功德无量的事。其实，这项收集、整理、编目的工作，在北京以及各地200多位专家的参与下，已经做了将近十年的案头工作。"东方"有幸，在业务低潮的时候还拿到了这样的项目。这主要是我们的诚意感动了学者们。同时，正因为业务处于低潮，在业界影响不大，我们才很需要有这样的项目，使员工兴奋起来。果然，出版以后，学界的反映是出奇的好。

东方出版中心长期致力于大型工具书，但令人惊奇的是，当代两位有影响的作家的成名作，竟然也都在"东方"出版。1992年，余秋雨先生的《文化苦旅》首度在中心出版，由一本书演变为一种文化现象：此书累计印了200多万册，畅销十六年长盛不衰，成为中国出版的奇观。这不能不说江山代有才人出，也不能不说编辑所具有的眼光。余秋雨先生的《文化苦旅》以散文解读文化现象，阐述历史话题，开启了一代文风，给人以耳目一新的感受。从此，余秋雨在学界的影响越来越大，《文化苦旅》对年轻人的影响也越来越大。

相对于余秋雨的持重，"80后"的郭敬明则显得稚嫩和清纯。但是，"东方"的编辑还是独具慧眼，把郭敬明《爱与痛的边缘》这本书稿抓在自己手中，并在2001年投向读者。时下出版界也在使用"方向感"这个词汇，指的是编辑所具有的超前意识和感觉。

抓住了余秋雨的《文化苦旅》是种方向感，而抓住郭敬明的《爱与痛的边缘》也是有方向感的体现。后来，这本小书在"80后"的读者中一石激起千层浪，引来了无数的追星族。这又是一种新的文化现象。因为在世纪之交，"80后"成长起来了，他们是真正的在糖水里泡大的一代，他们有自己的理想、憧憬和生活追求，也有一代人的迷惘、躁动甚至局限。隔代的作家无法诉说他们的情怀，他们的代表性人物只能来自他们自身。这就是郭敬明及其作品的意义。当然，我们"东方"人私下里认为自己的慧眼识宝还不够执着，以至于错失不少良机，不无遗珠之憾。

从百科一路走来，"东方"的学术品牌在丛林学海中时隐时现，给读者留下过些许印象和感觉。尤其是在90年代中期，这里先后出版过"东方学术丛书"（8种）、《中国佛教》（4卷）、《中国道教》（4卷）、《中国儒学》（4卷）、《中国诗学》（4卷）、《中国理学》（4卷）、"中国文化专题史系列"（8种）以及《马克思主义经济思想史》（5卷）等等，都以系统、全面和富有学术含量，在某一方面达到当时所能达到的深度，为学科的发展作出了自己的贡献。"东方"人在组织这些书稿时，一是抓住了重要的选题或者学术热点、空白点，使之出版以后就有独特的价值；二是抓住一流的学者或名家来编写，占领学科的制高点，体现研究的高度和深度；三是尽可能体现学术规律与出版规律的结合，在出版方面达到自身的质量要求。由于做到了这几点，东方出版中心的学术读物，在学界也占有一席之地，有的还一再重印。比如《中国佛教》印到10万册之多，这也是学术书中所少见的。

东方出版中心长期作为新闻出版总署直属出版单位，2002年起又归入新成立的中国出版集团旗下，秉承"国家队"的出版传统，在重大项目方面积极参与。如配合庆祝香港回归，出版了"香港百年系列"多种图书，颇受读者欢迎；配合奥运会出版了"奥林匹克运动知识丛书"全套10册，受到业界关注；反映西部开发，从文学角度出版了《西部羊皮书》3种（陈忠实的《关中风月》、风马的《羊皮开门》、阿来的《格拉长大》），在2007年上海书展中成为一大亮点。近年积极参与上海世博图书的出版，已出版近10种，其中《走进世博会——世博知识150问》《走进世博会——世博历史150问》《上海世博会概览》等，以质量高，权威性强，知识性、可读性相结合，受到读者欢迎，有的书已一版再版。此外，如《我的七七、七八》《红一方面军长征日志》以及《中国共产党历次全国代表大会研究》等等，都很好地配合了当年中央倡导的出版主题。

吸引大众阅读是每一个出版社通常的做法，其关键之处是不断有吸引大众眼球的作品，以及适合大众需求的读物。前者让他们愉悦，后者让他们致用，两者不可或缺。

三十年来，东方出版中心继承出版业的传统，在这两方面开拓了大量选题。散文方面除了余秋雨的《文化苦旅》，又有王充闾的《沧桑无语》、李国文《大雅村言》、梁衡的《把栏杆拍遍》等数十种之多，是青年知识分子爱读的好书。80 年代初在全国最早推出的益智类丛书"现代化知识文库"合计近 40 种，倪海曙主编，介绍新学科、新知识、新专业，对当时启迪一代青年的智慧，传播科学文化，起了积极的推动作用。在文学方面，也有一些积极的尝试，如梁晓声的《欲说》、上海作家的"白玉兰文学丛书"（15 卷）、陈丹燕的《永不拓宽的街道》，出版以后销售情况良好。在实用书和工具书方面，"东方"一直有比较好的传统和积累，比如提供给广大学生的各类教材和课外读物，有《简明英汉小词典》《苏联百科词典》《中国百科年鉴》（16 卷），在那个年代也算补了缺门，有的至今仍在重版。

除了图书，中心的《大都市》也以原创时尚为主，倾力打造新女性的形象（女版）和新绅士的生活（男版），占据业界十年，在京沪大城市拥有各自的读者，杂志以时尚、品牌、生活为特色，经常推出有益的活动，日趋成熟和抢眼。《中国广告》则以专业形象树立在业界。尤其注重广告界动态、知识、经营技巧的传播，其杂志、网站和活动三位一体的架构，越来越成为专业杂志效仿的榜样。而每年推出的中国广告年会及颁奖晚会，已成为广告界的盛宴，它评出的广告奖项，也越来越具有权威性和号召力。

回顾三十年，作为"东方"事业的后来人，我们更加怀念创业的前辈出版家和学者。正是有了那一代正派、睿智、执着，有理想、有学养和懂专业的前辈，"东方"才有上海分社的那段光彩，才有后来的发展。2006 年 7 月我到中心任职以后，曾拜访过当年上海分社的前辈创业者，其中王元化、邓伟志先生的回忆给我留下了深刻的印象。拜访王老是在 2007 年春天的一个上午，王老走进内室，信手翻出当年创业时领导班子成员的合影，他们是陈虞孙、汤季宏、刘火子和王元化。王老说，我是其中唯一还在世的。王老用了几乎一上午的时间，向我讲述了创业时期的往事，那个解放思想、朝气蓬勃、人人想干一番事业的年代。可见，大百科上海分社，在王老的记忆中占据了重要位置。拜访邓伟志先生是在 2006 年秋天的一个夜晚，他也热情地回忆起上海分社老领导带领大家创业的情景、攻关克难的勇气和实事求是的处事风格，回忆起团聚在上海分社旗下许多学者、编辑的风范。邓老是当年老社长陈虞孙的秘书，见证了很多往事。中心在 2007 年请他回社向全体员工做了一场报告，使大家深受教育。后来，我在一本杂志中又读到他写的回忆上海分社老领导的文章，感人至深。从一张白纸，到印出 74 卷巨作，从一片农田，到逐步建起楼舍，确是令人难忘的岁月。我到"东方"工作两年多的时间里，聆听很多老人回忆往事，回忆我们的前辈，给我的印象，那是一个朝气蓬勃的年代，那是一段艰苦创业的岁月，那是一项千载难逢的工程，那是一个令人向往的团队。人的一生，有这样一段经历，已足以引以为豪，足以留下记忆，足以无愧人生。

1978年11月18日中央批准并启动《中国大百科全书》的项目，与划时代的党的十一届三中全会，发生在同年同月之中。三十年来，中心有幸与这一伟大时代同行，得了天时之利。我们要感谢党的领导，使我们处在一个创造而又和平的年代。我们要感谢新闻出版总署、中国出版集团和上海市委宣传部的历届领导，他们的理解、

2008年《中国馆藏满铁资料联合目录》在沪出版，图为举行发行仪式时中日嘉宾合影

支持，为我们创造了很好的环境。作为出版社，我们也要感谢作者和读者，出版工作本质上是在构筑作者和读者之间的桥梁，是文化产品的复制者和传播者，没有作者的创造和合作，没有广大读者的热情和拥戴，我们将难有作为。这次各位编辑和作者写的这本小书，使我们看到以往三十年的成绩，内心颇感平衡，另一方面我们也深感愧疚，依我们"东方"的能力和实力，我们应该做得更好。

当然，在一定意义上，差距也是一种发展空间，是一种精神动力。庆祝了自己的三十岁生日，我们更加坦然，更加理性，更加勇敢。我们要继承前辈们的光荣传统，以天下为己任，以传承文化为己任，为一代又一代的作者和读者服务，用我们的全部智慧，用我们的创造精神，用我们的热情服务，在作者和读者之间架起一座通达的桥梁，不断传递文化知识，尽到一个出版者应尽的责任。我们要勇于进取，锐于改革，不尚空谈，不事空想，从一本书一本书、一件一件实事做起，不放过每一天的努力，最终把中心建成两个效益统一、主业副业并举的新型出版企业。

三十而立，这只是开篇。我们应该有更好的续篇。我们愿意为此而努力。

刊于《日出东方》（东方出版中心出版，2008年12月）

出版业解放思想、改革创新的几个结合点

解放思想、改革创新在不同的时代有不同的任务、不同的内容。80 年代出版界重在由单纯的事业性质转向企业化管理，形成事业性质企业化管理的模式；出版社自办发行的发展，促成了省级新华书店的式微以及社店新型关系的建立，图书看样订货会的

出现改变了几十年"隔山卖牛"的模式；出版社产品以产定销转向以销定产，承认图书既是精神产品，也是商品以及具有商品属性，从而为图书出版走入市场按市场规律经营建立了理论基础。

90 年代起，解放思想、改革创新推进了出版社三项机制改革，从干部管理、人事管理和分配制度改革方面，

与新闻出版总署邬书林副署长在法兰克福书展上

给出版社注入了内在活力。尤其普遍推行了经营承包责任制和工效挂钩，改变了几十年一贯的"大锅饭"，在一定程度上调动了出版单位和员工的积极性。此后，民营书店的出现与发展，城市大型书城的建造与发展，出版、发行的集团化改制以及基本实现，都给行业带来了新变化和新气象。

当前解放思想、改革创新又面临新的内容。我个人认为在以下几个方面，要有新的突破、新的思考。

1. 出版的视野要更开阔，内容要更开放，既满足广大作者的需求，也满足广大读者的需求，起到桥梁作用。

一方面出版工作者要坚持正确的出版方向，把好纪律关；另一方面要拓宽选题的思路。回望三十年的发展，在内容方面曾发生了多么大的变化啊！当年许多的"禁区"后来都被突破了，而且证明这些突破是必要的。今后，在不危及国家安全的情况下，对内容还应适度地拓宽，才能适应越来越开放的时代，适应互联网时代读者对出版的期盼和

要求。

这里有两个问题要继续正确对待。一是如何认识西方的文化，二是如何认识中国的传统文化。过去解放思想，在选题方面实现了重大突破，今后很多选题，还会涉及这两个方面。

由于中西双方曾经的对立，我们有相当长时期不引进西方的文化和技术。改革开放，很大程度上是中国又一次地向西方开放，向西方学习。学习西方，出版的任务很重。而如何正确认识西方，是关键所在。一般认为西方的科技可以引进，文化不应引进。其实西方文明也是人类共同的精神遗产，马克思主义也来自西方，西方文明也是丰富多彩的。所以，我们要学习、研究、辨证，而后大胆地引进。这次我们东方出版中心出版了《美国对华情报》一书，就是一次新的尝试。它为学界提供了重要的历史资料，也给中国同业提供了一种思维方式。它的价值很大。今后，这方面的工作，我们还要继续做。当然，关键是出版人的选择以及对读者的引导。引进什么，不引进什么，我们要好好想一想。

其次对中国历史传统的认识。五四运动以后相当长时间，我们对传统持基本否定的态度。我们试图建立新文化，但我们割断了新文化和祖国传统文化的联系。我们虽也说对传统要取其民族性精华，去其民族性糟粕，但基本的做法是否定。改革开放以来，这种状况发生了很大的变化。中华民族有五千年灿烂的文明史，今后如何挖掘民族的优秀文化，以新的视野加以阐释，也需要我们重新认识。

2．加快出版体制改革。

当前正在进行事业单位转企改制的工作。转为企业，成为市场竞争的主体，从而形成新的竞争力和创造力，是我们面临的一项重大改革。改企不是名义的变化，而应是实质性的变化。在企业价值认同、领导体制、管理方法和经营方式上，应该有更多的突破，否则，转企并不会自然而然地达到预期的效果。

同时，我们应该看到，转为国有企业以后，还是国有，它的某些弊端是很难消除的，否则我们很难理解国有企业为什么在 90 年代大批倒闭、转产。因此，继续改革国有企业的任务依然很重。是否进一步进行多元体制的组合，国有出版企业将面临更大的挑战，解放思想的任务仍然很重。

3．传统出版如何引进数字技术和网络技术，改变内容和形式的结合方式，使之传播面更广、更持久，影响力更大。

现代传播方式的特点之一，是跨界传播。这次在济南的书市里推出了台湾出版人郝明义先生的一本书名为《越读者》，讲的是阅读方式的打通，读者不仅读书、读报，还以立体的方式来实现阅读。这是从受众角度出发的，而这恰恰又反过来说明跨界出版的趋势。出版以创意为动力，用图书、报刊、影像、电视、网络等载体，综合地、立体地运作，是一种新趋势。比如中国的动漫产业，为什么做不好？除了创意的差距以外，根本的是媒介的割裂。在日本，成功的动漫都是由杂志首创，而后是成套图书和连续电视卡通片跟进，最后制作和出售卡通人物（人型）、道具，形成一个产业链。而我们的电影、电视、杂志和图书分属不同产业，互不通气，卖油的不卖盐，所以无法做好。这几年上海"第一财经频道"的创意改变了传统的做法，荧屏、报纸、杂志、网络开始结合，起了示范作用。

4．作者、编辑、设计师和策划人构成的创意团队如何更有效地组合，更大限度地发挥自己的作用，也需要用新的视野加以认识。

学术图书除外，一些贴近市场的图书需要参与者形成新的团队组合方式。现在很多文化工作室就是运用这样的方式，取得了成功。这和传统出版社社内外割裂的方式是不同的，是我们所不曾使用过的。以项目为核心，以创意为龙头，尝试新的方式，也是今后要思考的问题。

5．在编辑、印刷、发行和营销等环节上，如何解放思想，创新发展。

出版与其他产业确实不同，它的创新往往体现在一个小的创意上，却引起大的变化。比如新的作者、新的选题、新的内容、新的表达方式，是产品创新不竭的源泉。书还是书，但已是一种不同的书。当年《十万个为什么》的提出，就引发了科普书出版的重要变革，首创的加上模仿的，后来造就了一个很大的读者群。比如数字印刷和即时印刷的出现，会改变出版的阅读和生产方式。又如发行方式的变化，合理的可以促进出版业的发展，不合理的也会制约出版业的发展。现在图书发行又以一种"集约化"的名义，重新回归80年代省店一统天下的时代，增加了层次和环节，产销进一步脱节，后果也将不堪设想。

6．出版的主营业务与多元经营同步发展的问题。

对我们图书出版社来说，书是主业，但书的发展空间是有限的。作为一个企业，它面对的是市场，市场的机遇对一个企业来说，是同等重要的。未来的市场，对出版社来说，有三层关系：一是书与其他媒体的关系。是被其他媒体融合掉，还是去发展其他媒体。二是书与文化产业的关系，即到文化圈去拓展空间。三是书与实业经营的关系。一个企业能发展什么？要看自己的需要和条件，如果做书就能活得好的，又能做大做强，当然是好事。可惜也许"夕阳无限好，只是近黄昏"，往往一业不稳，还需要他业来补。我们东方出版中心如果不是走自己的路，开发房地产业务，发挥我们自己的土地优势，可能已经倒闭了，更免谈主业了。我们的经验是副业支持了主业。

所以，有的领导反对多元经营，有的出版社反对他业经营，是思想不够解放，还困于计划体制，等着上面来分配工作，不是积极地从市场找机遇。其次，思想方法上把主业和多元对立起来，一讲多元，就认为必定损害主业，没有看到企业要"狡兔三窟"，要多些招术，才能高枕而卧。同时，多业的发展，也会支持主业的发展，使之不至于"金鸡独立"。第三，总是认为不熟悉的不做。改革开放三十年，中国出了很多新产业，出了很多大企业家，他们都是从不懂做起的。不懂可以学，不懂可以请懂的人。可见，不懂不熟悉也不能成其为一种理由。

解放思想，改革创新，有利于解放和发展出版生产力、创造力、竞争力，有利于增强国家的综合实力，为传播社会主义先进文化，扩大中华文化影响力，发挥应有的作用。

撰于 2009 年 6 月

2018 年 6 月 26 日《上海出版改革 40 年》（上下册）首发式在上海市政协召开

书面回答《编辑之友》记者关于出版改革的提问

提问 1. 新闻出版总署今年 4 月初印发了《关于进一步推进新闻出版体制改革的指导意见》，指出两年内使内地经营性出版单位基本完成改制。时间表、路线图已经确立，愈来愈近的市场浪潮将会推助什么、会淹没什么？业界人士还是有很多疑虑。您认为完全在市场经济的海洋里游泳，出版人应该做好哪些准备？这股浪潮对出版人个体（或者说对编辑）来说有哪些影响？

答：事业转企这一步对出版社的影响一时不会太大。理由有三条：一是出版社从 1985 年以来就实行企业化管理了。以上海出版界为例，90 年代邓小平"南方谈话"以来，市场化、企业化管理的程度已经相当高了，工商、税务都把我们当企业来管理，只是还戴了一顶"事业"的帽子。就是最难的人事管理，90 年代出版社员工已全部参加了地方养老金等"四金"，退休职工也早已不在本社领退休工资、报医疗费，这一步早就社会化了。二是这次事业改企在一些单位已经三四年了，没有看到有什么本质的差异，外面的人看不出，在里面的人自己也感觉不到。三是事业也好，企业也好，本质上还是国有和国营。所以变化和影响不会太大，有也是一个渐变的过程。不要把它说成一股浪潮，如果说游泳，实际上在 80 年代中后期，我们已经在"下海"游泳了。

提问 2. 我们通常认为：事业单位为公益目的不言利是正确的，企业无利只有死路一条。以前出版单位在事业单位体制下即使垂而不死，仍可要政策、要资源苟延残喘，以后这种情况将一去不复返了；以前可以拿出较多的人力、财力投入公益性、文化积累比较厚重，甚至根本不盈利的图书，以后也许会思考很多，必须在盈利的情况下、在保证生存的情况下才能决定自己的行为，是这样吗？是不是意味着公益性图书的出版会受到一定的影响？

答：事业改企以后，未必会影响公益性图书的出版。这是因为：一是改企以后，还是国有单位，不是私人单位，大家还会舍得把钱拿来做一些公益的书，因为今天的出版人，毕竟还是担当了一种公益文化人的角色，并不是私家出版人。二是公益性的投入，各级政府、社会团体、各种基金会都很重视，不会减少。我注意到，中宣部、新闻出版

164

总署重视，地方也重视，以出版和非出版的名目流向我们的公益基金，数量还很大，这是有利的条件。即使一些企业集团，也单拨资金鼓励优秀书的出版，比如中国出版集团每年有不少钱拨给下属十余家出版社做优秀读物和政府倡导的工程，安徽出版集团每年拨 3000 万专项资金资助属下七家出版社出好书，不是钱不够，是每年花不完。三是如果公益性的资金减少一些，也未必是坏事。你想，我们现在的公益书、得奖书，水分也不小。得了个奖，印几千册，就死在仓库里了，没有真正产生"公益"，所以，我很主张研究一下如何"公益"。"公益"不能只是少数人的卡拉 OK ，自娱自乐，既不公，也不益。

提问 3. 在这几年的出版社企业化运作中，出版社的书号成了最简捷便利的盈利资源，合作出版成了主要的出版方式，这样做虽然选题撞车了、图书粗糙了，但本本盈利是做到了，生存保障了，业界一位整天忙得不可开交的同仁告诉我："我编的书码起来已经有我高了，真正想看的没有一两本，但年终结算的红榜上的位置是确定无疑的。"他心中的矛盾、心中的困惑、心中的焦虑溢于言表，您认为如何解决交织在编辑身上的矛盾？

答：这位编辑的矛盾和痛苦，正反映了我们转型期出版业的矛盾。应该说，在出版资源垄断，买卖书号成为可能的条件下，在出版体制未根本理顺的条件下，这种矛盾永远是存在的。好的出版社可以缓解这种矛盾，一方面做一些合作书，一方面让有良心的编辑做一些好书，这里的关键是出版社的领导，取决于他的职业良心和经营能力。没有职业良心和经营能力的出版人，当下只有卖书号这条路可以走。所以编辑是靠天吃饭，天就是体制，就是环境，就是他的领导，编辑只能尽人事，顺天意。

提问 4. 出版家宋原放先生在《中国出版史》中分析明代出版的功过时指出："是急功近利使坊间书肆发达起来，造福文化；又是急功近利使坊间书肆邪出正道，给文化事业造成了一定的后患。"鉴古思今，可否给当今的出版人一个审慎思量、精心打磨的宽松环境，让他们能静下心来做出精品，允许他们三年不开张，开张吃三年，出版本来就应该是一个"一次投入，多次产出的产业"，这在当下的环境下，是不是一种奢望呢？

答：现在已是开弓没有回头箭了，哪里还敢痴心妄想"三年不开张，开张吃三年"。这句话在旧时代也不符合书业实际，那只是古董商的一句行话（今天的古董行业也不是这样），更何况今天利润如此之低的书业！只以成本和利润为例，80 年代的书业成本是多么的低，一个 200 人的出版社，一年工资才 20 多万元，而随随便便的书都印几十万、上百万，财源滚滚。如今，书业已是"夕阳无限好，只是近黄昏"。可见，形势比人强。我们只能在今天的环境下考虑做出版。做书，有人吃鱼吃肉，但大多数人要淡泊金钱，这是一种选择。

提问 5. 目前以快餐式、跳跃式、碎片化的阅读为特征的"浅阅读"已经成为阅读的趋势，跟风而行的"浅出版"也势头正健。有人认为，"浅阅读"忽略了文化的品位、内涵、思想，假以时日，"品文化的人看不到自己想要的文化，不品文化的人却把乱七八糟的东西成了文化"，这样的错位令人害怕。也有人认为，"浅阅读"符合大众流行文化与消费文化的基本特质，符合现代社会人们追求休闲与娱乐的需要，"浅阅读"没有错，您认为呢？

在法兰克福书展王有布代表上海与外方
签订合作出版协议书

答："浅阅读"本身没有错，它是人类的一种本质需求，它也不会影响"深阅读"。其实，我们人的一生都在同时进行这两种阅读，没人只做一种阅读。不要把"浅阅读"的原因单方面地归结到"浅出版"，出版只是适应和满足了这种需求，而不可能创造这种需求。同时"浅出版"也绝对不会影响、减弱"深出版"。我看中国的出版，每年新书 10 余万种，重版加上库存可供的书，一个书城都已有了几十万种书了，大致什么也不缺。即使被人误认为"浅出版"的时代，还有哪些"深出版"的书没有上架呢？可以说，古今中外的，经典的，应有尽有，除非作者没有写出来的。少印量的书也有人在抢着印了。所以，出版完全适应了读者的"深阅读"。很多论题不要从概念上去看，实践已回答了这个问题，至于文化界的浅薄，导致我们时代缺少皇皇巨作，就不是出版人应该讨论的问题了。

提问 6. 有人把"浅阅读"比作吃快餐，但常吃快餐也会缺乏营养；再者，吃快餐也并非就是拒绝大餐，出版人在适应市场中引导市场、提升市场，将"浅阅读"主动引导到"深阅读"或"深出版"，不仅为生存出版，更应为生命而出版。这是出版人的文化责任。国人很注重优秀文化给予人的精神力量，过去他们说"一本书改变了人一生"，今天他们说"文化的力量，也许不能改变金融危机，不能改变地震，但它给予我们的精神力量可以让我们战胜金融危机、战胜地震"，可见国人对出版人的期许没有变，国人对出版人的拳拳心、殷殷情没有变，走向"深出版"是国人的需求，也是出版的终极目标，您认为从宏观和微观上应该做怎样的引导？

答：出版人应该有文化责任，但不要夸大这种责任。我们千万不要低看了今天的民众和读者，认为我们给他们看 A，他们就信 A，我们给他们看 B，他们就信 B。改革开放几十年了，他们已有了辨析力。即使一时误判，他们也会自我改正。所以，我不赞成"一本书改变了人生"这种说法，即使在蒙昧时代，一个人的人生也是由多方面的因素决定的，首先是由社会决定的，一本书（仅仅是一本书）至多起了一点作用。所以，这句话是一种简单化的概括，是一种夸张的说法，不可作为普遍原则推广。

在今天，一个开放的、多元的、信息化的时代，书对人的影响越来越小，现实对人的影响越来越大。为什么很多好话我们报纸、杂志、图书、电视，说了一遍又一遍，人们听了一遍又一遍，而世风日下呢？就是现实对人们的负面影响更大。出版人可以有所作为，担起天下的责任，但千万不要以为国人对我们有无限期许，更不要认为"深出版"是什么终极目标。

提问 7. 企业化后，有些出版社一度动摇了专业出版之路，打擦边球，什么赚钱出什么，走综合出版的道路，在这些年的"试水"过程中，有经验也有教训，上海古籍出版社策划了一套《莎士比亚全集》，插图精美，定价也经过仔细调研，但就是卖不好，甚至难以上书店的外国文学类图书架；当然在某些图书市场上，读者不辨真假李逵，专业非专业一视同仁，专业非专业利益均沾。所以有人说坚守专业出版是抱残守缺，也有人说没有专业出版就没有自己的特色，就会被淘汰出局。您是如何理解专业出版的，在改制后应该坚持还是放弃？如今专业化出版程度较低，如何规范专业出版问题？

答：古今中外，专业化出版是必然趋势。面对如此丰富的内容，任何一个出版单位只能做一点工作。即使综合性出版社，所谓的综合也只能是几个专业的结合。由几个巨头垄断行业的状况，只存在于产品简单、可以复制的产业。比如石油、电子、电讯、钢铁、制造业。法兰克福书展每次有 6000—8000 个出版社参展（还不是全球的出版社都到场），说明书业就是专业的天下，大家都可以活，小的也可以活得很好。德国有贝塔斯曼巨无霸，但德国也是中小出版社的天下。2004 年上海出版代表团访问柏林，有一天，我们一口气看了四家中小出版社，最小的四个人，最大的柏林出版社几十个人。其中有一家已有上百年历史，只做专业书，不求做大，出版社设在一深宅大院里，十几个员工，做书做得从容不迫，有滋有味。那一刹那，我们是多么羡慕他们啊！

但是专业化不应是计划的、强制的。一个出版社应该可以出版各类图书，不能限制它只能卖油不可卖菜。至于它的专业范围、特色和品牌如何形成，只能由它自身的竞争能力和市场去决定。所以现有的专业分工要打破，"地盘"要调整，出版社应允许更名，要让市场去调节，这才是真正的专业分工，真正地让市场起配置资源的作用。做到了这一步，出版将会呈现一种活跃的趋势。

刊于《编辑之友》2009 年第 7 期（原文标题《出版人，国人对你的期许没有变》）

两岸文化元素的共通性及其继承

　　两岸的交往已进入了一个新的历史阶段，在政治、经济、文化三个层面，都会全方位地展现交流的广度和深度。但是，由于两岸长期的敌视、隔绝和制度的差异，直接的政治交流还会有较多的障碍，政治语境和语义的差异，也会造成理解和沟通的隔膜。经济的交往相对便捷，只要没有重大的利益冲突，或者说两岸的经济界人士只要能寻求到双赢的平衡点，一切难点也可以化解。而唯有文化尤其是传统文化，双方还有很多天然的、历史的共同点，交流又是潜移默化式地进行的，并不会马上涉及双方在政治、经济层面的利害，所以是一个特殊的可以利用的管道和缓冲地带。谁也不会料到，两岸直航这样一个对双方都有好处的事情，多年来谈谈停停，最后的成功，却起于台胞春

节返乡催成的包机。在僵持的时候，春节这一中华民族最传统的文化元素，起到了积极的作用。此后又有清明包机、中秋包机，为直航起了很好的铺垫。尽管推动两岸直航的是政治、经贸这些因素，但它的缘

上海新闻出版代表团参观设在台北联合报社的上海书店，
该店以销售大陆简体版图书为特色

由、平衡点，竟然是文化，或者说是文化符号。因为在春节、清明、中秋时节返回自己的祖地团聚，或祭祖，总是千百年来的人之常情，谁阻碍人民实现他们的常情，显然于情于理不通。这里文化的力量还是有迹可寻的。

但我们生活在大陆的人，一说传统文化，就喜欢提炼精神、概念层面的东西。喜欢概括、抽象，从大概念入手，希望纲举目张，抓大效果。比如一说传统，就说中华民族勤劳勇敢，统一爱国，这当然不错。但细想一想，就会发现有两个问题。一是世界上哪个民族不勤劳、不爱国呢？谁又敢说另一个民族懒惰和卖国呢？显然勤劳勇敢是世界上绝大部分民族所具有的共同特质，并不为中华民族所独有。二是空洞的大概念，在两岸

2004 年春参观台北张大千故居

的交往中，未必会起到积极的作用，而会使一些可以缓解的矛盾尖锐起来，僵持下去。而求同存异，许多问题反而可以从传统文化的符号、形式和习俗上找寻化解矛盾的共同语言。最近读到两次"汪辜会谈"的历史性描写，我们可以看到汪道涵和辜振甫先生这两位有见识的政治家，在复杂的话题中，参以品茗、观戏、宴会等节目，找寻双方共同的兴趣，而大陆方面开出的充满文学性的菜单，也成了当时交往中的一段佳话。这就在异中求同了，缓解了矛盾，创造了良好的交流氛围。

中华民族的传统元素和符号，由于时代的变迁和现代化的发展，有的曾经灿烂，现在已退出了实际生活；有的虽受到影响，但还存在于我们的生活中（比如艺术，最典型的莫过于书画和戏曲）；而有的则被完整地保存下来，运用至今，比如文字、习俗和理念。其实，正是这些符号，最明显地使中华民族区别于其他民族。今天，中华民族得以延续下来的外在形式还是：用筷子，吃中菜；用汉字，写书法；过春节、清明节、中秋节；舞狮子，放鞭炮等等。这几乎是全球华人在老外眼中的文化符号，也是我们的识别标记。互不相识的中国人，不管地处何方，只要说起了汉语，用起了筷子，谈起了唐诗宋词，哼起了京剧，他们就有了割不断的联系，就有了血脉相连的亲情。所以，不断保持民族传统，利用这些最基础的符号，加强两岸人民的交流和感情联系，我们就有了更多的"同"，去化解某些不同。前些年，台湾有人提出"去中国化"，说明他们也从反面意识到了文化的力量，当然，那是一种无知和狂妄，中华民族的血液中流淌着文化的基因，不是几句口号、几个"去"字所能消除的。

笔者认为，今天，两岸共同的文化符号给人印象最深的还是如下几个方面：

1. 相同的文字

汉字是最古老的文字，也是世界上使用人口最多的文字。两岸同文同种，同文具有更重要的意义。因为语言是人们思维和交流的工具，没有语言这座桥梁，两岸的统一是不可想象的。最早进入中国佛山的外国传教士发现，中国可以有无数方言，但只有一种统一的书面语，汉语和汉字。所以，1987 年，当台湾解禁、大批台胞来到祖国大陆时，没有发生很大的障碍，除了"水平"和"水准"、"问题"和"状况"的差异以外，交流基本畅通。这全赖汉语的功能。

今天，由于大陆进行了汉字改革，使用了简化字，造成了两岸在字型上而非字义上的不同，尤其在出版物上，两地的这种差别比较明显。语言最大的特点是约定俗成，不存在先进与落后、科学与不科学之差异。所以，一方面它在两地约定俗成，事实上已不可更改，它就成了共存的基础；另一方面，两地文件的往来、出版物的交流，也会逐步融合，至少不会成为交流的障碍。这是因为，在大陆方面，不会写但能识繁体的人还大量存在，同时一个字在上下文中的意义大致是可以"猜识"出来的；在台湾一方，随着大陆出版物的进入，识简体字的台胞也事实上越来越多，而同样的一个简体字也是可以在上下文中"猜识"出来的。前些年，在台北新开的"上海书店"，也反映出了这种情况。当然，文字的融合如果不是强力推进，那将是一个漫长的过程，但即便漫长，也还是会逐步融合。当前一项最重要的工作，是加强两地出版物的流通，彼此多一些阅读的机会，融合就成为一种可能。

2. 相同的民俗

民俗是一个民族外化的识别符号。尽管在中国大陆的广大地区，民俗也会有细微的地域性差别，但在大多数地方是完全一致的。1949 年以后，台湾地区较好地保留了中华民族的传统习俗，以节庆为例，大多按部就班，拷贝不走样。倒是"文革"以后，大陆这边有淡化传统民俗的趋向，将此一概斥为"四旧"。除春节以外，清明、端午、中秋、重阳等节庆，大都名存实亡。以致两岸交往的初期，台胞对大陆方面不过节不理解，大陆方面对台胞执着地赶回家过节不理解。近年来，随着经济的富裕和对民族传统的重视，祖国大陆也调整了国定假日，清明、中秋均举国放假，两岸终于趋同，有了共同的语境。这种调整当然不是出于两岸和解的考量，但客观上为两岸的和平与统一营造了一种共同的价值认同和文化认同。

3. 共同的文学源流

文学是民族情感的集中体现。尽管在今天，两岸文学有着某些差异，但追根寻源，还是由汉赋、唐诗、宋词、元曲等的文学元素一脉传承至今。世界各地的华人，尽管也有某些差异，但是谈起唐诗、宋词，谈起那些千古不朽之作还是有更多的话语、共同的感情、亲情和认同。所以在两岸的教育中，无论是学校教育还是家庭教育，多一些传统文学的知识和积累，会有很多积极的意义。两岸要寻求的是"同"，而不是异，而在传统文学方面，我们更容易"同"起来。同样的，两岸的知识精英也应意识到自己的责任，在方方面面体现出传统文学的修养、积累，不断地去弘扬、去传播，而不致在面对传统、面对公众时尽出洋相。在这方面，台湾倒是一贯比较重视，以至两岸交往的初期，台湾同胞的国语和文学知识似乎更好一些；大陆方面由于长期的革命性教育，对传统文学比较淡漠。近几年，大陆方面加大了古文和传统文学的教育力度，教材和考试的分量也大大加重，默诵古诗文蔚然成风，这是一种好现象。因为中国的文学，如唐诗、宋词，既是形式，又是内容；既是符号，也是文化。双方均重视传统文学教育，双方交流时也会多一些共同语言。

4. 艺术的同源

中华传统的艺术流传至今，最有代表性的应属书画、戏曲和音乐。中国传统艺术很大的特点是强调"技进乎道"。也讲究技法，比如绘画的笔墨，书法的功夫和趣味，戏曲的唱腔、象征手法，音乐的悠长雅致，但更强调要提升到道的层面，提到人性的层面，表达更丰富的内涵。其次，艺术与文学天然的结盟，将书画、文学与戏曲更紧密地结合，完全打破了时空的限制。这种非常独特的艺术和艺术理念，在两岸之间的积淀特别深厚（香港受百多年殖民文化的影响，相对要淡漠得多）。这也成了双方能在隔绝相当长的时间重逢时一见如故。大家可以相互接受对岸的张大千和齐白石，也可以同场观看《空城记》，一同欣赏《高山流水》《梅花三弄》。近年，两岸的艺术交流又借助盛世收藏的习俗，拓宽了一个新的领域，找到了共同的兴趣爱好。两岸的许多收藏家一同出现在纽约、伦敦、香港、北京的艺术品拍卖会上，为同一件国宝你争我抢，而内心同怀欣赏的心情。当然，这种对传统艺术的爱好由于现代化进程的加快，有弱化的可能，想起来也令人焦虑。两岸的人士有责任关注到这种趋向，去精心地守护我们共同的精神家园。因为这样一些文化样式和管道，有助于消除两岸的误会，寻找更多的同一性，在矛盾尖锐的时刻可以化干戈为玉帛。当然，这种艺术的修养，有赖于两岸政治家的倡导和身体力行。在今天，要像辜振甫先生那样具有京剧票友高超的水准，或像汪道涵先生那样在书法上有相当的造诣，不是一件容易的事（这是就实践性来说的），但是作为一个观众，达到一定的鉴赏水平，培养起相当的兴趣，则是不难做到的。只是要有意识和肯花时间。

5. 饮食文化

从现在谈到的介绍两岸的许多文章中，我们可见台湾的饮食文化深受中国大陆的影响。两岸解禁之后，台湾的饮食文化又回到大陆，许多品牌在大陆扎根下来。因为双方如出一辙，不同的是在相当长的一个时期，大陆这边的平均主义分配制度和饮食企业国有化，造成了饮食层次的下降，而台湾高档次饮食文化的介入，对这里的同业也是一种提升。如今，两岸一来一往，发现双方毕竟是同胞兄弟，在饮茶、喝酒、菜肴三方面，包括品种、类型甚至用餐、敬酒的方式，竟还是如此的相像。这是一种深入到血液中的传

2019年8月15日，为纪念于右任诞辰140周年，长青文化基金在市政协参与组织"于右任文史与书法座谈会"。于右任之子于中令、刘冰、谢稚柳之子谢定伟以及徐逸波、高小玫等领导与会讲话

统。元祖食品、天福茗茶在中国大陆走运，也绝非偶然。所以，认识到这些共同的地方，维护共同的口福，就是十分有益的。

当然传统文化符号或元素远不止上述几个方面。

中国文化博大精深，大到哲学伦理层面，小到雕虫小技的讲究，都使我们心存敬畏。当年在摩耶精舍参观，看到张大千先生用书法亲写的大幅私房菜单，又读到"汪辜会谈"时汪道涵先生为宴会拟的菜谱（极富文学性且寓意丰富），才知道文化的力度和能量。许多东西看似不经意，实乃是高人所为，是匠心独运，达到了高级的境界。

中华传统强调"和"，强调"持中"，强调"己所不欲，勿施于人"，强调让对方领悟，最后趋"同"，这对我们今天两岸关系仍有借鉴的意义。我们当然要面对和研究差异、矛盾、对立，但我们也要研究和寻找更多的共通性和共同性，让双方变得更融合、更理性、更智慧。

以笔者来看，在近代的历史中，中华传统文化受到过两次比较大的冲击和损害，一是五四运动的激进主义，一是"文革"的虚无主义。今天，这种损害已为大家所认识，中华文化还具有它积极的、旺盛的生命力，这是不争的事实，它在民族复兴，在两岸融合中，还将起到独特的作用。同时，我们也要看到，在全球化、现代化、网络化的时代，民族传统的文化也面临第三次不容回避的冲击。如电脑使得写汉字的几率减少；电视的

普及和快捷的生活节奏，使得传统的戏曲面临生存的危机。两岸原来共同的绿洲，面临沙化的侵蚀。尽管有人将此视为是时代的进步，或者现代化的代价，但总是让人焦虑和担忧。许多东西，一旦失之，便觉贵之。所以，我们应该共同努力，守护自己民族的精神家园。在这一点上，两岸大多数人的诉求应该是一致的。

撰于 2009 年 9 月 9 日

2010 年考察台北三民书局受到创办人刘振义先生接待

2011年秋季上海政协文史代表团访问台北，举办沪台文化艺术出版界人士座谈会时合影

未到香山也论剑

——对出版业几大问题的感想

2008 年秋的"香山论坛"未及参加，论文集汇编时责任编辑岑红同志向我约稿，为她的诚意所打动，遂将对一些问题的思考整理如下，以见教于各位同道。由于此书久未出版，故借《编辑学刊》先予发表。

一、关于网络出版

网络出版还是个模糊的概念。比如网络游戏，出版署把它归到网络出版，文化部说是网络娱乐，信息产业部称之为信息技术产业，而有的人又将之归到创意产业。

我认为对我们操作层面的人来说现在不急于弄清概念，也不要提空口号，而是先弄清你是谁？你要做什么？做这件事对你有什么帮助？你打算如何操作？想明白这些可能比较有效、比较现实。

对大部分图书出版社来说，介入互联网产业，也要先想明白几个问题，制定好自己的发展策略。我的看法是：

1. 不要舍本求末。对传统出版社来说，最强的是纸质书出版，这块阵地千万不要放弃。现在全国只有 500 多个出版社，网站前几年有 50 多万个，现在已有 70 多万个，强手如林。以国有出版社这点能耐，先把自己的地盘守好十分重要。因为全国还有几百亿的纸质书市场需求，我们还有书号的优势，还有 60 年的老本可吃。说守也不是保守，是竞争的态度，因为如何守住也是要在产品、营销、服务、人才队伍建设和管理上下功夫的。

2. 在守好的基础上，看看自己如何介入网络产业。这里也有几种思路。一是基本不介入。只用互联网这种技术手段提升纸质书，不去投入新产业。不要把这种思路说成保守，这也是一种活法。因为网络产业是连续性投入的，与单本书不同。对很多出版社来说，投入网络产业的条件比较差。二是结合型。依托纸质书与新技术结合，催生另一种产业。不要举"手机报"的例子，这是报业的事。还是想想在书业如何结合好。我们说了很多云里雾里的事，其实还没有一个结合好的例子。我在上海市新闻出版局管数码出版时，那时很多出版社把纸质书转成数码书，品种累计数万种，全上海每年收益只有几十万，后来是数百万，而上海出版界纸质书的销售收入是 19 亿元。2007 年全国电子书收入是 2 亿元，而纸质书有 600 多亿元。可见还是没有结合好，不能形成产业。我在英国访问过一个出版社，他们的纸质书转换成电子书做了二度加工，重新编辑，效果比较好。不知这是不是一种结合法，结合好的标准是什么？我认为除了阅读率的提升，必须要有明显的经济效益，不能只是烧钱，不能只讲点击率。三是另辟蹊径。全新的网络出版完全是另一码事，与自己原来的基础并不搭界。我是赞成发展网络出版要另辟蹊径的。很多人说，这不是很累吗？是的，白手起家似乎很累，其实知道互联网特点的人，就知道又累又不累。累，白手起家，有一点；不累，互联网是一种全新的技术，与传统出版特点不同。不要想不累，硬从借助自己的所谓优势出发，结果越做越累，毫无效果。

3. 体制是关键。在互联网领域，技术、资金、创意和体制，体制是关键。这或许是互联网这一新技术处于新时代的特点。我们传统出版人在国有体制里搞惯了，又往往把自己的成绩放大了无数倍，自我感觉良好。殊不知，用这种思路搞互联网，失败多于成功。体制对了，资金、创意、人才和技术才会上去。在写这篇文章的时候，正好上海久游公司的王子杰总裁来看我，当年他是一介平民，只几年的工夫，2008 年他的公司已有 1600 余名员工，近 10 亿元的营业收入，4 亿元利润。而陈天桥的盛大，又比久游强了很多。2000 年，我和陈天桥先生还合作办过刊物，当时他向我讲解虚拟社区的概念（也就是后来的网络游戏），没想到仅仅几年就成功了，而且网游成就了一批民营企业，却没有看见一个国有企业介入，更谈不上成功，可见，体制具有决定性。

所以国有出版社要进入数码出版，仍然用原有的体制做是个问题。恐怕要先想想愿不愿意与民营、外资合作，甚至让它们控股？或者愿不愿意把钱投到它们创业的项目上，占它们的股份，与它们合作。如果没有这个胆量，没有这点勇气，盲目上项目可能会吃亏。目前为什么互联网的发展中几乎看不到国有单位的成功案例，值得我们想一想。可能在纸质书这个国家垄断、看得到物质（纸质书）流通的行业，国有出版社尚有优势，而在高风险、全开放、完全竞争的无疆域的互联网产业里，我们就不再走运了。

4. 创意是灵魂。传统的出版人谈起互联网有一个特点，都说自己有很多资源，可以整合，可以上网。他们认为我有内容，没有技术，我可以用内容换技术。因此认为自己还有身价，在互联网领域还可一拼。其实，有不少出版人是用传统的思路在想、在搞数码。我有的是图书品种，我将其数码化，我就可以卖钱。就好比开传统的图书馆一样，我有 100 万册藏书，我强过你 50 万册的（这里我不说报纸和杂志的数码化，那是另外一个命题）。

而恰恰在数码领域，强者往往从一无所有做起，成功贵在创意。微软起于软件开发，谷歌强于搜索引擎，盛大兴于网络游戏，分众走的是楼宇视频，阿里巴巴盛于网络商务，新浪、搜狐走新闻网一路。即使在最热闹最赚钱的网络游戏行业，王子杰的久游就是从休闲游戏入手（非暴力游戏入手）而独出一门的。没有创意，就没有成功，在网络出版方面，就是如此的绝对。因为有了好的创意，才会有资金和人才的聚集。不认识这一点，只会把钱打水漂。有的传统出版人说"守着传统慢死，投入网络早死"，都有偏颇之处，但也含有道理。以传统之思维，创网络之产业，也许就是早死。所以找对一个创意点，而不要为自己那点"优势"所束缚很重要，成功的往往是没有"基础"的。

二、关于现代物流

90 年代末以来，一些出版人去海外学习、参观，带回来大商流、大物流的概念，目前打造图书物流之风正在兴起。笔者认为盖现代物流仓库要算算账、好好论证一下，一切要从需要和可行出发。

以出版单位或出版集团来构想它的物流，有几点要想明白：

1. 我们的核心竞争力是什么？是创意跟不上，管理跟不上，还是物流跟不上？我认为现在对大部分出版社来说选题创意、管理和营销三者更重要、更紧迫。如果真有钱，应该提升核心竞争力，而不是投在现代物流上。

因为 (1) 制约出版社发展的不是物流。80 年代由书店转向出版社自办发行，当时发不出货是主要矛盾，现在这个问题已基本解决。现在的仓库虽不漂亮，但很实用。人工加电脑开单、加打包机，符合书业国情。(2) 物流，关键是"流"，现在流得不畅，是产销环节上出了问题。出版、省店和基层店三者中由于省店的集约化经营，又以新的形式回到省店一统天下的时代，造成书流不畅，这是主要矛盾。现在书发到省店再发到销售店，效率大为降低。这个问题不解决，出版单位的物流建得再好，也是白搭。(3) 物流不会给一本书以附加值。读者也不会计较一本书是从五星级仓库发出的，还是从一个简易仓库发出的。对读者来说，他买到的是一本书，而不是过程。

2. 建现代物流要算算经济账，失败了没有社会效益可推托。(1) 目前的出版社，如扣除教材、杂志和房产收入，仅就图书而言，几无利润可言。全国现存的几百亿库存，应该不是教材而是图书，是图书挤占了仓库。(2) 中国的书价低得可怜，数年内没有上升的空间。(3)60% 的发货折扣几乎难以维持，加上 10%—20% 的退货率，书业生产窘迫。

以上的规定性使得大部分出版社的物流发货费用必须限制在书价的 2%—3% 之间。

重建现代的物流，永久性的仓库，数码技术控制的自动化设施，肯定又高级又好看，但土地、建筑折旧以及设施投入，加上管理人员的人工费提升，合起来的费用肯定超出了现阶段书价的承受能力。这一点造物流时就要预测到。据说有一个日本企业，看了我们一个出版集团的物流计划，打了合作的退堂鼓。可见日本人是算账的。主张算账不是反对造现代物流，而是要把握一个度，要在经济上能承受得起。

3. 仓库不要造得过大。在欧美，仓储人工贵，书价贵，中国是人工便宜，书价便宜；在欧美物业并不贵，而中国大城市的土地和物业，已与国际接轨，甚至大为超出。再者，传统书业的实物量也许不会再有大发展。所以即使建现代物流也不能以大为好，自己够用即可。不要设想为第三方服务，同行是冤家，没有人把自己的图书交给同行。要实事求是，要经得起历史的检验。

三、关于事业转企

有的地方出版社转企已有几年了。问这些单位的干部群众，转与不转有什么不同？大多数人说感觉不到不同。也有的说"以前事业性质，企业化管理。现在是企业性质，事业化管理。差不多的"。也许本来就是一回事，换个说法而已；也许本来是两码事，只是我们并未意识到。

我想应该是两码事，但如下几个问题不阐述清楚，不做到位，给人的误导是一码事。

1. 管理对象发生了变化，管理的条文是否要变化呢？比如以前只学《出版管理条例》，现在要不要学学《企业法》呢？就是《出版管理条例》根据出版企业的变性，是否也要修改、也要做出新的解释？两部法规交叉到出版企业，如何结合使用呢？如果《企业法》对出版企业是无效的，大家当然会认为转不转企是一样的。

2. 出版价值观如何认识和执行，也要做出科学解释。企业和事业有矛盾，如何统一？是不是讲经济效益就一定损害社会效益？或者企业就没有社会效益要求了呢？

3. 出版社变为企业了，要求也已经市场化了，出版资源的市场化配置是否跟上去了呢？如果资源配置不能市场化，如要一个刊号还是难于上青天，企业也难以按企业规律、出版规律来办事。

4. 企业的决策机制和内部管理与事业应该有所不同？有哪些不同？也应该讨论和明确。

5. 员工和企业的关系如何？全员劳动合同如何操作？能不能照大多数企业的做法

做呢？与之相关的薪酬分配，如何更有激励作用、更有弹性呢？

6．企业的劳动组合与事业是不同的，这不同在哪方面呢？怎样的组合更有激励作用？

总之，文件上说的改企是为了适应市场的变化，使其成为市场竞争的主体，更有竞争力、创造性，要给人耳目一新的印象。这个新要在不同上，如果与以前相同，效果就会打折扣。

四、关于多元经营、多业发展

既然是企业，这个问题是无可争辩的。企业以效益为先，多元可以补一元的不足。

1．多元发展是企业的生命。李嘉诚从做塑料花起家，现在是世界华人首富，谁在乎他今天还做不做塑料花、占多少比重。今天，他的产业已遍布各界，谁都承认他是与时俱进的、成功的。在竞争加快、节奏加快的今天，一业为主，多元发展；或者多业为主，多业发展，都是很正常的。

2．对多元发展要大胆设想，谨慎操作。对出版人来说，可以走媒体多元的道路，也可以走文化多元的路，还可以走文化一元，其他产业多元的路。如何选择道路，应该从自己的能力、资本和条件出发。经商之道，既要算计成功，还要算计对失败的承受力。这点特别重要。用余力去选择多元，不要因多元使主业大伤元气。没有企业用一个团队去多元，而是多个团队分头去多元，所以原来的图书主业应该不会被忽视。

3．什么都可以学会。不少人说，我只做我自己熟悉的。我的观察是，由于在一个封闭的环境中做出版，我们很多同道把自己看得很专业，很熟悉内容产业，其实未必。近年不少业外人士介入出版，也很成功，说明出版并不深奥，他人也可以学得会。反过来我们进入其他行业，如果机制好，用心，把公家的钱当自己的钱去用，

2003年上海出版代表团考察日本东京纪伊国屋书店

什么都可以学会。改革开放已经证明了，很多大企业家，就是从一无所有起家的，就是从一点不懂起家的。所以发展产业、办企业不要囿于自己以往的经验。要善于发现新的需求、新的发展空间。要知道，中国的图书业包括教材，年生产码洋只有600多亿元，

而中国的 GDP 总量已超过 20 万亿元了。作为企业，应该看到更大的空间。世界太大，行业太多，我们要有想象力。

4. 一业到底、一成不变的企业几乎是不可能的。笔者去过贝塔斯曼，它由图书起家，后来发展到传播业、娱乐业，多业并举。可见一个稍大的企业尤其是当下的集团，很难以一业求生存，"三足鼎立"总要强过"金鸡独立"。古代孟尝君说，狡兔三窟方能高枕而卧，说的也是多元的好处。

以上不是理论，而是感想，敬请各位同道指教！

刊于《香山论坛2008》(中国出版集团公司出版, 2009 年 10 月)、《编辑学刊》2009 年第 6 期、《今日向何方——上海编辑优秀论文选2010》(上海锦绣文章出版社出版, 2010 年 8 月)

《万国印谱》与上海世博

在上海世博会开园之前，《万国印谱——中国 2010 年上海世界博览会》画册出版，并将同时举办"万国印谱艺术展"，这是一件颇有意义的事。《万国印谱》由我国著名的篆刻机构浙江西泠印社的 64 位篆刻家参与，为上海世博会的 190 余个参展国篆刻国名印章，一国一印，计成 190 余方。取名"万国印谱"，一则反映这次参展国数量最多，二则世博会最早的名称即为万国博览会。

市领导龚学平（左三）、胡炜（右二）和艺术家陈佩秋等出席"万国印谱艺术展"开幕式

这次参与的艺术家以江浙沪三地的西泠印社社员为主，其中不乏德高望重的前辈，也有一些篆刻界的新秀，不论老幼，大家闻讯上海文联和东方出版中心发起此议，都为之激情奏刀，以自己的独特创意，刻制出国名印文和世博寄语之边款，以红、白、黑三色，映衬出中国艺术家对世博会在自己家乡召开的一往深情。令人特别感动的是，高式熊、刘江、江成之等印坛前辈，均奉献佳作，而西泠印社的几位当家篆刻家如韩天衡、童衍方、陈振濂先生也拨冗参与，尽显功力。可以说，这 190 余方印，既代表了作者们的水平，也反映出了当代篆刻的面貌。

万国印谱与上海世博联姻，是历史的机缘巧合，也是一种必然。中国是人类文明的发祥地之一，世博会是人类文明的驿站，两者在文化、文明这一点上是重合的。篆刻以刀、石、文字三者构成了中华文化的符号特性，这几年已为世界所瞩目。如 APC 会议，我国领导人赠送各国元首的礼物是名家篆刻的客人姓名；奥运会的会徽用的是篆刻人形印；2009 年 9 月，联合国相关机构把中国篆刻列入《人类非物质文化遗产代表作名录》。这一切均见古老的篆刻艺术已被国际所认同。

从篆刻的艺术性、功能性来看，由古以来的传统与人名、官名、国名的联系最为紧密。虽然明清以来刻制"闲章"也有发展，但仍以刻制名章最为惯常。而为了纪念世博会，以篆刻刻制参展国名章，实在是一件看似不经意而实质巧夺天工的创意。

欣赏篆刻，一赏书法。其文字的构造、布局、变化，尽显了书法之美。二赏刀法。金石声振，铁与石在艺术家掌控中的碰撞，更显出用刀的力度、速度，或捷或阻，有顿有挫。三赏篆刻家之个性。石刻，大如泰山刻石，小如百姓名章，尤其后者，以小见大，于方寸之间尽显天地之美，有的粗犷，有的工细，有的秀巧，有的稚拙，形色变化，堪称一绝。四赏石料。古国有幸，出产寿山、青田、昌化、巴林之奇石，与篆刻成为天然绝配。石以质地、色彩、湿润与否，构成丰富的变化，使人往往沉醉其中而不能自拔。

这次所制全套万国印谱，可谓名家与名石的结合。一则集中了当代篆刻界的诸多名家，以他们的才华尽显书法和刀法，形成一大看点。二则精选中华四大名石，昌化鸡血、寿山田黄、巴林奇珍、青田封门青等，均有选入，观之，令人爱不释手。同时在出版和展览时，将原石一并彩色精印和展示，让读者诸君得以尽观名家、名石之美。

更为难得的是，李岚清同志应邀为本书作序，同时奉献他所刻的"中国印"一方，一并收入《万国印谱》，为之增色生辉。西泠印社的著名书画家陈佩秋先生和周慧珺先生也为《万国印谱》出版和展览题词，寄托美好祝愿。陈先生的题词为"金石有声喜铸万国印谱，西泠多彩精绘华夏风光"。周先生的题词为"万邦迎春光百鸟争鸣花似锦，艺坛多俊杰群英奋发气如虹"。珠联璧合，也称一绝。

刊于 2010 年 5 月 5 日《解放日报》

2010 年 4 月在上海中国画院举行的《万国印谱》新书发布会现场

关于编辑创意和发行创新的思考

两岸同文同种，在文化和习俗方面有太多共同感兴趣的话题。两岸的出版人积累了各自的经验，可以彼此分享。两岸的读者需求有一致性，这是合作交流的基础。最重要的，两岸"三通"和即将实施的"海峡两岸经济合作框架协议"将给文化互动和出版合作以新的动力。

今天，我以世博会为主题，以我们中心出版的三本精品书为案例，谈谈对编辑创意和发行创新的认识。我认为，环境变了，在一个读者日渐审美疲劳的时点，在一个出版激烈竞争的阶段，做一个出版人是艰辛的，而重要的一点是要力求有创意、创见、创新。

一、怎么做好《中国 2010 年上海世博会官方图册》的出版工作，怎么把书卖到台湾地区

虽然是《官方图册》，也要有创意。

1．招标书→构想→设计→繁体版。

2．成功地销往台湾地区。

寻找合作伙伴——授权——独立经营权——一个版本两个定价——分批发货——双方共赢——成功（4200 册，约 55 万元人民币）。

3．书店、直销相结合，卖书与卖广告相结合。

如今此书中文版已销 4.5 万册（约 600 多万元）。

二、《万国印谱》《万国印集》的由来和成功

明天在上海书展序馆是"万国印谱艺术展"的开幕式。

1．《万国印谱》将世博概念、印石收藏、篆刻三者形成结合点。

2．出版社主导的原创和独创。尤其体现在设计、印刷上。

3．大书和小书结合。

《万国印谱》精品 500 元；《万国印集》小书 50 元。

4．成功的营销。

书店为辅，艺术家、收藏家、公司礼品为主。

首版 3000 册，半个月后决定续印 5000 册。上海世博局订 300 本，向每个参展国家和机构各送一本。

500 元 ×8000 册 =400 万元码洋。

三、《上海新时空》大型摄影图册的创意和出版

11 日上海书展序馆"上海新时空摄影艺术展"。

1．传统的出版社等米下锅。

这本画册由出版社与上海政协合作，参与创意、组织拍摄和出版。

2．内容定位：以迎世博为主题，展示上海新世纪以来的时空变化。产品定位：精品书兼礼品书。组织拍摄：不用一张旧照片，50 位摄影家拍摄一年，提供 6000 余张新图片。

3．编辑摄影。

① 如何选？

精选 291 幅。

② 如何编？

组成六个部分：广角、鸟瞰、瞬间、色彩、特写、聚焦。把 291 幅照片归入其中，又由诗人赵丽宏配文，使文学与摄影、文字与图像结合。

③ 设计。

美观大方，封面、内页、封套和谐统一。

4．发行。

定价 580 元。

赶在世博会前送呈市政府，被列为世博会国礼，首印 3000 本，销售 2500 本。又续印 3000 本。目前总计销售 4500 本（261 万元码洋）。

综合以上三例，归纳出以下思考：

1．日本一位著名出版家认为，在互联网时代，出版会以两种方式生存下来，一是数码即时印刷，二是高档精品书。这个预测有一定道理。这次中心在世博会出版的三本书，都是这种类型。而促使成功的是创意。出版的创意有两种形态：作者主导型和编辑主导型。在竞争时代，出版社不能等米下锅，而要主动积极地提出闪光的创意点，而后

组织作者（作家）、设计师加以实施。

2. 今天的发行，既是手段，也是目的，重组发行十分重要。把书放到书海茫茫的传统书店，等书店付钱或退货，是消极的方式。发行面临多元化的改革。精品书的发行必然要个性化的服务，有新的独创。

3. 两岸出版、发行合作的传统样式后续力有限，急需研究新情况，解决新问题。

2009 年国庆前夕，《中华民族人物谱》等三书出版，
戴敦邦、钱行健、刘一闻先生出席签售会

由于两地纸质图书的需求逐年下降，尤其是一些高端的学术书和精品书，任何一方的印制均应以两地的市场为考量。如以内地为印地，一印两版的方式应该可资借鉴，即内芯统一，书封和定价相异，可以减少成本，加大印量。这次《中国 2010 年上海世博会官方图册》在中国台湾地区和日本的成功发行，就是一个案例。

（注：此为在台北两岸书业论坛上的讲稿）

撰于 2010 年 8 月 9 日

2010 年 4 月授权东方出版中心出版《中国 2010 年上海世博会官方图册》《中国 2010 年
上海世博会官方导览手册》中外文版共 12 种，图为在上海图书馆举行的首发仪式上的合影

关于编辑创意和发行创新的思考

世博图书出版的感想

世博出版是立足于世博会，为促进文化传播和思想交流服务的。纵观本次上海世博会的出版姿态和出版表现，从政府到出版单位，对参与世博图书的态度是非常积极的。这既是主题性的责任，也是商机。两方面的结合就形成了本届世博出版的特点，可以给出版业带来不少启发和思考。

好的推广营销更易带来效益

针对上海世博会，全国出版了上千种世博主题的图书，总体是正面的。其中有的介绍世博历史，有的介绍本届世博；有的是有深度的文化类思考，有的是浅显的服务类指南。内容和文化内涵应该说应有尽有，丰富多彩。但在形式与内容的结合上，还与国外差距很大。比如明信片，没有很好培育发展，这是很奇怪的现象。在国外如果办这样的展会，明信片是主打产品，但这次几乎看不到。还有就是令人眼睛一亮又叫绝的书，印象中也少。

2010 年 8 月在上海书展中央大厅东方出版
中心世博图书专馆

就世博图书的推广方式来说，不同阶段方式不同。比如"世博前"阶段主要在书店和系统。那个阶段以宣传世博、培训人员为主，所以形成了这种特点。我们东方出版中心有本《走进世博会——世博知识 150 问》，在世博会召开前发了近 20 万本，主要在书店卖，很多单位也来团购，作为比赛、培训的教材；也有的书成为系统团购，比如《世博公务员读本》，在上海公务员中发了几万本，还有《世博英语实用手册》，在志愿者中也发了几万本，《上海世博会概览》一书，团购也比较多。

5 月 1 日世博会开园后，进入"世博中"的销售阶段，上海成了世博书销售的主战场，其中又分成了园区内和园区外。这次园区内的图书网点布局很差，开始只有一家上海新华传媒，后来又增加了三个摊点，总的还是太少。我到园区去了五次，发现书的销售条件不好。不是游客不要书，而是根本看不到书店和书，这和园外的情况反差很大。园区外的销售情况就截然不同，上海新华书店、外文书店、机场书店都卖得不错。上海两个机场 130 元的《中国 2010 年上海世博会官方图册》（以下简称《官方图册》），甚至 230 元精装的《官方图册》，每天都能卖不少。一些网络书店也走得不错。有家日本人开的连锁超市，日文版卖得很好。

综合起来看，这次推广营销我们用了各种办法，是立体进行的。除了零售以外，团体直销是重要的方式，我们成立了直销部，发动员工去企事业机关上门推销，效果较好。授权境外发行总代理，在日本和中国台湾、香港地区三地，推销了近万本《官方图册》，是图书"走出去"的成功尝试。与企业公关、传播相结合，我们台湾的代理商把书与广告结合，做成商业"礼品"，给我们很大启发。我们加以借鉴，在内地也取得了成功。以前图书做大幅广告做不起，但与公益结合，由企业来买单宣传我们的图书，就很成功。这次，我们的《官方图册》在很多报纸如《解放日报》《新闻晨报》《申江服务导报》等均有大版广告，是企业公益合作的成功。

这次世博护照在园区卖疯、卖空，虽然它不是图书，但销售如此成功，对国有出版社也有启发。它利用了世博护照盖章留念做成了大文章，名利双收，说明其创意好，促销好。这是民营公司做的，他们是体制出创意，体制出动力。我们国有单位真是望尘莫及。

对于做文化要"心中有主"

在世博出版现象中，有关吃、住、交通、游玩、购物等实用型图书比文化类图书更热销的情况，是由如今快餐式阅读的大环境决定的，也是由人性决定的。"老妈粉丝"总是比鱼翅消费量大，所以，不可用一种标准评价图书。同样的，一本好书对当代及后世的影响，也不是一般的旅游指南可比的。因为，文化是一种选择。

经历了 30 余年的改革开放，我们不会很偏颇地看文化，不会去与经济对立。作为一个出版社，为了文化理念，年年亏损，员工薪水也发不出，这肯定是不行的。所以，在能维持基本经营的状态下，去追求文化；在纷乱时候，做到"心中有主"，也是不容易的。现在干扰你坚持文化、坚持出版理想的因素是很多的。面对你的有两根指挥棒，一是社会效益，二是经济效益。比如现在出版社评级，不管出版社面对的实际情况如何，都同样按经济效益来分一二三级，没有分类指导。综合性的专业性的，都放在一个锅里评。这会使做社长的人坐不住，有压力。这和国外做文化出版不同，国外没有人来评级，只要你愿意，可以心安理得地做文化。所以，我们这里做文化，一定要"心中有主"，你可能受表扬少，可能评级低，但你要有定力。除此，一定要有眼光、有关系（有名家）。否则你想做也做不出文化，有此心而无此力。

一个出版社要注意学术内涵和精神文化，要有规划、持之以恒地去出版一些这方面的书，这是可以肯定的。在这方面出版社也是大有可为的。我们东方出版中心能力有限，从《中国大百科全书》出版到《文化苦旅》，到近年的一些项目，也看到了文化的重要。但学术文化方面为什么现在很少有震撼力的东西面世呢？细分起来还是编撰类的多，原创类的少。我们很多系列的、大部头的，大多是编撰的、汇编的。比如《辞海》《中国大百科全书》，都在做修订工作。这也是成绩，但对当代人震撼不大。很多文化书、学术书没有太多的新观点、新思想、新价值。历史上单个作家、学者的名篇是最重要的，文不在长，但是都经典又代表时代。年轻时大家读过的《科学发现纵横谈》，这本书不知印了多少，影响就很大。现在这方面品种很多，但好得让人眼睛一亮、可以传世的，实在太少。这也是文化出版难做的地方。有的出版社提出要做"文化脊梁"，但这个时代没有上游的"文化脊梁"，哪来出版社的"文化脊梁"，出版是受制于整个时代的知识界的。这两年科学界失去了钱学森，学界失去了季羡林，艺术界失去了吴冠中，大家议论纷纷，谈到了教育不出人才，不出大师和名家。其实，出版也是一样，一个时代没有几个顶级的思想家、文化人、学者，出版业就成无源之水、无本之木了。

要兼顾好社会效益和经济效益

在全国出版社里，我们东方出版中心做世博书最早、最多，也做得比较好。我们很主动地介入，一是中国出版集团作为国家队，肯定要参与。我们是集团在沪的出版机构，应该代表集团参加，这就是大局意识、责任意识。二是商机。现在图书很难做，我们主观上认为世博书会比较好做。

但实际上不是这样。比如我们大部分选题来自世博局，为他们服务，但世博局不承诺回购。后来我们发现，他们会分批回购，但不承诺。这就是机遇与风险并存。我们的态度是干！世博局推荐过来的项目，我们基本上照单全收，但印数谨慎一点。另外，促成大干的是集团的支持，给了30万元世博图书出版基金，钱不算多，但是支持力度很大，万一亏损可以补上。所以，我们拿了很多项目，如《上海世博会主题解读》《世博礼仪》等，大部分书销得不错，销过1万册的有10余种。

后来，我们在集团公司领导、中译公司支持下积极竞标官方读物。由于方案做得好，集团整体实力强，我们中了头标，获得了《官方图册》全部和《官方导览手册》外文版的出版任务，做了15种书。尽管时间紧，版本多，语种复杂，我们还是赶在4月25日全部出齐。但意外的是主办方回购很少，园区销售条件很差，这给我们带来了很大压力。我们的估计过于乐观了。所以从4月末以来，我们加大了园区外的推销力度，全社员工都为确保世博书的发行献计出力，目前情况大有好转。

我们也开发了一些自主的世博选题，有的很成功，也有的一般般。比如《世博与科技》《世博与建筑》《世博与艺术》，是有学术文化含量的，其《世博与建筑》输出版权到台湾地区；涉及历史的《世博梦幻三部曲》《百年世博梦》《水的故事》《自然的故事》《历史的回眸》《典藏世博——昨日物语》《典藏世博——封片故事》，大多图文并茂，各具特色。

2010年1月在洛杉矶参与主办迎世博、贺新春上海书展，该展列入洛杉矶"上海世博文化周"

这些图书卖得不错，实现了社会效益和经济效益的结合。几年来我们做了50多种世博书，形成了数千万的销售，出版社的知名度得到了提升。

总而言之，要在世博会等类似主题出版上实现两个效益的双赢，从我们的做法中可归纳出以下几条：

1. 要有超前意识，服务意识。我们从2006年末就开始研究、介入世博主题，根据世博局的要求，写了上万字的"世博图书开发可行性报告"，领导看后同意我们成为合作伙伴。图书项目很多，世博局下发项目的时候，有的出版社挑精拣瘦，或者一听世博局不承诺包销就放弃了，我们几乎是照单全收，服务第一，以取得主动为先。

2. 大处着眼，细处着手。政府的特点是层层请示，要做很多书面方案。因此，方案要细、要实。我们的一些方案包括后来《官方图册》竞标成功，是标书做得细、全、深，该想到的全想到。一些书的选题策划书也是如此。

3. 统一核算，抽肥补瘦，不计较一本书的得失。这样有利于做大、做出影响力，同时总体上经济效益也不差，啃了骨头也吃了肉。

4. 学会听政府的，同时不放弃专业主张。一方面政府的项目官员们有很多意见，你要听他们的，可以反映专业要求，但往往要服从政府需要；另一方面要发挥自己的专业特长，符合出版规律。《万国印谱》《上海新时空》的成功，就是很好的例子。

刊于《出版广角》2010年第8期

一座桥　一面镜

2003 年 8 月上海书展时，我的老领导孙颙局长让我策划举办一个设计展，以推动我国书籍设计的国际交流，他除了口头支持以外，还给了 500 平方米的免费场地和展览所需的费用。正是在这片场地里，我和几位同事分别策划了外国优秀书籍设计展和国内优秀书籍设计邀请展，形成了对比和交流。这个展览，在商业化的书展中给人以清新、唯美的感觉，给业界留下了很好的印象。展览期间，我们邀请了部分设计家担任评委，在此基础上开始评选"中国最美的书"。那一届推荐了 16 种书送往莱比锡，其中《梅兰芳藏戏曲史料图画集》在 2004 年春荣获了"世界最美的书"金奖。

历史就是这样的偶然，不经意的一个动作，后来做成了一个持久的文化品牌。历史也展示了必然，中国设计家要走向国际，是一种时代的需要和内在的动力。

2010 年 11 月《中国最美的书 2006-2009》由东方
出版中心出版，与该书设计师张国樑先生
在发行仪式上合影

文化、艺术、出版的交流需要平台和渠道。口头号召重要，但正确的、专业的行动更重要。现在，我们都知道出版要走出去，走到西方人的国家里。但什么样的行动在西方出版人和读者看来是正常的、专业的，而不至于是一种怪异，这是业界值得思考的。

"中国最美的书"的价值在于它在莱比锡"世界最美的书"之间架起了一座桥梁，中国的设计家从这里走向了国际，每年两次分别在莱比锡书展和法兰克福书展向世界展示自己的作品并参加"世界最美的书"的评奖。屈指数来，已参加七届评比，中国每届都获得奖牌。莱比锡的奖牌不管是金是铜，每一块都具有很高的含金量，因为每届只有 14 块奖牌，堪称弥足珍贵，来之不易！桥梁总是平等的、双向的，外国的设计家也从那头走过来，走到中国设计家中间，通过展览、点评、培训，向我们传达美的理念，与我们交流、碰撞，多少也更新了我们对美的认知。

"世界最美的书"强调美的整体性、综合性和前卫性，改变了我们设计家对美的破碎的认识。比如美的书其封面、内页和插图都是美的，和谐的，而不能分成三个奖项来评。比如材料、印刷和设计是统一的，美的设计当然包括了用材和印刷的恰当选择，这和我们把印刷与设计分开，是很不同的。比如美是视觉，也是触觉，最美的书既要好看，又要让读者拿在手里感觉舒服。最美的书偏向实用，但又倡导创新、前卫，两者结合就是中国最美的书。向"世界最美的书"学习以后，中国书籍设计展示了新的一页。获奖有价值，但更重要的是这个奖项作为一种引导，已成为中国年轻设计家的老师，让他们知道了什么是美。同时，它也是一种动力，鼓励着中国设计家冲破陈规陋习，走向国际。

我认为美也是一种欣赏、一种认同。为了欣赏和认同，我们需要一面镜子，照出自己的美，也照出自己的丑。这样就知道了如何区分美丑，使我们的书籍更美、更雅。从这个角度说，"中国最美的书"是一面镜子，让我们得以对照和借鉴。这次上海市新闻出版局把 2006—2009 年的获奖图书结集出版，在出版界传达了美的标准，这是很有价值的。

在这里，我要提到一件有意义的活动。它发生在 2009 年秋天的北京。那次，吕敬人先生向我提出把历届"中国最美的书"放到新落成的国家大剧院画廊，与中国第七届全国图书设计展一同展出。我有幸去观看展览，布置是一流的，观众很有职业素养。看到大家对"中国最美的书"的赞美，我很是感动，也对吕先生深表敬意！

2015 年 3 月上海市新闻出版局在莱比锡书展举办中华书韵艺术展，展出部分"中国最美的书"和中国获奖的"世界最美的书"，图为开幕式上中德嘉宾合影

在中国书籍设计现代化的过程中，"中国最美的书"起了积极的作用。但是中国书籍设计与国际相比，差距还是明显的。我希望如下问题得到正视：1. 不要只注意得奖，更要关注一般书的设计。从得奖看，中国图书设计的水平不是很低，但从总体状况看，我们的设计以及制作水准还很低。这一点只要看看中外书店的陈列，就一目了然了。2. 泛设计现象太严重。很多书的封面、内页应该更雅致和简约，可惜借助电脑，它们被过度的底纹、装饰所污染，干扰了读者的视线，使人失去了阅读的兴趣。3. 固守传统，缺少新意和突破。希望有更前卫的设计出现，起到引领作用。

刊于《中国最美的书 2006—2009》（东方出版中心出版，2010 年 11 月）

《中国古代书画鉴定实录》出版说明

人类社会的发展，已证明了艺术是人类文明的重要组成部分，艺术也是一个国家和民族在世界上存在的重要标志。中华民族五千年的文明史，艺术无疑是其中最灿烂部分之一。她的突出贡献对当今世界和后世中国都具有深远影响。

进入新世纪，中国成功地举办了奥运会和世博会。这是当今人类文明交流的两大盛事。谁也不会忘记，在盛大的奥运会开幕式上，中国水墨、中国元素，以诗和音乐的节奏、明亮独特的画面，展现在世人面前。同样地，世博会的中国馆内，最吸引观众的，是对宋代《清明上河图》的数字化演绎。它告诉人们，在900多年前的宋代，中国的城市已达到如此的境界，中国的绘画已达到如此的水平。中国馆借助古典文化的光辉，阐释了"城市，让生活更美好"的主题。这两个案例都表明了，古老的中国绘画具有那么深邃的内涵，那么顽强的生命力。作为一个中国人，我们当然为此而自豪。

我们有一个时期曾误入历史虚无主义的歧途，但是中华有识之士从来都是明智的，他们不因列强一时的逞凶而忽视自己的文化，也不因自己一时的落后而否定自己的祖先。所以，数千年来，为了保护中国的文化、艺术，为了推动祖国文化的传承研究并使之发扬光大，在收藏领域，国家和私家都做了大量的工作，奉献了金钱、宝藏和心力。

中国书画是中国艺术的核心部分，是中国人世界观与艺术观的文化形态和精神结晶。中国书画将绘画、书法、篆刻与诗文完美地结合起来，运用中国特有的绢帛、宣纸、笔、墨和颜料进行创作，具有很高的艺术价值和历史价值。

只是，由于20世纪的中国经历了多次的战乱和动乱，致使留存在大陆各大博物馆、美术馆、文物商店的藏品缺少系统的清理和鉴别，存在真假不辨、良莠不齐的情况。这给后人的研究、学习，留下了诸多问题。"文革"结束以后，国泰民安，百废待兴，党和国家意识到必须抓住机遇，趁我国当代杰出的前辈鉴定家在世的时候，对全国公藏的古代书画进行一次系统的全面的"会诊"，明辨真伪，分清精粗，或对有争议的书画留下客观的历史记录。

这项功德无量的工作由国家文物局领导和组织，由我国顶级的鉴定大家谢稚柳、启功、徐邦达、杨仁恺、刘九庵、傅熹年、谢辰生组成鉴定小组，历时八年，共过目书画作品六万余件，并陆续出版了《中国古代书画图目》24卷，留存了一份珍贵的历史资料。如此质量，如此规模，实属前无古人，也使海内外业界华人和外国相关人士为之振奋。

本书的作者劳继雄先生当时任上海博物馆书画部的副研究员，又是谢稚柳先生的研究生。他有幸全程参与了这项工作。历时八年的巡回鉴定，其工作人员有进有出，也在情理之中。由于跟随组长谢稚柳的缘故，劳继雄先生必须每次在场，作为谢老及前辈们的助手，用笔记录下各位专家的意见。这一特殊的条件，加上日积月累的眼到、耳到、手到的辛劳和功力，劳先生记录并保存有68册笔记本，这是一份原始而珍贵的历史性实录。

巡回鉴定结束以后，劳继雄先生于1990年底移居美国，继续从事艺术创作和鉴定工作，获得了很大的成功。从2006年起，他开始系统地整理这些尘封的笔记，在其他专家的协助下，反复核对资料，以对历史和后代负责的精神，历时五年，完成了这项书画鉴定学术文献出版工程，总计近300万字，9卷本，实属不易。作

与劳继雄先生一起观赏辽宁省博物馆馆长杨仁恺先生挥毫

为本书的出版人，我十分感佩劳继雄先生的学术精神和专业水平。在此，本着对艺术负责的态度，对本书价值作如下说明。

一、本书的历史价值

本书的历史价值应该说包含如下两点。一方面，它是20世纪80年代中国大陆公藏机构古代书画的总目，系统、完整、全面地反映了现状。这些书画是研究书画与艺术、书画与文学、书画与社会的重要数据。因为在没有影像技术的古代，这些图像数据的价值怎么估计也不会过分。所以，它等于给了相关专业学人研究古代艺术和历史的一把金钥匙，有了它，人们可以便捷地进入历史宝库寻宝、研究，而不至于茫然不知所措。另一方面，它是20世纪80年代中国顶级鉴定家留给我们的一份鉴定资料。他们实事求是的态度，执着的艺术精神和精湛的考辨能力，通过劳先生记下的文字，给我们提供了进一步研究的基础资料。这里，读者既可以看到大量对作品真伪意见一致的结论，又能看

到不少无法断代、无法确定作者、可以确定作者但无法确定作品真伪的不同意见。如实记下这些分歧，留给后人去研究，不以少数服从多数的方法急于统一，实在是很高明的做法。因为在今时人们对于刑事审判中有罪和无罪的判决，都难以做到万无一失，何况对于古人留存的书画，要做出唯一性的判断，是多么地困难。 正是本书记下的分歧和一致之处，让我们仿佛看到大师们当年严谨的工作态度和学术精神，而他们鉴定书画的方法显得更为珍贵，因为方法及其过程比结论更为具体和重要。

二、本书的艺术价值

由于作者的用心和文物出版社同仁的支持，这部专著最终出齐，已成了图文并茂的典籍。除了文字，还收录历代书画代表作三千余件，这就使本书具有了两方面的艺术价值，即由文字提供的艺术史料、史论价值和由图片提供的直观的审美价值。专业人士如艺术家、收藏家和美术评论家、文史工作者借助上述资料和索引，可以进行系统的或者断代的，或者流派及个案的研究，从中进一步发掘出有深度的学术价值，推动艺术的传承和创新。而对于一般的收藏爱好者，也可以借助上述资料进行欣赏性的阅读，或者解决碰到的问题，以达到怡情养性、提升认知之目的。

三、本书的出版价值

《实录》在新世纪开头十年出版，此时中国出版业已发生了翻天覆地的变化。据最新的统计，我国 2009 年所出新书已达 20 万种，确实已步入了世界出版大国行列。又据文化部领导发布的消息，中国历代典藏共计留存 8 万余种，以两千年来计算，每年留给我们的传世典籍仅仅 40 部。可见历史是无情的，它只青睐真正有文化价值的图书。

在我国书画出版史上，宋代《宣和画谱》、清代《石渠宝笈》是很重要的两部书画存目，也是系统的专著，无疑是 8 万余种里面的精品。而 20 世纪 80 年代国家组织的巡回鉴定，也留给我们两套重要的著作，前者是 20 世纪 80 年代以来陆续出版的《中国古代书画图目》，计 24 卷，大八开本，以图片的系统性为特色，它反映了当时集体编者的鉴定能力和 80 年代的研究成果。而后者就是这套《中国古代书画鉴定实录》，它以个人笔记依托专家集体力量进行实录的方式出现，以文字为主要形式及以个人独到见解形成的按语，反映了进入 21 世纪人们的认识水平。同时，一些当时不便公开的资料和最新的研究成果，这次都准确完整地加以公开发表，这不能不说是这一领域出版活动的重要成果，也是对《中国古代书画图目》珍贵而难得的补充，可以说，在出版史上具有填补空白的

绍兴路：出发与回望

意义。

最后，我代表出版机构，衷心地感谢劳继雄先生对我所在东方出版中心的信任，将这部精品力作交给我们出版。我也要特别感谢资深出版人茅子良先生，他是当今不可多得的书画史料考订专家和编审，参与过不少重大的国家出版工程，正是由于他的鼎力相助，与作者精心契合，从而保证了这部专著的学术水平和出版水平。我们中国出版集团的领导从一开始就支持这个专案，表现出他们的历史责任感和学术眼光，在此也一并表示感谢！

刊于《中国古代书画鉴定实录》（东方出版中心出版，2010 年 8 月）

2011 年 1 月在上海图书馆举行《中国古代书画鉴定实录》新书发布会，是书共九卷，由劳继雄编著

传统出版社的生存与发展

我有关出版的文章大多先发表在《编辑学刊》。今年以来该刊的姚丹红同志热情地向我约稿、催稿，使我有不写说不过去的感觉。正巧又读到我的老领导赵斌同志的文章《传统出版产业的未来》，其中有如下一段话："蓦然回首，我突然意识到，自己经历过的，竟是华文出版的最好年代。两岸三地的华文出版都开始感到增长缓慢的压力，出版产业的未来比任何时候都不确定。"联想自己从事出版也已整整 38 年了。确实，人生走过了最好的时光，传统书业也翻过了最辉煌的一页，为此颇有感慨。作为一个出版人，想对出版说点想法，可"出版"两字，在今天的含义已极为模糊，内涵和边界似乎不知到了哪里。想来想去，在出版社工作了一辈子，还是以"出版社"而非"出版"为题，就它的生存与发展谈一点认识。

一、传统出版社价值的再认识

以 2009 年为例，全国传统出版社产值（码洋）约为 848 亿元，利润为 71 亿元。848 亿元若以 70% 的有效销售来计，大约为 593.6 亿元，这也是一个多年来上下不大的数字。以我在出版社工作的经验看，这 70 亿元利润其实不仅包括了出版社的图书，还包括了出版社的杂志、物业收入、各类经营收入以及不少的政府补贴和税收返退。1985 年以来，出版社由生产型转向生产销售型，由事业转为事业性质企业化管理，经过了多年的努力和重视经济效益，看来这个行业的经济指数也就如此了。因为任何一个行业的发展只能是"顺天意，尽人事"，主观都受客观限制，中国图书业的限制，大致也在 600 亿元和 70 亿元。在互联网冲击下，加上传统书店业日渐趋弱，预估 600 亿元和 70 亿元也会慢慢减少，只是以怎样的速度减少，确实算不出来也不必去算它，重要的是尽人事了没有。

举以上数据是想说，出版业也就贡献了这么一点经济效益，这和我国 2009 年 33.5 万亿元 GDP 相比微不足道。何况国家对出版社实行所得税返退政策在上海已有多年，国家实际上没有靠传统出版社来发展经济。另外，这和出版业产生的文化价值来比也微不足道。因为传统出版社的贡献主要是文化。用功在当代、利在千秋来评价，是一点也不过分的。

最近我们国家的文化部部长说了一个数字，我国古代（至清代）留传下来的典籍大约为 8 万种。若以 2000 年来统计，每年也就留下 40 种图书。我们的古人经过大浪淘沙，给我们留下了这点宝藏，这是无法用金钱来衡量的，是无价之宝。这些书是作者的贡献，也是出版的贡献。现在来看，古人发明印刷术，乾隆皇帝编撰《四库全书》，抄录 7 部保存下来，实在是伟大至极。从这个角度看，乾隆真是一个最优秀、最伟大的总编辑。我们应该向乾隆学习，因为他是懂出版价值的，具有前瞻性的。抄录 7 部书花了不少力量，没有产生销售收入和利润，但贡献实在太大了。这就是出版。孙颙同志在当局长时一直对我说，出版在于发掘学者（作者、科学家、艺术家）的首创性和编辑的独创性。《四库全书》是独创的编辑工作，是千秋伟业。新中国成立以后，我们重修《辞海》，出版《中国大百科全书》也是如此，功德无量。

在传统出版社将走下坡路的阶段，国家向我们发出了产业化、企业化的号召，作为一个传统的出版人，当然要积极响应，坚决执行。十一届三中全会以来党的教导是解放思想和实事求是，我们当然要经济效益，但从传统出版业的实际看，我们还有多少经济增长以及产业化的空间呢？这也要想明白，毕竟不是"人有多大胆，地有多大产"的年代。想来想去，还是回到自己的原点，立足于做好文化，为文化作贡献。

二、不和"大象"比，中小出版社的出路

盲人摸象，是古代的故事，教育我们不要只看一点，不顾其余。道理很简单，但人都是在最简单的道理上出问题的。想起来，我们年轻的时候信了阶级斗争为纲，天天学习，年年搞运动，弄得饭也没得吃，衣也没得穿，人们连要吃饭要穿衣也忘记了，还个个自以为是。今天的出版，其实也是如此。看到各地的教育出版社这一头"大象"，你会说出版处在黄金时代，摸到了中小出版社这只"猫"，你会说你怎么比"象"小这么多。我们的惯性思维是不知道差别，用一个标准来要求出版社。写这篇文章的时候，正好在重庆参加"香山论坛"，德国的卓玛（Droemer Knaur）出版集团总裁汉斯彼得·尤伯莱斯先生介绍说，中国有 560 个出版社，德国有 6000 家出版社，但德国很多出版社规模很小很小。本来在全世界出版社就是中小企业为主的行业，即便是全球排前 10 位的，与其他行业的前 10 位如波音、通用的规模也简直不能比。所以中小出版社是"猫"，人教、外教是"象"这也很正常，不必一个标准，一个做法。

问题在于，"象"如果管理得不好，今天瘦了一点，看不出来，而"猫"却瘦不起。

所以，未来的艰苦岁月中，中小出版社是最困难的。这里关键靠两条：一是中小出版社的上级要明白，30多年来，传统出版社发展的格局大体已确定，空间已很少，对中小出版社的要求要适度。适度的要求可以使它健康发展，过度的要求会使它不适当地扩张而早死。这样的例子绝不鲜见。二是作为中小出版社的掌门人，主要是社长、总编和党委

2001年在法兰克福书展上向当地大学赠书

书记，也要心中有数。不要"小身子"戴"大帽子"，天天说大话做小事，而是要扎扎实实地做实自己，做出定位、品位和价值。所谓名、特、专、精、深就是方向。经济上应该略有盈余，文化上要有所作为，人员结构要精干，不要铺摊子，不要好大喜功。传统出版业的冬天终将来临，我们要做好准备。因为"最难将息"的是中小出版社，其抗风险能力比较差，回旋的余地比较小。

三、精品战略和社刊工程还要坚持

这是上海出版业也是所有成功的出版社曾经制胜的法宝。现在是不是不灵验了呢？并不是。我们现在有一个坏毛病，就是形式上的"出新"，不讲好，只讲新。所以，以前成功、今天仍适用的办法弃之不用，去找一些不实际、不实用的东西，名目为新，却违背了事物发展的规律。应该树立"好"的标准，不管新旧，只要好，我们就用；如果不好，"新"也不用。

精品战略是对书、社刊工程是对刊而言的。这曾经是很多出版社的成功之路。当然，精品战略和社刊工程在今天也要发展，也要与时俱进，但不等于弃之不用。想想绝大部分出版社有什么本钱呢？也就是有点书，有点刊。如果这两个资源也不能用好、用活，我们传统出版社真的走入绝路了。

我从政府到一线出版社有四五年了，我的认识是精品战略还大有可为。尽管互联网很兴盛，但想做一本纸媒的人、机构、公司还大有人在。当然，今天的精品一方面要更注重文化积累，十年磨一剑也在所不惜。另一方面要注重一些平民化的精品书，不要一说精品就是大部头的。三是精品很重要的一个方面不在下游的需求方，而在上游的供给方。有资源、有投资又有需求的上游方是精品书的一个重要来源，成果大，风险小，我们应该抓住不放。这几年我们东方出版中心做的《中华民族人物谱》《中华名花谱》《世

博官方图册》《上海新时空》和《万国印谱》都印证了这一点。四是精品书的生产，作者、编辑、设计师三人要紧密结合，深度策划，从内容到形式都要具有独特性。

至于社刊工程，这几年缺少新的实质的推动。但从《故事会》对文艺社的贡献，《三联生活周刊》对三联出版社的贡献，《世界时装之苑》（ELLE）对译文社的贡献，社刊的功能是不容忽视的。现在，一方面传统出版社面临生存的压力，另一方面对刊物的投入和挖掘又很不够。在一些出版社，刊明显地下滑了，在出版社经营的比重严重下降，应该分析一下，拿出对策。以我对社刊的认识，主要问题一是有的社领导对刊物的特点规律认识不够，把它仅仅作为图书的辅助，用管图书编辑的方法来管理。大多数社刊至今没有独立运作。二是短视行为，不肯对刊物长期投入，也怕投资失误，因为相比较来说，投入书比较稳健，投入刊有一定的风险。三是很多刊老化了，没有及时转办新刊，寻找新的内容、新的形式和新的需求。而一些新刊被证明办得很好。其实，认真仔细地考察一下民营书商和杂志社的生存境况，你会发现刊的民企生存好得多，说明刊的发展空间很大。目前，在传统出版社当中，都有丰富的刊号资源，如能盘活搞好，还是很有前途和潜能的。

四、不管好社差社都要"瘦身"

我们现在的出版人，对出版的发展说了太多的话，而往往忘记了一些最简单、最实在的原理，如开源节流。千百年来，不管做什么生意，开源节流是基本的做法和经验。对传统出版业来说，怎么尽可能地挖掘潜能，怎么尽可能地控制成本，是很重要的两项工作。而未来行业面临的危机，很重要的是要做好"瘦身"和"节流"的工作。出版社搞了60多年的国有体制，最大的问题其实是不负责任，事不关己，高高挂起，浪费和人为的损失十分严重。最近听到有两个省的出版人介绍，感到他们在转企改制时"瘦身"的力度比较大。某省出版社转企时由政府财政支持，距离退休还有5年的员工，全部办了退休手续。人在出版社上班，但拿的是省养老中心的退休工资，出版社的支出大幅度减少，实现了"瘦身"。某省一个杂志社22个人，有财政支持大多办了退休手续，杂志社大幅瘦身重新组合。当然，出版社的瘦身不是减员一项，还包括控制各种人力资源的浪费和无端的支出。有的是无奈的支出，而不少是可控的支出。传统出版社有两种选择，一种是让它这么下去，直到有一天过不下去了再说，再节流；另一种是借助转企，现在就把出版社当企业来办。企业是要讲成本、讲利润的，那么现在就"开源节流"，调整自己，这就让所在的出版社不至于走到垮台的这一天。

未来传统出版社的人力结构和支出结构必须发生很大的变化，其中尤以北京、上海动则数百人为计的老社最不堪负担。国有企业机制最不易管理好的就是人力资源，而人力资源的浪费也是巨大的。北京、上海一个国营出版社职工的全部支出，应在15万元左右。所以，10个人的支出就是150万元，而很多小社甚至没有150万元的利润。现在，很多出版社已感觉到销售要增长比登天还难，而每年的支出，则在不断地推高。这些推高，既有政府要求增加的费用，也有物价的上涨，还有一些莫名的支出。如不加以控制，以目前书价难以提高，退货不断增加来看，不要多少年，很多出版社尤其是中小出版社就将撑不下去了。

五、改革还要深入，但改革要注重实效

回想80年代和90年代，是中国书业发展的两个黄金时段。究其原因，除了需求兴旺以外，还在于进行了两项改革，一是出版社由事业转向事业性质企业化管理，很多由省局管控的权力大大地下放给出版社，这符合出版社创意产业生产和销售的特点，下面必须要有很大的自主权。比如图书自办发行的发行权，完成了出版社由生产型向生产销售型的转变。二是图书发行业改革，省店下放权力给地区店，地区店又名特邀经销站，有权直接向出版社进货、结付，这就改变了总店经销、地区店隔山买牛的状况。进入新世纪，又进行了一轮改革，在集团化、集约化的过程中，有的出版集团把出版社的经营权收到集团，使出版社变成了生产单位，编印发、财务的产业链截断，出版社的销售脱节了。另一项集约化、集团化的改革在省店推开，就是把80年代下放给各地区店的权力收归总店或发行集团。地区店不能直接向出版社进货和结付。举个例子，上海出版社要向近邻苏州店发货，必须发到南京省店，省店入库后再发到苏州，退货和收款也是如此。这增加了时间、增加了成本还是小事情，最重要的是产品供销信息不准确了，添订货不及时了。省店愿意，出版社和地区店却不高兴了，但这是改革，改革谁能说不支持呢？结果这样的改革只会造成图书销售下降。我的部下告诉我，我们现在有的省的发货量只是原来省会所在市店的发货量，可见实际的萎缩有多严重。但人们已经找到了一个最好的"替死鬼"就是互联网的冲击。这是一个查无实据的理由，工作没做好，只要说互联网冲击，一切就顺理成章了。这种现象做图书的出版人担忧，但上了市的出版、发行单位可能不担忧，因为上市公司本来就不想做书。某地考察，把书店关掉租给其他行业开店，效益好过卖书的5—8倍。所以股份制改革由股民用人民币来投票，传统出版前景堪忧。可见不是要不要改革，而是怎么改革最有效、最实际。

以出版社为例，1985 年以后由事业型转向事业性质企业化管理是很成功很有效的。现在事业改为企业，照理是个大飞跃，但现在尚看不到太多实质的改变，自然也看不到成功的实例。如果真改为企业，就应把《公司法》拿出来，逐条对照，企业究竟是怎样的，有什么企业政策要落实下来，实实在在地做几件事，真正地起到解放生产力、发展生产力的作用。

依我愚见，国有事业和国有企业国有性质不变，把国有企业视成灵丹妙药也大可不必。如果真好，以前为什么无数的国有企业办不下去，倒的倒，关的关。所以，出版社的改革，既走改企这一步，就要真正按照企业办，同时也引进其他经济成分进行所有权改革。从历史经验看，出版社的经营、人事、分配等方面的改革，在所有制改革不能进一步的条件下，是不会有效推进的。而归入创意产业的出版，没有人的积极性、创造性的发挥简直是寸步难行。

刊于《编辑学刊》2011 年第 1 期

2020 年 5 月在上海交通大学出版社举行《盛世典藏——改革开放年代上海收藏业集萃》新书发布会时合影

上市圈来钱怎么用

去年"香山论坛·重庆峰会"以科技、资本、创新为讨论对象，其中关注资本也是大家的共同点。参加论坛听了各位发言这才知道，"圈来钱怎么办"还真是个问题。因为，我们这里的公司上市与境外确实很不一样。境外很多机构上市是因为有项目、缺资金，上市解决资金问题可以大发展，所以不存在有了钱怎么用的问题。然而在我们这边，上市本身是个利好政策，是一种机遇，所以一般是先上市成功，圈来钱，再考虑上什么项目。或者预先也有过考虑，但更多的是编织上市理由的需要，而真正有了钱，真金白银要砸下去，才会认真考虑和落实项目。

在中国境内，特别是出版企业上市成功后，大致有两个因素决定用钱。一是法制的因素，如国家证监委及管理部门规定哪些项目可上哪些不能上。这是法制的要求。当然，一般上主业项目是名正言顺的。二是股民投资回报的因素，要上有利可图、有大利可图的项目，这是投资的要求。这两个条件满足的，便是可以用钱的对象。当然，如从执行力考虑，还要加上项目论证、团队配置等。有了执行力，投资回报才真正落实。这虽是基本的问题，但真做起来，也不是对号入座那般容易。这里，笔者结合主业、文化和他业三大板块，对出版公司上市后资本的投向作一些分析，供大家讨论之用。

一、投资传统图书的分析

目前，传统图书大致有 600 亿元左右的市场销售份额和 70 亿元左右的利润。多年来如此，这几乎是一个没有增量的门类。因为互联网的冲击，实体书店的日益不景气，书价没有大幅上升的空间，这三点造成了图书的销售总量只降不升，用股民的钱来投资它似乎没有很大前途。另外两个因素也决定了某个上市公司即便财力很大，也很难把600 亿元和 70 亿元控制到自己的碗里。为什么这么说呢？原因有三：一是市场格局已经形成。大户占地为王（省出版集团）和强龙占山为王（国家级的出版机构）已把市场瓜分完毕，大家各拿一块，此消彼长的可能性不大。二是产品太分散。如果产品过于分散，也不适合作为股票资金的投资对象。比如一个出版集团大致用 5000—10000 个书号，产品没有借助资金可复制的特点（麦当劳、汽车加油站是典型的可复制行业）。三是收购其他优质出版社几乎此路不通。

世界上有传媒集团上市，但图书业上市的并不多。日本除了角川书店，所有的大出版社包括讲谈社、集英社、小学馆，就没有一家上市公司。而角川上市是为了筹资拍电影，电影需要大投入。这或许就是书业的特点。

所以，上市有了钱再往书上投，起码不应是主打板块。当然，依笔者愚见，大的工程性项目如成套教材或者工具书项目（如《辞海》《中国大百科全书》），或许还有投资价值和对股民的号召力，算准了也是可以投入的。这么一说，用股民的钱投资传统主业没戏。

二、投资杂志的分析

图书只有文化产品的特点，而杂志具有传媒的特点，所以上市公司应该投资杂志。因为：1.杂志是连续性出版物，它的衍生产品如广告和服务更具商业化的特性；2.很多出版单位有天生的刊号只是没有办好；3.杂志需要大量的资金，培育成功后收获的稳定性强；4.杂志不受地区性垄断市场保护，市场化拓展的空间更大，自由度更强。

1999 年岁末朵云轩主楼购置产权后进行重建改造，背景为建设施工中的主楼

现在，即便在出版系统里，杂志成功的范例也不鲜见。老牌的如上海文艺出版社的《故事会》、甘肃人民出版社的《读者》、中国青年出版社的《青年文摘》，后来的有上海译文出版社的《世界时装之苑》(ELLE)、生活·读书·新知三联书店的《三联生活周刊》、上海世纪出版集团的《理财周刊》。近些年，民营企业进入杂志社的也很多，成功的案例不少。国有企业的杂志大多租给人家经营，说明还是有经营的空间。比如广州现代传媒已代理了十余家杂志的经营，成了一家香港的上市公司，极为成功。北京的时代传媒集团已有 17 种杂志年销售逾10 亿元。由此可见，杂志还有作为。

在传统的出版社，有了刊号但缺少资金、机制和人才，杂志不易办好。现在有了资金，可以吸纳人才，以上市公司的体制办杂志，还是大有可为的。这些成功的杂志社，大多是杂志收益超过图书，更趋向稳定。中国社会在向服务业转向，其中广告市场在

2005—2010 年大约净增 1000 亿元人民币。这是图书难以望其项背的一个空间。

当然刊物也有办失败的，但刊物的领头人找好，体制建立起来，它的前途会越来越好。何况国有出版社手中有那么多免费的刊号，这是很大的一块资源。

三、投资关联产业的分析

以书店和印刷来说，是与出版最相关的两个行业。但在今天，实体书店肯定不值得大规模投入了，因为租金的推高和成本的加大，在大城市卖书的利润肯定越来越小。这与上市公司的精神相违背。网上书店的出现让投入似乎可行，只是网上书店没有地域限制，赢家通吃。所以，是自己办网上书店还是收购已成功的网上书店，这是上市公司要做的选择。

印刷是一个古老的持久的行业，作为出版业和商业配套服务行业，它有存在的价值和可能。在互联网发展的今天，印刷也会受到影响，但彩印的存在和大量的使用是一个不争的事实。同时全球印务向中国转移，也是已见端倪的了。在出版行业，印刷办得最好的是香港联合出版集团，其在深圳、上海、北京的发展，已取得了成功。同时，印刷企业占地面积大，这在未来地价的升值是很可观的，也为它预留了生存的空间。上市公司必须做规模，完成几个亿的图书销售增量难上加难，但投资一个印刷厂实现几个亿的销售很平常，全国印刷的销售额在 7000 亿元以上的规模。

四、数字产业的投资分析

投资新型的数字产业，当然具有很广阔的前景，同时也具有很大的风险。这种前景在于它代表了先进生产力的方向和商业的潜质，投对了具有很大的获利性，如盛大游戏、阿里巴巴商务、网易的综合性、新浪和搜狐的新闻性、聚众的楼宇电视。这些成功的案例大多有好的创意，有成功的商业模式和吸引风险投资基金的地方。所以说，金点子、机制和资金三者碰到了一块，这就是上市的出版公司要寻找的投资方向和投资项目。

但如今，业界都找到了"数字出版"这个谁也没理清的概念。目前，国内还在探索的两个方向能否被看好呢？还需要实践检验。

一是手持阅读器。业界争先恐后地上了 60 余个，投了无数的钱，到底销得如何？赚钱了没有？大家互相保密，对销售量讳莫如深。依笔者愚见，手持阅读器走的路是"建立读者图书馆"，它离出版的本意越来越远。出版的本意和价值就是首次发表，读者关注的是当年哪几本书代表了出版。同时，作为一个读者，他现在需要多还是需要少呢？一般会选择少。我不要几万种，我只关心几种、几十种、几百种。社会的发展，信息的泛滥，时间的短缺，使读者读的书会越来越少，肯定少过50年代的人。因此，他还要买个"图书馆"吗？他要少而精。所以，我不看好有几万种书的阅读器。而且阅读器2000-3000元一个，很容易损坏，远不如电脑结实。

二是网上阅读。以盛大文学为代表，作者直接上网发表作品，读者自由阅读。它解决了出版和发表便捷的问题，发表作品相对容易。但商业上究竟能否成功，也还要看一看。即便成功，有一点是肯定的，全国可以存在560家出版社，不能同时存在560家盛

出席 ChinaJoy 闭幕时的颁奖典礼

大文学。它也是赢家通吃。所以，要么你投资盛大，成为它的合伙人，要么你收购了盛大。你再办几家、几十家，同时存在的可能性也不大。

我们的投资传统是你有我也要有，与他人竞争，我也从头起打造一个。然而，我们却忽视了另一种做法，就是与成功的公司实行合作，实现股权收购。在网络领域，这也是一种投资策略。

五、文化产业的其他门类分析

文化产业有一些门类近几年上升很快，空间很大，这是可以考虑的。

1. 网络游戏。现在要收购一个成功的网络公司，恐怕出版企业上市公司实力不够。但以我对网络公司的了解，单独或合作开发两款游戏，还是可以的。因此，可以与网络公司实行项目合作开发，共同获利。

2. 艺术品经营。在这个领域，2010年比2009年的拍卖增长了一倍，超过了400亿元，这还不包括画廊、古董店等的营业额。这个行业绝对数字不太大，但增长极快。这是一个投资收益大、风险比较小的行业，有了资金选对了人，操作比较简单。它的特点恰恰是高投入高产出，适合上市公司资金运作。

3. 电视台。如今，拥有电视台频道是一种奢望。但在电视台改制中，频道变成了公司，投资频道公司是一种可行的思路，尤其在当地政府协调下，难度会大大减少。目前，一些民营文化公司或广告公司与电视台合作投资栏目和节目，也很成功。作为出版

企业上市公司，这也是可以尝试的。

4. 电视剧和电影。相比较书业，这两个产品近几年要红火得多，收益也好得多。作为出版企业上市公司，这也是可以投资的项目。日本出版界角川书店以文学出版为主，转向电影，有成功的先例。

5. 实业投资，尤其是房地产项目。这里用了房地产项目而不是房地产业，这是有差别的。上市公司投资回报，关键是要投资稀缺性资源，而中国地少人多，尤其城市的土地极为金贵，房地产项目很有前途。以上海为例，历代的大实业家没有不投资房地产项目的。

出版企业上市公司投房地产项目，可以结合办公楼、书店、印刷厂改造进行，不是做职业的房地产商。分析各国的金融机构也是如此，它不会成立房地产公司开发商业的房地产，但全世界没有银行不盖大楼的，这其中必有道理。

所以，规定是要投资在主业上，但把房地产与主业结合起来的项目投资，当然是很恰当的，对股民也必有最好的回报。

六、其他行业的分析

对于其他行业的分析，这将由公司所处的时空来决定。生意和经营是有法度的，也是无法度的。只要有利于发展，有利于对投资者的回报，有利于反哺主业，都是好的。

出版单位上市以后要变，坚守出版是对的，但死守出版是没有出路的，只会越做越小。笔者了解到某省的出版集团原来出版占100%，现在出版的量没有减少，却只占30%，实业、新起房地产业占70%。但出版也没有做小，反而得到了实业的支持，这个出版集团的产业结构更合理，未来的抗风险能力更强了，还称出版集团无可非议，因为它的品牌和社会影响力还在于出版。笔者时常听到出版界的人对此发问，这样的集团还叫出版集团吗？他们囿于传统，不知道面对新情况，出版模式也是多元化和多样性的。他们计较每一块钱来路的纯粹性，精神可嘉，但是不是有点迂腐与可笑呢？

刊于《编辑之友》2011 年第 3 期

2019 年 5 月在黎鲁新书《走出碎片化》发布会上的合影，
黎鲁生于 1921 年，1938 年加入中国共产党，曾任上海人民
美术出版社副总编辑、上海书画出版社总编辑

《穿越南北中》序

黎鲁同志的作品《穿越南北中》即将出版，作为他的老部下同时又是一位心仪的读者，我为此感到由衷的喜悦。因为《八山十七水》出版已有多年，而由于种种原因早已成稿的下册却难以付梓，这多少让读者感到等待的漫长。

我之所以谨慎地选择了"作品"这个词而不是将它归入游记，是因为这本书不是一般意义上的旅游记录，而是作者作为一位老革命、出版人和美术家一路行走写下的纪实文学、考察报告，以及对重大问题的思考。除 23 万文字外，另有他沿途所绘美术作品及摄影数百幅。概括起来说，是作者呕心沥血的作品。

1978 年至 1984 年六年多时间里，黎鲁同志担任上海书画出版社（朵云轩）总编辑一职，我当时在他手下任编务组长，工作上有过较多直接的接触。黎鲁同志是位令人景仰的老领导，1938 年在学生时期就加入了中国共产党，在上海从事党的地下工作。1942 年到新四军从事部队的宣传文化工作。直到上海解放重回这座城市，一直从事美术出版工作。在党的干部中，他有两个鲜明的特点：一个特点，他走上革命道路的原因不是找职业谋出路，而是出于对日本人侵略中国的愤恨，对社会不合理的反抗。他属于有知识、有觉悟的一代青年，在他身上体现出了勤于思考的特点。在我与他的接触中，能感觉到他是有个性、有思考的老同志。直到晚年，我们难得相聚一次，他也总是向我提出一两个比较尖锐的问题，而对这些问题实际上他已想了很久，并且已有了自己成熟的看法。所以，在他身上可以时时感觉这种勤于思考的可贵品质。另一个特点由于他早年就读于上海新华艺专，一所出过很多名画家的摇篮学校，受过正规的教育，后又长期从事出版工作，所以他又是位党内不可多得的既是出版人又是美术家的专业干部。他不仅在美术方面，而且在其他如哲学、文学、历史和地理等方面，知识也相当渊博。他常常有问必答，记忆超强，使我们年轻同志惊叹不已。在他身上又有不尚空读的务实风格，超强的动手能力。许多重要的选题报告、计划、信件，都是亲自动手，不劳秘书。这也使我们这些年轻人深受其影响，养成了良好的习惯。

在上海前辈出版家里，黎鲁同志是很有个性的一位，除了工作上执着、专业、负责和重实效，我印象中还有三点也很与众不同。一是有很好的艺术修养，除了版画、国画以外，喜好京剧，能拉能唱。二是长期坚持全年洗冷水澡，一直近九十高龄仍天天如此，从不间断。这点如没有非凡的毅力难以做到。 三是"行万里路"。从1975年第一次骑自行车往返苏州三日游开始，直到1993年10月至12月最后一次骑自行车长途旅行。在十八年的时间里，行程两万多公里，沿途每天记笔记、画画、摄影。在1984年末离休以前，有一次，他和高式熊先生、林野先生三人结伴骑车长途旅行，约有一个月之多，在社里很轰动。当时我对他的举动不甚理解，后来才慢慢地体味到其心境。黎鲁同志作为一位对艺术、文学、历史、地理特别痴迷的文人，对祖国感情至深的前辈，早就有亲历祖国大好河山的心愿。一方面工作忙，另一方面他在1950年代反右运动后受到撤职和留党察看的处分，一直到"文革"，那是一个不容他"乱说乱动"的时代，所以青壮年时，失去了游历的机会。而随着年龄的不断增加，他的心情才格外紧迫起来。

今天旅游已变成了一个产业，各种豪华游令人目不暇接，而在那个年代，黎鲁同志作为一位老革命，却选择了真正的"轻车简从"，车是辆自行车，而人往往仅他自己一个，车上只有简单的行囊、雨具和画具。他是真正的自费游，80年代离休的处级干部工资很低，如此长时间的出行，必须节衣缩食。记得他每次出行都让我出一份证明，证明他是我社的员工，以便有意外时可以出示。但提示我千万不可写"总编辑""正处级""正编审"（正教授）"离休老干部"等头衔，因为他一路低调，专挑便宜的栈房住，就怕别人一看他的头衔，硬安排去高级旅店而实际上囊中羞涩。所以，他的出游绝不是高消费的享受，而是一路苦行，一路考察，以苦为乐，以学为乐。一旦碰到旧友故知，一旦在书本以外又有心得，就会欣喜若狂，很有成就感。

《八山十七水》正是他在十余年万里单骑基础上的丰富成果。当年出版后，我曾一口气读完，一方面是对老领导的壮举充满好奇，迫切想知道他走了什么地方、看到了什么、想了什么；另一方面也为作者独特的写作风格和手绘图片所吸引，感到欲罢不能。

《八山十七水》包括了6次出行，计25万字，这次新发表的《穿越南北中》记录了后几次的出行，15余万字，附以《车轮上的思考》《车轮上的亚思考》两篇，约计

17万字。包括《南穿腹地》记1986年9月至12月南行湖北、湖南、广西、贵阳四地；《苏鲁散记》记1987年5月至7月游江苏、山东两地；《群英会》记1988年4月至5月出游江苏、浙江两地，其中参加并记载了全国40位老年骑游者的一次聚会；《大别山、大青山、大巴山——纵横十一省》记1991年4月至9月的出游；《仙霞丹霞》记1993年10月至12月浙江、福建、江西、广东四地的游历。

《八山十七水》和后续的《穿越南北中》出齐以后，给我们留下了一份不可多得的珍贵资料，在文学艺术、历史地理、旅游常识等方面，也具有很高的价值。其意义是多方面的：

一、它是爱国主义教育的好教材。经过多少年的反复，我们终于认同了爱国主义的基础是爱故乡，爱山川大地，爱亲人，延及爱人民。黎鲁同志游历大地的精神，他记下的一山一水，他联想到的历史、人物、故事，饱含了他对祖国深沉的感情。其中他数次穿越革命老区，找寻当年生活战斗过的地方，千里故地，旧貌新颜，引起他的思考是极为丰富的。他也用自己的榜样，激励后来的年轻人，去游历、去亲吻祖国的山山水水，去理解、去感受自己的家园。

二、也是人生观教育的好教材。黎鲁同志是位美术家、出版家，按他这样的级别、资历，在今天，公款游山玩水，前呼后拥，住高级宾馆，坐高级轿车已不为鲜见。但黎鲁同志1984年离休以后，从不居功自傲，从不给领导添麻烦，也不惊动当地的组织和他的部下，而是以一介平民的身份，以一辆自行车代步，行程万余里，实现自己个人的愿望。他的行为，体现了那一代革命者的高风亮节，想到这一点，总使我不由得肃然起敬。确实，在我们今天的干部中，太需要黎鲁同志这种精神了。因为就我所知，在上海地下党四年的工作中，在根据地的战斗中，他是经过血与火考验生存下来有战功的一代人。他有一千个理由享受生活，但是他从未这么做。即使出版自己的作品，也是上册和下册相隔这么多年。所以，这本书是一个很好的见证，我们在位的干部应该从中受到教益。

三、更是珍贵历史资料的留存。当年我读完《八山十七水》，曾与黎鲁同志谈起我的读后感，我说您的游历不是玩，是考察，您关注到下层人民的生活，观察得又是那么细，无意中为我们留下了那个时代的珍贵资料。比如，他每天记下在哪里住旅馆，几毛钱一晚上；油条几分一根，包子几分一个；路过的每个村、每个镇、每个县，与每个人的访谈都随手记下来。许多东西，一旦失之，便觉贵之。由于黎鲁同志的勤奋细致，我们有幸读到这些有趣又有价值的细节。前些年，我读到中华书局出版的一套书，那是日本间谍伪装成游客在中国写的"游记"，他们做得也很细，中国这条河有多深多宽，可以行怎样的船；中国县城的财政收入有多少等等，一笔一笔，清清楚楚，那是在为侵略中国做准备。而黎鲁同志的细，一如他的作风，为山川历史留存资料。

除了以上，另有一个篇章《车轮上的思考》计40余则，是他游历期间的思考，涉及政治、经济、美学的方方面面，这又回到我前面说的他勤于思考的个性。黎鲁同志想了又写了，今天发表出来，让我们大家共享，这是前辈给我们的历史经验的传递。黎鲁同志也认为这些话题可能已经老了，但代表了他的一个思索过程，对此，我十分理解。思考，尤其是独立思考，是一个民族进步的标志。话题虽然老了，但精神不死。因为今天在我们的生活中人云亦云、唯上唯本依然十分严重，读一读黎鲁同志《车轮上的思考》，会得到很多的启发，起码使我们在人格精神上接近于成熟。

《穿越南北中》是黎鲁同志的心血之作，包括了文字和美术创作。这本书由我来作序，真是令我惶恐不安！但想到作为他的部下受到的教益，想到他所代表的那代人的高风亮节和优秀品质（上海书画出版社、朵云轩曾有革命前辈十八位），作为一位亲历者，又深感有责任来写这篇文字，以表达我对前辈的敬仰和内心的感受。最后，希望更多的读者能从这本书的内容受到启示。

刊于《穿越南北中》（上海书画出版社出版，2011年8月）

关于经营性杂志的经营问题

2000 年我到市新闻出版局工作以后分管杂志，讲过类似课程。2010 年以后，由于电视业和互联网业的迅猛发展，我国杂志的经营性环境包括广告业的空间结构已发生了变化，所以这次对讲义进行了更新。

我国 1949 年有杂志 259 种，共年发 2000 万册。1978 年 930 种，年发 7.62 亿册。经过 30 年改革开放，加上人民文化程度普遍提高，文化资源不断丰富，我国杂志业以 10 倍的速度发展，2008 年总量达 9549 万种，年总印数 31.05 亿册，总定价 140 亿元，广告收入超过 30 亿元。

杂志有多种分类。其中可以分成经营性和非经营性的。美国期刊协会把杂志分成消费类、非消费类。意思差不多。美国约有 1.2 万种杂志，但真正消费类大约只有 4500 种，20 世纪 80 年代营业额达 120 亿美元。其他都是学术、科技等专业的刊物。美国期刊协会只吸纳消费类杂志加入，昂贵的会费非消费类也支付不起。所谓消费类或者我说的经营性杂志，在生产、销售和读者消费方面，都是市场化的而不是公益性的或者机构资助的。它是一个独立的经营体，以销售和利润为主要目标。办刊也有文化追求，但商业的分量比较大。

非消费类或者非经营性杂志不追求利润，一是往往无利润、靠补贴，二是投资者靠刊物在其他方面带来利益。在我国市场经济的环境下，非经营性杂志并不是不讲经营，而是不以利润为主要目标。比如科研机构办的科技杂志，在我国约占 65%，也要降低成本，加强发行、广告以及各种社会服务以增值，但往往是一项弥补亏损的工作。主办机构每年给予固定的补贴，不足部分需要杂志社通过经营来实现。当然，这和经营性杂志还是有根本的差别。

一个基本态度。今后，杂志将面临变化。人们文化消费日趋多元化和互联网读物的冲击，杂志也面临着挑战。但杂志不会消亡，它定期发出信息的形式不会变化。但它的物质形态会变化：一种是纸刊和电刊并存，一种是以电刊方式存在停办纸刊，一种（少数）专业刊以很少的印数继续发行纸刊，不"触电"。一个变化的时代，办刊人需要面对实际，继承传统，更新观念。

下面就经营性杂志面对的经营问题进行讲解。

一、创办一本新刊的思考和布局

1. 定性：是经营性还是非经营性杂志。在我国通常是由主管主办单位领导决定的。他们在申请刊号时应该有一个思考。但各自实际情况很不同，而且换了不同的领导又会有不同的要求。这使刊物摇来摆去，很难定位及工作。所以杂志社的团队要与领导沟通，达成一致。如果是非经营性的，就要由主管主办机构保证每年对成本的投入，提出文化要求和学术目标。如果是经营性的，则后续的内容、发行、广告、经营以及团队，又会有相应的要求。而且也会有经营目标，通常是销售收入（营业收入去除税金的部分）和利润指标。但以靠市场为主而不是靠领导拨款。

2. 靠什么获取经营收入。测算中可以有如下考虑。一是加大发行，通过卖刊获得发行收入。通常以定价 50%—60% 的价格出售。在计划经济的时候，我们刊物大多靠邮局发行、卖刊收入发展壮大自己。最典型的就是《读者》《故事会》。二是加强广告收入。这是目前大多数商业刊物主要的收入来源。三是服务性收入。有的刊物靠举办博览会，有的艺术刊物靠画廊来增加刊物收入。四是产品开发。这是很少刊物能做的。比如《世界时装之苑》（ELLE）的产品开发。通常一个新刊收入来源是不确定的，也许一举成功，也许长期多元探索，最后形成自己的稳定收入源。

3. 读者定位。中国的刊物分类很简单，至今也没有调整，大多分成科学技术和社会科学两大类。然后社科内有一些分类，很简单。在与西方杂志业合作交流中，一些新的定位方法和概念随之进来。一是对读者要细分。不能男女不分、老少咸宜。因为读者对象是后续经营的基础。二是女性与男性的分别，以前是没有这个概念的。现在的商业刊尤其是时尚刊就分得很清楚。把他们分成两大不同的群体。比如男性刊，很多是介绍国际政治、军事、冲浪、高尔夫的。在日本和法国，我们看到男女分类以后，还要细分年龄群。法国巴亚是一个妇女、儿童的杂志集团，他们将年龄从 5 岁儿童起一直到退休分段，分成不同读者群。很长的一个年龄段，分布了 60 多个刊物。然后是细分职业（如教育背景和收入）等要素，如锁定给女性、女性的某个年龄的人看。在中国《瑞丽》来自日本主妇之友社，就分了不同的年龄而出版多个版本。《世界时装之苑》（ELLE）女性刊也有多个年龄段的版本。可能相差 5—8 岁，她们的情趣、爱好和支出会很不一样，就要单独做一本刊物。

4．其他几个相关的问题：刊物是什么专业呢？这是内容的考虑。定什么价格呢？要考虑到成本以及与同类刊物的比较及优势和读者的承受能力。好内容过于昂贵也会失去读者。谁来投资呢？是主管主办单位投资，还是与社会合作，甚至有员工的投资比例。剩下的是发售刊物的渠道。

5．渠道的重要。读者是客观存在的，但一时难以被吸引过来。我国的发行是多元的，邮局、书报亭以及自己的直销。但总起来有两大思路。一是先做内容再去找市场。就是把杂志的样刊印出来，再去多元化的投放，最后找到合适自己的渠道。

还有一种是已有渠道再顺势而为，一切是为现存客户和渠道服务的。这种方式比较容易快速获得经营成果。比如上海的《金卡生活》，是金融机构银联办的。一开始就锁定了银联在全国的几十万金卡读者。二是讲金卡会员的生活话题以及商业服务。三是

1995 年 2 月参加纪念《书法》出版百期活动时合影

通过各大银行分销刊物而发行成功。这个刊物曾在上海成为优质的商务刊。还有就是航空类的杂志。上海的《东方航空》《上海航空》杂志，是按照飞机座位总量配置刊物的，非常便捷、有效。它们的阅读率、周转率也是最高的，不卖刊但广告收入很高，一直位列上海刊物销售收入和利润之首。生活中的渠道客观上是存在的，就是要去发掘出来和组织起来。

6．非免费与免费杂志的出现。我国的杂志在历史上均以收费为主，在计划经济的七八十年代，一本刊物定价几角钱；便宜但还是收费的。而且收费收入一直是杂志的主要收入。我国刊物有较多广告收入还是从引进《世界时装之苑》（ELLE）等杂志开始的。就是杂志收费和广告收入并存。

近些年来，免费杂志有兴起的趋势。比如前述的航空类杂志。最近，我们访问日本瑞可利杂志集团，他们新推出的大众读物 R25 就是全免费的周刊，讲述一周的国内外要闻以及 25 岁年轻人关心的话题。每周五在日本重要的固定点投放，深受年轻人欢迎。每期送 50 万册而且很快做到了收支平衡。外国人考察上海，认为免费的《上海地铁报》

（周刊）也是刊物而不是报纸。现在年利润已有1000多万元，也很成功。现在，上海连锁咖啡店已出版了免费阅读的高端刊物，但尚不可带走。随着互联网背景下大量免费电子报刊的出现，传统刊物转向免费也是一种可能性。这是新办刊物应该考虑的。

7. 地域性杂志的产生。这也是杂志的特点和长处。上海的《新民周刊》《上海滩》《上海画报》《浦江纵横》就是地域性杂志。内容与读者的口味比较一致。

二、杂志的品牌与产业链开发

1. 杂志的内容是基础，是建立品牌和吸引受众的地方。人类办杂志已有400多年的历史，中文杂志也有200多年的历史，人们已经总结出很多办杂志的经验。我国虽然在市场化方面起步比较晚，但在内容制作上已有很多成功的经验。我们的不足之处，是不善于把优质内容做成品牌，把品牌商业化。

关于做好内容，读到一位外国办刊人的观点，觉得很准确和全面：

好内容的实质其实自古至今都没有改变过。

我们要看的是精彩的故事、精练的内容、打眼的封面、漂亮的插图、科学的排版、构思巧妙的标题以及能够洞察一切新鲜事物的敏感神经。只要把握住这些真正的核心竞争力，我们就可以把内容肆无忌惮地摆放在纸上、网上、电脑上、手机上或任何我们希望它出现的地方。

在这个全民数字化的时刻，智者可以预知历史的拐点。而普通人只有面临事情发生时，才感叹自己准备不足。如今数字革命就是我们媒体出版人面临的拐点。

抛开平台不说，如今要做一本好的杂志，我们需要拥有比以往任何年代都更加周密的出版计划，更为丰富的想象力，更加出色的记者团队，更具硬功的文学、美术编辑以及更能打动人心的广告信息。

以上两段来自海外办刊人的经验，告诉了我们杂志的好内容以及好内容与好团队之间的关系，对我们应该有启发。

2. 杂志社出版图书。杂志的近邻是图书，所以在刊物的基础上出版图书，是常有的文化活动。我国办刊人习惯称为"以书带刊"。比如美国《国家地理杂志》出版了很多地图、图书和旅游书，收入占比很高。《读者文摘》也有固定的出版业务，也很出色。

3. 杂志与影视。这方面最成功的案例，一是美国的迪士尼公司。最早的米老鼠、唐老鸭都是杂志或图书，随着影视技术和动画技术的发展，它的内容被拍成了电影、电影动画片（连续剧），拓展了内容表现形式和商业空间，影视收入超过了书刊收入。还有就是日本的动漫杂志和电视剧、图书。日本的动画故事有点类似中国明清的说书演义，作者是即编即绘供给杂志社的，日本的小学馆、讲谈社都以出版漫画杂志为大宗业务。编多长？出版多少期？都是不确定的。没有人看就停写停编。如果看的人多，可以写一年。在日本地铁站可以看到很多人买后在地铁上读，下车丢在站内，多时堆成小山。但因为用新闻纸印，还是单色的，卖得很便宜，发行量很大有的一期发三四百万册。这是读者和品牌的铺垫。杂志社不赚钱，但影响力出去了，其盈利点是出版图书合订本，比如《柯南探案》（60集），具有阅读和收藏两大功能，销量非常大。然后再拍成电视片。还有《聪明的一休》《机器猫》《灌篮高手》《樱桃小丸子》《变型金钢》，都是这样出了杂志拍成电视连续剧和出版图书而大获成功的。拍影视都是与专业的影视公司合作，杂志社不出钱，以版权分得10%—20%的电影收入（包括广告收入），就算很成功了。

4．产品收入。比如日本、美国的杂志、影视还开发了文化商品，更多的是人物卡通造形、T恤衫。如日本的人型、西方的玩偶。近年 *ELLE* 在中国开了商场，生产了女性服饰。《旅行者》创办了旅行社。这些产品以及服务，也为杂志社带来了增值服务。

5．组织活动。甚至这些活动的影响力和收入，超过了杂志本身。比如《世界财富》办的财富论坛影响就很大，首次到中国来开会时，党和国家领导人也很重视，拉动了很多投资和会展业的收入。上海《理财周刊》一直坚持办理财博览会，成为一个会展品牌，也带来了收入。

以上要从实际出发，在办好内容的基础上，有选择地拓展产业链上的某项业务，既不要过于保守，也不能过于理想化，一个杂志社能在一两个衍生业务方面有突破，已是不小的成功了。

三、杂志与广告

1．今后杂志总印数不会增长。这是一项基本判断，也为近10年来全国杂志年生产统计数所证实。所以杂志收入的增长将主要来自于服务业。上海以及全国发展出的电视购物以及快速增长，也说明了这一点。因此经营杂志的人更不能依靠杂志发行量的大幅增长以及卖刊的收入。

2．杂志与服务结合最好的是广告业。传统的中国人购物方式是店里有什么去买什么。尤其在物质匮乏的年代更是如此。他们没有任何的选择权。随着商品的丰富和服务项目的多元化以及人们收入的提高，中国国民的多层次、多元化消费已经形成。这时，他们需要信息和广告给予消费指导，以省却时间，精准消费。我们可以从一组数据看到中国广告业的迅猛增长。1981年1.18亿元，2003年1078亿元，去年2010年2340.5亿元，而今年2011年预计超过3000亿元。这种增长已引起全球广告同业的重视，所以它们纷纷入驻中国，来分切这块蛋糕。从2008年的数据看，这年广告收入1899亿元比上年增长9.11%。分配结构是电视占76%，报纸占13%，电台占4%，杂志占2%，沪外广告占5%。从FIPP（国际期刊联盟）公布的数据看，世界广告业杂志占13%的市场份额，而中国杂志只占2%的份额约36亿元人民币，还有提升的空间。当然，中国电视、报纸合计占89%，可能与中国人的阅读习惯有关系。以世界的规律来看，电视、报纸的广告一般是大众的消费品，时尚杂志则为特殊消费品包括奢侈品。这是杂志的优势所在，对商品介绍得详细，印刷更准确和精美。

3. 中国广告的预测。随着中国成为世界制造业大国以及进出口贸易、旅游业的发展，市民的品牌意识和炫富心理会加剧，所以，广告业竞争激烈，需求总量还会上升。这是一个利好消息。水涨船高，只要广告业总量上升，对做传媒的人来说，总是一件好事情。问题是来自于不同传媒之间的竞争。当然，最不可预计的是互联网广告未来的发展，它需要多大的蛋糕，如果它快速增长，别的媒体的广告蛋糕就会变小。康泰纳仕总经理告诉我们，互联网广告在欧洲已显出威力，传统媒体在下降。纸质杂志2008年以来英国降10%，法国降8%，意大利降6%，西班牙降6%。主要原因是数字杂志质量越来越好。就中国目前的结构看，杂志广告还有生存的空间。我注意到，现在杂志业广告已向服务发展，仅仅刊登几页广告已无法满足产品商的需要，他们要杂志考虑能否为他们策划活动，是否有创意添彩的能力。

2010年中国奢侈品销量已达世界第二，未来也许会达第一。这种发展，对专业性商业杂志适合构筑高档消费品信息渠道，还是好事情。

四、以新代旧是现存体制的必然结果

前些年上海期刊代表团访问美国，回来写了份报告，美国每年新创杂志1000多种。相应的，美国每年也有相当数量的杂志退市。这是一种新陈代谢的过程，有利于杂志业充满活力，受众也希望有新刊出现。但中国杂志的申请制度与美国不同。我们看到：

1. 国家总量控制，刊号无法增加，或增加很少。这是一把双刃剑，杂志可控、有序，但会缺少活力。

2．一些杂志老化、陈旧，需要重生。从世界期刊联盟的经验看，有一些刊物注入内容和改善经营可以不断有活力，甚至成为百年老刊。但大多数刊物在7—10年之间，会江郎才尽，该说的话题、内容说完了，编辑团队也难以部分改变以使其有新面孔。因此果断地停刊是明智之举。还有一些主管、主办单位的后续领导对续办某个刊物缺少信心，或者历史遗存的老账太多，也有停办转让其他机构的意向。前者是主动的，后者是被动的。以个人的意见，有的刊物修修补补已无可救药，不如找一个新定位创办一本新刊。有的刊物债务积累太多，难以自救，也不妨及时转让有需要、有能力的机构续办。现在政府管理部门也愿意为"停一办一"服务，办理相关审批手续。

近年上海很多刊物也是在老刊停掉以后办起来的。如《新读写》《旅行者》《新发现》《第一财经》，显出了生气。

3．转刊要注意的问题。创办一本新刊要注意的问题，在前面已经讲过了。总的来说，一要找好新的方向、新的定位、新的经营方法。二要规避重大的投资风险。从杂志盈利状况看，80年代初文化产品贫乏的时候，办什么刊物都会有大印数，都能很快保本、盈利。现在文化产品已经饱和，新产品、新杂志的投资回报期在延长，可能需要3—5年。这是一个艰难的过程。三是老员工的安置是个大问题。由于杂志业长期是国有事业体制，办新刊涉及老团队去留，最不易解决。一种是原单位办新刊，原单位要负责解决。一种是新机构接手办新刊，也要妥善安置。没有标准的答案，要"一把钥匙打开一把锁"地去解决实际问题。我们在工作中已经注意到了安排老团队的难度。

五、杂志与互联网的关系

2004年夏季我去伦敦参加FIPP的年会，主办者的主旨报告讲了五点意见。其中一句话是"互联网是杂志的好朋友"。这是目前的认识和看法。未来技术的发展不可预料。电子阅读会不会冲垮传统纸媒？都说传统纸媒的出路是纸电互动、转型，不知道是否能转型成功？还是说有一部分转型成功？我的看法是：

1．互联网冲击了杂志。这是肯定的。历史上也是如此。只是形态不太一样。中国明清以前的书都是手工书写、雕刻和印制的，俗称线装书，到了古腾堡发明铜活字印刷和后来又有了铅活字机器印刷，高印数、快速、低成本的洋装书来到中国，木刻版书这个行业就淘汰掉了。现在的互联网比这种印刷方式的变革还要厉害，它还改变了人们的阅读习惯，形成了双向互动。估计坚持传统杂志出版，也很困难。可能少量、专业的小众杂志还能活，转型网络成功的杂志还能活。目前，纸媒团队的人要成功转向电子团队，困难依然很大。

2．杂志利用了互联网。这句话可以这样去理解，A杂志又办了一本电子刊物。电刊可以与读者互动，电刊的容量可以比纸刊大，电刊可以做成一个数据库。就是利用互联网的优点，发展出新的业务。当然这一切需要投入。新媒体的投入团队也很大，所以世界上新媒体的发展很多靠募集各种社会基金。

从上海看，《租售情报》这两年发展得很好。老刊以外发展出一个网上租房、售房机构，听说有一两百人，大大超过老刊自身。这就把信息资源、广告资源直接转换成了经营资源，有稳定的交易佣金收入。这是很不容易的。另外广州的《现代传媒》在上海也有数百人的工作团队。网刊互动。他们最近在香港上市成功，用新的资金，打造网络平台。尤其是听了《周末画报》的介绍，觉得既有探索的方案，也有成功的希望。

六、中外合作办刊

由于我国特殊的国情和法规，外资尚不具备来中国办刊的可能和条件。但杂志尤其是专业的、非时政的杂志，又有引进内容版权、合作交流的必要。所以，总署自1988年引进合作（*ELLE*以及航空杂志）起，允许进行这方面的合作探索。

1．引进外国杂志版权的内容。以统计观察，至今已引进的外刊已有四五十种。大致分成航空类杂志、科技类杂志和时尚生活类杂志。这是因为中国缺少这方面的资源，起步比较

与中国期刊协会会长张伯海等在期刊展会上

晚，合作有助于快速提升质量。比如很多科技刊，国外比我们办得好。时尚生活类刊物，我们完全陌生。而发生在生活实际中，时尚包括各种化妆品已进入中国各大城市、各大商场，深受人民群众欢迎。而时尚的所有品牌，几乎都是西方的，亚洲只是日本有一点。时尚刊的内容和广告，我们都很缺乏。引进对我们有利，这些内容又不涉及敏感话题，不危及国家安全。所以是利大于弊的。

2．引进内容与本土化结合。刊物、电影与衣物不同。衣服、化妆品直接可以给我们用。

但刊物的内容客观上要求本土化。比如模特，杂志上开始都是洋妞，一边倒。我们也曾担心是否西化过头了？后来发现渐渐地变了，中国读者看多了不喜欢看，他们还是希望出现中国的明星、模特，所以巩俐、张曼玉、章子怡都出现了，而且在封面上。因为她们与中国受众距离近，从肤色、发色、身材到一年四季衣着的变化，与同胞比较一致，渐渐地外国的杂志也本土化、中国化了。早期的外刊都是搬巴黎、纽约的图片和内容，现在变为大部分在中国拍摄，在中国采访了。这是一条重要经验，引进版不是照搬、照抄，而是中国化了。这也让我们政府部门比较放心。

3. 引进经营方式及团队。外方不能成立杂志社，但根据我国加入 WTO 时的对外承诺，中国同意外方在华成立外资广告公司和书刊发行公司。这样，外方就有一个合法的经营机构，与中国的出版社、杂志社签定合作协议，实行编辑权与经营权相分离的办法，由外方公司负责杂志发行、广告等的经营业务。这在制度上和经营上都得到了许可和保证。这些公司独立经营，以外方为主；而杂志内容的编辑团队则以中方为主，由中方负责内容的三审制。这种方法是中国人在现有制度下的创造。目前看起来获得了成功。我也几乎没有听说合作办刊在内容上出现过什么严重的偏差。说明这是可以试行和仿效的。

当然中外合作办刊还是要走必须的法规程序。即主管主办机构要向所在地政府主管机构提出申请，再由他们上报国家新闻出版总署审批同意。

七、转企改制的问题

我国的大部分出版社近年已完成事业转企改制的工作。其效果还有待被实践证明。国家也已提出杂志社转企的问题。但杂志有近万家，情况比较复杂，差别也很大。大部分杂志依附于某个机关、研究所、高校，并不是独立核算的法人机构。很多杂志尤其是双月刊，人少、没资金、没有经营实力。这和出版社不一样。出版社可以出版很多书进行以盈补亏的调剂，一般少则几十人多则几百人，实力雄厚。杂志编辑部往往只有一个刊，不能互相弥补。所以，普遍地推行杂志转企是不现实的。

1. 当然要意识到现有的事业机制、体制是有障碍的，不改变、不改革是没有出路的。但要从实际出发，有条件的先改，没条件的可以后改、缓改。当前出版社的刊物会随主管主办单位的转制而改变。母体是企业的杂志也应该改制。经营状况好的杂志社或杂志集团，回旋余地大，主管主办单位和经营团队有改制共识，也可以改制。而一刊一社、经营基础差的，离开母体改为企业，可能一改就死。这要很慎重。

2．转企以后的出路。一般人会认为事业转企以后会有本质的变化。但从目前的政策解读看，这是期望过高的估计。由于社会效益第一的价值观不变，由于不可改变所有权为多元的政策不变，则事业与企业变化不会太大。工业国企在90年代初上海百万人下岗的举措，在文化出版机构不可能继续推广。所以员工与杂志社的关系，收入能高不能低、员工能进不能出、职务能高不能低等问题事实上难以解决。

但不妨碍在条件成熟的机构，转企以后试行经营者的承包制、或给予经营者股权激励。

3．民营和外国广告公司的进入。改为企业或未改为企业的，都可以探索与民营广告公司、外资广告公司合作。自己做好内容，把经营权以及杂志成本，交给合作方，减轻国有杂志的负担。这里的关键是合作协议的草拟和签定。这是目前政府允许的。广告已对民营、外资开放，广告又与杂志是邻居，合作是有基础的。就是要把编辑出版权与经营权区分好、执行好、监管好。

4．合资的可能性。合作与合资有很大的区别。合作是以协议为基础，有条件、有时间段的授权，有点类似于同居；合资则以资本多元的方式到工商局变更法人证书，没有期限，一般不可解除，除非双方同意，有点类似于结婚。根据《出版管理条例》，目前仅限于国有资本之间的合资，少量经过批准试点。非公经济和外资，尚不能进入传媒合资。

5．社会主义杂志出版的新模式。根据现行的政策，杂志不可能如90年代初工业企业改革时实行的"抓大放小"政策，把"杂志"作为小企业关停并转，卖给私人去出版。只有一种可能，在所有制不变的情况下，把经营权下放给员工或社会某些机构去经营。国有企业机制比事业略好一些，但根本的局限还是一样的。所以只能进行有限的改良，授权他人来经营，这是一种探索。能否成功，还是由实践去证明。

八、杂志社的成本管理

中国的杂志社都极小，很少世界级的杂志集团。如国际期刊集团出版50本至100本杂志的机构，在我国是不存在的。原因是很难获得刊号资源。所以成本管理相对比较简单。一般主要支出分成：1.本部人工，2.印刷费用，3.稿费，4.编辑费，5.发行费用（含邮寄费），6.办公费用（房租、设备等），7.其他（杂费）。比出版社管理简单很多。因为杂志社大多是小微企业，所以成本控制的空间不是太大，要提示的只有一句，适当地开源节流。利润多的企业支出可以宽松一点，搞活动排场大一点。困难企业也只好节约，过小日子。

以上着重于谈经营类杂志的经营以及体制改革，但在我们国家，任何杂志都是文化产品，都要坚持正确的导向，考虑产品对社会的正面影响。所以谈经营也不能忘记政治意识，把关意识。不要忘记杂志社或编辑部人员的选拔以及对他们的经常性教育和指导。

以上仅供各位参加培训的主编参考。

（注：这是应上海新闻出版教育培训中心写的讲义，形成于 2011 年，讲课至 2017 年，根据此稿每年补充当时的新内容）

撰于 2011 年 12 月

祝贺与日本小学馆合作出版中文版《今日风采》

《大都市》是一本时尚类杂志，图为 10 周年庆典

"南方谈话"与90年代的上海出版

蓦然回首,邓小平同志著名的《在武昌、深圳、珠海、上海等地的谈话要点》(简称"南方谈话")已经发表20年了。20年是个不短的时段,但在我来看,当年传达学习的情景依然如昨,铭心刻骨。一件事凡对一代人留下终身影响的,那一定既有一种理性的原因,也有情感的因素。"南方谈话"以及20世纪90年代,对我们这一代人来说难以忘怀。它教育了我们,鼓舞了我们,又影响了我们这一代人的成长。所以,当《编辑学刊》的小姚同志又一次向我约稿时,我答应为该刊明年首期写这篇文章,这既是作为一个出版人表达对"南方谈话"心存的敬意,也是与上海出版界的同仁共同回忆90年代改革、发展的那段美好时光,从中引出一点思考。

一、"南方谈话"吹来了春风

记忆中"南方谈话"之前的社会空气,确实比较沉闷。工作重心在哪里?今后的工作如何做?都不是太明确。记得有一次参加在上海市委党校开设的学习班,出版社社一级领导都参加,气氛十分严肃,每人要发言和表态,明显带有清理思想的意味,颇感压抑。

我是1991年10月主持书画社工作的,次年就碰到邓小平"南方谈话"发表。记得那次在绍兴路5号二楼会议室学习座谈,孙颙、巢峰同志也在场,社长们情绪高涨,与那次党校的学习判若两人。发言时你一言,我一语,欲罢不能,有

摄于深圳大街上的邓小平画像前

的谈国家大事,有的期待上海的变化,更多的则关注自己单位的事情。那种摩拳擦掌要大干一番的气场,对人的感染和冲击力多少年以后也不会忘记。

一个人的一次讲话，可以对一个国家、一个民族产生如此重大的作用和影响，"南方谈话"确是一个经典范例。在这篇谈话中，邓小平同志以革命家的雄才大略，指明了我们国家、我们民族发展的方向，提出了发展是硬道理，不改革死路一条，社会主义有市场等至理名言。他还鲜明地阐述了社会主义的本质，提出了检验工作的标准是"三个有利于"。要求解放思想，解放生产力，发展生产力。鼓励大胆实践，大胆探索。要求上海一年一个样，三年大变样。邓小平同志看到了中国处于一个历史转折关头，挑战和机遇并存，但我们可以抓住机遇，发展自己。"南方谈话"除了他的光辉思想和哲理，还在于鲜活的语言风格和独特的表达方式，所以，它对我们产生了巨大的推力。我们共产党人相信物质变精神，精神变物质。而"南方谈话"是新中国历史上少有的一次精神变物质。一次谈话改变了一个民族的命运，也给 20 世纪 90 年代的中国和上海，留下了鲜明的时代特征。

回想起来，90 年代最有影响的一首歌应该是《春天的故事》，它以最普及的方式，表达了人民的心声。

同样，"南方谈话"也给我们上海出版吹来了春风，使 90 年代的上海出版形成了奋发竞争、龙腾虎跃的局面。许多内生的、符合出版规律的发展，许多做大做强的案例，就发生在那个年代，并且至今还在影响着上海的出版。

二、90 年代上海出版社版图的改变

"出版"二字，在今天已变得陌生和模糊。所以，回忆那段历史，我更愿意用出版社这个概念。进入新世纪，出版在变化，人们在争论，但有一点是不变的，就是上海出版社在这 20 年中，这 30 余家都还存在，还是一个可以比对的范围。

上海的出版社在民国历史上占据中国半壁江山。新中国成立后到 20 世纪 90 年代，北京有 250 余家出版社，上海只有 36 家。凡事顺天意，尽人事。这是天意，是上海的出版人无法改变的。但上海这 36 家出版社做成什么样子？在中国产生什么影响？这是可以改变的。这里不着意探索出版的精神文化，就以大家最常说的发展、规模、做大做强等概念来分析，可见 90 年代的上海出版结构，曾发生一些深刻的改变，这里用三句话来表达这种变化。

一是大龙腾飞。

我从 1972 年进入上海出版社工作，亲眼所见上海的大社、名社在"文革"期间集聚在上海人民出版社一块招牌下，人、财、物以及业务高度集中统一管理，原来的出版

社只是人民社旗下的一个编辑部。加上以阶级斗争为纲,出版真正走到了百花凋零的地步。"文革"的结束,是上海出版的一次解放,但被解放的主要是上海原来的大社、名社,解放的方式之一就是恢复出版社独立法人地位,出版社有了生产和经营的自主权。80年代以至90年代,上海出版的一个重要现象和规模构成是一批老社、名社的再度崛起,雄踞一方,引领着上海出版向前发展。相对于90年代局属出版社"四小龙"的出现,这些老社、大社是发达的第一世界,是家底丰厚殷实的大户人家。他们以图书和社刊为两大王牌,在市场上占据优势,占尽风光。如上海文艺社的文学、音乐、《故事会》和曾经的《文化与生活》;上海教育社几亿元的销售几千万元的利润,曾令我们一些小社望洋兴叹;辞书社十年一版的《辞海》以及各种系列词典的推出,使之在工具书方面引领全国市场;少儿社在全国同业的龙头地位,它书刊并举的发展战略,也是令人瞩目的;有段时间上海译文社的外国文学以及首创时尚杂志ELLE的引进,在全国业界具有不二的地位。新中国成立以后,上海局属出版社的通讯表,上海人民社一直排第一位,起着龙头作用,而上海人美社则位居第二位。这是因为上海人美社在80年代和90年代中期是上海经济规模数一数二的出版社,它特大印数的年、连、宣以及大画册的出版,曾占据中国半壁市场,当时的人美社是何等地财大气粗。还有上海科技出版社,也是人才济济,实力超强,在图书和杂志出版方面具有举足轻重的影响。

这种现象确如大龙腾飞,占据先发效应,一直引领上海甚至全国出版。即使有的社后来成了强弩之末,但在历史上曾起过的作用和今天仍在文化上所起的影响,仍是不可忽视的。

这里我想说可贵的是,在"南方谈话"发表前,这些大社、老社已达到了相当的出版规模和具有令人羡慕的经济效益,其发行的实物量如以今天的定价来估算,将令人感到可观和可怕。而在"南方谈话"的激励下,这些大社、名社、老社又焕发了青春,迎来了新一轮的发展。在90年代中期,甚至90年代末期,上海教育、文艺、少儿、科技、辞书、译文、人民等社,销售收入近亿、超亿,利润一千万甚至数千万已不在少数。可谓老树新枝,常开不败。我2000年到新闻出版局工作时,局属出版社编印发三家,实力非同一般,这和这些大社的发光发热、占着大比例是分不开的。

二是大学社的崛起。

进入新世纪上海大学出版社一路飙升和耀眼已是有口皆碑的事实,而如果没有上海大学社的板块则上海今日的出版也无法想象。上海大学社由"发展中国家"的地位一路攀升,我认为还是缘于90年代。2000年我到出版局工作后,不止一次听到孙颙局长在不同场合说没有大学出版，上海出版的结构将比较难堪。当时大学社所用书号不多，但销售码洋和利润占上海出版社很大比重，并且进一步发展的态势也很明显。

大学社的崛起在全国有普遍性，但在上海更为突出。这是因为大学社积聚了人才和资源优势，教育和出版界在中国有着巨大的需求和市场，能量一旦释放出来，就会产生无穷的力量。因为工作的关系，我和大学社的几位领导都比较熟识，如庄智象、朱杰人、贺圣遂、张天蔚等，确实在几年、十几年中，把一个出版社由小带大、由弱变强，并且也再一次证明了思路正确、方法对头、用人得当，文化出版单位是可以较快和持续发展起来的。

上海大学出版社的发展一开始就是走市场的，把方向由校园转向社会，这是一个重要的转折。这和"南方谈话"倡导解放思想，发展社会主义市场的精神是一致的。而90年代大学社赶在前面的四家，复旦、交大、华师大、上外就是充分地发掘自己的资源，利用自己的创意灵感，把产品和服务推向社会，形成品牌，建立起可持续发展的平台。像上外的英语读物与词典、华师大的一课一练等产品和学术专著、复旦的学术文化和大学教材，是他们跨越自身、形成数亿收入和上亿利润的基础。最近，参加华师大出版人的座谈会，始知华师大出版社已是一个有六亿多年销售收入、近亿利润的出版社，这比局属出版社的发展又是一种很大的超越。

三是"四小龙"的出现。

"四小龙"原本指亚洲在七八十年代快速发展起来的几个新兴小国和地区，包括中国台湾地区、韩国、新加坡和中国香港地区。这个词曾被引用指称90年代上海后发的四个小社、弱社，包括科教、声像、远东和书画社（朵云轩）。这些社在80年代也积累了一些基础，但进入90年代则实现了大发展，其中科教、书画社的综合经济实力后来进入了第一梯队。

在90年代，上海科教社常与书画社联合召开全国性的教材订货会，我们两家有感于上海的地盘更多地被上教社所掌控，所以积极发展外地省份。我经常在一个城市碰到科教社的同志推销产品，感受到科教社上下强烈的发展意识和精明的经营之道。我手头有资料证明这个社1997-1999年的销售收入已超过8000万元，利润达到1700余万元。这实际已不是"小龙"而相当于"大龙"的业绩了。声像社也是上海更是全国音像界的奇迹，记得胡战英同志当年对我说，他们积极参与全国的竞争，市场占有率达到了全国的10%—15%，在音像界首屈一指。我手边也有资料证明该社在1996-1997年销售收入已达1.5亿—2亿元，利税超千万。他们的引进版和自主产品，销往全国各地。我所在

225

的书画社1997-1999年已达到近亿元的销售收入，一千多万元的利润。我们创新发展的教材、艺术品拍卖与传统业务形成三足鼎立，建立了可持续发展的平台。据我的老同事告诉我，2010年仅朵云轩拍卖一项，销售收入已达7.1亿元，利润4500余万元。远东社当时销售收入5000万元，利润500万元左右，规模在"四小龙"中属最小的一家，但远东现象在90年代的上海产生过积极的意义，这就是不服小，有一种强烈的发展意识。他们营造的竞争环境，给很多出版社带来了一种外在的压力和冲击。那时，上海沪版图书订货会方兴未艾，远东社在每届沪版会上的表现，都成了上海出版的一种风向标。虽然备受争议，但从历史的角度看，它的积极作用是不能忘记的。正如一位出版人说："在一群鱼里游来了一条鲶鱼，别的鱼就快速地游动了起来。"远东社当时就是起了这种作用，引发了这种促进竞争的效应。

"四小龙"作为一种现象已成为历史，其中书画、科教持续发展，成为原局属出版系统如今的"大龙"；另两条"小龙"没有再发展，原因也很复杂，但历史就是如此，有的持续发展，而有的是阶段性成果，在历史的某个阶段发光发亮，尽到自己的责任。

大学社和"四小龙"的出现，改变了上海出版的经济版图。一是影响了90年代自身。回想起来，那还是一个相对辉煌的时代，一个你追我赶、生气勃勃的发展时代，一个改革、竞争、引进新元素的时代。那个时代，没有"大龙"的上海出版根本不可设想，但没有后来兴起的这两个板块，上海的出版社也将缺少些精彩。二是影响了新世纪以后的出版社。一些大社、强社从中脱颖而出。进入新世纪，上海出版进入了集团化、市场化、企业化、产业化的发展时期，提出了跨越式、超常规的发展思路和宏大的战略目标，但上海出版社的经济结构，除了上教等老社以外，基本来自90年代崛起的大学社和"四小龙"。如今的上海36家出版社如果没有华师大、上外、复旦、书画社（朵云轩）和科教社，其市场份额和经济实力就很难预料。这值得业界同仁思考和总结。

三、重温"南方谈话"的几点思考

上海出版社"大龙"、大学、"小龙"齐飞的局面，已是一种历史。历史不会重现，但历史可以总结。

1. 还是要抓住发展的机遇，解放思想，大胆突破。客观地说，90年代的市场环境对传统出版社的发展比较有利，读者和市场受新媒体的冲击比较小，这是大部分出版社日子都比较好过的重要原因。但是，即使在90年代，也不是任何一个地区的出版，或者上海任何一个出版社都发展起来的。这就有重要的主观原因或者内在原因。同理，进入新世纪，也不是没有发展的机遇。在传统领域、新媒体领域和其他产业方面，出版人也还有很多的机遇。90年代倡导的机遇意识和抓住机遇的能力，在今天仍然没有过时。在20年前，我们朵云轩同仁率先在全国建立了第一家艺术品拍卖公司，今天它已成为一个大的产业（文化部2011年6月发布报告：2010年中国艺术品拍卖已达580亿元），就是因为具有超前眼光和机遇意识。发现机遇，不等于抓住机遇，很多情况下是没有敢为人先的精神，不敢大胆地试、大胆地闯所致。这就必然导致平庸、平常而没有突破和发展。今天，党中央召开全会，提出文化改革和文化发展，上海在推动创新驱动，转型发展，这一切也给我们营造了新的机遇，我们应该继续鼓励创新，鼓励去发现机遇，抓住机遇，把机遇变成现实。目前，新一轮的股改上市、跨媒体经营、跨地区经营也在各地出版界兴起。更多的出版产品和服务有待人们去开拓和推广。在进入新世纪的今天，上海出版人应该继续做一个发现者和开拓者。

2. 我们应该继承"南方谈话"所强调的实践标准和实事求是的思想路线，真做实干，一切从实际出发并受实践检验。出版工作本质上是创意性劳动，同时具有很强的操作性。回想起来，90年代的出版人大多受过艰难环境的考验，具有丰富的实践经验和艰苦奋斗的精神，这是出版人的重要素养。出版人要有很强的执行力，要想得到还要做得到。不流于宽泛的理论，不流于美好的词汇，而在于真信、真做，出真知、出实效。很多事情，有想法没做，或者没有执行力落不到实处，最终可能无效或者反效果。相比起来，今天的出版界论坛多，观点多，口号多。如果仅仅停留在纸上谈兵，而不解决实际中存在的棘手问题，就谈不上开辟新市场、新领域和新项目。比如上海出版社拥有全国最丰富的刊号资源，上海出版社也有很成功的办刊典范，但是，刊物有生命周期，现在一轮新刊的竞争，几乎没有上海的影踪和新品牌，这是十分可惜的。同样的道理，在对人的使用和衡量上，也要更注重于对人的才能的发掘和在实践中大胆地使用。回想90年代的上海出版，出了一大批在全国有影响的社长、总编辑，启动了上海出版那一轮的发展和辉煌。这也是值得继续发扬的。

3. 要营造一种有益于出版发展的氛围。鼓励创新发展，不能都靠自上而下的行政推动。这就需要合理的授权、激励机制和民主的空气。没有这种氛围，就没有人的积极性、创造性，没有事业发展的生机和活力。90年代我在下面当社长，感受最深的就是邓小平"南方谈话"以后，领导对下面的创新、发展和改革很支持，对因此引起的麻烦不埋怨，帮助你克服困难。回想起来这是事业成功的关键。比如1998年我和班子的同志闻讯国家有一条新政策，我们可以用900万元的价格买下朵云轩70年的土地使用权和房产权。我们也有能力这么做。这对于改建、扩大资产和抵押筹资益处很多。但当时支付房管所的年租金只要 10 余万元，不及 900 万元的年利息。于是有领导认为我们做错了。但孙颙同志很理解，坚信我们做得对，没有给我们任何压力。我是后来知道出版局为我保了驾。我们买下旧楼以后进行了整体改造，大楼落成时把领导请来，领导也高高兴兴地剪了彩，很有气度。而走了这一步，至今大约已有 50—100 倍的增值。还有成立拍卖公司，从提出到成立只有两三

90 年代中期给局系统演讲比赛优胜者颁奖

个月，各方面一路开绿灯，没有人因为不懂这一行而搅局。当时只用了 30 万元人民币、一间半办公室就注册成功。我还清楚地记得好的氛围体现在民主上，就是大家敢于讲真话、讲不同意见。记得有一次出版局党委开会布置各社工会民主评议党政领导班子，这是一件马上要操作的工作。我感到出版社不同于工厂，要强调党对媒体的领导，强调党管干部，工会的评议可以纳入党委统一的考核中，不应另建一个考核系统。我就在会上大胆提出不同意见，得到大多数与会社领导的支持。出版局党委也尊重我们的意见，没有强行推广这一制度。回想起来，自己当时年轻，也真是大胆，而领导也真是开明。

文化和艺术的创新，往往一时很难判断。凡·高就被人误解，以至于在他死后才大放异彩。可见文化艺术的发展需要尊重个体和个性，需要一种民主包容的氛围和环境。

4. 要坚持改革，但改革要从实际出发，是什么问题改什么问题。改革的目的是为了解放生产力和发展生产力，而不是为了好看。国有事业单位还是国有企业单位，它的本质毛病是一样的，就是行政干预过多，所有权缺位，经营者和员工责任性不强甚至不负责任。90 年代的改革就是从解决出版社的积极性入手，给予充分授权，建立激励机制。当时比较起作用的是市人事局和出版社建立工效挂钩机制，社长在利润增长的同时，可以拿到一块增量工资分给员工。这块"蛋糕"在今天来看是很小的，但在员工收入不高的 90 年代，起了积极作用。后来上海局在此基础上对局属出版社领导班子实行双效考核，建立目标责任制，使社长的收入也有明显的提高。但进入新世纪后，出版社的改革始终没有在多元所有制结构和员工持股方面探索，没有新的激励因素。同时市场经济已

经 20 年了，但出版资源不够开放，市场调节力度不够，出版社要一个新刊号比登天还难，所以持续发展乏力。加上老国企讲级别、重形式，人浮于事、推诿扯皮等毛病未能解决，所以，出版社改革仍面临严峻的局面，绝非换一块企业招牌那么简单。

四、事业发展靠尊重知识、尊重人才和发现干部

这是邓小平同志一贯的思想，也是他引领中国改革发展的重要保障。同为国有企业，可以分成资源依附型的可复制的行业（如电力、燃油业）和人力资源型的不可复制的行业。出版的专业性，决定了它是一个产品分散、市场分割、知识密集的创意行业，人的因素起决定作用。90 年代上海有一批出版社朝气蓬勃，竞争向上，除了特定的历史条件外，还在于当时出版的人才储备比较丰厚，可供选拔到出版社一级担任领导的干部相对比较多。因为 77 届、78 届及以后高校的优秀毕业生都愿意加盟出版界，与后来流向公务员、金融、IT 行业有天差地别。加上 90 年代的干部选拔很注重专业背景和实战能力，没有被实践证明有不凡业绩的干部，很难进入上一层的视线。这一点也确保了上海出版社一级的班子拥有一大批政治强、业务精、执行力强、经验丰富、有开拓能力的干部。尤其是经过上山下乡的老三届大学生，是很优秀的一批干才，很适合在出版社这个层级独当一面，开拓创新。当时上海还有一批五六十年代参加工作的老干部，所以确保 90 年代的发展势头是很自然的。

现在出版界正面临新一轮的新老交替，50 后的干部也将在几年之内退出工作岗位，而其他行业对人才的强势争夺日渐显现。所以出版界的同仁应该意识到这一点。一是要尽可能吸引一定量的优秀大学本科生、研究生充实出版界。吸引不了年轻人，这个行业就没有了希望。二是要研究在市场经济的条件下发现人、用好人、留住人的政策。

连续三年，《编辑学刊》每年岁末向我约稿。在此，我向编辑部的同仁表示感谢！客观上讲，90 年代的上海出版，在邓小平"南方谈话"的推动下确实有很多精彩之处。主观上讲，我们这一代人 90 年代走上领导岗位，有机会做成了一点事情，也是一段感情的回馈。文章有不妥之处，敬请各位前辈、同仁指教！

刊于《编辑学刊》2012 年第 1 期

说饾版

去秋在台北访问的时候，参观花莲的一家民俗博物馆，意外地发现几块果印，也就是饾。

饾又称饾饤、斗饤，杨慎《食经》称："五色小饼，作花卉禽兽珍宝形，按抑盛之盒中累积，名曰斗饤。"斗饤指堆叠食品，又引申指文辞的罗列堆砌。

你看，我们的先人做糕团，都做成了艺术。先在厚木板上凹刻造型，有图纹，有字，诸如福禄寿喜，然后把年糕、寿糕、月饼之类的食物趁其柔软的时候，按入其中。黏性的食物按下去的时候，在印模内要撒些豆粉，以方便取出，所以，这个印模，就被称为饾。在荒蛮的年代，人们吃面食，吃米糕，不求其美。发现了饾模以后，我想解决了两大问题：一是度量衡。一个模子做出的食物大小、重量是一样的，不至于你大我小。这就有了合理性了。二是更美观。有造型、有花纹、有文字，

90 年代接待外宾参观木版水印工场及产品

吃的时候赏心悦目，食欲大增，真正叫美食了。这就又有了艺术性。

用现在的话说，我们的先人勿要白相得太结棍噢！由饾，中国人又发明了饾版，也就是中国独特的木版水印彩印技术，这比西洋人又要早了好些年。用刀在木版上刻出印模可以做糕团，由此启发，用刀刻花纹印在宣纸上，一块木版一种颜色，不同颜色刻不同的木版，一层一层叠印上去，不是可以印出美丽的图案吗？我们祖先在隋唐发明了单色雕版印刷，有现存英国伦敦大英博物馆的《金刚经》残页为证，成为四大发明之一，这是人人皆知的；但更多的人不知道，我们祖先也发明了饾版套色彩印。这同样是很了不起的啊！而其物证是明代万历年间开始刻印的《十竹斋书画谱》和明代天启年间所刻的《萝轩变古笺谱》。而这一技术是在万历年由安徽民间流传开来的。

《十竹斋书画谱》明初版本现存我国辽宁省博物馆等，由胡正言组织刻印。套印准

确，色彩鲜亮。共收入明代书画家 186 幅图画和 170 幅书画计 356 幅。刊刻的目的是复制作为画谱供更多的人学习书画，而它制作的过程，却发明了人类最早的套色彩印。1985 年朵云轩重新刊刻 300 部，其中的一部在 1989 年莱比锡国际书籍设计展荣获国家大奖，另一部在 2011 年 7 月上海朵云轩的春季拍卖会上，以 12 万元落槌加佣金成交价 13.80 万元，而在 1985 年这部书才卖 1900 元，涨了 70 多倍。

天启年的《萝轩变古笺谱》由吴发祥刻版，共 196 页，图案精美，风格极其典雅。笺，在旧时是写信的纸。萝轩变古笺反映了由单色到多色的转变，也反映了明代对尺牍用纸的讲究。从中可以看出，明人不仅熟练运用了饾版技术，而且通过拱花技术将信笺制成凹凸版。这对后来印刷技术影响很大。可见我们先人的聪慧和富于创造力。80 年代初朵云轩在上海博物馆支持下，员工入驻上海博物馆内勾描分色和雕版，根据该馆现存唯一的孤本，重梓了此书，共印 300 本编号发行。其中的一部在 2011 年 7 月上海朵云轩的春季拍卖会上以 28.75 万元成交，比当时每本 300 元涨了 950 多倍。可见饾版复制的魅力和收藏价值。

当然，明代初始的饾版印制的主要是小品，比如笺和画谱，大多为实用比较强的信笺和成扇。这比一张一张去画，要快速得多了，可以说是由创作层面到了复制和出版的阶段，这又是一大跨越。

但饾版逐渐为木版水印的称谓所代替，是在新中国成立以后。尤其是北京荣宝斋和上海朵云轩，在政府的大力支持下，保护老艺人，培养年轻人，同时拓展了饾版，使之成为一项传统手工艺，并在近年被国家列入了非物质文化遗产，受到重视和保护。新中国扶持的木版水印已成为中华印刷的活化石，成为一项中国书画的复制技术，以"悉仿原作，几可乱真"为特色，通过勾描、刻版、水印和装裱四大程序，运用与原作相仿的色绢、宣纸和中国画颜料，制作了一批批仿画，有的甚至是鸿篇巨制。如北京荣宝斋复制的《簪花仕女图》《韩熙载夜宴图》，朵云轩复制的《徐渭杂花图卷》《十竹斋书画谱》和《任伯年群仙祝寿图》，在尺幅、色彩、版数等方面，均大大超越了明代，成为能登堂入室悬挂的艺术品，吸引很多外国同行前来工场参观。

近些年笔者数度前往法兰克福书展，也有两次前往参观著名的古腾堡印刷博物馆。美丽的莱茵河流过德国大地，沿岸有很多古老的小镇，这些小镇有着深厚的文化积淀。古腾堡印刷博物馆就建立在距法兰克福约一小时车程的美茵茨。古腾堡先生发明了现代印刷，如今海德堡印刷机大量涌入中国，为纸张和印刷术发源地的人民提供印刷服务。而明代的饾版印刷在中国却始终停留在手工艺的阶段，仅仅为复制中国画供人赏玩。这不能不让人思考。我们很多发明比如铒版曾领先于世界，但只停留在初始阶段，没有从艺术走向科学，由手工走向现代化，这是令人扼腕的事。在印刷界更令人担心的是引进代替了研发和生产，人省了不少心，忧虑却也变得厉害了。

刊于 2012 年 4 月 16 日《东方早报》

20 年前的第一次拍卖：香港故事

我是 1973 年 5 月入朵云轩学徒的。第一份工作是木版水印雕版工。中国在隋朝发明了雕版印刷术，最早的印本是现存大英博物馆的那页《金刚经》残片，除了文字还刻有一个佛像。雕版印刷术在中国最大的贡献是刻印古书，中国 2000 多年有书的历史，大约存下来典籍八万部，大部靠雕版刻印和传承，活字的印本很少。其中，大部分民间的族谱、家谱、县志，也是雕版印的。新中国成立后，没有人刻家谱了，雕版术也就式微了。可是 70 年代初，又有领导感兴趣，在朵云轩（当时称上海书画社）设一个机构恢复木刻雕版书。一共刻了《共产党宣言》《稼轩长短句》《楚辞集注》。毛主席病逝后，又刻了《毛主席诗词三十九首》送呈刚落成的毛主席纪念堂。但后来，这个部门因工本太大、产品没有销路而歇业了，现在想起来国家培养我们这批学徒传承民族技法又歇业，实在蛮可惜的。

1992 年 4 月 26 日在香港首次参与艺术品拍卖

我比较早入了党，转到社长室任社长秘书，又做了多年经营和管理工作，到 1991 年末，已任副社长五年了。正好这年前任蔡社长离休，上级就让我接替他任法人代表，负责现在上海书画出版社和朵云轩两大块的业务。当时是一个单位两块招牌，不似今日是两个单位两块招牌。

朵云轩在公私合营以后是上海十几家画店的联合企业，选用了朵云轩这块招牌。所以 1960 年成立的新朵云轩和历史上的朵云轩实际上是两回事。其业务范围、员工数量和经营规模都要大了许多。

这要说到朵云轩的旧书画、碑帖经营。这是朵云轩的强项。1960 年以后，朵云轩大量征集民间书画，数量和质量都是一流的。征集来的书画分成三部分：一是自己建立馆藏。保存了一批非卖的东西，价值连城。二是捐赠给国家机构。故宫、历史博物馆、上海博物馆和辽宁省博物馆都曾调用朵云轩的藏品。有的说是收购，也只给个青菜萝卜价。比如 1986 年，谢稚柳、启功、刘九庵、杨仁恺等先生到上海朵云轩巡回鉴定，足足看了三个半月还没有看完。他们对朵云轩藏品质量高、数量多印象深刻。巡回结束，上海博物馆马承源馆长点名要一批元明清书画，计一百多件，都是最好的。结果只付了 7 万多元，就全调到了上海博物馆仓库。辽宁省博物馆杨仁恺馆长也参加了在朵云轩的鉴定，他看中了一大批明清书画，计二百余件，结果付了 12 万元人民币，也全部调到辽博去了。那个年代国家调你的东西大家很支持，主要是观念上认为都是国家单位，甚至我们个人也是国家的，所以没有利益的考量，这在今天是不可想象的。2000 年朵云轩建店 100 周年时，上述两馆把这两批东西借给朵云轩，在新楼内办了一个"朵云轩捐藏国家博物馆书画展"，同时出版了藏品集，杨仁恺、陈燮君和我三人分别写序，算是留下了一份宝贵的资料。三是卖出去。当时周恩来总理为我们行业定了一条经营政策："少出高汇，细水长流。"通俗的说法，是卖文物创汇支援国家建设。由于朵云轩有文物特许经营权，又有梁子衡、王壮弘、庄澄璋、彭仁甫、马成名、方之木、沈觉初、何伟明这些老先生，以及我们师弟辈的张荣德、汪洋等一大批干才，所以收到了一批又一批的珍贵书画、碑帖和文房珍品。一方面卖，自己养活自己，一方面是存。现在朵云轩的馆藏，绝大部分是那时留下来的。如今睹物思情，总是对这些前辈极为怀念和景仰。

说卖也不好卖。因为新中国成立以后，大家的收入差别不大，加上连年的政治运动和极"左"的做法，实际上已经铲除了收藏家存在的土壤。所以，一直以来，我们卖画主要以香港人为对象，卖给香港人再转口其他地区或国家，如中国台湾地区和欧美。那里集中了一批收藏家，他们很长时间不能来内地买书画，都是与香港人做生意。我们认识比较大的客户就是集古斋、博雅、九华堂。其次，就靠朵云轩的门售，也有一些游客上门，包括日本、新加坡等地的。所以，规模做不大。

当社长后，我考虑比较多的是要做大规模，提高书画经营的能级。而当时，朵云轩流动资金太少，一年才一二百万，有东西收不下来。这就要为完成指标挖库存，卖祖宗留下来的东西。不出几年库底就会卖空，这是我所担心的。二则收货加价卖，规模也做不大，利也不厚。比如 1987 年秋天我首次到香港，才发现两地的价差有 10 倍之多。记忆犹新的是一套张大千春夏秋冬的山水四条屏，我们收购价 4 万元，卖出价 6 万元，才赚了 2 万元，而在香港卖出了 87 万元港币。所以如何找到一种新的营销方式，成了当时我和同事考虑得最多的问题。

恰巧想发展就来了机遇。1991 年的冬季，香港九华堂堂主刘先生来上海找我。他告诉我，香港的文物经营发生了很大的变化。佳士得、苏富比进入香港以后，引进了英国式拍卖，做得有声有色，吸引了高端的文物和客户。又告诉我，当地几位华人实业家已创办了一家叫"永成"的华资拍卖公司，他们擅长古玩，对书画比较陌生，希望与朵云轩合作，强强联手，创出自己的品牌。

我敏锐地感到这是一个商机，就和刘老板进行了深谈。当时，我和薛锦清、曹晓堤、汪洋等一起研究，感到对方要求并不高，只要提供几十张书画，就可以促成合作，很快就和香港永成公司签了合同。

也几乎在这同时，邓小平"南方谈话"发表，鼓励我们大胆地试，大胆地闯，解放思想，抓住机遇，发展自己。这就更坚定了我们与永成合作拍卖的信心。

当时，我们配发了一批书画，均是国家允许出口的，也是门店常卖的，发给了永成。包括吴昌硕、吴湖帆、溥儒、齐白石、任伯年等的作品。不久，收到了永成制作的拍卖图录，封面做得很气派。图录上，拍卖时间定在4月26日（周日），上报我等三人去香港却迟迟批不下来。因为当年去港的手续层层叠叠，麻烦多多。后来，获悉护照已由外交部送达英国驻华大使馆，一算时间也赶不上拍卖日。当时，我已不抱希望，好像是4月23日，荣宝斋副总经理米景扬先生来电，说外交部通知荣宝斋，签证出来了，真是喜从天降！正巧，当时我们为国家教委编教材，获悉当晚教委有人来上海出差，护照就由他送达我家中，记得已是半夜了。

我和薛锦清、张志成次日加办了通行证，订了机票，赶去香港。下机已是晚上九点，刘先生接了我们。顾不上晚饭，马上赶到启德中心附近的海港酒店观看我们的拍卖会预展。当时，上海和香港差距很大，拍卖展览在灯火辉煌的五星级大酒店进行，书画加上永成的瓷器，摆放得赏心悦目，我们感觉很好。

次日见到了李时佑董事长、黄应豪总经理，作为前辈，他们对与朵云轩合作给予了充分肯定。同时，我们也一批批地接待来访的收藏家，结识了张宗宪、许祥杰、陈德熙等先生，他们后来成为我们在上海发展拍卖事业的铁杆支持者。

26日10时30分，拍卖在海港殿举行，这也是我生平参加的第一次拍卖。出于对朵云轩的尊重，永成让我在开幕式上致词。而拍卖是由黄应豪先生亲自主槌的。这里要顺便提到黄先生，他是瓷器鉴定的专家，眼光敏锐，一生值得骄傲的另一件事是带出了翟健民这位高徒，现今驰骋海内外拍坛的一位风云人物。

永成的拍卖场面不像我们朵云轩在内地的气氛那么热烈，但也拍出了一些高潮。封面杨善深《翠屏佳选》画一对孔雀栖息在石榴树上，工写结合，形神兼备，以77万元港币成交。我们的齐白石《双鸭图》起拍6万元港币，成交16万元，为张宗宪购得。

235

2011年春节我去苏州张府拜年，张先生对此事记忆犹新，说今天这张画可卖800万元，真是今非昔比。另一幅溥儒山水四条屏估价10万元港币，成交18万元。最高价为318号拍品高奇峰《猴子图》，65厘米×134厘米，估价35万元港币，成交82.5万元，这在当时已是令人惊奇的天价了。

拍卖结束，举行了热烈的庆功宴，招待各路买家，我也第一次见识了豪华的场面。同时永成定制了一尊金质纪念牌，赠给朵云轩留念。当夜，在北角新华社的招待所里，我们三人很兴奋，看到画比上海卖得贵多了，又认识了这么多藏家，感到很有收获，发愿回去也办一家拍卖行。

和永成的拍卖一直持续到1993年秋，前后共举办了四场。回沪以后，我们根据香港的行情，进一步调整了思路，9月27日秋季拍卖的货源更适销对路，所以取得了不凡的拍绩，总成交超过了一千万港币。香港媒体给予了充分的报道。其中高剑父《白凤凰》成交74.8万元，高剑父《狂涛海鹰》成交66万元，张大千《水榭松风图》成交60.5万元，吴冠中《曲阜孔林》成交57.2万元，吴昌硕中堂《富贵图》成交46.2万元。这在香港掀起不

沪港合作双方在首场拍卖会现场合影

小的波澜。这次拍卖可惜因层层报批我未及赶到，但消息传来，朵云轩上下极为振奋，因为拍卖业绩比春季明显提升，朵云轩其中的17件拍品成交224.5万元，真是抱了大金娃娃，这比我们以往卖掉几百件画的收入还高，它也更坚定了我们要在境内开辟拍卖的信心。这场拍卖会因为规模大，改在香港大会堂举行，我的同事张锦标先生因私去港，我让他代表朵云轩去现场，他受到了永成方面的热情接待，同时也观摩了拍卖过程。回沪后，他向我详细介绍了情况，对合作方给予了充分的肯定。我们也分析了与永成的合作成功，在于调整了货源，同时双方在拍卖前互派人员前往对方选货，保证了质量。我方派出了曹晓堤、薛锦清两人前往，审看了永成在香港征集的拍品，良性的合作机制终于建立了起来。

在香港的拍卖，使我们开阔了视野，学习了国际最先进的艺术品经营方式，在国内

1992 年 4 月首场合作拍卖图录

拍品之一高奇峰绘《猴子图》估价 35 万元成交 82.5 万元 (港币)

同行中处于领先的地位。记得我和我的同事利用第一次拍卖的机会，考察了与永成差不多同时举办拍卖的佳士得、苏富比，这两家国际公司规模更大，拍品层次更高。记得张大千《峨眉金顶》拍到 800 多万港币，程十发的三幅通景屏《梅花图》拍至 39 万港币。这对我来说，简直不可想象。因为我们的观念活人的画卖不贵，程老的画在朵云轩才卖一两万一张，39 万这个天文数字给我们深刻教育和启发。从这里我也懂得了艺术品的想象空间。我们在香港的四次拍卖，最重要的是积累了经验，把握了拍卖的全流程，这为以后的成功创造了条件。

我们拍卖成功的消息借助媒体，也传播开来。记得首次拍卖刚结束，我即着手现场写了一篇新闻稿传真回上海刊发。这也是有关国内机构最早的拍卖报道。香港电视台、《大公报》都对我进行了独家采访。朱伟伦先生特邀我写稿，在《新民晚报》以整版篇幅刊出，介绍了我们在永成拍卖的前前后后，产生了重大的影响。

20 年过去，中国拍卖业呈现了蓬勃发展的景象。2011 年成交已达 930 余亿元，位居世界第一，在大中华区已有 25 件中国艺术品超过了亿元。而我们在香港一场不经意的拍卖，竟成了全部故事的导火索，作为亲历者，我的内心无比激动和感慨。我们生活在一个创业的时代，是历史给了我们机会。当年的出发点是为了朵云轩的生存和发展，而结果却改变了中国艺术品市场的格局。

刊于 2012 年 5 月 14 日《东方早报》

20年前的第一次拍卖：上海故事

1992年4月26日与香港永成拍卖行合作成功，又考察了佳士得、苏富比的春季拍卖以后，我和薛锦清、张志成三人都很兴奋。我们当时住在北角侨辉大厦一个内地办的招待所里，为了节约，我们住的是三人房。但我们每天晚上有精神大餐，就是谈拍卖，聊前景，常常通宵达旦，夜不能寐。集中到一点，是要在国内创办第一家专业的艺术品拍卖公司。

当时，正是学习讨论邓小平"南方谈话"如火如荼的时候，解放思想，大干快上，大胆突破是那个时代的主旋律。回来以后，领导班子中卢辅圣、岑久发都很赞成，向徐福生局长、孙颙副局长一汇报，他们也很支持。我们就开始走程序。相比后来层层叠叠的管理，当时还算一路畅通。

5月26日，由我起草的报告送呈市新闻出版局。报告称："成立朵云轩艺术品拍卖行是基于艺术品拍卖属国际上一种高层次、高质量、高收益的文化产业。如世界上著名的拍卖行苏富比和佳士得，每年在全球多处拍卖，收益数亿美元。通过拍卖，既能得到数倍于以往的销售利润，又能提高一个民族的国际声望。……由朵云轩来创办一家艺术品拍卖行是一件对上海有益的文化经营项目（北京有些单位已在酝酿此事）。"

5月29日，上海市新闻出版局批复同意在浦东创办朵云轩拍卖公司。我们又打听到商业一局分管拍卖公司审批，6月4日由沈毓琪同志起草上报了请示文件。商业一局派来一位处长询问此事，这位同志看了我们展示的永成、苏富比的拍卖图录以后，感到很新奇，当即表示支持。可惜20年了，我已记不得他的名字，但他给我留下了难忘的印象。6月30日上海市第一商业局发来《关于成立朵云轩拍卖公司报告的答复》，称："你社报告成立的艺术拍卖，不属《上海市公物拍卖管理暂行办法》所指公物范围。因此不属需我局审批范围。你社可按有关规定直接办理工商登记手续。"8月21日，我们通过了工商登记。1993年1月份，上海文管会也很支持，批复同意我们具有拍卖文物的资格。当时上报公司注册资本50万元，登记时改为30万元（1997年《拍卖法》出台后改为1000万元）。谁也没想到，20年以后中国拍卖事业大发展，朵云轩拍卖公司每年营业额近 10 亿元，利润 7000 万元之多。创意产业，真是点子踏准，一步登天。

在筹备拍卖行的过程中，很多前辈给我们以帮助。谢稚柳先生为我们题写了公司招牌，他还和程十发、马承源、汪庆正等四位前辈一道担任了首批顾问（后来追加了陈佩秋先生、刘旦宅先生）。永成的黄伟明先生也给了我们很多具体的指导，帮助解决了很多操作上的难题。

在朵云轩拍卖会开幕式上致欢迎词

最难忘的是汪道涵先生，闻讯我们创办拍卖公司，数次约我和沈毓琪同志去他家中交谈，给我们很多指导。看了苏富比、佳士得和永成的拍卖图录，他说艺术品市场是继股票和珠宝以后，一个很重要的市场。在上海创办拍卖公司意义重大，很有前途。

他还应我的要求为我们写了一篇文章刊登在公司的介绍上。其中写道："一家拍卖行就好比一个人，用一双手牵着卖方和买方来交易。拍卖公司要注重拍品质量和服务质量。"若干年以后，我读到一些文章反复提到汪老的高瞻远瞩，深有同感。如他提出上海要开放开发浦东，提出上海要办世博会。他说广交会是战术，世博会是战略，会影响上海100 年。这都是比常人超前的地方。我从他支持办拍卖行这件事，看出他的胸怀和气魄。汪老不仅言语上鼓励，还给我实质的支持。如他前来上海美术馆观看我们的拍卖预展，

两次参加我们在静安宾馆举办的拍卖庆功宴，谈笑风生，举重若轻。他的到场，给海内外收藏家以极大的鼓励，也提升了朵云轩公司的地位。回想起来，汪老在我们最困难的时候所给予的厚爱，真如雪中送炭，令人终身难忘，感激不尽。

1993 年 6 月 20 日朵云轩在静安希尔顿举行首场拍卖会，被业界誉为敲响了中华第一槌。计有 155 件拍品上拍，成交总额 830 万港币，成交率 74.5%，有两件拍品价格破百万元

1993 年 2 月 20 日，我们在静安希尔顿酒店举行了拍卖公司成立大会。汪道涵、龚心瀚、徐福生等同志出席大会并讲话。公司当时编制 15 人，实际员工只有总经理祝君波、副总经理曹晓堤等 4 人。在南京路朵云轩顶楼加盖了一间办公室和一个会议室，这就是公司全部办公场所，真正秉承了国有企业和朵云轩一贯的传统，艰苦创业，白手起家。

我自定 6 月 20 日为拍卖日，这就让公司背水一战，没有退路。我们派出员工去征

集拍品，应该说这是最艰苦的时期。因为社会上的人都习惯银货两讫、当场买断的传统做法。对拍卖公司先收下书画，拍出了再结账，拍不出再退还物主的做法，很多人不理解、不适应。我自己带的一队人马由杭州、南京、扬州、镇江、常州和苏州一路下来，收到了二三十件；北路薛锦清一组，荣宝斋、中国书店支援了一些拍品；曹晓堤在门口收到了张大千《溪山雪霁图》等精品，但总的来说，数量和分量都不足。我们分析了形势，感到除了初战必胜以外，国内市场对拍卖很陌生，一定要作出示范，让物主们看到拍卖的好处。于是我们把店堂里挂的画摘些下来，再从仓库拿了一些精品力作，组成了首场拍卖的拼盘。应该说，1993年的拍卖受到当时文物法规的影响，

朵云轩初期的拍卖会还出售入场券，图为作者向时任佳士得驻中国代表的朱仁明女士赠票

可以出口的文物才上拍，限制出口的一律不上拍（包括明清书画甚至近代徐悲鸿、傅抱石等的书画），生意很难做。这和后来政策开放很多旧文物可以拍卖是很不同的。

就这样，连征集带补充共有155件拍品上拍。徐建融教授为我们编辑图录。他的细心至今令我难忘，如精心设计好拍卖的顺序和节奏，为后来的成功立下了一功。我的师兄张雄先生为我们操刀设计。在今天来看，这是一本规模很小的图录，但当时时间太紧，我们还得加班加点，废寝忘食。那天完成图录发排已是半夜，我和曹晓堤、卢辅圣、徐建融等人到对面五芳斋吃夜宵，端起一碗面才记起这天是我生日，1993年3月18日。

图录出来以后，由薛锦清、陈伟康等人负责，我们在香港举办了部分展品预展；曹晓堤带队去北京、深圳两地展览。在北京，我们的展览还上了中央台的新闻联播。招商工作搞得风生水起。同时，我们公告在上海社科院举办拍卖知识的系列讲座，徐建融、曹晓堤和我都去讲课，这大概也是国内最早的艺术收藏和拍卖培训，而教材是我们自编复印的一本海内外拍卖资料。

拍卖前，我们做了几位重点客户的工作。如张宗宪先生是我在永成结识的大客户，他收到我的信和图录以后，专程在拍卖前单独到公司来看东西，并表示要捧场。他还拿去了很多图录，帮我们拉客户。另一位是香港金山集团的罗仲荣先生，他是20世纪90年代香港拍卖场的大买家。他也和妻子一起专程到我们简陋的办公室看画。中午我们请他们夫妇在天津路一家小饭馆吃饭，罗先生欣然前往。后来我感到在小饭馆吃饭有点失礼，但罗先生很给我们年轻人面子，毫不介意。席间，罗太太告诉我："罗先生在全世

界有几十家工厂，有一些厂他一次也未去过，但你们拍卖公司他会亲自来看。"由此知道罗先生对艺术尤其是 20 世纪的书画情有独钟。20 年来，我每年春节都收到他们精印的梅洁楼藏品年历（罗夫人姓名刘梅洁），从不间断。深知他们是真的喜欢艺术，也由此懂得了什么叫名家的为人、平和、认真。我们还通过新加坡中华书局施太太做通了新加坡大收藏家、袖海楼主杨启霖先生的工作，他拍卖前发来了一纸传真订单，共竞投十多件拍品，使我们喜出望外。

朵雲軒首届書畫拍賣會作品集
A COLLECTION OF THE FIRST AUCTION OF DUO YUN XUAN CHINESE PAINTINGS

朵云轩首场拍卖会图录

图录发出去，我们做了很多宣传，也引起了海内外的关注。拍卖能否成功？能否大成功？我的心里并无把握，因为在此前北京、西安等地也有过艺术品拍卖，都失败了。这就使上海朵云轩的拍卖更引人注目。著名记者谷苇在《文学报》发了长篇述评，标题为《艺术品拍卖纵横谈》，醒目的题记写道："朵云轩艺术品拍卖公司春拍即将开槌。此前，北京、深圳、西安的艺术品拍卖成绩不甚理想。上海此举成耶？败耶？——人们关心着。"余传诗写的另一篇长文《朵云轩，你能启动这个市场吗？》刊发在 1993 年 6 月 17 日的《光明日报》上。这些都反映了人们的期待和担忧。

在当时的政策条件下，不可能加重拍品的分量，只能多做客户的工作。于是，我们加大了图录投送的力度，印了 5000 册，尽可能发到需要的客户手里，同时有针对性地做工作。

说起第一次拍卖，也有好的地方，就是低成本运作。公司仅投资了 30 万元人民币，与今天高投入、高收益不可同日而语。比如选希尔顿酒店，是与波特曼相比较而定的，波特曼开价半天拍卖收 4.5 万元，希尔顿只收 4500 元。又比如图录卖 250 元一本，很多人需要，也卖出不少。拍卖预展选在最老的上海美术馆，场租也很便宜。我们还创了世界拍卖史的先例，入希尔顿参加拍卖会，要买一张 85 元的入场券。最近我翻到一张照片，我在向佳士得驻中国的首席代表朱仁明女士派发拍卖入场券，有红、蓝两种。我回忆，这是用于 1995 年春季的拍卖会的，因为拍两天，入场券用了两种颜色，以示分别。当然，大部分票是送的，并未收钱，但在那个年代，不用入场券显然不行。首场拍卖会人们闻讯蜂

首场拍卖会第 1 号拍品（丰子恺作品）

241

拥而来，中途不得不停止入场，证明我们卖票的做法是符合实际的。

在拍卖前，还发生过一个插曲，就是与佳士得的合作。由程十发先生的公子程多多介绍，我们认识了爱丽丝·袁小姐和黄君实先生，在印制图录前他们代表佳士得专程来上海看了我们的拍品，黄先生还帮我们估了一部分参考价。当时我们白手起家，希望借重佳士得的力量和客户网络。但是，在拍卖师问题上，双方没有达成协议。袁小姐坚持，既是双方合作拍卖，要用佳士得的拍卖官；而我坚持，既是在上海拍卖，要用朵云轩的拍卖师。而我当时并没有拍卖师。但我认为这是主权的象征，不肯让步。多年后回想，我也为自己的决定而惊奇，也许一个人在年轻的时候，真的敢作敢当，充满热情和理想。事后，我在全社二百多员工中，选了时任总编辑助理的戴小京先生。以我对他的观察，戴先生是书法家，一表人才，口若悬河又口齿清晰，有胆有识。我让曹晓堤先生陪他去香港实地观摩了佳士得、苏富比的拍卖，回来以后又操练了几次，居然上场也一举成功，成了后来颇有知名度的"江南第一槌"。

苏富比、佳士得的拍卖秉承了欧洲贵族的君子之风，他们在香港拍卖的登记手续比较简单。而在上海怎么操作好呢？我们想出了两个办法，起到了很好的作用，也为后来全国各家公司所沿用。一是领牌登记凭身份证或护照，并复印备份，这一招在20世纪90年代很管用。二是设计了成交确认书，落槌以后当场填写，由竞买人签名备份。因为以英国式拍卖师记录为凭的方式，在中国显然行不通，有了本人的当场签字确认，在后来的钱物交割和法庭诉讼时有了过硬的凭证。所以说，细节决定成败，关键的细节确保了我们首场拍卖的成功。一个好的指挥员的责任，一定要做到宏观把握，微观落实。这也是多年工作的一条重要经验。

目光回到1993年6月20日下午1:30这一刻，中国拍卖史上首场成功的拍卖第一槌在上海静安希尔顿酒店敲响。6月20日作为春拍已是上半年的最后时机了，下半年快来临，所以天气比较热。大批人涌入大厅，挤得水泄不通。很多人来竞买，牌号被领走了120多个，相对于155件拍品，这个领牌比例是很高的了。然而，更多的人是来观摩、来看热闹的。在我记忆中，有知名艺术家谢稚柳、程十发、陈逸飞，文物界精英荣宝斋米景扬，瀚海秦公，嘉德王雁南、甘学军，苏富比溥文，佳士得袁小姐，兰馨蔡国声等。座位不够，很多专家席地而坐。就是这样，还是挡不住人流，无奈之下，我忍痛决定关上大门。

起拍的第一件作品是丰子恺的《一轮红日东方涌》，绘父子两人在岸边迎接初升的旭日，题款为"一轮红日东方涌，约我华人捧"。这是多好的寓意，正好象征我们华人开创拍卖事业，打破西方人垄断中国艺术品拍卖的历史。放第一张也是徐建融教授的设计，既是口彩好，更是价位低，便于拼抢造势。果然，由 1.8 万元起拍，你抢我夺，节节攀升，一时难以下槌，直顶到 10 多万加佣金 12.65 万元才罢手。我们请出泰斗级人物谢稚柳上台，敲响了第一槌。顿时全场掌声雷动，满堂喝彩。此后气氛持续升温，每张画都经激烈拼抢。你想，很多客人远道而来，谁想空手而归让人耻笑？前 30 件拍品竟然成交了 26 件，仅 4 件流标，这种业绩和气氛，就是在香港佳士得、苏富比也少见。除了成交率高，成交价更是大超底价，令人看不懂。如 63 号梁启超对联成交 13.2 万元，66 号张大千《溪山雪霁图》（尺幅仅 71.2 厘米 ×18 厘米），成交 39.6 万元（这是晓堤兄在门口收来的，绝对是件精品）。

拍卖进度慢、竞争激烈、价位高本是件大好事，但我内心十分着急，因为当日希尔顿宴会厅已借给一家大公司开晚宴派对，我们必须在 4：30 交场地。但 1 至 30 号拍品居然成交了 26 件，件件志在必得。时间飞逝，我只得在中场休息时嘱咐戴小京先生加快进度。

真正的高潮发生在 102 号张大千《晚山看云图》上，此作 157.5 厘米 ×81.6 厘米，创作于 1946 年，体现了大千作品的大陆风格，是一件传统型的精品力作。我们将此印在拍卖图录的封面上，显示对此作的重视。最近查到资料，当时谢稚柳先生还专门写了《张大千〈晚山看云图〉鉴赏》一文，刊于当年 6 月 6 日《文汇报》笔会专栏，并配了这件作品图照。称："是图大千 48 岁，正是其艺术上趋于炉火纯青之期，而论此图的描绘之精，功力之深，恰可作为这一时期的代表。尤其是他对传统的心印，从中可以看得最为清楚。本图上长题诗款，笔势俊爽，书画双璧，尤为难得。"拍卖前，引起买家追捧，其中尤以台湾嘉义藏家蔡泰和先生最为心仪，数度前来赏看，念念不忘。记得此作是从 60 万元起拍的，一路争抢叫到 130 万元落槌，加佣金 143 万元成交。这也成为 1949 年以来在中华大地上第一件成交的百万级艺术品。全场热烈鼓掌。次日，蔡先生也上了各报的新闻。值得一提的是，前几年我又见到泰和兄，他说 1997 年亚洲金融危机时资金紧张，曾出让给台北另一藏家。此件后又流回上海拍卖成交 500 万元，前些年在天衡拍卖，成交已高达 1800 万元。可见好东西大家都追捧。

另一次高潮发生在 119 号任伯年《花鸟草虫册》上。这本册页共 12 开，品相极好，估价 24 万到 28 万元。拍卖前，时任香港集古斋副经理的张超群先生提出，要一台长途电话供他竞拍时使用，但希尔顿回复无法落实。在今天拍卖厅设国际长途是极普通的事，但当时的五星级酒店也做不到。于是，我就向朋友林伟新先生、赵志华先生各借了一台

"大哥大"，足有一块砖头那么大，但却解决了大问题。拍这件作品时，张先生手持"大哥大"，与幕后的神秘人物通话，拍到激动时站了起来。此作一路高潮迭起，直举到95万元加佣金104.5万元为张先生竞得，全场报以热烈的掌声。事后一计算，两个"大哥大"竟用去国际长途费4500元人民币。但第二个百万级的拍品也就因此创造了出来。

这天性价比拍得最高的实际上是王一亭的作品。90号拍品《急知靖变》描绘救火的场面，很特别，拍到14.3万元，为新加坡前辈许祥杰竞得。最后一件拍品155号《欢天喜地》，绘和合二仙，以13.2万元为张宗宪竞得，也算高价了。

这天拍场的风云人物，无疑是香港的张宗宪先生。他着橘色西服，领1号牌坐前面，旁边坐着陈逸飞和米景扬先生，风采卓然，引人注目。从1号丰子恺《一

1993年6月20日晚谢稚柳、程十发先生出席拍卖庆功会

轮红日东方涌》，直举到155号王一亭《欢天喜地》，善始善终，许多精品力作由他收归囊中。更重要的是，他顶高了很多拍品，无形中帮我们提高了拍价，提升了成交率。事后一统计，他竞得了250余万元的拍品，这在当时就是天价了。

首场拍卖的主力军是港台等境外买家，全场120余块牌，他们占了70%以上，但国内买家也开始涉足。如成交17.6万元的齐白石成扇，成交26.4万元的吴昌硕花卉，成交9.2万元的《梅影书屋同门生肖画》，均为境内买家竞得。最记忆犹新的是13号拍品吴昌硕花卉，当时未拍到底价，中场休息时，有两位境内买家与我协商，他们提来了一麻袋现款，足有20余万元，要求买下此画，我们商量后表示同意，他们欣喜无比。

戏剧性的一幕发生在即将结束时的149号拍品《汪精卫书法》上，此图75.5厘米×36.5厘米，估价3000

朵云轩首场拍卖会上张大千《晚山看云图》成交143万元港币

元人民币，系由浙江一客户送拍，根本不起眼。哪里知道，如此低廉的作品，一开拍破

了万元，又破了 10 万元，越拍越高，越拍越疯，一个小伙子和一个黑衣人对举，互不相让。全场满堂喝彩，弄得两个竞买人下不了台。最后，以 24.2 万元离奇的天价鸣金收兵。事后知道，那位不知名的黑衣人是真举，而那位年轻的小伙子在现场亢奋得控制不住自己，一时神智错乱。落槌后，小伙子丢下牌冲出了拍卖大厅，给我们添了一个大麻烦。第二天上海某大报发表评论说，举这么高的价位，是不是有人要为汪氏翻案？真是主观猜测！这也是第一次拍卖给我留下的难忘一幕。至今想起来又好气又好笑。

1996 年春季朵云轩与台北甄藏拍卖行合作在台举办拍卖会，首创两地同步连线拍卖，图为在上海静安希尔顿设立的分会场，是次拍卖在两岸收藏界产生了重大影响

拍卖结束，在静安希尔顿举行了记者招待会，张宗宪、蔡泰和、陈德熙先生等大买家均出席，与我一起接受记者采访。我向记者宣布成交率 74.5%，成交总价 830 万元港币，两件拍品超过 100 万元，记者们都很激动。毕竟，一个下午的拍卖做成 800 多万元生意，这是一个了不起的成绩。比我们两次预估的成交 250 万元、400 万元有了很大的突破。更重要的是，现场气氛热烈，竞价激烈，这比什么都重要。所以，我对记者连说了三声："今天的成绩出乎意料！"同时张宗宪、陈德熙先生也对我们的工作大加赞赏。次日以及此后一周内，媒体给予了充分报道，采访者络绎不绝。其中影响最大和最令人感动的是我的同龄人胡国强先生当时采写的长篇特稿《槌声响起——记朵云轩首届中国书画拍卖会》，该文刊于当年 7 月 3 日《解放日报》，他写道："大陆艺术品拍卖业是在政策开放中刚刚起步的。朵云轩首届书画拍卖会虽然比北京、深圳、西安等地晚了一拍，但它却是最成功的，对大陆艺术品市场的形成，意义不可估量。""我们相信，只要改革开放不断推向进步，中国的艺术品市场终究会逐步形成并走向成熟。当这一天来临的时候，请不要忘记 1993 年 6 月 20 日，上海静安希尔顿酒店这紧张激烈、动人心魄的一幕。"

此后，我在世界各地出差，时常有人对我说："祝先生，我参加过你们第一届拍卖会哦！"言语中充满了感情，他们都为自己见证过这一时刻而自豪！

当天晚上，在静安宾馆九楼举行了庆功宴，谢稚柳、程十发先生都来作陪，场面让人难忘。

第二天，朵云轩四楼小会议室桌上出现了令人惊喜的一幕，一叠一叠的人民币堆成了一座小山。因为那时没有信用卡，也没有百元面钞，所以几百万现金付来，感觉上就很不同了。

那个时代，成功首先想到群众，利益由大家分享。我和班子决定，给副总经理曹晓堤奖金一万元，给朵云轩和上海书画社全体员工和全体退休职工每人增发800元。那时，我作为社长的月工资才三四百元，每人发800元抵几个月的工资，大家高兴得像过节一样。营业部经理祁振华还自发地在南京路挂出了"热烈庆祝朵云轩首次拍卖成功"的大红条幅，社内外呈现一派欢乐气氛。

而更多的物主纷纷前来送货，要求参加下届拍卖会。很多未给首次拍卖送货的藏家亲历拍卖现场后，向我们表示了歉意和悔意，表示要拿出最好的东西交给朵云轩下届拍卖会。一时坊间传出"现在朵云轩牛得很，不请他们吃饭送不进东西"的说法，实际上是猜测和谣传，但足见我们第二届拍卖征集货品有多么顺利。1994年春季的拍卖以255件拍品的总量，产生了84.5%的成交率和1530

谢稚柳先生为朵云轩首届拍卖会1号拍品敲槌

余万元的成交总额，这在那个年代是很了不起的业绩，而主要货源均从民间征集而非来自朵云轩库存，真正实现了货源和客源两头在外。张宗宪先生对我们1994年春季的拍卖会给予了更高的评价。他说："我一生参加过无数场的拍卖，最成功、印象最深的只有两场，一场是台北苏富比张学良定远斋藏品拍卖，一场就是朵云轩的94春拍。"

可见，坚冰已经打破，航路已经开通，中国艺术品拍卖的美好前景已经展现。

对朵云轩而言，两届成功拍卖，鼓舞了我们改革创新。百年老店老树新枝，长出了第一根强壮的枝干——拍卖行。我们不甘于此，又在1995年成立了朵云轩古玩公司，1997年成立了朵云轩文化经纪公司，三步完成了朵云轩的转型。后来，它们始终成为朵云轩的三大产业支柱和经济来源。

人是需要刺激的，产业也是需要引导的。我们的成功拍卖，引来了各地拍卖事业的大发展。瀚海拍卖行创始人秦公生前多次对我说："你们拍卖成功，对我刺激太大了。一个下午做了800多万生意，在当时的体制下闻所未闻。所以，你们请我吃庆功宴我没有心情，当天晚上在住地延安饭店策划成立瀚海！"中国拍卖业后来的精英，如秦公、王雁南、甘学军、米景扬等等，都在我们首拍的现场受到了鼓舞。

20年过去，中国拍卖业已经成为一个大产业，为提升中国的文化软实力，改变佳士得、苏富比垄断拍卖的局面作出了历史性的贡献。这是时代的进步。2012 年春天，我格外怀念当年创业时给予支持的前辈汪道涵先生、谢稚柳先生、程十发先生，怀念当时的老领导和老同事，故萌生了要写《第一次拍卖》这本书的念头，用以纪念新中国拍卖事业创立 20 周年。陈佩秋先生闻讯不仅为该书题写书名，还题赠我"中华艺术拍卖第一槌"横幅，上款写道"1993 年春稚柳先生为朵云轩首次艺术品拍卖主槌，被业界誉为敲响了中国拍卖第一槌。20 年过去，中国艺术市场已今非昔比，独领风骚，令人感慨。特书赠君波先生以志纪念。"前辈的题词，使我感到无限的宽慰。思前想后，我们在一个变革的时代做成了一件应该做的事，根本原因还在于社会的推动，在于邓小平"南方谈话"后上海呈现的那种氛围，在于前辈们的谆谆教诲和鼎力支持！

刊于 2012 年 5 月 21 日《东方早报》

盛大、嘉德、现代启示录

2012 年已经过去。每个人的感受是很不一样的。但这一年，确实让我想起一些人和事，思考过一些问题。我想讲几个对我印象深刻的故事，汇报一下由此引发的思考。

盛大和陈天桥的故事

2012 年 5 月我回绍兴路 5 号工作，7 月正逢 ChinaJoy 展会十周年。这个展会已成为游戏界全球第二、亚洲第一的盛会。十年来，中国网络游戏从无到有，盛大集团公司到 2011 年形成 480 多亿元的销售收入，同时拉动电信等相关产业，收益和技术进步业绩惊人。讲到网游，不能不提到陈天桥。

2006 年夏季中国出版集团总裁杨牧之等考察盛大网络时合影

我和天桥先生结识在 1999 年，那时我在上海人民美术出版社当社长，由乐坚同志介绍引进他作为合作伙伴，合作项目是人美社所属的杂志《动画大王》。当时，天桥先生刚由国有企业下海创业，二十多岁，赤手空拳来到文化界。记得当时他向我介绍了正在开发的另一个项目，就是他的虚构社区游戏。这是比较前卫的。2001 年 9 月盛大正式进军在线游戏市场，11 月《传奇》正式上市。2004 年 5 月，盛大游戏不到三年的时间，已在美国纳斯达克股票市场成功上市。我到出版局主管这项工作时，盛大一家已占全国网游市场 50% 以上的份额。因为他率先解决了中国此前游戏行业的两大顽症：盗版和网上无法收费的问题，同时抓住了游戏这一人的本质需求和互联网这一时代构造的超时空平台。

记得有一次天桥先生来找我，我们一起去浦东一家星级酒店参加仪式，那天盛大收购了中国领先的原创文学门户网站起点中文。我查了一下是 2004 年 10 月。我也是在那一次认识了吴文辉先生，起点中文的创始人，现在盛大文学的总经理兼总编辑。天桥先生当时以百万的价格收购了这个网站和北大出身的几位创办人。这是一个不经意的事件，但它却改变了历史。起点中文设计了全新的经营模式，与作者的分成办法和读者阅读的付费方式，都为我这个传统的出版人闻所未闻。后来，盛大又收购了红袖添香、晋江文学、榕树下等知名网站，成功打造了盛大文学的品牌。继而又推动实体出版、影视、动漫、游戏等文化产业的发展。2012 年我再去考察，始知盛大文学已占全国同业总收入的 71%，年收益超过 7 个亿（成文时已知 2012 年盛大文学收入超 10 亿元）。

为了讲全这个案例，我查了一下盛大 2011 年的资料，一组数据让人不得不佩服。收入 69.75 亿元，利润 9.39 亿元，上缴税金 8.49 亿元。此外，盛大还解决了很多年轻人的就业和创业问题。现在旗下仅研发人员就达两千多名，并与两万多名开发者合作。先后提供了 70 多款网络产品，4 万余款 Flash 小游戏和手机游戏。

这些年，我们很多同行在谈做大做强的理想，而盛大是把理想变成了现实。想想看，一个年轻人，没有什么资源，仅仅十年左右的时间，做出了这般业绩。而我们体制内的人占据了更好、更多的资源，许多人在滔滔不绝地讲述和制造新概念，却很少见到将它变为现实。一个从 0 到 480 亿元的产业，一种客观的需求和一个潜在的市场，一个预测未来有 1000 亿元营业收入的产业，给陈天桥们独占和独享了，而全国近百家国有文化传媒出版机构或集团，竟然没有一家涉足其中，这也是很奇怪的现象。

嘉德和陈东升的故事

2012 年 3 月，为了筹措世界华人收藏家大会在台北召开的经费，我和沈毓琪老师一同去北京拜访嘉德拍卖公司总裁王雁南，谈及 20 年前共同开拓中国艺术品拍卖的往事，感慨万千。2012 年是中国艺术品拍卖 20 周年。为此，我在《东方早报》刊发了两篇长文，纪念朵云轩创业 20 年。当年我们一批年轻人以 30 万元人民币的资金，开创这一事业。如今随着中国艺术品收藏和投资的发展，文化部公布的白皮书显示 2011 年我国拥有 2108 亿元的艺术品交易额，其中 975 亿元为拍卖收入。作为民营企业的嘉德，是业界的龙头，尽管创业比我们要晚，但显然要强势很多。资料显示，2011 年嘉德总成交额突破百亿元，高达112.1亿元，4件拍品过亿元（累计过亿元拍品有近20件），144件拍品过千万元。2012年秋，嘉德已去香港开办公司，直接与佳士得、苏富比展开竞争，首场拍卖已获4.5亿元的收入，引起了香港业界的震动。近20年，嘉德引领中国拍卖业，许多业绩也由其创造。包括上世纪90年代首次将傅抱石《丽人行》拍过1000万元人民币，后来屡屡将齐白石、张大千、李可染、王羲之的作品拍过1个亿，都让世界为之震惊。

环顾我们新闻出版行业，大家也在尝试进入艺术品拍卖，切入点也都选对，进入的时机也不迟，也做出了一定成绩。一些公司背靠大媒体集团，背景硬、实力雄厚，但做不大。个中原因，值得探讨。2010年秋季在上海、2012年秋季在台北，我两度见到了嘉德创始人、董事长陈东升先生。始知嘉德近20年不仅公司业务做大了，而且还持有泰康人寿非常可观的股份，创办了嘉德艺术基金会，生意越做越活，实现了多元化经营。这对我刺激很深。同样的业务，怎么会有这么大的差距！

现代传播和邵忠的故事

2012年12月7日，现代传播20年庆盛大而别具一格的晚宴在上海新落成的当代艺术博物馆顶层举行，时尚界、文化界明星云集，气氛热烈。身居其间，我也是颇觉惭愧。我很早就知道《周末画报》，但认识现代传播要晚得多。2008年，我在东方出版中心任职。中心旗下的《大都市》早先由中心举办，连年亏损。后来与一家民营广告公司合作，开始转亏为盈，质量、品牌和收益都有提升。但到了2008年，由于全球金融危机的冲击，时尚业变数加大，广告商连月亏损，要把这本杂志还给东方出版中心经营。而由国有出版社经营时尚杂志，大多前景不佳。经人介绍，我发现了现代传播。飞到广州，与创办人邵忠先生一交流，我为之一惊。现代传播在广州有三百多名员工在最高级的地方办公，从环境、管理看，上档次、上规模。回来又看了上海的办公地，居然租在淮海中路香港广场，有四百多名员工。后来我到了北京，始知北京也有数百位员工。现代传播是与邵忠先生联系在一起的。当年，他是广州市的一位公务员，官职处级。1993年下海创办公司。首本杂志是《周末画报》，以后又创办《新视线》《生活》《汽车生活》《东方企业家》《优家画报》《LOHAS健康时尚》，收购香港有近30年历史的《号外》，整合了《大都市》，2011年又创办《商业周刊》，把商务部的《商业周刊》与美国彭博社的资讯组合起来，推出了一本有声有色的新刊。

在大家都感到传统媒体难做的这些年，现代传播拥有了一千多名员工，包括来自海外的国际职员。覆盖全国超过25000个销售点的发行网络。2009年在香港主板上市。

2011年度收入上升至5.6亿元（2012年近7亿元），利润6028万元。作为民营的准出版机构，现代传播要支付给国有出版机构价格不菲的管理费才拿到出版经营权。这比国有企业难度要大得多。而邵忠先生告诉我，每年支付员工仅工资就要1.2亿元之多。所以，我始终对邵忠先生深怀敬意，对现代传播的业绩也掂得出它实实在在的分量。邵忠先生自己也充满热情和活力，对工作极为投入。他每周要飞到一个城市研究工作，不做到精益求精誓不罢休。对内容、主题、设计，他都有深度的参与和具体的指导。他主张管理要一级管一级，讨论创意要上下级打通，直接交流。他善于把内容、创意和艺术融合在一起。这是他也是这个公司的过人之处。现代传播的创办和发展，都抓住了国有出版企业逐步退出的机会，"你种不好、不想种的地我来种，我有办法种好"。同时，利用了出版所有权和经营权相分离的新政策，为政策试点树立了一个全新的榜样。

这些年我对创意产业有点兴趣。所以，我推荐过一些领导和朋友去考察现代传播，每批去的人都深有感触和收获。因为现代传播真正介入了内容产业，用创意去改变人们的理念，吸引受众和广告商。它是一家探索成功的企业，证明了在民营并在香港上市的条件下，仍然可以坚持出版方向和内容品位。

讲完了以上三个案例，我归纳出如下几点：

一、文化出版创意贵在发现需求和创造供给，没有这种能力，不会开拓新品种、新领域和新项目，最终将困死一隅

出版也好，抑或传媒也好，甚至文化也好，面对的需求是在转移的，如果不能随着需求进行调整，不能去发现新需求，抓住新需求，这个企业就会失去生命力。以美术类出版社来看，历史上连环画、年挂历、美术教材曾依次成为三大需求板块，但是后来变化很大。在"老三样"以外没有找到新需求的美术出版社，大多步履维艰。所以，一个好的出版人或者文化人，追求文化品质是一回事，时刻关注新需求是另一回事。

发现需求，作为编辑贵在发现作者、作品，作为社长、总编就要着意发现新的结构性板块。后者是一种更高层次的发现能力，是企业家宏观的眼界和前瞻的能力，否则就把自己视为普通员工了。

前面所说的三个案例中，这三个文化企业的领导都有发现的能力，而且看到了一种大趋势，所以能做出超前的布局，做成大文章、大市面。这种主动性、创造性思维，与我们长期养成的"党叫干啥就干啥"的思维以及惰性是很不一样的。陈天桥发现了人的天性要玩游戏，而互联网为玩家提供了全新的时空，于是开创了一个产业。嘉德发现了

盛世藏宝，富起来的人要收藏，而拍卖业是收藏家到达彼岸的桥梁，从而大投入获得了大产出。邵忠发现了画报转向周刊，构筑一个城市生活资讯和时尚的新平台成为一种可能，一举创办《周末画报》取得成功，然后又扩大战果，发展成为跨媒体、跨地域的期刊群，而三本周刊，是其中最活跃的部分。

当然，有了发现能力还不够，还要有实际的创造能力。否则就陷入了空谈，流于形式。我们看到有些人只有空谈的发现能力，但从未真正做成有创造意义的事情。创造力是把发现力具体化的一个过程，通过措施、细化方案，形成有效的产品和服务，以供给消费需求。

从出版的角度看，图书和杂志是两大主体，在这两个范围的需求替代（主要是作者和具体产品）是每天都在发生的，往往不会引起出版单位的突变。在以往的时代，只要不是乱来，一个出版单位的生命可以延续十年甚至数十年。问题是在互联网和文化消费多元化的时代，"永远健康"不再成为可能，作为社长、总编就要考虑大方向，去发现新的需求。未来文化和社会的需求还是多方面的，机会也是充分的。关键是在我们的体制下，人们有没有积极性、创造性地去发现需求和把握供给。

2009 年 12 月与广州现代传媒邵忠（右）等签订期刊合作协议书

纸媒是有限的并且尚在缩小的需求空间，而网络游戏预计有 1000 亿元的需求，艺术品交易已有 2108 亿元的需求，而这两种需求在十年以前几乎是不存在的。除此以外，还有很多与出版、文化相邻相关的需求。这就很明确地告诉我们"李嘉诚不能永远做塑料花生意"的原理。

2012 年夏在中国嘉德与陈东升董事长（左）、王雁南总裁（中）合影

未来传统出版社或传统媒体，前景堪忧，简单地搬上新媒体也不会获得大的经济收益（2012 年中国新闻出版研究院公布的所谓大发展了的网络出版，实际上只是 500 多

亿元的网络游戏、500多亿元的网络广告和100多亿元手机彩铃的收入组合）。以上三个成功的案例启示我们，要超常规思维，坚守本业又跳出本业找出路。

结论是：在创意产业的发展道路上，只有那些勇于发现、勇于创造的人，才能抓住需求，提供供给，架起供给与消费的桥梁。有的时候，需求是那么地潜在，不易被发现，但当创意提供灿烂的产品的时候，需求会被激发，受众会大把地掏出真金白银。盛大、嘉德和现代传播，最好地证明了这一点。

二、民营文化出版企业与国有企业都是先进生产力的代表，文化产业的发展政策一定要开放

现在，发展文化产业政府最积极、政府来主导是一个特点。甚至政府直接主导国有企业的投资，以拉动文化建设。这是一种传统的发展思路，但不是我国市场经济发展20多年后的根本出路。因为50多岁的国有文化企业已日渐缺少活力，因为政府直接主导的经济活动在全世界已被证明是低效率、低效益的。所以，文化发展根本的是要激发市场的活力，在全心全意依靠国有企业的同时，也应该向民营企业开放。因为民营企业不仅在经济领域而且在文化领域都具有独特的优势。

很凑巧，本文所举以上三个案例都是民营企业，在同等的情况下，他们确实做得不同凡响。嘉德和盛大是在新媒体、新产业上证明了成功；现代传播是在传统媒体上发力，甚至它是在支付给国有企业经营成本后从另一条起跑线起跑的，但它明显地后来居上，消化了成本还实现盈利，这是很了不起的。这里，很重要的一点是体制形成的竞争力。包括：1. 决策慎重（因为是用自己的真金白银）但又比较简便，不会因为无数次的集体讨论而致议而不决，决而不行。2. 没有任期制的危害性，较少短期行为，更适应搞新产品、新产业开发，抓得住机会，能加快发展。而受任期的局限，很多新产品新需求无法持续培育。3. 做任何投资都有风险，但民营企业的纠偏和修复能力要强得多，反馈要灵敏得多。4. 便于吸纳其他资本、风险基金，社会力量形成合力，具有相当的经营灵活性。5. 内部管理比较符合市场准则，重视成本和效益。

反观大多数国有文化企业，受体制的局限，冒风险的意识、抓机遇的意识不强，抢不到需求的大板块，执行力也相对偏弱。一方面与人的素质和责任心有关，另一方面与体制的局限有关。像盛大从无到有在三年内实现上市发展，像嘉德投股泰康人寿，像现代传播连续收买刊物拓展网络媒体，都是国有文化出版企业想也不敢想的。现在的体制内，十万元、数十万元人民币的投资要层层报批，而招待费花掉几十万元却不要紧，投

资办新企业的功能在明显减弱。

支持民营文化出版企业是不是会丧失社会效益，是不是令人不放心呢？以上三家企业证明了民营企业大多有社会责任感，产品和服务一流，遵纪守法。因为民营企业要么为了文化事业，要么为了挣钱，共同点都是不愿去踩法律底线，所以说让民企经营文化出版合法化并加强管理，是可以做到加快发展又维护文化安全的。

何况在一个日趋开放的时代，我们有多少理由长期地把民企排在文化和出版活动之外，又有什么理由长期以"买卖刊号和书号"为由限制民营的文化、出版企业？我们以巨大的成本维护国有文化企业一统天下的经营格局，又不能换来文化的繁荣和发展，这种悖论就值得思考。环顾全世界的文化创意产业均以中小企业为主，需要多元的结构和多种积极性，需要形成一种竞争的环境，因此要更多地向自己的国民开放，更多地吸纳民营企业参与，这样做才会迎来繁荣发展的局面。

近几年，我国1949年以前建立的一些民营出版机构已经走过了80岁（三联书店）、100岁（中华书局）、100多岁（商务印书馆）的历程，我们党不仅肯定它们1949年以后转向国营的表现，也非常肯定它们当年在民营体制下的表现和积极作用。那么，我们有什么理由怀疑在社会主义制度下，在党的领导之下，今天的文化出版业向民营、向自己国民进一步开放的积极意义呢？我们党已经提出了发展文化的目标，我们应该进一步探索国有和民营共同发展、促进文化繁荣的话题。现代传播和盛大的经验证明了这是一条正确的发展道路。这和加强党的领导是不矛盾的。同时，百度、腾讯、淘宝等反复证明了人民群众中蕴含了参与和经营文化产业的积极性，蕴含着极大的能量，把这种能量发挥出来，才可能真正实现文化强国的目标。

当然，在现存的制度下，民营企业包括体制内员工介入传统出版内容产业，必须承认国有单位的出版所有权，然后走出一条所有权与出版经营权相分离的道路。政府应废除买卖书号和刊号这类概念不清的说法，制订出相关的管理制度并使其合法化，使民营企业激发出活力与国有企业一起促进文化的繁荣。

三、关于文化出版行业集约化、集团化经营的话题，从一般规律看，
选择双轨发展是正确的，既有大集团，也有非集团。所以，
集团的存在具有合理性，但它不具有唯一性

以上选择的三个案例，都是非集团的发展模式，其独自发展成为一个集群，经历一个独木成林的过程。然而中国嘉德营业额一跃过百亿，盛大一跃70亿，不是很多行政性集团梦寐以求的吗？说明非集团也可以快速变强。

集团、集约、托拉斯这些概念，最早就是工业化的产物。这些产业大多不具有文化性而具有物质性和实用性。产品标准化、大批量生产、可以简单复制、集团通过集约可以"合并同类项"，从而消除竞争对手，越做越大。而文化产业其产品、服务存在巨大的差异性，如报纸、图书、杂志。差异性是文化的特点，也是最宝贵的地方，是个性化创意、设计和生产的前提。它造成不同的风格、不同的个性，造成文化艺术的多元化、多样化和丰富性。所以，集团、集约并不能"合并同类项"，产品和销售各有门道，合并起来也要十分小心。把工业化的概念移植到文化产业，一定要寻求结合点。不能抹煞个性，造成文化经营的趋同。很多很好的、一开始不起眼的创意，可能被集约化轻易地否决。以出版为例，德国有六千余家出版社，美国有一万余家出版社，说明在充分市场化的国家，文化也不太需要集约，而需要个体和个性化，小而散是文化和艺术发展的温床。这也许就是它的特点和规律。因为今天的时空创意决定一切，尤其借助互联网金点子可以造成产业迅速扩张，从小到大不需要太久时间。在网络游戏界不仅盛大，还有网易、腾讯、巨人都是如此。在拍卖界除了嘉德，保利、匡时、西泠均仅用几年时间就做大做强了。

由于互联网和全球化的发展，即使做大，今天也不再都靠兼并和组合，更多地靠创意、技术和品牌扩张。2011年，全球工商业最大的新闻是苹果公司股票市值全球第一，超过可以复制的传统行业如金融、制造业、商业。这条消息给人们的震撼是很大的，在商界和文化界，人生不再苦短，一个品牌、一项发明可以改变世界，可以使一个公司一跃成为世界第一，而不必通过兼并，不必走上百年成功的道路。类似的如微软、谷歌、百度、淘宝，都是如此。我在文中引述盛大十年历程可以达到六七十亿元的营业额，嘉德20年可以达到110亿元的营业额，现代传播20年时间可以达到六七亿元的规模，也证明了文化产业更具有如此特色。不要急于去做一个"面"，而要着力做好一个"点"或者几个"点"，做好"点"、做好几个"点"也会做大做强。在文化产业发展中，"点"更具有爆发性和发展潜力。可惜很多人看不到文化的这种属性。在我国这十年中大约已拼合了一二百个国有的文化、出版、传媒集团，但没有看到其中冒出类似嘉德、盛大、现代传播这种特别成功的案例，更不要说苹果、淘宝了。这就是太急于求成，太注重面上的整合而忽视了"点"上的功夫，即创意、品牌化和推广。这也反映了一种急功近利，欲速反不达。

结论是，我们也许需要几个集团，但肯定不能全部进集团，即使在市场化高度发达的欧美，也不是都进集团。从 1999 年集团试点到今天，我们已经走过十余年的发展历程，我们应该客观地总结这段历史，总结集团化对于中国文化的创意发展起了哪些积极的作用。哪些是进集团发展得更好，哪些是不进集团可以发展得更好。盛大、嘉德、现代传播这些成功的案例显示从一个"点"发展成功的经验，它和国际上的许多成功经验相一致，给我们树立了一种发展模式，显示了丰富多彩、各显神通的样板，避免了我们行政干预下千篇一律的集团化道路。在这里，特别应该提出的是，集团化与非集团化是发展的不同模式，决不可提升到改革与不改革的层面来考量。不要把要搞集团的视作改革派，要多元化探索的视作非改革派。当人们把一种技术层面的问题提升到政治层面的时候，就会形成某种政治压力和偏向，导致统一的僵化模式：要么都不搞集团，要么都是集团。

同样地，集团如何搞，如何符合文化出版发展的规律，符合经济发展的规律，是另一个重要问题。国际、国内的经验也证明，确实需要一部分集团，但这些集团管理、经营取何种方式更符合各自行业的特点，更有利于发展，也是值得探究的。关键还是要坚持实践标准，看它是否真的从实际出发，真正有利于又好又快地发展，有利于上层和下层积极性、创造性的发挥。只有集团层级的显山露水，没有下一层级的大展宏图，发展其实是难以做到的。

我们这代人深受党的十一届三中全会的影响，一路走过来，对于既要解放思想，又要实事求是，都有比较清醒的认识。我们深知，概念先行，用概念论证概念的工作方法是不可行的。一切要从实际出发，要受实践检验。文化产业发展也不例外。在此除旧迎新的时候，谨以这三个案例及其引发的思考，求教于各位同道。

刊于《编辑学刊》2013 年第 1 期、2013 年 2 月 8 日《文汇读书周报》

隔帘看花的联想

　　朋友给我发来 10 月 28 日《纽约时报》的文章——《真假难辨的中国艺术品市场，谁在忽悠谁？》，读后颇有感触。应该说文中指出中国艺术品市场（主要是拍卖市场）的问题，如作伪、举牌不付钱、雅贿、炒作确实是存在的，但在一篇长文中堆砌这些材料，给读者印象是很严重、很负面的。如今在中国问题上，隔洋看过来的眼光往往独特，有的对我们很有教益，很有警示作用。而有一些因为思维方式和角度不同，也会有很大出入。比如很多次西方说中国经济马上要崩盘了，但迟迟未见崩盘；比如说中国艺术品市场与日本人 80 年代炒作凡·高、毕加索一样，也马上要崩盘了，结果还是风景这边独好。（如果不好，为什么苏富比、佳士得吵死吵活要挤进来呢？）现在世界上，面对中国问题，以西方人的经验、以往的计算方式，就是从未碰到的特殊：13 亿人口又逐步富了起来，960 万平方公里的土地还有广阔的海疆，5000 年的文明史和以汉语为基础的文化，确是一个难以评估的对象。生活在这里的人研究它一辈子未必搞明白，而隔帘看花的西方人自以为看清楚了，指指点点，实际上也未必都看得清楚。所以，预测和结论往往不太一致。

　　笔者从 1973 年 5 月入上海朵云轩学徒凡 40 年。亲历艺术品市场萧条、恢复、创立拍卖和繁荣的过程。2010 年和 2011 年中国艺术品拍卖在西方萧条的情况下逆势上扬，超英超美，二度位居世界第一。2011 年 Artprice 发布的 Top10 中有 6 位是中国艺术家，其中张大千、齐白石位列前二。2012 年中国拍卖位居世界第二，Top10 榜上还有 5 位中国人。对此很多人想不通，包括中国人自己也感到意外，也怀疑是炒作。而我认为，这是正常的。在当今世界，欧美文化是主流，但在艺术品拍卖和交易上，中国人有资格也最有条件位居世界第一。因为我国有 13 亿人民，我们的经济在发展，历史上传承下来的艺术品、工艺美术品和文物，价值和数量也很少有国家可以相匹敌。笔者希望观察中国艺术品市场，一定要注意这些本质特征。

　　看中国市场，还要把艺术市场与拍卖市场区别开来。这是不同的概念和外延。以 2011 年为例，中国政府发布的艺术市场白皮书显示，这年中国市场总计 2108 亿元人民币，而拍卖总额 975 亿元占 46%。把两个市场合在一起分析，这还是一个令人满意的市场。

北京有位画家每年办一次展览，能卖出一亿多元人民币。他在四川汶川地震和青海玉树地震时各捐款人民币1000万元。这样顶级的画家当然是少数，但很多画家年收入丰厚，说明市场有强大的需求。还有新工艺品，也没有一个朝代像现在这样兴旺发达、朝气蓬勃。在上海，一个当代的玉雕名师，雕块玉牌价位三五十万元人民币，还要排队，以前真是想也不敢想。笔者初入朵云轩时，齐白石画150余元一幅，弘一法师字10元一幅。

看到今天的暴涨，有时往往不敢相信，以为是人为炒作，其实是真实的，是恢复性增长。再想想也对，凭什么同在20世纪的毕加索、安迪·沃霍尔就一定要超过齐白石、张大千，天底下实在也没有这个道理！

即使艺术品拍卖有些问题，假拍、拍假、收不到钱、暗箱操作等等，确有这样的事例，有的地区、

1994年6月与张宗宪先生在朵云轩拍卖会现场

有的拍卖行比如二三流的，可能更严重。但不要忘记，中国的拍卖从朵云轩敲响第一槌到今天，也只不过20年，从无市场到有市场，发展到这样的质量、规模，还涌现了嘉德、保利、匡时、西泠、朵云轩等一批民族品牌。资本主义拍卖业经历了二百余年，有了一些规范。我们刚起步，起先靠诚信，现在要靠法制，但法制跟不上，相信这只是一个过程。

说中国的不是，总要赞美西方，但也不能一边倒。比如造假，西方也差不太多。曾看到过一篇文章说凡·高的《向日葵》出现了9张，大部分是假的，如确实，大致不是中国人伪造的。还有前些年美国法院查实苏富比、佳士得串通一气，抬高佣金，坑害买卖双方的利益，被判重罚，那位女掌门人差点锒铛入狱，后来付了巨额罚款才作罢。可见佳士得、苏富比也不是洁白无瑕，而美国的法律确实让人有点佩服。

谈到国人的造假，确实"艺高胆大"，非整治不可。比如仿徐悲鸿《蒋碧微》，仿汉代玉凳，还有仿汉代金缕玉衣的。但是不是真有张进发（职业鉴定师）所说700—800人的大工厂，集体造假齐白石，倒是闻所未闻。想想又不太可能。朵云轩、荣宝斋几十年培养木版水印艺人，才各有二三十位师傅，而模仿原作、几可乱真的高手更不多见。700—800人这样的规模造假齐白石，需达到乱真的程度，还能送拍卖，怎么可能培养出这样优质的团队？每日要开多少工资？货往哪里销去（谁消化得了这么大的

量）？眼见为实，如果有人引我去参观一下，倒是真的长了见识，服了。

观察中国艺术品市场，还必须关注到人民币的总量。这个月，我国政府公布了广义货币供应量，大约为107万亿元人民币（还不包括港澳台华人地区）。对2108亿元的艺术品市场以及内含的975亿元拍卖额来说，这实在是个天文数字。这里面只要流出一点小钱，我国的艺术品市场就要放量扩容，没有量，价格就要上去。所以2012年交易总量下来，甚至这几年还会调整，但有这样的货币量为基础，又有这么多的好东西登场，市场一定还会反弹。笔者对此坚信不疑。有人的关注点在市场有假，他们搞不明白的是，市场同时又推出那么多的真品、优品，供人们选择。在市场里的人，其实不太关注假，而专注于寻真、寻优。就像海里有鲨鱼，但下海的人不都往鲨鱼嘴里游去。因为辨伪识真的本领是可以学习的，风险也是有办法规避的。否则怎么会有那么多人乐此不疲呢？

最后一个唱衰中国拍卖市场的案例是日本人买西洋画的教训。这确是我们应该引以为戒的。但这几乎没有说到问题的点子上。日币升值时，日本人去西方买艺术品是打了对折的，问题一是日本人有点盲目性、有点过于自信。二是他们从90年代初以来经济一路下滑，艺术品没有支撑点，与中国经济一路上扬恰恰相反。三是他们有钱去买西洋画，而中国人有钱买中国画，齐白石、张大千，甚至吴冠中、范曾，还有工艺美术品。什么道理？中国是大陆国家，历史悠久，物产丰富。光石头就有四大名砚、四大名石（寿山、青田、昌化、巴林），玉石就有白玉、青玉、碧玉、墨玉、黄玉，还有灵璧、太湖等观赏石，数也数不过来。大概日本不能跟我们比，所以去买西洋画了。

当然，隔帘看花也有真知灼见。借鉴《纽约时报》的文章，政府应该建章立制，修改法律，严厉打假，该坐班房的也还要送他去坐。买了不付钱的，应该有措施。有的国家立法，在拍卖行举牌不付钱的，法院通知海关此人不得离境。总之，办法总比困难多。何况，我们中华民族有很好的传统，也很在意西方人的看法。现在《纽约时报》传过来西方人不高兴的意见，我们应该加紧改正啊！

撰于2013年11月12日

应规范仿真画印制

笔者认识有限印刷，得益于朵云轩的木版水印。在没有印刷机的时代，中国人在明代就有了饾版套色印刷，也就是后来的木版水印。如《十竹斋书画谱》《萝轩变古笺谱》，都是明代的物证。上世纪80年代朵云轩又将这两本明代的孤本重刻再印了三百套编号发行，就像西方编号的有限印刷了。

木版水印以"悉尊原作，几可乱真"为特点，确是下真迹一等，让人有真假难辨的感觉。传说一些挂在店堂内的木版水印仿品，连画家本人也常看错。近年有的拍卖行也有收入朵云轩、荣宝斋的木版水印误认为原作的。但是朵云轩的木版水印仿画还是有记号的，在签条上均写明是朵云轩制作，以示与原作的区别。问题是有意乱真者，就一定把签条撕去，而画面上并没有仿品的记号。

第一次看到西方人的有限印刷，大约是1989年在洛杉矶，一位华人收藏家告诉我，有位云南来的画家叫丁绍光的，在美国走红，原作以外，丝网印刷品也卖得很贵。于是带我们去参观，果然每幅大致标明印50幅，卖八千至一万美元一幅，价格不菲。因为当时中国名家的原作，如谢稚柳、吴冠中，在美国只卖一两千美元一幅。后来知道，尽管丝网印刷比木版水印得逼真，但每一幅均由画家签名，印多少也是明的，等于宣告这是仿品。所以，西方画廊挂的原作和仿品是区别得比较清晰的，没有人用有限印刷品去冒充原作。

1999年10月陪同金炳华同志（左二）在上海展览中心
参观木版水印展览及演示

再有就是日本二玄社的仿画技术，在中国也广有影响。它以大倍率照相机，对原作精心修版和印制为特点，印在宣纸上和仿古绢上，也达到乱真程度，但它印的都是故宫的藏品，尽管逼真，也不会令人误解故宫藏画流到市场了，大家看到仿品一定知道它是仿品。二玄社的仿画价格卖得不便宜，但画家和美术院校很需要，是临摹的好教材，曾有不错的销路，也不曾听到拍卖行会误收这样的仿品。

现在碰到的问题是近年引进中国的现代数码扫描技术，其精度之高，超出了木版水印，也超过了二玄社的技术。木版水印是神似，细细看，精度毕竟达不到数码扫描。而现在扫描复制的大多是近现代名家作品，同为市场的热销品，也有一些是当代名家的画。这些仿品与真迹同时流通，就存在真伪混淆的问题。据说有的与原作挂在一起，连画家后人也未必识得。这就很有点风险了。以后大批复制品流入市场，隔十年、二十年，后遗症将会很大，必然增加市场鉴别的难度。为此，有必要现在就提出来，集思广益，研究出办法，并以法规加以规范。

笔者想到两条：一是数码扫描的仿品，必须在画面上打一方印（类似收藏印），如"某某监制"，以示区别。而且一定要打在画面上，而不是背面或在背面贴签条。二是在拍卖条例或画廊经营条例上似应补写一条，买家发现是印刷品，不论时间长短，均可无条件取消交易，卖家或拍卖行向买家退还画款。这是从经营渠道上限制印刷品。

这只是建议，是否合理，可以讨论。有了共识，才可以考虑是否成为法规。希望引起同道关注。

刊于《典藏》2013 年第 12 期

应规范仿真画印制

传统出版社的多元化转型

岁末年初盘点,一个话题摆在自己面前,即传统出版社的转型。一辈子从事这项工作,深有感情,但架不住"夕阳无限好"这句老话。大家都开转型的药方,开得最多的一张是"传统出版的数字化转型"。果真如此吗?想想不太靠谱,似乎多元化转型更稳当一些,三足鼎立终归好过金鸡独立。2013 年春笔者曾以此为题查资料、想问题,2013 年8 月以来在上海演讲十余次,颇受听者欢迎和认同。现在演讲基础上整理成文,敬请各位前辈和同道指教。

一、传统业务仍然一枝独秀可持续发展

出版社的传统业务主要是纸质书的出版。在过去的 30 多年里,它走过了自己的黄金时代。今天,受网络阅读的冲击,纸质书的发展势头被遏制,但 580 家出版社的主营业务至今仍以纸质书为主,这是一个不争的事实。

过去十年中,互联网和移动阅读已经冲击和影响纸质书的出版和阅读消费,但认真分析 2001—2011 年的出版社经营收入,我们可以看到如下事实:

2011 年全国新出图书 20.8 万种,比 2001 年 9.14 万种增长 127.5%。2011 年总印数 77.1 亿册,比 2001 年 63.1 亿册增长 22.1%。2011 年总印张 634.5 亿印张,比 2001 年 406.08 亿印张增长 56.2%。2011 年营业收入 644.4 亿元,比 2001 年 161.7 亿元增长 298.5%;2011 年利润 94.2 亿元,比 2001 年 38.2 亿元增长 146.5%。所有的指标都是增长的。2011 年,全国 580 家出版社年社均销售收入 1110 万元,比 2001 年 562 家出版社年社均销售收入 287.7 万元增长 286%,2011 年社均利润 1624.2 万元,比 2001 年社均利润 679 万元增长 139%。

做完了十年的对比,盼着 2012 年数据发布,因为这一年数字阅读突飞猛进地发展,出版社指标是涨是跌,与笔者的研究结论关系甚大。夏季总算读到了总局发布的2012 年全国出版统计,读完发现传统出版依然在持续增长,且幅度喜人。其中品种增长 12.04%,总印数增长 2.85%,达到了 79.29 亿册,总印张增长 51%,营业收入增长

12.28%，达到了723.53亿元，利润总额增长22.26%，达到了115.16 亿元。营业收入（或销售收入）和利润是考核产业的主要指标，这两个指标2012年均创了我国出版社历年新高。社均销售收入高达1.24亿元（合2066.6万美元），社均利润高达1985.6万元（合331.5万美元）。

面对这样的数据，我们怎么能说传统出版社已经走向死亡，已经没有出路了呢？依以上的统计和对未来的预测，传统出版还大有可为，很多出版社靠传统业务还能持续发展，只是不可能超常规地跨越发展（现代出版传入中国已有100多年，至今每年还有两位数增长，着实可喜）。

细分析，这是因为受我国国情和需求的影响：

1. 出版的核心主体即广大作家、作者，还把纸质书作为出版的首选；广大的读者还有阅读纸质书的需求和习惯。有的读者到书店选看纸质书，而后到网络书店购买，对实体书店产生了负面影响，但不表明他们不要读纸质书。上海《东方早报》读书栏目每期（周）采访一位读书人，每次总有一个相同的问题，你读纸质书还是电子书，大部分人的回答仍然是读纸质书。

2. 作为中介的出版社，其核心竞争力是图书而不是电子书。它们几十年来形成的生产和营销方式，也是强在纸质书方面。而我国庞大的读者市场需求，与总量控制形成的580家出版社的供求比，确保了出版社社均销售收入可达1.24亿元，社均利润近2000万元。这是全球社均经营效益最好的国家，行业具有了很强的抗风险能力。这也是近十年我国网民和移动用户快速增长，而传统出版不跌反升的很重要的一个原因。这也是中国出版独有的优势。

3. 我国图书中每年有330亿元码洋的课本以及一两百亿元码洋的教辅读物，形成了图书出版50%左右的刚性需求（而且几乎没有库存）。这是"电子书包"尚难一时取代的。中国大学出版社进入新世纪后异军突起、高歌猛进很重要的一点是背靠教育事业出版相关的读物。而这部分出版业务对我国传统出版无疑是一种"补贴"。

4. 研究出版不能只研究消费需求，还要考虑供给的积极性。在经济发展以后，人们的文化创作能力和欲望被大大激发出来。有如下三股动力，将持续推动写作和生产积极性的高涨：一是政府投向出版的各项基金、各级政府和机构的资助资金和自费出版资金。初步估计，每年仅中央政府和各部委的投入，就有几十亿元之多。而省市级政府的投入也在追加，上海就很明显。二是人民群众不满足做读者，他们也要做作者，也要体验出版图书的精神需要和愉悦。加上评定职称等的实际需要，我国的自费出版（海外称为虚荣出版）将大幅度增长。三是我国有 5000 多年的文明、广阔的地域，具有出版资源丰富性、多元化的特点，随着政策开放和编辑技术手段的改进，将有取之不尽、用之不竭的资源，可支持图书的持续出版，迄今，我们还有很多宝库没有打开，还有很多珍贵资源没有采掘。

5. 图书与电子书的产品形态不同，具有实体感。以图书设计而言，它富有视觉美、触觉美（手感）和音乐美（手翻书时形成的节奏）。与西方的图书相比，我们的设计与

2002 年夏季沪港出版年会时与联合出版集团总裁赵斌（中）合影

制作有了很大的进步，但是还有很大的差距。近十年笔者参与"中国最美的书"评审，有机会进行国际比较，深感我国每年评出万分之一的书去莱比锡参评"世界最美的书"，似乎差距不大。但我们大量大众阅读的图书，设计马虎，制作粗糙，差距很大。今后如果图书业像电影业一样应对网络阅读的冲击，提升自己的品质，增加图书的可读性、艺术性和收藏性，与电子书形成差异化优势，它还可以让很多读者留在自己身边。

曾几何时，电影与图书一样，也面对互联网和电视的冲击。2003 年中国电影的年收入下跌到 9 亿元。很多人认为电影完了，电影注定被电视、网络视频和家庭影院打垮了。

但电影人没有束手待毙，而是把电影拍得更好看、音像效果更丰富，电影院建得更多元化、更温馨。结果 2012 年中国电影创纪录地达到 180 多亿元，2013 年预计达到 220 亿元，一个超常规的大幅反弹。图书也面临类似电影的挑战，我们应该学习电影，把纸质书做得更好、更精致，而不是选择放弃。清醒的出版人应该看到，今天出版社的出路还在传统出版，因为全国出版社电子书的销售还不到 723 亿元的 1% 即 7.23 亿元。只有傻瓜才会轻信口号而放弃实惠。

当然，传统出版人应该冷静地审视自我，分析有些图书产品未做好的原因，哪些应该归入新媒体的冲击，而哪些归于我们自身的不足。比如员工创意能力跟不上时代的发展，国有的体制机制存在弊端，不重视挖掘纸质书的特长尤其是忽视书籍设计和制作，销售环节和渠道上存在问题，在利润大幅增长的同时不敢提升劳动力成本，听任优秀年轻人流向其他行业，等等。但笔者相信，当出版人像电影一样改进自我的时候，也许纸质图书还有一个较长的生命周期。

二、数字化转型值得追求但须假以时日

数字化和新媒介在今天的我国，已不是一个陌生的语词。2013 年下半年，我国网民总数已达 5.91 亿，手机网民已达 4.64 亿。这是令人震撼的数字，也是一个令人向往的出版市场。从趋势看，受众尤其是年轻人的数字阅读习惯已经形成，传统出版的数字化转型是必然趋势。值得当代出版人为之追求、投入和探索。

西方出版人先走一步，由于他们有比较完善的版权保护和收费保障，这个问题显然比我国解决得好。

在我国，出版社的数字化探索大体走过了三个阶段：一是北大方正模式。北大方正阿帕比技术与出版社合作将图书数字化，走图书馆等渠道销售。二是各家自建独立的阅读网站。三是阅读器时代。在 2009 年、2010 年这几乎被认为是转型的可靠方向。那时全国出版了 62 个阅读器。但后来没有形成持续的阅读，更谈不上收回成本和盈利。目前，各出版社还在进行图书的数字化工作，以上海为例，过去的五年在政府支持和资助下，已完成了 5 万多种优秀图书的数字化转存，为数字化出版做了非做不可的工作，剩下一道难题是实现供给读者、卖给读者。这项工作一方面靠出版社和平台商来努力，另一方面有赖国民付费习惯的养成。如果阅读没有商业价值，就难以持续发展。

在西方技术商研发苹果、三星手机和 iPad、Kindle 的时候，我国同行忙于做 60 余个阅读器包括"汉王"，丧失了建造中华数字出版大平台的机会。今天，很多出版社已

难以寻求"造大炮"，而改为生产"炮弹"，即把内容做成一个个的包，卖到 iPad 和 Kindle 的平台上去发射。据中国 Kindle 透露，580 家出版社已有 300 多家与他们有意向合作。这是一种不太理想的结果，泱泱大国没有自己的电子书大平台，但这又是一种严酷的现实，因为 4.64 亿移动用户，离不开外国人的数字软件系统。据上海某出版人告诉笔者，在这些系统上出售电子书，收费比较有保证，尽管要分一大块蛋糕给外国平台商。于是，数字化转型的阶段性方向业已明晰，出版社主要靠自己内容的提升，由纸面转换为互动的电子书，作为一个内容提供商与平台商合作分利。

目前，我国政府已推出了一批传统出版数字化转型的典型，转型工作已取得了很大的成绩，完成了第一步数字化呈现的工作，接下来的任务是推广数字化阅读和实行收费，扩大转型的范围，让更多的出版单位参与进来。

数字化转型的另一种预测是，有朝一日数字化收费真的形成，但钱没有收到 580 家出版社账上，而是另一批新媒体机构异军突起，成功发展了电子书，传统出版社只分到了部分钱。这种结果也不是没有可能。但从文化传播的角度看，这对出版社仍有意义，扩大了读者，提升了出版社的影响力。

依中国新闻出版研究院的统计，我国 2011 年数字出版已有 1377 亿元的收入（2012年 1935 亿元）。但细分市场，网络游戏 580 多亿元，网络广告收入 500 亿元，手机彩铃收入 300 亿元。传统图书和杂志的收入合计才 10 亿元，对半分图书也就 5 亿元。出版社在 1377 亿元中占比很小。

据任殿顺《还原真实的数字出版产业》一文的测算，电子书阅读收费有 50 余亿元，指的是非传统出版机构的收益。2012 年中国移动、中国电信、中国联通三大移动运营商的电子书和网络文学收入 3.5 亿元，PC 盛大文学、新浪读书和腾讯读书三家各 15亿元收入，APP 阅读 4.5 亿元收入（包括云中书城、掌阅、QQ 阅读、当当读书、京东 Lebook 等）。以上合计收入 23 亿元。但绝大部分不是出版社收入。按此推断，当以上数字出版收入越来越多的时候，上述机构收走了主要的钱。可见，传统出版社数字化转型是个方向，但还要走一段艰难的路。也正因为以上的分析，笔者才提出多元化转型的命题，并坚信传统出版社最不该放弃的业务恰恰是传统出版，其次是数字出版。

因此，出版社即便转向数字出版，也不要破坏传统出版生产和运营体系。因为传统出版还是主要的收入来源。明智的做法是，在一个出版社内分别建立传统出版和数字出版两个系统，建立两支队伍。做传统业务的人仍以传统市场为对象，从选题、质量、营销上下功夫。而从事新媒体的，应瞄准另一个市场，另建一支团队和系统。因为这是两个完全不同的市场，它们的区别大于联系。数字出版必须要用新团队、新机制来推动转化和市场营销。产品和服务必须要符合新媒体的特点、规律。如果坚持下去，则可以双获丰收。不能看到眼前的利益放弃新媒体，也不能抓了新媒体丢掉传统这一手。要两手抓，两手都要硬。

三、向文化和信息服务业转型也是一条出路

在 2002 年 7 月第八届沪港出版年会上签订沪港出版合作协议书

图书出版业 2012 年达到了新高，但也就是 723 亿元的市场，而我国年 50 余万亿元的 GDP，其中文化也是一个具有前瞻性和成长性的大门类。很多文化产业比图书市场规模大得多，前景也好得多，并且与出版有着密切的联系。在坚守传统出版这一元的同时，发展其他的文化产业，是一种很好的思路。笔者注意到仅仅十余年的时间，网络游戏从零起步，2012 年已达 602 亿元销售收入，权威机构预测 2017 年行业可达到 1320 亿元规模，这还不包括很有潜质的电视游戏。也就是在二十年间，我国收藏业和拍卖业高速发展，2011 年已达 2108 亿元，2012 年行业调整，也还超过了 1700 余亿元。英国人提出文化创意产业概念，包括了 13 个行业（如今又有拓展）。近年新的文化形态还在孕育成长。文化本来就是软实力，具有互相渗透和联系的特点，不应该固守（或者死守、傻守）一隅，而应该在关联中找到新的增长点，在渗透中激发自己的能力，在杂交中催生新机遇。信息是一种资源，当做成图书时是出版，而做成别的形态，又是另一种产业的收益。资源是可以被多重使用的。版权产业的原理就是再好不过的例证。很多人不服气郭敬明，但他确实运作得好，由写书人变成出版人，又办杂志《最小说》《最漫画》。今年拍电影《小时代》，又一举成功。笔者长期关注日本同行运作动漫产业的经验，由在杂志上编故事铺垫，到引向成套图书出版、拍摄连续剧、卖人型、卖道具，做得有声有色。《哈利·波特》8 部小说拍成电影的票房收入 76 亿美元，是图书转向文化的成功典范。这一切都说明信息可以跨界经营。在计划经济的时代，我们拥有的资源被限定只准做什么，

不准做什么，在市场经济的时代，在实现事业转企以后，出版人必须视野更开阔，市场意识更强，捕捉商机的本领更高。而这一切有赖于我们运用好资源，利用好版权产业。我们有两种资源：硬资源就是资金，软资源就是信息，信息资源除了内容，它还包括优秀作者、优秀编辑、社会关系，等等。

笔者注意到，在中国出版集团、上海世纪出版集团中的荣宝斋、朵云轩，在美术出版的同时以艺术品拍卖和经营形成了各近10亿元的销售收入和数亿元的利润，成为出版以外的重要一元。

上海淘米网络游戏公司仅仅几年时间年销售收入就达7亿—8亿元，在美国成功上市。反过来又以自己的品牌向少儿图书渗透，做得风生水起。但全国几十家少儿社没有向少年游戏、影视发展的，这就是不擅跨界。

2013年8月，凤凰集团以3.1亿元成功收购上海慕和游戏，向手机游戏业进军。后又以2.77亿元收购上海都玩游戏公司55%的股权。同样，浙江报业以32亿元收购盛大网络旗下边锋和浩方游戏平台，引起业界关注。从事传统广告和印务的"博瑞传播"2012年以10亿元价格收购腾讯旗下的页游公司北京漫游谷，迈向新兴文化产业。

笔者2012年去浦东张江考察，注意到几个年轻人创办成立的沪江网，就是一个网络教育咨询平台。它也有教材，但已完全融化在教学体系中，而它所做的工作，我们很多大学社和教育社均更有条件去做。

考察洛杉矶文化总不会忘记印象深刻的一朵花(每年元旦的帕莎迪娜玫瑰花彩车游，它拉动了很多产业)、一只球（湖人队）、一只小老鼠（迪士尼米老鼠）。庞大的文化娱乐帝国迪士尼公司，它初创时由一只米老鼠起步，形式也是卡通读物，后来走向了电影业、娱乐业，还办起了迪士尼乐园，走上了全球化、多元化的发展道路。他山之石，值得我们借鉴。

四、向实业发展以反哺出版也不失为一种生存方式

向实业包括房地产业发展，是一个有争议的话题。反对者或出于文化责任担心影响出版主业的健康发展，或对我国出版文化业发展的局限性缺乏认识和了解，陷入了凡发展实业必影响出版主业的形而上学的认识怪圈。我们当然要警惕和避免因拓展实业而影响传统主业的倾向，但同时不能不看到：

1. 我国出版资源、新闻资源和文化资源调控的市场化程度很低，每家出版机构获得的出版资源甚至传媒资源是有限的和不平等的。资源少又想把出版或传媒主业做大的

机构实际上没有空间。以拥有出版社为例，有的出版集团只有六七家，而有的集团有十七八家。加上专业分工的限制（有的吃肉有的只能啃骨头），形成的竞争优势也不相同。所以，向他业、实业发展就是必然的、合理的。

2. 全世界出版业发展的模式大致分成两种。一种以主业养主业，即以出版的盈利发展出版。另一种多业发展，反哺出版主业。一般来说，为了追求出版的文化价值，必然要部分地牺牲经济价值，这种牺牲也可由他业的盈利来担当。这是一种良性的互动，他业发展得越好，主业也发展得更好。考量全世界成功的大出版集团或文化传媒集团，大多走多元经营的发展之路。核心是出版主业，体现在它的形象、价值追求和"第一桶金"的积累上，但核心不等于销售收入的比重。收入的大部分来自非出版业，不影响集团仍以出版为属性。这是需要我们很好认识的。

3. 检验多元化是否成功，重要的是出版是否比以前做得更好、更有发展和更有影响力，而不是出版的比重一定要占多少。一个出版社，尤其是出版集团几十年、上百年的发展，其业务结构必然会多次发生转型和调整。不仅文化，工业、商业和科技业也是如此。李嘉诚成为华人富豪，起始于卖塑料花，后来转向房地产高科技，今天他的企业已成为一个综合性集团。可见，作为产业集团它初始的业务与后来的业务可以差别很大，而不必画地为牢、作茧自缚。现在要破除一种观念，凡是实业或者他业发展得好的，出版主业一定不被重视发展不好；凡是只做出版主业，即使挣不到钱、越做越小，也是坚持了正确的文化价值。

读 2012 年度我国出版集团总体经济规模综合排行榜（TOP10），会发现有的出版集团拥有数量很多的出版社和期刊，却未排上前 10 位，而有的出版集团只拥有几个社，却榜上有名。原因在哪里？一是是否做好了教材，二是是否拓展了实业。因为在集团这个层面，要体现的是资产的运作和效益，它与出版社层面以图书、产品、服务为中心有很大的不同。有的集团拓展了投资空间，做大了；有的集团只做出版甚至只做学术出版和专业出版，就必然做小了。

以江苏凤凰为例，近年始终位列 TOP10 榜首，因为它出版做强了，地产等实业也发展起来了。在过去十余年的产业发展中，中国的房地产利润最高、最稳定，远远超过把书存在仓库里，抓住文化、地产和实业，其实是最智慧的做法。因为你不仅是出版人，也是企业家。笔者也很关注安徽出版集团，认为它的发展经验从省情实际出发，更值得肯定。因为它只有 7 家出版社，不可能靠出版进入前 10 位（2012 年居然位列全国第 5 位）。它在经营出版的同时，把实业、商业做大了，挣了钱，反哺出版，使安微的出版

也大有进步，员工收入大为提高。笔者两度前往考察，发现集团内部设立的出版基金居然超过上海全部，可见它们的经验是成功的、有效的。笔者还到过一个省级出版集团，成立

2021 年 8 月 11 日，在常德艺廊举办"缘·书·影——袁银昌书籍设计暨摄影展"，这是"中国最美的书"设计师系列展的第二回。图为孙颙先生讲话

初期产业的 10% 是主业，现在 30% 是主业，70% 是他业，但出版搞得比以前好，集团的经营结构也更为合理。香港联合出版集团在一个 600 多万人的城市从事图书出版，困难很多，它们的重要经验是发展印刷实业，以支持出版主业。说明它们很好地理解和继承了三四十年代我国商务、中华的经验和做法。

这里要消除两个疑问：1. 出版机构能否发展实业？回答是肯定的。如果出版社层面以书报刊为主，集团是投资中心，更应成立投资机构发展文化产业和实业。2. 出版人不懂实业能否做好？回答也是肯定的。因为投资是一种决策，操作实业可以聘请专业团队。事实证明，只要因地制宜，实事求是，符合实业发展规律，既抓住发展机遇，又有可靠的团队去操作和保障，实业也是可以发展起来的。

以上对我国出版社的转型发展提出多元化的设计和路径。笔者认为这不是预测，而已是一种实践。除了第二条网络出版的收益目前尚未实现外，第一、三、四这三种模式已在各地产生积极的作用。近几年中国出版业销售和利润持续增长，估计已有文化产业和实业的收入起支持作用，只是统计尚未将其细分出来。所以，它已具有实践性和可行性。

结论是，出版肯定面临一次历史性转型，580 家出版社以及领导它们的集团，不要把宝只押在"数字化转型"上。条条大路通罗马，转型的路也是多元的。甚至很多出版社靠提升传统业务还能走一二十年，像电影那样也未尝不可能。方向一旦确定，留给你

的是选择。是走其中的一条，还是多元并举，这要从自己的实际和实力出发。作为出版人，重要的是不要互相指责，不要主观地统一发展模式，而是多关心和思考自己走得对不对，好不好。不怕不识货，只怕货比货，而实践总是检验真理的唯一标准。

刊于《编辑学刊》2014 年第 1 期

2010 年 2 月东方出版中心举行陈虞孙、汤季宏塑像揭幕仪式时合影

马年有所忆马年有所思

——从审游戏的权力下放到陈天桥的战略转移

又到年关时，把 2014 年个人所做所见在脑中过了一遍，留下印象深的作一记录，作点思考，勉强成篇，没有主题，形同散文。如对业界同道有所启示，则无比欣喜了。

一、审游戏

网络游戏产业起步很晚，发展很快，大约十三四年的时间，销售收入从 0 到 2013 年 850 余亿元,而 2014 年岁末在海口市召开的中国游戏产业年会，则宣布已过 1000 亿元。但游戏发行也要政府审批。如以上海为例，占全国 30% 的市场份额，300 余亿元的销售收入，每款游戏要先报上海局审，而后报到北京终审。早些年游戏节目少，现在节目多;早些年以大型端游为主,现在以页游和手游居多,这些中小游戏本来上演的"寿命"也短。所谓下面千条线，上面一根针，急坏了企业。都要过北京终审这一关，自然花在行政审批上的时间逐年拉长，少则三两个月，多则半年。试想一款大型游戏研发、推广、应用，少则几千万，多则上亿元的投资，审上几个月，全国游戏加起来要多花几十亿元的利息。更重要的是不能及时运营，也就不能及时回收成本。这对企业而言，是个很严重的问题。想来想去，办法只有一个，减少审批环节。于是，向总局反映上海游戏集中，审批时间过长影响生产和经营，这件事得到了张毅君司长、孙寿山副局长的大力支持，同意上海局试点国产游戏属地化管理，红头文件 2013 年末到沪，自 2014 年元旦起，上海国产游戏与进口游戏比占 90% 的比重就由上海地方审核为主。这是上海游戏企业一个多大的利好消息。一年试行下来，竟有 240 余款减化了程序，既确保了审批质量，又让企业抢出了宝贵的时间，可谓皆大欢喜。

由审游戏想到其他，类似的情况还真不少。在新闻出版领域，我们为了确保国家的文化安全，设了不少的行政审批，有的是必要的，但有的未必是必要的。有的当年是必要的，后来看来是不必要的。但不必要的那些借着国家文化安全需要的理由，也被"扩大化"了。其结果是政府强了，企业弱了，企业很难按市场法则办事。所以行政审批改革势在必行。

本人由此想到，1949年以后我们建立了人民政府，这是中国历史上前所未有的新事、好事。不仅政府冠以了人民，而且法院、检察院、公安局、人大、政协都冠以了人民。最让人想不到的是中国的钱也冠以了人民，称人民币。这就是说，我们政府的性质是人民政府，目的是为人民服务。的确，世界上没有政府管理就会天下大乱，尤其是咱们的国家，这么严管还不断地出乱子，可见管理是完全必要的。但是，过度的管理也会影响人民积极性、创造性的发挥。在文化领域工作了一辈子，时常有这种感觉。虽说自己是个政府官员，但有30多年是在出版社工作的。如今出版社已转为企业，社会已由计划经济转为市场经济，这从邓小平"南方谈话"算起，也有23年了。而政府行政审批和管理依然故我的话，企业效率效益竞争力则无从谈起。如以现在的图书选题审批为例，以每个环节三人经办来算，成立集团以后，出版社、集团和政府三级加起来，就有九个人经手和签署意见，这是个花很多时间的程序。难怪2013年我们局搞群众路线教育活动，下面的意见大极了。又如，近几年印刷企业从国外拉来了很多印刷加工的订单，企业审了还要政府审，而图书百分之百又是返销海外而不在中国内地卖的，能不能减少审批环节让企业承担起责任呢？

二、江浙行

春节一过，我和同事陆以威一行去南京考察，走访了凤凰出版集团，受到了老朋友吴小平副总裁的热情接待。详细地询问了他们的发展情况，真是不看不知道，一看吓一跳。上世纪80年代甚至90年代，江苏同行一直来上海学习，今天江苏同道在很多方面已走在我们前面。我们办企业出身的人，最相信数据的比较。看了如下数据，不得不令人信服。凤凰集团2001年成立时资产总额56亿元，销售收入76亿元，利润2亿元；2013年资产总额439亿元，与2001年相比增长683.9%，销售收入199亿元，与2001年相比增长161.8%，利润20亿元，与2001年相比增长900%。特别令我赞叹的是，江苏同行在社会效益指标上（也就是我们上海同行最沾沾自喜的部分）也绝对不差。以2013年为例，有7种书获得中国出版政府奖（位列全国集团第三），10部作品入选第四届原创图书出版工程奖（位列全国出版集团第二），7种图书获第四届中华优秀出版物奖，12种图书入选中宣部等向青少年推荐的百种优秀读物，5种图书入选首届向全国推荐优秀古籍整理图书，"十二五"国家重点出版规划增至102种。而他们只是6家出版社，而我们上海同行则有19家出版社，居全国集团首位，这本来不是一个数量级的。这次有幸，还看到了他们花2.16亿人民币拍来的"过云楼"宋元藏书，该藏品历千年，弥足珍贵，承蒙照顾，还让本人上了上手（触摸、展读古书的行话）。手捧古书，感慨良多。有钱的日子还是比没钱的日子要好过，有钱的压力也比没钱的压力来得小。凤凰集团依着主业，多元发展，又抓住机会上了两家上市公司，房地产业也做大做强了。2000 年至 2006 年本人在局里工作，管理过局属 18 家出版机构的国有资产，知道上海当年与凤凰不相上下，利润似乎还是上海多些（超过 2 亿元），但今天只有这么一点点，已是大相径庭了。原因何在呢？百思不得其解！

4 月，又去了一次浙江，在浙江出版联合集团又被狠触了一次灵魂。浙江联合没有上市，但 2013 年销售收入达 158.3 亿元，总资产 139 亿元，利润 7.9 亿元。也了不得。再一细问，浙江奖也没少拿，书也未必出得差，何况他们也只有 7 家出版社，出版资源与上海同行无法相比，是小资源做了大文章。

由江浙回沪，别是一番滋味在心头。虽说已到了政府，没有了企业的压力，但江浙出版集团大发展的劲头、势头，还是令人敬佩也使人坐立不安。而看看上海同道，相识的或者不相识的，似乎都没有江浙同行那股劲。记得 2013 年夏天群众路线教育的时候，曾去拜访朱杰人先生，让他为我们局找差距，他当时指出上海出版没有抓住教材推向全国，没有抓住事业改企激发活力，没有抓住上市做大做强，是三项最大的失误。现在回想起来，批评得不是没有道理。

三、张瑛文

马年春节意想不到的是前辈张瑛文给我家来了电话，但我不在，未接上，春节以后，约了同事丁晓玲去回访（晓玲同志曾是张瑛文的老部下，后来担任过少儿社副总编）。老张见了我们，还是不住地说起往事，当年少儿社创业的那些美好时光。诸如期刊出版的风光，编创《365 夜故事》《365 夜童话》《上下五千年》畅销全国，让少儿社名利双收的情景。在我的印象中，老张是位值得敬重的前辈。他在任上不仅书出得好，点子多，而且真能把纸变成书，书又变成钱，让少儿社稳坐全国第一把交椅，真金白银赚得盆满钵满。虽说少儿社出身名门望族，招牌由宋庆龄题写，但实实在在地说，活还是人干出来的。没有老张那股拼劲、那样的智慧，是不可能有那样的辉煌的。不仅少儿社，记得老张当年创立上海出版社经营管理协会，在促进出版改革、创办沪版图书定货会上，也是功不可没的。没有他，当时上海出版也不可能那么活跃。这次闲谈中，才知道看样订货，改变"隔山买牛"的局面，当年还真是老张首创。

我一向佩服老张，有一股劲，有务实的精神，把书出好了，又把钱也赚到手了，有真功夫！因为我一直固执地认为，一个出版人，一个出版企业家，说自己为了文化而赚不到钱，不是真本事。要出了好书又赚到了钱，然后说赚钱不稀奇，那才叫牛！才叫潇洒！因为在我们社会主义国家，两个效益总体上是统一的，并且也是有办法将其统一起来的。在一本书上不能统一，在一个编辑室总该统一了吧！一个室不统一，一个社总该统一了吧！哪能一个社的建制出书和盈利两者还不能统一呢？那还叫文化企业吗？至于集团层面，手段更多，资源更丰富，以文养文，以商养学，更是绝对应该统一起来的。集团本身是个产业的概念，哪有集团层面还只讲文化，不讲产业的呢！更何况文化也是有品质、有标准的，不是几个人自娱自乐、自我表扬的卡拉OK！

分手时，老张说，他最欣赏"实干兴邦，空谈误国"这两句话，这也是他人生的写照。但很不幸的是，这几年上海同行是实干少了，空谈出版理论的多了。

四、ChinaJoy

ChinaJoy 的中文名称念起来很长：中国国际数码互动娱乐展览会。2004 年秋由北京移师上海成功举办第二届，从此宣布永久落户上海。2014 年的 ChinaJoy 格外火爆，除了惯常的 BtoC 即企业与玩家展馆以外，BtoB 企业贸易馆增加为两个馆，合计 8 个馆。四天内 25 万余人入场。为了安全起见，以提高票价（平日 60 元，周末 120 元）、限售门票来限流。尽管如此，场内还是异常火爆。其中 8 月 1 日那天，由于某馆传出 TFBOYS 来现场表演，引得成千上万少女粉丝云集现场。很多人一早排队抢位，有的

ChinaJoy 展会入口处玩家云集

怕上厕所失去了位置，竟然不吃不喝一直等到下午，令我这位老出版人看了不解。如今，ChinaJoy 已成了产业的助推器，也是年轻人的嘉年华，不是身临其境，无法理解当代社会、当代年轻人的需求。想当年网络游戏起步的时候，很艰难，但本人作为主管领导说过"游戏不是天使，但绝不是魔鬼"，产生过积极作用。当时，很多传统出版人心存疑虑，有的还写信呼吁政府加以制止。所以，这 1000 多亿元的市场，这最大一块的产业"蛋糕"，与传统出版人是

不搭界的。上海经总局批准的网游企业40余家，也没有一家国有企业。上海年300余亿元的营业额，年上交几十亿的税收，为上海创造6万余人就业的产业，我们很多整天讲产业、讲做大做强的人，却又视而不见。

这就讲到了文化产业的发展要不要依据需求，需求是不是多层次多样化的，出版人和文化人要不要适应需求的变化。回答当然是肯定的。历史上，以文学为例，汉赋、唐诗、宋词、元曲、明清小说，形制也不相同；文化和出版的载体由甲骨、碑刻、竹简到帛，到宣纸，到现代纸，又到今天的无纸新媒体，先人说笔墨当随时代，一切是在变的哩！先哲曾说，游戏是人类与生俱来的需求，古老的游戏是人类最本质的东西。由击鼓传花、老鹰捉小鸡到我们儿时的军棋四国大战，直到今天中国经历的单机板、街机、网络游戏、家庭影视游戏，又是一大变。网络、互动、手机移动、跨地大战、多人大战……变是绝对的，不变是相对的。文化产业终究是主观要适应客观，供给要适应需要。在导向和品位的前提之下，不讲需求的生产、发行和产业，是不可能生存下来的。

前些年，我对一些出版集团、报业集团的领导人建议，你们可以介入网络游戏，那是一块大蛋糕。他们不相信，或者不敢做。今天浙江报业、凤凰集团已大举进入，只是代价比以前大多了。当年陈天桥的盛大是从50万元人民币做起的，而我们很多机构当年的实力比他大得多，我们不缺钱，我们缺发展的理念和动力。

五、鸡缸杯

2014年上海甚至全国文化界的一大新闻是春季苏富比拍卖会上沪上刘益谦先生以2.8亿港币买下了明代成化官窑一只小小的鸡缸杯，一时引起轰动和争议。一是鸡缸杯值不值这么多钱？二是刘先生在苏富比付款现场用此杯喝了一杯茶引起网上热议：他是不是土豪？其实鸡缸杯是否值这么多钱，在西方收藏界是私人行为，没有国人那么关注。因为各人的钱袋子大小不一，对宝贝看法和出价不同很自然。元老级的收藏家张宗宪曾两次对我说，这样的东西有钱当然应该买。因为据说全世界完好无损的很少，其中大部分在博物馆，可流通的仅三只，近15年才出现并流通一次，足见金钱易得，一宝难求！其次，这一只与众不同，是由一位英国贵族收藏，后又转手日本坂本五郎收藏，数年后再归华人收藏家仇炎之囊中。上一次拍卖为欧洲玫茵堂竞得，而玫茵堂是收藏瓷器的顶级品牌。这就是流传有绪、因人而贵了。第三，更重要的是这只小杯1999年由苏富比拍出2917万港币，相隔15年再拍，增10倍2.8亿港币也很正常。因为这15年，中国人民币发行量已达到了120余万亿元，大约是美国的一倍，货币多了，宝贝自然珍稀显贵。

问题其实不在技术层面，而在如何认识刘益谦这样的传奇人物。当年他在我初创的朵云轩拍卖公司买东西，我对他"宁吃鲜桃一个，不吃烂李一筐"的眼光、胆识和做派早有认识。不过20年后，他已成了中华头号收藏家。2013年5200万元买苏轼《功甫帖》，2014年春2.8亿港币买鸡缸杯，大家议论未完，他又在香港以3.1亿港币买下明代永乐巨幅唐卡（全世界仅三件，两件在博物馆内），一连串的让人看不懂。去年和今年，两年内他又在浦东和浦西新开了两家龙美术馆，藏品也一流，为上海这一史上收藏的半壁江山争了光添了彩。我知道，世界上有个机构 Artnews，每年评选影响世界的收藏家，刘是第一位榜上有名的内地藏家，又是2013年连续榜上有名的。2014年初，为《功甫帖》真伪争吵不休的时候，台湾地区《艺术新闻》年度十大风云人物评选，又将刘先生评为第二名，评语大意为：在有人指责《功甫帖》为伪作时，他勇敢地站出来坚持自己的观点（意即不是吓得去苏富比闹退货）。

这样一个人屡遭非议，一方面是刘先生为人比较随意和率性（其实这恰恰是他的个性所在），另一方面是我们社会也有奇怪的地方。如网上有人说：他当年是开出租车的，书也没读过，他有什么了不起！又有人怀疑他哪里来这么多钱，是不是来路不正常？还有人责问他用鸡缸杯喝茶不是土豪是什么？看起来，我们的社会确实习惯于人物的千篇一律，并未适应另类人物和多元人物的出现，更谈不上为他们营造环境。仅一点说，英雄不论出身，你管他读过书没读过书，你博士出身干不出一件像样的事，他开出租车后挣了大钱，又干成了私立博物馆这件大事，我们有什么不服气的呢！他还是金融界的传奇人物，尊敬他还来不及！龚自珍说："我劝天公重抖擞，不拘一格降人才。"已经到了21世纪了，我们何必去设那么多"格"限制发展呢？诸如学历、文凭、证书、资历、级别等等，对体制内人已嫌太多，还去要求体制外的人行为举止与我们一模一样吗？应该允许另类一些的人存在，在宪法原则下，人也是各种各样、多姿多彩的，这样的话，我们的社会才更丰富，人才更有发展空间。

2014年7月，我曾组织市政协收藏沙龙的委员70余人参观龙美术馆，又在11月1日组织第四届世界华人收藏大会的全球嘉宾250余人参观龙美术馆。刘先生亲自接待，馆舍、藏品、主人均给人留下深刻印象，说明会判断的人还是大多数。

六、章汝奭

我们搞艺术市场的，往往苦于没有新发现，最好有个作品还很便宜的画家被自己开发出来；我们从事出版的，苦于没有新作者、新选题、新形式的发现。而其实，我们的社会还有很多人被埋没，遗珠之憾还真是不少的呀！

2014 年 9 月，我介绍上海文艺出版社、上海书画院为章汝奭先生在上海图书馆举办了他的书法个展，出了一本作品集。资金不足，事先也没有砸钱宣传，但章教授书法展的开幕式却来了 750 余人，准备的 800 本作品集都发光。这次展出为了祝贺章老 88 寿辰，展了他 88 件作品。章老的书法底蕴很深，书卷气极浓，有民国遗风。有位权威人士亲口对我说，章老的书法耐看，当代绝大多数人的字被他比下去了。现在五六十岁的书画家，往往已办了 N 次个展，而一位德高望重的老先生，才第一次办个比较像样的展，出本比较像样的书，隐约中感到我们的社会还有很多不尽如人意的地方。

章老出身于名门望族，学贯中西，尤精行草和小楷，海外评价颇高。但他有孤傲之气，不求闻达，隐居于古北。五六年前我与章老始有往来，相谈甚欢，始知他内心还是壮心不已。后来动员他参加辛亥革命百年大展等活动。这次总算很好配合，办成了大展。在开幕式上，88 岁的章老执意要当众书写小楷《心经》一篇，通过电视摄像机投影，现场观众历四五十分钟看他书写完毕捐给上海图书馆收藏，毫发毕现，字字珠玑。次日，上图举办了他的书法讲座，也是精彩绝伦，现场人满为患。

冯国勤、蔡威等新老领导均出席开幕式，并为章老的人品、书风所感动。这次大家都说我为章老办了一件好事。然而扪心自问，这实在是我们应该做的事。今天，我们的社会如此发展，政府和社会财力如此雄厚，而一个昌明的社会，不应该埋没章汝奭们。我们有很多的组织、机构，在组织各种推荐，各种评比，名目繁多，不一而足。但有时我们的视野很局限，眼光总盯着那么一些人、那么几个人。而有一些不活跃、不靠拢组织、没级别的人，可能就被忽略掉了。本人注意到，还有一些领导、专家，每次评比总把自己报上去，荣誉拿了一个又一个，从来不知道分一个给别人，给属下，很多有用之才是被他们排挤掉的。所以，放大我们的肚量，开阔我们的视野，发现更多的人才、真才，才是最重要的事。

七、"T 型台"

"中国最美的书"是为参评莱比锡"世界最美的书"而设立的，每年秋天在上海评出"中国最美的书"，次年春天参评"世界最美的书"。作为这个奖项的创办人之一，我经历了全部 12 届的评奖，获益良多。而每年看到中国的设计师通过这个舞台走向莱比锡、走向世界去为国争光，为他们自己拿奖，内心很为他们高兴。书籍设计师收入很低，得了"世界最美的书"这个荣誉，个人生活也改善了，这是大好事。

但什么是书籍之美呢？美是多元的，书籍之美也是如此。但多元中有一个视角——前卫、另类，往往最易被忽视。2014年"最美的书"发布会上，在电视台采访我的瞬间，"T型台"三个字被我脱口而出，悟到了一个道理，评上"中国最美的书"尤其是"世界最美的书"，除了阅读性以外，如同时装表演更多的是展示性和引领性。以前最想不通的是，模特们表演穿的衣服与我们上街穿的衣服为什么差别这么大？这些衣服无法穿到街上去，为什么要表演呢？后来才懂得，服务现实的实用性与引领时尚的表演性是两回事，时装发布是一种概念、思想、潮流的引领，不是实用。而前卫性的探索是一种示范，意义更大。如果太贴近实用，它就失去了存在的价值。这正是有些人想不通T型台表演，想不通最美的书的地方。

2013年我主导编辑出版"中国最美的书"三年合集时，北京刘晓翔提供了很大胆的设计，该书的每一页介绍一种"中国最美的书"，都用拉页的手法，慢慢地展示（后来日本设计师大森裕二先生用了一天时间，才慢慢地展示、看完这本书）。付印前，我发现了这一点，感到太另类，太花钱，作为政府项目不太合适，建议他改得普通一点。后来，上海人美社感到刘晓翔的设计很新颖，花了很多心血，不采用也很可惜。决定平装本印2000本由我局投资，精装拉页本印500本，由上海人美社投资。前一本定价160元，后者定价480元。结果480元拉页只印500本的，评上了"中国最美的书"，还在莱比锡评上了"世界最美的书"。这就给我一个很大的启发，每年莱比锡"世界最美的书"只评14种，实际上是全球最新潮书籍设计的发布、亮相和竞争，而不是书店的陈列和销售。这与时装秀和商店服装的差异是一个道理。

前些年，"中国最美的书"倡导形式不要脱离内容，书籍设计不要显贵、显富、超豪华，强调我国书籍设计不要远离读者、远离阅读。这有积极的意义。然而，真理跨前一步就成了谬误。把"中国最美的书"和"世界最美的书"视为一般大众阅读的书，则丧失了"最美的"引领价值和前卫价值。"最美的书"是新理念、新形式、新工艺、新材料的探索天地，这样的定位，才能推动多元风格的形成，起到引领作用。从这个角度去认识，第十二届"中国最美的书"突破性很大，刘晓翔的《六书》和陈楠的《诗歌花园》，尤为新颖，令人眼睛一亮。

当然，有人会说，书不是给人读的吗？最美的书难道远离大众阅读吗？不必担心，每年评出的相当部分美书也是大众可读的，更何况每年出版20多万种新书，绝大多数设计是着眼大众的，每年有几本几十本书设计创新，这又何妨呢？

八、小时代

7月，《小时代2》放映前，又特地去拜访了一次郭敬明先生，一位跨界的文化人。有幸认识郭敬明先生还是2006年起在东方出版中心当总经理。在我上任以前，东方出版中心已出版了郭敬明的第一本小说《爱与痛的边缘》，虽然不如他以后的作品那么畅销，但经过重新设计，我任上每年还能印上10万册并且销售一空。也因为这一缘故，与郭先生也有几次见面、交谈，每次都是很愉快的。作为出版人，不会不关注郭敬明，很长时间，在中国畅销书排行榜上，前10名以内，他一定在榜，最多时一个人独占三四本，真是牛！所以，郭敬明在中国有几千万读者一点不奇怪。现在讲大数据分析，其实郭敬明就是大数据的最好案例。他拍电影一炮打响，因为有小说读者的庞大数量垫底。

我承认，没有好好读过郭敬明的书，但我女儿是他的粉丝，会时常偷偷地把零花钱拿出去买《小时代》，买《最小说》和《最漫画》。我由此知道，郭敬明在青年中的影响力之大。

郭敬明现象是当代出版的一个奇观。在民国史上，文化人是通才。作家同时又去开出版社，成为出版人，又办报办杂志有的又成了画家，比如黄永玉，画得好文章也写得好，忽而又涉猎电影。后来新社会，就看不到这样的人了。一个人写作，到了作协就终身写作，别的什么也不干了。行业之间的联系因为固定的就业制度也割断了。相类似的一种资源，可以出多种产品，可以产生多种形式，在中国也很少见了。

郭敬明生在一个好时代，让他有了施展的天地。2014年去看他时，听他一席话，始知他的思路很开阔，想涉猎的行业也很多。由《小时代》的成功，10亿元的票房收入，他的职业定位也多元了起来：作家、出版人、办刊人、电影人、主持人，他认为未来涉足网络游戏也未尝不可能。他年轻，想象力丰富，这也是思想解放、个性张扬的基础。而文化本来又是相通的。他从未做过导演，一拍就成功；人家都说办刊难，他的《最小说》首印就是50万册，而且特别热销。郭敬明对我们这些老出版人、老文化人冲击力很大，影响很大。尽管有人不服气，我在上海政协的大会上就听到一位老电影导演大声地说：我们要大时代（意即主旋律），不要小时代。但我知道，没有人反对他拍大时代，只是印象中他没拍出太像样的片子，而又做了一辈子的导演，还是学院派正经拍电影出身的。而一个从未拍过电影的年轻人一拍就成功，这其实已很说明问题了。很多事物是相互联系的，可以跨界的；专业也并不太神秘，当年专业是体制内人的专利，人家没有机会，而体制内的人又喜欢筑起一道围墙，故弄玄虚，不让人家跨进来，而自己又跨不出去，这就很糟糕。

最近又看到郭敬明成了电视人，也似乎印证了很多行当需要他。这大概也是一种价值了：他有影响力。我对有的领导建议研究郭敬明现象，他不靠职位、不靠权力，有魅力和实力，有几千万人听他的哩！

九、陈天桥

9月份在报上看到盛大游戏被几家大金融机构收购了股份，岁末又传来盛大文学的资产也已重组，作为分管网络出版的局领导，自然十分关心，也有点迷糊。怎么干得好好的文化企业，说退出就退出了哩！后来收到盛大集团的书面报告，又与陈天桥、邱文友先生直接沟通，才对他们的举措有了充分的认识，看到了陈天桥的战略：网络游戏企业—网络文化企业—网络金融企业。前两步是已实现的，现在正向一个新的领域转型。

作为一个传统出版人，做了一辈子的出版，我们理解的做大做强，就是做产品、做企业，从来没想到做企业、卖企业、做更大的企业。传统上一个人把企业卖了，就是败家子，如果卖了企业的钱又莫名其妙地打了水漂，就被人家骂死。所以，转型，要不要转，敢不敢转，向何处转，真正考验着一个人的眼光、胆略和智慧。

1999年我在上海人美当社长的时候，就认识陈天桥先生，那时他刚下海，全部财产只有50万元人民币。他与人美社合作时，还在研究虚拟社区（网络游戏的雏型），没有几年，盛大依靠《传奇》一炮打响，因为陈天桥解决了网络游戏限制盗版和靠点卡收费两大历史性难题，让行业走上了康庄大道，引诱了无数团队无数年轻人投身这一行业。正当收费玩家一波波涌上来时，他一个华丽转身，带头在全行业打出免费游戏的旗号，又获得了成功。这十几年，陈天桥总是出其不意地制定行业的规则并且领跑行业。2004年盛大游戏在美国纳斯达克上市成功，这一年陈总也登上了中国首富的排行榜。

2004年，陈天桥邀我去参加一个活动，为盛大收购起点中文网剪彩。这就是盛大文学的开始，一个谁也不注意、不相信会成功的行业。但盛大连载文学、网络互动、阅读收费的模式，又一次获得了成功，与亚马逊、谷歌并称数字出版三大成功模式被业界认可。盛大到2013年，占了全国网络文学市场的73%，成了文化创意产业的源头。盛大的网络文学，成了纸质书、电影、游戏、电视剧的版权源。2014年8月1日，在每年一届的ChinaJoy上，盛大成功举办了6部网络小说改编手机游戏的版权拍卖会，一举卖出了2800万元人民币。这让我这位传统出版人惊讶不已。

2014年9月的资产重组，盛大集团这个文化企业，资产已达500多亿人民币。由

50 万起步，仅仅 10 余年的时间，就到 500 亿的资产而且有 300 余亿的现金资产在手，还上交了 100 多亿的税收，这在文化界闻所未闻。盛大的发展既证明了中国人不笨，改革开放必要，也证明了陈天桥确实是个了不起的人物，他的这些阶段性的文化成就，已使他在中国的出版史、文化史、版权史上，留有一席之地。

如今盛大文化还在，但陈天桥正在逐步退出，他看到了更大的天地，网络金融。新媒介与传统的金融业务相结合，是被全球一致看好的方向。我不知道这次陈天桥是否如以前一样幸运、成功，但我很佩服他的战略识见，一步一步，如此清晰；努力地夺取一城一池，又敢于舍弃，为了更大的发展。

这是感情的割舍，也是战略的考量。人可以沉溺于感情，也可以服从理性。这并没有对错。

这天，我和陈天桥通了电话，我说我于 1972 年起从事出版，他说他 1973 年才出生。显然我们是两代人。蓦然回首，我在出版界已工作了 40 余年，在上海书画、上海人美、东方三个传统出版社当过社长。然而与陈天桥相比，我更多的是惭愧。因为三个社都不是我创建的，我是组织上派去的。回想起来，我们这一代人在任上更多的是应付，或在选题这一产品层面做些微创，沾沾自喜，很少有大胆的决策、主动的出击，更谈不上富有想象力的战略调整和大开大合的布局。否则，我们也应该可以对社会作出更多更大贡献。

附录：

写作此文的过程中，我去江西出差。2014 年是邹韬奋先生病逝 70 周年，我和同事上官消波先生等去他的家乡余江捐建了两所"韬奋书屋"。回到南昌，于 11 月 28 日顺便考察了江西出版集团的中文天地出版传媒，始知也是一家上市公司。2013 年总资产 141.9 亿元，销售收入 118.72 亿元，利润 7.30 亿元。他们介绍一体两翼的发展战略，2015 年要达到 200 亿的销售收入。说明江西出版也上来了。更令人惊叹的是，他们只有 5 家出版社。其中二十一世纪出版社全国排名少儿社第二，2013 年销售收入已有 5 亿多元人民币，刚被批准单独成立二十一世纪出版集团，三年后要达到年 10 亿元销售收入的规模。

年底为写东西偶尔去翻阅《2013 年新闻出版产业分析报告》，第 57 页对我的"江浙行"这一节有补充作用，抄录如下，以飨诸君："江苏凤凰集团、湖南出版集团、山东出版集团、江西出版集团和安徽出版集团 5 家集团主营业务收入、资产总额均超过 100 亿。浙江出版联合集团等 5 家集团资产总额超过 100 亿。"看后一惊，华东六省一市，有 5 家出版集团榜上有名，唯上海与福建落榜。喜的是华东区还是中国传统出版业的天堂，上海是华东的龙头，没有理由说上海出版搞不好，还有希望迎头赶上。

这几年上海大学出版社风生水起，引发本人对大学出版社排行榜的兴趣。正巧本局 12 月 9 日下午向市领导汇报工作，汇报稿中有如下一段文字："在全国 106 家大学出版社中，上海外教社排第 4 位，复旦社排第 8 位，华师大社排第 9 位，交大社排 16 位，立信会计社排第 39 位。"说明同在上海，大学出版社的发展却是风景这边独好。

刊于《编辑学刊》2015 年第 1 期

上海市新闻出版局转变政府职能推进依法行政专题培训班结业合影

跨界时代的艺术品产业

当前，版权产业的发展确实面临跨界经营问题。出版产业和版权产业，其外延和内涵是不一样的，版权的范围大得多，产业链也要长得多，版权产业的营业规模也要比出版大许多。

目前的文化界，这种跨界人物的成功很是引人瞩目。比如说郭敬明，他就是一个跨界的代表人物。最早是个作家，后来建有一个出版公司，成了出版人，再后来又办杂志《最小说》和《最漫画》，成了成功的办刊人。2013年7月，他的《小时代》拍成电影，票房收入七八个亿，又成了导演。以后我们也许会看到他在游戏方面有一个新发展。所以，版权和品牌是可以沿着一本书延伸发展的。

这几年在我们行业里，有两个文化行业是发展得最快的。一个是游戏业，一个是艺术品经营业。去年（2013年）我国网络游戏业的营业额是850多亿元，今年一定会突破1000亿元。第二个是艺术品经营业，据文化部公布的数据，2011年是2108亿元，比我们图书业多得多，是我们图书业的三倍多，图书业2012年大概是723亿元。2012年因为市场的调整，情况差一点，有1700多亿元。艺术品经营业对我们出版人和版权人而言是个跨界的话题，了解这些，是为了了解世界的发展，进而确立一种借助版权跨界经营的理念，从而转型发展，多元经营，做大做强。

收藏品具有多元性，收藏物也具有多重的意义，收藏品、艺术品和文物概括起来有四种性质。第一，收藏品是人类文明的物证，保护收藏品就是保护人类的物证，薪火传承，启迪后人。第二，很多收藏品是人类创造的艺术品、审美品，可以提升人的素养。通过收藏这样一个学习艺术的途径，可以提升我们的文化艺术素养。学习艺术的方式很多，可以到博物馆去，可以看画册，但是收藏艺术品，学习的含义不一样，是放在你家里的，是零距离的接触，是跟你产生感情的一种学习方式。中国最著名的画家很多是收藏家，远古的不说，近代的、凡是画得好的人往往收藏书画很有成就。第三，收藏品是成人的"玩具"。京城第一收藏家王世襄先生号称"天下第一玩家"，就很说明问题。他的一个理论就是收藏不是为了钱，收藏就是一个玩的事情、学习的事情。收藏实际上是人生的良好陪伴，是怡情养性的文玩，很有益处。最后一个特征，收藏品是商品，它是一个产业，是与版权产业相关的一个非常重要的产业，这是需要引起我们重视的。收藏品本身是一种货币等价物，是财富的象征，收藏行为也可以是一种投资行为。古往今来，出现了不少的文化投资高手和收藏投资高手。而且，我们看到，在近20年里，收藏品是发展得最好的一个投资理财的门类。

关于文化收藏，我讲两个人的案例。张伯驹是北京的一个大收藏家，他在民国年间和张学良、溥侗、袁克文一起被称为"民国四公子"。他的父亲是民国时盐业银行的第一大股东，这银行原来是公私合营的，后来转为私人银行，变成私营了，张家的股份是最多的。所以他家里不缺钱，他花钱也很潇洒。30多岁的时候，他收了第一张书画，是乾隆皇帝写的四个字，就叫"丛碧山房"。后来他就把这一幅字作为自己收藏的起点，也作为他自己的一个品牌。他编的一本藏品集《丛碧书画录》，里面收了118件书画精品。他最大的成就是保护了我们国家一批国宝级的书画，成为近代史上一位中华文明物证的守护神。

在《丛碧书画录》的自序里，他是这么写的："予所收蓄不必终予身，为予有。但使永存吾土，世传有序。"他说我收藏书画不是为了别的事情，我是希望我们国家的国宝能够保存下来，不要流落国外。他的目的就是这么简单，但这是非常崇高的一个理念。

他抢救、保护了《平复帖》这件中华第一墨宝。在1937年卢沟桥事变以后，他获悉书画家溥心畬要卖出自己收藏的《平复帖》。此帖为陆机所写，陆机在文学史上很有名，他的一篇《文赋》是千古传诵的。陆机写过一封信叫《平复帖》，启功先生注释了全文。为什么讲它是中华第一墨宝呢？我们中国的书法传承靠两条线，一种是刻在碑上拓下来的叫碑帖、碑拓，那个比真迹要差很多。一种是直接拿毛笔写在绫绢或者是纸上传承给后世的，这叫墨迹。墨迹的真实性要比刻碑大很多。《平复帖》是中国唯一现在能看到的最早的墨迹。当时在溥心畬手里收藏，溥心畬跟张大千一起在1949年前从大陆跑到台湾去了。他也是清室的后人，艺术上有成就也很有钱。溥心畬开价是20万大洋，后来看卖不掉开价10万大洋，但是在1937年的时候，溥心畬的母亲过世了，他急于用钱，张伯驹就筹了4万大洋，通过人跟他谈判以后就成交了，就是4万块大洋买这一张书法。我看书里是这样记载的，张伯驹把这帖缝在衣服里面，每晚和衣而睡。因为那是抗战的时候，他想万一逃难的时候忘记拿了，不得了，不仅是家事，而是中华国宝的损失。就这样保护到新中国成立，后来也捐给国家了。

《游春图》是我们现在到故宫里面看到的中华第一画，这是隋朝时的大画家展子虔最早的山水画。这幅画也是张伯驹抢救下来的，当时他没有现金，决定把家里的房子卖掉，卖房后凑了220两黄金，把这张画买了下来。

1949年以后，张伯驹看到北京故宫的很多东西都运到台湾去了，他从国家利益角度考虑，把自己最好的18张画捐给故宫，除《平复帖》《游春图》外，还包括李白的《上阳台帖》、杜牧的《张好好诗》等手迹，都是唯一的国宝，都捐给国家了，所以他对我们国家文物保护和传承贡献非常大。

1995年夏季中国拍卖代表团访问伦敦佳士得总部时合影

再讲一个老干部王一平先生收藏的事例。1949年以后，我们的经济和政治体制使得一般的人就不能收藏了，因为大家的收入都差不多，但是1949年以后老干部收藏是一种现象。上海市委书记王一平的事迹就很感人。在1949年打上海的时候，他是解放军一个军的政委。1949年以后，他是上海市委的组织部部长。但是他是非常特别的一个人，曾要求并得到上级批准，降了好几级，辞去组织部长的职务到上海博物馆去当馆长。20世纪50年代上海博物馆是一个处级单位，说明他非常喜欢文物。他把自己的钱基本上都投入到明清书画的收藏里，成就很高。

他叫人刻了两方印，一方是"相逢有味是偷闲"，另一方是"聊借画图怡倦眼"。他认为收藏是一件让人开心让人休闲的事情，不要太看重钱。他有一次看中一张画是明代林良的《古树寒鸦图》，这张画朵云轩做过木版水印，是精品，不是精品不会做木版水印，这张画是他的旧藏。

当时买这张画的价格是 350 元，他拿不出这么多钱。他家里有一张吴昌硕的画，是 85 元钱买来的，他就拿着这张画和 200 多元钱，到店里去换林良的画。文物商店的人跟他讲，你当时买的吴昌硕 85 元，现在值 350 元钱，你钱拿回去一画换一画够了。他说我收藏不要多挣一元钱，现在我还是坚持这幅画抵 85 元钱，再补上我的钱。这一代的老革命高风亮节，确实很了不起。后来他把自己的古画全部捐给上海博物馆了，而且要求不登报、不留名、不宣传，外面人不太知道他的事迹。

讲完了文化人物，我讲两个挣钱的高手，收藏投资的两个代表人物。一个叫张宗宪，现在 80 多岁了，他是我们海峡两岸和香港推动中国艺术品市场发展的一个高手。

这张 PPT 上登的都是他在佳士得、苏富比到 2011 年为止的专场藏品拍卖，2012 年、2013 年、2014 年的我还没有补上去。一般人家里有几张画送到拍卖行里，给你印在拍卖图录里，张老板他个人就是个品牌，是个大收藏家，他全部是专场，每一本拍卖图录都是他的藏品，没有别人的东西掺进来，因为打他的品牌可以卖得更贵。从这里可以看出，张先生收藏非常丰富，东西卖得也非常多、非常贵。

我认识他的时候是 1992 年，他的官窑瓷器收藏已经在世界上出名了。但这时他一个华丽的转身，把瓷器抛掉，转向收中国的书画。起初他对于中国书画的真伪不太专业，但是他非常懂欣赏，非常懂价值和价格。他请了很多高人帮他选画，然后集思广益来决定。在 90 年代书画很便宜的时候，他买了中国最好的书画，主要选了 20 世纪这一段的名家大师。齐白石他大概收有近百张，还收了最重要的 18 个画家，像张大千、傅抱石、黄宾虹、林风眠等，在上海、北京等地都办过他的书画藏品展览，出版了画册，而后把书画也送苏富比拍卖。

2008 年他开始卖书画的时候，又在苏州办了一个张宗宪藏御制珐琅彩器物的展览。他又走在市场的前列，人家都去收书画，他已经在收珐琅彩了。中国在明代的时候，从欧洲引进了铜胎掐丝珐琅彩的技术，当时主要是为皇宫生产，价值比较高。珐琅彩以后，2012 年又在苏州博物馆举办了他的一个新专题就是鼻烟壶收藏，一共四百余只。现在宝刀不老，还在做一个专题就是白玉。他这么大年纪了，还投身于艺术投资，乐此不疲。

再介绍尤伦斯先生，一个外国人到中国怎么成功投资艺术品的。一般认为外国人到中国，两眼一抹黑，不懂中国的，但是世界上有的人真是人精。我不认识他，我是看了他的材料发现的。尤伦斯在欧洲也是个收藏家，他到中国以后，收藏了中国两部分非常好的美术品。这个人的厉害在于，他收宋元明清的古画，因为这个是千百年来的历史传承，是国宝，是经典。一个能抓住经典的人是厉害的，但是另一面时尚他也抓住，就是中国的当代艺术。当代艺术出现的时候，几万块钱就可以买到一张最好的。当代艺术那个时候不是主流，也没有人理睬，都是年轻人在那里弄，美术家协会什么官方的也不当它们是一回事。尤伦斯从西方过来，他知道人类艺术发展，当代艺术是不可跨越的阶段，所以他知道这个道理，就很便宜地收了非常多。

这两年他的东西开始拿出来了，我们才知道这个人的本事大，就是一手抓住了中国的经典，另一手抓住了中国的时尚。时尚是未来，经典就是过去，两手都能抓住，这个人就非常了不起。这张是 2002 年中国嘉德拍卖的时候轰动海内外的宋徽宗的《写生珍禽图》，我们当时都知道拍到 2500 万人民币，不知道谁买的，在 2009 年北京保利拍卖的时候他拿出来了我们才知道。他那次拿出来一个专场即尤伦斯男爵收藏中国古典绘画拍卖专场，一下子出来几十张都是他的，其中《写生珍禽图》这一张拍到 6171 万，挣了几千万吧。

这一张《十八应真图卷》，1.69 亿元他卖出来的，他买进什么价钱我没有查到，起码赚了一个亿，可能买来就是一两千万。这一张是宋代曾巩的《局事帖》，传说曾巩的真迹在全世界就这一张。1997年在纽约佳士得尤伦斯以 50 万美元买进的，2009 年秋又以 1.08 亿元人民币卖出的，挣了近一个亿的人民币。

1997 年夏季考察纽约苏富比拍卖行

下面介绍他当代艺术的收藏。2011 年 4 月，香港苏富比举办了专场拍卖"尤伦斯重要当代中国艺术收藏：破晓——当代中国艺术的追本溯源"。这一张是他以 7660 万港币拍出的张晓刚的《生生息息之爱》。这一张是 1941 万港币卖掉的，是张晓刚的《血缘系列：陈为民》。这些画估计不是从拍卖行买来的，买进价就不知道了，我估计买进价是很便宜的。

这幅《十字之 90-6》是我们上海当代艺术画家丁乙的作品，卖了 1740 万元，我估计买来最多几十万元。这幅是去年轰动全球的事情，去年 10 月 4 日香港苏富比拍卖，曾梵志《最后的晚餐》成交 1.8 亿港币，后来知道也是尤伦斯夫妇收藏的，所以他的眼光和投资意识非常厉害。

据美国的统计，艺术品投资增值、回报率是 24.5%，美国投资房地产一年回报率是

4.5%，股票是 13%。很多人不理解，美国的房地产怎么只有 4.5% 呢？美国房地产真的投入回报率不高，他们认为房地产炒高不利于各行各业经济的发展，不利于人民的安居乐业，房子是生活必需品，房价不能搞得太高。所以 2009 年和 2010 年的美国，受金融危机影响，美国的房价全部都被对半砍，跌了 30%—50%。现在其房价略有回升，但比 2008 年金融危机以前的房价还差很多，所以回报率 4.5% 是符合实际的，也是合理的。当然我们在中国生活的人，对房地产年投资回报率 4.5% 是不理解的，我们是暴涨，居高不下，现在有所控制，但和工资收入比不低。美国艺术品投资回报率最高是 24.5%，我国尚没有艺术品回报率的统计资料和科学的数据分析，但感觉上我们这 20 年艺术品可能远远不止年增 24.5%。

艺术品为什么会有这么大的投资回报呢？

第一，是由艺术品稀缺性的特点和货币量不断增长促成的。艺术品、文物都是稀缺性的资源，具有不可再生性，但人类社会经济发展的一个特点是货币发行量越来越大。最早用黄金，黄金不够了用白银，白银不够了用铜，铜不够了印纸币，现在到了数码时代不要印了，那么你说以后货币的量会到多大呢？我们国家很长时间货币发行量是 20 万亿人民币左右，但今年 7 月，我们国家的货市发行量已超过 120 万亿元，是年 GDP 的两倍左右，超过了美国。在货币发行量不断增加的情况下，人们必须要去找稀缺性的资源。稀缺性的资源在哪里？个人不可能买矿产、石油、森林，大众理财可以去买邮票、买金银币，更好更有能力的则买艺术品买文物，这可以使你个人的资产得到最大的升值，比房产还好。

第二，艺术品的多样性可以满足人性无限追求新颖性的需求而不会感到重复，不会失却欲望。人们买一样用品往往会因为它的标准化和耐同性，不愿意多占有；买汽车两辆、三辆，反正也只能用一辆，常常就不愿意多占一辆，但是艺术品使人"贪得无厌"，因为艺术品每一件都不一样。很多东西家里有了，如电视机有三个了，不想再要了。但是你去买画，你去买艺术品，一上手就觉得我还想要。所以收藏家永远没有钱，比如，大收藏家张伯驹家里永远没有钱，因为他看到一件东西家里没有，又想要，又手发痒了，又想搬到自己家里来。可见，收藏、投资艺术品能够不断满足人们新的、持续的需求。

第三，艺术品具有价值和价格的不确定性，能使投资获得超常规的回报。买一件东西的价格是恒定的，全世界都可以算出来，这个生意挣不到钱，图书、报纸的价格都是明确写好的，动也不好动的，钱不易挣。而那些知识性、艺术性的商品，价格可以很夸张的，往往可以挣大钱。如一件东西，价格具有模糊性、不确定性，人家讲是无价之宝、

跨界时代的艺术品产业

价值连城，是个大的城还是个小的城也不确定的。这种东西的价格，实际上在买家的心里和卖家的心里，只要买卖双方有这个意愿，我们称为心理价位，也许一个亿也能卖。

1994 年年末，在美国纽约佳士得曾拍卖达·芬奇的科学手稿，有五个人举牌，因为达·芬奇科学手稿非常宝贵，所以拼抢很厉害。但是最后买下来的人是比尔·盖茨——2800 万美元落槌，加佣金 3000 多万。可见，因每个人财力的巨大差异、感情差异、对某件文物的价值判断差异，出价会非常不一样。古老的拍卖还在艺术品领域保留和兴盛，就是因为艺术品价值幅度很大，每个人认识不一样，所以才会在拍卖的时候从 10 万叫到 200 万。中间也许有 50 个人喊价，每个人喊价都不一样，因为大家对它的价值的判断不一样，而这种行业最好挣钱。像黄金，全球都是一个固定的价格，其实你买了都是明码的，挣不到太多钱。

艺术品投资增值主要靠两种差价，一种是空间差价，一种是时间差价。空间差价就是国际贸易，你从一个地方买下一件东西卖到另外一个地方，你有差价可以赚。时间差价就是我买来以后，把它储存起来，我五年、十年以后再卖掉挣更多的钱。时间差价适合艺术品和文物的增值规律，而一般那些大众商品，落地就要打八折，你储存在那里是越存越贬值。比如，买一辆新的汽车，出了车行恐怕就要打八折，不能卖原价的。艺术品最重要的是靠时间差价。空间差价，在改革开放的初期最典型，你会看到我们把很多艺术品卖到国外去，因为外国的价钱高，来买的人一张画一万元人民币，到新加坡可以卖一万坡币，他挣五倍。我在朵云轩就做这些事情，卖给那些人，他们到当地能赚钱，因为有一个货币差、地区差。这几年中国的价钱高，全世界当时买了我们文物的人都送到中国内地和香港来拍卖，他又挣钱了，这就叫中国文物回流，又是一种地区差。

一些典型的案例可以让我们更清晰地了解艺术品的增值。1993 年 6 月，我和同事们创办朵云轩第一场拍卖会时，拍的张大千《晚山看云图》，这也是 1949 年以来在中国大地上第一次有一张画卖过 100 万元。1993 年这一张张大千的画，我们卖了 143 万元人民币，台湾人买去的。2005 年上海保利聘用了一个台湾人当家，他从台湾把这张画又找回来，成交 550 万，这个人就挣了 400 余万。后来，2009 年上海天衡又找到这张画拍卖了一次，变成 1992 万，这个人又挣了一千四五百万。去年朵云轩拍卖行成立 20 周年，这张画居然又送到朵云轩来拍卖了，卖了 2800 多万元，又挣了 900 万。它的整个流通、投资的过程，又有空间差，又有时间差，使每一个买它的人都挣钱了。我相信现在 2800 万元投下去的人，以后还照样要赚钱，稳赚钱，因为这件作品是中国拍卖"第一槌"，是张大千的名品，所以不会跌价。

《爱痕湖》是张大千晚年的作品，1992年春季它在苏富比拍了港币180万元，当时我就在现场。2001年在佳士得再拍的时候是1.08亿元人民币，增长了50多倍，投资回报率非常高。徐悲鸿的《巴人汲水图》是1943年的作品，1999年7月在北京拍卖132万元，2004年再拍卖的时候1650万元，2010年第三次拍卖的时候1.7亿元。2004年买的人到了2010年，六年涨了十倍。

涨十倍的东西不少，像我们小时候家里买的葱，当时是一分钱一堆，现在五毛钱一堆，涨了五十倍，但是它是一分钱，分母很小，涨了还不到一元钱。而1650万元还能在六年里面涨十倍，这就是非常少见的回报了。

我再说一个花絮，有个单位年底摸彩抓阄的一个彩头是张画，这个单位二十多个人心里都想不要摸到这张画，我摸到什么都行就是不希望要这张画。摸到最后的两个人剩下一件裘皮大衣、一张画。他们两个人想的也是我要摸到裘皮大衣，所以最后这个人是最无奈的，他就拿了这张画，结果卖了120万元，但是假如他知道可以卖到1.7亿元的话，也许会后悔得晕过去了。

齐白石的《祖国颂》，2006年在北京拍卖价374万元，但是隔了六年2012年在北京保利再拍时成交8200万元。我们出版社辛辛苦苦几年的利润不抵他一张画的投资回报，当然齐白石也画得好。我们中国文化博大精深非常有特点，中国画很大的奥秘在于上面的题跋。比如说这张画，齐白石他要表现祖国山河万年长，他画了红太阳，太阳天天要升起，永恒的。然后他画了自然界的青松，寿比南山不老松。动物里面大象、乌龟、仙鹤最长寿的，他画了仙鹤，红色、青色、白色配在一起，色调很和谐，象征祖国红色江山万年长。但假如没有"祖国颂"三个字，随便题个某某50岁生日留念，那么就变成祝你生日快乐，祝你健康长寿了。所以中国文化、中国绘画与西方很不一样的地方，在于它的书法和它的题词，画龙点睛，把主题点了出来。

李可染的《万山红遍》取名自毛泽东词《沁园春·长沙》中的"看万山红遍，层林尽染"。画的是长沙岳麓山秋天的风光，是李可染的名作。2007年5月，在香港佳士得拍卖价2879万元，2012年到北京保利再拍2.93亿元，又是十倍多。这个成功投资打了一个地区差，还打了一个时间差。这也是我们拍卖行投资的经典案例。

《华严集联三百》是弘一法师在他母亲冥寿70的时候写的三百幅对联，裱了三本大册页。《华严集联三百》是弘一法师的再创造，每一幅对联都是他读通了《华严经》以后撰写的，由弘一法师的大弟子刘质平居士收藏，1999年交朵云轩拍卖。1997年亚洲金融风波以后，拍卖市场最差，加上当时人们的眼光也不行，当时这件东西150万元底价，拍卖结果流标，没有人要。后来 145 万元就卖掉了。这件宝物应该由国家级机构收藏，因为弘一这样的人不可再生，这样的精品也难以重复。2011 年这件东西又出来了，到了天衡拍卖行，拍卖 6950 万元，从 145 万到 6950 万，这个买的人是有眼光的。

《山地风》是陈逸飞的油画，2011 年 5 月在嘉德拍卖以 8165 万元卖掉，而物主 17 年前买进时是 286 万元，17 年从 286 万元到 8100 万元是不错的长线投资。乾隆皇帝的玉玺，于 2006 年在法国拍卖了 100.8 万欧元，2007 年在苏富比拍卖 4625 万元港币，挣了四倍多，2010 年在苏富比再拍了一次，9500 万元，所以这个流通增值过程很清楚。

很有名的过云楼藏书，是苏州大藏家顾家的旧藏，包括《锦绣万花谷》80 卷宋版书在内，有 170 余本书。2005 年由私人送到中国嘉德拍卖，拍了 2310 万元，2012 年 6 月又交到匡时拍卖公司拍卖，底价 1.8 亿元人民币。由于拍卖标的价格太高，匡时要求买家先签合同，付 3000 万元人民币定金，所以现场只有五块牌（另外发的那种金色的牌），现场从 1.8 亿元起拍，只加了 800 万就没有人敢要了，加上佣金是 2.16 亿元，物主大赚了。

有张很多人都知道的八分钱邮票《全国山河一片红》，2009 年在香港拍卖 368 万元港币，2012 年在北京嘉德拍卖 730 万元人民币，又翻了一番。年纪大一点的人知道，这张邮票是历史的见证。1949 年，毛主席领导共产党创下了红色江山，但是他到 60 年代认为已经变色了，他自己说了很多地方的领导权不在共产党手里，在走资本主义道路的当权派手里，要发动"文化大革命"，把他们打倒，把权夺回来。上海先开始夺权，夺回一个省就红一片，全部夺回来了就成了一片红，所以就高兴了，发了一张邮票《全国山河一片红》，庆祝"无产阶级文化大革命"取得了伟大胜利。但是设计者忘记了台湾岛没有印红，确实也不能印红，因为台湾是国民党执政，不能印红，但是你印白了之后，就变成台湾不属全中国了，发现这是一个重大的政治错误，于是赶忙通知把邮票收回来，但还是有少数几张流了出去，如今流出去的错票价值无比。

鸡缸杯拍卖是今年轰动全球的一件事情。今年 4 月 8 日，香港苏富比的春季拍卖会上，一个明成化斗彩鸡缸杯卖了 2.8 亿港币，买家是上海的大收藏家刘益谦先生，刘益谦现在是我们中国的大收藏家，被纽约《艺术新闻》(Artnews) 评为影响世界的收藏家，他是第一个获此殊荣的内地人。一个直径 8.2 厘米的鸡缸杯能卖到 2.8 亿，而且 2012年以来市场低迷，这个价格一出来以后提振了市场信心，所以轰动。但也不是说每一个鸡缸杯都能卖这个价。我读了一段材料大致是这样，鸡缸杯胎骨精细，釉水莹润，青花与釉上彩结合，是成化年间的皇帝做的一批精品，可进入流通领域的仅三只，机会难得。这件为什么最好？它的收藏脉络清楚，早先由伦敦藏家利奥波德·德莱弗斯夫人收藏，后被业界著名的玫茵堂收藏，1999 年 4 月 27 日在苏富比拍卖 2917 万港币。现在的拍卖界不是只凭感觉看物品，还很重视流传有绪，重视流通中的证据，所以这一次拍至 2.8 亿是有必然性的。

当前我国艺术品产业的规模和结构是怎样的呢？

据文化部每年一度发布的白皮书统计，目前我国艺术品交易总量，2011 年是 2108 万元，拍卖总额是 975 亿元，大概一半交易是拍卖行渠道走的，一半是市场的其他渠道。文化部的统计里，艺术品的仿真品、衍生品，中国一年大概 180 亿元，这是与版权最密切相关的，它不一定都做在书上，它做在各种载体上，包括现在的有色印刷、高仿、地铁卡、电话卡，都与版权有关。2012 年我们市场在调整，年成交 1784 亿元，拍卖总价 442 亿元，跌到原来的 46%。

艺术品市场卖什么呢？现在市场上，书画占 61.86%，瓷器杂项包括珠宝、古书占 31.55%，油画和当代艺术占 6.59%。

这是一个丰富多彩、规模比出版大的文化产业，我们出版人应该关注这项跨界的行业，从而多元经营，做大做强。

（注：本文根据作者在 2014 年中国版权协会普及研修班上的讲课录音整理而成，发表时有删节）

刊于《版权的力量》（北京大学出版社出版，2015 年 4 月）

朵云轩纪事

今年 2015 年是朵云轩成立 115 周年，时光匆匆，这家江南艺苑、百年老店跨入新世纪还风采依然，真不容易。

笔者在朵云轩工作了近 30 年，亲历了一些事件，亲见了一些前辈，回想起来，恍如昨日。其实初创时的朵云轩只是一家笺扇庄，很小的店。合并进现在的朵云轩，只是用了它的招牌，1960 年迁址南京东路时，真正的老朵云轩员工只有几位。现在的朵云轩应该是 1960 年重建的新记朵云轩，它的壮大，固然有赖公私合营以后上海画廊业的大合并，计划经济时代把古董店都归入文物店，书画店合并到朵云轩，形成了一定的垄断优势。但这不是主要的，各地倒掉的垄断性的文物店也很多，朵云轩能存活、发展，与它的企业文化和专业人才大有关系。

文商并重，一直善于经营

我在朵云轩时一个强烈的感受，上上下下比较重视文化和商业效应的平衡。即使"文革"时受到"左"的影响，但单位内部讨论工作，老师傅时不时冒出来的一句话："迭格东西做出来卖得脱伐？"虽然朵云轩的产品是极为高雅的书画以及文房四宝，但也注重适销对路。这是因为单位合并进来的人，大多是原来的工商业者，很多人在解放前的私营店里也是从学徒摸爬滚打苦练出来的。这就形成了一种很好的店风、社风。比如木版水印，选的品种大多高雅又很好销，不好销的一般不做，从来不离开销售讲社会效益。大家认为：卖不掉，放在仓库里有什么社会效益，比如复制海内外孤本上博藏的明代《萝轩变古笺谱》，员工全部在上海博物馆上班，花了大力气精雕细刻印出来，做到了"悉仿古制，几可乱真"。80 年代初印出来已编号发行 300 部，全部卖空，比现在业界流行的有限印刷早多了。另一部明《十竹斋书画谱》历时五年集几十位师傅的力量做出来，在 1985 年时就卖 4900 元一部，当时也算天价了，但也很畅销，还在莱比锡得了高于金奖的国家大奖。又好又卖座这就是一种企业追求。

这种风气也影响到后来衍生发展出来的上海书画出版社，从零起步，办成了国内知名的美术出版社，也是上下重视两个效益统一，很少乱拍脑袋编书的。记得 2000 年我到出版局任职时，国家给属下 18 家出版社清产核资的政策，有的社大批图书积压报损，而我们社竟然没有可清理的积压书。这大概在于编辑出版人员在文化的品牌下，把能卖掉放在很重要的位置，而这是企业产品和服务的标准。比如我的师兄张雄先生，很早就开发农村民间的年挂历产品，注重下乡调研，开发适销对路的产品，为我们后来的大发展，挖了第一桶金。郭载阳、周卫先生等在 90 年代初研发书法、美术教材，发到全国，坚持质量，按需印刷，最高时每年有 1.5 亿的收入，支持了学术出版物的发展。

用人不拘一格，只选真材实料

在我们的体制下，选人用人最易讲学历、职称、资历、关系，而老朵云轩用人是最不讲究这一套的，更注重人的专业水准和办事能力。所以，在这个单位上上下下崇尚这种价值理念，有学历干不出活的人也不被尊敬。

"舜发于畎亩之中"，一代名师竹刻大家沈觉初先生当初在一家煤球店记账，被发现调到朵云轩。书法篆刻家高式熊先生当时在一家工厂当翻砂工，年逾 58 岁，朵云轩照样招他进来，不计较只做两年退休，要发他一辈子退休金。刘小晴先生中专学历在一家医院工作，但书法和学术两方面功力了得，也被调进朵云轩《书法》杂志工作。他们都为书法出版事业做了大贡献。还有吴惠霖先生，记得也只是初中学历，但确是一位有经验的老编辑，他创办过《书法研究》《书与画》两本杂志，出版编写过"书法知识丛书"，影响很大，他也是引进的有真才实学又很肯干的人。重视专业人才，还体现在对人的要求既要懂出版，更要懂专业，以保证出版物质量。仅以书法为例，担任过上海书协主席和副主席的就有周志高、刘小晴、吴建贤、戴小京、张伟生等。上海中国画院的车鹏飞、陈翔等也出自朵云轩的历练。

除了引进，还很注重对学徒的培养。我进社时还是"文革"时期，受到"左"的路线影响，但上上下下都讲"又红又专"，给你的实际暗示是，大家更喜欢业务上专的学徒。领我进朵云轩的就是现任上海书协主席的周志高老师，当时他 30 岁不到，在业务上已很有成绩。我进朵云轩时，他就对我和师姐林玉晴讲，你们政治上要入党，业务上一定要钻研，在朵云轩业务上不过硬的人，是站不住脚的。我后来分到木刻雕版书部门，雕刻《共产党宣言》《楚辞集注》，我的负责人就是后来的出版专家茅子良同志，他自己也痴迷文史和篆刻，很早就加入西泠印社。而这个小组，书法家有名师李成勋、许宝驯，刻书版有罗旭浩师傅，印书有杭文连先生、张龙珠老师。为了培养我们，请了很多名家来讲课，我就听过方去疾、周慧珺老师讲课；我们刻书的每周有三个半天练毛笔字，条件好极了，压力也很大。顺便说一下，70年代我们入朵云轩的学徒有五六十人，练毛笔字是全社对学徒的基本要求，即便卖文房四宝也要懂点书法，所以把我们逼了上去。

而在木版水印室的学徒，还请来唐云、吴青霞等大师给他们示范、讲课，以使他们快速地提高对画的笔墨、枯湿、深浅的理解，以便更好地把握复制技法。那个时期，朵云轩的木版水印质量，无论是工笔还是写意，都是印得很好的，很多被一刀两断处理的次品画，实际上质量也相当不错。

90年代在新加坡征集艺术品，让流失海外的艺术品回归中国

虽然是新社会，但朵云轩拜师学艺还是继承了旧法，每个学徒有专门的师傅，师傅之间也把带学徒当作荣誉和责任。我们上一代老师如马成名先生，也是用这种方法，靠大量实践练出来的，他的绝活书法、碑帖鉴定名冠业界，后来长期在纽约佳士得身居要职，也受梁子衡、庄澄璋那代专家影响所致。而同辈的比如张荣德先生在书画鉴定方面已成权威，目前受聘于纽约苏富比，但他的"童子功"是在朵云轩拜庄澄璋先生门下学的。庄先生教他鉴定，还教书法和古文，而庄先生又是吴湖帆先生的门徒。吴瓯拜在方去疾先生门下，也是名师出高徒。林玉晴也是在这种氛围下学习技艺，如今成为木版水印传承人。所以就是一代一代传承下来的。回想我们70后那一代人，在朵云轩有近百人之多，因"文革"大多没上大学，但上了朵云轩这所学校，师傅一流，专业水平很高，所以大多学到了一些真功夫，也在师傅们言传身教下懂得了做人，回想起来，受益匪浅。我的同学辈有一批人在上海各大拍卖公司当过总经理、副总经理，也与自小在朵云轩打下的基本功密不可分。

求真务实成为社风

在朵云轩始终弥漫着一种求实的社风，就是说实话，办实事，求实效。形式主义和虚伪的一套，相对要少得多，本分、实干的人也受到尊重和重用。而这种社风也是由领导带出来的。我曾做过多任领导的秘书和助理，他们都是从战争年代走过来的老革命，但勤奋好学，也成了专家。比如老社长王颜晋同志，对业务很精通，在"文革"后期讨论朵云轩业务方针（也就今天说的单位定位）时，"左"的言论"朵云轩要为工农兵服务"还是占上风的，但他敢于在大会上说："社会是有分工的，朵云轩是锦江饭店，不是隔壁的扬州饭店。"这给我很大的启发，改革开放后我当了社长，针对富起来的人办拍卖行，卖高档艺术品，就是深受这句话的启发，始终把握自己的定位和责任。周蔚芸同志是老地下党员出身，很有工作热情，她当社长很少让我写稿，大多自己动手、自己写。

1992年4月拍卖会结束后在港接受电视台记者采访

对群众的疾苦关心到位，当时王行健同志身体不好，夫妻分居两地，她一次次地去找有关方面协调，把他妻子调回上海。黎鲁同志更是彻底，当时担任总编辑，但创办《朵云》杂志时，很多给作者的约稿信，都由他亲自撰写，一年写的文件、信函有几十封之多。我们在他们身边耳濡目染，也养成了自己动手的好习惯。

那个年代，单位根本不雇勤杂工，所有的展览、搬运活，都是领导和员工一起参与，没有一个高高在上的领导。这一点深深地感染了我们年轻人。

在艺术品经营这一行，真假是个绕不过去的问题。大家把质量、把求真看成企业的生命。而这一切也得到了社会肯定。1986年谢稚柳、启功、杨仁恺、刘九庵、傅熹年等先生曾到朵云轩巡视鉴定书画，被朵云轩量多质高的藏品所吸引，前后看了约三个月。朵云轩之所以有这样的业绩，一是鉴定队伍实力强，把关严。在收购组工作过的人先后有庄澄璋、方去疾、彭仁甫、马成名、王壮弘、沈觉初、何为民等前辈以及张荣德、汪洋等后生。二是他们会鉴定、懂经营、敢出价，在上海不多的文物机构之间有竞争力。所以，从新记朵云轩创立以来积累的书画碑帖、文房四宝，非常丰富。那次鉴定以后，上博马承源馆长开口向朵云轩调了一大批珍贵书画藏品，总价才7.5万元；辽博杨仁恺馆长向我们调了几百件明清书画，只付了12万元人民币。朵云轩就是把最好的书画交给国家收藏，而将剩余的用作出口创汇。这也反映了那个时代朵云轩人的高风亮节。如今，在全球流通着很多朵云轩卖出的书画和文物，凡从朵云轩出库的，大多成了有信誉的抢手货。记得有一次香港市场出现了齐白石的《老当益壮》这幅画，著名收藏家陈德熙先生直接给我打电话确认是不是朵云轩的藏品。我告诉他不仅是朵云轩的旧藏，而且还做过木版水印。他听了就很放心地买下来。

去年秋天，我去香港出差，应邀去大藏家张宗宪先生府上品茶、赏画，他特地给我看了几幅90年代由朵云轩拍卖而得的书画。一幅齐白石的《芙蓉鸳鸯图》，一幅张大千画给李秋君的《溪山雪霁图》，都是精美绝伦的好画，他保存了二十多年还不舍得出手，说"朵云轩当年拍出来的画精品真勿少"。最近香港大藏家罗仲荣先生来沪举办他的藏品展"色染山河"，展出革命历史题材作品120余件，其中程十发巨作《万世同根》等均从朵云轩拍得。罗先生也是我们的老主顾，他对当年购画的细节也记忆犹新，赞许有加。当年是朵云轩的品质吸引这些大藏家！

重传统但不守旧

一百多年来，朵云轩一直以弘扬中华传统文化为中心，不管是私营时期还是国营时期，这个根本始终没有变，可谓代代相传，血脉相连。但变的是它的载体、形式、商品和服务，这方面一直与时俱进，锐意突破、创新。最有意思的是，初创时笺扇庄的笺和扇，成了后续上百年发展的两条产品线。笺，信笺，这一条线当时用手工水印来印制纸品，一直引导它复制、出版，在鼎盛时期大规模地发展木版水印复制技术，与荣宝斋二分天下有其一；开发了石拓书法、原拓印谱、木刻雕版书和珂罗版仿画，直至1978年创建上海书画出版社起大规模地从事出版，历三十余年成为全国首屈一指的专业美术机构。这是朵云轩历史性的突破和创新。上世纪70年代，日本有书法杂志200多种，而作为书法故乡的中国一本也没有，1977年周志高先生冲破阻力，创办了我国第一本《书法》杂志，产生了巨大的历史作用。80年代，朵云轩在蔡社长、卢总编领导下编辑《中国书画全书》十四卷，也填补了书画史论读物的空白。而扇（当时手绘的厚纸扇）这一条线，引导朵云轩向经营原作字画方面转型，奠定了它江南艺苑的历史地位。

朵云轩大规模地收藏旧书画、碑帖和文房四宝，比较集中有三个时期。据孙介琛老师回忆，上世纪50年代末60年代初"三年困难时期"，周边农村很多人抛售书画换粮食，朵云轩收入了大批书画；还有"文革"抄家时期，也有不少人转卖给朵云轩；再就是"文革"结束发还抄家物资时期，也有很多家庭当即转卖给我们。记得1986年前后，国家最后一次抄家物资发还正逢当时的出国热，很多家庭没有钱供孩子出国，就变卖了发还的收藏。有一天，我接待过一家母子两人来店，拿了十几件书画，为了筹一笔钱买儿子去美国的机票，变卖了书画。这个时期还值得一提的是刘质平先生收藏的弘一法师书法，在他过世以后很多转给了朵云轩，当时收价低，但我们卖得也低。几十元一件就卖，真是便宜，也是收藏的好机会呀！

"文革"结束，百废待兴，一个新的时代随之而来。当时，在世书画家生活在计划经济体制下，拿工资画画，早就没有了商品市场。朵云轩率先恢复了这项业务，经销海派新画。老先生朱屺瞻、谢稚柳、唐云、王个簃、程十发等挥毫开笔，把画交给朵云轩外销，虽然初始只卖几十元一方尺，后来才卖几百元、上千元一尺，但画家们热情很高，纷纷通过朵云轩到香港等地办画展。破除了"文革"的禁锢，个个扬眉吐气，画出了很多精品力作。记得，当时很多画家在朵云轩雅集、笔会，有一次赵丹先生也来参与，市委宣传部长正是那次在朵云轩雅集上宣布了赵丹平反，笔会雅集成了解放思想时期上海画坛的一道风景。这一波当代画家的市场开启，对海外影响很大，当时买家主要在港台、新加坡，大陆画家的解放和卖画，也让海外藏家看到了希望和机会。这真是一个"富矿"，而朵云轩正是最早的"开矿人"。

计划经济时代，民众把收藏卖给鲜有的几家国家专营文物店，缺少竞争，卖得不是太贵。但以朵云轩的经营而论，还是多少保留了1949年前的传统，老少无欺。记得王壮弘先生有一次路过一户人家，看到把《宋拓欧阳询九成宫》当糊窗纸用，当即善意提示，用真品价格收购，一时传为佳话。

上世纪90年代初，民间收藏兴起，产生了私营者与国有文物店、朵云轩竞争，他们俗称"地下党"，在价格上比我们国有店有竞争优势，因为国有单位养了很多人，成本大，要上缴利润，而民营个体赚少一点也做。慢慢地我们收文物越来越难。也就是在这种形势下，迫使朵云轩百年老店要改革、转型。1992年我们创办了朵云轩拍卖公司，于1993年成功地敲响了中国艺术品拍卖业第一槌，改变了传统的经营方式。此后又创建了古玩公司和文化经纪公司，对朵云轩进行了改革和改制，激发了活力。进入新世纪，盛世收藏兴起，朵云轩经营业绩大幅提升，在龙华新建了艺术中心，大投入大产出，显示出传统经营的与时俱进。

回望1985年朵云轩庆祝建店85周年时，大画家程十发先生写了一首诗道贺："海上有朵云，辛勤播艺风。广传民族美，已近百年功。"一晃又是三十年过去，程先生也已作古，但他对我们的嘉勉，则一直记在朵云轩人心里。

刊于2016年1月17日《解放日报》

探索中的数字出版

又到开年之际，《编辑学刊》的同志希望我谈谈数字出版。这是传统出版人的软肋。在局工作前后九年，正好分管这项工作，看了不少，也听了不少。提笔写的时候发现还是难以捉摸，讲不出一个结论。它是一项进行时，看清的是过去，弄不明白的是未来。记得 2010 年前后，业界蜂拥而起搞电子阅读器，据说上了 60 多个。不过两年，出了智能手机和 iPad，不要说各集团的阅读器，连非常火爆的"汉王"也销声匿迹了。归纳起来，信息技术变幻莫测，数字出版模式未定，可以探索，没有教父。尤其是传统出版社的转型，还只是在路上。

一、对数字出版的再认识

在我国，曾对"数字出版"有过权威的解释：一是终端阅读的数字化。这容易理解，即在电脑、手机等终端上发表的图文是数字出版。二是产品创作、生产和加工过程的数字化。这后一点充满了争议性。因为今天的创作和生产定制过程无不依赖于数字技术，如纸质的报纸、杂志和图书，编辑和印制手段也数字化了，把这也归入数字出版，不太合理。

以发放许可证来说，数字出版主要包括两个方面。一是得到数字出版许可证的企业，目前限于网络游戏出版企业、网络文

殷一璀（左二）、于永湛（右二）、孙颙同志考察上海数字出版

学出版企业和网络期刊出版企业。以上海为例不超过 70 家。二是传统出版的书报刊转

型单位，主要指已有传统出版权又兼营数字化产品的机构。

但统计上发生了误区：我国新闻出版广电总局每年发布的《新闻出版产业分析报告》显示，2013 年数字出版营业收入 2540.4 亿元，比上年增加了 31.3%，2014 年数字出版营业收入 3387.7 亿元，又比上年增加了 33.4%。年年大幅度增长，而业界的大部分人又感到纳闷，投入数字出版的钱往往颗粒无收，增长在哪里？以 2014 年 3387.7 亿元为例，移动出版 784.9 亿元占 23%，网络游戏 869.40 亿元占 26%，网络广告 1540 亿元占 45%，三者合计占 96%，都不是对应书、报、刊、唱片几种形态的出版收入。问题出在哪里？想了 N 年，终于想明白是把数字版权产业和数字出版产业混为一谈了，搞了个数字出版统计的扩大化。如细分析数字出版广告有 1540 亿元收入，实际上它大大超过数字期刊、数字报纸和电子图书上的广告收入，因为这一年我国书报刊的数字出版收入合计是 69.80 亿元，显然统计者是把网上广告均列为数字出版收入了。而在实体生活中，户外广告和电视广告也不列为出版广告，同理就不能把手机、电脑、iPad 上的广告均视作出版收入，而至多算为虚拟社区收入。

二、数字阅读不等于数字出版阅读，更不等于数字出版阅读收入

人生就一双眼睛，传统时代一要看大千世界，二要看书报刊，三要看影视。在没有数字手机以前，这三种看的焦点和载体是完全不同的。现在这三看都集中到了电脑、手机、阅读器上，有的人貌似在网上阅读，其实在看野眼，或在付费购物，或在看微信和短信，或玩游戏，或在网上恋爱，我们不能把这些行为都列为阅读。现在网络阅读率的调查不准确，和阅读不对应，比如 A 说花在传统纸媒的阅读时间每天 2 小时，B 说花在移动手机上的阅读时间每天也是 2 小时。结论是我国读者阅读纸媒和数字出版物各占 50%。而这个结论是误导人的。前者是在阅读书报刊，指向是明确的，后者在无意识看，未必在阅读书报刊。此外，数字出版阅读不等于数字出版阅读收入。前面我们分析了 2014 年我国数字出版收入是 3387.7 亿元，但传统图书、报纸、期刊的收入极少，图书 45 亿元（我猜测这是一个拍脑袋出来而不是逐级统计出来的数字），报纸 10.50 亿元，期刊 14.30 亿元，合计 69.8 亿元，仅占 2%。如果平均分摊给 580 家出版社、1600 余家报社和 9800 余家杂志社，这点收入不会令人振奋。如果把 2001—2015 年这 15 年我国在书报刊领域数字化投入的钱都算出来（当然是无法统计的惊人投入），我们会大出一身冷汗，投入和产出不成比例，数字阅读尚未转化成商业收益。

三、数字出版在美国收到钱不等于在中国收到钱

数字出版已有了很大进步，这是应该肯定的。很多以前读不到的内容在网络上读到了，很多不方便读的内容现在便捷地读到了，很多旧文变为即时阅读了。中国有 6.18 亿网民，智能手机用户 5 亿余，阅读肯定多元化了、进步了。但这些阅读收入，大多进了设备商和电信公司的腰包，出版公司收益极少。即使最为典型的盛大文学，把 10 余年的投入和收入算出来，也未必赚大钱。何况全国也只有一个盛大文学，它每年占了同行业 79% 以上的市场份额。

为了提振我们的信心，我们往往提出欧美的案例加以论证，而又忽视了中国市场的特殊性。比如 Kindle 在美国和英国卖得不错，现在也卖到了中国，但读者对买阅读器和买网络版图书不太热情，出现了水土不服。

我局今年组织的一个培训班带回了美国极有价值的信息，从中可见美国电子书与传统书的销售比例。

美国 2011—2015 年前 6 个月图书销售额比较

单位：亿美元

年份	精装书	平装书	电子书	其他	收入总额
2011	9.42	12.92	5.23	1.55	29.12
2012	10.72	12.42	8.14	1.92	33.20
2013	10.21	10.94	7.53	2.06	30.74
2014	11.10	10.06	8.13	2.06	31.35
2015	9.87	11.01	7.30	2.73	30.91

2015 年美国图书销售收入 30.91 亿美元，其中电子书 7.3 亿占 23.62%，这是相当不错的业绩！为什么在中国做了那么多电子书而达不到这种效果呢？笔者分析：1. 中国纸书太便宜而美国纸书比我们贵好几倍。2. 中国民众买一个移动手机 3000—5000 元人民币，一次性投资太大，不太可能离开手机再购买电子阅读器，并分次购买电子书。3. 公民版权意识差，大部分人员只接受免费的网络阅读。4. 传统书报刊由政府主导的公款消费以及教材的刚性消费还很充分。这从如下一组数据可以得到充分证明。

2014 年我国纸质图书营业收入 791.2 亿元，电子图书 45 亿元只占 5.69%；纸书利润 117.1 亿元，电子图书 3.5 亿元只占 2.9%。报纸营业收入 697.8 亿元，数字报纸收入 10.50 亿元只占 1.5%；报纸利润 76.4 亿元，数字报纸 10.50 亿元只占 13.74%。期

刊营业收入212.0亿元，数字期刊营业收入14.30亿元只占6.75%；期刊利润27.1亿元，数字期刊利润1.12亿元只占4.13%。合计情况是2014年传统书报刊营业收入1701亿元，数字书报刊69.8亿元；利润传统书报刊220.6亿元，而数字书报刊仅5.47亿元。这些年来，国家、企业和社会三方面在书报刊数字化上的投入，剔除社会效益，商业方面的收益不太乐观。这也是传统书报刊机构对数字化转型不太积极的根源之一。

四、传统出版书报刊三家的命运不同，机会不同，所以转型之路不要"一刀切"，要从实际出发，自我选择突围

以笔者在业界的认知，书、报、刊三家在鼎盛时期，报纸是最牛的。因为在中国的环境下，它属新闻，是传媒，书属出版，是文化产品；报是维护国家安全大局的支柱之一，书作为文化产品有宣传主流意识形态、传播科学文化知识、满足人民娱乐需求等更为多元的功能。更实在地分析，报的收入和利润比书更丰厚。但以下这张表格显示报和书的命运正发生质的变化。

2013—2014年传统出版（图书、报纸、期刊）的状况

类　别	2013 年		2014 年	
	营业收入	利　润	营业收入	利　润
图　书	770.8 亿 +6.5%	118.6 亿 +2.9%	791.2 亿 +2.17%	117.1 亿 −1.3%
报　纸	776.7 亿 −8.9%	87.7 亿 −11.7%	697.8 亿 −10.2%	76.4 亿 −12.8%
期　刊	222.0 亿 +0.5%	28.6 亿 +13.1%	212.0 亿 −4.5%	27.1 亿 −5.4%
合　计	1769.5 亿	234.9 亿	1701 亿	220.6 亿

据总局《2013/2014 年新闻出版产业分析报告》。

以上权威性数据显示，报纸的主要经济指标（营业收入和利润）正以每年递减10% 左右的速度下跌，机械地估计 7 年跌至零位数；期刊正以 5% 左右的速度下跌，估计 14 年跌至零位数。图书这两年大致能维持不跌，这是最让人感到奇怪从而值得分析和研究的。笔者的直觉判断是：我国报纸的有效新闻量不大，每天的要闻被移动手机和门户网站快速地替代，报纸的核心功能在快速丧失，发行量和收入下跌是必然的。期刊

中发行量大的如《读者》《故事会》等，也正快速地被网络媒介冲击，大幅下行；商业平台类的时尚刊物，也被视屏传媒取代，朝不保夕。但9800余种期刊中六七千种科技、专业刊物，受冲击却不大，所以综合起来期刊跌幅只有5%尚属正常。图书的销售状况感觉差，统计却尚好看，在于图书的读者还很多，教材几乎尚未数字化，书价也在逐步上升，书几乎未被搬到手机上免费读，近年政府及社会加大了补贴，有的出版社产生了靠补贴收入的部门。而最根本的是，中国只有580家出版社，则2014年社均营业收入达1.36亿元，社均利润达2019万元，这是太大的利好啊！近两年，笔者深入考察过华东六省一市的出版集团，有五个省如日中天，有一个省稳步发展，差的只是个别。

如果说传统的广义出版分成报纸、期刊、图书和唱片四种载体，以5—10年为期对其预测的话：报纸肯定无法生存，一定要数字化；期刊一定分化，专业期刊纸质化，大众类期刊网络化；图书以纸为主，辅以数字呈现；唱片基本只剩网络版，除了少量纪念版、收藏版。

五、成功的数字出版是怎样的

尽管数字出版商业模式正在探寻中，但业界还是公认有一些成功的模式。下面分成两方面加以介绍。

（一）全球数字出版三大商业模式

1. 亚马逊模式

亚马逊已经颠覆了传统出版。2007年在美国推出Kindle（电子阅读器），2011年开始电子书销量全面超过纸质书，即每销售100本纸质书就要销售出105本电子书。2012年起，英国亚马逊每卖出100本纸质书就有顾客购买114本电子书。亚马逊已经拥有大量的独有信息资源。有2300万部电影、电视节目、歌曲、应用、游戏、图书以及有声图书杂志。通过大量聚集的用户能量，使它在全球互联网企业中位列前茅，2015年12月股票市值达9000亿美元，列世界500强第88位。

2. 谷歌模式

取代了传统的辞典、电话簿、地图、数据库等纸质出版物。谷歌是全球最大的搜索引擎公司。2004年开始与图书馆、出版商、出版社和作者协商合作，成为世界上最大的数字图书馆、最大的虚拟书店。收入来自广告收费和数字图书馆销售。谷歌翻译、谷歌学术搜索等一些检索功能，实际上是对原有工具书的替代，使查阅变得轻松便捷。2013年营业额16858亿美元，净利润3376亿美元。2014年谷歌市值3893.98亿美元，

2015 年 12 月列世界 500 强第 124 位。

中国百度与之相仿。2014 年营业收入 490 亿元人民币，净利润 131 亿元人民币，2014 年百度市值 700 亿美元。

3．盛大文学模式

一个文学的淘宝网。群众实现了作家梦，有了发表海量作品的平台；作品的连载和互动成了特点；版权拓展，一部作品多载体使用，商业模式形成。盛大文学初创于 2004 年，是中国最大的社区驱动型网络文学平台。2012 年产值 10 个亿，并开始盈利 1 亿多；2014 年产值近 12 个亿。业务涉及网络文学、线下、无线以及全本授权等领域。在网络文学领域，占 73% 的市场份额。旗下作者总数接近 200 余万，收录了超过 600 万部原创文学作品，日更新近亿字。在传统图书领域，在 2011 年社科类畅销书前 1000 名中，盛大文学占据 132 席。2015 年盛大文学与腾讯文学合并，成立阅文集团。

（二）上海数字出版的两大成功模式

1．喜马拉雅的听书模式

国内发展最快、规模最大的在线移动音频分享平台。参考了淘宝网的经验，请民众来做主持人，朗读自己的作品，让读者获得多元享受。喜马拉雅成立于 2012 年 8 月，目前公司员工 200 多人。2013 年上线至今已发展超过 1 亿用户。2013 年底获得顶级风投 KPCB、SIG 和 Sierra Ventures 1150 万美元的 A 轮风险投资。2014 年 11 月喜马拉雅估值超过 2 亿美元，获得近 5000 万美元 B 轮融资，成为中国互联网音频行业有史以来金额最大的融资个案。目前音频总量已超过 437 万条，每日上传的音频数量超过 1 万条，单日累计播放次数超过 200 万次。拥有 8600 多位主播，用户群体 1.2 亿。

2．沪江网网上学校

教材融入互联网学习平台的出版模式。是全国最大的互联网外语学习网站，集外语互联网门户媒体、远程学习系统、B2C 电子商务、网络 SNS 学习社区于一身，提供的学习内容涵盖 10 多种语言、亲子启蒙、中小学、职场技能、艺术培训等。产品覆盖电脑端、平板端、手机端及电视端，为 3 岁到 70 岁全年龄段人群提供全方位的学习服务。市值 50 亿元，拥有 2 亿受众、近 8000 万注册学员、300 万付费用户。沪江网成立于 2006 年，由上海理工大学 8 位大学生创业，发展至今有员工 1000 余人，平均年龄 26 岁。最大特点：一是用户每天花费 1 元人民币，即可跨地域享受网络教育资源。二是吸引教师在家中授课。目前合作教师数量超过 1000 人，教师可以分得收入的七成以上。

以上五个最成功、被人们看好的数字出版机构有如下特点：

（一）中国三家机构是先服务于上游创业者。盛大文学让人实现作家梦，沪江网让人实现教师梦同时又提高教师收入，喜马拉雅让人成为主持人、播音员。挤不进传统出版社、学校和电台的人，现在都有了成功的机会，实现了互联网时代人们要求创业、发展、机会均等的愿望。其次，让读者、学生和听众有更多的选择，更便宜、便捷、互动的消费。

（二）垄断性，即"数一数二，不三不四"，让人难以拷贝它们的做法。由于网络的互通性和全球化，借助于金融工具和交通便利，一两个大公司统吃，甚至轮不上老三、老四。这和580家出版社大多数在省区的框架下共营共生大为不同。所以，这是一个模式创新的时代，复制模式难以成功。

（三）两种营利模式的叠加："羊毛出在羊身上"和"羊毛出在狗身上"。以上五种模式的收益来自三个方面：1.产品和服务的消费收入。包括读者、听众的支付。盛大文学、沪江网、亚马逊都是如此。2.来自增值服务。比如版权收益、广告收益。3.来自资本运作的巨额收益，形成了"羊毛出在狗身上"的模式。根据西方资本的新理论，网络时代资本收益模式与实体经济时代有很大的不同，不只依赖对年利润的测算，而更多地看某公司用户

2005年中国国际音像电子产业高峰论坛在上海召开

数、行业排名的评价，具有资产超值的评估结果，完全突破了传统的年利润乘以10—20倍的估值方法，有的新媒体达到了50—80倍的估值。利润不高，但资产价值很高，是新资本时代的特点。所以，网络公司通过资本市场营利是重要模式。4.在新媒体上成功，再反馈传统行业。亚马逊和盛大也介入实体读物的出版。

以上五个模式，都是非媒体人创造的，但对我们很有触动。从事新媒体的人，不要太懂传统出版，不要太受以往经验的制约。这是新媒体人成功的经验，也是传统书报刊人不成功的教训。

六、对传统出版社转型的建言

对近两年总局的产业报告（这是迄今最权威的统计）作了仔细的研读，使笔者坚定了如下的判断和认识：

1. 传统出版社最不应该放弃的是传统。一是这是自己的最大优势，有相对受到保护的出版权和势力范围。二是有明确的商业模式尤其是 300 多亿元的教材，我国已放开二孩，教材还会支持出版社持续发展。三是有相对的团队优势和资源优势。很多名社、老社有品牌、产品积累。四是图书产品有很强的实体感和审美感。五是集团化、企业化以后有的集团捷足先登已上市，积累起产业优势。所以，大部分出版单位要立足传统，在产品开发和营销服务上创新发展。图书是古老的商品，它的外在形式受到很大的限制，但它在内容上的组合和创新是无限的。如果市场还给我们 10 年"夕阳红"的时间，应该紧紧抓住，挖好这桶金，为转型争取时间和空间。所以，很多出版社要进一步改革，尽可能消除国有企业的弊端，解放生产力，激发创造力。不要把工作没做好的原因简单地推向互联网冲击。

2. 积极实现出版社的多元化转型。这包括图书内容的数字化转型和出版社向咨询服务业的转型。可以预见的未来，出版社将形成几种模式：一是传统型的出版社，以教材、专业优势为依托，以图书为基本产品，纸质为主，数字为辅。中国 580 家出版社，会有一半以上继续"走老路"。这不是落后。坚守传统和创新发展并不代表落后和先进。适者生存。能继续生存和发展，对这个社就是好模式。二是新老媒体参半、融合的创新型出版社。有传统的业务，但也有网络出版的新业务。最近有朋友从北京考察中信出版社回来告知，这个社的中信云科技，每年已有独立的业务和 3000 多万元的收入，这是很成功的探索。江苏凤凰集团通过投资收购教育网站和网络游戏企业，年收入已有 6 亿元之多。除了集团层面的资本运作，更期待看到单个出版社整体融合创新的成功模式。三是转型成为咨询服务机构。这也是传统出版社的革命性变化。这个变化在业界已有发生，例如广东《家庭医生》杂志集团办医院，上海《理财周刊》办理财博览会等等，都有成功的探索。最近获悉知识产权出版社在探索用出版资源为金融投资提供咨询服务的经营模式，也符合这种思路。出版界是知识型企业，与社会各方面联系密切，应该在咨询、教育培训、服务业、衍生产品发展方面，寻找更广阔的发展空间。中福会出版社与日本某机构近 10 年合作儿童教育服务产品"巧虎"系列，每个用户一年支付 1000 多元，目前已拥有 100 多万稳定用户，年销售收入达十三四亿人民币，就是一个极为成功的案例。上海书画出版社近年始终位列全国美术出版社销售收入榜首，也得益于上世纪 90 年代投资办了朵云轩拍卖公司。现在是到了出版人借助互联网腾出一点力量与边缘产业结合的时候了，这一步谁走得早，谁就有了新的发展空间。

3. 用一社多制的方式，为出版业的发展和转型带来动力。数字出版和多元化转型最大的阻碍不是技术，不是人才，而是陈旧的机制。现如今国有的体制机制从事传统出版尚且吃力，而搞新媒体就更是缘木求鱼了。机制不创新，一切无从说起。近几年，笔者走访过很多新媒体企业，看到过很多类似上海盛大、巨人、游族的"神话"，人也是差不多，但用的是新机制、新体制，人才就脱颖而出了。在新媒介领域，很多30岁左右的年轻人，已经跻身中国个人财富百强，成了大企业家。而体制内N多的优秀人才、领军人才、后备人才，可发挥的空间还不够大。笔者以为出版社的体制在企业化以后可以有多元探索。

一是国有传统型的。保留国有企业的模式，加大人事和分配制度改革力度，形成图书产品生产和经营服务为主的经营体。

二是普遍成立新媒体公司，实现新媒体编辑部向有限公司的转型。要允许员工投资持股，出版社在若干年内以品牌和无形资产（内容）参建独立实体，鼓舞更多的年轻人离岗创业，把个人的利益与国家的利益、企业的业绩捆绑在一起，把新媒体的"蛋糕"做大。新媒体发端于新机制（包括金融投资机制），出路在未受传统出版社束缚的年轻人身上。年轻人与新机制结合，是出版社数字出版的希望。这已被很多成功经验所证明。进入新世纪以来的这15年，新媒体、网络咨询服务业得到了突飞猛进的发展，掌握着最好资源的出版社因为靠着传统优势获得利润，因为受制于传统出版社的僵化模式，所以鲜有数字出版转型成功的案例。笔者坚信，在制度创新以后，在年轻人加盟并主导以后，一定会显出它的勃勃生机，找到转型办法和产品。因为只有年轻人才可能具有互联网思维。

三是股权混合型的多元经营公司。出版与教育、与体育、与科技创新、与职业教育、与艺术品经营、与各种各样的企业有着业务结合点是"互联网＋"时代发展的空间。从以往探索的经验教训看，只关注内容从纸质到电介的转化是不够的，要与出版社业务的结构性调整相结合。上海中福会出版社的"巧虎"经验可以给我们很大的启发。这类公司应由出版社、员工和业外资本多元组合，资源互补。出版社对导向有把握权，但经营交给控股方，营造全新的管理模式和资本结构。

七、寻找图书数字化结合方式

这些年，我们走过了一社一网站的阶段、北大方正阿帕比阶段、阅读器阶段、二维码配书阶段，以及目前的移动阅读器呈现阶段。很多出版社为图书产品的数字化做了大量的基础工作。上海在政府支持下，各社已对历年的 5 万多种优质图书完成了数字化的转档。一些机构还将大型工具书做成了数据库。这些都是十分必要的，也为数字出版和数字阅读创造了条件。对传统出版社而言，构筑数字化大平台的机会已经丧失；平台已由技术商和电信商联手控制。剩下的一条路是如何做好数字内容。第一种是纸书的数字辅助手段。比如配盘、配二维码，为图书的延伸阅读提供更多的信息量。这比较适合实用类图书。第二种是独立的电子书，通过各类阅读平台推送给读者。虚构类与非虚构类均合适。第三种是对图书进行二度创意和加工，改写为适合电子呈现、互动的新版本。这项工作天地很广阔，也适合将图书简写、分类、"碎片化"以后搬上手机。因为整本的电子原版书并不符合数字出版的呈现规律和互动方式。第四种是对所在出版社的内容库进行梳理，选出若干个"创意点"，做全新的数字化阅读产品。APP 技术的出现和资金门坎的降低为此提供了便捷。第五种是教材的电子化。中国的教育界正和出版界合作搞"电子书包"，但钻进了牛角尖。美国初高中借助 iPad 已全面推广教材阅读器，将所有教材原封不动地植入其中，消除了学生背沉重书包上学的负担。当下各种数字技术已全面地呈现，今后还会有新技术、新传播方式出现。对一个社、一个编辑部而言，重要的是从自身的实际出发进行选择，而合适是最好的。

传统的出版人曾以内容为王而自豪，但在图书数字化时有两条法则不能忘记：没有版权的内容不属于你；数字出版不是纸质书的简单呈现，它有更丰富的表现方式。

刊于《编辑学刊》2016 年第 1 期

阅读的力量

阅读的力量是一个很好的主题，也是一个见仁见智永远也说不完的话题。我是一个出版人，又是一个读者，从1972年进出版社，我的第一份工作是在朵云轩刻木刻雕版书，后来我从一个学徒成为一个出版人，做过三个出版社的社长和党委书记，与作者、读者、印书人、卖书人打了40多年的交道。书是很普通的文化产品，与电影比显得缺少色彩和声光电立体效果，但书确实是上苍恩赐给我们人类最宝贵的资源。

4月15日，我们从上海带来了韬奋精神书法展，在江西省图书馆隆重开幕。邹韬奋一生办出版、办杂志、办书店，他创办的生活·读书·新知三联书店，一头是生活，一头是新知，他最好地解读了阅读的力量，告诉我们为什么要读书，作家为什么伟大。我们国家设立了韬奋出版奖，是以他的名字命名的最高的行业奖项。我比较喜欢读人物传记，又长期从事美术出版，我读过艺术大师安迪·沃霍尔的传记。他小时候得了舞蹈症，不能去学校上课，他妈妈给他买了好多书，他躺在床上看书画画。他的妈妈没有跟他讲读书的重要，但每当他读了一本书，画了张画，就给他奖励一根巧克力棒。从此，安迪爱上了绘画，他把玛丽莲·梦露、猫王、可口可乐、美元纸币都"移植"到美术作品中，他画画也很少用画笔，而是用照片来创作作品，他改变了世界绘画的游戏规则，成了当代艺术的开山鼻祖。这就是阅读和知识的关系。

书是用柔软的、薄薄的纸印成的，但它具有无比的穿透力。读书能促进人觉醒，产生变革社会的巨大力量。《汤姆叔叔的小屋》写美国南部黑人悲惨的生活，揭露了奴隶制度的极端不合理。它是小说，但胜似武器。林肯总统对作者说，你的这本书引发了南北战争。很多人读了这本书，拿起武器参加了反对美国黑奴制度的南北战争。这是一种什么样的力量啊？在20世纪的中国，也有很多人读了鲁迅的书、巴金的书，走上了变革社会的道路。这就是书的力量。我想今后也还是这样。阅读的力量还来自于养德、养性、养廉的需要，它是一种潜移默化的作用、滴水穿石的力量。孟子说，吾善养吾浩然之气。孟子没有说什么是浩然正气，但他在文章的另一处实际上回答了这个问题，就是"富贵不能淫，贫贱不能移，威武不能屈"。孟子说的这种精神，正是当下国人缺少的。

而修身养德，很重要的是靠读书。江西与其他省份一样，在农耕时代就非常崇尚耕读，这是中华民族阅读的好传统，我们应该代代相传。

韬奋先生认为阅读是一种生活方式，不是急功近利的事。我们年轻时对人生有一种误读，认为人每一天都是为目的、为意义生活着，时刻准备着奋斗。现在知道人不是每天在做惊天动地的事，生活有张有弛，但弛又不是饱食终日，无所用心，弛是诗书琴棋，是信马由缰，而阅读是其中最佳的选择，阅读充实了我们的生活，化平淡为神奇，使人生平衡、健康。一个人养成了阅读的习惯，和吃饭一样的需要，这个人就达到了很高的境界。

我去年退出了领导岗位，我也在安排自己的读书生活。我的一生围绕书而生活工作，受益匪浅。想想自己的人生因书而富有，真是很幸运。我最近做了一个决定，把我藏书的绝大部分捐给上海一所大学，一共有90箱那么多。书应该送给最需要的人，只留一些还可能读的。我对大学图书馆说，不要留清单，你们不要可以处理可以卖掉。同时，我这几年在继续买进书，我每个月都进书店，每次至少买一本书，买了尽量看。现在大家都说实体书店越来越难维持，但它曾经是我们读书人的精神家园，今后也依然是。我看到人们都在呼吁政府重视，投钱给实体书店，但读书人首先要担起自己的责任，就是常进书店，每次至少买一本书，不要求打折，这是最好的支援。我把大部分书捐掉，又买进新书看，阅读的兴趣不减。我最近经过季风书店，看到诺贝尔文学奖得主、白俄罗斯女作家斯维特拉娜·阿列克谢耶维奇的书，买下了《我是女兵，也是女人》《我还是想你，妈妈》。回到家中已是晚上10点，书太吸引人，我竟然一个通宵把《我还是想你，妈妈》读完。这是采访苏联卫国战争时期小女孩的书，非常朴实，催人泪下。读过这本书的人热爱和平、反对战争的意念会非常强烈。我惊奇地发现自己还有通宵看书的激情和体力，而我年轻时是经常这样的。 我们"50后"的人经历过食物和图书匮乏的年代。"文革"结束，书店开始卖文学名著，人们排成了长队，每个人都买几本、十几本、几十本回家，大家拼命地读啊读，就像高尔基说的，我看到书就像一个饥饿的人扑在面包上。那时，一本书可以印几十万、上百万甚至数千万册。例如"文革"前上海出版的"数理化自学丛书"，"文革"后就重印了几千万套，供不应求。上世纪 80 年代，在汽车上、码头上、公共空间，所有的年轻人都在阅读。"文革"对我们的国家造成了巨大的破坏，剥夺了年轻人上学的权利，大家都想通过阅读把失去的时光追回来。那时开展的振兴中华读书活动，情景之热烈，令人终生难忘。我们民族90年代进入新世纪的崛起，经济的大发展，原因很多，回想起来，与我们那一代人奋发读书、增长知识和才干是密不可分的。作为当时的亲历者，我为我们民族具有这种自我修复的能力感到自豪。今天，我们国家已经强盛起来，国民也相对富裕起来，人们不再忍饥挨饿，不再缺少图书。但是我们患了疾病，这就是精神匮乏、道德滑坡、意志消沉、人性扭曲，更有的人纸醉金迷。怎么治好自己的病，养自己的浩然之气呢？办法很多，但我以为，何以解忧？还是唯有读书，因为心病还是要从心上治。在阅读上，不要责怪自己没有时间、没有机会，80年代常说的那句话"从我做起，从现在做起"，在今天还没有过时。一个人一生读书，在不同的年龄、不同的岗位上，所读的种类和重点可能不同。比如说文学书与为考试、为评职称、为工作读的实用的书是很不相同的。一本书、一首唐诗，在不同的年龄、不同的境况下读它的味道也是不一样的，但重要的是要坚持读书。我年轻的时候喜欢文学，现在更务实，更喜欢历史人物传记、纪实文学。如果可以，我愿意和大家一起永远做一个读者，这才是我们终身的职业和岗位。

（注：此为在江西省读书日论坛上的讲稿）

刊于 2016 年 4 月 20 日《中国新闻出版广电报》、2016 年 4 月 22 日《联合时报》、2016 年 4 月 22 日《江西日报》

参观 2010 年秋在上海科技图书公司举办的首次上海图文类书籍展览

2013 年秋与周汉民等在上海图书馆观赏民国时期的书籍设计艺术

文献收藏的人文价值和意义

今天我演讲的题目是《文献收藏的人文价值和意义》，我先从去年7月以来自己碰到的几个案例讲起，然后对收藏归纳一点想法，与大家分享。我讲几个案例，第一个去年（2015年）7月份参与收藏2900本抗战时期旧刊物的情况，第二个钱大钧将军日记收藏的情况。

去年7月上海有家拍卖行要拍卖一家书店拿出来的500多种2900余册的抗战期刊，当时我任市新闻出版局副局长，分管博物馆工作，属下报告我时临拍卖只有几天时间，总标的是200万元人民币（大概就是一个名贵官窑瓷器1%的价钱就可以买下来）。当时感到重要又感到时间紧急要赶紧处理，我向我们局长汇报了，好在我们这个局长不是一般的官员，也是个职业出版人，很明白这批文献对筹建上海新闻出版博物馆的价值。拍卖在几天后进行，我们赶紧给局长写个报告，我说这批东西一本一本聚起来变成一个抗战专题有2900余本，这种机会以后不会碰到。什么叫收藏？基本的就是两个字，"散"和"聚"，把它聚起来再把它散掉，再聚起来，如此反复。由于战争和内乱，我们人类就在折腾这两件事情。这2900本杂志合在一起是有价值的，假如通过这次拍卖，一组一组把它分散拍给天下收藏人，就失去了它集合在一起的价值，很可惜。所以局长很快批给我们经费，然后跟这个拍卖行谈。我们国家拍卖行有一条规定，国家文物部门对拍卖品有优先征集权。最后也商量好了价格，我对拍卖行的老总说，你是卖给国家机构，假如你让我便宜了是让国家便宜了（它也是个国有书店），我跟局长说，假如让它便宜是让国有书店便宜。意思我们大家在价格上不要太纠结，差不多就可以了。都是国有机构，我们没有任何被人家怀疑的地方。所以在拍卖前讲好了打七五折买断，不要一本一本地拍，所有东西我们全部收了下来，供筹建上海新闻出版博物馆用。

这批东西非常全，在没有电视机的时代，那2900本杂志记录了抗战14年从1931年"九一八"事件开始到1945年8月时段我们国家的很多情况，那时的杂志是时代的信息留存，所以这批文献很重要。有很多文字和珍贵的图片，其中也有日本人办的杂志。我们收下来以后，上海还有两个抗战纪念馆就后悔了，它们的建筑建得很好，但是里面没有这样的实物资料。收藏就是这样，大家都不买就都在观望，有人买了就人人都后悔。抗战纪念馆不买确实是后悔。如今中国的博物馆、美术馆最大的问题，就是有不少美术建筑部部长，不是美术馆馆长，因为他们只知道把建筑建得大、建得堂皇，不知道收什么、展什么更重要。所以我说一下，这是我亲身的经历。

我再讲一个案例，也是我亲身经历的事情。2014 年第四届世界华人收藏家大会上，我有幸认识了国民党钱大钧将军的第九个公子钱世泽，他现在洛杉矶居住，年纪大了，身体也不是太好。他跟我讲他父亲钱大钧将军一生记了 42 本日记本写了 47 年的事情，就是 1927 年到 1974 年，我后来又看到这批日记的部分影印本，非常惊奇。在战争中，还有人完整地把这些事情的过程记下来，保存下来，我觉得日记的史料价值非常高。

作者动员钱大钧子女将钱大钧日记全套 42 册捐赠给江苏凤凰出版集团，将上海市长银钥匙和蒋中正手札 12 种捐赠给上海市历史博物馆，图为 2017 年秋季钱氏四子女在上海历史博物馆捐赠仪式上的合影

关于钱大钧，我今天没有时间跟你们详述，你们可以到互联网上下载一些资料看一下。我知道钱大钧是因为我读杜月笙的传记，读到 1945 年 8 月抗战胜利以后，杜月笙认为抗战有功，很想做抗战胜利后上海市的市长，后来蒋介石把上海市市长的位置交给钱大钧做，所以我知道钱大钧 1945 年 8 月后曾是上海市市长。他从参与创建黄埔军校起，一直担任国民党的要职，经历了很多事件，所以他的日记非常珍贵。因为他是蒋介石身边很重要的一个人，曾任国民党上将、航空委员会主任、军统局长、上海市市长、蒋介石侍从室主任（相当于现在中共中央办公厅主任这样的位子），特殊的经历使他知道很多的事情。比如创建黄埔军校、参与北伐战争、西安事变、淞沪抗战等，抗战时的武汉空军保卫战和中国空军飞赴日本撒传单也是他指挥的。

钱大钧非常勤奋、认真，一生共留下 42 本日记，记了 47 年所经历的事。这套《千钧重负》四册书去年（2015 年）7 月 4 日在台北举行了发行仪式，这是他日记的摘要，只出版了日记的十分之一。他字也写得非常好、非常清晰。很重要的是亲身经历了西安事变，指挥蒋的卫队与张学良的兵对射，自己被打中胸部。另外他经历了东征和北伐很多很重要的事件。他儿子最近到上海来就讲了一个细节，北伐战争时很重要的一个战役是棉湖战役，他当时是教导第二团团长，另一个团长是何应钦，第二团属下有营长顾祝同、排长陈诚，他的第二团在棉湖战役中起了很大的作用。

像这么重要的历史文献以后谁来保管？钱大钧子女都80多岁了，钱世泽碰到的问题是没有能力继续把父亲的日记保管下来，然后系统地出版，我估计全部出齐要出40卷，可供社会研究。日记有三个地方可以去，第一现在东西在美国，可以给美国，美国的大学盯着他要，第二个可以回台湾地区，第三个是我希望它能够回祖国大陆。2015年5月我在洛杉矶与钱世泽先生面谈了日记回大陆的事。同年7月纪念抗战胜利70周年，台北举办了《千钧重负——钱大钧将军日记摘要》发行仪式，我们又讨论了此事。回大陆是钱先生以前不敢考虑的，但如今人已故去，东西能够回大陆也有吸引力。钱大钧是江苏昆山人，所以我今天讲的日记回归大陆的事情正在进行中，你们可以关注钱氏42本日记后续的走向。①

下面我想引出今天演讲的主旨，我们人类为什么要收藏。

第一，我认为收藏品和收藏行为有四个特性：一是文明的物证，二是学习的教材，三是休闲的文玩，四是理财的工具。这四个特性都合理合法，文玩也没错，你把文物艺术品当教材来学习更没有错，但是收藏品最重要的是保护人类文明的物证，让子孙后代以史为鉴，从中总结经验教训，促进研究和文化传承。因此收藏行为的第一要义是要有人文情怀，要有责任感。这不是钱的问题，我们保存它是为了保存文明的物证，我们在很多地方要用到这个物证。因为它的证明力在某种情况下要超过文字，有很强的实证能力。所以我们必须把它和文字一样传承下来。

第二，要重视文献的收藏、研究、展览和出版。现在文献的价格在艺术品市场是很低的，因为我们国家人多，文献也多，但是文献其实花钱不多，却意义非凡，其价值超过很多重复的文物和艺术品，因为文献大多仅此一件。刚才我们讲的记了47年的钱大钧日记就这么一套。我们讲抗战时期的杂志你也可以去找，但是你找到2900本聚在一起的吗？几乎不可能。所以文献更为稀缺，应该得到重视。

第三，收藏者的收藏行为要有个性。收藏行为不要跟风，跟风大家就撞在一起了。

---

① 在整理我的这份演讲录音时，即2017年4月21日，在江苏省凤凰出版集团举行了"钱大钧日记捐赠仪式"，日记终于回归钱将军的故乡，凤凰集团承诺永久收藏和系统出版。

文献收藏的人文价值和意义

刘益谦先生很了不起，他花了100多亿收文物和艺术品，我们很多人是没有能力筹到100亿的，甚至于1个亿也没有。但是我们假如有一千万、几百万去收文献，我们可以收很好的文献，文献可以出版，可以提供深入研究，它的价值比你收10件、20件官窑重要得多。所以收藏一

2018年6月刘冰先生将上海美专的百件文献资料捐赠给上海收藏，图为捐赠仪式现场

定要有个性，不要跟风，要有方向感，不要跟着金钱走。

2008年我参与创建世界华人收藏家大会的时候，有幸去拜访王世襄先生，他亲口对我说，"我的收藏叫'人舍我取，微不足道'，就是人家丢掉的我去收"，"我知道书画最好，我没钱收，我也知道官窑很好，但也收不起，我是人舍我取，收一些小东西"。他收的那些文物当时花钱很少，也没有人注意和争抢，包括收购价格那时候也很便宜。但是他的收藏态度给我们很多启发，就是收藏也是条条大道通罗马，不要挤在名贵官窑、书画这一条道上。

第四，要改变厚古薄今的收藏观。我今天讲的案例都很值得我们去思考，就是要重视近百年的文物文献，因为20世纪中华民族经历了太多苦难，但又在后期改革开放、重新崛起。世纪初1900年就是八国联军和义和团运动，十几个列强国家打中国，签订了《辛丑条约》，这个才促使孙中山1911年辛亥革命成功。然后没有皇帝了天下大乱，军阀人人要做皇帝，中国面临战争和割据，这才又有了北伐战争。1927年北伐战争胜利以后的10年，中国文化和经济进入了一个黄金期，但是日本侵略中国，又打死了几千万中国人，经济大倒退，人们遭受空前的苦难，所以日本人对中华民族犯下的罪孽很深重。

打赢了日本人，我们又打了三年国共内战。1949年我们中国和平了，但走了很长

的弯路。但是我们 20 世纪又是最辉煌的，邓小平的改革开放把我们中华民族又推到了世界的重要地位，思想解放，经济发展，中华民族重新屹立于世界。20 世纪是一个苦难和幸福交织的时代，有很多的事情需要靠文物留存下来加以证明、加以研究。比如"文化大革命"，我们都是经历过的人。美国人很早便开始收藏中国 20 世纪的文物，包括"文革"时红卫兵、造反派的小报、传单，反而我们自己不重视。所以我们要重视 20 世纪文物、文献的收藏，改变厚古薄今的收藏观。拓宽我们的收藏观，我们还有很多事情可以做。

谢谢大家！

（注：收入本书时本文有删节）

刊于《新闻出版博物馆》2017 年第 1 期、《世纪》2017 年第 4 期

《风云际会——沪上近代人物追忆》一书收录上海 21 位名人后裔撰写的回忆录，由市政协文史委组织，长青文化基金参与具体组稿、编辑工作，图为 2020 年 8 月 15 日在衡山宾馆召开的新书发布会上部分领导、作者和嘉宾合影

大师、大匠和家

在我的记忆中，七八十年代"文革"刚结束后朵云轩也常举办笔会，那时一批名家包括谢稚柳、唐云、关良、程十发、林风眠等都来参加，画得兴致勃勃时，画家们也会互相戏称："侬画得好！大师、大师！"那时说到大师，根本不是一本正经地在确认某人是否大师，而是一种戏言，说说笑笑又轻松又开心。因为我们中华民族历史上并不常用大师称谓。我们用的是"家"，名家、大家，那已是分量很重的头衔！

1987年11月朵云轩领导拜访香港画家赵少昂先生

如文学史上有唐宋八大家，艺术上有"宋四家"，指苏东坡、黄庭坚、米芾和蔡襄。元代绘画有元四家，明代又有明四家。扩展开来，用家的还有金陵八家、西泠八家。当然也有用其他称谓的，如初唐四杰、建安七子、竹林七贤、扬州八怪、清初四王、珠山八友等等。中国人不用"大师"，大概认为"家"已是一个级别很高的头衔，所谓"博取众长，自成一家"。这里的"家"已很有个性、很有成就、很有对前人的超越了。所以中国人认为封他一个家，已是对他最高的褒奖了，还能有什么非分之想呢？

"家"自然有名，所以称为名家，名家又分成大名家、名家、小名家，这在书画方面尤其常用。

"家"的贬值开始于何时已无从查考。早先编书法家人名大辞典、美术家人名大辞典，上下五千年，纵横九万里，还只收录几千人。几千年才选几千人，真是有限得很！而入《辞海》的书法家、美术家更是少之又少。后来成立全国的书法家协会、美术家协会，又成立各省市的甚至地市级的，凡入会的都成了书法家、美术家，每省上万人，几十个省市，已有几十万了。中国用毛笔的人越来越少，而书法家越来越多，美术家也是如此，总是超过古代几十倍、几百倍。我曾对有些文联、书协、美协的领导戏言，当初这些组织成立的时候名称未设计好，早知道这么多人要入会，何不叫"中国美术协会""中国书法协会"，他们喜欢加入就叫会员，怎么也不是书法家、美术家呀。因为用不用一个"家"字毕竟是性质完全不同的概念！

起了这样的名称自然"家"就泛滥了，级别也比古代下降了很多，不够刺激。于是一是在"家"前面加"著名"，一是启用"大师"称谓。前者加"著名"本来是加个形容词，不是一个正式的称谓。至于"大师"古代确有这一词，但并不常用。国外也没有评大师的，只有中国有，大致起于1979年政府发起评工艺美术大师。一种手工艺人，不叫名家、名师，而是石破天惊地称之为"大师"，实在也有魅力。上网一查，这项评比断断续续，至今6届已评几百位大师。我们一说"家"是几十万人，一评"大师"又是几百人，太容易了，反而把很多人的胃口吊起来，仿佛经过努力，人人都可以成为大师，于是很多地方"国大师"评不上，又创造了"省大师"。

最近，看到一些地方在推动设立大师工作室，这既不要评比，也没有权威机构授牌，只要设立的人有胆就可以挂牌。

由此笔者考察了一下"大师"。《辞海》1979年版缩印本P623上"大师"条目，"指有巨大成就而为人所宗仰的学者或艺术家"，巨大成就和宗仰是个很高标准，显然也不包括工艺美术的艺人。再查发现第六版缩印本P299上有"大匠"这一称谓，"本谓手艺高明之木工。《老子》：'夫代大匠斫者，希有不伤其手矣。'后用以称在学艺上有重大成就而为众所敬仰的人"。可见大师和大匠是不可互用的称谓，大匠用在工艺美术方面，也是极为稀少的，不仅手艺好，还要"为众所敬仰"，这就是品艺极高的标准了。至于大师，《辞海》定的标准是"指有巨大成就而为人所宗仰"，这"宗仰"二字重如泰山，就不是一般名家所能受得起。

笔者不熟识学者，对艺术家略知一二，据此标准，估算真能算为大师的人在一个世纪里也是凤毛麟角的。在研究毕加索时发现，2000年世纪之交时在美国和法国同时发起评选"影响20世纪的100人"，共分成5组，其中艺术家和演艺人员只评20人，而美国和法国的评选毕加索都位居首列，可见毕加索是大师是可以肯定的。笔者至今未看到20人的名单，但推测一下这20人，肯定有一些够大师的，但西方人只用"影响世界的"这一词而慎用大师。

以我的分析，1. 大师不是进行时，大师是过去时，用在盖棺定论的人身上比较合适。

2.大师在文章中提及往往是一种形容，不是确定的头衔，所以文章中诸如他是一位高妙的外交大师，他是一位智慧的大师，他是一位了不起的大师之类，切不可当真。3.真要算起来，一个百年，大师也不多的。真正的大师一定是开派的人，是领袖，是有思想的艺术家，而且要公认和被宗仰。达·芬奇对于写实画派的贡献、莫奈开创了印象画派、毕加索发现了现代画派（包括立体主义）、安迪·沃霍尔改变了绘画，用当代的手法创造了波普艺术，他们研究并创立了新的游戏规则，无数的人沿着他们开创的艺术道路前进，他们是大师、是领袖。

有的人跟着既有的艺术方向、艺术规则前行，也做了一点创新，了不起是个名家。笔者以为，社会要慎用"大师"，艺人不要受用于"大师"。人家说你是大师时，自己要清醒。

刊于《典藏》2017 年第 2 期、《浦江纵横》2018 年第 3 期

出版经营的空间拓展

我喜欢读出版统计报表，在枯燥的数字后面读出味道和兴趣，从而进行分析研究。近些年全国出版同行不太瞧得起上海出版，我们也自觉矮三分，缺少了以往的自信，但我从近年总局发布的产业报告（白皮书）中还是发现了上海不少亮点。比如全国大学出版社排名，上海的上外、华师大、复旦三家一直位列TOP10，比如全国地方出版社排名，上海书画出版社也位列TOP10，并时常位列全国美术出版社榜首。比如在文艺类榜单中上海音乐社、上海译文社经济指标也有不错的表现。

成功自有原因。我在上海书画出版社（朵云轩）工作了20多年，对它的情况比较了解。80年代，上海出版社强手如云，我社一直位列局属各家出版社经济指标后三位，社内职工自称"小三子"。经过几代人的努力，现在成为上海的强社、大社，原因何在？在此解剖这个"麻雀"与大家分享。

从历史分析，上海书画出版社是由朵云轩衍生的，有点类似荣宝斋和荣宝斋出版社，一个单位一套领导班子对外两块招牌。"文革"结束，社内就不停地讨论业务方针，其实就是后来说的定位。结论是四不像，很难发展。一是有出版社的功能，一堆文人；二是有工厂功能，木版水印；三是有商业，朵云轩。感到往哪里发展都不好弄。改革开放，市场经济唤醒了我们，发现这是一个优势，就是一业为主，多元发展。要发展，就要去竞争，去抢人家的饭吃。历史上，上海人美是庞然大物，富甲天下，我们社的发展就是从抢人美社的饭开始的。归纳起来，是挖了四桶金，实现了原始积累和大发展。

第一桶金是年挂历。大约从1988年到1994年，我们打破平衡，大力发展面向城市、农村的年挂历、年历画。开始只吃到了一点甜头，后来与上海人美平分了市场。在90年代初，每年有1亿多码洋约七八千万的营业收入，解决了员工的福利问题，也解决了出版专业书的扶持问题。国、油、版、雕这些书都不赚钱，要靠年、连、宣来养。上海人美也是如此。记得1994年我们卖出了143万本挂历，几十块一本，那是抱了大金娃娃。但画片市场很快消失了，城市化进程改变了家庭需求。

第二桶金是美术教材。在挂历热火朝天的时候，我们已经居安思危，大力发展美术教材。当时上海美术教材是上教社垄断的。我的前任社长已注意挂历以后要抓替代产品即教材。后来我们编了小学、初中、高中共 6 套《写字》和《美术》教材，通过了国家教委的审定，拿到了红头文件。我们与上教社错位发展，走老少边穷地区。到我离任时已有码洋 1.5 亿之多，利润逐年上升，出专业书也有了本钱。而这些教材一直到今天还在修订和出版，前后差不多吃了 20 年教材饭。1999 年我到上海人美去兼社长时，看到人美在年、连、宣产品线萎缩以后没有美术教材，必然就陷入困境。

第三桶金是办拍卖行。我们社曾在 1988 年做过一个规划，很简短，但很务实，提出了这个单位"一个中心，两翼齐飞"的发展模式。就是以传统文化为中心，一手抓出版，一手抓艺术品经营。当时人民还穷，没有料到中国的艺术品产业比出版业大得多，2016 年中国图书业销售收入 800 多亿，但艺术品产业在 2011 年已达 2100 多亿了。当时预感到朵云轩的艺术商业肯定有前途。1992 年我们乘邓小平"南方谈话"的东风，到香港参与拍卖，积累经验后于当年 8 月成立了拍卖行，1993 年在上海静安希尔顿酒店首拍成功。当日下午我们拍出 830 万港币（折合人民币近 1000 万），有 2 件拍品超过 100 万。我们敲响了中国拍卖第一槌，找到了一条"借鸡生蛋"、可持续发展又可以做大做强的发展道路。90 年代拍卖营业额才几千万、利润几百万，但到了 2010 年 /2011 年，我据老同事们告知，每年销售收入过 10 亿，利润达 1.5 亿。这是做美术出版很难实现的业绩。这也是书画社（朵云轩）在全国名列前茅的秘密。

第四桶金是房产。90 年代在基本解决全社员工福利住房以后，我们的眼光瞄准一个更大的市场，就是上海的房产业。1996 年买下了出版大楼四层，1997 年买下了南京东路 422 号朵云轩的大楼及土地，20 世纪初又买下了延安西路连 9 亩土地的两幢楼，还有衡山路的老房产合在一起，如今拥有巨大的资产。当时我们班子研究了上海的历史，发现大企业包括商务、中华无一例外地要置业，要开发房地产。我们 90 年代用"纸"换钱的机会很好，很多出版社利润上千万、数千万，但我们社不主张把纸上换来的钱全部投入到图书上，因为美术图书专业性强，卖掉很困难，做多了有积压，会大量损失，而房地产只会增值。近来有朋友告诉我，世纪出版集团审计发现南京路朵云轩房产是集团最值钱的资产。当时购入 900 万（连土地），现在如果估计为 9 亿，资产也涨了 100 倍。这是一个不容错过的黄金时代啊！

当时我们思路与很多出版社不同，他们眼光都盯在图书上，没有注意到图书以外的天地和产业。1992 年我们社为员工买商品房才 1650 元 / 平方米。1998 年 4500 元 / 平方米的房还是市中心的。今天少说也涨了 10—20 倍。回想起来只觉投入得还不够多。

比如我也曾建议书画社把延安西路的房子拆了重盖一幢几十层的大楼，当时如果做了，资产会增加几十倍。有这样的意识取决于我们比较早地认识到专业社要有支撑，要有东西依托，在港台，杂志社、出版社都靠房产来养，我们相信房产价值凸现的一天也会降临上海。可惜当时眼光不够远大，态度还不够坚决。

1991年与上海书画出版社同事参加年画挂历看样订货会合影，年挂历当时是全国美术社的主要经济支柱

在一个封闭的时代，人们把图书出版看得过于专业、过于神秘，其实是很传统的行业，规律及特点也很简单。尤其在计划经济向市场经济转型的这几十年，机会简直是太好了，很多社稍一努力都能赚大钱，赚了大钱又能去做好书、抢好书。以古老的图书为例，不仅北京、上海有优势，像江西、安徽、广西这些地方的出版人也很快追平了我们，干得相当出色。但北京和上海这些特大城市又有一些独特的优势，主要在房地产、新媒体、创意产业上，只要视野开阔，机会是很多的。

由以上归纳出版经营的经验，有三点很重要：

1. 以书养书。这应该是编辑、总编辑层面的事。图书是出版社的本业，当然要做好。从80年代起，我们书画社的书也是越做越好，重要的原因是人的专业化和财大气粗。而书赚钱的秘诀在于以书养书。亏本书也要出，但要计算出一年亏多少、拿什么书去补亏。图书出版从毕昇印书算起近千年了，近代从商务印书馆算起也120多年了，它是传统产业，经验基本没变。一个编辑一年只做几本、十几本书，他以书养书的空间不大，关键是发现好选题。室主任空间大一些，总编辑更大，应该考虑全社结构性调整、产品线建设、开发和布局，所以总编辑才显得更重要。

2. 以文养书。这应该是社长和集团层面要考虑和布局的问题。图书承载了信息资料，变成书叫图书，但它也可以变成别的形态如戏、电影、电视剧。美国人把迪士尼变成了综合娱乐业，英国人把《哈利·波特》做成了大文章，上海中福会出版社与日本人合作出版了巧虎儿童产品（年销售近10亿人民币）。现代人总结起来把这种现象称为版权产业、IP运营。就是做书的人不要成为书呆子，一个出版社的高层要善于领导员工把一种产品变成多种产品。但是，这恰恰是我们的短板。我们也很少培养出这种复合人才即出版人加企业家。原因一是机制体制所限，使人不愿去冒风险，责任很大，好处不多。二是我们从上到下、从社长到编辑传统的思维定势代代相传，沾沾自喜，跳不出这个框框。

以文养书从更大的业务结构讲，是开发新的文化门类。比如美术社与艺术品产业；教育出版社与社会教育，如新东方、沪江网等等；医学出版与健康咨询等等。可做的事很多很多。进入新世纪，最大的一波行情是网络游戏和互联网文化。2001 年全国游戏销售收入 1 亿不到，到 2016 年 1655 亿，地处前沿的上海占了三分之一的市场，成了新娱乐产业的发祥地，出了盛大、巨人和游族等一批大企业，但上海出版人反应迟钝，或者在认识上根本反对这种娱乐化（其实很多传统图书也是供人娱乐阅读的），不知只要吃到游戏业的一口饭，就可以养活很多家出版社。上海报业、出版业都失去了这一波最好的行情。

3. 以商养文。这里的商指实业，就是发展实业来支持文化和出版。这是集团层面要着重考虑的战略布局。我们的集团如果眼光还在书里，那是在重复地做社长和编辑们的工作。集团应该是战略投资，是战略创新（编辑是选题创新）。今天我们津津乐道于商务、中华当年的辉煌和经验，其实他们当年的做法就是综合发展、多元发展，而且出版人都是实业家。他们沿产业链发展出版、印刷、发行以及办教育、办报刊，沿空间东西南北中开分社、开分店，都是出版综合体。我去过德国贝塔斯曼总部考察，它由印刷起家通过扩充、兼并成为包括出版业、印刷业和娱乐业在内的巨无霸。所以实业发展是很重要的，也根本不耽误你搞

90 年代在南京东路朵云轩三楼古玩公司工作

文化、做"脊梁"。比如上海书画出版社（朵云轩），今天其房产总值超过 20 亿，就可以去抵押贷款，就可以大发展。如果在民营手中，兴许已成百亿集团，很多成功案例就是这样发展起来的。

对以上的观点我们上海有些同行曾是不屑一顾的，显出了某种执着，但实践检验真理，也检验发展。近年一些被我们不屑一顾的地方出版社、出版集团不仅钱赚得多，而且书也出得好。传统出版社是一个技术含量不高的竞争行业，不要说你历史悠久、编辑

优秀、加工特别，人家一学也学会了，广西师大出版社就是一个案例。可见在图书出版上谁也不比谁笨。而轮到拼实力的时候，比如编辑薪水、作者稿酬和产品营销投入，就会发现有实力和没实力大不相同。现在很多畅销书排行榜，上海占比不多，因为现在是讲条件、拼实力的时代，优秀出版稿源在往实力强的地方走。

记得"文革"结束时中央工作组也下派到宣传系统，其中有陈锦华同志，他后来位居国务院的高层领导。有一次听他作出国考察报告，说外国一个优秀的企业其产品有三个层次：市场在卖一个，实验室试验另一个，脑子里还在想一个。这对我启发很大，影响了自己几十年。我们出版社当年开大会班子就讲居安思危、居危思危，讲孟尝君狡兔三窟方得高枕而卧的道理，讲三足鼎立胜过金鸡独立，不断地寻找和找准新的经济增长点。因为市场需求变化太大，很多产品被不断地淘汰。从视觉来看，看书、看报、看杂志、看戏、看秀、看电影、看电视、看电脑，直至如今全民看手机，同时发生在二三十年内，比以往一千年的变化还要大。当年上海很多领先的电视产品如金星、飞跃、凯歌，今天在哪里？尸骨无存了。它们没有像联想、海尔、华为那样创新。出版还算走运，每年有800多亿市场120多亿利润，又处于垄断阶段，580户分饭吃，平均都有2000万利润，是变化很小的一个行业。但对某个出版社来说，也可能是毁灭性的，比如音像出版社、图片出版社。如果没有前瞻性和超前准备的话，就不能从辉煌走向更大的发展。在质变的时候，如果没有跨界创新、结构性创新，只在个别图书选题上变来变去，是解决不了生存问题的。

我们国家改革开放开辟社会主义市场经济的道路即将40年了（1978—2018）。这40年，党领导社会主义出版没有变，但我们面对的市场、行业、载体、读者已发生了翻天覆地的变化。处在这一时代背景下的出版人，一条基本的认识是既要重视社会效益，也要重视经济效益，两者完全应该也是可以统一起来的。我们年轻的时候就经历过很多争论，诸如"宁要社会主义的草，不要资本主义的苗"，把统一的事物对立、分裂并加以绝对化，直到邓小平同志说贫穷不是社会主义，我们才醒过来。"文革"中还捏造和批判刘少奇的所谓"黑六论"，其中之一是批判文艺的"票房价值论"，即不承认文化产品是商品，不讲市场和效益，把好戏和上座率对立起来。一个党领导的国有出版社，一个拥有众多资源的出版社，社会效益和经济效益二者怎么不能做到统一呢？一本书不是亏就是盈，不统一是可能的，一个编辑部应该统一了吧？一个编辑部不能统一，一个出版社总应该统一了吧？在有800多亿图书销售市场而只有580家出版社分享的今天，办出版社亏钱，两个效益不能统一起来，是工作没做好的表现。

统一用我们以前的话说，就是既看线，也要钱。出版底线是出版社的生命线，经济也是一个出版社的命脉。一个出版社的政治风险和经济风险都是应该规避的。因为今天的出版社已转制为企业，面对的是市场，没有人怜悯你大亏本。

从认识论的角度看，市场一是代表了经济效益，是从事出版的目的之一。二是代表了流通，是实现社会效益的唯一手段和唯一渠道。不占领市场也免谈占领社会主义阵地。我们可以做慈善去捐献一些书，但出版社的产品最终要通过销售去实现，而只有真正卖出去的书，才会最大可能地实现社会效益。重视市场不只是重视经济效益，而是重视社会效益的实现价值。很多图书印好了堆在仓库里，开了发布会，上了媒体，拿了奖状，但卖不出去，长期积压造成很大损失，不要说实现不了经济效益，也根本实现不了社会效益。在今天，没人看的节目、卖不出去的图书、失去观众的演出是自我安慰的卡拉OK，也是对社会资源的最大浪费，也是没有全面、正确地理解和执行党的文艺方针。现在有了出版基金的依靠和支持是一件好事，但根本的还是要利用社会主义市场经济的特点、规律去实现社会效益。最近，我碰到一位资深出版人，在我们一起走过的岁月里，他也曾创造过双效益统一的业绩、令我崇敬的辉煌。他说他很担心上海的出版人一头扎到基金里而市场竞争的功力退化。对此，我也深有同感。民国以来，上海的出版传统一直把文化和金钱统一起来考虑，中西融合、文商并举、雅俗共赏，适合市民需要，一直是海派文化很独特的地方。这位同道的提醒很值得我们重视。一个优秀的出版人应该保持定力和自信，平衡好出版人和企业家的关系，坚持社会效益优先，把社会效益和经济效益统一起来，不断提升市场竞争能力。应该明白坚守市场才能坚守住阵地，没有了市场、读者和需求，内容也失去了存在的基础。而市场是变化的，是多元的，要善于把握市场，坚持主业，又要善于跨界经营和发展。

刊于《编辑学刊》2017 年第 4 期

城市，水墨画的新方向

3月，刘海粟美术馆举办了毛冬华的"外滩心影——毛冬华水墨作品展"，观众云集，显然作品引起了很多人的兴趣。这也反映了毛画家近年的符号和风格，以表现城市建筑和风景为对象，艺术方法依然源自传统笔墨，富有韵味，亦真亦幻。其实，毛冬华现象已不是她个人的专利，在上海、在全国，以城市生活、城市建筑为对象的画家和作品，已不是个别现象。吴冠中先生就画过水墨淋漓、色彩斑斓的城市风景。上海画家乐震文、洪健在这方面也早有探索并且很有成就。这得益于2010年世博会在上海召开，"城市，让生活更美好"的主题吸引了众多艺术家来关注城市。这实际上是一件非常有意思的事情，也许当代中国画的一场伟大变革，将从这里起步出发。

中国画以人物、花鸟、山水三大画种为主题已有一千多年历史了。以隋朝展子虔的《游春图》为首，艺术界一般将它作为山水画的开端。历经一千年，山水伴随着艺术也伴随着国人的生活，成为了永恒主题。伴随着艺术，是说中国画认识观和艺术观的变化，很大程度上通过山水来表现，如人与自然的关系、诗（文学）与绘画的关系、人们进步或退隐等等。伴随着生活，是说国人历来喜欢在家里、在公共空间悬挂山水画，与山水为伴而生活。身在闹市，心想自然，或者心烦意乱，寄情山水，山水画与同样的山水诗，一直是文人抒发情怀的主题，或者说也一直是他们寄托灵魂的居所。

笔者一直在想，隋朝有了第一幅山水《游春图》以后，在之后的宋朝，又绘出了表现城市生活的《清明上河图》，说明中国人也同时具有绘制城市风景的能力，但中国画家又为什么未将城市风景作为一个专题形成独立的画种呢？这是一个见仁见智的问题。以笔者的分析，不是技巧达不到，而是艺术观念和环境的限制。一是中国画家把中国画往表意、表情方向发展了，把情景交融、气韵生动、诗画合一作为一种追求，山水画形不实、形不真不重要，关键要画出人的心境。不仅如此，中国人画花鸟也要达到"感时花溅泪，恨别鸟惊心"的境界，要画出松、竹、梅的象征性品格，画出梅兰竹菊的气韵。二是中国与欧洲不同，长期以来是个农业社会、多山的国度。我国三分之二的面积为山地。而南宋以来文人荟萃、画派频出的江南以及江浙皖等地，大多也开门见山。不仅如此，中国人还有"读万卷书，行万里路"的传统，就是一生要多次游历，近代如刘海粟先生还十上黄山，以山为师、以山为表现对象、以山寄托自己的灵魂。而欧洲不同，它与中国相仿的面积，却分成了几十个国家，城市化进程比我们早得多、普遍得多。

不同的艺术观和不同的生活方式，使欧洲出现了发达的风景画，以表现城市生活和城市的主角——人。而中国进入20世纪，即便生活在大城市的画家，都在画他们远离的山水。这说明古老的中国画，对画家们的控制有多么厉害，这也说明传统依然是有生命力的。

显然，艺术非科学，无法用合理性、科学性去要求画家、检验画作。艺术允许想象、超凡脱俗，到了当代艺术，时空颠倒、荒诞可笑皆在情理之中。但笔者以为，中国毕竟进入了城市化的阶段，未来绝大多数的人口将生活在城市，农村人口如美国、欧洲只占百分之一、二、三。前几天在电视上看到上海公布党代表的名单，800多个代表，农民代表只有8位。而上海曾经有10个县，都从江苏划过来，农村曾经很发达，农村人口曾经有几百万，如今都变成区、变成城市，农民也变成市民了。

农村变小了，城市变大了。问题是还有画家像四高僧那样生活在山区古寺、过着青灯黄卷的生活吗？还有诗人像陶渊明自己下地耕种，过着"采菊东篱下，悠然见南山"的生活吗？有也是极少数、极个别、并不自然的。

画家们生活在城市，享受着城市的文明，他们却依然弃城市而不见。无视城市，远离生活，笔下画的山区、山水，只怕是有山水的形，而无古人山水的意、趣、情、韵了吧！

所以，笔者认为毛冬华现象是一种自然、必然的反映。也许画家本人无意识，她在开创一种新境界，将中国画引向城市，引向城市风景，引向城市生活。我相信，这是必然的。因为这是一个城市化的时代，人们（读者）必然关心我们这个时代的美术家是怎么认识、表现我们时代的，而美术家必然关注自己生活的城市，将它纳入自己的笔下。既然世博会已发出"城市，让生活更美好"的倡议，提出了人类未来的生活形态和方向，美术家有什么理由要脱离时代、脱离生活呢？1949年以来，我们一直倡导艺术家关注生活，下工厂、下农村，但"萧瑟秋风今又是，换了人间"，未来国人的主要生活空间将是城市和城镇，而社会的主体——人就生活在这样的空间里。

石涛说过"笔墨当随时代"，实际上也是说中国画当随时代。因为形势比人强。时代引起笔墨技法的变化只是一个方面，而中国画表现对象的变化由山水到城市，无疑将引发画种的一场革新，必将带来中国画或者说水墨画的一场伟大变革，给受到现代化冲击面临何去何从的中国画带来新的元素、新的方向。因为它将迫使国画家的思维方式、表现方式来一次颠覆性的变化，而给社会以崭新的面貌。这是近一二百年来大家都在思考、期待的那种变化。

不是强求，而是建议，希望有国画家或者水墨画家由山水回归城市，让城市风景展现在你的笔下。

刊于 2017 年 6 月 8 日《解放日报》、《典藏》2017 年第 6 期

2021 年 9 月 4 日长青文化基金在常德艺廊举办"第二届长青国画新人展"，向上海四所高校的
十位优秀师生颁发证书，支持国画新人的培育

唤起一次记忆

2017 年 9 月 21 日，我们组织了"世界书局史料研究座谈会"，这本是个小众的专业会议，结果方方面面的专家竟来了 150 余人，真是始料未及。看来，人们对近代上海出版的那段辉煌历史，还是情有独钟，难以释怀。

确实，改革开放以来，业界对商务、中华、三联的研究越来越重视。但是，近代上海出版到 1956 年社会主义改造时，有 300 多家之多，这构成了那个时代上海在全国占 70% 以上的出版社和品种数，形成了名副其实的发祥地和出版中心的地位，那就不是两三家书局的事了，其中包括世界、大东、开明等机构。前几年笔者曾分管过筹建出版博物馆的工作，感到收集和保存上海出版的完整史料，越来越有紧迫感了。

选择研究世界书局，一是今年系沈知方先生创立世界书局 100 周年。这个书局由于种种原因，没有在上海留存下来，但是在民国时期，它是一家很重要的机构，一百年后的今天来提起它，容易唤起人们的记忆。

还有一个原因，在于我工作中与阎家和刘家交往所获得的信息所致。1992 年我在朵云轩工作时，阎初（现任台北世界书局的董事长）来找我谈合作，也说到了世界书局重回上海比如在朵云轩恢复的可能，这引起了我对世界书局的关注，而此前我是一无所知的。2000 年，我调到出版局工作，阎初的父亲阎奉璋先生来出版局访问。奉老早年毕业于复旦大学新闻系，1946 年毛主席与蒋介石重庆谈判，他是亲历者（当时他告诉我已成了唯一的幸存者）。后任国民党中常委。我从奉老口中知道了一些世界书局的往事，包括上海外文图书公司福州路的大楼和新华印刷厂都是昔日世界书局的产业，阎家在台北从成舍我先生手中买下了世界书局的股份，对这段历史就比较关注。

另一处信息来自于刘冰，即洛杉矶长青书局创始人、爱国侨领刘冰先生。80 年代起，朵云轩与长青书局过从甚密，我们在洛杉矶的书展和画展，大多在长青文化中心举办。刘冰先生的父亲刘雅农先生是张聿光、刘海粟创建的上海美专第一届毕业生，诗书画印都有涉猎。雅农公晚年定居成都，是四川省政协委员。而他人生的重要经历是受聘世界书局于 1948 年 2 月去台北开设分局，直至 1961 年退出。刘冰先生 1955 年也入世界书局工作，于1966年离开。刘家两代在世界书局供职，知道很多"活"的史料。近年，刘冰先生年事已高，抓紧写了四万多字的史料，弥补了以往的不足，而我是这些文章的读者。

去年以来，我阅读了有关世界书局的50余篇回忆文章，对世界书局的历史有了一点认识：一是上世纪20年代曾与商务、中华并称民国教材出版三大机构。30年代与商务、中华、大东并称中国四大书局。二是1949年以后有的文章提及世界书局，大多只说它出版鸳鸯蝴蝶派小说和低俗读物，没有系统的研究和肯定它的学术出版、教材和工具书，也没有提及它的进步出版事业。事实上世界书局在大陆出版图书5500余种，联系作者一千余人，好书不胜枚举。包括1928年—1933年出版的"ABC丛书"153种，1947年出版的朱生豪翻译的《莎士比亚全集》，影响很大。三是对世界书局创始人沈知方有了一点认知。以往比较多地讲他商人唯利是图、不择手段的一面，从而将其否定。改革开放以来，已有出版物将其定位于民国十大出版家。而事实证明，沈氏是文化和出版领域的开拓者。他1900年在商务印书馆工作，深得夏瑞芳先生赏识，认为此人潜力无限。后约于1913年加盟中华书局，与陆费逵先生拍档，促使中华异军突起，在出版和开设分局上功勋卓著。但他又受到排挤，于1917年出来创办世界书局。刘冰先生认为他在世界书局的三大策略一是用大众读物积累资金，二是以教科书奠定书局出版地位并兼顾其他，三是以出版经典图书铸就品牌。沈知方的经营还有一个特点，就是大胆出新，引进现代出版理念，如一匹黑马冲进业界，引起商务、中华等大小书局的变革，促进中国书业的发展。他是一个重商的人，但在辛亥革命、1927年"四一二"事变和1931年、1938年的抗日等大事上，又能保持大节不亏，重义轻利。这是令人惊奇的。比如配合辛亥革命、北伐战争，世界书局出版了很多宣传三民主义、肯定北伐的图书杂志。比如1927年一些共产党人如茅盾、杨贤江受到迫害，逃逸日本，都继续写作并在世界书局出版，而沈知方也一直寄去稿费帮助他们。又比如1938年日本人占领上海，对世界书局威逼利诱，甚至在书局发行所引爆炸弹致员工一死一伤，沈知方拒绝与日本人合作，保持了民族气节。他在遗嘱中说"近遭国难，不为利诱，不畏威胁"，嘱家人不与日本人合作。历史上，他曾把书局钱赌输，当人们追债时又诡称此人已死。为了竞争，他让人仿照别人的畅销书出书引起官司，但在日本人的问题上，他又如此清晰地站队。所以，我们看到了一个性格多元、形象丰富的出版家。对我而言，改革开放已改变了自己儿时"好人、坏人"的判断方式：好人完美无缺，坏人一无是处。而沈知方这一人物，更使我认识到这种方式的简单化和危害性。历史确实是复杂的，人物也是多元的，当我们把人物放到历史环境中做多方面客观分析，我们才会看得更清楚一些。

　　这几年我在政协文史委工作，文史工作方针是"存史、资政、团结、育人"。对待我国近代出版史也是如此。我们不只是要研究左翼的、进步的出版机构，还要研究民族工商业者出版事业，其中就包括世界书局。不仅要研究那些定性明确的出版家，也要研究那些复杂的甚至有争议的人物。而研究的目的除了还原历史，还在于获得借鉴，为今日上海建设国际化大都市服务。希望对世界书局的研究是个开端，还有一些新的有价值的话题可以提上日程。这对即将建设的上海新闻出版博物馆也是十分必要的。

撰于 2017 年 9 月 28 日

2017 年 2 月世界书局成立 100 周年之际，市政协文史委、上海出版协会、中国近现代新闻出版博物馆（筹）
共同举办"世界书局史料研究座谈会"，创始人沈知方先生的后人沈柏宏等出席会议

更新我们的收藏观

今年 10 月 8 日，轰动京沪的"大英博物馆百物展"终于在上海落幕。在上海的展段正值盛夏酷暑，观众热情不减令人感动。每天门前长龙数百米，排队历时三四小时，许多人因限流不能入内而遗憾。为此，主办者上博推出周五夜场，网上预定秒杀，还是有更多的人无法一睹展品之风采。

改革开放初期，法国油画展在上海展览中心举办，久旱逢甘霖，观众如饥似渴，每天排起长龙，情景记忆犹新。渐渐地开放，从 1978 年算起近 40 年了，国民也早已走向国外观光，缘何一个展厅不大、展品仅百件的展览能再度引起观众、媒体的热议和关注？给我们很多的深思和启发。笔者因工作关系，两度入内参观，又得展目一本，回来仔细翻阅，体会良多。

在收藏界工作多年，看过国内很多博物馆、美术馆展品绝大多数是中国的、中华民族的，几乎没有国外的。而大英博物馆百物展，展品则是世界的，甚至也不限于欧洲，欧美人一直以"欧洲中心论"自居，排斥其他文明。但这个展览体现了英国人的收藏观，文明是全球各族人民创作的，没有欧洲中心说。仅一百件展品却折射各大文明。中国、伊拉克、埃及、印度以外，还包括了非洲、墨西哥甚至南太平洋岛国。从中可见，英国人的收藏眼光还是全球的、客观的，是有见地的。我们中华民族是充满自信的民族，但是在乾隆以后，在 1949 年以后，又曾是很封闭的。据说当年英国人来拜见乾隆，英国人提出做贸易，交流货品，乾隆说天朝物华天宝，什么也不缺，英国使者马葛尔尼送了590 余件礼品，有天文仪器、车船模型、纺织用品等等，共 19 大类。乾隆以及大臣们不屑一顾，大多锁入圆明园仓库里。2014 年笔者策划召开第四届世界华人收藏家大会，请葛剑雄教授到会演讲，葛教授的发言振聋发聩，他认为国人的收藏观是狭隘的，应该倡导收藏的世界眼光，不要只收中国货，文明的交流应该包括收藏其他国家的藏品。确实如此，改革开放以来中国极大地引进世界先进技术和产品，但是在收藏方面，还是改观不大。

这次展览，在上海段加了一个名字"浓缩的世界史"，实在加得很好。以百物反映数万年人类的文明史，是个了不起的创意。但这些物品，未必都是艺术品，很多是普普通通的生活品，以我们国人的收藏观，根本不入法眼。主办方英国的贝奇·阿伦和贝琳达·克里勒认为："物品是帮助我们解读过去的证据，是让我们了解历史多样性和复杂性的线索。过去许多文化都没有留下文字让我们进行研究和探索，而正是物品，为我们的探索创造了机会。这些人们制作和使用、珍惜或丢弃的物品，正帮助我们讲述这个世界的历史。"我注意到，这段文字用了"物品"，而没有用藏品和艺术品这两个词，同时强调了物品对于解说无文字记载历史的重要性。分析这些物品，可以看到它与艺术有三种关系。一是纯粹的物品，没有艺术性。如奥杜威砍砸器（坦桑尼亚）、克洛维斯矛头（北美）、大洪水记录泥板（美索不达米亚）、信用卡（50 年代美国首用的 Visa）、仿制足球衣（印尼）、太阳能灯具和充电器（中国）。二是物品，但兼具艺术性。如鸟形杵（巴布亚新几内亚）、印度文明印章（巴基斯坦）、阿拉伯铜手（也门）、约拿图像石棺（英国）、龙首双耳瓶（中国）、泰诺仪式用椅（多米尼加）、战争盾牌（巴布亚新几内亚）等。生产时着重于功用，但附加了艺术。三是比较纯粹的艺术品。如度母像（斯里兰卡）、唐代墓葬俑（中国河南）、圣杰罗姆像（希腊）、莫卧儿王子的细密画（印度）、阿富汗战争挂毯（阿富汗）。

笔者长期从事收藏工作以及对国内博物馆的观察，感到我们的收藏理念确实更多地受到传统和佳士得、苏富比的影响。我们的金钱集中投向了名人字画、官窑瓷品、杰出艺术家的作品、皇帝御制的东西，忽视了人类文明这一广阔的视角，忽视了反映人类历史转折期的物证。我们的博物馆、大藏家集中收集高大上的艺术品，爱人云亦云的物品，没有保持自己的独立性去发现新的门类和物品。自然，我们也办不出这样的百物展。比如美国最早的信用卡、印尼的仿制球衣、中国送的太阳能灯具和充电器，中国的博物馆、美术馆是无论如何也看不上的，而这些恰恰是重要的物证。比如对中国造"太阳能灯具和充电器"英国人的解说词是这么写的："这盏灯在经过 8 小时的日光光照以后，可以持续提供 100 小时的灯光光照……这套设备虽小，生产成本也很低，但它改变了人们的生活。世界上有近 12 亿人缺乏电力供应，（有了它）可以不通过电线，孩子可以在天黑以后留在家中学习，而不需要依赖于点燃的有毒煤油获得光亮。像这样的设备是人类发展成就的有力实证，也是人类面对如贫穷和气候变化等困境和挑战时，充满智慧和战胜一切的有力证明。"主办者对中国造的这盏小灯给予如此足够的重视和评价，可见收藏的天地是如此广阔，很多被人们不屑一顾的物品，其实是人类文明的重要物证，价值超过那些重复生产的官窑瓷器。

更新我们的收藏观还在于讲好收藏品背后的故事。这次英国人要讲的是人类文明的故事，而难度在于选择展品和讲述展品这两个重要的环节。大英博物馆藏品浩如烟海，选什么不选什么是一种创意，选出来以后如何讲好故事又是一种创意。所以成功的展览不是简单地把藏品一放了之，它需要人的二度创造、二度开发。以往，我们国内也办过很多好的成功的展览。但是我看了大英百物展才知道，这是我国从未使用过的一种新方式。它起于英国BBC传媒2010年策划的"大英博物馆100件藏品中的世界历史"系列广播节目，这个节目广受赞

90年代在上海图书馆为读者举办收藏讲座

誉。其次英国著名的企业出版机构随后又出版了同名畅销书。在这两者的基础上，大英博物馆获得灵感举办了这个展览。这里非常重要的一点，它不是一个主观的计划。它是在广播成功的基础上推出了畅销书，又在广播和图书成功的基础上创办全球巡回展，是一种自然而然、水到渠成的结果，是一步一步以大数据为基础的推进。用大英博物馆的说法，是来自BBC的灵感。就是说传媒的介入和融合是讲好故事的关键点。这一点对我们国内同行很有启发。

这个展览当然为英国获得了意识形态上的成功，花钱不多，在北京和上海却获喝彩声一片。但仔细看它的展览、内容和介绍，没有一点意识形态的痕迹，没有自我吹嘘，没有人为拔高。它尽可能掩藏自己的倾向性、价值观，尽可能"悄悄地进村，打枪的不要"，努力做到客观再客观，平静再平静，但实际效果是不著一字，尽得风流，显出了英国人的高明。可见英国人在文化走出去方面还是老手，棋高一着。虽然百件展品中没有多摆英国货，但是展览的轰动，已经为英国人和大英博物馆的收藏观、文化观做了一次成功的品牌宣传！这对我们大声宣扬中国文化走出去战略，也有很多的启示。

刊于《典藏》2017年第11期

回忆上海出版改革

　　这次市政协文史委发起出版改革史料的征集，给了我一个回顾、总结和反思的机会。我们这一代人经历了中国历史上最伟大的变革，即邓小平领导我们改革开放，把贫穷、落后、封闭的中国引向富裕、先进和开放，把"文革"后积重难返的中国初步建设成为一个世界强国，这功业远远超过"贞观之治"和"康乾盛世"。处在这样一个历史大背景下，出版改革也被推上了日程往前走了几步，但是由于我们国家实行了特殊的政治体制和文化体制，这种改革又是局部的和渐进式的。

　　1972 年 11 月，我初中毕业被分配到绍兴路 5 号上海人民出版社（大社）报到，经过奉贤"五七干校"半年的劳动锻炼，我和其中的 36 位同学一起又被分配到上海书画社即今日的上海书画出版社和朵云轩做学徒。从那时起到现在整整 44 年的工作经历，我一直在出版界工作。1991 年起担任过三家出版社上海书画出版社、上海人民美术出版社和中国出版集团东方出版中心的社长兼党委书记。其间又二度共九年在上海市新闻出版局担任局领导，使我有机会在较高的层面上去实践和见证上海的出版改革。

一、"文革"的出版和短暂的恢复期

　　我到出版界工作时正值"文革"，出版处于非常低迷的阶段。上海在民国时期是全国的出版中心，产业相当发达，到1956年社会主义改造以前，约有 300 多家私营出版社，经过社会主义改造，通过合并同类项，这 300 多家通过关、停、并、转，在"文革"前大约只有 9 家出版社。包括少儿、科技、人美、文艺、上教、人民等等，比如 1956 年以前美术类出版社很多，大多合并到上海人美。文艺类出版社也很多，大多并到上海文艺。合营以后的出版社，这 10 年也面临政治运动，但是和"文革"的破坏期相比，尚属可以正常出版的了。

　　"文革"时期，上海是重灾区，"四人帮"大都出自上海，他们对文化包括出版进行了专制控制和破坏。包括把出版界定为无产阶级专政的工具，把出版人打为资产阶级知识分子，把宣传系统的 9 家出版社归并为上海人民出版社一家，把绝大部分知识分子

1976年5月上海市文教"五七干校"
轮训一队养猪场劳动场景

赶到"五七干校"劳动，正常的出版活动完全中止。人类历史发展到20世纪，一个地区、一个国家这样管制出版，也是极为罕见的。当时出现了严重的书荒，学校不上课，书店无书卖，年轻人无书读，但人人都在读《毛泽东选集》和《毛主席语录》这两本书。

1972年尼克松访华以后，上头也有让各行各业正常化的想法。我们250人分到出版界，就是上海书店的营业员奇缺，连续多年知识青年上山下乡，各单位劳动力不足，补我们250名学徒，也说明出版要正常做事。但是到了1974年批林批孔和1975年反击右倾翻案风两场针对周恩来总理和邓小平同志的政治斗争，政治形势又进一步地恶化，出版始终没有实现正常化。

当时的出版仅就体制和规模来说，已没有一点发展的模样，只是收缩。现在绍兴路5号上海市新闻出版局的办公地当时挂上海人民出版社的招牌，设党委和工宣队团部，撤销了下属出版社的社长和总编辑。各单位一律设党支部实现党的一元化领导，同时派

1976年夏季上海市文教"五七干校"轮训一队合影

驻工宣队设一个连部。下属各社均改称编辑室，如上海人民出版社少儿编辑室，就是今日的少儿出版社，各编辑部没有出版权、印刷权、财务权和发行权。这几项重要的权利均归绍兴路5号的大社所有，大社设编辑部、业务处、财务处和发行处。王维同志、宋原放同志当时都在大社编辑部。当时管印务的人员均集中在业务处，我有两个同学谷玉、

孙东平就分配在这个机构。这一时期史称大社，上海只有一个出版社即人民出版社，只此一家，别无分店。那时报纸也很少，只有《解放日报》《文汇报》和《少年报》三张。这是一个思想禁锢、百花凋谢的时期。

1976 年 10 月粉碎"四人帮"结束"文化大革命"以后，除了政治上揭、批、查"四人帮"以及平反冤假错案以外，业务上就是恢复"文革"前的出版模式。这时"文革"前原出版局领导马飞海同志又回到上海出版界，他老马识途，对业务相当熟识。当时人们的思想认识集中在一点，"文革"把"十七年"（1949—1966）的出版界定为一条资产阶级黑线，那么拨乱反正首先肯定"十七年"是一条红线。于是恢复"文革"前的一切做法就是当时的主导思想和工作。这包括恢复上海出版局（改名上海市新闻出版局增加管理报刊的功能是以后的事），恢复属下各出版社的社名、独立法人地位以及具有出版权、印刷权和财权，"文革"中划到轻工业局的上海印刷公司又划回出版局实现编、印、发一条龙，各出版社设党委书记、社长、总编辑三职位。恢复知识分子的地位，提倡尊重知识、尊重人才。查成立上海书画出版社的批件看，这件事大体发生在 1978 年。这件恢复性的工作，调动了出版社和知识分子的积极性，同时出版社有了几项权利，功能比较完整，也激发起了活力。当时的物质条件非常差，很多同志年纪也大了，但人人想着要把"文革"耽误的时光追回来，工作的热情非常高。一是老书的重印，一是新书的初版，给饥渴的民众以知识甘霖。书店门前排起了几里长的队伍，人们争先恐后地购买中外文学名著以及各类书籍，考学热和补课热，也拉动了教科书的重印，恶补"文革"时期的缺失。出版业一时呈现了兴旺的景象。

二、发现"十七年"也要改革

对"文革"的拨乱反正过去以后，正常的出版工作越深入，人们越会发现"文革"前仿照苏联模式建立起来的出版体制，存在很多的弊端，俗称僵化模式，阻碍生产力、创造力的发展。这种模式有两个特点：一是政治上的极端化。只强调对出版的控制，不重视出版对社会文化教育知识的传播、人民文化娱乐的多元作用。二是在经济运营体制上，突显计划经济的作用，否定图书是商品，否定市场在生产和流通中的作用。政府局直接控制出版、成本、员工工资、产品成本和产品的销售，把出版社、印刷公司、发行所（书店）三者捆绑在一个政府调度的框架内。1. 出版社为事业单位，在政府批准后出书，每年编一次选题计划，向政府申请书号，生产不计盈亏。2. 印务统一交给政府指定的上海印刷公司（设在四川路延安路口）由其派给下属的厂家包括商务、中华、新华等厂印制，出版社不可以选择印刷厂以及洽谈价格。3.所有的图书、教材和图片一律交给新华书店上海发行所（设在四川中路）发行，统一发往全国，统一销售折扣，实行包销的制度，出版社把书送进书店的仓库，3个月后去收钱。最早的时候是按书价的85%结算。后来慢慢调整，最后到90年代后期改为60%。4.书价由政府制定标准严格执行，相应地印刷工价、批零价格也由政府统一制定。在"文革"结束的初期，一是上海出版社很少，只有10余家，二是全上海出书品种少，只是几百种（后来达到了年出新书1万余种），这时计划与市场的矛盾尚不突出。到了80年代中后期，随着品种的上升，产品成本的调整，以及竞争造成了很多的"违规者"，而"违规者"又是得益者，这一切造成了计划越来越不适应社会发展，市场对经济的调节和刺激作用越来越大。而由几个人坐在办公室收集情况，发现问题上报北京的中央政府，再来调节成本、价格、折扣以及营销活动，这种方法已无法面对现实，变也就是改革就是必然的了。

三、发行改革和出版社自办发行的出现

这是由一轨制过渡到双轨制的过程。苏联模式下的发行是一轨制的，生产者与零售商之间有一个批发公司，上海书业就是上海发行所，它一方面将书发给全国的零售商，另一方面也发给下属的上海市店（最多时有300多家门店）。它在沪太路建立了庞大的仓库以及车队，也就是今天的物流概念。具体地说，出版社的编辑在一本书发稿的同时，要写一份"新书预告单"，交给发行所印成《上海新书目》，发到全国的省店及零售店去征订印数，层层汇总上来以后，通知出版社一个印数。当时，我所在的上海书画出版社以及上海人美，主要对口发行所的三科负责联络工作。书进了仓库三个月以后可以收到钱。好处是不管是否卖掉，发行所包销都付钱，存货风险都由书店承担。设计是很美妙的，但规模一大，它反馈就不灵了。首先是印数越报越少，出版社作为生产者束手无策，自己不可以到市场去推广和征订。其次是信息不畅通。发行所不能及时反馈市场需求情况。三是付款越拖越长，一个发行所面对几十家（上海最多时38家）的应付款，根本没有付款能力。最终欠债成山。四是出版社始终是生产商，不能转型为生产营销商，功能缺失。

于是一部分出版社开始建立自己的发行部门，以补发行所工作的不足。这就形成了两个渠道，初始阶段自办的渠道与发行所，渠道之间也有服务和价格上的矛盾。自办发行就是要做发行所的掘墓人，自然引起了发行所强烈的反弹。这个过程相当长。开始时出版社要建立独立的发行体制就要跳过上海发行所与当地的省店、零售店直接建立发货和结付关系，困难是很大的。要建立商流队伍即发行科，还要建立自己的物流即仓库，

还要完善财务结付系统。当时没有电脑，存在很多困难，出版社走这一步确实要有勇气。但势在必行，有人得利就有更多的人蠢蠢欲动，发行所试图阻拦，但也无法一一惩罚。最重要的是，国家新闻出版署后来也下发文件支持发行改革，即出版社自办发行与发行所总发行双轨并举。一个时期，上海出现了三种模式：一是出版社全自办发行，如辞书社自己成立了发行所，因为它产品少而单价大，产品好销；二是双轨制，比如上海三家美术出版社挂历以发行所为主发行，图书以自办发行为主，过渡了很长时间，最后完全靠自己发行；三是没有能力建队伍和仓库的，还以发行所为主发行。

这项自办发行的改革，上海是走在全国前列的。上海最早于1987年举办沪版图书订货会，改变"隔山卖牛"的状况，让书店来现场看样定货，后来全国纷纷仿效，到处开看书订货会，产销见面。上海于1991年成立了出版社经营管理协会（1987年先成立上海出版社经营管理业联谊会），张瑛文、史寿康是最早的创办人，他们在促进自办发行改革方面（还包括与书店商议折扣，与印刷厂商议印刷工价，交流出版社改革经验等）起了积极的作用。这样到了1995年底上海出版社自办发行码洋已占60%，最终到上世纪末，产品批发完全转为出版社为主，出版社完成了由生产型向生产经营型的转型，计划经济最顽固的堡垒被冲开了。

四、图书印制由计划到市场的改变

改革前上海的书刊印刷厂主要集中在上海出版印刷公司（以及人民印刷系统），"文革"中脱离出版界，"文革"以后又划归上海出版局。这个公司下辖几十个印刷厂，与它并列的还有一个物资公司，统一采购纸张安排给出版社使用。出版社的每一种书都报到公司由它安排到属下的印刷厂生产，统一印刷工价。80年代上海出版品种大增，但设备老旧无法及时提供印务。生产力落后，与国际技术的差距巨大，大批印刷机是新中国成立后自力更生生产的单色机，还有1956年私营带来的老机器。出版社苦不堪言，有市场需求但印不出来，每年印时效性强的挂历和教材时，更是捉襟见肘。这个时候，改革的呼声强烈了，出版社要求跳过印刷公司直接与印刷厂发生业务关系，减少环节，厂社沟通；出版社愿意多给印刷厂一点钱，实行优质优价，这挑战了政府制定的工价；有的书安排到民营的、局外的印刷厂去印，也打破这种格局。这是一个痛苦的过程，每个人都想把工作做好，但改革是要结束"印刷公司"的生命，处在不同的位置上，看法会很不同。但社厂生产方式的改革比社店发行体制的改革简单得多，很快印刷公司这一层级被淘汰，市场竞争要求生产更直接、更反映质量和时效，以后，印刷市场就逐步放开了，最终出版社可以找任意的印刷厂，印刷厂也可以拒绝那些工价低、油水少的产品。特别要提及的是，八九十年代作为一种过渡，很多出版社还投资办过或扶持过一些中小型的社办、集体性质的印刷厂，以补国营印刷厂的不足。这些企业年终还给出版社进贡一些副食品，改善员工的福利，热闹一时。但这些厂后来分化严重，好的得到提升存在至今，很多已烟消云散。但它们对那个时代转型发展做出了历史性的贡献。

与之相类似的是出版社的纸张、材料采购。当时是由局属青云路的物资公司统一采购分销给出版社。初期，一是纸张品种单一（以52克凸版和128克铜版纸为主），二是价格稳定，三是业务量小，物资公司管理的矛盾不突出。后来这三方面情况发生了太大的变化。到了进口纸时代品种眼花缭乱，价格受汇率和国际市场纸浆影响价格上下大幅度波动。加上上海物资公司的出版物用纸量越来越大，1995年前后已达年10万吨。出版社拖欠纸款也很严重，物资公司渐渐承受不起巨大的贷款（垫付纸款）。而物资公司采购的纸比纸张直接供货的要贵，这样，造纸厂和出版社自然结合在一起，试图抛弃物资公司。开始有的出版社是两条腿走路，大宗纸直接找纸厂，专业花式纸找物资公司。市场总是让人想出更多损人利己的花招，而物资公司也不愿做吃亏的事，矛盾越来越大。日渐一日，到了2000年前后，出版用纸量下降到年4万吨，再后来只有近万吨了，物资公司的功能几近消亡，场地也转型做超市了或者功能转型。从此，出版物资供应完全产销见面了。

五、图书价格由政府定到市场定

由计划价格到指导价格到完全放开价格，也是图书出版改革的重要内容，经历了漫长的过程。研究图书这一商品，会发现一个最有意思的特点，书价由生产商印在书上，中外皆如此。而其他产品是出厂后由零售商自定价格的。这是因为图书的品种太细分，书的分量重，价格低廉，一本一本打价格加价成本太大。但书内又包含了写书人、出版人、印书人、卖书人的成本和利益，于是在计划时代图书定价、印刷工价、批发及零售折扣价以及稿费标准，一直是由政府统一发布的。这种价格理想也建立在生产力落后、品种稀少和封闭的环境里。一旦经济发展，计划的这件"小衣服"就必然要撑破，因为商品经济直到市场经济的步伐终究不可阻挡，而且是极为活跃难以调控的。尤其是1992年邓小平同志"南方谈话"发表以后，出版的价格放开也就势在必然了。

前面说到图书的计划价格有一个条件，就是商品价格的静止或极其缓慢的变动。而在80年代末和90年代初期，任何方面都在冲破计划的价格。比如稿酬制改成版税制，优秀的名作家纷纷要求高版税和印数。有的要求版税是书价的15%—20%，印数50万、100万册，直至后来出版社竞拍稿件，用竞争的办法来解决问题。如易中天的《品三国》，余华的《兄弟》，都由上海文艺社拍买而得，都是惊人的版税。又比如纸价的上升带来成本的上升幅度惊人。又比如书店从85%的批发价调为60%的批发价，后来本世纪初慢慢地又从包销制改为延续至今的寄销制，存货的负担都扔给出版社了。这一切都要求价格具有弹性，不能由政府"一刀切"。80年代每本书的价格要报出版局业务处批准，后来改为国家定标准出版社来定书价，国家出来了指导价，有一定的弹性即价格区间，但还是不适应市场。大约在1998年，除教材外国家放开图书价格，上海随全国一样，图书价格完全放开，从此按印张数定价格的制度最终取消。最终图书也不完全按物质成本来计算，而是把知识价值以及是否适销作为定价的重要内容。

至此，以出版社改革为核心的计划向市场的过渡，确立了出版社决定印刷厂、出版社自己推销产品以及确定价格的三个要素，就从政府手中回到了企业也就是市场手中。在生产和营销方面，至此社会主义市场经济的格局终于初步确立了起来。

六、出版社自身体制的改革

上海局属出版社从人民出版社分为小社以后，它独立法人的框架实际上已经确定。但它还不是市场的主体，它缺少很多权利。在争取发行权、印刷权和定价权的同时，它的企业管理体制也发生了很大变化。首先在1985年前后，国家确定出版社由事业性质转为事业性质兼企业化管理，它的税收几乎与工矿企业完全相同。其实这是中国特定社会下对出版社制度的绝妙设计，起了很积极的作用。它确定了图书为商品，出版社也具企业属性。它既要坚持社会效益第一，也要经济效益即利润，实现社会效益和经济效益的统一。其次，在1978年出版社已确定党委书记、社长和总编辑同为企业正职的领导架构。这是由市场经济和党的领导双重体制确定的。但是，确定社长为法人代表是在1987—1988年之间。当时的改革力度比较大，我所在的上海书画出版社按照出版局党委的统一布置，一度统一改为社长兼党组书记，设置总支相当于机关支部，再增设总经理（副社长兼总经理）。还建立职工代表大会。在1989年以后，为了加强党的领导，出版社逐步撤销了党组，社长为主要负责人，负责全面工作，党委是政治核心，总编辑负责编辑业务。在上海一般是确定为三个位子两人坐，减少多人的决策扯皮。这一制度运营有20多年，时有偏重，比如发现企业经营不善时，会强调社长负责制，社长权利过大时，会强调党的领导和集体决策（诸如"三重一大"要上会）。

2004 年前后，根据新闻出版总署的决定，全国出版社（少数民族和盲文出版社外）陆陆续续由事业单位转为企业，出版社社名之后一律加注有限公司。这是名分上的改变。而作为企业的特性，实质上在 1985 年以后的历次改革中已大致完成。所以，这 10 年的事业转企没有带来很大的发展动力，在于出版社作为企业该做的已做，做不了的如所有制改革、市场配置出版资源，在改制以后依然做不了。比如既然是企业，应该明确《企业法》是上位法，是主体，《出版管理条例》是下位法。而事实是《企业法》在出版社没有很好落实，《出版管理条例》仍在起主要的作用。此外出版企业还是国有一元，没有实行混合所有制改革，国有事业和国有企业共同的毛病还是没有真正消除。

七、出版集团的组建

上海的出版社大致可以分成两大部分：一是原局属 18 家出版社（它们也都是市委宣传部下属的出版社），二是非局属出版社主要是大学出版社以及其他社会出版社。

局属出版社是其中历史悠久的老机构，它们大部分来自公私合营的根底，也有部分在新中国和改革开放时期设立。可谓百年老店，人才济济，实力雄厚，在中国有响当当的品牌，在历史上都曾光耀九州。如人民、少儿、科技、人美、文艺、古籍、译文、辞书、远东等等。

关于成立集团的理由，有一次我看到李铁映同志的一篇讲话，他认为中国的出版社个体太小，都是"小舢板"，无法到国际上与外国出版集团抗衡，他提出要造航母也就是成立出版集团。另一个理由出自丁关根同志的思想，2001 年他到上海调研，在虹桥迎宾馆开了一次小范围座谈会，我也在场。他当时讲中国要加入 WTO，政府要退出对出版社、书店人才物的直接管理，这就把集团成立起来，替代原来政府的经营职能，在外国人面前人人平等（意思政府是行政管理部门没有"亲生儿子"）。那次他还提出要建立音像发行连锁和报刊亭连锁，以"等待不速之客的光临"，指 WTO 以后外国机构可以来开书店、开音像连锁店，冲击我们的阵地。他把这个问题估计得很严重，后来证明没有发生这种情况。

1999 年上海世纪出版集团成立，这是全国第一家出版集团，由上海教育、上海人民、上海译文、上海书店、汉语大辞典等 5 家出版社组成。此后，全国按省全部成立了出版集团，也就是说地方出版社都走上了集团化的发展道路。当然，也有部分央企也成立了出版集团，如中国出版集团、中国教育出版集团等等。从全球从事出版的经验和结构来看，单体出版社占绝大多数，图书出版是中小企业的温床。由于思想文化产品生产的复杂性和资金门槛要求低，几个人成立一个出版社的例子比比皆是。但是，为了上市融资，以及垄断后大鱼吃小鱼，一般也成立少数出版集团，但以兼并收购为主。比如西方的贝塔斯曼、培生集团、兰登集团，日本的小学馆、讲谈社以及集英社。但像中国各省以行政力量统一推动成立出版集团，波澜壮阔地大干快上，也是全球出版史所鲜见的。

成立出版集团是为了做大做强，上市融资，独占一省或多省地盘并实现一业为主和多元发展。在华东地区，随着我国经济和文化的发展，传统出版业的营业收入和利润实际上一直在稳步上升。即使互联网冲击，但传统出版在全国营业收入 2013 年比 2012 年增长 6.5% 达到了 770.8 亿元，2014 年增长 5.8% 达到了 815.5 亿元，2015 年增长 3.96% 达到了 847.79 亿元。利润 2013 年比 2012 年增长 2.9% 达到了 118.6 亿元，2014 年增长 -1.3% 达到了 117.1 亿元，2015 年增长 7.02% 达到 125.3 亿元。而华东地区的山东出版、江苏凤凰、安徽时代、浙江联合和江西中文天地 5 家出版集团也一直高歌猛进，位居中国出版集团的前 10 位，集团改革取得了显著成功！这些出版集团出版社总量很少，一般只有 7—9 家，但是大多为上市公司，融资以后巩固了图书、教材出版发行事业又多元发展，集团化在资产运作上的优势充分发挥了出来。

上海局属出版社的集团化道路在 2003 年处于关键路口：一是走与各省市出版集团大致相同的发展道路，把局属出版社、印刷厂和书店全部整合成一个集团发展，二是分块多元发展，走后来的特色发展之路。最终选择了后者就是把局属出版社分成四大块。1. 壮大世纪出版集团，让它实现 5+7 的模式，拥有 12 个出版社。2. 成立文艺出版总社，让上海 5 家人文艺术类出版社和朵云轩合为一个集团。3. 局属印刷集团（含中华、商务、新华）划归文新报业集团。4. 新华发行集团（包括上市的新华传媒股份公司）划归解放日报集团。这种上海特色的集团发展之路，没有依图书出版内部出版社、印刷厂和书店业的产业链组合。所以，十几年以后又回到以世纪集团为基础再次整合。2011年 6 月将文艺出版总社并入世纪集团，2016 年又将出版印刷集团再并入世纪集团，同时提出新华传媒也回归行业集团（已上市一时无法剥离）。通过组合试图使世纪集团在全国排名靠前（不要只排在第 15 位）。这些积极的设想和举措先后得以落实，大家对上海的集团化改革始终充满了期待，希望它与上海这座城市光荣的出版历史和重要的地位相匹配。但事实上出版集团在上海一直未发挥出优势，在全国的规模和经营不占先，改革发展任重道远。

上海世纪出版集团从 1999 年成立至今 17 年，作为出版人也一直在观察和思考，我们为什么要组建集团？如何建成一个强大的集团？世纪的出版人进行了不懈的探索。比如提出了集团要做"文化脊梁",比如撤销出版社法人地位并为集团大法人,比如撤销各出版社的发行机构和仓库,成立集团的发行中心和大物流,进行了深度融合,比如建立易文网探索新媒体出版等等,都动足了脑筋,但似乎属下的出版社在改革中经营权变小了,活力也不见了,实力变弱了。我们看到这17年集团得了一些奖,出了一些好书,文化成绩还是有目共睹的。但是越做越小了,最终也留下了一些遗憾!

八、经历的十年黄金期

上海出版社发展的高峰,没有出现在集团化之后的17年,而是出在80年代和90年代。尤其是90年代在邓小平同志"南方谈话"之后出现的那波大发展,回忆起来至今令人动容。2012年邓小平同志"南方谈话"发表20周年,本人曾写过一篇长文《"南方谈话"与90年代的上海出版》,回顾了那一段历史,文章在上海和全国产生过影响。一方面这一切都基于事实尤其是数据,另一方面本人就是在1991年担任书画社的法人代表,后又兼任人美社社长,亲身参与这差不多10年的改革和发展,见证了那令人振奋的时光,充满了感情。

为什么上海出版会出现90年代发展的黄金期,我认为基于如下的因素:一是邓小平"南方谈话"提出了解放思想,大胆发展,不争论,发展是硬道理等重要思想,营造了出版改革和发展的大环境。二是当时出版局在支持和激励各出版社发展方面,出台了很多政策。比如绩效挂钩的政策、双效考核的政策、超指标利润留存出版社的政策,让领导班子和员工随着事业的发展得到更多的实惠,社长们的收入也有了很大提高。当时局领导对事业发展很支持。如我社当时成立朵云轩拍卖行的报告上报到出版局,很快就批下来。如我社1997年提出买下南京东路朵云轩的大楼(总共900万元),也得到出版局的支持。这两项如今都成为上海出版集团的优质资产。三是经历了80年代的锻炼,一批中青年干部走上了领导岗位,和老同志一起,组成了比较强的出版阵容。1991年10月组织上让我担任书画社(及朵云轩)的法人代表,我才36岁,可见当时冯士能同志那届党委多么有魄力。有鉴于此,上海出版才出现了难得的辉煌。

一是大龙腾飞。因为有出版"四小龙"的说法,自然当时的几家老社大社如上海教育、科技、文艺、译文、辞书、少儿等,就是理所当然的"大龙"了。在上海出版界,只追求出版的文化价值实际是一个不值得称道的话题,上海从民国以来的传统一直追求市场效益与文化效益的统一,一个好社必须要书好、人强、钱多。据我回忆,这些社当时出书一流,杂志也办得没话讲。孙颙局长曾代表我局去京介绍上海"社刊群"工程建设就是一例。文艺的《故事会》、科技的《上海服饰》、译文的《世界时装之苑》等等，都名冠中国，名利双收。像上海教育进集团前，已具有近亿利润，账上还打了"埋伏"。文艺、科技、译文、辞书、少儿等其实都是业界"富家"，书品更不在话下。那时全国出版界行业的会议，上海出版人都被奉为"老大哥"优先发言介绍经验。我本人就见过很多这样的场面。出版局年度的出版会议，也几乎成了群英会，充满了向上的气氛。

大学社崛起。上海大学社背靠优质的出版资源和自身的努力，一路高歌猛进，给上海注入了活力，也给这几年的上海出版增色添辉。2016年全国大学出版社综合指标TOP10排名，上海仍有上外出版社、华东师大出版社和复旦出版社三家榜上有名，这是很了不起的业绩。保持了近10年之久，很不容易。这也再一次证明了做大做强的模式并不是唯一的集团化，这三个社未进集团，照样发展得很好。而且上海大学社使用的书号资源相对少，但创造的营业收入和利润，又高于其他出版社。如2015年上海13家大学出版社营业收入14.5亿元，品种13055种，总印数15048万册，利润2.48亿元。上海各社社均营业收入8817.5万元，大学社社均1.12亿元，上海各社社均利润1695万元，大学社社均1907万元。在同等的社会效益之下，大学社的优势立马可见。

"四小龙"的出现。"四小龙"原指七八十年代亚洲快速发展的新兴小国和地区。包括中国台湾地区、韩国、新加坡和中国香港地区。在90年代被引用指代上海出版界原来弱小的四个社：科教、声像、远东和书画社。我们当时常在一起开会，对彼此的情况比较了解。科教社从上教社的一个编辑室发展起来，90年代中期已有近亿销售收入近2000万元利润，并且至今不衰；声像社原是个破社，在胡战英同志手里起死回生，大胆引进海外产品，积极开拓市场，最多时营业收入占全国15%，1996年销售收入已达1.5亿元，1997年2亿元，利税超千万。我们书画社一直排在局属出版社倒数第三位，90年代靠挂历、教材和成立拍卖行三大步，一举位居全国美术社首位，当时销售收入近亿，利润1500万元。远东社虽然利润不太高，但积极拓展，勇于竞争的精神对上海出版人是一种极大的鞭策。总之，"四小龙"是一种历史现象，当时对拉动上海出版改革和发展，起了积极作用。

九、上海局职能的转变

上海市新闻出版局在2003年以前，一直担负着两大职能：地方新闻出版业的行政管理机构；局属出版、印刷、发行等机构及人员的领导机构，担负着国资保值增值、党的领导等的任务。随着改革的步步深入，为了适应形势的发展，它的权利在不断缩小。

比如80年代行政管理上的放权，尤其是下放选题权、经营权和出版社的人事权，让出版社自主组织生产和经营。但它的真正质变发生在2003年的管办分离，将局管理直属出版社、印刷企业和发行机构的权利剥离，实现政企分开，下属机构划归中共上海市委宣传部领导。难能可贵的是，面临这么大的变化，局的领导班子和机关干部都能以大局为重，担负起管理的职能，同时积极开拓，为行业发展创造条件。我国实行对出版业的许可证管理和出版（生产、发行）的监管。政府的职能是管住该管的，放开该放的，保护市场的健康发展，同时又促进文化事业的繁荣。在这方面，上海局一直做得比较好。2003年以后，根据上级的规定和地方的实情，依法行政，做到透明、公开和及时地审批，很多项目的审批时间都降到20天以内甚至15天以内，还辟出底层大堂受理企业和人民群众上门办证，提供了优质服务。上海的印刷业、游戏出版业、发行业能够大发展，与此是密切相关的。2014年，上海局恰逢上海书展、ChinaJoy和"中国最美的书"三项活动创立10周年，这引起了我的思考，为什么上海局在2004年办了这三件事？说明当时转变政府职能上海局还是真抓实干，没有因为属下机构、人员的剥离而灰心丧气，无所作为。

上海书展已成为上海的一张文化名片。2003年起，局领导班子和分管领导顾行伟同志做了大量工作，立足于建立一个写书人、读书人、出版人交流的平台，一个夏季的文化嘉年华。记得当时的筹办资金也很有限，才拨了100万元，但借助企业赞助等方式，把它运作了起来。除推出新书以外，从首届起就注重组织各类文化活动150余场，倡导阅读（后来称全民阅读），每年还开夜场，服务各界人士。发展至今年入场人数三四十万，在全国产生了重大影响。

ChinaJoy全称中国国际互动娱乐博览会。2004年夏季，由北京移师浦东的第二届，得到杨晓渡等市领导的支持，一举成功，从此宣布永久落户上海，至今已办14届。起初占据浦东国际展览中心的2个馆，如今发展到14个馆。2016年参展企业来自30余个国家有1000余家，发布游戏产品4000余个，入场人数达32.55万。ChinaJoy已成为世界第二、亚洲第一的同类展会，超过了老牌的东京电玩展、美国E3展。该展览中心的领导对我说，上海汽车展和ChinaJoy是人气最旺的两个展会，除了群众的嘉年华以外，它设的B2B馆以及多场平行论坛，已成为行业精英交流思想、发布新产品以及版权贸易的主要平台。为上海以及中国端游、页游、手游以及游戏业IP延伸发展起了引领作用。上海占全国游戏产业1600亿元销售额的约30%，也是与ChinaJoy的拉动分不开的。

"中国最美的书"已成为我国与"世界最美的书"的交流平台。2004年春，上海组织中国书籍设计师评奖，推荐 16 种"中国最美的书"送往莱比锡，其中《梅兰芳藏戏曲史料图画集》一举获得金奖，至 2017 年春季，共评出 296 种"中国最美的书"，17 种"世界最美的书"。这是上海唯一以"中国"命名的出版奖项。14 年来，起到了如下积极的作用：1. 向世界传递中国的书籍出版文化，推荐中国的优秀设计家。2. 通过双向交流，引进世界最新的设计理念和技法，与我国的设计传统融合，改变了设计观念，提高了设计水平。3. 鼓励中国设计师健康成长，为国家争取荣誉。

作为这三项大活动的见证人，在此我特别要提一下钟修身同志和孙颙同志，他们在主要领导岗位上的远见和对项目的支持是很重要的。各省市的出版局在转型后都做了大量工作，但像上海局在 2004 年一次抓住三个项目并且至今越办越好，对行业起了实质性推动作用的，还并不多见。

十、出版面对的开放

在计划经济的时代，出版业是全封闭的，无论是对国民还是对海外。作为一个特许行业，它的准入也有极为严格的规定。从 1978 年党的十一届三中至今将近 40 年了，应该说全行业从不开放到了部分开放，是历史的进步，促进了文化的发展。

民营或民众介入出版活动，体现在以下几个方面：1. 民众通过成立文化创意公司和图书发行公司，逐步进入出版领域。在上海，历史上的六点、万语、钟书阁以及2004 年成立的九久读书俱乐部，都是这种性质。其中六点文化公司和九久公司、读客、浦睿、三辉是出版人下海经营所致。他们本身具有出版专业，有了公司架构和资金以后，招募员工，借助与国营出版社的合作，参与组织选题、编辑加工和图书营销。这种行为如中国农民早期的分田到户一样，被绝对禁止，但因其具有合理性，近年来在加强管理以后，处在正常的阶段。有的国有出版机构约 30% 的书号资源已与民营合作。这些机构虽然负担重，要交给国有出版机构管理费，但因其机制体制灵活，成本控制较好，还充满了活力。在上海，比较知名的有九久、读客、浦睿和三辉等。2. 民营的互联网出版机构在大量积累出版资源和素材以后，也注重线下的出版活动，出版大量的实体图书。我在主管网络出版业务时发现做得比较好的有盛大文学和淘米网。盛大文学后与腾讯文学合并成立了阅文集团，它们拥有大量的线下作品，与国有出版机构合作，出版实体书。比如《盗墓笔记》《鬼吹灯》等，都是这样运作的。目前，虚构类畅销榜的 30%以上都由阅文集团提供。2012 年 5 月我回出版局工作后，专门去考察了淘米网络公司，它们制作的《赛尔号》《摩尔庄园》等游戏节目深受少年儿童欢迎，拥有数千万读者和用户，在此基础上，专门成立了图书、杂志部门，与国有出版单位合作，年出版品种数百种，年销售码洋已达 1 亿—2 亿元人民币。3. 民营进入网络出版领域。上海最早进入的是榕树下等网站，以后又有众多的网络游戏公司。获得国家许可证的截至 2016 年末已有 84 家，但获得网络文化运营证而介入出版的数量更多，估计有数百家。这也是当前中国出版和文化比较活跃的地方，同时也体现了民众介入出版的程度。4. 民众的自费出版。以前出版的图书，都是国有出版社安排的。随着经济文化的发展，民众自己想出版一本书的理想越来越强烈。而出版社由于资金、市场、标准的限制，无法满足民众的要

与叶路先生一起在法兰克福书展洽谈版权业务

求和权利，于是自费出版应运而生。在上海，最早由国家授权从事这项业务许可的有学林出版社，后来又追加了百家出版社，再后来就势不可挡了。我在人美和书画两社工作时深有体会，很多画家向往出版自己的画册，但出版社无法满足画家的需求，而卖画市场形成以后，画家都比较富有，于是出现了画家自己带资出版的现象。这种情况不在少数。时至今日，上海大部分画家个人的画集，都是自费出版的。历史上许多老画家德高望重，水平一流，但在世时始终没有出版过自己的画册。如今是自费出版方式解决了他们的梦想。类似的情况也发生在其他类型的作者身上。比如小说、回忆录、诗歌，等等。

民众介入发行的开放。最早图书批发和零售都是纯国有的，80 年代初期，上海出现了小店面的零售书店，很多开在大学的附近，深受学生和教师的喜欢。交大附近就有一家自立书店，当时生意很好。80 年代末 90 年代中期，出现了一大批民营的书店，已从单一零售走向连锁零售，比如季风书店、明君书店、思考乐，多的有十几家分店，形成了很好的气象。书店靠发行生存艰难，于是书店又向"书店＋出版"模式发展，比如大众书局、英特颂等等。尤其是教辅读物的出版发行，是很多民营书店的生存之道，起到了以书养店的作用。由于互联网阅读的普及和民营书店租金、员工成本的上升，民营零售书店的生存很困难。时至今日，钟书阁、季风等少数店还在经营。政策虽已开放，但网络的发展造成图书经营的艰难使之难以为继。

民营进入印刷业的开放。从上海出版社、印刷和书店这三个出版的重要环节看，上海印刷业的开放度是最大的。从技术装备上看，这也得益于上海原有一些大型的民营包

装印务公司，同时具备印书报刊的能力，转型成功。从上世纪 80 年代初起，民间书报刊印刷企业自行探索混合所有制改革，即一部分国有企业与民营合资。从 1988 年起新闻出版署、公安部等机构发布《关于印发〈印刷行业管理暂行办法〉的通知》，民营独资的书报刊印刷企业也成为可能。在上海最大的民营印刷企业有界龙、紫江和雅昌上海。其中界龙、紫江也发展为上市公司。

对外资的开放，在上海出版界也有体现。

1994 年 4 月访问大阪，与柳原书店举行合作出版日文版《明清名家书法大成》仪式

1. 在出版领域，我国明令不向外资、外企开放，但从 1988 年起，在期刊领域允许外刊进入中国通过版权贸易和广告代理经营的方式合作办刊。影响比较大的有法国的《ELLE 世界时装之苑》《名车志》《新发现》，日本的《Oggi 今日风采》《With 秀》，美国的《普知》。也有一些外国出版公司在中国设立机构从事版权代理，深度参与图书出版合作。比如小学馆的碧日文化公司。

2. 外资进入上海从事图书发行业。影响最大的是德国贝塔斯曼书友会，于 1997 年进入于 2013 年退出。与上海科技图书公司中外合资，外形上是一家发行公司，实际上通过与中国出版社的合作，是一家准出版机构。每年出版引进版图书和国内作者的图书数百种。贝塔斯曼书友会通过会员制订阅方式，快递送达。它全新的经营理念对书业和社会产生了广泛的影响，是中国出版对外开放的标志性事件。2001—2004 年全盛期时有活跃用户 150 余万，年销售收入 1.5 亿元人民币。2001 年中国加入 WTO 以后，允许外资进中国设立书刊发行机构，最终没有出现外资涌入的情况，在于传统书报刊业需求下降，政策的限制以及发行成本过高所致。

3. 外资进入书刊印刷企业。1991 年，新闻出版署《关于建立新闻、出版三资企业审批程序的通知》发布，上海地区按照国家规定先开放中外合资的书刊印刷企业，中方控股。比较早的有丽佳、精英、大一等中小企业。本世纪初期，大型书刊印刷企业进入中国，初期中资控股，后来由于外资分红转股，有的事实上转为外资控股。近来国家政策已允许放宽到外资占 70%。出现了美资的当纳利印务公司、港资的中商印务公司和利丰雅高公司。

十一、出版双向交流的通道——图书国际版权贸易

在我国的出版制度下，出版权并未向国民开放，自然也不可能按国民待遇向外资开放。如果我们把出版开放的视点只聚焦在这个问题上，眼界显然是不够宽的。在近 40

1993 年 4 月上海出版代表团在荷兰鹿特丹中国文化艺术节合影

年改革开放过程中，上海与海外交流最大的桥梁还是根据《伯尔尼公约》的原则，通过版权贸易引进大量的外国出版物（同时输出我国的文化），翻译出版满足我国政治、科技、经济、军事、文化以及娱乐各领域的需求，促进建设事业和改革开放。与 40 年前相比，这是一个翻天覆地的巨大变化。

1999 年夏季随市委宣传部部长金炳华（中）访问法国桦榭出版集团

上海是最早开展版权研究、试点版权贸易的城市。1981 年前后，刘培康同志已成立了上海版权研究小组。骆兆添、朱明远同志都是最早的参与者。当时还举办过一期英语培训班，培训版权贸易人才。胡大卫同志也是那期的学员。1984 年夏季，当时的文化部出版局与联合国教科文组织合作，在上海办了一期版权知识培训班。上海各出版社派 1 名学员参加，其他省市各 2 名。我与任彦、张峻松、孙建越等同志有幸参加，受到了比较系统的培训，对《世界版权公约》和《伯尔尼公约》有了了解。这一年末我又参加国家局在杭州举办的为期一个月的华东区版权培训班，沈仁干同志全程参加并授课（他后来是国家版权局的常务副局长）。通过这个通道，我们的一些中文书开始销到海外，记得我们社最早有《古代肖形印》等三种书版权卖到日本。上海人美《中国陶瓷》15 本也卖到日本。《中国美术全集》60 本后来卖去台湾。此后，更多的外文书被翻译引进中国。应该说，"文革"结束时，我们国家没有版权的概念，出版社很强势，侵犯作者权利很严重。引进外国的书也不签合同，不付版税给人家，都是偷印。1991 年 10 月国家领导人高瞻远瞩，确定中国加入《伯尔尼公约》并生效，结束了中国盗版外文书不付钱的历史，中图上海的光华印刷厂也随之关闭，一个依国际法从事出版的时代来临了。世界上有那么多的国家，每个国家又有那么多作者、写那么多好书，引进这些优秀读物对中国民族的伟大复兴是何等的重要。回想"文革"结束时，我们国家是多么的落后，改革开放再一次打开国门，引进和学习西方先进的东西，为我所用，发展自己。现在看起来，这是非常成功的。1949 年到 1978 年这一段 30 年时间，很多老出版人没有机会出国工作和考察（我们书画社的老社长续靖宇同志一辈子没有出过国）。而我们这一代人，到过世界很多重要的书展，比如法兰克福书展、莱比锡书展和美国书展，这是

1984 年 11 月华东地区版权培训班合影（杭州）

绍兴路：出发与回望

很幸运的事，从中看到、学到了很多经验，拿回来为国家服务。所以起先是顾虑开放，如今站在中国强盛的时点来看，改革开放功不可没。产生的问题不能怨外国人，不能怨改革开放，那是我们自己缺少经验，没有应对好所致。

查资料，上海"十二五"期间（2011—2015年）版权输出1464种，代表性的有《中国震撼》《东京审判》等书，版权引进7417种，如优秀的有《追风筝的人》、"托尔金系列作品"和"诺奖童书"丛书，为加强国际文化交流，丰富我国的出版物市场，尤其为我国的高层人士和科研人员研读世界最新最优秀的读物，得以从中借鉴，更好地治国理政，更好地发展我们的科学、教育和文化事业，起到了积极作用。

十二、图书内容的多元和丰富

改革开放，既是一场有形的制度的变革，在出版领域，更多地又体现在思想文化的理念更新与变化上。1972年我参加出版工作时，全国人民同看八个样板戏、共读一本《毛主席语录》。此情此景还历历在目。我1975年借调绍兴路5号团委工作时，亲历过一件事。有一天叫机关年轻人参加劳动，搬一批"文革"前出版的《四角号码字典》去印刷厂销毁，这是一本我从未看到过的好书，而且是精装本的。但在"文革"中，它的很多词条的解释不符合文化革命的要求，全部运去化为纸浆。那是冬天，衣服穿得多，我实在忍不住"偷"了两本留下来（幸亏没有人举报），一方面年轻人读不到书，一方面又把好书毁掉。那个年代，人民既处于粮荒，又处于书荒，年轻人连唐诗、宋词也读不到。今天在书店看，已是琳琅满目了。虽然我们与西方的出版自由还不同，但图书这扇门已大大地打开了，更多的内容允许出版，允许阅读。即便文史哲经方面，书的品种也起了翻天覆地的变化。这个过程是一步一步走过来的。"文革"结束，上海最早出版了《重放的鲜花》，出版了1979版《辞海》，这每一步都是艰难的挑战、探索，出版人甚至面对着个人的政治风险。但后来开放度越来越大，当代的如莫言的小说、余华的《兄弟》，都被允许出版。外国的包括克林顿、希拉里的自传，也几乎于第一时间在中国同步出版，英文原版同步销售。前几年，蒋介石的日记以及传记也正式出版，而且能够做到比较公正、客观地评价，这就很不容易了。人生苦短，我们有时难免急躁，希望更自由，开放度更大。这是可以理解的。但我们作为一个读者同时又是一个出版人，看到上海出版这40余年在内容上的变化，已甚感欣喜了。如果到书店走一走，会发现在上海、在网上出售的图书还要多。这几年我到书店，每次购买几本书回来，因为还是看到了很多好书，忍不住要买回来。比如这个月我看到《飞跃5000年》这本书，介绍美国 28 条立国原则，如何仅用 200 年的时间就完成了一次 5000 年的跨越，建成世界头号强国。此书赞美美国的制度，推崇美国的建国思想，在一定程度上是本好书，对我们治国理政很有借鉴意义。但是，这类书从前在中国是不可能出版的。我读完它，也感叹它能出版毕竟中国进步了、成熟了。

十三、向前进——对改革的几点认识

时光飞逝，明年 2018 年将是党的十一届三中全会召开 40 周年。回想三中全会吹响改革开放的号角，回想我们追随党走过的改革历程和强国之路，心潮激荡，难以平息。我在年轻的时候也是比较"左"倾、比较片面的，也是在这几十年的过程中，渐渐地成熟起来，具有一定的责任感和识别力。今天，在回顾上海出版改革之后，我有如下的认识和反思。

1．过往的 40 年，出版改革使出版发生了翻天覆地的变化；但是由于中国特殊的政治制度和出版管理制度，出版改革相对于很多行业，还只是局部的、渐进的，依法治业的程度也是较低的，内容的开放度也是不够的。中国出版业未来的繁荣与发展，还有赖于进一步的改革开放，很多问题还要以改革的方法去解决。对此应该坚定不移。

2．一个正确的改革方向在具体操作中未必能达到预期的效果，有时它受到一些干扰和影响，比如没有找到合适的方案，没有配好领导班子，没有有效的措施，但这不能简单责怪于改革。比如出版集团改革，本人虽然不赞成"一刀切"，用很短的时间推进全国各省市地方出版社全部集团化，但我从分析全国大多数出版集团发展的经验和成果获知，集团化改革以及相伴相随的股份制上市，成绩是巨大的。上海在出版集团改革方面落后于华东地区的江苏、浙江、安徽、山东和江西，不是集团化不对，而是其他的人为因素所致。比如集团层和出版社层面的事权未划分好，两个积极性没有充分发挥出来。又比如在 2003 年上海局社分家时，把局的出版社、印刷公司和发行分成四块分别归属四家管理，分散了编印发的合力，后来又再合起来，也错失了良机。可见上海当初选择改革的路径也值得反思。又比如集团化和企业化的同时转制上市、融资以及多元化发展，是集团发展的共同经验，上海也丧失了良好的机遇。所以，我们应该达成两点共识：一要坚定不移地推进出版改革，二要稳妥地制定和实施改革方案。为此，要选择最佳路径，配置合适干部；要经常听取干部群众的意见，对改革进程做出及时的调整；不能等问题成堆时才发现有问题，才开始去解决问题，这就失去了最佳的调整机会。

3．出版管理和出版改革一直是保持稳定和促进发展的两个方面。但在人们的认识上，长期注重于加强政治上的管理。对如何加快出版改革，扩大出版的开发度，保障宪法赋予公民的权益，促进出版繁荣，这方面考虑得比较少。作为一个出版人，也曾为自己能执掌国营垄断的出版权而感到自豪并尽心履职。但积40余年的出版体会，尤其是近十年分管数字出版的所见所闻，深感一个国家、一个民族要振兴，在出版上一定要更开放。有人推测经济的繁荣一定促进文化的繁荣和发展，我不这样看，文化可以在苦难的时候繁荣，也可以在富贵的时候沉沦，这没有必然关系。但文化需要更多的理解、包容和开放则是可以肯定的。中华民族上

接待英国牛津大学布鲁克斯学院出版专家访问上海

陪同王安忆、叶辛接待来沪参加新书发布会的陈忠实、风马先生

下五千年，纵横九万里，不缺少出版资源；中华民族充满智慧和热情，在文化上富于创造，又有十三四亿人之多，也不缺少作者人才和出版人才。这几年看到体制外的马云、马化腾、李阎红以及上海的陈天桥、吴文辉从事的互联网出版事业，我更坚信这一点。我在网络上看到很多年轻人才气盎然写出很多好文章，看到很多人从事网络出版短短几年已很有成就，深有感触。我们不能只把人民当图书的消费者、当读者、当信息接受者，而不让他们从事于出版活动；我们也不能把出版的希望只寄托于现有的出版机构。我深信开放对中华民族的伟大复兴是完全必要的。我们党很快要迎来百年诞辰，我们党也即

将执政满 70 年了,我们应该有自信建设好出版事业,同时又把它引向更开放,创造一个出版繁荣的新时代。

刊于《编辑学刊》2018 年第 1 期、《上海出版改革 40 年》(上海教育出版社出版, 2018 年 6 月)

2004 年夏季英国出版代表团访问上海在绍兴路 5 号合影

钱大钧文物回归的启示

2014 年秋季世界华人收藏家大会在上海召开之际，由美国洛杉矶侨领刘冰先生介绍，得以先后结识钱大钧将军的后人钱世泽、钱宏泽先生，始知他们手中收藏有一批珍贵的文物和文献。这批文献是大陆缺乏的，因为民国史的很多珍贵文物和文献，当年大多被国民政府和后人带往台北及各地，现在这些东西大多已传到第二代手中，他们年事渐高，如何处置是个问题。当然，方向有三，一是放在台湾，二是留在欧美，三是回归它的祖地中国大陆。

钱大钧是蒋中正的亲信，又是一位儒将，担任过黄埔军校的教官、北伐军的将领、蒋介石侍从室主任、军统局局长、抗战时航空委员会主任以及 1945 年抗战胜利后的首任上海市市长等职，经历过很多重要的历史事件。他有记日记的习惯，从 1927—1974 年共记下 47 年 42 本日记，日记记述翔实，史料丰富，而且字迹清晰，确实是研究民国史不可多得的活资料。本人获悉后打消了他们的顾虑，为他们争取了出版和奖励的政策支持，终于在今年 4 月，将日记全部捐赠给江苏凤凰出版集团。钱大钧为江苏昆山人，此番捐赠也算物归故里，了却了钱家后人的心事。而更重要的是，由江苏凤凰与我国第二历史档案馆合作出版，可以使这批史料公开，为全球研究民国史的专业人士提供一份不可多得的资料。

11 月 6 日钱家第二批文物文献捐赠仪式在上海历史博物馆隆重举行，计有钱大钧市长钥匙一把以及蒋中正、钱大钧信札、文件 12 件。这把银质钥匙由方九霞银楼定制，连盒两件套，上刻"上海市自由市民，慕尹市长留念，上海临时参议会谨赠，中华民国三十五年五月二十日"等字样，保存完好，十分珍贵。另蒋中正信札有两封关于蒋鼎文和周恩来在西安事变以后谈判解决红军改编为八路军、新四军联合抗日的内容，从国民党方面的文件证明这一重要史实，也极为难得。沪上主流媒体《解放日报》《文汇报》《新民晚报》等均给予正面报道。

这两件事由本人参与促成，个中环节诸多甘苦自知，而收获又是很大的。其中观念上的改变有三点：

一、要重视民国史文献的收藏和研究。改革开放，盛世收藏再起，但以拍卖行主导的市场交易和收藏，大多关注藏品的经济价值和投资价值，诸如官窑、名人书画、油画，拍出了很多过亿的高价位。但是，对一些文献尤其是对 20 世纪文献的收藏，总体是不够重视的。有很多文献个中内容的研究和出版价值超过很多名贵艺术品。又 20 世纪面临皇帝倒台，中国由帝制转向共和，由战乱转向和平，由农业转向现代化，也由弱势转向强盛，在中国五千年文明中是极为重要的百年，所以它的文史资料同样不应忽视。

二、有的文物应该藏宝于民，而有的文物如文献由个人收藏意义不大，因为个人无法投资出版、发行，往往藏之深阁，可惜了。以钱大钧日记出版为例，估计出版的话有几十卷之巨，一是投资经费巨大，二是许多史料要核对、加注，三是印出来以后要由专业人士发行去全球重要图书馆，绝非某个个人有钱、有热情就能办成。所以由凤凰集团、上海历史博物馆收藏，让更多的人分享是明智之举。

2017 年夏季钱宏泽夫妇将上海市长银钥匙转
作者移交上海历史博物馆

三、应该提倡奖励性捐赠。这两批捐赠得以实现，全赖捐赠方式的创新。以往的捐赠笔者称之为"裸捐"，物主将藏品捐给国营博物馆，没有任何的附加条件。这类事我们以往做了很多，我们应该赞美捐赠者的品行高尚，但后遗症也不是一点没有。国家博物馆分文不出、没有代价，责任性不强的人或几代

钱大钧 1946 年获赠的银质钥匙，由方九霞银楼制

馆长上上下下的变化，没有善待藏品、没有善待捐赠者的事情也时有发生。这也影响了后来者的捐赠，而文物市场兴起，价格日涨，大多送去拍卖行卖掉了。

现在是市场经济的历史背景，捐赠文物如何使捐赠人也受益呢？这是一个国家层面要研究的问题。欧美的博物馆、美术馆能获得大量的藏品，除了基督教文化的浸润以外，还在于国家政策，一是捐赠抵交遗产税，二是捐赠品抵交个人所得税（收入的

45%左右）。

　　这次是我们个人帮助政府寻求了解决方法：一是凤凰模式，即奖励性捐赠的办法。性质属于捐赠行为，但考虑到保管人自 1927 年起近 90 年保管日记，发给一次性奖金，这使捐赠人荣誉和经济都有所获，这是比"裸捐"更好的方式。二是闵行模式，开启物主、博物馆和捐赠人三方合作的新模式。即由闵行房地集团以协商价收购下来，直接捐给上海历史博物馆。物主出让价不是市场价而是协议价。所以政府给捐赠人闵行房地集团颁发了捐赠证书，也给钱氏兄弟钱世泽、钱宏泽颁发了荣誉证书，皆大欢喜。改革开放涌现了一批企业家，现在正是他们为国家文化做贡献的时候！

　　这样的方式更合理，更有利于推动捐赠行为。否则，面对拍卖市场价格高企，一些应该进博物馆的文物文献又通过拍卖散失各地，失去了原先的完整性，岂不可惜。而展望未来，各地新建博物馆、美术馆如雨后春笋般出现，而堂皇的建筑缺少内在的藏品，也是徒有其表啊！

刊于《典藏》2018 年第 1 期

回忆创立"中国最美的书"

我从事出版工作最早从上海书画出版社（朵云轩）当学徒开始。我们单位是从上海人民美术出版社分出来的，许多员工来自人美社，说起出版，免不了提起 50 年代上海参加莱比锡书展获奖的情景，《苏加诺画册》等在莱比锡荣获设计金奖，让上海出版人引以为傲。从此，莱比锡三个字深深地印在我的记忆中。

1985 年 9 月以木版水印技法重梓的明代《十竹斋书画谱》，1989 年获莱比锡国际书籍艺术展览评比的最高奖项国家大奖

事也凑巧，80 年代中期，朵云轩集木版水印能工巧匠数十人，以五年的时间精雕细刻完成了明代《十竹斋书画谱》的重梓工作，一色的木版水印，宣纸旧墨，悉仿古制，达到了乱真的境界。虽说当时国际上印刷技术突飞猛进，但以木版水印手工仿印古书，还是咱们中华独门绝活。所以，1989 年在莱比锡设计评奖时，经余秉楠评委介绍引起其他评委的高度评价，认为所有的奖项都不足以表达对它的鼓励和敬重，所以，临时特设了国家大奖。

奖杯几度辗转来到我们手中，已是东西德合并之时。从此上海也与莱比锡失去了联系。因为冷战时期，东方阵营的出版人每年聚在莱比锡，西方阵营的出版人每年聚在法兰克福，叫作分庭抗礼。我们国内送书展览和参评，当时通过国际书店送到东德，两德合并以后，我们送书参加莱比锡设计奖的渠道就此中断。但是作为一个出版人，莱比锡的情结还是难以忘怀。

2000 年，我调到出版局工作，在局长孙颙先生支持下，开始了重返莱比锡的道路。

这里要提到，20 世纪 50 年代我国派出一批青年人前往苏联、东欧留学，其中中国设计界的前辈余秉楠教授，曾就读古老的莱比锡大学设计学院，他也是《十竹斋书画谱》评为国家大奖那一届的国际评委。于是寻访到了住在北京的余秉楠教授，他向我们推荐了一个关键的人物、时在北京歌德学院的王竞小姐。王竞是个极其负责的女性，她指引我们局的代表王莳骏、袁银昌先生前往德国，介绍认识了德国图书艺术基金会的乌塔主席。由此获悉两德合并以后，国际书籍设计界的最高奖项已经统一为"世界最美的书"，仍在莱比锡评比、展览和颁奖。只是这十几年，由于信息不通，中国作为一个出版大国，被遗憾地阻隔在莱比锡的门外。而重返莱比锡，既是中国出版人的心愿，也是"世界最美的书"的期盼。因为当今之时，"世界最美的书"没有中国的参与，也是不可想象的。我们毕竟是个出版大国，每年出版新书已过25万种了。

筹备参评莱比锡设计奖的工作在抓紧地进行。2003年初夏，因为非典的缘故，这一年的上海图书交易会推迟到这个时点于上海光大会展中心举行。我和吴新华负责策划举办"中外书籍设计作品展"。时间很紧，我们依托上海书城、上海外文图书公司和中图上海公司，很快筹集到一批高质量的展品，成功地举办了占地500平方米的设计展览，并理所当然地成了那届书展的亮点和看点。就在这次展览的基础上，我们组织了首届"中国最美的书"的评奖，经过投票，《梅兰芳藏戏曲史料图画集》等16本书被送往了莱比锡。

上海设计师代表团一行在莱比锡"世界最美的书"中国展区合影

历史往往是在不经意间创造的。1949年以后，文化步入了讲级别的时代，一切冠名"中国"的评奖很难在地方产生。好在那时倡导"发展是硬道理"，我们和德国人都没有框框。乌塔主席热情地接受了上海代表中国送书参评，从此，这成为了一做16届的惯例，上海代表中国评书、送书。说到上海为什么要积极争取这一件事，还在于2003年出版集团的发展，逼得出版局要转变成一个管理服务局。评选"中国最美的书"是为业界做的一个很好的服务项目。二是当时上海市领导提出，上海文化的源头功能在丧失（指文化艺术的原创性），但要建成一个"文化码头"，提出了国际文化交流中心的构想。我们认为上海成为中国书籍设计艺术的文化交流中心，是有基础也有条件的，于是瞄准方向，积极地去争取。

2004年，是中国出版界值得纪念的日子。河北设计家张志伟先生设计的《梅兰芳藏戏曲史料图画集》一举荣获"世界最美的书"金奖，实现了零的突破。要知道，世界上每年新出的图书数百万种，而德国人的"吝惜"在于"世界最美的书"每年只设14个奖。真是惜奖如金，一奖难求。不要说金奖，就是十四分之一的鼓励奖，也是一个设计师一生梦寐以求的荣耀。3月，我率领我国第一个设计家代表团访问莱比锡，参观莱比锡书展，以及出席"世界最美的书"颁奖典礼，捧回了金奖。一时，这一消息在海内外设计界传开了。这年秋天，我们邀请"世界最美的书"来到上海刘海粟美术馆展览。这是上海与莱比锡、中国与德国设计界一次非常重要的交流。乌塔主席、雷娜特女士、王竞小姐专程到上海出席开幕式，作了重要的演讲。德国同行看到了中国设计师作品所具有的东方神韵，看到了中国人的热忱、好学，看到了东方的希望。吕敬人、陶雪华、张志伟、袁银昌等中国设计家以及一万八千余专业人士前来观展，大家了解到这十几年交往隔绝而国际书籍设计界发生了变化，产生了新的审美理念、新的设计技法，这是中国融入世界设计大家庭必须把握的。

至此我们才知道，50 年代我国设计界学习苏联的经验，把书籍评奖分为封面奖、内文设计奖和插图奖，这种把设计割裂开来的审美方法已经过时。"世界最美的书"已在倡导美的综合性和统一性。强调书籍设计是整体，封面、内文和插图必须皆美，和谐统一，才能称之为最美的书；设计形式要服从于书籍内容的表达，该豪华的要豪华，该简朴则简朴。设计美与新材料、新工艺的发展相统一，以反映书籍设计的时代性。设计要营造一本书的氛围。设计是视觉、触觉，也是音乐节奏。欣赏一本书时，尽可能使读者感觉到赏心悦目，手感舒适，而且在翻阅时产生节奏美和韵律。这次展览的同时，还在刘海粟美术馆举办了国际设计艺术论坛，乌塔、雷娜特、维斯特伍德等国际设计大家做了精彩演讲，回答了什么是最美的书、如何呈现美，介绍了国际的经验和技法。正是在那一次，我明白了"世界最美的书"除了满足大众阅读以外，还要突出创新，具有前卫性和独创性，展示设计师的多元风采。尽管书籍设计与其他行业设计相比，局限性是那么的大。

2004 年春天我们去莱比锡，秋天莱比锡来上海，这一来一去的相识，彼此建立起了信任。这一年秋天"中国最美的书"评比，也就发生了一项重大的改变：以中国评委为主，也吸纳国际评委参与，评奖更多了一些交流，这是东方神韵和国际视野的交融。从此，除中国的余秉楠、吕敬人、陶雪华、袁银昌、王行恭、廖洁莲、韩秉华、张国伟、速泰熙、朱赢椿、刘晓翔、吴勇、陆智昌、周晨、王序等以外，先后还有乌塔、雷娜特、杉浦康平、郑丙圭、舍莱斯、维斯特伍德、布洛克、铃木一志、朱迪斯等国际评委加盟。每一次的评奖，都是相互的碰撞和交流，争议之后，是对彼此文化、理念的尊重。可以说，就是在这样的过程中，西方人更了解了中国最美的书，中国人更了解了世界最美的书。

国际评委参与工作，对评选方式的改进是很重要的。比如早先的评比，中国评委也有书可以入评，后来限定为每人一届不超出两本，最后在大家感到这个评奖已经成熟，中国年轻一代设计师已经成长起来之后，实现了评委本人的书不再参评的严格制度。又比如有一次投票结束以后，雷娜特认真地提出有一本更好的书未入围。经过争论，她理解了投票制度的严肃性，评奖程序已经结束，再好的书也不能放入。但我们也同意，从下一届起，最后一轮投票时有一个讨论制度，每个评委都可以推荐一两本好书，讲出道理，提醒其他评委关注。后来实行了这一制度，遗憾就更少发生。就这样，"中国最美的书"越评越合理，越评越公正。确实，各类评奖不少，有时难免功夫在书外，玩起某些潜规则，而"中国最美的书"一贯坚持它公正性、公开性原则，在业界具有很高的权威性。这正是大家共同努力呵护的结果。

走向莱比锡的这16年，我国设计师有了新的动力，通过"中国最美的书"这座桥，去竞争"世界最美的书"奖牌，同时又通过莱比锡这座窗口，感受全球设计界的最新变化，获得新的收获。如今，中国已成为世界出版业的大国，每年20多万种新书源源不断地出版，我们的书籍设计比之于80年代，确实变美了，变好了，这一切既要归功于经济的发展，人民文化程度的提升，也应归功于一代又一代设计家的努力。在这里，我想特别提到吕敬人先生，他是一位天才的设计家，这不仅体现在他是"中国最美的书"

与雷娜特、吕敬人、韩秉华等专家在评审现场

2004年10月世界最美的书设计艺术展在刘海粟美术馆举办，德国艺术基金会主席乌塔，设计家雷娜特、张志伟等出席开幕式

2010年8月日本国际知名设计家杉浦康平在东京寓所接待祝君波等上海客人

获奖最多的一位，还在于他是设计界年轻人的一位导师，他像一位不倦的布道者，倾其所有传递美的理念，不时引领中国当代设计的方向。近年，他倡导的"新造书运动"，在海内外产生了积极的影响。2018年还在刘海粟美术馆举办了他的个人设计展，观众很多。自己每次与他交流，总有一些新的收获，这也是中国设计界的共同收获。知其然，并且知其所以然，对于不可言传的书籍设计艺术，这是多么地需要。

这16年，也是我国政府倡导文化走出去的时期。在这方面，我们不缺口号，也不缺金钱，但坦诚地说，文化走出去并且真正走到西方人的生活里，起到传递信息，被他们认可的境界，其实是一件极不容易的事。"中国最美的书"是一个难得的成功案例。不靠金钱的堆砌，而靠我国出版家设计家的长期积累；没有语言的障碍，大家是用设计语汇在交流沟通。这里没有刻意"打造"，而是一种自然流露；无法设定目标，只靠滴水穿石的精神和潜移默化的感染。上海与莱比锡、中国与世界，竟然有这么密切的沟通。这在当年创立这一奖项时，是不可设想的。可见，文化很难被计划，好的项目是在进化中成熟起来的。

不仅我们的艺术年复一年地走出去，而且西方的艺术也很自然地走进来。每年"中国最美的书"新闻发布会，都有精彩的论坛，还由评委点评当年获奖的最美的书。2013年秋天，是"中国最美的书"创立十周年。在上海图书馆举办了盛大的中外设计艺术展览，共展出全球54位设计家的作品和历年"中国最美的书"，同时举办了两天的国际论坛，各国精英登台演讲，发表自己的真知灼见，点点滴滴，闪耀着智慧的光芒和生命的力量。许多海外设计师对我说："这是他们参加过的最好的设计展和最好的论坛。"德国出版家激动地告诉我："'世界最美的书'在中国有这么多的粉丝，说明东方尤其是中国，充满了希望。"确实，涉及内容的出版，是一个很难深度交流的领域，我们不得不感叹，古腾堡故乡的出版人创造了"世界最美的书"的评比，让我们来自不同国度、不同民族的出版人，通过"美"这个切入点，找到了交流的平台，找到了共同语言。

当然，共同是相对的，设计不需要太多的统一性，设计最需要合理的个性。合理，包括具有实用性、个性，包括充满了想象力、前卫性和探索性。2014年"中国最美的书"揭晓以后，有人发表文章批评"中国最美的书"关注大众阅读少了。作为一名组织者，曾也陷入反思。现在我认识到，最美的书强调设计不要脱离大众阅读只是一方面，如同T型台上时装秀，也是时尚的，先锋的。中国最美的书和世界最美的书，代表了设计的新潮，是新理念、新技法、新形式、新工艺和新材料的探索空间，不能都用一般书店的书去要求它。在评奖初期，针对我国有些书籍的过度设计、过度豪华，而强调我国书籍设计不要远离读者、远离阅读，这是对的。但真理跨前一步就成了谬误，美就被大众阅读绝对化了。这正是我们简单概括的错误。美也是多面的、多元的。一个出版社每年有几本书在设计上做前卫性的探索，也是完全必要的、合理的。

2015 年 3 月的莱比锡书展上，我们在徐炯局长、陈丽副局长的支持下，在莱比锡书展举办了"中国最美的书"展览，120 平米展区展出了历年"中国最美的书"250 余种，与莱比锡"世界最美的书"同场交流。莱比锡副市长 Michael Fapber 先生、德国图书艺术基金会主席黑塞女士、前主席（设计师）乌塔女士、德国图书艺术基金会董事会主席沃尔夫·卢西尔斯先生、中国驻德国大使馆参赞陈平先生出席了中国馆开幕式并剪彩。开幕式上，卢西尔斯先生、黑塞主席、陈平参赞和本人致辞，吕敬人先生、陈楠女士、周晨先生和俞颖先生做了主题演讲，卢西尔斯先生和乌塔女士为陈楠设计的《书衣人面——中国最美的书历年获奖作品集》首次发行揭幕。同场展出的还有我局与上海长江出版基金会历年出版的"文化中国系列丛书"近 200 种，这些是中国最优秀的外文版图书，成为展厅的一大看点。由于展出的是设计书和外文书，与德国观众及各国书商在交流上没有语言障碍，所以，展览取得了很好的效果。第二天上午，上海市新闻出版局和德国图书艺术基金会联合举办了中欧设计师论坛。这是这届莱比锡书展唯一一场书籍设计论坛，足见"世界最美的书"对中国的重视，也说明中国的设计水准确实有了一定的提高。论坛的发言是对等的，论坛由吕敬人先生和黑塞主席主持，本人做了"世界最美的书在中国"的主题演讲，而后是中欧各 4 位设计师共 8 人的专业演讲。演讲人分别为张志伟和 Demian Bepn 先生，速泰熙和 Ropand Stieger 先生，陈楠和 Koustanze Beruer 女士，赵清与托马斯先生。由于内容丰富，风格各异，表达方式的多元化，使论坛达到了相当的高度，吸引了很多人来参与，原定的时间不够，延长了足有一个小时。

在莱比锡书展上，我和汉堡市文化局代表签订了协议，书展结束后"中国最美的书"和"文化中国系列丛书"在当年 7 月的汉堡文化周举办了展览。汉堡与上海是友好城市，这个展览引起了汉堡文化界和市民的关注。这是一个额外的收获。

关于这次莱比锡的活动，回国以后吕敬人先生写的文章标题为"东西交流"，张志伟先生的文章标题是"亲密接触"，赵清先生的文章标题是"书城朝圣"。总之，交流、接触、朝圣，都说出了中国设计师的心情，我们是平等的，但我们要向德意志民族学习，学习他们对书的无比热爱，对书的无比敬重，对书之美的不断追求。在全场活动以外，全体团员还参观了莱比锡大学设计学院（有 250 余年历史），历史悠久的莱比锡图书馆和柏林书店，观赏古老的印刷机、羊皮书，收获丰富。一个 40 多人的中国设计师代表团访问莱比锡，短暂的三天停留，给每位团员留下了美好的回忆。那几天，我们住在莱比锡郊外的酒店 Tryp by Wyndham Leipzig North，店虽小，但因中国设计师云集而充满了欢笑。大家每天的工作和活动有时不同，但在餐厅难得聚会使大家如沐春风，置身大家庭一般。吕敬人、速泰熙、张志伟、刘晓翔、陈楠、周晨、赵清……与更年轻的设计师在一起，无拘无束地交流，是一道风景，也是一股力量。回国后，大家纷纷撰文，由《书籍设计》杂志出版了第 16 特辑《书之莱比锡／2015 世界最美的书》。

来自德国、中国港台和内地的评委参评每年一届的"中国最美的书"

"中国最美的书"是文化思想传播的载体，借助展览、论坛和媒体，在中国产生了积极的影响，使更多的人重视书籍设计和改进书籍设计。多年来，它在每年一届的上海书展公开展出，举办活动。如 2015 年 8 月举办"中国最美的书"和德国最美的书展览，黑塞主席前来主持仪式并演讲。还在书展中央大厅举办"中国最美的书"颁奖典礼，全国设计师在上海齐聚，成为每年一次的专业盛会。2016年 8 月份举办了荷兰最美的书与中国最美的书展览，荷兰驻沪总领事到场剪彩和讲话，一共展出了 50 种荷兰最美的书。这年也凑巧，"世界最美的书"的金奖由荷兰设计师 Trtus Knegtel 的《其他证据：蒙眼布》和中国设计师李瑾的《订单——方圆故事》获得，他们也来上海书展见面，引起轰动。荷兰设计师 Tomas Castro 的演讲也很精彩，对大家启发特别大。2017 年上海书展内展出了北欧三国书籍设计展。这样，就形成了一个平台，每年在上海书展举行"中国最美的书"颁奖典礼，发布关于设计的最新信息和思想。在此过程中最令我感动的是江苏设计师赵清的行为。赵清获"中国最美的书"20 余项，是设计高手。近 10 年他以自己的能力和金钱，在全世界收买"世界最美的书"获奖作品。这些书散失在 30 多个国家里，有的是手工书只有几十本，收集难度极大，有的珍稀书价格不菲。他以滴水穿石之功，收了 2004 年以来的 209 种书，出版了《莱比锡的选择》，同时在成都举办了展览。我为之感动，在他的书上以《收藏，一个人的长征》赞美他孜孜以求的精神。我认为在莱比锡以外建立了唯一一个"世界最美的书"展览中心，是做了一件几乎不可能的事。

截至 2019 年 11 月，我们一共评出了 371 种"中国最美的书"，有 20 种获"世界最美的书"，其中 2016 年《订单——方圆故事》获金奖，《学而不厌》获铜奖；2017 年《虫子书》获银奖，《冷冰川墨刻》获荣誉奖；2018 年《园治注释》获银奖，《茶典》获荣誉奖；2019 年春《江苏老行当百业写真》获荣誉奖。其中从 2016 年秋季起，为适应中国书籍设计水平的提高和出版总量的增长，每年评出"中国最美的书"25 种。它创下了中国出版在国际的影响力，鼓舞了中国年轻设计师创新、发展和走向国际。这几年除了上海书展，"中国最美的书"还先后在北京、江苏、台北、深圳、成都、南通等地展出，起到了更好的作用。2019 年北京举办了纪念新中国成立 70 周年出版展览，中国获得的"世界最美的书"也被奉调去京与观众见面。

2019 年 11 月 9 日是第 17 届"中国最美的书"评奖。作为一个老评委十分感慨。"中国最美的书"是一种叠加的效应，可贵在质量第一，持之以恒。时间弥久，效果方得显现。同时，它又是集体智慧和力量的结晶。总局和上海市新闻出版局一直支持这个项目。而在执行层面，吴新华、俞颖、王莳骏、武幼章、马洁、董颖、贾丽进、莫淑江、黄柳叶等同志，十几年如一日，团结合作，为之付出了很多。这种种积累也给从事文化项目的同道以诸多启示。

原刊于《出版印刷》2018 年第 1 期、《上海出版改革 40 年》(上海教育出版社出版, 2018 年 6 月)，2019 年 11 月修改

2013 年 11 月 15 日"中国最美的书"创立十周年纪念活动——国际设计师论坛及国际书籍设计艺术邀请展在上海图书馆举行，图为与会者合影

在"东方"亲历的往事

我是 2006 年 6 月到东方出版中心（以下简称"东方"）工作的。

去之前集团领导杨牧之、聂震宁都对我谈了上任以后要挺拔主业的意见。我看了"东方"的各类报表，听了情况介绍，才知道主业即图书出版滑坡严重，出现了亏损。所以，尽管工作是全方位的，但抓"出书"显然是第一位。当时，既需要一定量的品种，也要有一些吸引人眼球的好书；既需要对外打开市场、扩大影响，也需要对内鼓励员工、振奋精神。

从事图书出版工作，在一些基本经验、基本做法上，出版人之间的理念差别不大，把书做出来、卖出去，看似简单，实际上却不容易。到"东方"之前，我在上海书画出版社、上海人民美术出版社都担任过社长兼党委书记，这两家社的选题大多依靠总编辑，我的精力则放在营销和管理上。而到了"东方"，发现选题组织力量不足，一般的号召不解决问题，我也必须调动自己的资源，直接参与开发产品。当然这也有好处，无意中让我补上了一段做编辑工作的经历；同时，也使得部分产品可以直接进入销售渠道，因为我的强项是熟识市场，了解发行，这对做好选题是有好处的。

在"东方"经手过的一本本书后面，是一个个活生生的人，如今回想起这些书，就会想起与前辈、名家交往中有意思的细节和往事。

与余秋雨、郭敬明打交道

余秋雨、郭敬明这两位畅销书作家的处女作都是由"东方"出版的。我一上任就被提示，余秋雨《文化苦旅》的合同快到期了。于是我去拜访原本就相识的余先生，他只说了一句"你来迟了"，原来他已把此书的版权转让给了其他出版社。

我做的第一个决定是赶在合同到期前马上再印 60 万册。在当时及随后几年，这本书的存货对带动我们其他书的发行，起到很大的作用。按当时的成本核算，原本定价 22 元的书应该调高价格，但因打"擦边球"，只能按原价印，好在财务陈佐民一直及时地付版税、付印工，保障了我们的这条"生命线"。

我是通过引荐认识郭敬明的，后来我们成了好朋友，友谊延续至今。在他面前，我是一位老人了，但我对他的才气、能力一直很敬重，这在我的文章和演讲中也多次提及。在"东方"的几年中，我们每年都请郭先生聚一次，听取他对我们服务的意见，关系融洽。在他支持下，我们出版了《爱与痛的边缘》的新版本，用了耳目一新的设计，调价到 28 元。依托郭先生如日中天的名气，这本书我们每年能发 10 万本以上，真是不可思议。

找周慧珺、刘小晴"讨救兵"

2007 年上海书展是出版社登台亮相的舞台，我拿什么书去呢？最快的办法是出书法集。1974 年我就认识书法家周慧珺，她写得好、粉丝多，虽然字帖出得少，但印量都很高。于是我上门"求救"。周老师立马答应给我两本帖，一本《杜甫诗选》，一本《楷书前后赤壁赋》。《楷书前后赤壁赋》当时已挂在玉佛寺的佛堂里，我和编辑去看，是六尺对开大小，装在很大的红木镜框中，因为玻璃反光，摄影师无法拍摄。这是一件很麻烦的事，好在我和觉醒大和尚也熟悉，在他的关照下，玉佛寺帮忙拆卸，问题就解决了。

我又找到上海书画出版社的同事、前辈，也是人气极旺的书法家刘小晴，他也给了我两本帖——《刘小晴行书卷》和《刘小晴楷书洛神赋》。刘先生的楷书工整有筋骨，行书飘逸流畅。

出版名人字帖的好处是周期短、定价高、受读者欢迎。果然，这届上海书展上，"东方"大出风头。一是请到作家陈忠实和风马签售《关中风月》和《羊皮开门》，王安忆、叶辛等也现身展位。二是请来周慧珺、刘小晴签售字帖。读者知道他们要来（周老师好久不出场签书了），一早就在场馆外排起了长长的队伍，成了那届书展的一景。签名活动大概持续了三四个小时，读者热情不减，而两位书法家在酷暑中大驾光临，令我十分感动。

请王安忆编书

有一次我和副总编祝新刚去拜访作家王安忆。闲聊之余王安忆提出一个心愿，想为上海作协的专业作家编一套书，每人选一本。为此，我又去拜访老领导孙颙，得到他的大力支持。当时他是作协的党组书记，手头上有作协的出版基金，答应为这套书提供资助。立项后，王安忆共选了 15 位作家的 15 本书，双方讨论确定叫"白玉兰文学丛书"，丛书包括王安忆的《长恨歌》、叶辛的《蹉跎岁月》、白桦的《每一颗星都照亮过黑夜》、孙甘露的《呼吸》、陆星儿的《病》、赵长天的《不是忏悔》、程乃珊的《金融家》等。王安忆还为这套由她本人及孙颙担任主编的书写了一篇两万字的序，介绍和评价都极其到位。这套书由张国樑设计，他是一位有才气的设计师，我认为这也是他比较成功的作品。除了全套书风格统一、封面抢眼以外，他还另外设计了一个箱子，方便读者携带。新书发布会是在巨鹿路上海作协举行的，时间是 2008 年下半年，正值纪念党的十一届三中全会召开 30 周年。我们这套书反映了新时期上海文学的成果，出版正逢其时。而这套书的出版，除了在文学界产生积极作用，更在上海出版界引起了反响，上海文艺出版社总编辑郏宗培在多个场合讲，要注意"东方"起来了，要与文艺社抢资源了。

一本小书引起的涟漪

在"东方"时，我脑子整天想还可以去找上海哪些名家，自然就想到了陈丹燕。当时她的都市类作品在国内以及东南亚影响很大。一番沟通后，陈丹燕也很给面子，说自己正在写一本关于上海 64 条被规定"不能改造、扩宽"的马路的书。这些路大多为昔日租界的小马路，充满小洋房、梧桐树的情调，她要写的正是发生在这些马路上的人物、景物和历史。拿到书稿，我顿时来了灵感，想到相比较照片而言，用线条简洁的钢笔画来配图效果会更好。于是我马上联系著名画家俞晓夫。俞先生也答应了下来，但他太忙，一直抽不出时间读稿件、实地写生。我只能在工作之余多次催促，这本书终于赶在 2008 年上海书展期间出版发行。从书中可以看出，俞先生的钢笔画线条流畅，与文字相得益彰，倍添情趣。

记得俞晓夫在我们展位签售时，先是在每本书上画一张小画，再签上名。正巧那天一位市委领导来书展现场，到我们展区时，我觉得这本讲上海城市历史的新书应该送他一本，于是把俞晓夫的签名本送给他，他高兴地接下来。

这本《永不拓宽的街道》卖得不错，它的意义在于提出了城市历史风貌区的保护课题，选择了一个特别的视角加以表现。此后，这个话题引起各方面关注，美术界还投资画了一批油画，举办展览，出版了一本大画册，标题也是"永不拓宽的街道"。

"五十六个民族五十六朵花"

2009 年是中华人民共和国成立 60 周年，有一次碰到时任中共上海市委宣传部部长王仲伟，他问我"五十六个民族五十六朵花"这句歌词怎么用美术的方式加以表现，为国庆出版一本献礼书。之后我一直在思考如何恰当地表达。找一位画家画 56 幅人物画，反映 56 个民族的特性和风采，这比较容易。而 56 朵花是不存在的，怎么用传统花卉来表现民族团结呢？有一天，我想到了省花、市花，我们 30 余个省市自治区都有省花、市花，加上港澳台，有些虽然未命名，也是人民群众约定俗成的，比如上海白玉兰、台湾蝴蝶兰、澳门马蹄莲、香港紫荆花。又想到争论不休的国花，有的说是牡丹，也有人主张用梅花。何不都用上合成 36 种呢？这样，方案明晰起来；请著名国画家戴敦邦绘《中华民族人物谱》。他的绘画特点是传统根基深，线条流畅，造型传神。果然，他不负众望，搜集了很多资料，以中西结合的画风，出色地完成了任务，其中给了汉民族一张全家福，很别致。《中华名花谱》则交给花鸟画大家钱行健。钱先生的特点也是工写结合，造型准确，色彩鲜亮。他为此在海南岛住了半年，静心创作，终于绘出了这组精品力作。后来有人出高价买他的原稿，他也不舍得出手。

既然是献礼书，印制上就不能马虎。当时选定由雅昌宣纸艺术品有限公司印刷，用机器裱成册页，并由张国樑设计了精美挺括的书盒，大小为 44 厘米 ×44.5 厘米。56 个民族定名为《中华民族人物谱》，封面用龙纹的红绸裱糊，36 种花命名为《中华名花谱》，封面用凤纹的黄绸裱糊。雅昌的设备一流，技术到位，印在宣纸上达到了还原效果，只是工作量大，原定 1000 套，在国庆前他们只赶出了 800 多套。2009 年 8 月，上海书展在上海展览中心举办，我与组委会商量，拿到了序厅最好的位置，把原作都挂出来，形成一个靓丽的主题画展，柳斌杰、王仲伟、宋超等领导都来看展览和这两部书，给予高度评价。事后，北京召开的全国出版会议上，柳署长又特地提到了这套书，可见大家对此印象深刻。

《中华民族人物谱》定价 3500 元，《中华名花谱》定价 2300 元，全套 5800 元。以 1000 套计 580 万码洋，作编号发行，销售对象定位收藏。从 2009 年 8 月出书到国庆节，时间很短，必须销完。当时王仲伟和聂震宁各订了 100 套支持我们。这时人脉资源起了很好的作用，到 10 月，居然全部卖完，而雅昌来不及交货的一百多套，我们则取消了订单。回想起来，这是一次很成功的销售，利润也极为可观。后来这两本大画册还在美国读者文摘出版公司出了英文版，戴先生和钱先生非常高兴。

围绕世博会出书

我到"东方"不久，张小平就向我讲"世博"概念，他与《上海世博》的编辑王铁成熟识，知道有一批关于"世博"的图书要出版。当时不知道后来会做成那么多书，成了"东方"持续几年的产品线，对"东方"扭亏转盈也起了很大作用。为了建立密切联系，应上海世博会事务协调局（以下简称"世博局"）的要求，我们让张小平到世博局上班，方便沟通。我个人也与兼任世博局副局长的朱咏雷和市委宣传部副部长宋超保持联系，表达服务世博的愿望，我们的合作一直比较顺畅。最令人难忘的是竞标及完成《中

2007 年夏季陈忠实、风马等作家的新书由东方出版中心出版，图为在上海书展举行签售活动时合影

国 2010 年上海世博会官方图册》（以下简称《官方图册》）和《中国 2010 年上海世博会官方导览手册》（以下简称《导览手册》）。当时世博局发标显示，《官方图册》有 8 个版本，中文简体版 5 万册起印，《导览手册》有 5 个版本，起印数为 100 万册，对我们吸引力很大。竞标早在 2009 年春

天已经酝酿。最初参加投标的有三个机构：一是中国出版集团，"东方"与集团所属对外翻译出版公司联手，由"东方"负责竞标、编辑和出版等事宜；二是上海世纪出版集团，他们有译文出版社，具备外语实力；三是上海文艺出版社联手上海外语教育出版社，力量也足够。三强竞标，确实火药味很浓。

2009 年 7 月，我们将编排得当、装帧精美、从目标到措施细节都十分周全的标书如期上交。8 月 12 日是竞标答辩日，也是上海书展的预展日，所以我印象很深。竞标是在上海市委宣传部举行的，并请新闻出版总署副署长邬书林主持，以示客观公正。值得一提的是，中国出版集团领导很重视这次活动，书记李朋义专程来上海出席，且临时决定我们要正装出席。正值盛夏，只有我们正装出席竞标答辩会，有点志在必得的意味。陈述环节不长，李朋义陈述后，评委提了两个问题：一是大印量的情况下，一旦脱销，能否做到 24 小时供货？我们答"保证做到"。二是你们认为《官方图册》可以印多少册？这个问题是在掂我们的分量。我回答"可以发售 20 万"。因标书要求 5 万起印，我的回答不多不少，评委也比较满意。

当日下午四五点，我在上海书展中央大厅碰到了市新闻出版局的领导，得知我们竞标成功，并且是险胜上海世纪出版集团。后因种种原因，世纪集团获得《导览手册》中文简体版发行权。

东方出版中心领导研究确定，以我和祝新刚为主成立领导小组，负责翻译、编辑、出版及营销。此时已是 2010 年春节后，离 5 月 1 日世博会开幕只有 60 天左右时间。我们从各部门抽出了编、校、印团队，住在东方出版中心的招待所，日夜赶工。而世博

局的代表、北京翻译公司的同志也和"东方"的员工一起现场办公。

这是工作量极大的出版项目。两种书包括中文简体、中文繁体、英文、日文、法文、韩文……共 12 种书。《官方图册》开本大，内涵丰富，要求印制精美。在短时间内出齐，我们面临巨大的压力。好在所有参与人员精神饱满、责任心强，在社招待所里住了四十余天，挑灯夜战。总设计师由吕敬人担任，张国樑团队辅助，设计出了一流的版样，富有现代感和国际性。最后通过审查，由香港联合出版集团在青浦的中华商务联合印刷（香港）有限公司承印。几年后我才知道，这套书的质量得到业界肯定，当年还在美国得了印刷金奖。

书如期在 5 月 1 日前印出来，但除了政府采购部分外，世博会并没有为我们提供售书条件。为安全起见，禁止入场设摊，也不设销书渠道，书全靠人工背进去。怎么办？经领导班子讨论，决定：一是靠发行部加大对口发行，二是组织员工参与推销，并定出了提成奖励的办法。很多员工主动分担责任，通过关系卖出不少书，解决了压力。我自己则带着营销人员跑一些重点单位，针对性地做工作。当时世博局要求中文版印 5 万册，我们印了 4 万册，如果不能在世博会半年展期销完，就有造成积压的可能。记得我去找了文广集团总裁薛沛建，他是位热心人，

2011 年 11 月市政协领导会见参与纪念辛亥革命 100 周年书画展及画册创作的艺术家

2010 年 4 月大型摄影画册《上海新时空》首发式在上海市政协举行，该书是 2010 上海世博会介绍上海的重要画册，主送各国嘉宾和各省市领导

帮我找到集团广告部的同事，联系了青岛啤酒、一兆韦德等，定了 2 万册书，让我们加插广告分送四家机构。盛大集团陈天桥支持定了 5000 册，广州现代传媒定了 3000 册，九城公司也定了 1500 册。我直接联系的这几家，一下子去掉了 3 万多册，自己心里一块石头才落地。后来我到新闻出版局工作时，上海世博会博物馆还来买了 10 万元的《官

方图册》，用于收藏和销售。可见我们的书质量还是一流的。

从应标、出版到发行，这场以《官方图册》和《导览手册》为中心的战斗最终圆满地完成。回顾为世博出书，上海很多出版社参与其中，但做成规模、赚到利润的，可能"东方"排首位。2010年，我们各类世博书销售超过5000万码洋，也为当年及次年出版指标的完成奠定了基础。印象中，从写标书到世博会结束后的一年多时间，每一个环节都不轻松，我想我永远也不会忘记。

完成最后一个大项目

1983年，国务院决定成立中国古代书画鉴定小组，任命谢稚柳担任组长，对全国各地馆藏书画进行鉴定、统计和编目，历时8年，完成了任务。作为谢老的助手和生活秘书，上海博物馆副研究员劳继雄也是全组唯一陪同谢老参与全程的人员。这8年中，劳先生每天将谢老等专家的鉴定意见记下来，一共积累了62本笔记本。这些笔记记载了学术论点和史料，弥足珍贵。后来劳先生带着笔记本移居美国，一直抱有整理、出版的意愿，却苦于没有条件。我到"东方"时，上海古籍出版社和文物出版社都有意出版劳先生的笔记，我说服劳先生，又同他一起说服这两家出版社，把这个机会让给了"东方"。其时"东方"的同志对这套书的出版价值认识不足，但我志在必得，因为我在收藏界工作多年，深知收藏、研究古代书画的人极期待这部大书。

整理工作难度极大，由笔记到成书，需要大量的资料考证与核对。"东方"的资深编辑范文渊，因认真的工作态度和专业基础，深受劳先生信任。我还请书画社的前辈茅子良加盟，他是上海文物类出版物最好的编辑、不二的人选。他们持续工作了近五年，书也由最初的四五卷扩大到九卷，其中第九卷配了一些图片。此书仍由张国樑担纲设计，封面红底金字，十分大气，定价2600元。听到价格有的同志吓一跳，我说服他，不要只计算物质的价格，这套书凝聚了谢稚柳、启功、徐邦达、杨仁恺、傅熹年等多位顶级专家8年的心血以及劳继雄、茅子良等人5年的后期工作，它的知识劳动值这个价。

当时定印2000套，发行部要500套，作者1500套。大约是在2011年初，"东方"的年终干部大会在佘山召开，那天晚上我和高百敏去看望住在松江的收藏家陆忠达先生，甫一坐下，他就说，知道你们要出版《中国古代书画鉴定实录》这套书，真是好极了，我们很需要这样的书。我说我们担心发不好，才订了500套。他马上说，怎么可能，一定会发好。然后他说，我个人包你们200套。他的话让我们发行部信心大增，马上把500套提到1000套，与作者对半分书。我再与劳先生协商，求得了他的支持。

发行仪式于 2011 年元月在上海图书馆举行。时任中共上海市委宣传部部长杨振武同志、副部长宋超同志都来为新书出版揭幕，并对此书给予充分肯定。收藏家陆忠达先生的儿子陆牧滔也上台发言，当众宣布购买 200 套。会议结束，我接到宋超同志的电话，表示市委宣传部要买 50 套给一些机构和专家。这真让我喜出望外，更增强了信心。这套书还分别在北京的中国出版集团和台北市举行了发行仪式，反响也极好。

这部书的出版，填补了专业领域的空白，有很高的价值，市场反响也不错，有 520 万码洋。后来，我去陈佩秋等一些专家家中拜访，看到他们人手一部，成为必备的工具书；不少拍卖行拍的古画，也因为在这部书里查到了证据而拍出了高价位。

妥善处理两件为难的事

我到"东方"不久，集团即酝酿上市事宜。要上市，必须将各出版社改制为企业，并上交国家编制办核发的事业单位法人证书。20 世纪 90 年代初起，"东方"的全体员工便已加入上海社保（俗称交"四金"），而且是事业社保，这与集团其他单位不一样。记得 2008 年某天，集团下达上交各单位事业法人证书的通知，正巧时任"东方"总经理的宋焕起准备到北京开会，就等在我的办公室，要带证书去京。这对我而言是一种巨大的压力，不上交，不符合领导要求，而交上去就再也拿不回。没有了证书，"东方"的一些老员工就只能按企业退休了。事实上，事业和企业待遇差别还是很大的，尤其是交了二十几年事业"四金"的员工，谁也不愿意按企业退休。

我决定暂不上交，再想想其他办法。我与市委宣传部王锦萍、集团聂静一起去国家编制办拜会司长，向他汇报"东方"的特殊性，终于找到了妥善解决的好办法。这样，经过 10 年左右的过渡，"东方"绝大部分的老员工都按事业退休，此举既保护了几百位老职工的利益，也未影响集团上市。

类似情况还有转企改制发放房贴，这是中央给中国出版集团的央企特殊政策，即给退休员工发放一次性补贴。我们在调查中发现，"东方"有 91 位海峰印刷厂的退休老员工是按企业退休的，是不是要照顾到他们？我考虑了很久，觉得应该尊重历史，用自己的力量，把这些遗留问题解决好。于是我在党委会上提出这一方案，得到大家的理解和支持，这件事情也就定下来了。

我们这代人，是在党的十一届三中全会后成长起来的，处理一些交办的任务不能机械地执行，要积极地想办法解决问题，是责任之所在。回想以上两件事的处理，就是既要执行上级的规定，也要反映下面的实际状况，尽可能兼顾两头，把工作做好，把群众利益维护好。

一点遗憾

在"东方"工作的中期，我已意识到数字出版的时代即将来临。集团对此也很重视，有一年在人民大会堂召开了集团数字公司的成立大会，我也从上海赶去参会，显而易见，传统出版的转型已被提上议事日程。

与叶永烈先生在新书出版签售会现场

回来以后，我考虑最多的是怎么做？互联网出版是出路，但风险也很大。而我们国有的传统出版社，又承受不起上千万的亏损。最好的办法是与现存的民营网络公司合作，我想到了盛大文学（以下简称"盛大"），想到了陈天桥。我在上海市新闻出版局工作时，对"盛大"比较了解，对他们的工作也很支持。记得"盛大"收购起点中文网以及吴文辉团队时还是我代表政府去剪彩的。后来看着盛大文学成长为全球最大的中文阅读网站，有几百万作者和数亿读者。如果"东方"携中国出版集团与"盛大"联手，就是最大的传统出版集团与最大的互联网平台的结盟，也是国有与民营的合作，其作用和意义都很大。于是，我和宋焕起、丁峰一起去拜访陈天桥。陈天桥对此很重视，专门留出时间接待我们。他认为倘能与中国出版集团合作，对"盛大"也有好处，他很愿意。双方还谈了占股比例（占10%—20%）。我设想借助"盛大"的传播平台，与中国出版集团的内容资源相融合，是有可能走出一条路的。自2000年到新闻出版局主管数字出版，我确实看到在单纯的国有出版体制内要生产出一种全新的数字媒体，并且形成一支团队，有多么困难。所以我认定这是一个千载难逢的机会！

回来以后越想越有意思，就嘱丁峰起草了一份六千多字的可行性报告，提出了目标、定位、合作方式。后来我又与相关领导沟通了几次，但大家在认识上有差距，我就没有与陈天桥继续谈下去。2012年，我回上海市新闻出版局工作，又重新分管上海的数字出版工作。亲历盛大文学和腾讯文学合并成立阅文集团、吴文辉继续负责数字业务。2017年末，阅文集团在香港上市，全球瞩目。那天开盘，阅文股价飙升，暴涨64%，达816亿港币。当晚，我给几位朋友发短信，说了自己内心的遗憾。本来我们是有机会为集团、也为"东方"去做一件更有意义的事情的。

刊于《东方之珠》（东方出版中心出版，2018年11月）、《新闻出版博物馆馆刊》2019年第2期

高老留给我的精神财富

  1978 年是个百废待兴的年份，我社周志高先生等人创办了中国第一本《书法》杂志。当时日本已有 200 多种书法读物，我们才创办第一本，差距不小。所以急需从外单位调入专业人员，将杂志质量提上去。当时高式熊先生 58 岁了，在一家电影机械厂做工人，我社领导发现后，就把他调进来，尽管他已年近花甲了。

  高老当时主管杂志的篆刻版，他的引入，使质量明显提高。但他又是一个非常热心的人。记得当时杂志举办全国书法大奖赛，来稿每天几百份，用黄鱼车来拉。高老负责初选工作，拆信、登记，承担很多初级的工作，他并没有因此而瞧不上。不厌其烦，尽可能发现来稿的优品，推荐给评委。那时全国写书法的人很多，但很少有类似的机会，所以大奖赛办得非常成功，沙里淘金，选出一批优秀的深藏民间的书法家。其中南汇的百岁老人苏局仙就是高老发现推荐上来的。

与高式熊先生合影

  高老入社的那年，我才 20 多岁，但我们后来成了忘年交，他退休后我们的友谊一直持续发展。所以，有过很多次的深谈，虽然没有做笔录，但很多都令我铭心刻骨。

  高老晚年风光无限，但很多人不知道他经历的曲折。公私合营以前，高老本在家里伺奉父亲、前清翰林高振霄先生，帮父亲打理方方面面的事，并未在社会供职。他的一个朋友当时经营一家电工机器厂（后并入电影机械厂），生意很好，可能厌倦了商场，于是让高老到厂里代他做"老板"。情面难却，高老就去厂里上班。不久，公私合营了，高老就成了资方代理人。后来的结果可想而知，尤其到了"文革"时期，就下放翻砂车间做工人了。沉重艰苦危险的翻砂活，他也一声不响地扛下来，最可贵的是，他还融入了车间群体包括调皮的那帮人，关系蛮融洽。他告诉我几次在厂里挨批斗，工人都向他通风报信，暗中保护他。这段很长的曲折人生，使他对人生看得很平淡。他出身书香门第，结交上流，但又能融入群众，这是极为少见的。大多有地位非富即贵的人，都有架子，高老是个例外。他对人一视同仁，从不居高临下。在单位，他走到哪里把欢乐带到哪里，和人说说戏话，打打"棚"（开玩笑）。他手劲很大，也许是长期工厂劳动和刻章的缘故，喜欢与人掰手腕，很多年轻人都败在这位六旬的文人面前。每当这时，高老特别高兴。由于高老的随和，单位看门的、扫地的，都敢向他求墨宝，高老也是有求必应，让这些勤杂工也深感快乐。

高老的刻印和书法都属上乘，而且在上海属于人书俱老、德高望重的前辈，但他书法似乎没有润格，不少书家后来都标一万、二万一方尺，就是他似乎不爱惜自己的羽毛，随便写、到处写，不在乎每尺多少银子。很多书家怕自己的书法流出去多了不值钱，惜墨如金，很坚持价格原则，高老却是很好商量。不论有钱没钱，不论地位尊贵低下，只要能给人们带来欢乐，他都愿意做、愿意写。这样，在上海、在长三角，他成了最忙最受欢迎的书家之一。有时一天参加几场活动，从不计较红包大小。很多人喜欢他的印章，他最多时一天刻了十多方，大多是免费的。对此，很多人不了解他的心，一颗感恩的心。记得他不止一次对我说，我父亲本事比我大，但大部分时间在民国度过，不被重视。我退休以后，方方面面的人尊重我，向我求字、求印，我的福气超过了父亲，碰到这样的时代，我有什么理由不多写一些！

记得有一年高老随我带的朵云轩展团一起去东北办朵云轩书画展，在外半个月。高老也和我们一样坐了20多个小时的火车去的。为了与当地加强交流、联谊，到了长春和沈阳，为当地领导、群众写了无数的书法，满足了他们需要。这些作品没有报酬，但他毫不计较，令当地领导十分感动！

高老对社会极为慷慨，他无偿地写字、刻印送人，无偿地捐出鲁庵印泥秘方，给很多人以金钱救助，但他的生活很俭朴。他很长时间住在四明村旧居，黑洞洞的小楼梯爬上爬下，卧室、工作室、会客室就这么一间房，房间里堆满了书籍、宣纸，桌子堆满了印石、工具，常常放不了一杯茶。但他就是乐呵呵地生活在他父亲住过的老地方，直到爬不动楼梯了，才住到巨鹿路另一处逼仄的小平房里。由于他达观的性格，使小房整天充满了欢声笑语，真的"何陋之有"！不仅住房，在衣食方面，他也极为简朴。

高老晚年没有什么头衔，出席社交活动有时被人疏漏。他告诉我，有一次去参加接待日本书法代表团的活动，外事部门的工作人员按头衔安排座席，把他晾在一边。高老

绍兴路：出发与回望

也不生气，真正做到了"人不知，我不愠，不亦君子乎？"而日方代表团入场以后，团长看到了高老，大感失敬，一定要请他坐上座，而且向日方团员隆重地介绍了高老，毕恭毕敬。事后外事部门一再向高老打招呼，高老也不责备人家。这样的事，不止一次，高老都能正确对待。真是高风亮节！而以我的经历看，场面上很多领导、很多名流，人家稍一怠慢未迎接他到场，或者不安排他们的"助红"，比如剪彩、讲话之类，就会恼怒，甚至提前退席，与高老的修养形成了很大的反差。

2018 年春天，高老荣获中国书法最高奖——兰亭书法终身成就奖。高老获奖消息发布以后，网上一片点赞，毫无争议。我一直在问自己，这是为什么？高老的履历里没有当过全国书协的主席副主席，甚至也没有当过上海书协的主席副主席，凭什么获兰亭大奖。我认为在于他的书艺人品，在于他的实力和魅力。他不曾拥有过什么权力，但他用人格魅力营造了一种文化现象、文化氛围，让越来越多的人喜欢书法，热爱书法。他扩大了书法的传播。他的影响力和作用超越了权力和机构，弥漫在很多人的心里，成了一种无形的力量！这也就是我们一直在说的文化软实力！因为文化软实力就是人的力量、思想的力量、审美的力量。

我和高老自 1978 年相识于书画社、朵云轩整整 40 年了。我们共同走过了祖国改革开放的 40 年。记得有一次社里开笔会，高老给宾客写书法。当时我还是一个年轻人，我怯生生地问高老能不能给我也写一幅，记得他当场给我写了一幅很大的篆书"谦受益，满招损"，使我十分感动，受益终生。后来我当了单位的社长，每年去看他，给他拜年，也是亲密无间。最有意思的是我从不抽烟，但每次他一定叫我抽他的中华烟，抽着烟在一起嘻嘻哈哈，也谈工作，也忆往事，也扯山海经，度过了无数愉快难忘的时光。我当社长只有三十几岁，在工作中我也会碰到烦恼，碰到困难，但每次与他见面，就被他乐观的人生态度所感染，精神为之一振。而高老对社里的工作、我分管的工作也很支持，有求必应，从不打回票。2011 年，政协文史委在台北举办纪念辛亥革命 100 周年的活动，为了在当地文化艺术界扩大影响，我代表政协去请高老和林老（林曦明先生）赴台北，高老当时已年过九旬，二话不说奔赴台北，与当地政界、商界和艺术界人士见面，在当地诚品书店当众写书法，促进了两岸文化交流，为上海争得了荣誉。

去年五一节前夕，高定珠大姐给我来电，说高老为我写了一些诗札，让我去取。近10 年，我用一些信笺，请一些名家写尺牍、诗抄，已集了 20 多人，也想请高老写一点准备出本书。这件事说了几年，本以为老人忘了。结果高老在病中记起了这件事，为这写了六通之多，每张都是小行楷，在信笺上草录了古诗词，端庄中不乏飘逸，质朴中不乏娟秀。我看了心头一热，内心感动不已。这六通信札，不仅是书法墨宝，更是一段情的见证。我的人生有幸结缘高老，真是福气！他教育和鼓舞我们从艺和做人。他走了，但为这座城市留下了无价之宝和精神财富！

高老对年轻人的培养很重视，引导他们走传统的正路子。记得二十多年前他到外地山区，有个自学成才的书家在当地已很有名了，用高老的话说"摆大王"了，很多招牌、学区对联都请他写。他拿着自己写的字来请教高老，高老一看，由于没有人指点，初学书法就剑走偏锋，一直到现在都是歪路子。高老分析给他听，起先不服，对高老说，我还有一件作品刻在景区的碑上了，拉上高老开了好久的车去看。高老一看还是不行，细细地分析给他听。这位"名家"大梦方醒，十几年的功白练，大冷的天，急得满头大汗，扑通下跪要拜高老为师。高老看他心悦诚服了，就收下来指导他从头开始练字，走上了正途。

刊于 2019 年 2 月 3 日《解放日报》《上观》《联合时报》和东京《中文导报》

用一根红头绳巧打扮

时下的社会已令人看不懂，办一个展览几百万，演一台戏上千万，拍一部电影几个亿，灯光璀璨，高新科技上场，形式上都做到了极致。

办展也是如此，大家非要到北京到国家级博物馆办，场地费、画册费、招待费、布展费、嘉宾出场费，等等，没有几百万办不了。一方面很多画家没有钱，一方面又要死挣面子上京，好像不上京这一辈子画就白画了。

当然这是误区，不到北京也可以是好汉，因为根本的是由画品、人品所决定。

即使办展，也不是钱越多越好。钱要花，但要花在刀刃上，花出应有的效果。

去年5月退休以后，很多朋友找我策展，这些画家大多钱少（不富裕），结果经过我们的运作，少花钱也办出了效果。关键一是专业，二是钱花在刀口上。

2018年10月25日在上海市政协举办"百里溪翰墨·郑重书艺展"，开幕式后郑重以"记者人生、文史人生和书法人生"为题发表演讲

首先，选展品要少而精。个展一般以三四十幅为最。大多数画家不是张大千。张大千是全能冠军，山水、花鸟、人物、书法无一不精，他的作品展放100幅作品照样HOLD得住。而现在在世的画家，看他三四十幅画已经足矣。大多不经看、不耐看。所以办展东西要少，一多就露出了狐狸尾巴。这样场地三五百平方米足矣。这就省下了大笔的钱，而且效果好。听说北京的国馆场地上百万，我真佩服这些画家的勇敢。

其次，出画册要小而精。改革开放初期我在出版社工作，难得看到画册。很多名家一辈子也没轮上。后来画家自费出版。那时大家看重大画册。如今印刷技术等物质条件上去了，画册越出越大、越出越厚、越出越沉。于是，人们开始讨厌大画册。开幕式上发给来宾，已不太讨好。带回家也占地方。这两年我办的画展所出版的画册越来越小，以大 32 开为主，但内容精致。除此以外，还附有很多文字，甚至中英文版。记得中法建交 60 年在巴黎办的画展画册是横 32 开的。前年上海与汉堡友好城市 30 周年的书画展览，也是 32 开本。这就大大减少了成本，减少了快递费，而且放书架上也合适，反而被人们记得，查找也方便。

三是注重传播效果，不搞虚头、噱头。一是专业来宾请得多，二是事前事后传播工作做得好。尤其是展览结束后的视频，大多及时，有内容，传看达几千甚至数万人。最多的一个展览视频达到 14.2 万人阅读，没有花费很多，这就是实效。画家本人也高兴。视频在朋友圈转发，影响很大。总之，注重实效、节省开支，是本人策展的基本经验。

这样，合作的书画家就越来越多。为什么？抓住了文化的特色、艺术的特点。眼下大家重视文化是好事，但很多文化项目没有做到关键点，不专业，不到位，大把用钱没用在刀口上，所谓打造工程，像搞建筑工程一样，虚火很大，展品很差，看的人很少。很多上千万投资的画册出套书，大多卖不出，躺在出版社的仓库里。钱太多，不知怎样用。而专业的人看了好可惜。

这使我想起了歌剧《白毛女》里喜儿的一段唱词：（杨白劳在外躲债，大年三十偷偷地逃回来与女儿喜儿团聚过年，带回来一根红头绳，帮女儿扎起来）"人家的闺女有花戴，我爹钱少不能买，扯上了二尺红头绳，给我扎起来！"这里讲了钱少也可以打扮的原理。

这些年我做的展览，都是花钱比较少，但也做成了，超出了金钱的限制，出了大效果。比如 2018 年 10 月郑重书法展就是一个典型的案例。出版了一本图文并茂的好画册，办了展览，开幕式来了 700 多人，各类媒体报道超一流，但是一共才花了三四十万元，效果大大超过了很多大展。所以，我多次说，只用一根红头绳，也要把"女儿"打扮得好看。就是做到专业处，做出专业的深度和同业的高度。那些可用可不用的钱，可省略的环节，都省下来，集中在非做不可的地方，就出效果了。

所以，这次提出用一根红头绳的课题，希望引起同道一点思考。

刊于《典藏》2019 年第 2 期

那些难忘的人和事

我的父亲是绸厂的织绸工人，三班倒的，非常辛苦。在小学时记得，父亲有两个爱好，每天回来喝半斤黄酒，借以入睡。他酒量很大，但只喝半斤，因为囊中羞涩。另外就是每天看《解放日报》。那时报价 8 分，每天 4 版。一个工人每月支出 2.4 元订报，是一件不容易的事。这个习惯一直保持到 1988 年他去世。这样，我们兄弟四人从小就成了《解放日报》的忠实读者，成长期从中汲取了养分。

小时候看报纸，不敢想自己的文章会登在上面，那真是奢望啊！记得 1977 年的秋天，我所在的部门完成了雕版书《毛主席诗词三十九首》，写、刻、印、装订都是手工的。完成以后派人送去北京毛主席纪念堂献礼，表达我们对领袖的深情厚谊。对这件事，当时的社长杜淑贞同志嘱我写一篇文稿，当然写得不像样子，她做了很多修改，然后打印出来，配上照片，叫我送去解放日报社，第二天刊登出来了。我很惊喜！

后来我的工作和《解放日报》有很多联系，它报道过我参与的活动，我也在上面写了很多文章，还与解放日报很多前辈、记者成了朋友。

1993 年 6 月 20 日，我所在的朵云轩成功举办了中国内地首场艺术品拍卖，敲响了第一槌。现场座无虚席，成交 74.5%，有张大千、任伯年的两件书画破了百万元人民币大关。拍卖是件新事物，当时还是有争议的。但是媒体报道中，《解放日报》的力度最大。记者胡国强同志是我同龄人，他原来是跑农村条线的，转到文化板块，出手写了一长篇特稿《槌声响起——记朵云轩首届中国书画拍卖会》，刊登在 7 月 3 日的报上。他在末尾写道："大陆艺术品拍卖业是在政策开放中刚刚起步的。朵云轩首届书画拍卖会虽然比北京、深圳、西安等地晚了一拍，但它却是最成功的，对大陆艺术品市场的形成，意义不可估量。""我们相信，只要改革开放不断推向进步，中国的艺术品市场终究会逐步形成并走向成熟。当这一天来临的时候，请不要忘记 1993 年 6 月 20 日上海静安希尔顿酒店这紧张激烈、动人心魄的一幕。"读了这篇文章，我激动得眼泪都要流出来了。党报对我们如此肯定，更坚定了我们改革的步伐！不仅是拍卖，我参与出版的很多书，组织的很多活动，都在《解放日报》不断地报道，成了我人生进步的一股力量！

后来我也开始写文章，很多也发在《解放日报》的收藏版、朝花版上，成了我联系藏界和读者的桥梁。《上观》和《朝花》开始电子版推送后，我一些文章被更多的人看到，扩大了影响。

回忆与解放日报的交往，面上是一篇篇的文章，背后却是一些难忘的人和事。70年代中期，我在出版局团委工作，当时王维同志是我们局的常委，当时工宣队在，他只管一小块业务。王维同志是老革命、老报人，思维敏捷，待人和蔼可亲，他见我都称"祝君波同志"，听起来就深感尊重和亲切。粉碎"四人帮"那年，我才21岁，但他把一些重要的工作交给我，让我感到一种信任。后来他回解放日报当一把手，我内心一直非常尊敬他。1989年下半年，我们局的主要领导是解放日报来的冯士能同志，他领导党员重新登记。当时我和几位社领导上过街，面临蛮大的压力，老冯多次来我们社开会，坚持原则，但给我们很多教育和帮助。1991年秋天，我们社面临新老交替，当时我才36岁，妻子刚刚病逝，女儿只有5岁，生活、工作压力很大。冯士能同志知道后亲自与我长谈，信任、鼓励有加，打消我的顾虑，让我把全社党政一把手的担子挑起来。老冯后来回到解放日报，但每逢见面，总是感到格外亲切。

我从事收藏工作，与文汇报郑重、解放日报陈鹏举两位前辈走得比较近。他们的特点是除了记者职业素养外，还有文人的气质和专长，我很佩服这一点，暗中向他们看齐，只是感到力不从心。陈鹏举先生有文人和才子的风范，诗词、书法都擅长。他约我写过一些文章，看到我在别的地方发了文章，时常给我电话，说你工作忙，写文章不容易，这篇不错，修改一下给我发可以吗？对我很体谅。我也很感谢他！解放日报还有些记者如毛用雄、查志华、顾咪咪、齐铁偕、姜小玲以及王珍、伍斌等等，都与我有过业务联系。如今他们大多已退休，可是形象一直印在我的记忆中。

此系征文，刊于 2019 年 4 月 29 日《解放日报》《上观》

头衔不等于才艺

这一段时间以来，为大家诟病比较多的是关于协会"主席"这些有头衔的书法家、美术家卖作品的一些问题。如何看待这些问题呢？我认为具体问题要具体分析。大概有这三种情况。第一种情况，这个人做主席、副主席，他的字画确实有口皆碑，主席的头衔和艺术上的成就是一致的；还有一种情况，艺术和他的头衔是不一致的，其中有的人本来以行政能力、组织能力见长；还有一种情况就是人品、头衔和艺术三者是统一的，也有三者不统一的情况，这里又引进了人品的概念。现在业界关于这个话题议论很多，我认为还是要就事论事，实事求是。也不能说凡是主席都写得不好；也不能说凡是

谢稚柳书法展开幕式嘉宾合影

主席，他的字画一定是非常好。从历史的情况来看，有的书协主席、美协主席确实作品也非常好。比如像以前吴作人、靳尚谊都做过全国美协（中国美术家协会）的主席，没有人说他们画得不好，也没有人说他们不称职；启功先生做过中国书法家协会的主席，谢稚柳先生做过上海书法家协会的主席，从未有人怀疑他们艺术上的造诣，所以这些都是非常经典的、一致的。

有种情况是头衔和他的艺术不对称，但是他自己不觉得，周围的人也没有意识到。时间久了就形成了一个观念——凡主席皆才艺高，这样容易形成两者之间的脱节，在社会上就产生了很多不好的印象。也有一些收藏家、评论家或者经纪人，他们不太懂艺术，就以头衔、级别来选人、选艺术品。凡是主席、副主席就要投资，有投得好的，也有很

失败的。这两年有一种情况，就是有些人退下来以后，不做主席了，最后他的画价掉下去一半都不止。最近网上关于这种现象的议论比较多。我认为这个可能是要几方面来考虑的。以后像这种学术团体和艺术团体在选择负责人的时候，尽可能选择"人品、才艺、组织能力"三者都统一的人。而业界则要转变评价标准，把才艺和人品放在更高的位置。

就我们收藏的传统来讲，从来没有与头衔和艺术挂钩。我们以前玩收藏，三四十年前的人从未把"头衔"作为考量对象。比如说 60 年代、70 年代、80 年代，上海主席只有一人，但是艺术家群星灿烂，从来不会只看头衔，不重才艺。像上海的吴湖帆、陆俨少、林风眠等，很多大家都没有当过主席，陈佩秋老师也没有当过上海美协的副主席，所以我认为要改变一个观念，我们玩收藏的人，写艺术评论的人要实事求是，要具体分析。收藏还是要收艺术上很有天分、很有创意的作品，收以后历史上留得住的人的艺术品。这是你考量的一个角度。有了一个正确的收藏观念，而对各种艺术家，你就会去研究他们的艺术，然后培养自己的眼力，从纷繁的作品中选择你心仪的艺术精品，而不是被徒有虚名的人蒙蔽自己的眼睛。

一个时代永远只有一个书协主席，而才华横溢的艺术家有一批，可供你选择的作品更多，而你要做的便是独具慧眼，不要人云亦云，要有自己的独到见解。

80 年代香港有一个著名的收藏家叫王良福，是上海籍人，他没有被"头衔"这些虚名蒙住自己的眼光，他独具慧眼，收了海派两位艺术家的作品，一位是林风眠先生，另一位是陆俨少先生。每位画家各收了一两百张，现在成了华人藏界知名的藏家。这就是一个很好的经验，就是要不断地学习，提高自己的眼光。多听取他人意见，去发现真正好的艺术家，而不是简单地看"主席，副主席"这些头衔。当然，能聚焦才艺、人品和头衔三重合一的大家作品，也是福气。

我们也相信社会将不断进步，会把德高望重、德艺双馨的人推选为文化团体、学术机构的领头人，这是外部环境。作为个人，我们要有一个正确的收藏观，要选择那些德才兼备的艺术家作品，而且要收这些人的精品。持之以恒，就会达到一个很高的境界，自然能够收到好东西，而不会让那些徒有其表的职称、头衔蒙蔽了自己的眼睛。

刊于 2019 年 5 月 21 日《艺品生活》

林曦明印象记

我和林曦明先生的交往是从上世纪80年代开始的。那时他住在普陀的石岚三村，记得去看过他几次。其中一次是为他安排去香港集古斋展览。那时拍卖尚未开始，画廊举办展览会是卖画的主要方式。当时集古斋由资深经纪人彭可兆先生执掌，展览还是比较成功的。

80年代，内地还没有形成书画市场，大家都向画家要画，自己掏钱买的人比较少，画也卖得不贵。唯一的销路是香港，后来是台湾地区。最近读到深

作者与林曦明先生合影

圳博雅雷子源先生出版的书信集，里面收录了林老的几封信，谈的也是深圳博雅收购林老的画卖去香港的往事。其中有一封1986年的信里，林老说他最近的精品至少要100元人民币一平方尺，册页12开要1000元。还说刘旦宅200元一尺，加上画院收60元，总共是260元一尺。可见林老这人很实在。看到这封信，也想起他去香港办个展，画价大致也是便宜的，与他后来的画每尺几万元，不可同日而语。

林老才艺很高，但不善言谈，与他坐在一起交流，他说话并不多。但把他一次次的话拼起来，就大致知道他的经历和追求。

林老出生在温州永嘉的乌牛镇，小时候家里清苦，要做很多农活。但他很好学，酷爱美术和民间工艺。所以，他跟我说，最大的心愿是希望下雨，下雨可以不下田干活，父亲允许他在家画画，这是他最感惬意的事。他喜欢绘画，是受父亲的影响。他的父亲是农村的一位画工，大致属于民间艺人，耳闻目染，林老也从小爱上了艺术，诸如剪纸、壁画之类。

他真正正规化一点学画，是拜苏昧朔先生为师，苏是上海美专毕业的，在当地就属

权威人士了。苏昧朔先生能画画也能作诗，对林老影响很大。林老晚年常对我念叨苏先生，说他喜欢喝点酒，生活困难时期，曾到上海家中小住过一段，但与自家人不太相合，没有长住。林老对苏先生蛮有感情的，收藏苏画有几十幅，曾念叨为老师出本画册、办次展览。这个心愿于 2013 年终于在温州博物馆得到实现，林老为此还出资 20 万元赞助，尽到了徒弟的责任。

林老曾是参加土改的干部，也到浙江省共青团系统工作过，后来因喜欢美术，1956 年转到上海少儿出版社，主要担任《小朋友》杂志的美术编辑。在上海，他有机会结交一些大画家，向他们组稿，有一次居然得到了林风眠先生的作品登在杂志上，让人耳目一新。

林老志不在编辑，一心要做画家，在画上花的功夫更大，成绩也最明显，后来就调到画院，成了专职画师。

人与人没有可比性，但林老的人生还真有点齐白石的影子。他来自农村，始终带着一种乡土气息，很多作品的题材来自农村的景物。他喜欢简约的画风，最崇拜齐白石、林风眠简约、明快、墨色淋漓的画风。林老也喜欢作诗，年轻时跟苏昧朔学过一些，后来大多写家乡的风光情物，蛮有味道，只是林老没有如齐白石那样说自己的诗比画还好。虽然住在大城市，但又保有很多农村的习俗，许多烙印无法抹去，比如朴素、节俭，不随便用钱。他请我一起吃饭，也很简单，看不出他有什么格外的享受。林老一生充满家乡情怀，不仅画在画上，写入诗中，落款永嘉、乌牛一类，而且晚年将很多精力投入家乡，一有空就往家乡跑。

林老不抽烟、不喝酒，但对艺术上的事肯花钱。比如他告诉我，　上世纪 50 年代到上海时，朵云轩的齐白石作品大致是 75 元一幅，他买过三幅，收藏至今，可见他太痴迷齐白石了。还有一次，江西美术出版社出版了《八大山人全集》，价格不菲，他嘱我帮他买一套。他也喜欢黄宾虹，拜过王个簃为师，但我在他的画风和追求上，看不出太多黄宾虹的影子。

他在国际上得过水墨大奖的三幅画，都是江景、漓江风景那一路，画山的神韵、水的波光，很简约，很现代。我有时给他看别人的画册，凡是工笔的、细密的，他一看就摇头，说画过头了，太细了。显然，他不喜欢细密的画风，而追求简约质朴、水墨淋漓、明快酣畅的感觉。也有一些彩墨的，尤其是柳树的绿色、桃花的红色，都是配得绝佳的。林老的画是有符号特征的，也有时代精神，一看就知道是他而不是别人画的。本来他可以成为一代大家，但他晚年太分神于家乡，始终没有画出一些收官之作与大作。我们见面，每次谈到这件事，他也认为应该动笔画几件大作，但还是无法集中精力。

林曦明很注重名节，一直想有一个他自己的艺术馆。有一次写了一份委托书给我，让我在上海找一个地方，把画捐了。但很快他又把画捐给了乐清，那是一批最好的作品，山水、人物、花卉都全。其中一幅《林海雪源》，画杨子荣上威虎山，人物传神，简约厚重，外面很少看到，被他一起捐掉了。十年前，他的艺术馆在乐清举行落成典礼时，我去看过，一晃十年过去了。他是永嘉人，

林曦明《林海雪源》　　　林曦明《水满鱼肥》

后来，他又捐了一些画给永嘉县，另捐了一些给温州。他出生的乌牛镇后来也来找他，林老就又建了一个镇级的林曦明纪念馆，也捐了一些画。林老很珍视自己的作品，但拗不过乡情，终于把其中的大部分捐给了家乡，说起来还是非常慷慨无私的。林老的作品很有分量，在外面市场却大多不是精品，好的画，他都收起来，舍不得卖。1994年朵云轩春拍，他给我一张精品《水满鱼肥》，估价3.8万—4.8万元，拍卖时过了10万元，已是高价了，但他还是让我收回来，不卖。舍不得卖，但又都被他捐了。他住在枫林街道，后来街道也办了一个他的美术馆，他也支持，捐了一些画和剪纸。林老这人没有算计，你跟他建议怎样做更好，他点头称是，但事后还是照自己的主意办。他在艺术上是很执着的。

功夫在画外。我很喜欢林老的书法，认为成就很高。他的画室挂着尹秉绶和金农的书法，这是他最推崇的。他的大字、题词、对联都写得很古拙、厚重，非常人所及。他在画上的题跋或者小行书则端庄之中有灵动，不急不缓，别有一功。林老的书法有传承，但也自成一格。我曾策划过三个大展："花好月圆——中华名花展""唐宋八大家——海派人物画展"和"三山五岳——海派山水画展"。三个展三本画册，前后跨六七年，我是让他一次题好的。他的字稳如泰山，就是与众不同。后来加上设计师的设计，怎么看都很美。林老没有读过高中、大学，但他知道中国画离不开诗。他的诗绝非文绉绉的一路，而是明白晓畅、通俗易懂，富有生活情趣。我知道他看重自己的诗，有一次推荐给《文汇报》发表了两组，林老特别高兴，露出了难得的笑容。

林老为人厚道，没有心计，也不知道利用一下自己的特长。他就这么自顾自地生活、画画。他有一次生病，要住医院了，才发现看病用的红卡找不到了。家里人找到我，我找有关同志出证明。我认识他二十来年，这时才知道他是离休干部，但他从来也没有说过。在知识分子成堆的画院里，他一辈子就是这样过的。

林老对人也不设防。有一次，一个骗子冒充荣宝斋经理，从他手里拿走了一批画。他事后想想不对，报了案。这个骗子也是胆大，居然再来吃回头草，被守候的公安人员逮个正着，锒铛入狱。骗子的老婆竟然天天抱着小孩来林老家哭哭啼啼，说生活有困难。林老居然又画了几张画送给她，打发她回去。这就是林老，他一辈子就是这样。如今时移俗易，他感受到了一点，但是变得不多。

我的印象中，林老，山水画家，喜现代风。擅人物，寥寥几笔，颇为传神。钟情书法，书风敦厚。喜欢作诗，文白相间的那种。在大城市生活六十多年，还保留着乡土感情。晚年的剪纸由传统转向现代，有毕加索的神韵，最有味道。

时值林老艺术馆开馆 10 周年，韩天衡美术馆馆长朱晓东先生知我是林老忘年交，嘱我为文，书印象记以上，不知林老有何观感。

刊于 2019 年 9 月 12 日《解放日报》

收藏，一个人的长征

作为一个出版人，闻讯赵清先生翰清堂收藏的"世界最美的书"即将结集出版，让我为之作序，内心的感动很难用语言表达。

故事要从1989年说起。那年我所在的朵云轩把用手工雕版、印制的一部木版水印《十竹斋书画谱》送去莱比锡参评最美的书，得了一个国家大奖，因为评委们认为这本书非常独特，所以设了一个国家大奖来嘉勉它。其实这部书确实举世无双，由朵云轩50多个技师用五年的时间，通过无数个日日夜夜才完成。它完全仿制原来的明版本，"悉遵原作，几可乱真"。从此，莱比锡作为书籍艺术的圣殿印在我的记忆中。两德统一以后，我们一度与莱比锡失去联系，直到2003年秋天，我到出版局上任后，在孙颙局长支持下，又派人去找寻美之路，找到了评委会主席乌塔，才知道两德合并以后，每年春天（2—3月）在莱比锡评比"世界最美的书"，各个国家可以送书参评。1949年以后代表中国的评比都在北京产生，但我们积极争取，而评委主席也没有认为上海不可以代表中国，老外没有这种观念，所以2004年春起，我们开始送书，一送就是15年。其中第一次就获得了一个金奖，获奖者是张志伟设计的《梅兰芳藏戏曲史料图画集》。

"世界最美的书"有它独特的评奖标准和对设计师提出的方向：要把美的设计与材料工艺、与印刷条件、与人们的阅读需求、与设计的前卫性探索统一在一起。而其最好的解答则是每年全球评出的14本书。惜奖如金，只设14个奖去面对每年成千上万的新书。这些新书代表了当年最高的奖项，代表了评委的眼光，对未来而言，它也是人类知识和艺术的非物质遗产。而这些书，原来只被收藏在德国莱比锡图书馆，这是1960年代以来年积月累的宝库，但很难为爱书人所见。

现在，我的朋友、中国设计师赵清，居然把15届"世界最美的书"收齐，在中国南京建成了德国之外唯一的一个"世界最美的书"的收藏中心，一个博物馆，现在这个博物馆又将馆藏品印成合集，命名为《莱比锡的选择》而出版，我认为其价值和意义难以估量。

它告诉全球书籍出版人和设计师，中国人无比热爱图书，无比热爱书籍设计之美。

它也告诉世界出版界，改革开放 40 年，中国出版业和书籍设计界从观念到实际已发生了巨大的变化，中国人愿意学习世界先进的东西，与世界各地一起进步。

但这样说还是不够的。最应该强调的是，这一收藏是一个人的长征，这项几乎不可能完成的工作是由一个中国设计师独自完成的，不是一个机构、也不是一个群体。在这一事实面前，我很惊叹，也很自豪。

每年 14 本，2004—2018 年，这整整 15 年的书，来自 30 多个国家，用的是不同的语种，很多是小印量的探索性样本，要去收齐，设想一下吧，困难是非常大的。这些年很多朋友对我说想收藏 15 年全套"中国最美的书"，这是在同一块土地上用同一种汉字出版的书，尚且难以坚持，最终都放弃了。可见，基本收齐"世界最美的书"，几乎是一件不可能完成的事。这 15 年，我一直在"中国最美的书"评委会工作，我体会对于赵清来说除了金钱的付出，这一个人的长征，更多的是时间、精力的付出，是责任、毅力、精神的考验。这是一场持久战。仅这一点，我对赵清先生的精神佩服得五体投地。

有了赵清的收藏、展示和出版，在十三亿人口的中国大地，终于有了一个"世界最美的书"的收藏中心、展示中心和研究中心，专业人

2013 年秋赵清（右二）与余秉楠、速泰熙等设计家参加
"中国最美的书"十周年展览活动

士终于有一个地方可以直面美书亲密接触，感受美的神奇和魅力。这是赵清先生对中国书籍设计界所作的巨大贡献，也是他对中外文化交流所做的一项重大工作。

今天，走进医院看到各式各样来自海外的医疗器械、检测设备和治疗手段，我们会认为因救人性命而引进是理所当然的。对引进世界的文化，就有些争议了。而赵清先生勇敢地走出了重要的一步，为我们树立了一个榜样，文化的发展也需要引进和借鉴。

中德两国曾经对人类的出版共同作出过重要的发明创造：1000 年前北宋毕昇发明了木活字印刷，反映出了农耕时代的出版文明。后来，德国古腾堡发明了机器铜活字印刷，开创了近代文明的印刷先河。海德堡印刷机、法兰克福书展至今长盛不衰。而他们的后人，都因为"世界最美的书"——寻找美、留住美和创造美走到一起来了。翰清堂收藏就是见证。

最后说到《莱比锡的选择》，应该是一本藏品集，又是一本画册，更是一本工具书。

它能够在中国出版，正是 40 年改革开放进步的体现。我为其他的设计师深感庆幸，他们读到这本书，足不出户就可以领略这 15 年"世界最美的书"之风采。而恰恰是在这 15 年，中国参加了"世界最美的书"比赛，里面有 20 种书代表了中国攀登世界先进水平的高度，记录下了我们前进的脚步。赵清先生为此书出版做了大量翻译工作，因而其学术性和艺术性也是无可争辩的。

讲完这个动人的故事，我想说收藏也是"广阔天地，大有可为"。为什么一定要去收名画、官窑瓷、宣德炉才是有价值的呢？很多重复又重复的收藏，能体现出什么发现的价值、什么助人一臂之力的意义呢？难道花钱最多的收藏就是最好的吗？显然不是。赵清的收藏，恰恰告诉我们可以用不多的钱去完成更有意义的工作。建立"世界最美的书"收藏中心是一个多好的案例！假如拓宽我们的思路，成功的收藏之路不是就在我们的脚下吗？

刊于《典藏》2019 年第 5 期、《莱比锡的选择》（江苏凤凰美术出版社出版，2019 年 9 月）

从刘冰身上发掘文史资料

1972 年 11 月我中学毕业分到上海人民出版社（大社）及朵云轩工作那年，也是刘冰先生从台北前往美国洛杉矶定居办书店的开端。刘冰先生的父亲刘雅农先生是 1917 年刘海粟先生任上海美专校长时的首届毕业生，1948 年去台北筹建台北世界书局。后来大陆解放，世界书局总部从上海迁到台北，没有想到台北分局变为了总局。刘冰先生早年家就住在台北书局楼上，耳濡目染，后来也加入台北世界书局直到任出版处处长。1965 年自己出来创办出版社汉华文化事业公司。所以刘家两代都是出版人，与一些名人过从甚密。

刘冰先生到洛杉矶是重操旧业。他创办了长青书局，一方面卖书，还印了诸如《移民美国指南》《美国留学指导》《美国经商指南》这类图书。建立起了自己的产业。

2002 年夏在洛杉矶长青书局举办文化活动，书法家刘小晴先生向长青书局捐赠作品

早期华人在美国的集聚地是中国餐馆，这里人多、信息广，使领馆对餐馆老板都很重视。后来出现了华人书报刊、电台以及书店，书店有实体空间就成了直接传播文化、集聚读者的地方，俨然是个文化中心了。刘冰先生懂文化、会经营，在洛杉矶开设的长青总店是在蒙市华人集聚区，总面积 800 平方米，一半陈列图书，一半是多功能厅，尤其适合展览、会议和餐叙活动。

我于 1989 年 8 月首次赴美出差，在洛杉矶、旧金山两地共 24 天。多次考察长青，结识刘先生。后来朵云轩在洛杉矶的展览都在长青举办，谢稚柳、陈佩秋、丁绍光先生多次为朵云轩的展览剪彩。当时，洛杉矶华人集聚，书店也开出不少，形成了竞争。有的是大陆背景，有的是香港背景，也有的是台资背景，大家一般只卖自己那方面的书。这些店的图书和展览没有多元化，后来都开不下去了。长青虽然来自台北，但刘家根在上海，对文化的处理比较智慧。长青书局定位两岸三地的书都进货、都卖，着眼于中华文化的大格局，所以读者多，存活了下来。二是以店为点，通过美国发达的快递系统，把书销到美国各大学图书馆。最多时年销量达到 200 多万美元（近 2000 万元人民币）。三是在加州连锁经营，最多时有 12 家连锁店。因为卖力推广中华文化，刘冰先生成了两岸三地出版界的名人，三地图书进入北美市场的据点。尤其是改革开放时期中国大陆的出版界、美术界，很多都到长青办书展、办美术展。1988 年台湾出版代表团到上海办台版书展堪称"破冰之旅"，代表团受到汪道涵同志的接见，刘冰先生也是重要的推手。

有了书店的文化集聚，长青必然成了当地人流和信息流的交汇处。由此，刘先生也积累了丰富的人脉资源，成了各种政治力量团结、争取的对象。当地很多事也仰仗他的参与和裁决。我们国家领导人去洛杉矶会见当地侨领，刘冰也在受邀之列。二十多年前，刘先生还创立了洛杉矶上海人联谊会并任会长，为与上海的交流做了大量工作。

以上是本文的铺垫，后续讲几件我从刘冰身上发掘文史资料以及促成文史活动的事例，以与诸君分享。

一、促成钱大钧日记回归故里

2014 年 10 月，刘冰先生来上海参加世界华人收藏家大会，把钱大钧之子钱世泽引荐给我。钱大钧是 1945 年 8 月抗战胜利后首任上海市市长。从追随孙中山辛亥革命起，担任过国民党党政军的很多要职。他还有一个习惯，从 1927 年起到 1974 年止，写了 47 年的日记，总计 42 本，从大陆带到台北，又由钱世泽带到美国。这些日记记载的内容很广、很丰富、很翔实，有的也很珍贵，如包括西安事变亲历记（长篇）。我曾看过中央电视台给钱世泽的函，很客气地让钱世泽帮助回忆、提供慕尹先生（钱大钧的号）参与国军围剿苏区红军的史料。电影《建国大业》中南昌起义后的三河坝战役就是钱大钧领军与朱德起义军的一场对决。当时斯坦福大学胡佛研究中心已和钱世泽谈过多次，并已草拟了合约，将钱大钧日记捐赠该机构。因为蒋介石日记已被该机构收藏。我在文史界、出版界工作多年，深知美国人抢夺我中华文史资料非常厉害。但我感到像这样一套历史人物系统的日记，由中国大陆收藏更为精彩、更有价值。于是我问了钱先生两个问题，包括美国人是否答应出版日记。回答是否定的，我就有底了。于是和刘冰先生一起做工作，希望日记回归中国大陆并出版。我说大陆有最多的中文读者，出版才有价值，还打消他的政治顾虑。但钱世泽毕竟对我方有很多看法，所以此事拖了好久。2016 年春事件有了转机，当时钱先生 80 多岁，病了一次，就通过刘冰给我电话，转达希望将日记送回内地收藏的意思。不久，又写来了委托书授权我与内地机构洽谈。但我与上海有关机构洽谈没有成功。钱大钧早年在上海松江参加辛亥革命，与上海交往颇深，又当过上海市市长，我很希望日记留在上海。不成后转向江苏凤凰出版集团。该集团是我国"双百亿"出版集团、上市公司，在 2012 年 6 月曾以 2.16 亿元人民币买下宋版过云楼《锦绣万花谷》等藏书。我当即给吴小平副总裁一个电话，他担任过江苏古籍出版社社长，也是个专家型的领导。他听了我的介绍，尤其获悉日记主人是江苏昆山人，当即表示个人赞同，拟报告董事长及董事会同意。很快江苏凤凰同意接受捐赠，并拟与我国设在南京的第二历史博物馆合作整理出版整套日记，他们还给老人的捐赠以奖励。2017 年 10 月，钱家后人包括四位仍健在的子女从美国、台北、内地齐聚南京，参加了隆重的捐赠仪式。

消息发出前后，上海有一位民营企业家要我取消与江苏的合约，他愿意出资奖励钱家后人，把日记捐给上海市政府有关机构。上海文物局局长获悉也希望我去做工作把日记留在上海。这些都是后话了。可见收藏历史文献也要当机立断，迟疑不行。

二、促成蒋介石信函和市长钥匙捐给上海历史博物馆

在南京回上海的高铁上，钱大钧的另一个儿子钱宏泽先生告诉我，他收藏了他父亲 1945 年任上海市市长时的一把银钥匙。钱世泽说他还有一些蒋介石的信函。后来看了实物，才知道银钥匙体积蛮大，钥匙配银盒，上刻有"上海市自由市民，慕尹市长留念，上海临时参议会谨赠，中华民国三十五年五月二十日"等字样。历史上可能独此一把。另有 8 份钱大钧写给蒋介石的呈本，大多是请示、报告，每份都有蒋用毛笔或红铅笔写的批文。还有一份两开的蒋介石用毛笔写给蒋鼎文的信，对西安事变后蒋鼎文代表国民党与中共代表周恩来谈判作出指示，证明国共合作抗战改编八路军、新四军的事，弥足珍贵。释文："西安蒋代主任铭三兄。共部应即上庐山商定办法改编发表各师番号与各师旅团长名义及政训处正副主任。并对其说编委后可即令该部出发参加抗日也。如能于十日内编妥更好，政训副主任拟委康泽担任。中正。"我即动员他们捐给在建的上海历史博物馆。得到他们的理解和支持。我还动员前面那位想收藏钱大钧日记捐给政府的企业家，给钱家二老一笔奖金，把银钥匙、信札等 12 件文物收下来转捐给上海历史博物馆，得到了同意。2017 年 11 月 6 日，捐赠仪式在新落成开馆的上海历史博物馆大厅隆重举行。上海市领导给钱家两兄弟及企业家颁发了捐赠证书。钱家 24 人出席了仪式，他们对文物文献如此的归宿相当满意。

2017 年、2018 年夏季，我两次去美探视在美生病的亲属，又去钱世泽家看到了一批散页的文献、文件的原物，共有 94 件。因为钱世泽先生此时对我比较信任，让我全部带回上海。我用一年时间组织几位专家录入和校核，整理出了 16.2 万字的文献及图片，

可以提供出版。这些一手史料，都是中国大陆稀缺的。

三、发掘世界书局的历史文献以及组织研讨会

由于和刘冰先生交往获悉的信息，以及我与台北世界书局已故董事长阎奉璋以及他女儿现任董事长阎初女士的深厚友谊，我对世界书局的历史发生了兴趣。在近代史上，商务印书馆、中华书局和世界书局以及大东书局都是名列前茅的。曾经对中华文化的积累、传播以及启迪民智起过积极的作用。世界书局成立于1917年，大东书局成立于1916年，前者与商务、中华并称中国三大教材出版中心，后者是科技类图书出版机构，是上海科技出版社的前身。现在上海外文图书公司的大楼，历史上就是世界书局的物业。上世纪50年代，世界和大东都停办了，保留了商务、中华，提升了三联，这三家后来都迁到北京。在重政治不重文化的年代，从此没有人再提起对中华民族曾有过很大贡献的世界书局。

2016年，在刘冰先生的支持下，我与上海出版博物馆（筹备）的几位同志一起，做了收集世界书局文献的工作，共找了文章34篇，包括刘冰、樊东伟等人新写的回忆文章和世界书局重要书目，出版了《世界书局文献史料汇编》，总计约25万字。印了500本，使世界书局的史料得以集中保存下来。同时，在马建勋同志的理解和支持下，上海政协文史委和上海出版协会在市政协召开了"世界书局文史资料研讨会"，为百年世界书局做了一件有意义的工作。我的体会是：凡是大家抢着做、重复做的文史工作可以不做，没有人做的善事一定要做。在此过程中，我也研究了世界书局创始人沈知方的经历，发现他是个神人、奇人。他1900年协助夏瑞芳在商务印书馆做事，1913年前后又与陆费逵一起在中华书局创业，而1917年则独自创办世界书局。一生在三大书局担任要职，仅此一人。他是个商人，但在日本人面前是个爱国人士，拒不合作，以致日本人到世界书局门店引爆炸弹，但沈临危不惧，大节不亏。我想也应该还他本来面目，给他恰如其分的历史评价。也是靠刘冰先生帮忙，2016年夏季我在洛杉矶见到了沈知方的女儿、孙子沈柏宏夫妇，巧的是沈柏宏的妻子赵小姐又是改革开放后第一位涉外婚姻的中方女性，是邓小平同志亲自批复发给她赴美护照的，这本护照现在已是历史文物，存放在公安博物馆内。见到他们，我不能错过机会，于是动员沈柏宏来上海参会并发言。沈柏宏先生到场披露了祖父的一些往事，为会议增加了色彩。但今年我获悉他已于2018年病逝。所以及时地做一些事，是何等的必要。

以史为鉴，存史资政，在筹备召开世界书局这个会议的过程中，我发现1928—

1933 年世界书局出版了一套"ABC 丛书",共有 153 种（164 册）。几乎应有尽有。我就想起改革开放之初,当时内地新出了"走向未来丛书"等,这些丛书规模大多是十余种,我们已经兴奋不已了,溢美之词不少。读到世界书局"ABC 丛书"在 30 年代的规模,我有点无地自容。如果我们当初多了解先辈的出版史,也许我们会更沉稳,我们的工作会做得更好。一百年来,尤其是后来的六七十年,我们没有再提起世界书局以及其他一些书局,但我们毕竟后来开了这样一个会,出了这样一本史料书。作为一个出版人、文史工作者感到心有安慰。记得那天到会的上海出版人有近 200 人,大家对会议评价很高。商务、中华是优质品牌,逢五、逢十都在纪念,但史料都是老的,纯是纪念和热闹。大家参加世界书局的研讨会,听了以后感觉是挖到了一个新矿。这就是文史工作的价值发现。

四、由刘冰先生捐出的《于右任草书千字文》手卷引出出版以及纪念活动

在我任朵云轩总经理时,刘冰先生曾捐给我们一套 1923 年朵云轩制作的木版水印信笺。朵云轩成立于 1900 年,传承木版水印号称有百年历史,但并没有实物证明,直到刘先生捐了这套木版水印原物。后来他还告诉我,曾捐过一个 20 多米长的于右任手卷给陕西省历史博物馆。去年他又重提此事,我是文化的好事者,就专程去陕西历博一次,见到了该馆领导,达成了意向,由他们制作一件复制品给刘冰先生留个纪念。今年 4 月,陕西历史博物馆王副馆长一行专程来沪,举行了一个移交仪式,把复制品赠给刘冰先生。

这件草书千字文是于右任先生写于上世纪 30 年代末的,有 20.8 米长,属高头大卷,弥足珍贵。我看了长卷以后,对在现场的上海书

2019 年 4 月 23 日在衡山宾馆观赏刘冰捐赠的《于右任草书千字文》,此卷由刘冰先生捐赠给陕西省历史博物馆,同年 8 月在上海书展举行出版发行仪式

画出版社社长王立翔说,国内于右任的千字文大多是翻版的,我们应该把这个千字文印出来,这对刘冰先生的捐赠行为也是一种肯定和传扬。这就有了后来上海书展轰动的签名售书活动。事情没有完,我在撰写千字文出版序言时查了于右任先生的有关资料,发现于右任生于 1879 年,2019 年正是他诞辰 140 周年。于老是政治家、教育家和书法家,对 20 世纪影响很大,而且他与毛主席、周总理都有交往,是同情中共的国民党左派。于老与上海联系也很多,他生于陕西,但参加辛亥革命、创办四份报纸、创办复旦大学

和上海大学以及标准草书社都在上海。又查，1949 年以后，上海及大陆几乎没有召开过比较有影响的于右任研究或纪念活动。于是，我向市政协领导建议召开"于右任文史与书法座谈会"，得到了领导的大力支持。市人大高小玫副主任和市政协徐逸波副主席都出席了会议。除此之外，我和刘冰先生还重点做了两个人的演讲组织工作。一是于右任之子于中令先生，他 1939 年生于重庆，1952 年移居台湾、美国，是美国的退休工程师。我在洛杉矶曾与他同桌吃饭。于先生为人十分警觉，对大陆了解也不多。我和刘冰先生做了大量工作，总算把他动员来上海参会发言。他的参与以及介绍的一手资料，增加了会议的亮点。澎湃新闻派资深记者顾村言对他进行了三个多小时的采访，

收藏家刘冰先生向朵云轩捐藏其收藏的
1904—1923 年版朵云轩木版水印原物，
图为捐赠仪式

史料很珍贵。会前，我记起有谁跟我说过谢稚柳先生曾担任过于右任的秘书，于是我又找到其子谢定伟先生，证实确有其事。过去由于政治方面的顾虑，谢老本人、传记作家郑重以及谢家人都不曾提起过这段往事。这次经过和谢定伟先生讨论，他也到场发言，详细地介绍了往事，生动、有料，尤其对于右任、谢稚柳、张大千三人在敦煌文化保护方面所做的工作做了详细介绍。会后，我又让谢定伟把发言整理成文，发表在 9 月 17 日的《联合时报》上。开好这样一次会，要做很多前期工作，尤其是在向沈飞德先生请教时，他给我支持，并介绍我认识上海复旦的傅德华研究员，傅先生是研究于右任的专家，他的发言比较全面和专业地介绍了于右任，给我留下深刻印象。

在会议前，还安排了于中令、刘冰先生专程拜访 98 岁高龄的陈佩秋先生。于家和谢家由于历史的原因，1949 年后双方没见过面，也没有书信联系。

这次拜访活动，陈佩秋和于中令先生都很重视、满意。当时，我找了一个摄制组全程录像，并在谢家底层大堂当场逐一做了采访录像。当时那位年轻的编导不太明白我的安排。过了一段时间，她做了一档"于中令拜见陈佩秋世纪会"的节目，在手机上播放，三天内已达 1.2 万余人收看。这位编导也惊讶不已。文史工作就是如此，很多看似不经意的内容，实际上分量很重。但如果一不小心放过了，就会成为终身遗憾。同样，8 月16 日下午的《于右任草书千字文》新书发布会也极为成功，除刘冰、于中令以外，我们另外安排了八位嘉宾陪同签名，尤其是谢定伟先生按照我们的要求带来了谢稚柳、陈佩秋先生的印章，为每位读者盖印，使读者兴奋不已。原定一小时的活动，足足持续了两个小时，现场 500 本备书一抢而光，有的读者再跑到二楼书画社展位，把另外 100 本

也买光，创出了今年上海书展的大热门。

五、把上海美专史料留在上海

刘冰先生的父亲刘雅农曾是刘海粟创办的上海美专的首届毕业生，有一些珍贵的文物和史料，其中很多捐给了四川省博物馆。刘从台湾到美国，晚年定居成都，当了四川省政协委员。2017年刘雅农诞辰120周年时，四川又隆重举办捐赠书画展，为此，我专程飞去观摩。这次与刘冰先生交谈，获悉刘雅农和刘冰父子还有一批上海美专的书画和史料，总计101件。后来我看了目录，书画包括美专前辈有刘海粟、王济远、钱瘦铁、张聿光、郎静山等，印章有刘雅农、陶寿伯、钱瘦铁、陈师曾等名人刻的十几方。比较重要的是上海美专的史料，计有夏伊乔、李猷的信札，上海美专旅台人员名录，于右任的资料等。

当时有几家大学包括南京艺术学院都想要。后来权衡下来刘雅农也曾在交大读过书，刘冰先生就把101件书画、文献捐给了交大，为此获得一笔奖金，他就以长青为名，联合几个朋友在上海成立了长青专项基金，定位资助出版和美术事业。2018年6月在上海政协会场举行了捐赠仪式同时宣布成立长青基金。

以上从刘冰身上发掘文史线索的案例，给我本人如下启示：

1. 文史资料工作意义重大，工作的环节很多很长。文献发掘包括口述历史、整理、研究、出版、纪实片、展览、论坛等，可以做的工作很多。应该抓住自己熟悉的环节，整合资源，扩大效果。

2. 做文史工作，方法很多。但抓住刘冰先生这样活的史料加以挖掘，也是一种方式。历史文献已存在那里，今天还是明天去挖只是时间问题。而活人的史料稍纵即逝，应该特别引起重视。

3. 文史资料工作，功在当代，利在千秋。我们做这项工作，不是为了一时的热闹，而是为了长远的历史留存。自己要有定力和自信。项目一时未被人们认识没有关系，是金子总会发光。

4. 文史资料工作，尤其是已存的、大批的文献资料和出版工作，确有计划性的特点，但是很多工作是在进行过程中不断深化、不断加深认识和不断发掘出价值的，又有非计划性的特点。鉴于时间紧迫，主持人应当及时调整工作方法，随机应变，以扩大战果。

以上工作，是在很多领导和同仁帮助下完成的。记叙下来，旨在与各位同道分享。

刊于《编辑学刊》2019年第6期

我所知道的海派文化

我不知道，在世界上还有哪个国家像中国这样，既重视总体文化研究，又如此重视地域文化的研究。我相信也许有，比如美国东海岸和西海岸的文化就有差异，也有这样的分类和研究。但是，美国毕竟只有两百多年的历史，哪像中国纵横九万里、上下五千年。中国太大，历史文化太丰富、太复杂，而且在几千年的历史上，政治、经济、文化的中心曾多次变迁、转移，更加重了地域文化的重要性，所以只进行总体研究不进行具体的地域文化研究，恐怕就不够深入。于是，很多研究就必然深入到地域，出现了诸如荆楚文化、吴越文化、燕赵文化、齐鲁文化、中原文化等的概念。到了近现代，由绘画流派派生的京派、海派、岭南派、长安派、金陵派等概念也先后出现，延续至今。这样的分类科学不科学、对不对是一回事，但大家都很热心地研究着。改革开放以来政策宽松，上海文化的发掘和研究成果斐然，出了很多书，开了很多会，人们至今乐此不疲，有长盛不衰的势头。总之，不要研究过头，总是一件好事。

出席 1992 年 10 月在上海龙华迎宾馆举行的"清初四王"国际学术讨论会，与谢稚柳、程十发在一起

什么是海派文化？它有什么特点？如何传承和发扬？这些问题专家说，领导也说，普通人也参与，角度不同，结论也不太相同。笔者主张，对文化的研究尤其是已经发生的文化现象的研究和概括，要比较地客观和真实。这样，会比较接近真相和真理，概括出真正的经验，有利于未来的发展。

海派文化，在今天已成了上海文化的代名词。实际上最早的海派文化，应该仅指三四十年代发生在上海市区以租界为中心的文化现象。但是，50 年代末和 60 年代初，上海两次扩大，增加了江苏扩过来的地盘，包括嘉定、青浦、宝山、金山、崇明、奉贤、南汇、川沙、松江等地，增加了数倍的面积和人口。此后的上海文化早已不是昔日的海派文化。但时至今日，也没有人如此认真地加以具体区分，实际上大家谈的已是一个泛海派文化的大概念！

笔者出生在上海，长期在上海文化出版界工作，以自己的经历和阅历来观察，海派文化从它成熟期的现象和内涵分析似乎有如下特点：

1．海纳百川

望文生义很容易，但理解它的困难在于大部分人仅从自然环境和人口入手，并没有真正地从思想文化的内涵去分析。比如中国南方的水系汇聚江南，又汇入长江、黄浦江最终流入东海，这就是海纳百川。比如上海开埠以来，城市几度大发展，需要人力和人才，形成了来自各方的移民潮和移民结构，这也是海纳百川。仅此而已。海纳百川要纳世界的政治思想、高新技术、文化艺术，这方面的理解和研究就不多了。实际情况是，人类文明由农耕时代向近代文明转化时，西方自1750年起即开始转型，领先了中国很多年。这时形成了新技术、新能源和新思想。这些文明的输入既有强制的一面如战争，也有软性的一面如贸易和交流。上海以及沿海少有的几座城市，是最初接纳世界文明的地方。当时，对各种思潮，这座城市显出了大度、茫然，有点来者不拒，各种文化形态、各种思潮大量进入，在这里交汇激荡。其实，今时中国人根深蒂固的资本主义、共产主义概念，也是海纳百川而来的。没有海纳百川，也没有孙中山，没有共产党；没有海纳百川，也没有现代教育、医疗、新闻、出版、唱片、电影、戏院、音乐表演的引进。今天我们讲海纳百川是城市性质，应该既包含历史，也包含现实。但现实的文化开放还要走漫长的路途。

2．中西融合

主要的是引进外来文化，与中华文化相融合形成海派文化。在中国，有数百个重要的城市，它们在改革开放以前，几乎没有经历过西方文化的辐射，原因是地理遥远。而以五口通商为核心的沿海、沿江地区的城市与众不同，由航运获得了西方的物资、技术、生活方式、文化教育方式。这是很重要的。单一农耕的中华传统市镇，根本不可能有什么进步。这是世界一种必要的交流。早在汉代，我国已引进了西域胡文化，诸如胡服、胡琴，不是都这样过来的吗！近代的引进在上海、天津、厦门、宁波、广州等地，力度就更大一些。笔者长期生活在上海，以阅历思考，上海的发展，主要是西化的过程。这个城市从外观到内在、从建筑到文化教育，就是比别的城市要"洋派"一点。海派在某种程度上讲就是"洋派"，但又保留了中华传统，主要不在外观，而是渗透在生活方式、书籍、艺术之中的精神传承。所以，海派文化很大程度是引进外来文化包括红色文化加以模仿、创新和融合的结果。一百多年的历史研究发现，有四个区域的外来文化对上海城市文化的形成至关重要。这种影响是双向的，一方面上海及中国人去留学，另一方面外国人来上海传教布道、经营产业、从事文化。一是英美文化。对上海影响最大，去英美留学的人也最早、最多。二是法兰西文化。如留法勤工俭学的人就包括周恩来、邓小平、陈毅等人。三是日本文化。孙中山、蒋中正等大批精英都是留日派，弘一法师、丰子恺也在日本学习西方文化。四是苏俄文化。国共两党均有大批精英深受影响。其中影响最深的是红色文化也即无产阶级革命文化。以上在上海都曾存在并产生过影响。今天我们如何面对外来文化，看待外来文化，又处在一个经历百年发展的历史新时期。我们已强盛起来，但还不够自信。尤其对外来文化，一种态度是不惧怕，一种态度是惧怕，体现着两种历史观和价值观。这也是需要深入研究的。

3. 敢为人先

查中国近代以来的技术、科学、文化以及政治，很多第一次发生在上海。中国共产党在北京天安门城楼升起五星红旗，但它的第一次代表大会是在上海召开的。这就是这座城市的活力之所在。它在历史上形成了一种自觉的创新机制，只要世界上已有的或可提供的，上海或中国有需求，就勇敢地加以引进。引进以后，消化，形成自己的特色。包括现代学校、医院、交通、建筑、出版、报纸、杂志、电影、图书馆、党派、法院、教堂、海关等等。当然，在中国各地包括上海的干部，当讨论到一种文化现象时，

1985 年 10 月陪同汪道涵、罗竹风等领导观看展览

都会说我们在唐代就有，我们在清代就有，似乎我们早已有之，不在乎引进。比如论教育，他会脱口而出，我们春秋就有大教育家孔子，我们很早就有学堂了，比如有书院、有私塾。他们以为私塾、科举和后来的西式教育是一回事。诸如在美术领域，有人会说我们很早就有抽象艺术了，认为中国古人的抽象艺术和西方的抽象艺术流派是一回事。这是很多人的误区。其实农耕时代的文化与近代工业革命后的文化，是本质不同的两回事。现代医院和中医郎中不是一回事，现代出版与古代刻书也不是一回事。上海以及香港等地，在 1840 年以后的敢为人先，引进西方的很多第一次，发生在农耕文明向近代文明的转折时期，内容和意义是完全不同的。而中国内地的很多第一次，是承续了上海

和沿海的第一次，是承接了文明辐射。写到这一点，我一直在问，现在上海土地上的人，还有没有"敢为人先"的品质、智慧和勇气，如果处处小心翼翼，不敢做，不敢当，那么这种精神只能说曾经有，而不能说现在还有。

4．雅俗共赏

中国古代文化是一种高雅的文化，一是内容艰深、曲高和寡，类似于阳春白雪；二是资源和手段有限，难以普及。以前以宫廷为核心，延及文人雅士和达官贵人。由农耕文明转向近代城市文明，在上海这类大城市形成了人群的高度集聚，它客观上要求雅文化和俗文化并列发展，要求一部分雅文化的通俗化。这两句话的含义是不同的。前者是说雅文化继续作为一种上层文化存在，后一句话是说雅文化被各种形式通俗化了。比如连环画在上海的出现，就从含义丰富甚至深奥的文学、戏剧中获取内容，加以通俗化。比如传统年画到了上海被月份牌年画所取代。传统的美人被月份牌的美人所覆盖，以哆甜嫩糯的风格受到普通市民的欢迎。这使城市文化走向普及、通俗，惠及普通市民。这样，社会人群才会心理平衡，人们各得其所，各取所需。为什么海派文化通俗、易懂、普及，雅俗共赏是它的一个特点？因为上海的现代文化传播手段多元化了、强大了。在农耕文明时，所有的传播都是自然的、原始的。比如演戏，大多在自然露天的戏台清唱。民国时的上海有了巨大的室内舞台，有灯光、扩音设备，能容纳更多的人同场观看。比如阅读，原始的出版是手工雕版、用宣纸印刷的古线装书，印量有限，而现代印刷为满足大印量《圣经》的需要，用了古腾堡发明的印刷机，大印量的杂志、图书、课本得以快速完成；比如唱片的出现，可以储存声音，电影可储存影像，都加大了传播的能量，使文化的普及、通俗成为可能。这真是一个五光十色的时代，虽然与21世纪的互联网时代不能比拟，但以电、以电动为基础的一切，使上海的文化发展发生了质的变化。这就是最初城市化的魅力。很多文化的载体以及教育的手段，推动了文化走入市民阶层。市民与农民一字之差，却是两个时代、两种人群的分别。书店、戏院、电影院、图书馆、博物馆、新式学堂、公共理发店、体育场，营造了海派文化雅俗共赏的空间。这是一种历史巨变，这也是上海文化的性格之一。既保留高雅，又不断地让高雅通俗化、普及化、市民化。这也是最接近人性需要的文化。今天，我们能不能做到城市文化的雅俗共赏、普及与提高并举，也面临新的挑战。

5．文商结合

我们知道，文化的特点之一是靠商来养，以商养文。在传统农耕时代，文化本身是非市场的。很多书里记载，画家是靠有钱人养的，画是互相馈赠的，卖钱不是主流。但到了城市阶段的商品经济，画成了商品，画家是靠卖画来生存的，这是海上画派的重要特征。于是出现了收藏家，出现了画店、画廊。在徽州农村，学堂是徽商捐建，由士绅管理的，而在城市，新学堂规模巨大，学生成千上万，私立学校是收费的。海派文化在城市化的过程中，出现了以文养文的趋势，上海出现了最广泛的文化市场，出现了中间商，出现了文化商品。形成了供给、需求（消费）、中间商、商品和价格。这是时代的一大进步。现在很多人对文化市场化的先进性不理解，他们认为文化由政府养是先进的制度，文化市场化是腐朽的，要出问题的，其实是一种误解。从民国时代或者世界各地文化发展的状况考察，有部分文化永远要被人们养起来，比如图书馆和博物馆，不可以文养文，不靠自创收益。但这种形态不是越多越好，也不是由政府直接来养来管更好。这种模式的效率一般来说是不高的。免税、由商人捐钱组成理事会的办法，可能是更好的办法。而文化的大部分，还是要通过市场来实现文化价值和经济价值。海派文化的形成，就是寻求文化消费的商品化。那时北方的京昆艺术家都想到上海来唱戏。一是上海有现代大戏院，二是有付费的听众，而且一唱几十场不衰。这就是它的先进性了。今天发展城市文化，如果主要是政府来投资、政府来搞基金会、政府来评选，而不是更注重从市场和社会寻找动力和活力，海派文化就活不起来。

6. 机会平等

海派文化形成的时代正是晚清民国时期，封建王朝对政治、经济、文化的控制日渐减弱，直至1911年辛亥革命推翻了封建王朝，开创了一个新时代。这个时期的上海，由于租界内外各种势力的存在，实质上形成了一个多元的相对自由平等的社会空间。在此后的发展中，虽然有国内的政治斗争，但未卷入其中的文化工作者、文人，还是拥有发展的机会。比如大学、出版社、新闻机构、杂志社、电影厂、剧团，上海都曾占了全国的半壁江山，提供了大量的产品、服务、就业岗位，包括红色机构和左翼文人也得以在这些行业隐藏下来。此时的文人与政权、与文化机构大多处于一种松散的关系。签订合约和解除合约十分方便。所以，文人多是自由职业或者相对松散的劳资关系，同仁文化团体也大量存在。这种结构不太适合组织经济尤其是产业生产，但却是文化事业发展的温床。自由地创作、自由地搭配，各人自寻生存和发展的机会，无形中促成了文化产品及思想的多元化。多元、丰富，自然不缺乏引领时代的顶级产品、代表人物。这种代表人物由社会市场的评价形成，而不是一种权力的认定。我们有一个时期文化也纳入纯的计划经济，一个文化工作者固定在一个国有机构上班，更换岗位成为极其困难的事。同时在文化机构大量引入了行政部门的级别制度，文化人不在专业上发展和竞争，而是拼级别。改革开放以后，出现了多元所有制的文化机构和自由职业，出现了专业职称，这种局面已有缓解，但挑战还很严峻，有人受惠于计划的好处，自然不太喜欢平等发展文化的模型。

以上海派文化的六个特点，还可以概括为两大特征，就是包容性和创新性。以包容性来看，它能充分利用不同的资源，协调好各种矛盾，达到统一和谐。文和商、中与外、雅和俗都可以统一起来，成为推动文化发展的动力。以创新性来看，它能由模仿创新达到完全的创新，利用海外文化、各地文化创造无数个第一，包括中共"一大"、中国国歌，从而推动时代进步。

再深入客观地不带偏见地考察和研究，我们可以看到海派文化即是上海文化，其来源是外来文化和中华文化。其中外来文化包括了来自苏俄的红色文化，中华文化包括了毗邻上海影响最深的江南文化。不同文化的融合，形成了不中不西、亦中亦西的海派文化。这种文化是上海独有的。它在不同的制度、不同的时代背景下发生着不同的变化。我们的任务是要进一步地研究它的不变和变异，从而把握这座城市文化发展的特点、规律。

以上是我个人对海派文化特点的一点认知。这种认知大多源自我对海派文化经历的三个主要历史阶段的考察。同时，我也相信文化具有相对的独立性，它与政治、经济、社会不是等同关系，有联系但更有区别。如果我们认同海纳百川、中西融合、敢为人先、雅俗共赏、文商结合、机会平等这些客观上的特点，海派文化还会吐故纳新、继往开来、再创辉煌。但如果我们不认同这种价值观念，或者口头上这样说实际上不这样做，那海派文化就只是一个躯壳。所谓江山依旧，物是人非。今天很多人谈的海派文化就是这样的，他们以为老马路、旧洋房、梧桐树还在，海派文化就依然存在。这是对文化内涵的无知。上海很容易让人沉醉于温情之中，迷失了文化本来的活力和精神。这是我们需要不断探讨的。

最近，大家都在回顾和总结改革开放 40 周年。实际上海派文化就是中国现代文化发展的一个缩影，它走过了民国时期的 38 年，新中国时期的 30 年（1949—1978），又走过了改革开放的 40 年。这一百多年三个时期，海派文化呈现出来的特点是完全一样的吗？显然不是。细细划分，有三种情况。一是三个阶段始终存在的文化特点。二是存在但程度上差别很大。三是完全不同，差异大于共性。这需要我们深刻地反思和总结。有一些深入的分析和研究是如此之必要。

复旦大学徐培华教授以及一些有识之士，在 30 年以前创办《海派文化报》，可见他们具有的热情和责任！他们以专业的眼光聚焦海派文化，以微薄的经费苦心支撑，在收集史料、学术研究、组织论坛和出版报刊等方面，起到了积极的作用，引起了社会的关注，做了一件有意义的工作。我曾读过他们的报纸，参加过他们的一些论坛和活动，感到很有成效。这次庆祝该报创立 30 周年之际，他们又汇编优秀文章冠名《海浪花开》出版，相信这些佳作的推出，对时下正在引发的城市文化建设是一种积极的促进。主持人嘱我作序，深感荣幸。故将前些年在该报论坛上我的主题演讲，从提纲扩写为文章，以为代序，敬请各位指教。

刊于《海浪花开》（上海科学技术文献出版社出版，2019 年 8 月）

《纪念辛亥百年人物谱》的产生

最近，戴敦邦先生把他精绘的三套系列画作捐给自己任教的交通大学，作为戴老的朋友，我被邀去见证了这一重要时刻，仪式简朴但很隆重。这三套作品包括《中华民族人物谱》（56幅）、《纪念辛亥百年人物谱》（100幅）、《马克思资本论图释系列》（60余幅）。前两套是由我策划组织的，所以倍感亲切。

记得是在2010年的秋天，市政协为了迎接次年辛亥革命百年的纪念，准备办一个大展。当时领导交办下来，由我偕同上海档案馆来组织内容。看了上海展览中心西一馆的场地，我们提出了方案，一半场地举办辛亥革命文物图片展，由上海档案馆负责；一半场地用于举办书画展。书画设计请戴敦邦先生创作辛亥人物百图，请陈佩秋、高式熊、章汝奭、韩敏、周慧珺等名家书写辛亥名人语录百幅，请西泠印社名家刻制辛亥人物名句百印。经过领导批准，筹备工作就紧锣密鼓地铺开了。

展品之中，戴老承担的辛亥人物百图是重中之重。这是一个全新的创作工程，极具挑战性。虽然有历史学家协助提供资料，但画什么？怎么画？

上海市纪念辛亥革命100周年美术展暨文献展2011年10月在上海展览中心隆重举行，图为市政协领导冯国勤（中）、周太彤观赏戴敦邦所绘辛亥人物百图

毕竟是画家要考虑的。辛亥革命前后共有11次武装起义，参与包括牺牲的历史人物众多，而图像资料十分有限。一是当时摄影机未普及，二是很多革命党人为了逃避清政府的通缉、追杀，没有去拍过照。戴先生读了大量文献，收集了一些图像，有时为了一个义士，花了很多精力。那时电脑不普及，我去看他时，他的墙板上贴了很多资料、图片，作为参考。

除了史料，艺术表现手法也是个大问题。戴老以前是画传统白描人物的，而辛亥人物很多西装革履，生活环境也是大城市，这就要用现代的技法去解决。戴先生说，这是一个挑战，促使他将明暗、摄影、素描的西画技法融入进来，在创作上形成了大突破。

任务确定到出版画册、展出，时间十分紧张。因为印画册起码要留两个月，即在8月份要完成绘画。记得我和戴先生计算了一下，平均三天要拿出一幅人物形象真实的作品。这对七旬老人是一个巨大的压力。戴先生真是位责任心极强的艺术家，在这个项目上全身心投入，到了废寝忘食的地步。

拜访为出版事业作出重大贡献的艺术家戴敦邦先生，戴先生与上海出版界合作绘制和出版了百余种读物

更要命的是，他在创作过程中动了感情，读了他们的史料，知道他们二三十岁献出生命，真的"长使英雄泪满襟"起来。常常画画、哭哭，欲罢不能，融情于画了。由于用眼过度又加上泪流不止，这套作品完成后，他的右眼就完全失明了。我为此懊悔不已，数次向他道歉说这个项目害了你，他反而安慰我，"眼睛本来就有病的，早晚要瞎脱的"，令我十分感动。

《纪念辛亥百年人物谱》等三本画集是由陶雪华老师设计出版的。质量很高。站在2011年的时点上，尤其是戴老的作品，不仅表现了孙中山、黄兴、廖仲恺等人的形象，也反映了蒋介石、汪精卫在辛亥时期的作用，是比较客观的。在每一幅画左页有长篇的文字史料介绍，对作品做了很好的补充。戴老绘制的作品，有的单人单幅，有的一人多幅；有的一张画有多种背景，反映了人生的多重经历和成就，是时空穿越。作品虽用水墨技法，但中西融合，人物惟妙惟肖，形神兼备。

展览开幕时，上海市四套班子的领导在俞正声同志带领下前来参观。参观后在友谊会堂举行了上海市纪念辛亥革命100周年大会。这天我们文史委和市档案馆同志算是圆满完成了任务。

上海展毕，同年又将辛亥人物百图带到台北长流美术馆展出，吴幼英副主席带队前往，引起轰动。台北也有收藏家来观看，对作品赞叹不已，一名藏家提出以3000万人民币收购百图，我根据戴老的意见婉言谢绝。不久，又移至长崎这一上海友好城市展出，我随团去日本并做了"戴敦邦《纪念辛亥百年人物谱》思想性和艺术性"的专题演讲。孙中山先生革命时期，日本是一大革命基地，其中长崎他去过九次，与当地梅屋庄吉夫妇结为生死之交。所以孙中山在长崎影响很大。长崎来看的县市领导很多。日本人注重细节，他们对中国人用毛笔也能画出西画的效果不得其解，其中对戴老把一双皮鞋画得铮铮发亮很惊叹。

这套作品及画册能在多地展览，起到了一次策划多次利用的效果，除了市政协领导的支持以外，在于戴敦邦先生将高超的艺术性与思想性融合，以情动人，以真感人。同时，也在于我们当初成功的策划，

2011 年 11 月，戴敦邦绘辛亥人物百图展在长崎历史博物馆开幕

给画家以发挥的空间。我们常常说要创造有时代高度的作品，好像这类作品无法寻觅一样，其实《纪念辛亥百年人物谱》就是有高度的作品。还有戴老 2009 年创作的《中华民族人物谱》，绘出了 56 个民族的神采，也堪称经典之作。

戴老是上海市道教协会副会长。这个活动结束的年末，戴老在南市白云道观做了一天的道场，以超度辛亥烈士亡灵。他和夫人、四个儿子在那里守护了一整天，按照道教的传统祭奠。我和孙颙同志很理解老人的心情，专门到现场陪伴，敬献了花圈。

这次戴老把作品捐给交大建立艺术馆，说明当时的纪念不是一种应景，而是深入专业，留下了好作品。《纪念辛亥百年人物谱》3000 万不卖，都捐给母校，也堪称佳话。我在政协当了两届委员，历时十年做了七八个展览，其中纪念辛亥革命百年的大展印象是最为深刻的。

刊于 2019 年 12 月 27 日《联合时报》

建设出版博物馆的意义和思路

筹建上海新闻出版博物馆，是很多新闻人、出版人的心愿，从本世纪初起，就有很多前辈通过政协提案等途径提出建议。当年上海市新闻出版局也曾立项、建立筹建团队，配备资金开展筹备工作。本人2012年5月回市局工作，方世忠局长也曾安排我分管韬奋纪念馆和该馆筹建工作。当时因为没有划拨土地、专项资金以及立项，这个项目没有实质性进展。但参与这项工作的同志，在收藏、调研方面，还是做了大量的基础性工作。在我分管的三年多时间里，本人看了许多博物馆包括华盛顿新闻博物馆、北京印刷博物馆等，召开了五次座谈会，听了沪上新闻界、出版界一百余人的意见。在此基础上，曾提出一个上海新闻出版博物馆内容方案，并获得很多同仁的认可。现应约把我分管这项工作时候的一些思考分述如下，以为上海筹建出版博物馆献计献策。为了方便，下面特将中国近现代新闻出版博物馆这一名称，简称为出版博物馆。

一、为什么图书馆多、出版博物馆少？

出版以及新闻历史悠久，且产品丰富，图书、唱片、报纸的复本很多。比之于名画、官窑瓷器不知要多出多少倍。不重要吗？出版物、报纸在反映历史、推动社会进步方面，绝不亚于艺术品。为什么全球至今新闻出版的博物馆少之又少？而且少又似乎不影响社会和人类生活。

2017年10月上海市政协收藏鉴赏沙龙部分委员参观上海电影博物馆，该馆用展品生动展示了百年电影史，对上海出版博物馆建设很有借鉴意义

为什么？因为博物馆与图书馆在收藏功能上重叠，它被大大小小数量众多的图书馆覆盖了。虽然说现代博物馆具有了四大功能：收藏、展览、研究和传播（教育），但初始的博物馆大多只具有收藏和展览的两

大功能。而所有的书籍收藏早已被图书馆取代。在中国,早期就由内府和民间的藏书家所建的书房所代替。如皇家的《四库全书》藏书阁(乾隆年建七座,有文津阁、文渊阁、文昌阁等),如私家的宁波天一阁、南浔小莲庄、苏州过云楼等,都是珍本善本的私家收藏机构。而展览功能,书籍、报纸与艺术品截然不同,它的千篇一律,重复的拷贝,本来没有太多展览的美感和吸引力,所以感觉上出版博物馆就没有太多必要了。因为初始的、最本质的收藏功能被图书馆所取代了。

收藏被图书馆取代,展示的难题又无法破解,除少数出版人、新闻人以外,社会就不太关心了!同样的问题也发生在新闻上,中国早期的报纸并没有收入博物馆,而大部分存放在图书馆,也很安全,也方便给人查阅、研究和出版以及再利用。而报纸的外观比书还要令人乏味(书的大小、厚薄以及设计、用材尚有一些变化),它还有什么理由一定要博物馆呢?

二、为什么还要建出版博物馆?

我认为有如下几个理由,在图书馆以外还必须要有少量专业的出版博物馆:

一是图书馆集中在书报的收藏和让读者来查阅、研究方面,并没有把收藏、展览以及研究新闻行为、出版行为作为一个主题。人类为什么需要出版,它的起源发展,它的

陪同韬奋基金会理事长聂震宁参观上海韬奋纪念馆

功能作用、它对社会的巨大影响,是文化的核心内容。除了出版书籍加以研究外,应该用直观的展品、图照以及其他实物来展示,让受众通过"博物"得到直观的教育、启示,从而了解新闻出版的运作方式、规律特点,热爱这个事业,也吸引年轻的一代加入这项事业。中国是个新闻出版的大国,在成千上万个图书馆存在的同时,建设几座、数十座新闻出版博物馆,也是有必要的。

二是进入现代社会,以藏为主的博物馆功能已发生了根本的变化,博物馆成为事实上的传播、教育和文化中心。博物馆起始于法国。我国最早的博物馆是 1905 年前张謇建立的南通博物苑。故宫博物院建于 1925 年,是中国废除皇朝、走向昌明的结果。但初始的博物馆以藏为主,将散失民间的宝物聚集起来,管起来,起到收藏和保护的作用。其次至多借给少数上层人物和专家研究所用。这是第一步。第二步是在研究基础上的展示。通过藏品以及有目的合乎逻辑的排列和配置以环境空间的展示,让观众在其中获得

知识和审美的信息，从而产生联想，促进研究和给人审美情趣的提升。在这方面，艺术类博物馆最有特点和优势。其展品往往具有科技、艺术含量，物与物之间外观差异大，观众百看不厌。近现代，美术、雕塑发生了巨大变化，产生了一大批名家以及大师，他们的艺术以及人生充满了故事性，如凡·高、毕加索，更吸引观众前往观看，如痴如醉。公开的向公众展览，是文明的一大标志，它使少数人独乐乐，走向平民参与的众乐乐，也反映了社会进步和公平正义。中国的文博事业起步很晚，到 1948 年，国民党统治区的博物馆仅十余家，而且大多是艺术类博物馆。所以，大家对博物馆的认识就局限在收藏和展览上。

而在发达国家，进入现代博物馆的其他两个功能得到了开发，这就是研究基础上的传播和教育。借助于博物馆的展览、讲解、讲座和网络博物馆，成为一个新的文化中心。现在很多博物馆还增加了商店、餐饮、举办婚礼、举办企业聚会、产品发布会等项目，这一点，就新闻出版而言，图书馆是无法替代的。

所以，建立新闻出版博物馆，集收藏、展览、研究、传播、教育等功能于一体，还是很有必要、很有可能的。而且新闻出版既是社会进步的强大动力，也还是一项基本的公民权利。向公民讲述新闻出版的要义，就更有必要了。

三、建设一个好看的新闻出版博物馆有多难

在我接触的领导和出版同行中，有的对出版博物馆建设的难度并没有认识。他们把博物馆理解成写书、编书，以为只要把发生过的事这样地写出来就可以了。他们不知道要占有藏品（实物），博物馆是用实物来证明文明史的。他们也不知道图书、报纸、电讯稿、广播稿外观是多么的无趣，如果像艺术类博物馆那样去展示，将会让观众失望而归。

这也是出版博物馆一直没有建起来的重要原因。出版物的价值不在外观而在内涵（内容）。而怎么把一本本书、一条条新闻的内容挖出来、呈现给观众，面对浩如烟海的信息，确实十分困难。我看过国内涉及作家的博物馆、纪念馆，之所以不太成功，不吸引人，原因也在这里，就是不知道怎么做好内容。

我们看一个艺术类的博物馆，比如上海博物馆的青铜器馆、瓷器馆、书法馆、绘画馆，它大致是按照历史逻辑排列的。简单但很有效，观众看的过程也就是了解工艺发展和历史发展的过程。

但如果把图书排列起来，或把 70 余年的《申报》排列起来，就无法展示、也无法

简明扼要地向观众说明问题。

四、他山之石，华盛顿新闻博物馆挖出了内容

我分管上海出版博物馆之始，就有新闻出版界的老领导告诉我，你一定要去看看华盛顿的新闻博物馆。2013年6月，我和上官消波同志等4人终于成行。但是当时已实行一国五天的出访规定，包括来回两天的路程，以及洛杉矶到华盛顿的来回路程。我当时分管网络游戏和博物馆，我们的任务就是要参加洛杉矶的美国E3电子游戏展，见一些客户，写出一份考察报告。同时飞去华盛顿考察新闻博物馆。这两个项目都是我梦寐以求想看的。记得那天一早5—6点出门，到华盛顿住进房间已是晚上7点。由于东西部的时差整整用去了一天的时间，但规定就是五天，抱怨也没有用。第二天在新闻博物馆整整泡了一天，上午和歌特·威廉姆斯先生座谈，下午参观各馆。这次考察，整个改变了我对博物馆的认识。尤其对新闻和出版这类很难由外观展示的内容，学到了东西，受到了启发。

华盛顿新闻博物馆上世纪90年代在弗吉尼亚州的阿林顿市开馆。2002年关闭后投资4.5亿美元以7年时间在华盛顿建造新馆，2008年新馆建成。共7层14个馆。最大馆740平方米，分8个部分展示新闻发展的历史、新闻技术进步以及新闻事件，是一个发展史馆。其他13个馆都是专题馆。全馆由10万文字、3.5万份重要报纸头版、3800张照片、24个互动环节、15个录像摄像厅构成。是全球规模最大的新闻博物馆。回来以后，我和上官同志写出了考察报告，曾在机关内做过一个详细的汇报。

但该馆过于庞大，虽然经营有方，还是由于高昂的维护费用，已于2019年12月31日关闭。以3.7亿卖给了霍普金斯基金会。藏品暂存马里兰大学，拟寻找新址重建。

虽然事过7年，它有几个展厅至今令人记忆犹新，因为它将枯燥的新闻本质成功地外化了。

1．"9·11"纪念馆。该馆展示世贸中心大楼烧毁的电视发射塔残骸，以及2001年9月12日这天全球127份报纸的头版，包括我国的《人民日报》。

2．柏林墙馆。一个很小的展区，竖了一道由8块墙板组成的柏林墙。旨在告诉人们新闻的声音是墙也挡不住的。

3．马丁·路德金馆。在地上划了一个关押马丁·路德金的牢房，大概1—2平方米，是告诉人们追求自由的声音是牢狱也锁不住的。

4．殉职记者展馆。展示了1837年以来为新闻殉职的2305名记者的名单、图片以

及资料（形成了一个可供研究战地记者的资料库）。还有一辆被枪弹打穿的吉普车（采访车）。该馆还举办当年遇难记者的悼念活动。

5．普利策图片展。收录 1942 年以来所有普利策获奖图片，包括美军在琉璜岛插旗和越战炮火下赤裸奔跑的女孩照片。在展厅入口的一首小诗将你带入其中："如果它让你笑，如果它让你哭，如果它能助你的心灵，那就是一张好照片。"

6．报纸馆。每天展示来自全球 80 多个国家、800 多张报纸的头版。2013 年起展示我国的《人民日报》。

7．伟大著作馆。介绍影响人类的书籍。

美国新闻博物馆内陈列了纽约世贸中心顶楼烧毁的电视塔残体

除此以外，还记得了有两个馆（就在过道），一个展示美国历届总统、夫人与宠物的图片；一个展示录音、录像工具的发展包括间谍用的窃听器、针孔摄像机，等等。这些，也是为了吸引受众。

华盛顿新闻博物馆是由一个民间基金会主办的。它的建筑、员工工资以及运营费用是巨大的，所以它千方百计要吸引人参观、留住人看、让他们有所收获。所以它的陈展方式是有突破的，既符合新闻特点，也能吸引受众。它

美国新闻博物馆内设全球阵亡的战地记者纪念馆并逐年补充，图为在南联盟内战时被击毁的采访车

的门票 25 美元是高昂的，还开了餐厅，吸引年轻人来办婚礼等。即便这样，还是要关门。

政府为什么不援助呢？我认为是主办者不会接受救助。这要讲到该馆的宗旨（办一个博物馆要有宗旨或主题即为什么）。这个基金会和馆领导 7 个人，他们办馆的目的是为了教育公民保护自己新闻、言论自由或出版自由的权利。他们的外墙设计成一个电视机，赫然一条标语刻在墙上就是美国宪法第一修正案的全文："国会不得制定下列事项的法律：确定国教或禁止宗教自由；剥夺言论自由或出版自由；或剥夺人民和平集会和向政府请愿申冤的权利。"（美国 1791 年 12 月 25 日立法）这个馆的所有领导都是职业记者。他们实际上热衷于制衡政府，要告诉美国人，你们有此等权利，不要被政府剥夺了。

以上我讲了一个基金会、一批人、一个主题以及他们围绕主题所做的展示。这个馆

虽然闭馆了，原因是财政上的和决策的贪大求全，而他们设计和展示的案例是很成功的，值得上海借鉴、利用。他们的经验是历史馆以外专题馆的吸引力。新闻展品的确枯燥无趣，一定要挖掘出内容所吸引人的地方。它改变了我在中国看到的很多博物馆陈旧的展览方式。

当然，华盛顿新闻馆是为美国政治、文化服务的，我们中国的国情与之不同，我们只是可以借鉴他们的方法而已。这一点也必须认识清楚。

五、上海馆的名称、主题和结构

上海出版博物馆到上海新闻出版博物馆，又到中国近现代新闻出版博物馆。我感觉最后一个名称是一本书而不是一个馆的名称，是我最不喜欢的一个。它考虑的是抢中国名称，不考虑的是中国与藏品、与话题、与内容的关系。我个人比较喜欢"上海新闻出版博物馆"这个名称。世界上大多数博物馆一般都是地域名加内容的结构。它是用藏品和展览来说明它的权威性的，对此应该充满自信。上海的新闻出版活动，哪个阶段是全国性的，哪个阶段是地方性的，要由藏品和展览去解说，不必要个名头。把上海新闻、出版的故事讲好了，就从一个角度反映了中国新闻出版的发展。当然这是个人一家之言。

主题。在我们的体制下，主题很容易被诠释成红色的诸如在党的领导下的新闻出版发展历程。这其实既不客观又不符博物馆建设的特点。我比较主张用一个文化性、中性的名称。比如，新闻出版的力量。具体大家可以讨论。

史馆。我主张分别建上海新闻发展史馆和上海出版发展史馆。具体定位可以讨论。在以前的讨论中，也有少数人主张新闻出版历史馆合并设一个。他们的理由是邹韬奋生前既是新闻记者，又是出版人。在民国时期有这种现象，但总的来说新闻人和出版人是大致分开的，主要的新闻机构和出版机构职能也不太重合。如当时的五大书局以出书为主，《申报》以报为主，分工也是明确的。更主要的是新闻与出版的产品和功能截然不同，1949 年以后在党和政府领导下，已分成两股文化力量。所以，考虑到不要让人进了这个馆，出版人说没有看到出版，新闻人说没有看到新闻，观众对何谓出版、何谓新闻比较茫然，还是分设两个馆为好。

史馆的建设，以出版为例，首先我最想提两点，一是多讲近少讲远，二是不要搞成一条红线贯穿历史那种牵强附会的表达。革命史和文化发展史差别比较大。以上海出版史为例，我注意到在明清农耕文明的时期，以雕版刻书印书的现象是存在的，但上海并不是农耕时期出版的中心。上海近代出版是由外国传教士引进的，近年发掘的徐家汇土山湾印刷物品就是例证。上海的新闻出版主要在晚清民国形成繁荣，在改革开放时代再度灿烂。所以重点应该讲百年出版史、新闻史，不要多讲古代史。其次，世界上的出版，无论古代还是近代，都是起源于传教印宗教读物。在德国美茵茨古腾堡博物馆所藏的羊皮《圣经》以及大英博物馆所收藏的中国印刷第一宝——唐咸通九年刻印的《金刚经》残页就是例证。外国在上海出版包括书报刊唱片，延续了很长时间，大致到1949年至晚到1956年结束。这是一条线。其次是中国民族出版事业，一般全国以1897年商务印书馆成立为起点，包括五大书局商务、中华、世界、大东和开明。民国时上海有出版社一说300多家，一说600多家，我的朋友樊东伟先生研究近代出版史，他说300多家和600多家是择要的，真实的是有1600多家（有名有姓的）。我认为这是上海也是中国近代出版史的主要部分。包括近万种杂志。有教材、学术、大众文学以及娱乐类图书。起了传承文化、开启民智的作用。第三部分是官方出版物。晚清民国的政府出版机构，是独立的一支，我们研究的比较少。再就是党领导的红色出版事业。1927年"四一二"以前是公开出版，包括《新青年》《共产党宣言》等读物，党中央的出版机构最早也设立在上海。1927年以后在上海及城市转入地下，但公开出版在革命根据地存在。红色出版事业在1920年到1949年品种总量不多，但起到了传播马克思主义，鼓舞知识分子和民众参加革命、推翻旧政权作用，应给予充分肯定。但它的品种和受众毕竟不多。所以评价必须准确。本人主张，讲久远的事要客观，讲新中国的出版要务实。

我曾经与上海历史博物馆的专家讨论过类似的问题。他们那里还挂了一块上海革命历史博物馆的招牌。我看了他们开馆的展览，感到上海城市发展史和上海革命历史两方面都讲得不深不透。作为一个上海人觉得不过瘾。解决的方法实际上是有的，要么把革命史的招牌转到中共一大纪念馆合并展览，要么在上海历史博物馆内单设一个革命即中共红色历史的展厅，把革命在上海的事实和作用讲清楚。这样上海城市发展史、建设史也可以放开讲清楚，革命是一种"破"的力量，城市是一种建设发展的叙述逻辑。我们以前常常说革命是历史发展的动力，这是就政治角度破坏旧世界、创造新世界讲的。而一座大城市的发展，它的动力涉及移民、建筑、城市规划、科技、法律、教育、文化、医院、宗教、社会等的各方各面，它的发展动力是多因、多元。只讲红色文化是很不够的。我认为上海新闻出版博物馆的建设会碰到这个很重要，也是比较难的问题。

分馆或者专题馆，这是吸引观众的亮点和看点，可以打破时空补上史馆的不足。建议设若干专题馆。这是我看了华盛顿新闻博物馆以后受到的启发。史馆是线状的，专题馆是点状的。比如前述提到的殉难记者馆、柏林墙馆、"9·11"馆就是。我们只要有合适的看点、藏品就可以去建设，不受历史逻辑的牵制，是一种灵活的办馆方式。特别是出版史馆、新闻史馆，如果不介绍后70年的活动，则应在专题馆上下功夫，以补遗憾和不足。

六、专题馆的设立

我心目中的专题馆包括如下含义：1. 不受年代限制。如果新闻出版馆以近代史为主到1949年革命胜利后结束，则专题馆可以选择讲后面70年的某些专题。2. 不受空间限制，发生在上海以外的出版现象也可以来展。3. 永久性和阶段性结合。有的可以是常设馆；有的专题馆可以开设一两年，然后轮换新内容。4. 建设主体可以合作方式，由另一出版机构来承担。比如报业、出版、唱片的某机构。

以出版为例，我们当时制定的方案也提出了10余个专题馆，是否都能做成则要看场地展品、研究和设计等要素是否具备，能否整合出一个理想的陈展方案。如果仅从概念出发，这只是一种写书的选题，而不是建馆的做法。

例如：连环画馆。上海是中国连环画的大本营，1949年以后，连环画相当于今天的电视连续剧，在向大众宣传革命理念，传承中华文化方面，起了很大的作用。上海有很多原稿和珍本，很多绘家也在上海。这个馆能建起来时间上可以把旧社会和新社会连接起来，起到积极的作用。

例如：年画、宣传画馆。上海也是创作出版的大本营。民国时风行的月份牌也发生在上海。目前原稿流失严重，但原始的出版实物不少。我们调研时发现上海有一个藏家收了六七千种，这也是一个看点。

例如：唱片馆。我们曾建议让上海中唱等做一个企业发展史馆，就把1904年百代唱片进中国到新世纪唱片（录音带）谢幕的这段历史讲清楚，包括新中国的国歌也是在百代小红楼诞生的，百代唱片在中国具有代表性。这就是以点带史、以点带面的方法。

抗战新闻馆。这个馆实物要求不高，新闻大多是历史图片和通讯稿。好处是14年全面抗战史目前已有定论。西方、日本、苏俄、国民党、共产党的新闻可以找到一个集约表现的看点，做出来很有意思，而且1932年1月28日和1937年8月13日上海发生过两场重要的抗战。这部分史料现在已经全球开放。在我们中国的现状下不能做柏林墙这样的专馆，但抗战馆是有条件做的。

名人手稿馆。这是受众很喜欢的。包括书法题词、信件、文稿。很有中国的特色。可以与社会结合而成。

《申报》与《解放日报》专题馆。也有丰富的内容可以做出来。

书籍设计艺术馆。包括鲁迅、陶元庆、钱君匋那代人直到近年"中国最美的书"，内容也很丰富。

新闻出版名人馆。用何种方式确定名单以及以何种方式呈现，可以由专家进行讨论。但建立这个馆，以人带史，也很有价值。

以上挂一漏万，只是点到为止。由于本人对电视新闻、广播新闻不太专业，这方面的专馆可多听取其他专家的意见。

以上择几个出版看点，是想说解放思想，实事求是，立足观众，我们就可以做出很好的专题馆。因为一个有质量的博物馆，开设出来是第一步，吸引受众是第二步。而这两步是在设计陈展方案时就要一并考虑的。

七、设计和陈展

一个艺术类的博物馆，它的展厅设计和陈展要容易得多。大多情况下把画挂好、把柜子内的展品放好、注释卡附上，就可以很像样、很吸引人了。因为美术品尤其是名人名品能吸引人。因为工作的关系，我对艺术类展馆的特点有所了解。

但信息内容类的博物馆，要把外表枯燥的东西做出可看性，是很不容易的。所以策展人和展览设计师很重要。一方面要把方案表现出来，另一方面一定要用创造性思维在设计过程中把相关的内容（图片、场景、展品）挖掘出来。怎么更好地表现内容，表现方式在某种程度上很关键。我曾看过柏林的犹太人纪念馆、美国六位总统的图书馆（华盛顿、罗斯福、肯尼迪、尼克松、里根和小布什的博物馆），以及上海和长春的电影博物馆，都是做得很好、很成功的。中国从1978年的300多家经过40年发展已有5000多家博物馆，取得了很大的成功。但内容信息博物馆做得不够好的原因，一是不应该立项做馆的，把写一本书的资料做成一个展览空间本身就是错误。二是实物不多。三是设计得不够好。希望设计师具有开放性和灵活性，不要死板，一定要提出建设性的意见，而策展人要宽宏大量，不要埋没设计人才。这就如编剧和导演，导演在剧本以外要有很大的发挥空间。包括表现的手段也要多元。如果我们出版博物馆在21世纪推出的新馆还是如五六十年代的陈列方式即图片加文字说明，可能令人乏味。当然说到最后，这种创造又要统一在经费预算内。这是毫无办法的事。

八、纪实片收集和播放

再厉害的展览也受空间和经费的局限，很多内容无法同时陈列，拍摄一些纪实片，就显得十分重要，可以由纪实片的播放展现人物、事件和藏品。让有兴趣的人细细地看，以补展厅和实物之不足。近几年，我国一些机构从国外买回一些影像、录音资料，也是很宝贵的。另外，改革开放40年来，我国新闻工作者拍了大量的纪实片，有的涉及新闻、出版和作者，也可以采购的方式拿来播放。这比重起炉灶要好得多。这也是借鸡生蛋的好方法。或者大胆设想建一个纪实片库，这本身是新闻的手段和产品，可以成为一个收藏中心、研究中心和播放中心。这是题外话了。

现代博物馆的建设还包括环境、教育培训、观众互动等环节，要做的工作实在太多。所以文博人员往往在一个单位穷其一生，成为文明物证的看护人、传达人，这是极其光荣的使命和责任。人类一方面在前进，走向前方；一方面不断地回头看，看看自己走过的路径正确与否，这就是反思。而反思，离不开文明的两大物证，书籍和实物藏品。新闻出版博物馆集这两大要素与一体，十分宝贵，我们期待它的成功！

事非经过不知难。好的博物馆不仅要有好的从业者、经费和创意的支持，而且需要时间。在一定程度上除了时间还是时间。近些年，我们经常看到故宫的领导在四处宣扬他们的成绩，在我看来是有成绩，但他们忘记了故宫始建于明代永乐，历时十余年建成，为此死了很多工匠和民工，故宫是用很多人的白骨堆砌而成的。更不要说明清两代的大批珍宝，1949年以后以张伯驹等为代表的先贤的无私捐助，政府每年的巨大投入和优惠政策等等。中国只有一个故宫。它是历史和时间积累而成。它的资产怎么估计也不会过分。今天的人在此基础上做了一点取巧的事，千万不能贪功！

我写这一段的意思是说，虽然中国有最丰富的新闻出版资料，但估计我们收录的藏品还不够多，展现的水平还不够高，初次建成的时候可能并不令人满意。这不要紧，还有时间、还有机会，还可以由时间去调整、完善。

我们广大的新闻人、出版人以及观众，也要以宽容之心对待建馆的这一代人。一个成熟的馆，没有三五十年的时间根本不行。这是已被实践所证明了的。

（注：我在上海从事新闻出版工作46年从一而终，对行业深有感情。其中在2012—2015年有3年多时间分管上海新闻出版博物馆的筹建工作，形成了一些思考，一直想把它写出来以供同行进行专业讨论。2020年春节新冠病毒肆虐全国，关在家里无法出门，就读书、写稿。2月4日立春以一整天写完，感到心情很放松。）

2020年2月4日撰于高安居

对民营文化创业者的建言

随着经济的发展，人们解决了衣食住行，就要追求诗书琴棋的文化消费，这必然会拉动文化产业的发展。随着政策的开放尤其"互联网＋"的介入，传统上国有文化单位独家经营的格局必然会被打破，给民营文化创业者以空间。这一二十年也不乏这样的经典案例。尤其是由互联网切入实体文化的朋友，很多都找到机会发展了起来。比如陈天桥先生由盛大游戏进入，以50万元创业，成功地创建了500亿元利税的神话，是真实的。我们体制内另一个朋友邵忠，从体制内的一个办刊人下海承包国有单位的杂志经营，创了《周末画报》《优家画报》等十几个媒体，广州现代传媒2009年在香港成功上市。在960万平方公里的土地上寻找这类成功的案例，也比比皆是。

一、对文化创业者两点提醒

我是一辈子从事文化的经营者，后来又做过一个发达城市文化管理的官员，面对文化热起来的形势，以自己切身体会来说，还是想对各位民营的文化创业者做两点提醒，使之积极而又谨慎地投入。

第一，文化是一项责任，在很多状态下是赔钱的工作。

我到安徽宏村去，看到明清时期村里的道路、流经各家各户的水渠（相当于自来水和排水道）以及学堂，都是村里有钱人出资捐助的。我想文化也是如此。我到台北去了多次，发现很多大老板给我的名片落款 xx 文化基金会法人财团理事长，一问才知道，他们那里有一项财务制度，每年利润的10%可以留下来成立一个文化基金，从事公益性文化。而且10%是连续性的，限定只能成立一个，这些钱用于文化可以免税。可见他们知道文化和教育一样，是烧钱的行当，不能都由政府包养文化，就把一部分任务转给企业家。这是一种社会责任，总是要有人去做的。在中国一些地方，没钱的人想通过文化赚钱，很多有钱的人也想通过文化来赚钱，而不想把钱拿出来搞公益文化，帮助人们在财富以外求得精神上的平衡。这是一个认识问题。全世界的博物馆都是服务大众的公益事业，美国是博物馆最发达的国家，除了华盛顿的几家是国家办的以外，绝大部分是私立的、民间基金会办的。加州的亨廷顿图书馆、盖蒂艺术中心和盖蒂别墅博物馆、赫斯特古堡博物馆，都是私人捐助的。但不久前，我看到一个中国富人要办一个博物馆，而且要争取上市，完全是概念不清。怎么会呢？是我们没有讲清楚，造成很多人以为文化会赚钱，公益只是政府的事。不知道公益也是私人的事。

第二，要读懂文化产业的数据，不要对文化创业赚钱过于期待。

如果说要从文化方面赚钱，一般来说比衣食住行以及医疗教育要容易得多。很多文化产业是特殊产业，这要有充分的理解。衣食住行、医疗和教育，这是刚性需求。现在很多上海人，住房、孩子教育和全家的医疗，是必须的支出。如果再有钱一般会选择旅游、养车。其他的文化消费，很多人是能省则省，包括购书量和读书量上不去，看高档戏的人少，都和家庭预算有关。至于投资艺术品，那更是十万分之一人的事了。文化创业者是文化供给方，从文化供给来看，要分析真实的数据，要看到供给是怎么形成的，有多少人在参与供给，哪些人是成功的，怎么成功的，有多少人是失败以及怎么失败的。总之，你要了解同行人的竞争有多少激烈，他们的境况如何？我从事过两个行业，一是艺术品经营，有人成功办画廊，但更多人说要他倒霉叫他去办画廊。二是传媒，有一段时间大家疯抢报号、刊号，唯恐抢不到。但更多人说，要他倒霉叫他办杂志、叫他办报纸。

同一个时期，有人想跳出来，有人想跳进去，形成一种围城现象。原因之一是信息不对称，认识不同行动就不同。

这些年很多朋友尝试了文化，过后告诉我："没有想到文化赚钱这么难！"原因是他把不可以赚钱的公益文化视作了赚钱的文化，把难得赚钱的文化产业当作容易赚钱的产业文化，误区就是从这里开始的！

文化赚钱或者文化产业，是有条件的，以我的认识集中在两个方面：一是文化娱乐业，二是实用性文化，如教材。其他有些文化产品赚钱是有特殊条件，比如垄断的报业、电视业，等等。所以，一定要加细分。

二、读懂文化产业的数据

我们公布的文化产业数据每年以5%—10%的速度在增长。这些数据已达几万亿。未来的预测也是令人眩目的。

而以我的真实感知看，这些数据发布肯定是有道理、有根据的。但解读、认知和使用这些数据则要十分的小心。

（一）在我们体制下，凡是提出向某个目标进军、发展，有振奋人心的数据目标的，一般都会有偏差。上面要，下面凑是一定存在的。不懂这点也就还不懂国情。

（二）对数据一定要作结构分析。

比如我们新闻出版业 2017 年全年营业额是 18119 亿（1.8 万亿），但包括印刷业 13156 亿（1.3 万亿），印刷占 72%。印刷业原来由轻工部统计，现在划归新闻出版业合并统计。业外不知道印刷来了，感觉出版业大发展了。而一般人理解出版是书报刊唱片这些内容文化，他们一投入进来就会踩个误区。原文化部统计 2016 年营业收入 7406 亿，演出、动漫、艺术品这些内容文化占比不大，而文化设备制造、文化用具生产出售，占了很大的比例。此文化非那文化。很多想做内容的人就被误导了。

（三）数字的交叉重叠。

文化界的有些数据都是简单相加。最明显的是一些创业园区的文化创意产业，比如游戏业，存在严重的多头统计。一个营业额，报出版业统计，也报文化业统计，也报信息产业统计，还通过地区文化局系统上报。一个数据报了几遍，感觉就热闹了。比如现在的电竞产业统计和游戏产业的统计，相互关系是什么呢？应该包括在游戏产业之内，实际上不少地区又把它单独统计了。如电竞全球只有 10 亿美金、约 70 亿人民币，中国 2018 年已统计有 880 亿人民币了。又比如假定一个出版社一批图书批发价是 500 万的收入，这些书到了书店卖出去 1000 万（中间有书店的折扣），就被简单地统计了 1500 万了。如果不扣除 500 万，感觉市场放大了很多。由一个社扩大到几百个社，这个产业的放大就很壮观了。

（四）数据标准理解的模糊性。

现在很多文化机构发布数据用了"增加值"这个词。在百度上查文化行业大多也是用增加值。但很多人不知道增加值是什么？我们从事文化企业的人，原先与历史标准、世界标准以及企业标准一样，用财务报表上的营业收入和利润。这几者统一起来马上可以查核和理解是什么意思。营业收入反映的是规模，利润反映的是经济效益，利润除以营业额是销售利润率。这是企业家之间的通用语言。现在用了"增加值"概念，让你摸不着脑袋。其实简单地说增加值就是毛利，营业额减去直接成本就是企业毛利。它只是一个次要数据，既不反映行业规模，也不反映行业绩效，过去一般不用。因为毛利和利润差别很大，有的行业有毛利无利润，有的毛利大的企业还是亏损的。因为现在社会发展的趋势，直接成本下降，间接成本上升。每个行业永远有毛利（增加值），但可以无利润。所以创业者不能以增加值为依据，还是要看营业收入和利润。

（五）统计数据与预估数据的差别。

传统的文化国有企业，有一套严格的数据上报系统，一般是在次年 1 月初的财务报告完成以后才上报，慢一点但准确。这几年文化机构多元化了，条线交叉眼花缭乱，很多行业的数据根本不是统计数据而是评估数字，即委托一个数据公司写行业分析报告。数据在年度财务报表未完成的情况下已经提前发布了。大多是评估数，不是实际发生数。而评估时除少数抽样外，为了吸引政府注意，为了吸引资金进入，大多夸大数据，存在溢美之词。

（六）数据的起落变化。

这几年文化行业数据大起大落。比如报业、电视、时尚、商务杂志以及艺术品拍卖，都是如此。大量的书报刊电视的营业额、广告费被互联网、移动手机冲击，呈大幅下降趋势，但互联网存在损人不利己的现象，它的免费阅读也没有体现出消费转移的可能。比如艺术品拍卖，2011 年全国约 825 亿营业收入，2018 年仅 246 亿营业收入。有的人看了 2011 年的数据，还要挤进来创办拍卖行，不知眼下行内的人正在艰难度日。包括书报刊、唱片和电影，都在急剧下降。这就是一系列新的围城现象。

还有一些传媒机构，以前有利润是事实。现在大亏损，拿了大量高额的政府补贴，还有资产运作的回报，显示出还有利润，这些利润是不真实的。有的出版社拿的年出版基金补贴，也大于利润总额，业外是不了解情况的，以为这个单位或行业还有利润。这也是一种信息不对称。

所以，建议没有政府资金，没有风投资金创办文化企业的，尤其是私人要大投入的，要认真研读数据，同时要请专业人士进行实况调研和案例分析，再决策是否介入文化投资。

（七）数据背后的门槛和条件。

民营文化创业者有机制体制的优势，但有些文化行业有专业审批，即政府发放许可证。国有单位可以，你还不能参与。或者你要与国有单位合作，但这有经济成本的。比如民营书店借图书发行公司介入出版，要付费获得与出版社合作。报刊、电视都是如此。

现在书报刊发行一年约有 3100 亿，包括批发、零售。感觉是还不错。所以一些民营创业者投资实体书店，政府也有少量基金补贴，但为什么做得那么辛苦。除了客观的读者需求转移到网上以外，还在于你没有早已占位的国有书店的优势。一是国有书店有教材经营权，可以弥补销售一般图书的亏损。二是大部分国有书店的经营场所或租赁国有房产，是新中国成立之初就形成的，是公有租金。或者是历史上形成的自有物业，零折旧，零成本，像上海书城这种政府物业，租给国有书店也是极其优惠的。所以，今天民营再来办实体书店，就要极其慎重，除非你办的是公益性书店。

（八）怎么看文创上市公司数据？

全球以及中国企业上市以前大多以实业为依据。传统的文化企业也是依据销售和利润。上市时企业利润 10—20 倍是总资产。互联网时代，很多文创企业追求读者和用户流量及规模，没有利润和少量利润的企业也可被高估值上市，即所谓兑水溢价。例如 2015 年时我国游戏企业上市 171 家，市值 4.76 万亿，收入 1407 亿。假设利润为 30%，那 422 亿的话，可以推算出每家企业营业收入 8.22 亿，利润 2.46 亿，但市值资产 280 亿是年利润的 113.8 倍。为什么一些文创企业的老总只追求上市？上市了又赶紧套现走人呢？因为不少上市的文创企业资产和利润是虚化的，通过毕其功于一役包装上市了，但无法支撑一个时期甚至两三年。说它的资产、资金是虚拟的，还在于它是轻资产，没有土地、厂房与硬件设备，人一走，剩下的是一地鸡毛，空心的。我熟知的一个传媒公司，上市时每股 2 元多，现在只有 0.2 元了。注意到上市的电影业华谊兄弟的老板，已困难到出售自己收藏品了。所以对轻资产的文化上市也要有清醒的认识。

（九）谁分了电影业、拍卖业的蛋糕？

这几年电影在中国火了，市场年年上升。2018 年已到了 609 亿票房收入了。但是从未看到电影业公布利润多少？就是 600 亿是谁分了呢？有一次我给复旦同学讲文化产业，特地查了电影资料，才发现了一些情况。这里以 2018 年数据为例分析如下：1. 国产电影 379 亿元占 609 亿的 62%，外国电影 230 亿占 609 亿的 38%。提供少量品种的外国片占了这么大的比例，我们市场的蛋糕被外国人切了一大块，中国人投资电影还会好吗？查近年中国票房收入位居 20 位的大片，国产 8 部，国外 10 部，中外合拍 2 部。可见一斑。2. 占 62%379 亿的国产片总计 1082 部，均收 3502 万元，其中故事片 802 部。据业界专家告知，很多故事片拍出来从未上映，排不上号，只在小场子放一下以示安慰。3. 投资人与院线分配比例。379 亿的国产票房收入，制作商（注意是投资方）分 43%162.9 亿，院线含发行商、税金分 57%216 亿。制片商收入每部片均价 1505.5 万元。4. 制片商也即投资人的利润分析。据向几位资深电影人了解行业惯例，43% 的蛋糕分配：A. 演员分 50%，B. 其他 50% 主要花在特技制作和宣传推广费上，C. 投资人几乎无利润。所以电影投资业在中国没有利润统计数据。而且 609 亿的分配数也不是统计数，而是根据公式大致推算出来的。这就是电影利润的真相。

现在拍卖业也炒得很热，一张名画常常上亿、数亿元，动人心魄。因为我曾是中国艺术品拍卖业的第一代创建人，经常有朋友来请教要办新的拍卖行，我一般劝说他们再看一看。因为从 2018 年最新的数据看，全国还在上拍的拍卖行 410 余家，但拍卖收入仅 246 亿，74% 营业额被嘉德、保利等 10 家拍卖行获得。21.8% 的企业有盈利，近 80% 的拍卖行在亏损，利润超过 100 万的企业只有 29 家。深入分析以后，就知道收入与风险的比例了。

由此可见，电影业院线、演员得大头，少数大片得利润。其他投资人只知道有 609 亿的市场，但分不到利润。拍卖业也只是少数企业有利润。这是真实的行业情况。

以上提示，不是要打击大家进入文化行业创业的积极性，而是真诚的提醒，一是希望大家抱着奉献于民族文化的责任来投资文化。最好一石双鸟，尽了责又赚到钱。二是希望分析好行业的真实情况后才信心百倍地进入。三是有必胜的信念，更要有承受风险的心理准备。不要等到大亏，才对文化产业的情况和难度有认识。总之，要鼓励全社会献身文化，但从事文化产业想赚钱，要未雨绸缪，大智大勇，无怨无悔！

撰于 2020 年 2 月 19 日

ChinaJoy 为何在上海成功

ChinaJoy 是"中国国际数码互动娱乐产品及技术应用展览会"的简称。它在全球游戏界已成了一个响当当的国际品牌。历史上，美州有洛杉矶的 E3 游戏展，科隆有欧洲的游戏展（gamescom），亚洲的中心在日本的东京电玩展（Tokyo Game Show），日本是任天堂、索尼的故乡，单机游戏的重镇。2004 年中国 ChinaJoy 起步的时候，与上述几家展会相比真的是名不见经传。大约在 2013 年，我们 ChinaJoy 的规模已是世界第二，亚洲第一。随着单机板游戏的弱化，全球游戏消费和生产中心转移到中国，东京电玩展的地位就下降了。近年，ChinaJoy 已宣布位居世界第一。

一、缘起和发展概况

第 1 届 ChinaJoy 于 2004 年 1 月 16 日—18 日在北京展览馆举办。因为 2003 年非典的影响，展会延到次年 1 月才办。后来听说首届展览规模不大，一个很好的概念，似乎当地不太热心，而且当地展馆的条件和服务不太理想。

记得是在这年的初夏，国家新闻出版总署寇晓伟副司长到上海拜访孙颙局长和我，提出想把 ChinaJoy 移到上海来。当时游戏业还是一个敏感的话题，但是上海已走在全国的前面，游戏业在陈天桥、朱骏等人的努力下，已发展起来，这年的 5 月 13 日，上海盛大已在美国上市成功。孙局长表示欢迎。因为 10 月要在上海展出时间很紧，一步步地走文件程序肯定来不及，于是由我陪同寇司长直接去拜见时任上海市副市长的杨晓渡同志，向他汇报游戏业的情况、前景以及为什么移师上海举办的原因。杨市长听了当即表示支持，让我们抓紧书面行文。于是，我们一边报批，一边进行展览准备。很快，上级同意 ChinaJoy 由上海市政府和总署共同主办，我们局与汉威展览都是承办机构。得到领导支持，这是后来事情比较顺利的重要因素。

于是，第 2 届 ChinaJoy 就在当年 10 月 5 日于上海浦东新国际展览中心成功举办并宣布永久落户上海。与后来发展的规模相比，当时可能还是"星星之火"，展区面积 2 万平方米，仅有 140 家参展商的 167 款游戏参展，外国公司比较少，但美国 E 电、法国育碧等知名公司还是来了。场馆小，但依然十分火爆。虽然门票50元（周末100元），现场很多新游戏的免费体验以及各大公司慷慨的礼品发放，还是吸引了6万多热情的观众。以后，ChinaJoy一届比一届火爆，规模一届比一届大。浦东新国际展览馆有16个馆，初去这个展览馆，心想这么多的馆，位置又在市郊，什么时候可以填满。没想到后来真的越做越大，把16个馆17万平方米都填满了，成为上海文化产业最成功的展会。有一次展馆的总经理对我说，我们展馆就两个展览最火爆，一个是物质的汽车展，一个就是文化的游戏展。我才意识到ChinaJoy真的长大了。

第1—17届 ChinaJoy 基本数据一览表

年 份	届 别	参展商	含海外参展商	游戏品种	观展人数（万）	展出面积（万平方米）
2004.1	第1届	129	12	145	6.1	1.5
2004.10	第2届	140	14	167	7.5	2.0
2005.8	第3届	156	19	289	8	2.5
2006.8	第4届	161	23	338	9	3.0
2007.8	第5届	163	24	345	10	3.5
2008.8	第6届	170	28	354	12.4	4.0
2009.8	第7届	187	29	367	13.8	4.5
2010.8	第8届	190	30	407	16.8	5.0
2011.8	第9届	283	79	482	18.3	6.0
2012.8	第10届	449	134	603	19.7	7.0
2013.8	第11届	480	115	701	19.6	7.5
2014.8	第12届	550	150	1600	25	10
2015.8	第13届	700	200	3500	27.3	12
2016.8	第14届	900	200	4000	32.5	17
2017.8	第15届	1000	350	4500	34.3	17
2018.8	第16届	1025	352	4500	35.5	17
2019.8	第17届	910	230	4000	36.47	17

2015 年 8 月，我办完第 12 届后就退出了领导岗位，作为一个参与者和见证人，我一直想把 ChinaJoy 落户上海作为文化产业发展的一个典型的成功案例写出来，让业界的朋友共同分享其中的经验和原因。

这里，我们用附表以及一串数据描写出 ChinaJoy 的发展。

1. 参展商统计

2004 年第 2 届参展商 140 家，其中国内企业 126 家，海外企业 14 家。2018 年，参展商 1025 家，增长 6.32 倍，其中海外企业达 352 家。

2. 游戏展品统计

2004 年第 2 届展示游戏品种 167 款，2018 年第 16 届游戏 4500 款，增长 26.9 倍。

3. 观众数统计

2004 年第 2 届观众 7.5 万余人，2018 年第 16 届 35.5 万人，增长 4.73 倍。其中专业人士超过 5 万。

4. 场地

2004 年第 2 届展览面积 2.0 万平方米，2018 年第 16 届达到 17 万平方米，新国际展览中心 16 馆全部利用起来。

5. 版权交易

由第 2 届不设商务洽谈区，到 2018 年第 16 届设商务区 4 万平方米，意向成交超过 5 亿美元。

二、ChinaJoy 移师上海以及我们欢迎它的客观原因

ChinaJoy 以及很多展会在上海的成功，在于上海这个城市综合的条件和优势，它的硬件、软实力、人才、文化传统的底蕴，主办人在此基础上用力、努力，就是把内因与外因统一起来。所以，城市的基础是重要的因素。此外就是其他因素了。

（一）上海当时是中国游戏产业的高地

游戏是人类与身俱来的消遣，由原始游戏到网络游戏，其间经历了漫长的过程。我国的电子游戏业最早由旅居日本的王子杰等先生引进任天堂单机板游戏开始，它以电视机为显示屏曾风靡一时。上海就是一个引进和分销中心。后来因被大量盗版而无法在我国维持。

2000 年后，陈天桥和朱骏两位网络游戏的先驱，先后创办盛大游戏和第九城市，引进了韩国等地以网络、多人互动为特点的网络游戏《传奇》《奇迹》。特点是难以盗

新闻出版总署和上海市领导出席 ChinaJoy 开幕式

版，同时陈天桥的盛大创造了玩家买点卡上网付费玩的模式，一时全国玩家四起，《传奇》同时在线人数曾达 65 万之多，上海很快成为网络游戏的中心，当时占全国 80% 以上的市场份额。2004 年上海游戏业发生了三件大事：5 月 13 日盛大游戏在美国纳斯达克证券交易所上市，股价 11 美元，募集资金 15239 万美元（次年陈天桥以超出 100 亿元人民币的身价名列中国首富）。12 月 15 日，第九城市在美国纳指上市，发行价 17 美元，当日开盘价 19 美元，收盘价 21 美元，全球轰动。同年 11 月 18 日，上海巨人网络成立，史玉柱出任 CEO，首款民族游戏《征途》正在开发中。除了以上三大公司，当时上海还活跃着久游、世纪天成、邮通等一批实力雄厚的网络企业，所以上海当时作为我国的游戏高地是实至名归的。

ChinaJoy 的展会内每个大公司的展台搭建投入相当大，约 500 万—1000 万元。除了场租、搭台、设备安装，还要大量的明星、演艺女孩和服务人员，所以把展会移到上海，方便上海的大企业就近参加，快速地形成展会的大格局，是明智之举，也是移师上海的一大重要原因。

（二）上海展会的硬件领先全国

上海是个国际化的大都市，航空、酒店、地理位置、人才优势，在当时客观上居于一流水平。除此以外，上海一直在打造中国、亚洲甚至世界的会展中心，展会条件也是更为先进的。

1. 上海新国际展览中心规模大，展厅宽敞，观众流线好，后来又通了地铁 9 号线，很适合 ChinaJoy 当时及未来的发展。这个展厅是中外合资的，服务意识也比纯国有的要好得多。后来我们在那里展览，馆方与我们的合作一直比较好。上海新国际也比较知道怎么配合主办机构做好各项服务，包括参展商的设备及技术支持。这是很重要的。毗邻展厅的两个大型的五星酒店嘉里中心和喜马拉雅有一流的会议设施。

2. 科技设备先进。ChinaJoy 现场需要很多巨大显示屏，数以万计的电脑和设备同时开动起来，要求很大的无线网络支持流量。而上海率先建成信息公路即宽带技术，可以满足展会大流量的需要。当时，全上海的 LD 视屏都被借来现场，技术上只有上海等少数城市做得到。

（三）政府服务到位不越位

ChinaJoy 台前的热闹，背后却有强大的政府支持。初期游戏业是个热门但是也有争议的话题，政府不到位很多事情也办不成。一是部

2015 年夏参加 ChinaJoy 的市新闻出版局机关工作人员团队合影

市领导重视，一直担任主办机构（到 2014 年为止），分管领导都至高峰论坛或展览现场讲话，指导工作。总署、总局主要领导龙新民、柳斌杰、蒋建国也曾亲临展会给予支持。我们局历届局长都支持，我作为分管副局长，曾参与六届，都全程在现场指挥。最多时，我们派出局机关以及下属单位六七十人在现场负责会务、安保、内容检查等工作。比如 ChinaJoy 的现场游戏，很难做到事前依法审查，我们与总局音像司组成一个审查小组有 15 人之多，一直在现场查看来自海内外的节目，最多时达数千款，确保了内容安全。每届 ChinaJoy 都在 7 月末 8 月初盛夏高温期间举办，人流量最多时达 30 余万，最多一天十几万，现场十分拥挤，防踩踏、防火灾等安保工作十分重要。我们和承办机构合作，在现场配备专业安保 150 人、机关人员 50 余人，以确保现场安全。十七届如一日未出大事情。展览所在地的浦东新区也很重视这个展会，在各方面提供保障。我们局和市委宣传部一起，还组织上海媒体加大对 ChinaJoy 以及游戏业的报道和引导，比如报道每年游戏展会的特点；引导游戏健康发展比如倡导绿色游戏、倡导民族游戏，抑制游戏的凶杀、暴力、色情内容，反对一面倒地引进外版游戏，呼吁家长防止青少年沉迷网络游戏，等等，起到了积极的作用。

ChinaJoy 成长的这十几年，我们局始终身体力行为 ChinaJoy 提供优质服务，并且到位不越位。即支持承办机构负起具体责任，在招展、布展和运营方面发挥能量，不给人家添乱。所以政府与展览公司之间也有很好的配合。

（四）2004 年我们面临服务政府的职能转型

2004 年是上海市新闻出版局的转型年。因为经过改革，我们局变成了纯粹的政府管理局，原先作为主管直属单位 18 个出版社、印刷集团、发行集团人财物的职能划给了市委宣传部。出版局事权和职能大大减少。所以必须转型成为面向全社会的服务型政府，而做大型的文化展会，就显得十分重要。所以，这一年 ChinaJoy、上海书展和"中

国最美的书"的评选先后成功举办，三个品牌后来在国内外都达一流水准，也在于当时转型的背景。

另外一点，当时上海的文化强调"码头"作用，就是定位在对外文化交流中心，要把海内外优质文化和产业文化引进上海，体现出它在文化交流上的功能。而这几个项目，都适应了市委提出的城市文化方向，同时也与 2009 年以后上海文化定位为"国际文化大都市"相衔接。

（五）我国网络游戏业持续发展，上海持续"三分天下有其一"

展会宣布永久落户上海以后的十余年，我国科技、金融和文化高度融合的文化产业主要是网络游戏业，后来随着移动手机发明、青年人创新创业以及各省数以百计的创意园区等的推动，这个行业一路高歌猛进，2018 年营业收入 2100 多亿元，拉动设备业、电信业的消费力度极大，成为无烟工业。很多上市公司、亿万富翁、创新人才出自游戏业。所以，需求一直推动着 ChinaJoy 稳健发展。

随着上海游戏超额利润对各地的吸引，广东、北京、成都等地的游戏业也展示出后发效应，上海由初期占比 75% 也逐年下降。在我分管这项工作时，已降至 35% 略多一点的份额。2015 年营业收入 500 亿元左右，2019 年 720 余亿元。但腾讯、网易、完美世界等公司仍将游戏分公司设在上海。上海还有相当的竞争力和综合优势。这也一直支撑着 ChinaJoy 在上海的存在。

三、ChinaJoy 展览组织机构自身的努力

今天 ChinaJoy 作为一个文化品牌兼商业品牌，经过评估，它已具有 10 多亿人民币的价值并已在市场交易成功。2018 年展会观众和参展人员高达 35 万人之多，除了直接的展会收入，还带动了数十万观众来上海旅游，带来了十余亿的线下消费，给上海会展、旅游业增色生辉，这是不易的。中国绝大部分的文化展会，大多是政府主办、政府出资、政府运营。所以都有大量的政府投入，被做成公益性项目。很少被做成会展产业品牌，自负盈亏。

现在回想起来，ChinaJoy 一开始就设计了很好的定位、潜在的空间和商业模式。

（一）政府支持民营会展公司承办

政府不出钱，包括起步阶段上海也没有出过资助资金。也没有政府"扶上马送一程"。一开始就让会展公司置之死地而后生。这样，会展公司必须努力招展，精心核算成本，该用的钱就用，不该用的钱就不用。记得超过 25 万人流以后，我们感到了现场的危险。

提出每个展厅 8 个大公司展区的布局太挤，容易出事情。会展公司最后同意减到 6 个展位，腾出了很大的安全空间，便于疏散人流。这要多支出很多钱，但该用的钱也用。这种会议主办承办模式在国内很少运用，但 ChinaJoy 成功了，始终没有变化。很多领导同志也给予充分肯定。

（二）起初就设计了非常好的名称及定位

一般这类文化展会从上海开始，会把 ChinaJoy 定名为"中国网络游戏大展"之类，ChinaJoy 则为"中国国际数码互动娱乐产品及技术应用展览会"。当初很多人不理解，起步时也很艰难，很少国际客户为什么定位国际？只有网络游戏为什么叫"互动娱乐产品"，只有产品为什么又写上了"技术应用"呢？

后来的发展一步一步地证实，这些内容都被发展和需求填满了。这个展会成了世界上最大的游戏展，不仅是网络游戏，家庭游戏机等也纳入了。不仅展览内容，而且各种设备制造商都来参展了。

更重要的一点是，起步阶段我们功能定位在 BtoC 上，因为当时我们还做不到 BtoB 商务对商务的专业展览。但我们中国有众多热心的玩家（customer 顾客），我们定位把他们先吸引进来，造成声势、规模，再吸引全球游戏商和相关产业链的供应商进入。到条件成熟时再开辟 BtoB 的商务展区，从一个馆扩大到四个馆。世界上文化展会的模式，一般都是以 BtoB 为主，BtoC 为辅。比如法兰克福书展和美国 E3 展。前面两三天只向专业人士开放，后面两天向观众开放。分成前后两段。

而 ChinaJoy 是从中国实际出发的。它先发展游戏商与观众的互动，使之成为玩家的狂欢节。从 2005 年第 3 届开始安排在暑假期，也是让 15 岁—25 岁的玩家有时间来参与。而后开放 BtoB，两个展区时间是并行的，分成两大展区同时展开。玩家（顾客）一般不可进入商务区。这是非常成功的安排。

（三）ChinaJoy 的三大板块构成了实力和吸引力

成熟期的 ChinaJoy 包括了三大业务，BtoC 玩家互动区、BtoB 商务洽谈区、论坛三部分。

一是 BtoC 互动娱乐区。由最初的一个半厅，发展到最近几年 8 个展厅约 10 万平方米，致力于为玩家服务，体验新产品和获得现场感。除了玩，还有很多人自发地扮演 Cosplay，在现场秀自己的服饰和创意，是中国少有的年轻人的嘉年华。从中国游戏到近年国外游戏，从一百多种游戏到近年的四千多款游戏，让玩家有更多的选择。在这十几年中，在技术支持上，由最早的端游，到后来的页游、手游、家用机、AR 以及电竞，不断地以新产品、新体验吸引受众。参与和体验还体现在一届比一届红火的 Cosplay 全国比赛（游戏动漫角色扮演嘉年华）。各省市层层选拔以省为代表的团队，在会展期间在现场总决赛，很多观众前来参与，并在闭幕那天下午举行颁奖仪式，我们都曾去授奖，与年轻人在一起才知道 ChinaJoy 是多么受他们的喜爱。很多年轻人都是自费从各地赶来上海参加展会，他们把舍不得花的钱积攒起来，参加这一年一次的盛会。以 12 届为例，BtoC 互动娱乐区有 750 款全国顶尖游戏和 1500 台游戏体验机供玩家体验。

二是 BtoB 综合商务洽谈区。由于中国巨大的游戏市场以及 ChinaJoy 在国际上数一数二的地位，吸引了海内外游戏商、电子设备商前来参与。我们从第 6 届开始，加强了商务洽谈区的建设。后来洽谈区从最初的零，到 2018 年的 4 个展厅 4 万多平方米，600 余家企业含外商 350 家入场进行专业交易，其间达成意向商务合作 850 多项，意向合作产品 1600 多款，现场意向版权交易达 5 亿多美元，体现了 ChinaJoy 预设的国际性和交易的功能。很多游戏商通过 ChinaJoy 平台走向海外，或进入中国，起到了作为专业合作的桥梁作用。

值得一提的是，除游戏节目的交易，ChinaJoy 也是世界先进网络技术与设备的交易平台。这部分也越做越大。

三是 ChinaJoy 的高峰论坛以及相关会议。会展业，会也是一个重要的组成部分。好的展览一定要有好的会议相互搭配，才能相得益彰、珠联璧合。早期的会议主要是高峰论坛，上午是领导和领袖人物的主旨演讲，下午是各企业代表的发言。到后来，会议持续三四天，而且呈现多元化。以 2014 年的论坛为例，就有 9 个会场 200 多位嘉宾到场演讲，信息量巨大能满足各类专业人士的需要，很多新理念、新技术、新方法在此地公布以及交流。如第 12 届 ChinaJoy 以"塑造世界游戏产业新格局"为主题，设置了高峰论坛（CDEC）、游戏开发者大会（CGDC）、游戏商务大会（CGBC）、世界移动游戏大会（WMGC）以及全球娱乐合作大会。所以它同样吸引专业人士的眼球，1000 余家媒体蜂拥而来现场报道和采访。

（四）ChinaJoy 的主题和与时俱进

ChinaJoy 旺盛的生命力和吸引力还来自于时时追踪国内外游戏界、玩家以及社会各界关心的热门话题，探索解决的方法和政策，引导人们向未来看齐，而不是沉迷于老的模式。

例如 ChinaJoy 近年的主题分别为第 10 届"名符其十，感恩十年，十进位，新纪元"，第 11 届"游戏演绎梦想，移动畅响未来"，第 12 届"塑造世界游戏产业新格局"，第

16届"新科技、新娱乐、新价值",第17届"健康新娱乐、游戏新价值",等等。在我记忆中印象深刻的内容和技术热点有:怎么引导民族国产游戏?怎么开发绿色健康的游戏?移动游戏的未来、家用机进中国、IP品牌的运用(讨论游戏与文学、电影等产业的融合问题)、AR技术在游戏上的运用、游戏的全球合作、开拓海外游戏市场,这些话题都有积极的意义,推动着中国游戏业的进步、完善。

（五）有一个强有力的执行机构

ChinaJoy成功是多元的,它整合了中央政府、地方政府、中国音像协会和民营承办机构以及业界专家的力量而成,与东京电玩展、洛杉矶E3、科隆游戏展相比,它更具有中国的特殊性。但我认为,北京汉威公司是一个坚强的会展团队,没有他们的创意、努力以及持之以恒的精神,根本不可能办到这个程度。每次展览前后一周左右的时间,韩总以及属下全身心地投入,碰到的问题也是大量的。记得有次因为一位明星来现场客串,慕名而来的成千上万粉丝一早就在展台前聚集,他们占着位置不吃不喝,就等着心仪的那一刻。现场十分危险,展览公司的同志和我们一起维持秩序,大家心情万分焦虑,最后也熬过去了。还有一些小姑娘为了吸引人的眼球到现场脱光上衣秀身体,周围马上聚集了媒体、人群,展览公司

全国Cosplay比赛是每年一届ChinaJoy的重要内容。图为闭幕式上向优胜团队颁奖

每年一届的ChinaJoy受到众多记者关注

ChinaJoy游戏展览的前期布展现场

也要立刻去现场处理。很多又好气又好笑的突发事件会在 ChinaJoy 发生。好在有一个坚强的又有经验的团队，大多都化险为夷了。

因中途调任东方出版中心，我完整地参与了六届的组织工作，见证了 ChinaJoy 由创办、宣布永久落户上海直到今日的成熟，深感来之不易。特别是总署的肖司长、寇晓伟副司长和后来的张司长，都给予大力支持。在初创期要整合中央各部委的资源促进 ChinaJoy 及游戏业的发展，付出了热情和智慧。记得寇晓伟同志主持的工作会议，常常都开到深更半夜。把握总体，还注意细节。韩志海总裁作为一个职业会展人，由最初办展的眼光，逐步预见到后来产业的大发展、中国成为世界游戏的中心，并把理念落到实处，推着展会一步步发展壮大，功不可没，难能可贵！杨晓渡副市长和于永湛副署长最早支持这个项目以及产业在上海落户，使之发展起来。历届上海市有关领导以及总署领导也很重视，使展会越办越好。

如今我已退休，但回想职业生涯中参与 ChinaJoy 在上海成功创办，拓宽了视野，学到了很多东西，由一个传统出版人领略了时代的新风采，还是深感荣幸！

刊于《编辑学刊》2020 年第 3 期

一个出版人的文化情怀

——祝君波先生接受洛杉矶《上海人》杂志书面采访

祝君波先生是中国大陆一位资深的出版人。他从 1972 年起从业，由一个学徒工成长为文化人、经营者和政府官员。身任数职，横跨文商，有一定的知名度。祝先生自 1989 年秋起首访洛杉矶，前后来过 15 次。曾在长青书局等处举办上海书展、朵云轩书画展，与洛城文化界人士过从甚密，为上海与洛杉矶的文化交流作出过杰出贡献。是次他到洛杉矶休假，本刊闻讯与他约见，进行了采访。

一

采访人：祝先生，听说您与刘冰先生在上海合创了长青基金会并做了一些有益的工作，能不能介绍一下情况。

祝君波：谢谢你们安排采访。长青基金在上海成立，首先要归功于主要创始人刘冰先生。我和刘先生认识 30 多年了，知根知底，成了忘年交。刘先生长我 20 多岁，在各方面对我指导帮助很大。事情的起因是 2017 年秋天，刘先生把他收藏的有关上海美专的一批文献和书画共 101 件，捐给了上海交大，获赠奖励一笔钱。刘先生对家乡很有感情，想做点文化公益事业。考虑到刘家父子两代终生从事出版，在洛杉矶创办过长青书局，我们基金会就以长青命名。成立的程序是严格的，由上海文化基金会同意报中共上海市委宣传部领导批准，于 2018 年 6 月正式成立，举行了仪式。基金会发起人共 4 位，包括企业家华允弟、艺术家乐震文、刘先生和我。根据章程，宗旨为资助中华文化的研究、创作、出版、展览、演出以及人才培养，提高民众的文化艺术素养，促进对外文化交流和传播。

基金会成立以来已做了一些有意思的工作，如 2019 年 4 月组织评选"长青国画新人奖"和"长青出版新人奖"，主要鼓励中国画创作和从事传统出版业的人。我们委托高校评出了 10 位在校优秀生；委托上海出版协会和编辑学会评选了 10 位 45 岁以下从事出版工作 8 年的出版人。举行了隆重的颁奖典礼，颁发了奖金和证书，进行了新闻宣传，还将这些新人的作品在上海几所高校巡回展出，受到社会的充分肯定。这两个奖项初定为两年一届。每次各 10 人。2018 年 6 月我们资助《钱大钧文物文献捐赠纪念册》的出版以及相关活动，鼓励钱家兄弟把蒋中正文献以及钱大钧上海市长钥匙等 12 件珍贵文物捐给上海历史博物馆。2018 年 9 月资助常德公寓千彩书坊举办 10 周年活动以及张爱玲图书展，举办了城市书坊生存发展讨论会，对在名人故居创办实体书店与咖啡店结合的模式给予了肯定。2019 年 3 月资助 99 岁的出版老人黎鲁同志的新书《走出碎片化》出版以及举行新书发布会，黎鲁同志到场讲话感动了大家，媒体给予积极评价。2019 年 8 月资助购买出版家孙颙新书《风眼》，同时参与组织了新书《风眼》出版研讨会，出版界 100 多人参会，大家对出版改革进行了热烈的讨论。去年秋天，基金还资助《于右任草书千字文》出版及新书发布。协助在市政协召开了纪念于右任先生诞辰 140 周年"于右任文史与书法座谈会"，各界人士 230 余人参会。高小玫、徐逸波、刘冰、于中令（于右任之子）、谢定伟（谢稚柳之子）等领导和专家发言，媒体给予广泛报道。这也是上海 70 年来第一次公开的纪念于右老的活动。2019 年 9 月，围绕新中国成立 70 周年，资助张驰举办捐赠上海历史博物馆《海上揽胜·七十长卷》特别展，在外滩 12 号举办了"辉煌 70 年上海摄影图片展"，展出上海历史老照片 290 余幅，组织了"历史图片与城市记忆研讨会"，反映新中国 70 年上海走过的历程和取得的成就。

这一系列的活动已充分体现了长青基金会的价值，所以 2019 年我们获赠李琳女士一笔 50 万元人民币的捐资，并吸纳她担任名誉理事，参与基金会的工作。李琳女士说，她一直有创办文化基金的愿望，但看了长青专业而又负责任的工作业绩，感到自己的钱融入长青，交给专业人士管理更好。

二

采访人：退休以后忙点啥？您到美国十多次了，近年到美国来有些什么兴趣点和发现呢？

祝君波：这两年退休以后到美国和因公出差不同，还是比较放松，视野更开阔一些。我以前主要从事艺术出版和收藏交易，还是对历史文化以及艺术兴趣更大一点。美国是个很大的概念，也是一个宝库，美国有很多东西可以挖掘。一般的人看了环球影城和迪士尼以后，会说洛杉矶呒啥啥了。我近年深入考察亨廷顿图书馆和植物园、盖蒂艺术中心和盖蒂别墅博物馆、赫斯特古堡博物馆，非常感动。美国富豪们举家之力收藏、建博物馆，最后都捐给社会，使我看到了美国搞文化不是在用公家的钱，而大多用私人的钱。这对中国富人的人生有启示。我以这几个案例为主在《解放日报》发表了《最终的富有指向文化》这篇长文，并在国内举办了多场演讲，介绍了很多人到加州参观。由刘冰、王小冈先生陪同，我在洛杉矶参观了尼克松、里根图书馆，我也想介绍给国内同胞。这次我在东部看了罗斯福图书馆和肯尼迪图书馆，上次在弗吉尼亚看了华盛顿图书馆和故居，在达拉斯看了小布什总统图书馆，这样已看了6个了。每一个都是一段历史，每一个又有独特性的建筑、陈展方式。我喜欢历史，这对我是一种学习，也是一种娱乐。每个人的娱乐不同，有的人打麻将、打球，我很喜欢看人物的博物馆、纪念馆。

我还注意到，美国从1938年起一共有43个总统图书馆（实际上是总统博物馆或纪念馆）。我注意到这个专题太迟了，至今只看了6个，不知道有生之年能否全部看到。看完难度很大，因为非常分散。但我希望能用出版、演讲的方式，把总统图书馆介绍给国内人。

退休以后还在做文史研究会这项社会工作，已在市政协出版了《上海出版改革40年》（上下册）、《海派名家收藏》（上下）以及今年即将出版的《风云际会——沪上近代人物追忆》等文史资料，分量都很重，前两部都有五六十万字数。自己还有一些写作的计划，在上海帮朋友举办画展等，以前是全心为社会，现在大约一半时间做社会工作，还有一半时间旅行、阅读和写作。

三

采访人：您1993年成功地举办了中国第一场艺术品拍卖会，被誉为拍卖第一人，这次您又出版了一本《祝君波再谈收藏》的新书，可不可以告诉我们目前中国大陆艺术品拍卖的情况？

祝君波：我在朵云轩时从1992年春季到香港参与举办艺术品拍卖会，一共从事拍卖十年。这十年只能说是一个初创期。后来我到政府工作，注意到从2007年起到2011年，中国艺术品由初创到大发展的历史转折。2009年开始，中国的拍卖总额超过了英国，与美国、英国形成三足鼎立的大格局并维持至今，其中2011年超过美国位列世界第一。当时中国大陆的拍卖总额达到了975亿元人民币，年上拍艺术品50余万件，成交率70%以上。除书画外，古董和当代美术品都得到了很大的发展。那一年世界每年公布的最昂贵艺术家TOP10，有六位中国人上榜，包括张大千、齐白石、徐悲鸿、李可染、吴冠中、傅抱石，很多艺术品都拍出了亿元人民币的高价位。这是人类拍卖史上从未有过的。以前听到的都是凡·高、莫奈、毕加索、安迪·沃霍尔，从来听不到一个中国人的名字。这是一段比较辉煌的历史。也可见文化走出去，最好的途径是商业，图书也是卖出去效果最好。

但 2012 年以后，中国艺术品拍卖进入调整期，虽然还是全球第二第三名，但总的走下坡路了。2018 年实际营业收入为 246 亿元，共有 411 家拍卖行从事拍卖，但真正盈利的企业只占 21.8%。74% 的营业额被嘉德、保利、西泠、中贸圣佳、朵云轩、荣宝、匡时、华艺等 10 家拍卖行所垄断。现在时常从香港和北京传出一些高价位成交的好消息，可见名家大师的精品力作还有好生意、好价钱。反映出一些大买家日趋成熟，敢出大钱买好东西。但一般般的艺术品，则成交率不高，成交价也比以前低。

造成这些结果可能要从两方面去分析。一是外部环境，中国经济在调整，进入艺术品市场的总资金（总需求）在明显下降。早期买进艺术品的买家当时买入价高，现在降价才可卖出，亏钱了，影响了他们的投资热情。这是最根本的。二是拍卖行业内部有些不规范的操作，比如真假混杂，卖出了一些高价位的假画，伤害了买家。比如炒作价格，人为地炒作让一些投资家吃亏了，影响了他们的积极性。这里面包括一些当代艺术家，有的人标价一平尺国画卖三五十万，也是很不恰当。三是中国的收藏家队伍总的太年轻，不够成熟，当时资金多时，比较冲动，并没有很好地研究拍卖市场的规律和价格，"志在必得"，买错了很多东西。以上这一些老账都要还的，也就是消化、调整，使大家更客观、冷静、成熟。以后伴之以经济高潮的再起，才会有新一轮的拍卖高潮。从道理上讲，中国有五千年的文明，文物有量又有品质，中国又有很多新成长起来的艺术家，中国又不缺高净值人士，这个市场还会好起来的。我对这一点也充满了预期。

四

采访人：您在任时经常到北美、欧洲出差，举办各种文化交流活动，对当地华人社会的情况也有所了解，您认为怎么让中华文化走出去会对华人社会产生积极的影响？

祝君波：首先单纯做文化工作是做不好的，有赖于中国政治、经济的发展和在全球影响力的提升。经过加入 WTO 以后对外贸易和经济发展，中国的地位提高了，华人对祖国的认同感才相应地提升。以前海外华人有点钱，回去帮助家乡人。现在家乡强盛了，海外华人的地位提升，他们希望子女学点中文，了解中国的愿望才更迫切。单独以文化传文化实际上是很困难的。我们这一代人认识日本，不是因为学了日文、读了日本的书，而是接触到了日本的产品，先是他们的小电器，后来是家用大电器，再后来是日本汽车在中国满街跑，日本帮助中国建设宝钢、建设机场，然后看到了日本料理店在中国开出来，年轻人喜欢日本料理、日本服装、资生堂化妆品，等等。这就是一种文化影响另一个民族的过程。我不懂日文，但日本对我这个人的影响就很大。比如日本的店也挂灯笼，但中国是圆的，日本是长的，中国是一色红，日本是红、黑、白三色，上面还写字。都是灯笼，是东亚民族的共性，灯笼不同，就是文化的差异。实际上大多数中国人对日本的认识不是从学日文、读日本书开始的。再后来才是看日本剧、玩日本游戏、看动漫书。去日本旅游，知道了樱花节、神庙、武士、居酒屋、银座、温泉、日本人有礼貌、讲卫生等等日本的符号、印象，不知不觉接受了日本文化。

我讲这些是我最近一直在思考一个问题，一个民族对另一个民族的文化影响，是单纯的文化吗？不是！首先是生活方式、商品、服务方式的影响，其次是文化符号的影响，第三才是派遣留学生层面、深入学日本层面。这是培养对方国的精英，一个国家只有几十人、几百人就够了的。

回过来说华人，我1989年来看到了的华人，与今天已有很大的变化。比如我的侄子一岁半来美国的，他完全美国化了，幸亏小时候在美国上过周末的中文学校，但书面中文程度不高，口语还会一些。还有一些高中来美国的，中英文双语基础都比较好，就容易了解祖国大陆的真实情况。

现在中国大陆强调文化走出去，编了很多针对海外华人和洋人的书，有的讲得很深、很系统，什么传统国学、唐诗宋词、孔孟之学啦，出了一套又一套。我到美国发现，效果不太好，或者超越了可能性。

了解并亲近中华文化，我认为有两条线，一是学中文，读中文书；以后到中国去留学，成为中国通，回美国进入专业领域，比如做教师、出版人、传媒人、画廊经纪人、律师。或者从事中美贸易、文化交流，这是高层的。

而另一条线是对普通华人小孩的，我认为就是学一点中文，然后以生活化的方式对他们进行中国文化符号、习惯的教育，不要搞得太深奥、太系统。再有是时常去中国旅游。

文化符号是一直沿续下来认知中国的传统，在中国不存在的或已过时的可不讲。我是说不是学，是认知。我这次在旧金山与一位重要的华人领袖谈了这个问题。我们认为有必要以教材加网络的办法搞几本认知中华文化的书，是介绍性的。比如建筑如长城、紫禁城、塔、徽派建筑、江南水乡、园林、拱桥等等。器物如灯笼、唐装、旗袍、筷子、瓷器、红木家具、玉器。青铜器不再使用的，可以不讲。

年俗：春节、元宵节、清明节、立夏、中秋节、重阳节、冬至、大年夜等。二十四节气可以不讲，过细，也不是文化年俗。很多现在不流行、不实行的，除外。

艺术：汉字、书法、中国画、唐诗、昆剧、京剧、笛子，不要多。挑重要的即可。

每一项介绍后面要加上"为什么"的解读。

一个中国人，有内在的文化认同就是血缘文化和价值观，但这些东西去抽象地讲就不容易被人接受，通过外在符号、生活符号去讲，就容易接受容易记得。其实，一个海外华人对这些外在符号也忘记了，那不可能还认同自己是中国人，认同自己的根在中国。所以，我认为教育要贴切，要通俗易懂，就是讲一个符号，也要讲清楚文化。比如红灯笼的起源，它的实用性是照明，它的中国红是喜庆。这就非常好。在这个基础上再培养其中一部分尖子到中国来学中文，成为文化使者。今后几年，如有可能，我会与旧金山的朋友会同大陆的出版社来做这项工作。出版一套很浅显的华人知识读本。不求全，不求深，不求系统化。可以考虑中文为主，有英文注释。不分年级，是分类的。七八岁到十几岁的在一起学某一种的知识。不要实践，只要感知。比如国画这个符号，只讲知识，不要他学国画。

2019 年 8 月 15 日纪念于右任诞辰 140 周年"于右任文史与书法座谈会"在上海市政协举行

2020 年 8 月受邀在立洋学院创办艺术空间促进教学，图为在该院举办的都市山林 / 当代水墨邀请展上合影

第三最重要的不是刻意搞那么多的文化产品输出，而是把中国国民在消费的两大文化比如电影、电视剧，其次是中国旅游推介给华人。我们受美国文化的影响是靠学习美国历史的吗？这是少数中国精英，大部分人更主要是看美国电影受影响。美国电影基本不变的格式和主题是，即英雄加美女，面对魔鬼包括政府官员的斗争等。永远是正义、善良、智慧、勇敢战胜邪恶，扬善惩恶，从来不讲大道理，所以百看不厌。一百年来，很多中国人是从美国大片认识美国文化的；二是到美国旅游。我个人从 1989 年起去了 15 次。虽然没有在美国生活，但对美国的精英层对华人世界都比较了解了。所以我比较善于与美国人、与华人打交道，也交了一些朋友。同样的，我们让美国人来旅行、来考察、来交流很重要。只是最好在专业导游以外，在中国每次安排一场与中国专业人士的交流，介绍一下中国的情况，这就更好了。因为旅游是点状的碎片化的，有一个人讲一讲可能就系统了。同时，培养好的外文导游也很重要。导游除外语好之外，对中国的历史文化以及当前的国情概况必须有认识。他可以讲好一个面。现在文旅合并了，这项工作应该更好做。

最后我想讲一点谁去华人社区推广中华文化，最好还是由当地人去做。文化输出各国从来就是自然而然、隐蔽地去做，方式是潜移默化的。不要搞成大规模的政府行为，还公开宣称是一种战略，敲锣打鼓傻到了家。这种做法没有不失败的。所以要依靠当地的华人社区，热心的人士。以前长青就是洛杉矶的文化中心，刘冰先生在长青做的工作就很有效果。

时间过得真快，自从 1989 年 8 月到洛杉矶，已经 30 年过去了。相比较而言洛杉矶变化不大，上海变化很大。洛杉矶目前华人社区与上海出版界的交流不如以前多了，希望继续保持联系，加强文化交流和建立朋友情谊。这种情谊希望传承给下一代。

最后，我想告诉这里的朋友们，一个人的职权会随退休而终止，但文化爱好和追求永无止境。历代的文化人，也没有几个是上级安排他做的。本身是自己的自觉行为。作家、画家、音乐家都是工作到生命终止的。从这个角度看，我个人的文化追求还刚刚开始！

谢谢你们的安排和采访。

刊于 2020 年 4 月 17 日《出版与印刷》

2018 年 6 月 5 日长青文化专项基金成立仪式在上海市政协举行

首届长青出版 / 国画新人奖颁奖典礼暨作品展于 2019 年 4 月 23 日在沪举行，图为部分与会人员合影

他在灯火阑珊处

今年 4 月 10 日是陈逸飞先生过世十五周年忌日。他的胞弟陈远鸣先生鉴于当下疫情，设计了一个"云纪念"的活动，让每个人拍一段 30 秒的视频发在网上供大家分享。我也在受邀之列。

当时，我录了一段视频又附了一段文字，文字说：

> 90 年代我国有三位艺术家名传海外得到国际认同，分别为吴冠中、丁绍光和陈逸飞。陈先生早逝是中国更是上海美术界的重大损失。对上海而言，是无可替代的损失，上海油画在全国的影响力从此下降。
>
> 我和陈先生有一些交往，最深的印象是每次我们赞扬他，他总是说"才（都）靠大家帮忙"！
>
> 最大的遗憾是上海没有一座他的纪念馆。我知道办他美术馆的条件尚不具备，受制于作品难以收集。希望有一个纪念馆或者陈列馆，几百平方米也可以。少量原作，以文献、照片和实物为主，期待！　　祝君波

未曾料到的是，我把这段视频发在我的朋友圈（还不是媒体哦），竟有 2400 余人阅读，说明陈逸飞依然活在很多人的心中。

我和陈逸飞先生的直接交往并不多。记得初识就是朵云轩首次拍卖会的上海静安希尔顿酒店现场。现在有一张经典的照片，1993 年 6 月 20 日希尔顿酒店现场，当时举牌的大咖张宗宪先生，左边坐着陈逸飞，右边坐着荣宝斋总经理米景扬，他们后面坐着后来的嘉德拍卖公司总裁王雁南、华辰拍卖公司总裁甘学军。当天拍卖很成功，陈先生专门向我表示祝贺，还约我事后去交流。记得那个夏季曾在他办公室相见，听他介绍美国市场的情况，香港拍卖他作

张宗宪、陈逸飞先生 1993 年 6 月 20 日在朵云轩首届拍卖会上

品的做法。陈先生出国以后，走的是艺术市场的成长道路，不再如国内的画家在画院、美院供职。他对市场的重视，很合我的胃口。我一贯不太看得起拿政府钱玩自己文化的

人，对陈逸飞先生还有作家巴金这类自己靠稿费生活的人很佩服。

朵云轩油画拍卖起步比较晚，但最早的两场油画图录的封面，还都是陈逸飞的作品，97秋季的封面是他的《周庄水乡》，估价80万—100万元，成交也就80多万元。另一场98春季的封面是他洋妞系列之一《吹笛的姑娘》，估价40万—60万元，成交也就是40多万人民币。这两张作品都是朋友送拍的，收录在哈默画廊的画册中，征求过陈先生的意见，认为是真品。

在上海，见到陈先生的机会还是很多的，比如各类画展的开幕式，也经常看他的电视演讲，知道他会做事、也能讲。当时，大家都在推平面艺术，他已提出视觉艺术和时尚艺术的理念，这是特别超前的，可以说是一种跨界的引领。比如他还与北京中青社合作了《视觉艺术》这本专刊，每期厚厚的一大本，我们见所未见。里面内容十分多元、十分丰富，有绘画、电影、摄影、设计、时尚、表演，介绍了很多海外前卫的内容，专业人士特别需要。这样的杂志需要很多钱和广告的支持，他曾对我说，很多工作要亲力亲为，而且他自己要去拉资金，很辛苦。但他以苦为乐，一直坚持了下来。记得我到出版局以后，曾分管期刊出版，有一次王仲伟同志给我打电话，说陈逸飞先生与北京合作的《视觉艺术》碰到了困难，人家不给刊号了。后来我去见过陈先生，介绍与上海青年生活杂志合作，用上海的刊号出版了几期。这一说起来，陈先生除了画家也是个出版人。

陈先生还拍过几部电影。最早的是《人约黄昏》，我看过，是散文式的，没有什么故事性，也很少对白，都靠人物的表情和肢体语言表现。但拍得非常唯美，有民国时代的遗风，又很像他的油画《浔阳遗韵》那种情调，他把油画的氛围和色彩融入了其中。后来还拍过《犹太人在上海》《理发师》。可见他的心气很高，不满足于美术，而要做一个跨界的领袖，做一个电影人。

那时在新天地有一家逸飞品牌店，卖时尚服装和用具，这大概也是上海最早的时尚和文创了，他还组建了自己的时装表演队（模特），把舞台秀也作为他视觉艺术的组成部分，而且身体力行。

最后一次到陈先生办公室是为了画报社的一本挂历用了陈先生的作品，可能双方没有讲妥，东西已经印出来了。这就几乎要打起了官司。后来画报社的领导知道我与陈先生熟，就要我出面协调，为此，去见了陈先生，这大约是2000年前后了，陈先生管那么多事，经济压力大，人也明显地疲惫。但经过协调，陈先生也很大气，事情也妥善解决了。

我与陈先生说不上深交，但彼此比较熟悉。印象最深的是，我每次碰到他提到他哪件事情办得好，他总是笑盈盈地说："我才（都）靠大家帮忙！"我很多次对我的同事说，像陈先生本事这样大的人，每次这么谦和真是少见，感到他的成功也在于情商很高。

陈先生的一生短暂但很辉煌，他以一己之力，在多方面留下了精神财富。视觉艺术的倡导和实践是一方面，更重要的是他在美术方面的成就，以及人生的影响力。包括哈默把他的《双桥》赠送邓小平那样轰动的事，也只此一例了。

我看他的绘画也是从学习俄罗斯写实油画起步的，但伴随着旅美的归国，以改革开放为时代背景，他画了一系列的主题作品。先是红色革命题材，如《金训华》《占领总统府》《黄河颂》以及《踱步》，后来到美国画了一组西方女性音乐家的作品，也出了一些精品。90年代看到了他的海上女性系列，如《玉堂春暖》《浔阳遗韵》《罂粟花》等，西藏组画系列如代表作《山地风》，还有周庄水乡系列。记得有一次我们去周庄，在那里碰到了陈先生陪玛勃罗画廊的老板也在游览。这也是他绘得很多的题材。陈先生懂美术，更懂市场，知道要经常推陈出新，拿出新的作品、新的面目，不能一种画样画到底。所以，他要向收藏家展示一道道亮丽的风景。那时，他已是国际知名的中国画家，佳士得、苏富比对他很重视，画的拍价很好，受到一批藏家的追捧。尽管他的画卖得不错，但是他承载了太多的负担，很多工作要自己出面去做，很多地方需要资金支持，做文化的辛苦一旦做进去，就甘苦自知了。所以，陈先生身后自己并没留很多作品、也没有很多金钱。

我是在陈逸飞过世以后，一个人和司机去浦东他家悼念的。有一位亲戚接待我，寒暄以外也问起他有没有作品可以建一个美术馆，回答是否定的。

陈逸飞是我们这个时代上海人的文化代表，是海上画家中唯一有国际影响力的。上海不缺好画家，但好画家碰上好机会加上自己的种种天赋，成为一个具有领袖气质的人，是难能可贵的。我经常想，上海这座城市靠什么支持？建筑、实体？都不是，靠人，特别是具有国际影响力的人。大浪淘沙，岁月无情，很多东西、很多人留不下来，而陈逸飞如钻石一样，具有永恒的魅力。因为他有自己的文化，而这些文化又承载了历史。

我是一个好事者，记得有一年我给浦东的领导徐麟同志写了一封信，建议浦东建一个陈逸飞的美术馆。他很重视，安排了专人约见我和陈逸鸣先生讨论此事，当时说到了收集藏品的困难，这事就搁下来了。但是这一次十五周年纪念，又使我想起这件事，感到这是上海应该做的。我在微信里退一步建议先建陈逸飞纪念馆，以文献、照片以及少量原作为主，重在展示陈先生的人生经历以及成就，揭示他与时代的相互关系！

有人读懂了我的建议，认为这比一个只看原作的美术馆更有创意！

刊于 2020 年 4 月 22 日《联合时报》

卖了书画买洋房

有人说，一个人到了常常回忆过去的时候，可能算进入老年了。最近又想起一件往事，特记如下，与各位分享。

1999年5月，局领导叫我去上海人民美术出版社兼任社长和党委书记。当时孙颙局长与我谈了几次。对人美社的状况我有耳闻，但不知道实情，听了领导介绍，知道形势比较严峻。这时，我在书画社任社长已八年了，工作顺风顺水，内心不太想去人美社，因为身任同质的两个美术社法人，本来是相互竞争的对手，等于身陷自相矛盾之中。但孙颙局长说，你去还是最合适的，党委也反复考虑过了。现在人民来信很多，再不解决人美社的问题，恐怕局领导也会被动。

我们这代人自小受党的教育，既然领导把话说到这个份上，我就马上去人美社上任了，与我同去的还有李维琨，他去担任总编辑。班子其他三位同志是任亚民、丁国联和乐坚。这个团队很快形成合力，我们合作还是顺利而又愉快的。

人美社的困难很多。库存积压、产品缺少竞争力、资金断裂，因为收不到货款，就欠印厂和纸厂的钱。反过来人美社的书也没有人肯承印。顶着压力，我们改革、消肿的事做了不少，但根本的还是要发展、要出产品。当时局里借给我们500万元缓解了一下，但实际上资金远远不够。于是把眼光瞄向了人美社的存画。

人美社的存画是公私合营时狄平子所办的有正书局的资产，只有41幅，1949年以后人美并没有增加收藏。我在朵云轩办拍卖行时就曾看过这批画，知道上届班子也想卖掉，但一直拖延到我去，并没有解决。

我去后又看了一次，并叫时任朵云轩拍卖行的总经理张荣德先生来评估了一次，感觉不错，就做了拍卖计划向局里汇报，得到了领导支持。此后班子开会统一思想，就将方案提交职工代表大会了。当时，我向职代会报告了资金的困难，这些画的品质、筹款的用途，尤其说了人美社并没有完整的收藏体系，只收这41幅画意义并不大，如果通过拍卖筹款，能扭转上海人美社的衰退，则是很有意义的。我的说明得到了大家的支持，记得是全票通过。

朵云轩的秋拍时间是 2000 年 12 月 17、18 日两天，地点仍是静安希尔顿酒店。回想起来这也是我直接参与的最后一次拍卖会。人美社的藏画专场则被安排在 18 日上午 11 时举行。

此前我们做了精心的策划。首先是单独印制图录、单独设计专场，以突显这场拍卖的重要性。单独的图册，也考虑给人美社的藏画留下一本文献资料，以便专业人士研究之用，记得封面是郑板桥的《竹石图》，封底是徐悲鸿的《猫》。其次每件作品做了考证和详细的资料介绍，给买家以指示。第三，图录广泛地赠送世界各地的收藏家，引起他们的关注。第四，时间的安排与 12 月 19 日朵云轩 100 周年庆的藏画展靠拢，方便很多藏家一举两得参加竞投。

1997 年亚洲金融风暴以后，拍场是一段低谷期，但人美社藏画的拍卖吸引了很多人来竞投，一方面招商工作做得好，另一方面这批藏品原由民国名流狄平子收藏，内有不少佳品，如"扬州八怪"郑板桥的《兰竹》，黄慎的《捧花老人》，李鱓的《花鸟》，华喦的《梧桐清音》，文徵明的《山水》，以及徐悲鸿的《奔马》、齐白石的《九如图》和吴昌硕的《葫芦》等。

所以，一开拍就竞价激烈。很多拍品都翻了几倍才落槌。记得罗仲荣、吕学图、陈德熙等大藏家都来参加竞投，现场气氛一浪高过一浪，越到后场拼抢越激烈。记忆中吴昌硕的《葫芦》起拍 15 万成交 36 万，徐悲鸿《猫》起拍 30 万成交 35 万，郑板桥《兰竹》起拍 35 万成交 165 万，李鱓《花鸟》起拍 20 万成交 66 万，华喦《梧桐清音》起拍 28 万成交 50 万，黄慎《捧花老人》起拍 20 万成交 67 万，王振鹏（款）《货郎图》起拍 20 万成交 75 万，赵伯驹（款）《荷亭销夏》起拍 40 万成交 233 万，为全场最高价。记得拍卖结束，台北藏家吕学图先生向我表示祝贺，说拼抢太激烈了，今天见识到大陆藏家也起来了。2000 年是市场最低迷的时候，人美社藏画专场无疑是当时全国拍场的一个亮点。

拍卖结束，41 件中 40 件成交，总计 1100 多万。记得拍卖前出版局某公司也希望买到一些，筹资 300 万左右，但实际上一张也没有拍到，因为价格都上去了。

过了一段时间，绝大部分钱都收到了，而元代王振鹏（款）的《货郎图》成交 70 多万，买主是我认识的浙江人，他借口生癌了，就不愿来提货。于是，我把这张画和另一张极其破损未拍出去的石涛《三清图》，拿给朵云轩卢辅圣等人看，希望朵云轩一次收购下来。但他们不想要。此时我已离开朵云轩了，不可代他们作主。隔了一年，我和乐坚认为再拍一次的时机已到，就找到敬华拍卖行的赵小艳，她是专家，其时敬华风头颇健，拍得很好。就把这两幅拿去重拍，敬华又把《货郎图》特地做在封面上，引起关注，结果反而拍出了 110 多万的更高价，钱也收回来了。

这样，在很短的时间里，人美社筹到了 1200 多万现金，给转型发展注入了活力。钱怎么用呢？很多国有企业是卖了家当收不回钱，收回了钱又没有用在刀口上。我们领导班子研究，决定把钱用在刀口上，发挥最大的效力。一是把花园内的老洋房产权买下来。二是投入生产、印制新产品。

2001 年上海人民美术出版社领导班子成员合影

上海人美社的老洋房建在长乐路一个硕大的花园里，造于 1924 年。三层面积 870.62 平方米。但 1949 年以后人美社大发展，最多时编创一体化有 300 人左右。其中画家 108 人，号称一百零八将。于是，不断地在院子里造房子，前后造了四幢，都没有产权证。我去了以后整合资源，将一百多位员工集中到一幢楼办公，拟将四幢楼出租，以房养书。这时，我才发现人美社所有的房子都没有产证，无法出租。所以，是否买下老洋房成了很关键的问题。正巧书画社刚从新黄浦集团买下朵云轩南京东路 422 号大楼产权，知道上海有一个政策，允许将产权

庆祝新刊诞生——2000 年夏在上海人美社的一个瞬间

卖给国有性质的老租户，于是叫金国叶同志去静安房产局咨询，一问才知道静安也有这一政策。好事多磨，经过金国叶多次往来，最终付了 275 万元买下了产权，每平方米均价才 2865 元。经过近 20 年的发展，这批画肯定也会增值，但这幢老洋房连带花园及其他四幢楼的权益，至少也值七八亿的资产，可以说是做了一件对历史能够交待的实事，一劳永逸地解决了人美社的房产权，老洋房及多余的房子可以出租了。此后至今，每年有稳定的租金补贴人美社的专业出版，而业界都知道，专业美术社一般是无法盈利的。

卖画剩下的更多的钱被用于还债。我到人美社后经过论证重新调整了业务结构，恢复和新建了美术、连环画、摄影、教材、国际部、合作部等机构，按专业组织团队，很快推出了一批好产品。同时把原来改革时分散为五个出口的发行口子收拢为一个出口，

形成合力，以减少资产的流失。又从远东出版社调入老发行朱敬伟同志任科长，充实了力量，把发行的拳头打出去。但是欠印厂、纸厂的钱有一千多万，他们都不愿承接人美社的生意。所以分管出版印务的副社长丁国联很苦恼，无米之炊的日子无法过。有了卖画得来的这笔钱，我就和丁国联商量，用偿付85%的比例还债，一次性解决历史老账，一千万可少付150万。办法公布后，先同意的先还、先恢复生产，后同意的后还。这个办法不是太合理，但是受到债主们的理解和接受，又我在书画社与大多数印厂是合作的好朋友，书画社不欠钱为我带来了好信誉。很快债务还清，生产恢复了正常。

话要说回来，到上海人美社上任去救一个陷于困境的社，还要保持书画社、朵云轩的稳定和增长，是人生的一大挑战。但我要感谢班子的同志和广大员工对我的支持。上海人美社原是一盘散沙，员工有专业本事，有的外面兼工都不错。但用孙颙局长对人美社员工说的话，"你们到了要唱《国歌》的时候了！"意思到了最危险的时候！在班子领导下，通过加强管理和思想工作，人美社正气抬头，员工团结起来，形成了合力。尤其是编辑团队还是有专业基础，加上人美社也有资源积累，尤其是在几千本连环画存稿的基础上推出一批又一批适销对路的新选题，很快扭转了局面。此后出版局引进山东美术出版社李新同志来社当社长，我后任市新闻出版局副局长兼人美社党委书记，与李社长共事一段时间。李新出版热情高，美术专业和出版专业强，尤其对产品有感觉，在人美社任上十多年，做得相当不错。我后来在局里工作，见证了人美社又走上了健康发展的道路。

最近回想在人美社的经历，想到为了救社而卖画（同期上海出版、发行单位也有卖了房子的），俗称"卖家当"，还是无奈之举。但处理得好，是可以化消极为积极的，处理不好如收不回钱、钱用不到关键处，就成了败笔了。这次人美社的资产转换是幸运的、成功的！想到人美社后来的健康发展，想到人美社今天拥有的房产资源，自己的心里就特别踏实！

撰于 2020 年 5 月 14 日

从朵云轩到书画社的出版事业

朵云轩建于 1900 年，新记朵云轩建于 1960 年，今年正逢一个甲子。新记朵云轩成立时就有出版权，这个权益是从上海人民美术出版社的木版水印室合并过来的，所以说朵云轩当时也是个出版机构，它的出版文化一直传承到 1978 年更名成立的上海书画出版社。我 70 年代初曾在那里学徒、入党，

1995 年冬季举办上海书画出版社成立 35 周年图书展

度过了青春岁月。从 1984 年起进入领导班子任社长助理、副社长、社长，直至 2000 年调局离社。现应征稿将书画社出版业务的几次转型回溯如下。

一、木版水印的继承和发展

我国发明印刷术是在隋唐之际。唐咸通九年雕版印刷的《金刚经》残页，现存大英博物馆，就是成熟的物证。到了明代饾版技术发展，开始印制彩色信笺和画谱，是世界上彩印的开始。只是明代还没有发明照相机，只能印中国书画。当时国人学画没有教材，就用木版雕刻印刷了明代《十竹斋书画谱》，共分成竹、石、兰、果、翎毛等 8 谱 16 册，是一本仿真的教材。我社 1985 年重梓完成，在莱比锡得了大奖。另一部明《萝轩变古笺谱》是写信的信纸集，大多为角花，又用了无色拱花技术（俗称凹凸版），也是代表作。成立于 1900 年的朵云轩是个笺扇庄，传承了明人的饾版也就是木版水印，所印的产品还是比较简单的。

50 年代版画家余白墅先生等人积极倡议，在上海人美设立了一个保护型的木版水印室，并为它单独造了一幢楼，就是衡山路 237 号，不在人美院内。可见在国家最困难的阶段，党和政府还是尽力保护和支持这一国粹。

我在朵云轩时，很多外宾来参观我们工场，就在于我们不仅出产品，而且完整地保存了工艺并有发展，是印刷的活化石。当然，当时成本低有利于保护，记得 70 年代后期，

我们全社 214 人，年薪才 20 多万，木版水印技工工资更低，材料就是木版、宣纸和颜料，所以加上各方的支持，迎来了历史上木版水印的一段黄金时期。从印笺到印大画，从纸本到绢本，上海博物馆的藏品，很多都印了木版水印画。最复杂的绢画当数明仇英《秋原猎骑图》，190 余块木版，为刘海粟先生的藏本。改革开放时期印了长卷唐孙位《高逸图》、明徐渭《杂花图卷》，我离社后知道还印过《任伯年群仙祝寿图》（12 屏，2000 多块木版）。"文革"中印了一批红色题材的作品，印得很精彩，如钱松喦《井冈山》、杨之光《激扬文字》、黄纯尧《银线横空谱新歌》等等，全新的表现技法，即便今天来看也毫不逊色。党和政府在朵云轩、荣宝斋保留下这一技艺意义重大，在技法上比古人有突破和超越。荣宝斋雕版了《韩熙载夜宴图》《清明上河图》，获得了巨大的成功。我认为地处江南的朵云轩，50 年代印的明陈老莲《花鸟草虫册》也很显工笔力度，而印制水墨写意画更显特色。如大幅的八大山人《双鹰图》、吴昌硕的《墨荷》、

1985 年 10 月朵云轩成立 85 周年大型书画展在上海展览中心举办，同时展出了龚展刻制的巨型端砚

齐白石的《红莲鸣蝉图》都印得精彩，尤其是明徐渭《杂花图卷》，绘 14 种花卉的长卷，墨彩淋漓，一气呵成，木版水印还原时悉仿原作，是很难得的。记得朱屺瞻先生观后称赞不已，还为之题跋，他自己也选购了一件以珍藏。我想朵云轩写意画印得好恐怕和江南人对水墨的感觉有关系。朵云轩木版水印还有一点是适销对路、好卖。有的巨制几年完成一件，编号发行，都会销售一空，很多品种也因畅销而一版再版。国家在木版水印上没有补贴，主要靠自己以销定产自我循环。60 年来，朵云轩木版水印累计出版了 1000 多种，已成为上海出版的特色，很多外宾来参观，我们也带去海外展览、现场演示，宣传中华文化，宣传我国政府支持文化事业，取得了很好的效果。

二、印字帖闯出了出版之路

朵云轩成立之初定为企业，与上海书店、外文书店相仿。因正逢国家困难之时，且革命以后达官贵人、有闲阶层已近消亡，朵云轩书画以及木版水印销路不佳。听前辈回忆单位甚为困难，几近发不出工资，于是经上海市出版局同意，开始出版书法读物。古代字帖不在版权期内无须支付版费，又价格低廉，几毛钱一本，对全社经济有所周济，这无意之中开辟出了我社的现代出版之路。六七十年代，尽管上海各社出版停顿，朵云

轩改名上海东方红书画社和上海书画社，印宝像和书法体语录，业务反而红火，培养了一些懂胶印的编辑和出版人员。我进社时盛振鸣、张锦标、郭载阳等前辈都在忙这些事。

1985 年 9 月《十竹斋书画谱》出版发行仪式与会者合影

2000 年书画出版社班子成员与市领导的合影

1978 年秋天，我社由企业改制为上海书画出版社，定正处级事业单位，同时对外并用朵云轩品牌，才逐渐向专业美术出版社发展。

记忆中最值得大书一笔的是创办了《书法》《朵云》等四本杂志，在海内外影响甚大，也树立了我社的品牌。1977 年杜淑贞同志在我社当领导，支持周志高、黄简等同志出版了《书法》试刊。当时日本有 200 多种书道刊物，我国是书法的大国反而一本也没有，让人耻笑。试刊后正式获批双月刊，封面由郭沫若题签，在那个年代，无疑填补了一个很大的空白。全国政界、文化界、书法界的名流均以在《书法》上发表文章、作品而倍感荣幸，所以很快树起了大旗。周志高先生很有创意，很会搞活动，后来举办了多次全国书法大奖赛一类的活动，引起反响。中国书法家协会创立于 1981 年 5 月，在此之前，我社几乎成了书法活动的一个中心。紧随其后，由吴添汉老师推荐来社的吴惠霖老师于 1979 年 3 月创办了《书法研究》，又于 1982 年 7 月新办了《书与画》，都很成功。《书法研究》以发书论为主，《书与画》以书画爱好者为对象，一高级一普及。后来戴小京主编《书法研究》、周阳高主编《书与画》，质量提高，在全国产生了积极影响。我们社原来出版专业和文字编辑比较弱，吴添汉和吴惠霖同志经验比较丰富，来社以后加强了我们的力量。这里特别要说到吴惠霖老师，他曾是上教社的老编辑，引进我社因不写书法，社里有的人对他不以为然，但他实在是个很懂出版的好编辑，除了创两本杂志，他还编过"书法知识丛书"十几种，都是当时名家原创的好书，还编过字帖与语文教学结合的读物，功不可没。他由中学生入华东军政学校受训参加革命，属离休干部，可惜离休不久就病故了。

1978 年末续靖宇、黎鲁同志到我社任社长和总编辑，黎鲁非常重视朵云轩的品牌，有意创办《朵云》，意向之一是用这本大型季刊，把朵云轩传统业务和出版社连接起来，所以初创期的《朵云》有很多篇幅介绍木版水印、文房四宝。但创刊经历了艰苦的过程，就是缺乏人才、缺乏资金和经验。黎鲁同志依靠茅子良等人加上自己直接参与栏目设计和组稿，于1981年出版了首刊。记得老画家的口述历史是一大特色，占每期很大比重，后来在此基础上出版过一套"朵云现代国画家丛书"，有王个簃、关良等10余本。后来由茅子良转给卢辅圣接续主编，成为八九十年代影响海内外的大型国画理论刊物。《朵云》办过1988年董其昌国际研讨会，以及清初"四王"、元代赵孟頫等国际绘画理论研讨会，在专业圈做出了名气。

这四本刊物不仅确定了我社在美术界的地位，也赚了钱。尤其是《书法》，最多时期发行近40万册，年利润也有三四十万。这在当时就是我社的重要经济来源了。《书与画》也曾发行过10余万册，创过利润。

三、找出路挖了挂历、教材、房产三桶金

1984年末，蔡大拼同志担任社长，启用了一批年轻人，出版业务又得到发展。1985年事业单位改为事业性质企业化管理，蔡社长办社方向更为明确，一要提高经济效益，支持图书出版和改善员工生活。我社当时在上海出版单位中经济落后，大家都有紧迫感。二是要让书"站"起来，不能只出一些字帖、画片。这一阶段业务已有起色。

1991年我接任后，继续朝着这一方面努力。一方面把朵云轩拍卖做起来，一方面在出版社重点抓了年挂历和美术教材两条产品线。

年挂历当时属美术出版社的专有出版权，市场大，产品生产快，但销售期短，竞争激烈，也有风险。我社岑久发、张雄、林伟新等人非常努力，有创意又有干劲，挂历由绘画转向摄影的转型比较顺利，在上海人美、画报和书画社三家激烈竞争中，我们始终占有一席之地。记得1994年全社还发售了143万个挂历，加上画片有8000余万元码洋。这对一个穷社来说，算是过上小康生活了。

90年代中期，居家环境发生变化以及义乌个体户印挂历成风，我们挂历的饭碗被打碎了。好在我社在蔡社长手里就有考虑，后来加大力度，由郭载阳、周卫、孙介琛、李浩忠等同志先后参与组成一支写字和美术教材研发、审批、推销、印刷、发行的团队，有三四套教材拿到了国家教委的批文，在近20个省使用（独家使用或多本并列使用），有的我们供货，有的当地租型造货。2000年我离社时已达7000余万元年销售码洋（实洋4000余万元）。靠教材又支持了出版社很多年，因为以书养书，符合美术社的实际，

专业美术书是很难赚钱的。1999年5月，我到上海人美兼社长时，看到人美的业务下滑，基本原因是在年连宣产品线和挂历产品线之后，没有开发美术教材，没有大宗替代产品。而反观全国的美术社，凡过上好日子的都是依托了教材。

年挂历、教材以及拍卖行赚钱以后，我们领导班子非常重视购置房产资源。90年代中后期上海房价低廉，我也感到出版社的那点美术教材总有一天被抢光，而美术图书盈利困难，于是把眼光瞄向房产。在社里，我们总是向员工宣传要居安思危的经营理念，学习孟尝君构建"狡兔三窟"的生存之道。在1996年买下钦州南路出版大楼4层、1997年买下南京东路朵云轩大楼。当时价格才2750元／平方，房产和房地合计才900万元。这是一个很短的政策窗口期，过了这村没此店。我离社以后班子又买下了延安西路的两幢办公大楼。这三处物业使我社资产倍增，同时也为以房养书埋下了伏线。因为我比较早去香港、日本、欧美考察出版社，知道做专业出版是情怀，大多要靠房产或者他业养活。香港联合出版集团重点投资房产，给我留下了深刻的印象。作为出版人必须明白书总是要做的，但把全部资金都做成书压到仓库里，等一次又一次的清产核资去报废是一种损失。后来书画社的发展证实留下的房产对它是多么的重要！

四、书也终于立起来了

新记朵云轩至今60年，几代出版人都想把专业美术图书做起来。黎鲁任总编辑时我是总编办主任，他常常对我说书画社与人美社没法比，基础太弱。他想做而没有条件。蔡社长当年很盼望我们的书能"立"起来，但他常说我们的团队还是游击队，不是正规军。在他手里已布局出版《中国美术全集》书法篆刻编（3种）、"中国美术分类全集"之一《中国玺印篆刻全集》（4册）以及《中国书画全书》（14卷）这类大书。但理想与现实确实不是一回事，没有钱、没有专业人员、没有市场营销能力，一切都是空谈。在实力壮大以后，卢辅圣同志主持出版，李维琨、马荣华等专家先后加盟，1992年我社初版书67种，到2000年已达287种。后又经过长期努力，我社定位书画专业深耕不息，字帖、画册、技法、文献、理论等综合布局，才形成了比较完整的出版体系，在全国美术出版风起云涌的竞争时代而独树一帜。在我2000年离社的时候，《中国书画全书》《中国玺印篆刻全集》（4册）、"现代设计大系"丛书（4卷）、《海上绘画全集》（5册）、《明清书法名家大成》（4卷）、《近代名家书法大成》（4卷）先后完成。此后精品书、套书就更多了。近年我在上海书展时常留意自己老家的展区，看到在王立翔同志主持下，产品琳琅满目，精品迭现，甚感欣慰。回首往事，甚感从事出版文化真是不易，一个社站起来确实需要几代人的不懈努力，还要少交学费，少走弯路。

我在书画社积累的出版体会是：一要坚守自己的出版定位，要有定力，不要东张西望，东摇西摆，持之以恒才能滴水穿石。二是要正确把握经济收益和文化价值的关系。钱不是坏东西，有钱的日子比没钱的日子好过得多。有了资金才可以支持专业美术出版、扶持木版水印，才能够解决职工住房等难题稳定队伍，才能可持续发展。三要掌握市场经济的法则，图书产品不通过市场环节卖给读者，放在仓库里自吹自擂得奖的业绩，或者大搞捐赠活动，其社会效益也无法实现。市场既是利润来源，也是社会效益的实现方式。四是一个社的战略布局视野要开阔，眼光要长远，才能在市场经济的条件下立于不败之地。

正是基于这样的意识，当年全社上下齐心合力取得了很好的成绩。2001 年 5 月我在书画社的离任审计报告受到孙颙局长的充分肯定。2000 年我社销售收入 10548.3 万，利润 1310.8 万。8 年审计总资产 10184 万元增长了 3.52 倍，净资产 6298.3 万元增长了 14.3 倍，资产负债率 38.2%，净资产收益率为 15.3%。同时出版综合能力增强。2000 年 5 月《出版经济》公布了国家新闻出版署 1998 年我国出版社百强排名表，我社四项指标均入全国 100 名。

2000 年元月 1 日纪念朵云轩成立 100 周年艺术展览活动及新楼改建落成典礼现场

其中出书品种 413 种居 98 位，图书发行数 2378 万册居 54 位，销售收入 8651 万元居 50 位，资产总额 7833 万元居 67 位。上海四项指标均居 100 位的仅 5 个社。任期内社里还给 146 户职工实物分房，给 35 位职工发放住房补贴。这也反映了我社实力增强得以改善群众生活。

以传统书画为中心，一手抓出版，一手抓朵云轩转型发展，一直是我社的经营方针。1992 年 8 月，我们成立了全国第一家艺术品拍卖行，1993 年 6 月首拍开创了大陆艺术品拍卖的先河。在拍卖行成功以后，1995 年起我们又从朵云轩分离出朵云轩古玩公司、朵云轩文化经纪公司，超前地谋划了未来的布局。

我离社以后不久，上海书画出版社（朵云轩含拍卖行）并入上海文艺出版总社，成了总社的主要经济来源。2011 年拍卖业、收藏业兴起，朵云轩销售收入 94828 万元，利润达 11479 万元，成为上海出版界的创利大户。多次列入全国地方出版社经济指标排名十佳。如今我已退休，在纪念上海书画出版社成立 60 周年之际，作为一个出版人感慨良多。我为这一行业服务了 46 年之久，其中有 28 年在书画社度过，受到很多老领导、老前辈的关心和栽培，很多老师、同事的帮助和指教，回想起来，感恩不尽！

2020 年 5 月 28 日以《新记朵云轩 60 年》为题刊于《联合时报》和《政协头条》

从朵云轩到书画社的出版事业

在朵云轩刻红色雕版书的经历

　　最近澎湃新闻发表了我的访谈录，讲述了 70 年代在朵云轩见证木刻雕版书短暂恢复、首刻《共产党宣言》的经历，引起了大家的关注，认为这是一段鲜为人知的历史。《联合时报》领导认为访谈意犹未尽，希望我将这一过程再详述一下。

1973－1978 年在朵云轩（上海书画出版社）
木刻雕版书的学艺生活

　　历史走到 1972 年，实际上这是个蛮特殊的年份，美国总统尼克松、日本首相田中角荣相继访华，中国"文革"初期的狂潮渐渐沉静下来。我是 1972 届毕业生，在毕业前久违的共青团也取代红卫兵在中学恢复了，我作为上海首批共青团员从学校毕业、参加工作。

　　这时已不要求知识青年上山下乡一片红，我们大批中学生被留在城里工作。这一年，上海出版界因为劳动力奇缺，招收了我们 250 位学徒，我们在奉贤"五七干校"集训半年，就于次年 5 月分配工作了。我随 36 位同学被分到朵云轩（当时名为上海书画社），由此决定了我后来的人生。

1977 年冬季上海书画社的部分青年职工
在衡山路 237 号合影

　　事有凑巧，我在干校时担任学生排的副排长，排长是领队老师、来自朵云轩的周志高老师，我们一起劳动、一起生活，彼此有了了解。因为周老师的讲述，我在休假时找到南京路朵云轩门市，当时已书画满堂，古色古香，与我的兴趣十分相投。所以，后来把我分配到朵云轩，就是个人的爱好与国家的需要一致了，自己很满意，浑身似乎有用不完的力气。

我被分配到木版雕刻书部门。这个部门是 1972 年才筹建起来的；另一个部门是木版水印工坊，是个老部门。我国在隋唐发明了木刻雕版书，专刻古书，是单色印刷的。而在明代发明了饾版技术的木版水印，则是最早的彩色印刷，只是明代照相机没有发明，只能印信纸和书画（画谱），给人们学画的教材。

木刻雕版书原理与彩印的木版水印其实是一致的。所以我们部门主要专业人员都是从朵云轩调配的，负责人有茅子良、林岗，刻版有罗旭浩，印刷有张龙珠、杭文连，装订是戴荣森等。刻书和写书的则都是从上海各单位借调来的。

说起我国是世界印刷术的发明国，一般都会说到北宋毕昇发明活字印刷。其实最早的是隋唐时的木刻雕版书，一页纸双半叶的文字是刻在一整块白桃木板上的。这种技法比活字更为普遍，质量更为保证。世界上的印刷、出版，都是起于印宗教读物，我国也不例外。现在存于伦敦大英博物馆唐咸通九年刻印的《金刚经》残页，上面刻有一个佛像，即证明此时已由唐人抄经转向刻经了。因为印本化身万千，传播效能扩大，对传教是有好处的，要不只有几个人掌握《圣经》之类，别的人就无法读到原作了。中国唐宋以后刻经及刻典籍盛行，玄奘由印度取经回来居住在西安大雁塔译经，得到了皇帝的支持，所以，雕版印刷术也盛行起来。宋元明清，这一农耕文明的印刷术功不可没，后来与造纸术一起由中东阿拉伯人传到欧洲，引起了德国古腾堡借助铜活字和机器发明了现代印刷术。

我国的近代出版、印刷以 1897 年商务印书馆成立为起点，此后手工的木刻雕版书日渐衰弱。它在晚清民国还依稀可见，刻书、刻家谱，还有用于刻印店家广告招贴（一块版一页，可贴墙也可在街上散发）和印毛巾的如"祝君早安"。

我们学徒时的师傅，可以说是民国的"遗老了"。有位秦师傅当时已 70 多岁，夏宏泰也 60 多了，川沙的张师傅用三棱刀刻的，比较年轻一点。

第一本雕版书《共产党宣言》

朵云轩恢复木刻雕版书前后六七年，凑巧的是第一本也刻马恩的经典著作《共产党宣言》。这似乎也是冥冥之中的应有之义。

刻版首先要写字。《共产党宣言》的书写者是来自长江刻字厂的杨明华师傅，印象中他是常州人，性子比较耐的。他的绝活是手写反字，当时人家去刻图章，他随手就写好，然后刻给人家，这是几十年训练的绝技。杨老师的书法娟秀、工整、规范，前后书写比较一致，这是很难的。一般的人写上百页，开始和结尾的字体会相差很大，这就不适合刻书、印书了。杨老师除了写正文，还写中文小字注释、英文以及德文、法文，比古人写雕版书麻烦多了。我看他是全心投入其中，反复揣磨。我的师傅罗旭浩是朵云轩的业务高手，也常与他切蹉交流。所以，杨老师写90多块版是很顺利的。

《共产党宣言》主要是师傅们雕刻的。我们去时部分已完成，我们的任务是学习磨刀、拉线、刻字。我国的雕刻与西洋雕刻不同，刻字工只用一把拳刀完成。字不是一个个而是一行行刻的，先雕刻字的左半边叫伐刀，再换个方向刻完全部。好的刻工，即能体现书写者的基本特征，又能补其笔画不到之处，全篇统一，用刀干脆利落。

印《共产党宣言》虽是单色，印工都是最好的，而且用上好的墨汁，所以那时房间里都是墨香。

装订时用绢做封面。书名五个字是从宋版书集出来的，现在来看也很古朴。记得《共产党宣言》完成于1973年11月，印了两个版本。宣纸本是青色柿青纸的，毛边纸本是咖啡色的。应该说任务完成得十分出色，出书带徒弟的任务也基本达到了。当时此书定价8元钱，我买过一本2元钱的，后面盖个红印"内部学习，每本2元"，现在应该是珍稀版本了。《共产党宣言》我前后买过几本，其中有一本捐给筹建中的上海新闻出版博物馆，捐赠证书第2号，第1号是巢峰同志捐的《辞海》。

恢复木刻雕版工艺成功完成《共产党宣言》，在今天来看是件很重要的事，但在当时非常平常，书上没有印任何个人包括杨明华、罗旭浩等的名字，也没有对任何人以表扬和奖励，所有借调来的师傅都回到原来单位，真是件不可思议的事。

第二本《稼轩长短句》

刻完《共产党宣言》所有借调的师傅都回原单位，留下我们8个徒弟，后来又招了几个73届的学生，一共十余人，参加《稼轩长短句》的刻制。

唐诗宋词，我国在宋代出了几位爱国词人，有名的是辛弃疾和陆游，他们在北宋灭亡以后，都是主张打过长江、收复失地的，这里面还包括武将岳飞、韩世忠等。这形成了我国诗坛的一支主流。当时听说毛泽东主席蛮喜欢宋词的，我们就刻了这一本。一函四册，时间比《共产党宣言》要长一些。完成于1974年12月。

这本书由李成勋先生书写。李先生是温州人，1933年在上海读美专，后回家乡以教书、画画为生，50年代初再来上海，是绘制连环画的高手，自由职业画家。他的古装人物画得特别好，小楷也很显功力。在刻《共产党宣言》时李先生已来上班了，他每天在练字、琢磨，我想他是要找到一种字体的定格，也就是要写出一种领导和专家都认可的字体，这是最难的。因为书法家大多有个性，而写雕版书的不能太有个性，要规范，但又不失艺术性。

李先生不会写反字，他的书法写在半透明的雁皮纸上，校对以后交给我们刻。我们把纸反贴在木板上，古代没有砂皮，传统是用麦节草代砂皮磨去一层纸，把刻样清晰地显出来，我们依古法这么操作。这一技术与木版水印刻画版是相仿的，就是他们刻画，我们是刻字。李先生一人写，我们十余人刻，应该说他也很辛苦，特别是当时没有空调，每天坐着写而且不能写错，压力很大。应该说，他写得很好，秀逸、均匀、端正，便于我

木刻雕版书《稼轩长短句》一页

们上刻。同时，在罗师傅带领下我们也刻得很不错。因为领导要求高，不仅叫我们刻字，还让我们每周练字三个半天，所以学徒们技术进步都很快。此书完成以后，北京版本专家周叔弢（曾任全国政协副主席）写信给上海图书馆顾廷龙馆长，特地了解朵云轩是哪些人刻的。当获悉上海培养出一批新手时他大为惊叹，认为我国雕版术后继有人了。《稼轩长短句》由周慧珺题签，于 1974 年 12 月出版，售价 28 元，但当时卖得并不好。我此时月薪 21 元，领导同意我们刻工以四分之一即 7 元钱可以买一套留念，我也就留下了这么一套。

第三本《毛主席诗词三十九首》

1974 年完成《稼轩长短句》以后，我们转向刻制《楚辞集注》。《楚辞》是屈原的原创，但中国有注书的传统，后代大儒做的一项工作，就是不断地给春秋战国的诸子百家原著作注解、注疏。而宋代朱熹则是这项工作的集大成者，《楚辞集注》就是他的著作。1972 年毛泽东主席接见田中角荣时，曾从书房拿了一部《楚辞集注》送给他。我们第三种选刻此书，应该与此有关系。但《楚辞集注》开刻未完成，毛泽东主席于 1976 年 9 月病逝了。不久，中央宣布出版《毛泽东选集》（第五卷），在天安门广场建毛主席纪念堂。

记得此时，杜淑贞同志调来我社当领导，当时全国正兴起向毛主席纪念堂献礼的高潮，加上 1976 年 1 月新发表了毛主席的《词二首》。这一切促使大家达成了一个共识，刻印雕版书《毛主席诗词三十九首》，一年以后献给毛主席纪念堂。而书写的任务则交给了许宝驯先生。

许先生是世家子弟，潘伯鹰先生的高足，他毕业于同济大学建筑系，但对书法、京剧入道很深。他原在某商业中专任职，记得我和周志高老师一起去四川中路商业公司把他调入单位，正是为写这本书。应该说，许先生更像个书法家，有自己的艺术个性，所以当时我们在一起时，看他也是天天在写、在体味。记得我的师傅罗旭浩经常跟他切磋，要他多考虑字的规范、入刻，不要太有锋芒。他后来写的这本毛主席诗词，字就比较端庄、敦厚、耐看。

我1974年5月入党，在完成《稼轩长短句》后被借调出版局团委工作。但因喜欢刻版，经得罗师傅同意仍在车间保留了工作台，同时也允许我把木板及刀具带到团委，有空继续刻。所以，我参与《楚辞集注》《毛主席诗词三十九首》的刻制是在团委甚至带到家里去完成的。当时的年轻人与现在不同，我并没有因为调到大机关而高兴，当时的风气都是要学人生的一技之长，当干部也要下去劳动，不脱离生产一线。这也使我有机会参与到这四本书刻制的全过程。

《毛主席诗词三十九首》完成前，我已由团委回到朵云轩，而我们部门的负责人、专家茅子良先生则调到出版局团委工作。《毛主席诗词三十九首》是翻盖盒装宣纸本，开本比较大。封面题签用的康生书体，他题过《毛主席诗词十九首》，我们加了个"三"就正好用上了。记得完成以后杜淑贞同志拟了一条新闻稿，附了一张照片，叫我送到报馆，好像第二天就登出来了，同时完成的有石拓本毛主席诗词书法手迹集，就是把手迹翻刻在大理石上用宣纸拓印销售，有墨拓，也有朱拓的，应该有十多种。当时统一拓了一套，裱好用锦盒装潢，派代表张锦标先生送去毛主席纪念堂。所以，这本雕版书是计划外的，是纪念毛主席逝世加刻的，但无意中成了红色雕版书的一个物证。此书当时定价为15.50元。

70年代时任上海科技出版社社长的王国忠同志陪同外宾
参观木版水印和木刻雕版书工作室时合影

第四本《楚辞集注》的完成和团队的解散

完成《毛主席诗词三十九首》以后，我们在罗师傅带领下继续刊刻《楚辞集注》。

这本书仍由李成勋老师完成。我认为这是写得最好、也是刻得最好的一部。此时李先生通过实践，对雕版书有了实践和深刻理解，他写出的字样更厚实，符合法度。学徒们从73年进来，到76、77年达到了技术的新高度，对书法理解到位，刀功也更好了。所以，印出来的效果很好。只是这本一函六册，正文之外，夹了大量的注文小字，刻的时间比较长，直到1979年10月才完成。此书由谢稚柳先生题签，大开版，版式非常古朴大气。由于装订人手不够，断断续续出货，此书没有形成大气候。更主要的是因为销路不畅，领导决定团队解散，项目下马，所以《楚辞集注》质量是最好的，但宣传、评价工作都没有跟上，颇为遗憾。但我以为，此书代表了新中国成立以后红色雕版书的最高峰，版本价值很高。前几年，获知朵云轩尚有几十本存书，价格已标每部数万，我还是狠了心一气买下几部以作纪念。因为这是共和国出版史上的一桩奇事，也是自己人生的一段经历，可以说是为了收藏一段人生的感情。

最后，我想就刻工补充一节。雕版书写刻印装四个环节的关键是写和刻。一个称职的刻工，刻字不能依样画葫芦，必须理解书法的精神、结构。当时，每周有两三个半天让我们练字。记得发下过一本颜真卿《多宝塔》，但也不强求临它，我就是选的欧体《九成宫》，欧体字迹清晰、端正。刻工的技艺一是学做拳刀。一个木把，一把刀条，简单实用。木把用黄杨木自己做，刀是金山山阳刀具厂打制的。而我的师傅罗旭浩自己尝试用钢锯条改制刀条，我也用过，效果很好。其次是磨刀，学会磨刀了，工具顺手了，活也好干了。但磨刀和刻字两项，没让我们少吃苦头，一不小心，刺在手上，鲜血直流。我们几个徒弟，手上都留有刀疤。字是反刻的，先把一行字的左半边都刻好，这叫伐刀，然后倒过来把右半边全刻好，这个时候，看到一个个字清晰地跳出来，心情是最好的。当然会刻不等于刻得好，要做到刀法娴熟，用刀干脆利落，还是要靠多年的积累。现在到了一定的年龄，再来看古人刻的宋刻本，才慢慢理解当时刻工的了不起。记得我们当时的定额每天只刻19个大字，但用心一点，是可以超过的。人们常常问我的一个问题是，字刻坏了怎么办？不必要整版废掉，只要在坏字的笔画上打个补丁，修好就可以了，这些古人都想得很周到。

版刻好了就是印制了。当时全部用上好徽墨磨制墨汁，纸张用上好的白宣和毛边。主要的师傅是杭文连和张龙珠，还有几位学徒。他们左手持鬃刷，蘸墨后掸在版上，右手持扒子，在纸上来回刷，一张张就印出来了。当然，要印得墨色匀称，还是要有功力的。

最后一道工序是装订。这中间比较费工的是配页后的齐栏。古纸很软，要理齐很不容易。记得戴荣森、徐庆儒师傅以外，人手不够，还从上海古籍书店借来唐文兰师傅帮忙。

齐栏完成就是刀切，然后才可以用丝线将它穿起来装订成书。

朵云轩木刻雕版书由于销路不畅，产品积压，或由于当时没有收藏版本的市场，又得不到类似今天非遗资金的资助，大约是在80年初，领导班子决定保留木版水印，放弃木刻雕版书。记得当时第五本雕版书《放翁词》已经在做准备工作，刻出了样稿，但最终还是下马了，这个部门也解散了。有点可惜，相信领导当时也是无奈之举。

我们徒弟十余人，被分到其他部门发展各自的新业务。我则在1979年5月—1980年5月到市新闻出版局就读首届编辑业务进修班，毕业以后转向出版管理和朵云轩经营管理。

刊于 2020 年 7 月 27 日《联合时报》

忆一代大家陈佩秋

陈老师去世那天，我住进了医院，不能去谢家悼念，也无法核对资料写纪念文章，颇感不安。一段时间，看了很多朋友写的悼念文章，回想与陈老师的交往，往事历历在目，印象也越来越深。

我第一次见到陈老师是 1985 年 10 月，这天下午我们朵云轩在上海展览中心举办 85 周年回顾展，拿出了很多精彩的藏品，展览内容也很丰富。当时国家百废待兴，上博还在老馆，人们看好东西的机会太少了。所以汪道涵、刘靖基以及刘海粟、朱屺瞻、谢稚柳等先生都来出席开幕式。陈佩秋老师也来了。记得她戴一副墨镜，派头与众不同，一来就坐在空无一人的贵宾席中。当时岑久发是现场总指挥，我是他助手，我不认识她是谁，想上去核对一下贵宾名单。清晰地记得岑久发对我说："她是陈佩

作者拜访艺术家陈佩秋先生

秋，谢先生的夫人，她个性很强的，你不要去问，让她坐着吧。"开幕式后，我注意到陈老师一直在独自看画，看得特别仔细。这就是我的第一个印象。

后来我慢慢地知道了陈老师是个才女，她有个性，正是她与众不同的地方。记得有一次朵云轩在洛杉矶长青书局办画展，请了陈老师来剪彩，主持人介绍道，今天我们请来了谢稚柳的夫人陈佩秋来剪彩，这一介绍令陈老师很生气，她剪完彩，把剪刀一丢，说了一句："我要靠他（指谢先生）出场吗？"这就是陈老师！她讨厌人家称她谢夫人，也讨厌人家称她女画家。这次很多悼念文章都不约而同地讲了这一点，这就是陈老师的奇、侠之处，特有大丈夫气概。她年轻时见识过荣华富贵，在浙江美院读书拜的是黄宾虹、黄君璧和潘天寿这些大家，进上海中国画院代表了上海的后起之秀，志存高远、心气很大。但是，新时代的生活是不同的，她要画画，又要做一个家庭主妇，照顾谢老，照顾几个孩子。生活以及低微的工资占去了她很多的时间和精力，使她心情不会太好。更有

一段时间，外面风传陈佩秋的画是谢稚柳代画的，并且有领导正式找谢先生谈话，这让自尊心极强的陈老师，怎么受得了。再说动乱年代，她也受到冲击，进过学习班。1956年毛主席、周总理决策在北京、上海建两个中国画院，她作为年轻画家荣幸地进入这个艺术殿堂，却碰到一些不太愉快的事，心情自然时有起伏。

90年代初期，我们朵云轩创办了国内首家拍卖公司，谢稚柳先生作为顾问为我们敲响了第一槌，我后来与陈老师的接触就越来越多了。先是向她要作品拍卖，谢先生过世后，又请陈老师担任顾问，为我们的拍品质量把关。当时徐建融教授也在我们拍卖行上班，他把陈老师以及陈老师技法创新的青绿山水以及新派花鸟介绍给我们，大大地拓展了我们的艺术视野，从此我对陈老师的人品、才华，也有了新的认识。最近，我特地查了朵云轩90年代的拍卖图录，94春开始拍卖她的画，每次一二幅，到了后期，每次多达七八张，她已成了海派的亮点了。如95秋拍《春山白云图》（估价5万—6万元）、96春的《荷乡纳凉图》估价12万—14万元，特别精彩，已看出陈老师的画风发生了质的飞跃，早先宋元风格的传统山水已逐渐被一批具有现代气息的新山水所取代。98秋季的《黄花青川》（估价38万—40万元）都是特别精彩的作品。由于她送交的每一件作品都很精致，又价格适中，所以受到了藏家的欢迎，大家非常喜欢她中西融合、雅俗共赏的画风。中国画家最怕的是没有传统根底，或有了以后又跳不出来。好画家如张大千、齐白石都是来自传统又跳出传统的，陈老师的亮色就是宋元的传统功底深厚，但七八十岁时又推陈出新，画出了自己的新境界。

这一阶段，她时常与我们交流，讲述她为什么这样创作。八九十年代，她曾在美国加州生活过几年。她不止一次地对我说，加州的气候太好了，四季如春，各种各样的花开不败，太美了。在美国，又有机会看欧洲大师的作品，特别是莫奈、凡·高前后印象画派，他们的颜色、画法，对我影响很大。中国画颜色淡，西洋画颜色厚重，我就考虑要把两者结合起来。另外，去美国各地游历、写生，尤其是美国西部的黄石公园、大草原，那种缓缓的、大片的草地，是中国少见的，我也尽收眼底，融入其中。陈老师注重学宋元打好基本功，但她晚年不保守，不是死守宋元，而是引入了西方的、现代的美术理念，融入绘画之中营造出崭新的时代气息。她的后期山水，与她早年的完全不同，形成了她独有的艺术符号，满构图，山势舒缓，峰峦相连，晴翠相叠。她的用色很深沉、厚实，不同于林风眠、吴冠中用大排笔刷出来的效果，而是用毛笔一层一层染上去的。染而不粘，这是功力之所在。

与她山水变法相仿，她的花鸟画也发生了很大的变化，满构图，但有透气的地方，她的花鸟笔墨有透明的感觉，充满灵气，用笔果断，工写结合，但是笔笔、层层有交待，有水墨淋漓的效果。像97春的《鹭鸶图》、99秋的《游鱼图》，只有她这样的高手可以画得出来。尤其是《游鱼图》，色彩绚烂，用色厚实，有油画的韵味，是中西融合的范例。

很多收藏家也喜欢她早期的笔墨，尤其是拟宋人笔墨的工笔花鸟，价格不菲，但我以为，她后期的青绿山水和写意花鸟，是她的独创，艺术境界是最高的，一如张大千晚年的泼彩山水。

谢家与张大千有很深的渊源，陈老师与我多次说起过张大千。她说过张大千派头很大，来的都是客，坐下就吃喝，在朋友身上花钱如流水，这是张大千要仿古画、卖藏画的一大原因。因为在民国时代，光靠卖自己的画，他也养不活一大帮人。她说，张大千的技艺高超，他画的荷花很少人超过，很长的荷竿，他一笔下，一笔上，两笔相接了无痕迹。她也认为张大千传统根基深，但没有晚年变法就没有张大千。我相信，陈老师七十后的变法，与她

市领导以及陈佩秋先生考察改建后的朵云轩大楼时留影

从大千先生身上受到的启示，是分不开的。改革开放初期（查为1980年），张大千82岁时托人从台湾带来一张泼彩的山水画，上有谢稚柳、陈佩秋的上款，一本画册，还有一对牛耳笔和几幅古画，这笔是大千先生在日本定制的，精选上等牛耳毛，一共做了十对，有分送20世纪画坛执牛耳者的意思。这是大陆人最早看到张大千的晚年泼彩山水。应该说，陈老师这么聪明的人，一定理解了张大千的用心，一代大家应该怎么形成自己的个性。

这次悼念文章中，业界对陈老师的书法赞美有加，我也是她的忠实粉丝，对她书法内涵和神来之笔十分佩服。记得在朵云轩时，还发生过这样一件事，在20年前，有位年轻人定了陈老100副四尺整纸对联，总价15万元，但是迟迟不来付款。李年才兄获悉后向我报告，我们当场决定全部收下存朵云轩。这批作品每副1500元，后来价格不菲，有50—100倍的增值，可见我们还是看对了、生财了！

467

说起陈老师的书法，也可以讲出一整套理论，但陈老师跟我说，最难是草书，"文革"中资料很少，曾得到过一本《智永草书千字文》，反复临写、反复背诵。记得她说，在开批斗会、学习班时，太无聊了，我手别在背后用右食指在左手掌心写一个个草书，草书也是有法度的，不能乱写。可见她的草书每个字及笔画都按智永千字文默记在心里。后来，又临过怀素，吸收了灵动飘逸的气息，再加上以"兰花"笔意入书而成。我看过她很多次写字，感觉她写字像画兰叶，问过她，回答说有点这意思。以前光知道书画同源是最高境界，如吴昌硕以书法入画，但像陈老师的书法渗入兰花笔法，柔中有刚，却是不多见的。

陈老师也会写诗，这点大家说得比较少。大约在十五年前，我把自己在朵云轩收藏的一些旧信笺拿出来，请一些名家写点信札、诗抄，自己留着看看。陈老师拿到信纸后，为我写了一些诗抄，我拿回家一看，书法以外还亲笔附注文，都是她60年代的自作诗，共有七开四首。现与诸君分享：

　　一、独住（一九六七年汾阳路地下室中作）

　　　　独住小园西，邻芳香袭衣。听琴临暮色，开卷对晨晖。

　　　　身着孤榻卧，心随众鸟飞。悠然尘世外，飘渺入天畿。

　　二、女贞（汾阳路地下室中作）

　　　　窗畔有贞木，翛然成茂林。垂垂发珠果，冉冉沐秋阴。

　　　　修干侵蜡雪，萌花托素心。风霜颜不改，恒见叶青新。

　　三、盆栽（花盆中疑有金银埋藏，汾阳路地下室中作）

　　　　捣土翻盆碎紫砂，可怜一簇小兰葩。

　　　　若还留得孤根在，想必春来又发花。

　　四、画兰（答宋文治先生嘱写木芙蓉）

　　　　此花不与别花同，素手芳华纸上工。

　　　　省识画图品香草，何须著粉写芙蓉。

　　　　截玉轩中书旧作四首，时丁亥秋日海上记，健碧

可见她的学养是多方面的。这次汤哲明教授写的纪念文章说到她是近代绘画史最后一位大家，是一个句号，我是很同意的。这个句号所反映的不是一个人的美术作品，而是这个人所代表的一种历史，一种明清民国的遗风。诗、书、画、鉴赏、做人，这是一个人整体的气息，这不是学得到的，这是经风雨而修成的。

谢先生过世以后，陈老师把生命的一半时间，放到了书画鉴定的研究上。业界有人

不甚理解，但我多次向她请教，始知这是她的情怀、责任使然。上世纪末，在美国大都会博物馆发生了关于董源《溪岸图》真伪的讨论，《溪岸图》由张大千带往美国，后由王季迁收藏，王先生最后捐给了纽约大都会。这是鉴定界的一件大事。陈老师说，张大千临终前曾有信给谢稚柳，希望谢老能继续对董源作品包括《潇湘图》等的研究。谢老过世以后，陈老师自觉地担负起研究宋画的责任。其实她以前对鉴定也是有根底的，只是不到说的时候。近一二十年去拜访她，经常谈的主题就是绘画"六法"和书画鉴定。书画家未必是鉴定家，但我国大咖级的书画鉴定家也几乎都是书画家。海派如吴湖帆、谢稚柳、唐云、程十发，都是如此。连出自海派后来去北京的徐邦达、去纽约的王季迁，绘画或书法都上品级。像陈老师在宋元上的深厚功底，丰富的阅历，从张大千、谢先生身上得到的传承，自然使她有激情和责任走向鉴定的舞台。只是，我们没有想到她有这么执着，这么认真细致。我多次去她家，看到她的案头也有一套劳继雄主编、我经手在东方出版中心出版的《中国古代书画鉴定实录》（九卷），并且一本一本摊开在桌上，主人夹了很多贴条在查看。上海大学还成立了陈佩秋书画鉴定中心，成立时我们都去了，中心还聘了傅申和张子宁先生担任特邀研究员，可见陈老师的眼界之高。

进入新世纪以后，海派程十发、刘旦宅先生也相继谢世了，"疆场无对手，艺苑发奇光"，陈老师作为 20 世纪硕果仅存的一代大家，她的事业达到了新境界，得到了业内外的广泛认同。这一时期，陈老师对人十分和蔼、慈祥亲切。我们作为小辈与她交谈，她也十分客气。

记得 2009 年 12 月，我陪香港大业出版公司董事长张应流先生去拜访陈老师，老友相逢，陈老师特别高兴。张应流先生就是当年从张大千手里拿了画回到香港，再亲自送来上海的原始经手人，谢老和陈老师的朋友。那天问安以后，我们主要听陈老师讲古代的绘画理论"六法"，她不是做文言文翻译，而是用自己的理解，通俗地讲了"六法"每一法的要义，并进行了中外美术理论比较，可惜那次我不方便录音，错过了机会。出来时张先生说："陈先生这么大年纪，太不容易了。"那次说得高兴，我代张先生提出，希望陈老师为他写一副对联。张先生说，原来谢稚柳先生的书桌后挂的一副对联是陈佩秋写的："何愁白发能添老，须信黄金不买闲。"自己很喜欢这对子的内容。陈老师当场答应为他写。此时我又借机把从朵云轩买来的两幅木版水印张大千泼彩山水拿出来，希望她题词。因为谢家收到张大千赠送的这幅画后，曾交给朵云轩有限复制了木版水印。张应流正是此事的经手人，叫陈老师题词意义很不一般。陈老师答应下来，为我和张先生分别题了，连对联一起送去了香港张家。我的那幅上题词为："此朵云轩木刻水印图，原作有谢稚柳、陈佩秋上款，此为君波先生所得嘱为记之。己亥冬日健碧识。"右下角张大千款"庚申六月八十二叟大千"（庚申为1980年）。可见陈先生晚年很念旧、重情义。

上世纪90年代，陈先生新派作品的推广，朵云轩拍卖行和海内外藏界给予了积极配合。香港的一批藏家如黄贵权、王世涛、张应流等都大量收藏谢稚柳、陈佩秋的作品，后来藏界于1998年支持他们夫妇两人在香港艺术馆举办了大型画展，出版了《谢稚柳、陈佩秋的艺术》两本画册，此时谢老已于1997年6月过世。画册中英文双语，设计、印刷精美。展览以后，还发生了一件不幸的事，有位藏家在搬展时把展品放在一辆卡车上回运，途中震荡很多立轴从车板缝掉下去，被后面的车辆碾压，无法找回，成为一大憾事。我们得到陈老师同意，获得香港艺术馆的授权，在2000年出版了这两本画册，同时在庆祝朵云轩100周年的活动中，举办了"陈佩秋书画展"，金炳华部长亲临剪彩。最近，我和李年才兄回忆，这大概是陈老师在上海的第一个书画展。记得我们还为陈老师出版了一本山水挂历，展示她的新作新风采。陈老师特别高兴。

陈老师与朵云轩感情很深，说起来是商业卖画，实质上是几代人的深厚联系。我手里有两张画家们的合影，朵云轩100周年时，陈老师与海派画家合作创作了《石榴图》和《百桃图》，祝贺朵云轩百岁。集体创作之外，她还画了一幅墨松图，用新颖的笔墨绘出枝繁叶茂的风松，同时题诗一首"古木有奇香，百龄不畏霜"以贺朵云轩百岁，还破例地写了《我与朵云轩半世情缘》一文。在文章里，她第一次告诉我们，从浙美毕业来上海以后，她曾为私营图片出版社的王仲明先生画过一些作品，深受王的首肯。王在公私合营以后并入上海人美社，在王筹建朵云轩的前身木刻水印室时，想起陈老师功力不凡，开出很高的工资（比后来画院多一倍）请她到朵云轩与胡也佛先生等做木版水印勾描编辑，陈老师权衡再三，还是想专注于创作，于是推荐张大千大风堂女弟子郁慕贞去顶岗。差不多的时间上海成立中国画院，陈老师就去了画院。

画院的收入是不高的。朵云轩60年代就把陈佩秋的画挂在店堂展卖，有一次她的一幅六平尺的《蜀葵野鸭》被日本客户买去，售价80元。这几乎相当于当时一幅齐白石的价格了。画卖得好不只是钱的收入，它表明社会对你的价值认可。这件事让陈老师记忆犹新。改革开放初期恢复书画经营，文化部确定画家作品每平方尺2—15元，陈老师对我回忆，她向朵云轩庄澄璋等提出润格15元一尺，获得朵云轩的同意。2018年春节，我去看望陈老师，当时她大病初愈，听我说今年是香港集古斋成立60周年，她二话不说，当场裁纸、折纸，为集古斋大幅题词以表祝贺和纪念，还盖了五方印章。也就是这次，我进一步懂得了什么是大家。题好词，陈老师说："1979 年我和谢先生联合在香港新华社旗下的集古斋办画展，也是通过朵云轩组织的。130 余幅书画是我们五十年代以来的积累，朵云轩付给我们 13000 元稿费，朵云轩卖给集古斋 5 万多，你们这么多人上班，总要赚点的，香港展览卖了 30 多万元。"每张只卖 100 元，让我听起来心酸，陈老师还说感谢朵云轩、集古斋。记得我出门把这段文字记下来，发给定伟兄，说你妈妈身体不错，记忆力太好了！在记这一段史实时，我在想，我们老一辈的画家太不容易了，100 元一张卖出去，受益的是他人啊！

这 20 多年，我们那批拍卖行的老员工，都与陈老师保持密切的联系。我离开朵云轩以后，很多事情仰仗她老人家的支持，如筹备召开世界华人收藏家大会，陈老师应聘担任顾问鼎力相助，有请必到，包括去台北参会，给我们以鼓励。

我最后一次去看她是去年 8 月 14 日下午，那天我陪洛杉矶的几位贵客去拜访陈老师，包括于右任的儿子于中令、洛杉矶长青书局创始人刘冰、民国时上海市市长钱大钧之子钱世泽。谢稚柳先生曾任民国监察院长于右任秘书六年之久，谢先生小于右任一辈（36 岁），所以于中令拜会陈佩秋是于谢两家同辈的一次重要会面。谢老和陈老师在洛杉矶时，喜欢去长青书局看书，与刘冰先生也熟识。陈老师那天特别高兴，与远道的客人亲切交谈，拍照留念，于中令向陈老师赠送了"造化为师"的题词，陈老师也为于中令、刘冰带来的《于右任草书千字文》题了词，并且一直将客人送到门口，礼数极其到位。定伟兄在场也为与于家建立起了联系而高兴。随队去的摄制组后来做了一期专题节目，播出后点击率超高。

今年因为疫情，春节未能去给陈老师拜年。这是多年来唯一的一次缺席，心有遗憾。但想到去年 8 月见到的陈老师精神那么好，总以为机会很多，不想高山流水，忽断琴弦，我们再也见不到敬爱的陈老师了！

陈老师过世以后，人们对她的尊称有泰斗、大师、宗师等等，我还是喜欢称她为"一代大家"，我认为传统上"家"是极高的尊位。古人认为，博取众长，自成一家，家是了不起的人啊！我们熟知的"唐宋八大家""宋四家""元四家""明四家"等等，几百年才出几个人，足见分量之重。陈老师跨过 20 世纪，在当代人品、艺术、侠气和影响力兼备，堪称"一代大家"。

刊于 2020 年 8 月 11 日《联合时报》（以《秋兰纫佩传香远　丹青妙笔绘华章》为题），2020 年 8 月 13 日《解放日报》《上观》

来书展的最后一个理由——读者

书是人类文明的源头，也是其他载体的源头。比如戏剧、电影、电视、动漫，很多的节目还是来自书的改编。

所以书是古老的，又是年轻的，有着旺盛的生命力。上海书展，不因今年有疫情的风险而停办，因为它是写书人、出版人和读书人的交流平台。与食物、水一样，是人们不可或缺的。

互联网时代，不是人们不需要书了，而是读纸书的人少了，载体变化了，要读书的人习惯还是不变的。

上海书展，自 2004 年起，我是每一届都不曾缺席的，只是身份不同。有时作为承办机构的领导参与，有时作为出版人参与，还有两次以作者身份参与，因为自己的新书也在这里首发。退休了，还有一个读者的身份来书展。读者，是一个崇高的称谓，大概也是我参加书展最终的本原的理由。一个爱书人进书店少了，每年一次的上海书展还缺席，心中觉得过意不去。

追忆十几届上海书展，有一个节目是一期也不缺的，就是"中国最美的书"的展览。2003 年秋季，上海组织"中国最美的书"去德国莱比锡评比"世界最美的书"，在 2004

2020 年 8 月参加上海书展新书发布会

年春获得了金奖，是年的上海书展，孙颙局长让我们设专厅展出最美的书，从此这成了书展的一个看点。

我们起先只是展出中国的书，后来还展过"世界最美的书"，还邀请一些国家来上海举办专题展，记得有德国、荷兰、瑞典、丹麦等国的书，还邀请各国的设计师以及负责"世界最美的书"评选工作的乌塔主席、黑塞主席来过上海书展，给读者作演说，参与我们的活动。她们看到中国的书展有这么多读者，还是心生惊叹和羡慕的。

近几届上海书展，还在开幕式当日上午的中央大厅举办"中国最美的书"颁奖典礼，这对获奖者是很高的礼遇，也让各地的设计师感受到上海书展的温度。确实，是一个文化交流的平台。

退休了，参加上海书展时的情绪更放松，走走看看，不时看到中意的好书买几本，不时见到老朋友聊几句，感到特别舒畅。近几年，自己策划的新书还在这里发布，如去年的《于右任草书千字文》首发仪式，请到了于右任之子于中令先生等十余位嘉宾联袂签名，居然卖掉500余册，上了热榜。

今年预计也要参加几场活动，其中《风云际会——沪上近代人物追忆》是本人执行主编的文史资料，有20余位名人后裔回忆他们的先祖，期待首发热卖。还有朋友王双强先生的新书《老虎来了》，约我参加发布会，也欣然应邀。

期待不寻常之年的上海书展，风采依然！

刊于 2020 年 8 月 11 日"上海书展"网站

来书展的最后一个理由——读者

我们对"内容为王"的误判

传统出版人应该是最早接触到数字技术以及数字出版的。进入新世纪，当时互联网的技术正处于单向的阅读器阶段，所谓单向是每位读者使用的阅读器不是互联互动的，还是源自图书的集成模式。所以，那时我们出版社人开会，还是以"内容为王"自居，以为网络出版还是由出版社主导未来的内容，技术及平台总会来求我们出版社的。

大约是在 2008—2010 年，全国的出版集团一下子推出了二十几个阅读器，就是把集团所属出版社的精品图书通过储存压到一个光盘里供读者阅读。上海出版了《辞海》阅读器，大家认为这就是数字出版的方向，对阅读器的发展十分看好。记得那年上海宣传系统召开文化产业发展案例的交流会，一共推出三个案例，这就是文化表演类的《时空之旅》（是马戏与杂技的表演），上海电视的购物频道，还有世纪集团的《辞海》。会上鼓舞人心的预测，是《辞海》阅读器将给世纪集团每年带来几十亿的销售收入。

但后来没有出现我国读者踊跃购买阅读器的热潮。从消费角度看，阅读器的好处是存量大，品种多，但价格也不便宜。而最重要的是，中国读者阅读率不高，买一个阅读器花费不少，但他并没有时间和愿望读里面数千种的书。

作为一个传统出版人，我们自己的认知是局限的。不久，iPad 和苹果智能手机出现，单向的阅读器包括"汉王"都被技术和读者抛弃了。

每个出版人同时也是一位读者，生产商和消费者可以是同一个群体，这很容易使我们得到深刻的体验。因为一个生产飞机的工程师，一般不会是飞机的拥有人，但图书的出版人和读者往往是同一个人，甚至出版人也是写作人，所以，我们会获得出版人、作者和读者的三重体验。这和其他行业是很不一样的。这三重体验对我们认识数字出版和内容为王是很重要的。

非常有幸，本人在上海有一段管理互联网出版的经历，这也使我这一非常传统的出版人，有了向新一代网络出版人学习的机会。如下几个成功案例，对我是印象深刻的。

一、起点中文—盛大文学—阅文集团

2002 年由吴文辉等七位大学生创立起点中文网。他们首先是一批武侠、玄疑小说的读者，他们因为热爱文学或者准确地说是痴迷传统出版社不重视的类型文学，于是想要挖掘出中国的写家资源以及构建一个专业平台。这就有了起点中文网的作者原创、收藏阅读、分章上线（类似中国传统说书模式），找到了激发写家热情、收费以及版权转让的产业模式。这一原始设想是我们传统出版人不屑一顾的。但经过 2004 年 10 月盛大收购起点，2008 年 7 月正式成立盛大文学，后来腾讯文学收购盛大文学成立阅文集团，到 2017 年 11 月阅文集团香港上市，市值近 900 亿港币，股价 110 元。今年 2020 年初我读到了他们 2019 年的业绩公报，这种强大的内容库以及平台功能，是几十个出版集团同类产品望尘莫及的，内容却不是由出版社以及杂志社提供的。

2019 年入驻平台作家 810 万余位，作品 1220 万部，原创文学 1150 万部，2020 年 1 月百度小说风云榜前 30 部网络文学作品排名中 25 部来自阅文。月活跃用户 2.2 亿人，总收入 83.5 亿元，净利润 11.1 亿元，其中版权收入 44.2 亿元。当年有 160 部网络文学作品改编影视剧、网络剧和游戏等形式。

二、百度的模式

百度百科起步阶段只是通过搜索引擎让读者可以方便地查询辞条、资料。起步阶段尚有盗取传统出版社的嫌疑。但是后来，它已远远超过出版的范围。先是取代了我们的各类工具书，作为一个读者，自从用了百度搜索以后，已很少翻阅工具书。后又取代了地图。再后来又取代了数据库。今天它已集成了新闻、购物、导航、出版、服务、无人汽车等功能，成为一个无所不包的分享平台以及创新平台。

百度的存在，使传统出版的工具书、地图、各类读本甚至文学读物，已被基本取代，迫使传统出版必须进行大幅度的调整。自 1915 年创办的《辞海》，也走到了生命的尽头，只是靠政府资金维持其生存。这是我们怎么也不曾料到的。

作为一个读者也是写作人，近年我大量使用百度，给我莫大的帮助，我想用过百度的人，一般就不会去翻阅辞书，一是便捷，二是信息不是一个等量级的。比如《辞海》只写辞条，人物盖棺定论，百度的人物是海量的，信息更多，而且即时更新。2019 年百度用户突破 10 亿，百度 APP 日活跃用户 2 亿，百度智能小程序月活跃用户 3.16 亿。百度百科和文科等有 10 亿条内容。市值 410.2 亿美元约 2870 亿人民币。

三、喜马拉雅听书模式的产生

2012 年我在出版局时，喜马拉雅刚创立不久。传统的音像、主持人、播音员，都是我国国民向往的职业。人们希望获得更多的信息，人们也希望成为内容的创造人。这和文学读者都到阅文上去写作、发表作品一样，实现了作家梦。果然，短短几年，喜马拉雅听书成为年轻人喜欢的平台及内容提供方。许多人在此地实现了人生的"主持人梦""演员梦"。而更多的人在这里有了节目的选择性，因为内容比广播电台更丰富。

目前，喜马拉雅有 200 多家媒体和 3000 多家品牌入驻，8000 多位有声自媒体大咖和 700 万有声主播，6 亿手机用户和 5000 万海外用户。已成了综合性媒体大平台。

此外，还有抖音之类，更多的内容创新在发生。归纳以上，从 2000 年进入新世纪算起，已有 20 年了，我国政府一直在呼吁传统出版的数字化转型，但实际效果欠佳。检讨我们自身，有什么差距可以寻找？有什么教训可以吸取呢？

1. 我们没有办法预见新技术、新门类的发展，又不能快速调整，只能被动接受。

我们没能力也不可能预见苹果智能手机等技术的出现。

传统出版人不拥有互联网技术，也没有（或者说养不起）互联网的精英人才。这样，每个出版机构甚至更大的出版集团，也无法预知未来，或紧跟新技术采取任何灵活的跟进举措。

在数字出版领域，恰恰在一定程度上不是"内容为王"，而是内容受制于技术及技术平台。

智能手机是报刊、图书的阅读器，是图片、电视、电影的观看器，也是照相机、录像机、打字机、录音机的素材采集器，更是各种平台的复合点。

当读者一机上手，传统的、新型的功能都可展示，读者就不再去消费单功能的工具。这是非常可怕的。这也是纸媒、书店、电影院、电视面临颠覆性的时刻。

而一些民营信息机构，能随机调整，跟上移动阅读时代。最重要的是，提供人人参与创作和发表的平台。

2. 此内容非那内容，我们手里的内容从互联网角度分析在贬值。

传统出版人拥有两种内容：一是作者期限内授权的作品。最终版权归作者。二是出版社编辑集成的内容，版权在出版社。比如工具书、套书。这也是近年出版基金投向的重点。不是原创，是合成。如古籍整理包括历代绘画、书法集。这两种书有一个共同的特点：内容多，阅读花费时间久，缺少互动，不适合移动手机展示。这些我们原来的优势，很难与互联网平台、阅读习惯相一致，相比较而言，报纸、杂志的内容更适合网络阅读。

所以，我们的内容对于智能手机就"王"不起来的。这是很可怕的结果。这将使传统出版与移动阅读渐行渐远。

3．技术与内容平台高度一致，阅文、喜马拉雅、百度以及其他机构，做起了适应互联网的内容。

这些海量的新内容在短短的几年、十几年内积聚起来，却把我们丢在了路边。海量的作者、海量的内容和海量的读者以及资金，把这些新的信息平台（兼有出版功能）支撑起来，我们反而被边缘化了。这是谁也想不到的。

要不是我们拥有教材、书号、纸书优势以及出版基金的资助，只怕是连生存都困难。

4．转企改制、集团化没有使我们在网络出版方面获得预期的竞争力。

行业领导人认为单个的出版社是小舢板，应该造大船，于是后来成立了几十个出版集团，设想可以集中力量办大事，造出航空母舰（这些都是原话）。

行业领导人还认为，事业单位转为企业，让出版社成为有竞争力的市场主体，于是大家都转成企业了。但又被界定为特殊企业，无法真正的企业化，包括多种经济成分的合资。于是，灵活性并没有呈现。

互联网出版需要大资金、大投入，需要多种经济成分合股创新，但出版社自己积累的利润在数字领域的投入上显得杯水车薪，无法与民营机构合资，也就无法获得资金、人才和机制体制的优势，尤其是难以获得大额社会资金的投入。

传统出版社内不可能建成互联网的生产力，又不能与民营合资，那就只能是目前的结果：几十家出版集团、几百个出版社，做不出一个互联网平台。

展望未来有两点预测：

很多出版社已意识到智能手机实际上是多元化的移动阅读器，它"为王"的时代来临了，大家已在积极地开发与之相适应的内容推送。包括书的简介和精华内容摘要，有读本以及音本。这对纸书印量下降的困境是一个很好的弥补。

我们应该清醒地认识到，传统出版社在数字化的道路上，已失去了20多年的黄金时代，现在已难以由传统出版机构（集团及单体出版社）再造类似百度、阅文、喜马拉雅、抖音这样的阅读大平台，但我们还可依托专有出版权和手中的资源，构成了最后一道防线，就是纸质书的优势和互联网＋。

我们不是神仙，但未来的趋势可能是：

1．数字出版的平台必然掌握在腾讯、百度、阅文、喜马拉雅等新媒体手中，再建数字出版平台的机会对传统出版机构来说已很困难。

但传统出版依托新书和重版书还可以做出一些有创意的数字产品或者产品线，授权平台上发表。这种产品可能是两种：一是完全与目前图书没有产品联系的新产品。一些更适合互联网阅读、互动、体验的产品。二是来自老产品但有形式创新的内容。如更精练、改写过的内容。原版原著的数字化呈现，已不是基本方向。

2. 纸质书的出版空间会被压缩但一定要坚守。

传统出版社的强项是纸书。这是我们为王的地方。除法定的教材外，大众图书品种、印量会下降，但还有读者。专业的学术著作有需要，可能也向简练明快的方向发展。单本几十万册的大印量读本减少，这是确定的。

因为移动手机为阅读培养了一代新的阅读群体，他们不再有花几天十几天时间读完一本书的习惯。这迫使科学家、文科作者改变写作习惯，把面向大众的读本写得更短，否则也将失去读者。

互联网为我们带来了便捷，但也培养了一代狂躁的读者，他们在手机上读文、读图、看视频、玩游戏，他们已经无法静下心来。这就是一种异化。

除了特别的学术著作和历史读物，纸书的写作风格、技巧应该变化。言简意赅、简单明了的写作可能更受欢迎。几十万字的专著应减少。8万—10万字的图书可能成为主体。或者大量由纸书改变成电子简版。一本几十万字的纸书同时以十分之一的篇幅以电子书呈现。目前20—30分钟导读一本书的音频节目受欢迎，即是证明。

3. 传统出版社应改变运营方式。

我国有600多家出版社，合并副牌后实有550家，当需求持续下降之后，迫使出版社压缩人员、增加数字产品加工的力量，也迫使出版社内部诸团队小型化、公司化。出版社还是管理中心、产品审读中心，但更多的图书产品要由公司化的编辑团队灵活地出售给数字平台商，或与内容相关方进行合作，如再创作和提供新产品。因此，出版社应在纸质书以外，推出改编电子产品的机构，演绎出适应互联网的新方式和新产品。

可以预见不久的将来当电商基本打垮实体书店后，出版社将面对数一数二的垄断电商，并失去议价的权利，走低价批发书给电商平台同时大幅提升书价之路，谁都知道这可能也是下策。

没有教材、没有大额出版资金支持的出版社，必将面临考验。路在我们脚下，没有统一的生存法则，只能各显神通，自己走出自己的发展以及生存之路。

刊于《编辑学刊》2021年第1期

上海网络游戏业的传奇与发展

游戏是人类与生俱来的爱好和活动项目。在远古时代，人类在生产劳动之余，借助音乐、诗歌、舞蹈以及游戏，抒发自己的情感，调节人们的作息，保持人与人之间的联系。传统的原始游戏，大多只借助简单的物体。工业革命以后，游戏渐趋多元。而上世纪80年代在欧美创新发展起来的互联网技术，则将游戏推向了一个复杂、多元、丰富和互动的阶段。声、光、电、文学元素和美术、音乐的融合介入，使之成为大众普及、更具魅力的文化现象和文化产业，改变了上千年来人类文化消费的习惯，形成了一个庞大并且尚在持续的文化市场，对书报刊、电影、电视、唱片业也造成了严重冲击。据全球权威机构NEW200发布的《2018年全球游戏市场报告》，这年全球游戏市场规模将达到1300多亿美元，游戏玩家数量已突破23亿。这是一个令人振奋的数据。

中国是一个有着游戏传统的国度。老鹰捉小鸡、击鼓传花曾是原始游戏的代表，在我国具有广泛性。上世纪，最普及的游戏是扑克牌、象棋、军棋、麻将牌，填补了文化娱乐业匮乏时期人们的生活空间。改革开放，海外先进的电动、电子游戏设备和技术来到我们身边，改变了人们的文化生活，也给文化产业发展带来了新的动力。

上海是我国综合性的国际化大都市。上海以建设国际文化大都市为目标。其文化除了本国原创以外，从历史上看，引进西方先进技术和文化，一直是它的传统。例如我国的现代印刷业、报业、唱片和电影，最早都是从上海这一文化码头登陆而发展到各地去的。网络游戏也是如此。

一、网络游戏业在上海引入成为我国的发源地

改革开放，上海的街机游戏和插卡单机版游戏从日本等地引入。当时，上海很多大型综合性百货商城都设置电动游戏机，内容包括赛车、射击、竞技，有相当的现场感和刺激性。随着彩色电视机的普及，日本任天堂开发的卡式游戏机传入中国，上海王子杰先生就是最早从事引进的人士。整个90年代，以与电视相联结的插卡电视游戏，非常普及、价廉物美，深受群众欢迎，成了家庭娱乐的重要内容。只是由于节目来自海外引

进版权，生产发行商深受盗版的侵扰，致使这一产业难以发展，加上本身存在一定的负面影响受到我国政府的管制，后期日渐衰退。此后，网络游戏在欧洲、在亚洲的日本、韩国逐渐成型，上海以及我国的游戏业也随之进行了历史性转型。

网络游戏英文名称为 Online Game，又称在线游戏，简称网游。通常以个人电脑（PC）、平板电脑、智能手机等载体为游戏平台，以游戏运营商服务器为处理器，以互联网为传输媒介，必须通过广域内网络传输方式（Internet、移动互联网、广电网等）实现多个用户同时参与的游戏产品，是一种对游戏中人物角色或者场景的操作实行娱乐、交流为目的的游戏方式，具有可持续性的个体性多人在线游戏。它的内容既有故事内容，优质画面，人物动作，又有音乐、动作声音，是一种立体的感官享受。对玩家尤其是年轻人，具有强烈的刺激性和吸引力。

网络游戏在上海及中国的发展，一定要提到 1999 年 12 月成立的盛大网络公司，以及 2000 年华新公司推出的《万王之王》《石器时代》这两款最初的 Mud 游戏，这两款产品问世较早，但已吸引了受众，引发了游戏后来在上海的大爆发。2002 年，盛大网络首创从韩国买入《传奇》版权进行运营，一时轰动，最高在线达 65 万人，注册用户 2000 万人。当时中国网民总量才 5900 万人，约 34%网民成为《传奇》的用户。真是一花引来万花开。2004 年 9 月，

陪同上海市领导周禹鹏（左）考察 ChinaJoy

由朱骏先生创始于 1998 年的第九城市，引进美国暴雪公司的游戏《魔兽世界》，它技术复杂，内容精致，玩家需要换装购买高配电脑才能参与，但这不是阻碍，很快它以350 万人在线数创下历史奇迹，引起玩家、创业者资本、技术商和政府的关注。

2004 年影响我国网游业的几件大事，率先在上海发生：2004 年 5 月 13 日，上海盛大在美国纳斯达克证券交易所上市，股票代码为"SNDA"。每股发行价 11.0 美元，共募集资金 15239 万美元，折合人民币约 12.6 亿。2004 年 10 月，第二届中国国际数码互动娱乐产品及技术应用展览会（简称 ChinaJoy）在上海新国际展览中心举办，展会面积达到 2 万平方米，吸引 140 余家展商的 197 款作品参展，包括美国 E 电公司、法国育碧公司等著名国际游戏企业参加，吸引了 7.5 万热情的玩家和观众。11 月 18

日，上海巨人网络科技公司成立，史玉柱出任 CEO，这也是一家集网络游戏研发、运营和发行为一体的综合性互动娱乐企业。2004 年 12 月 15 日，上海第九城市于美国纳斯达克证券交易所挂牌交易，股票代码为"NCTY"。当日，第九城市的股票开盘价为 19 美元，比此前公布的 17 美元发行价高出 2 美元，发行当日收盘价 21 美元，涨幅达 23.53%。2005 年初，陈天桥因为盛大在美国上市，股票一路上扬，被评为中国 2004 年度首富，个人资产达 100 多亿人民币。

2005 年 1 月，上海盛大发布年度财报，营业收入 4.5 亿（约 5470 万美元），利润 2.3 亿（约 2800 万美元）。2006 年 2 月九城发布 2005 年财报，营业收入 2.1 亿（约 2630 万美元），利润 1830 万（约 228.8 万美元）。

之所以介绍以上几个成功案例，是告诉业界我国后续大发展的网游产业，确实是从上海引进、消化、运营成功的，上海成为中国现代网络游戏的发祥地实至名归。盛大、九城、巨人三个集团，很长时间居中国游戏企业的一线品牌，他们成功上市，给游戏界、金融界、IT 业、科技界以很多的示范效应，给很多年轻创业者创业、事业和富裕提供了可实现的梦想。它也为中国互联网产业包括门户网站以盈补亏找到了一条康庄大道。而 ChinaJoy 在上海成功以及宣布永久落户上海，以大型会展、论坛、青年玩家嘉年华的积极作用，使它后来超过东京电玩展、洛杉矶 E3 展和科隆电子展，成为世界第一的同类展会，也是 2004 年起步的。2004 年上海网络游戏实现销售收入 18.1 亿元，占全国 24.7 亿元的 73%，比上年增长 39%。这一年，对中国、对上海网游产业，都是至关重要的。在此之后，一大批游戏公司在上海以及全国成立。

印象中，2005 年、2006 年，上海继续占全国游戏业 70%-80% 的市场份额，担负起了引进、原创、运营、发行以及展会、融资的多项功能，为网络游戏后来的发展，创造了运营模式、收费模式和盈利模式。

为什么网络游戏业会在上海快速地发展起来形成规模，笔者认为有外部和内部两个方面的因素：

第一方面外部因素。

（一）科技装备与信息高速公路建成。上海在上世纪后期，全面建设信息高速公路及宽带技术，同时全球电脑技术装备包括平板电脑向上海转让技术，服务器的容量和条件完成了产业升级，但社会对互联网的依存度尚不高，一句话，修好了高速公路没有汽车在上面开。于是，上海信息委、科委积极寻找"客源"，给予政策支持，而很多网络游戏企业与之配合，应运而生。

（二）韩国在网络游戏方面捷足先登，政府成立文化振兴院支持这项产业，开发出了一批优质的游戏产品，但是国家不大人口有限，游戏产品急需寻找海外市场，而中韩当时关系融洽，经贸合作正处蜜月期，游戏节目也积极地融入中国。盛大、九城最早成功的游戏《传奇》和《奇迹》都是从韩国引入的。2004年上海游戏46款，进口27款，其中韩国22款，美国3款。欧美等国也想开辟中国市场，《魔兽世界》这类精品也紧随其后，来到了中国。这和电影市场的美国大片要进中国，道理也是一样的。

（三）国家有关机构重视上海的发展。新闻出版总署、信息产业部都重视上海网络的游戏业，推出了一系列的政策、文件，如2004年8月《关于实施"中国民族网络游戏出版工程"的通知》，同年10月在上海举办ChinaJoy，2005年1月在广东召开"首届中国游戏产业年会"。上海盛大《传奇》系列、九城《奇迹》等4款游戏获得中国"十大最受欢迎的网络游戏"奖项，《传奇世界》《英雄年代》获"十大最受欢迎的民族网络游戏"奖项，上海世纪天成运营的《反恐精英》获"十大最受欢迎单机游戏"奖项。这是中央政府机构对上海工作的充分肯定。

（四）社会需求的推动。进入新世纪，我国经济的持续发展，人们解决了温饱问题，需要更多、更好的文化娱乐活动。这也是人性发展的必然规律。一些年轻人已经在互联网上了解到海外发明了网络游戏，有些人已从其他渠道得到了初步的体验。电视、电影、表演业的"观众"和书报刊业的"读者"这些概念，已经无法满足大家的需要，人们在社会中的另一个角色"玩家"迫不及待地要登场了。这个时候，盛大和九城引进、翻译了韩国、美国的游戏，正好适应了社会的需要，这就引燃了年轻人旺盛的力量，《传奇》同时上线65万人，《魔兽世界》同时在线350万人，就是最好的证明。后来中国由年轻人又延伸到中老年的休闲益智游戏玩家群，形成了一个数亿人的玩家市场，填补了他们生活的空白。这是一个后来发展成为超2000亿的文化产业，而上海正是国外游戏进入中国的一个前沿市场。

第二方面内在因素。

（一）上海出现了现代游戏业的领军人物、新一代的企业家。时势造英雄。互联网游戏进中国是一项全新的事业，它的成功是由一代年轻人推动的。20年前陈天桥创办盛大、朱骏创办九城、史玉柱创办巨人，都只有二三十岁。他们风华正茂，意气奋发，有国际视野、有市场的敏锐性、有魄力和闯劲，所以几年就做出了辉煌的业绩，众多的玩家、初期的案例，给更多的年轻人以示范作用。而上海国有文化界经验老到的文化人、出版人、影视人，则是这一段黄金时代的缺席者。不怕做不到，只怕想不到。年轻一代的领军人物想到了。

（二）上海是国际文化交流中心。历史上如此，现实更是如此。1992年邓小平同志发表"南方谈话"以后，开启了上海新一轮的对外开放，以经贸波及到了科技、金融、文化"三合一"的现代游戏业。游戏引进、翻译、模仿、独创需要的环境，上海当时已经具备，高校为我们准备了工程师和美术师，上海很快形成了综合力量。包括去纽约上市融资发展，都是非常领先的意识，上海建设中国金融中心的努力，也正好有利于发挥作用。

（三）最初的张江、漕河泾两大科技园区，给年轻人创业提供了条件。80年代上海就布局这两个主要科技创业园区，这些园区后来又向文化创意产业延伸，张江吸纳了盛大、九城入驻，漕河泾吸纳了巨人入驻。两大高科技园区形成了最早的游戏业推手。

（四）上海市政府、市经信委和市新闻出版局及文广局最早介入支持，市新闻出版局完成了游戏上线出版审报、批准、运营和奖励的制度；市经信委给予很多政策的支持，包括资产、税收的优惠。这对初期上海这一产业的形成起了助推作用。

二、上海网络游戏的产品结构和销售结构

上海网络游戏由客户端网络游戏、网页游戏和移动端游戏三大类所构成。在2014年以后，也一度引进海外家用机游戏（BOX游戏），但不够普及。另外单机板游戏也还始终存在。这后两项没有形成大众需求，是一个小众的特殊市场。

以盛大2002年《传奇》上线营业作为上海游戏业的起步阶段，上海游戏业当时的收入是微薄的。以2004年末为计，大约为18.1亿人民币左右，其中盛大4.1亿。经过约十五年的发展，我们看到2018年的销售收入如下：

2018年上海网络游戏销售收入达到712.6亿，同比增长4.2%。全国2144.4亿，上海占33%，比2011年140.1亿增长了4倍多，规模在扩大中。

（一）上海的客户端网络游戏

2001年至2008年，上海乃至全国主要在发展客户端游戏，占的比重大、参与的企业多，也是玩家的主要体验之一。2008年以后，客户端游戏还是作为市场重要板块与页游、手游并列发展。

客户端网络游戏是网络游戏的形式之一，是需要在电脑上安装游戏客户端软件才能运营的游戏。国内客户端游戏主要指大型角色扮演类网络游戏（MMORPG）和休闲客户端网络游戏这两大类。

客户端游戏的投资额比较大，几千万到上亿元人民币的都有。研发时间比较长，像美国《魔兽世界》都是多年精心制作而成的。但客户端游戏可以不断修改补充，升级换代，长盛不衰，一直吸引着玩家。比如盛大的《传奇》、巨人的《征途》、九城的《奇迹》，已运营了十几年还有玩家。这也是游戏与电影所不同的地方。

2018年上海客户端游戏销售收入达到214.7亿，占30.1%的比重。国内、海外产品交融成为上海客户端游戏市场重要特质。除了长线经典老产品《征途》《魔兽世界》以外，还有新产品《守望先锋》《CS：GO》《我的世界》等支撑起上海端游市场收入基本面的稳定。国内1.5亿的游戏玩家，依然对上海游戏有一定的依存度。

上海端游2018年214.7亿，比2011年118.2亿仍然差不多翻了一番。增长幅度较低，主要因为端游是个老的游戏门类，网络游戏新的增长点后来向页游和手游发展。

（二）上海的网页游戏

2008年至2015年是我国网页游戏的爆发期、成长期。

网页游戏是指用户可以直接通过互联网浏览器玩的网络游戏，它不需要安装任何客户端软件。故又被称为无端游戏（webgame），简称为页游。这是基于web浏览器的网络在线互动游戏，只需打开IE网页，10秒钟即可进入游戏，不存在机器配置不够的问题，最重要的是关闭或者切换极其方便，尤其适合上班族。游戏类型及题材也很丰富。类型有角色扮演（功夫派）、战争策略（七雄争霸）、社区养成（怪物世界）、模拟经营（篮球经理）和休闲竞技（弹弹堂）等。

在上海，网页游戏大致在2008年以后进入发展期。一方面是为了玩家的方便，另一方面也是企业发展战略的需要。端游投资大、时间长，新进的企业无法在这方面与盛大、巨人、网之易等企业竞争，他们另辟蹊径选择页游容易获得成功，国家也开始评比页游的优秀产品，拓展了新的市场，又促使端游大企业也回过来介入页游市场。

2011年7月，首届网页游戏技术峰会在上海展开，与会专家从技术和实践层面介绍和讨论了页游的发展呈现出3P化以及新浏览器技术带来的新发展机遇，表明上海业界关注这类产品以及上海的地缘优势。

此后，上海网页游戏比较成功的产品还有《红月传说战神版》《创世热血战歌》《烈斩》《神魔传说》《神戒》《传奇世界》等。

这个阶段，网络游戏已向全国铺展，大量中小企业进入网页游戏领域，但从上海获奖的情况看，还占全国30%的获奖产品，显示出上海在这一方面的优势。与此同时也出现了淘米、游族、锐战、三七玩、心动这类由网页游戏起家的知名企业。

2018 年上海网页游戏销售收入为 97.3 亿，占 13.7% 的比重，是 2011 年 17.8 亿元的 5.5 倍。这一年页游受新产品及政策的影响有所下降（2015 年 155.5 亿，2016 年 149.4 亿，2017 年 118.9 亿）。这一时期，支撑上海页游的主要产品有《女神联盟》《花千骨》《摩尔庄园》《大天神》《神仙道》等。

（三）上海的移动游戏

移动游戏指的是运行在移动终端上的游戏软件，包括移动单机游戏和移动网络游戏。早期移动终端包括手机、笔记本电脑、平板电脑、POS 机。随着安装电路技术的飞速发展以及智能 4G 手机的出现，质量和界面的扩大，一个手机已相当于一个小型计算机系统，可以完成复杂的处理业务，使移动游戏几乎被简称为手游了。移动游戏也因此而拥有了更大的发挥空间。在游戏画面、类型、核心玩法等方面都实现了快速的发展。

移动游戏因设备携带方便，玩家可充分利用各种时间包括碎片化的时间，又有广泛的群众性，很快拥有了更多的

2015 年 2 月在游族网络公司向总裁林奇颁发
全国新闻出版领军人才证书

用户，规模总量超过了端游、页游。它的出现，使上海以及中国的游戏业发生了一次裂变，很多中小企业进入游戏业创新、创业成为可能。因为开发手游的资金更小，时期更短，成为众多游戏公司成功的短平快产品。不仅中小企业，很多端游企业也纷纷加入，在开发新产品的同时，加紧把一些品牌端游产品也改建成手机版再度推出。2012 年 1 月，手机游戏大会在上海创智天地隆重举行，有 200 多人与会。大会以"手机游戏的营销推广以及手机游戏的技术方向"为主题，展开了热烈讨论。这个会议对上海手游发展具有积极的推动作用。

2018 年上海移动游戏销售收入达到 393.2 亿元，占 55.2% 的比重，增长率为上年的 17.6%，高于全国移动游戏收入 15.4% 的增长率。相比 2011 年上海仅有 4.1 亿的手游销售收入，是 90 多倍的增长，这是游戏发展史上的奇迹。一方面得益于美国智能手机的设备更新，另一方面在于游戏公司不断推出适合手游的新产品。如《剑与远征》《少年三国志》《传奇世界手游版》《征途手游版》。

在全国竞争激烈的情况下，上海网络游戏业能占全国约三分之一的市场份额，一方

面是原来的基础好，企业多，产品积累雄厚，另一方面也在于不断创新。尤其是二次元移动游戏销售，占了全国 29.2% 的比例。二次元是由日本引起进的概念，是动画、漫画和游戏的总称。上海在二次元游戏发展上拥有哔哩哔哩、米哈游等多个大型代表性企业，运营了《FGO》《崩坏了》等多款代表性游戏产品，营业额均达到 10 亿以上，保持了在手机游戏销售上的优势。

（四）上海其他类型的游戏

1．单机版游戏

单机板游戏当年有来自日本任天堂的插卡式单机游戏，以连接电视机作为视屏。分成 3 寸和 5 寸卡两种，这种游戏是单人单机玩的，后来因盗版厉害以及网络游戏兴起而淘汰。1995 年前后，欧美以可读光盘为特点的单机版游戏引入中国，以 PC 机、电视机为显示器，也是多人通过网络玩的。这形成了一个小众市场，持续很长时间。上海育碧、碧汉、宝开、烛龙等公司在这方面持续引进或开发产品，在全国也有一定影响。

2．上海的家用机游戏

新世纪以来国内盛行网络游戏的同时，欧美日本市场则以家用游戏机的发展为主。微软和索尼通过高新技术生产游戏主机、配以操纵器、头盔（AR 技术），通过电视超大屏幕显示和播映，以画质精致、音响超一流以及宽大的屏幕，给玩家以舒适享受和真实体现。其产品后期主要集中了微软的 Xbox 和索尼的 PS。这两套系统均配以丰富多元的产品，同时通过机顶盒也可以进行远程网络多人互动。理论上讲，也是一种网络游戏。当上海 ChinaJoy 以展示网络游戏为主时，远在美国的 E3 电子游戏展则以展示和交易家用游戏机为主。

2013 年春季考察美国洛杉矶 E3 电子游戏展

全球原来有任天堂、索尼、微软等主机游戏供应商，产品在 90 年代曾一度通过公开和水货渠道进入中国。后来我国停止了这项游戏机的进口和生产。

2014 年中国重新开放主机游戏。此时任天堂已被淘汰，进中国的产品以微软的 Xbox one 和索尼的 PS4 为主，配以适当的游戏节目。根据中国政府的规定，索尼进中国与东方明珠、微软进中国与百事通合作。

由于索尼主机在中国售价合理，与海外市场同价均为 2899 元人民币，有大量的独占游戏搭配，包括《神界：原罪 2》《荒野大镖客》《侠盗猎车手》《血源诅咒》《驾驶俱乐部》等。加上索尼早期 PS1、PS2 在我国已培育了有众多玩家，所以 2015 年 PS4 在中国的销售占优，达到了 43 万台 1700 万份。

由于微软 Xbox 定价高达 3699 元和 4299 元，比海外其他国家卖得贵加上独占游戏少，一时只销掉 7 万-10 万台，而且留学生和旅居上海人士居多。后来改变策略，2017 年价格与海外拉平，彻底打开海外游戏锁区，情况稍有好转。Xbox 的游戏主要有：《最终幻想》《雷曼传奇》《索尼克力量》《古墓丽影》《乐高复仇者联盟》等。

三、上海网络游戏业的几次转折

上一部分，我们从技术、设备的角度，介绍了上海网络游戏业的发展，以及端游、页游、手游主机游戏的更迭和多元并列的发展。

在近 20 年的过程中，游戏业沿着内容和功能这条产品线，也有一些重大的变化和进化。

（一）由单机游戏向网络游戏转变

大致发生在 2000 年至 2006 年，上海以引进任天堂的单机游戏到引进韩国、北美的网络游戏，实现了一次转型。企业及产品从无到有，玩家从无知到有知。虽然只有几年时间，但游戏由于是借助互联网在全国各地同时铺开，与电影、书报刊受到地域空间的限制其销售不同，所以转型迅速之快，在历史上的文化产业中，也未曾有过。上海在这一次的发展中抓住了机会，将游戏移植到互联网上，产品实现了更新，培育了新一代的玩家。

（二）由进口为主向国产为主转变

我国 21 世纪初的游戏以进口为主，盛大、九城等企业均如此。拿来主义可以多快好省发展起来。比较著名的游戏有《奇迹》《传奇》《魔兽世界》《永恒之塔》《龙之谷》。这和我国科技、工业发展的形态相仿，所有的产品起先都是引进、模仿生产。以 2004 年为例，上海运营的游戏共 46 款，其中引进 27 款占 58%，内有韩国 22 款，美国 3 款。但是，如果长期让外国游戏占据中国市场，有两个很大的弊端：一是外国游戏一边倒会强化西方文化，弱化民族文化；二是中国游戏界巨大的市场，将被西方企业垄断。中国企业只是运营商、打工仔。所以这个趋势一定要扭转。

2004 年 8 月，国家新闻出版总署发布《关于实施"中国民族网络游戏出版工程"

的通知》，提出要用五年时间完成 100 种自主开发的大型民族网络游戏。上海政府及企业积极响应。其次民族游戏也符合我国玩家的文化欣赏习惯，黏性也很高。在上海最早的国产游戏如《征途》《传奇世界》《英雄年代》《神迹》，都有众多的玩家群，可见人民群众也不是只认西方进口游戏。所以政府政策与人民的需要是相一致的，这就使国产游戏发展很快。

当时对民族游戏的理解和认定还是积极的、宽泛的。一是中国团队或中国收购外国团队研发的产品，二是或者内容有中华民族元素的产品。比如三国、剑侠、西游记等，都取之于中国元素。

截至 2019 年，上海国产游戏已超过进口游戏。上海自主研发游戏 2010 年销售收入为 68.4 亿，比上年增长 41.3%。2015 年 386.4 亿，又增长 29%。2018 年为 593.1 亿，在全国占比例 36.1%。

2013 年 12 月，国家新闻出版广电总局给上海局下发《关于实施国产网络游戏属地管理试点工作的通知》的文件，同意上海直接审批本地研发的国产游戏，这对上海工作是巨大支持和推力。上海局加强力量，组成了审读审批机构，加快了工作流程。到 2015 年经上海市新闻出版局批准运营的自主研发游戏共 412 款，已占产品总数的 85.3%，海外引进产品只占 14.7%。这是一个巨大的转折。这样也使上海一地自主研发的民族游戏品种数占到全国的 39.2%。

（三）网络游戏由进口到出口的转折

长期以来，我国文化在国际上处于相对的弱势，所以中央也提出随着我国成为世界商品的出口大国，也要关注文化产品和服务的输出。随着国产游戏品质的提高，数量的增长，以及为了满足海外玩家的需求，上海游戏企业也积极开拓海外市场，以不长的时间取得了很好的业绩。

2010 年，上海游戏输出海外收入 0.833 亿美元，2015 年 6.95 亿美元，2018 年 15.03 亿美元，增长速度可观。以 2015 年为例，盛大、游族、傲世堂都成为出口海外的主力。其中游族一家海外收入 7.7 亿人民币，增长 137%，推出了页游《傲视天地》、手游《少年三国志》《怪物 X 联盟》《全民奇迹》等出色的产品。2018 年上海出口总额 15 亿元，同比增长 11%。其中移动游戏占比 69%，已在东南亚占据市场规模，进而向日本、韩国、欧洲、北美市场发展。

（四）内容由单一的角色扮演类向休闲类等多元化转变

上海早期的游戏主题或内容以角色扮演类网络游戏为主，以吸引年轻男性的需要。

这类游戏指所有的玩家都存在于一个大的虚拟世界中，用户可以使用拥有不同特点的角色体验虚拟生活，游戏主角通过赢得战斗，完成任务累积一定经验值提升等级，获得金钱和装备，使能力由弱变强，用户融入游戏情节中，视自己角色为游戏故事的一部分。这类游戏打怪、打斗、RK（3D）居多，有刺激性，但也容易隐含凶杀、暴力和色情。

在政府引导下，上海企业比较早地提出健康游戏、绿色游戏的理念，一方面抑制角色扮演类游戏中可能的负面内容，另一方面积极开发休闲娱乐等方面的游戏，满足人民群众多元化、多层次的爱好。

这里特别介绍上海在休闲类网络游戏方面的发展。这类游戏大多采用平台竞技方式进行，游戏以"局"的形式存在，每局参与的玩家相对少，以"局"多少时间为限。这类游戏以娱乐为主，不强调剧情。端游时代，休闲游戏主要是棋牌类游戏，后也出现在页游、手游中。在棋牌外，发展出体育竞技。

应该说，2005 年 12 月《劲舞团》上线，是上海也是我国第一款真正意义上的休闲社交游戏，获得了成功。2006 年上海推出的《跑跑卡丁车》，也很长时间占据市场份额。上海游戏企业比较早就注意开发和运营休闲娱乐游戏，而且占据获奖产品的半壁江山，起着对行业的引领作用。

（五）由收费模式转向免费等多元模式

游戏业在海外的模式都是收费的，上海游戏业发展的初期也是如此。大多以买家购买点卡充值的方式玩游戏。2006 年初，盛大旗下主力产品《传奇》结束点卡收费的运营阶段，采取"免费游戏、增值服务收费"的模式向用户开放，开创了网游行业盈利新模式——CSP（come-stay-pay）。其中重要的增值服务是玩家在体验中通过付费购买道具的方式击败对手，而不必以时间和智慧一步一步地取胜。

这一改变，引起游戏界的仿效，致使中国游戏业的收入反而大增，促进了产业化的形成。目前，中国还有收费游戏，但免费模式占了主导地位。

（六）个人娱乐行为转向体育竞技

尽管国家体委早在 2003 年 11 月就批准电子竞技为我国正式开展的第 99 个体育项目，也有一些局部的比赛活动，但是总体上看，并未引起游戏界、体育界的重视，规模也比较小。但从 2014 年起，全国电竞收入持续上升达 226.3 亿，2015 年达 374.6 亿，2016 年达 504.6 亿，2017 年达 730.5 亿，2018 年达 880 亿。上海 2017 年电子竞技游戏收入占上海地区游戏收入 683.8 的 19%，约计 129.9 亿。比较成功的竞技游戏是巨人网络的《球球大作战》，此外也运营外省的游戏如《英雄联盟》《王者归来》。

上海最早关注这一领域。2005 年就成立了 VE 电子竞技俱乐部，这也是全国最早的之一。2018 年已有 VE、皇族、IG、EDG 等电竞俱乐部 12 家，位居全国之首。有队员 168 人。目前已在上海举行多次赛事。

到 2018 年上海有电竞馆近 30 家，并尚在持续增长中。此外，更多的游戏企业也纷纷在上海开设体验店或主题店。2017 年大陆首家《One Piece 航海王》官方商店在上海落户虹桥天地。2017 年 12 月上海首家以主题变化为概念的史克威尔艾尼斯克官方餐厅"SQUARE ENIX CAFE"开业。

据百度发布，2019 年全球电竞收入将首次超过 10 亿美元，2020 年将达到 18 亿美元。

电竞业观众潜力颇大，电竞比赛本身创造了收入模式：观众入场券以及延伸消费、比赛巨额奖金、电视广告收入、各类直播平台、电竞馆的建造或改建等等，已是上海游戏业发展的新的经济增长点。

四、上海网络游戏用户、企业和游戏产品分析

企业以及游戏是市场需求的提供方。两者的相互关系为，玩家有客观需求，会支撑企业的研发和生产积极性，而企业推出优质的新产品，又会刺激玩家需求以及支出的上升。所以，企业是市场的主体，占据了重要的位置。

（一）上海游戏业用户分析

企业、产品、用户和销售量构成了市场的各要素，支撑上海网络业的需求方是用户即玩家。根据统一的标准，用户规模是指互不重叠的、平均每季度至少使用过一次在线网络游戏作品的用户总数量。

上海 2018 年移动游戏用户数量达到 2380 万，比 2011 年 630 万增长 277%，这也是上海移动游戏销售持续增长的重要原因。

其中 PC 客户端网络游戏用户 1620 万，占总用户数的 70%，手游和页数用户只占 30%，比 2011 年 1310 万增长 24%。这也反映出上海在客户端游戏上拥有客户优势。因为上海端游产品开发成熟早，占据了一定的市场，拥有盛趣（原盛大）、巨人、网之易等大型企业。

（二）上海网络游戏企业的数量及结构

进入新世纪至今，上海游戏业已走过第 20 个年头。据最新统计数，2018 年上海持有网络文化经营许可证的游戏企业约 1690 余家。其中包括盛趣游戏（原盛大）、巨人网络、三七互娱、游族等多个市值上百亿的游戏企业。这些企业分成两大类：一是网络

游戏开发商。指制作、构架、开发网络游戏的企业或团队，主要负责网络游戏的编程、设计、美工、声效、生产及测试等工作，类似于电影业的制片公司。二是网络游戏运营商。指拥有互联网出版资质、通过取得其他游戏开发企业授权网络游戏，以出售游戏时间、游戏道具或相关服务为用户提供增值服务的企业。网络游戏出版运营商也可以一体化运作，同时承担网络游戏的开发和运营工作，以及游戏内置广告（ICA）业务以获得收入。

例如盛趣游戏公司就是大型综合性企业，兼具网络游戏开发商、运营商和发行商，全面介入端游、页游和手游的研发和运营，有 2700 多名员工，与社会上两万多名游戏开发商展开合作，在 2011 年游戏营业收入就达 52.8 亿，上线游戏 56 款。2018 年营业收入 81.2 亿元，净利润 22.3 亿元。

例如巨人网络 2004 年 11 月成立时即定位在一家以网络游戏为起点，集研发、运营、销售于一体的综合性娱乐企业，并于 2007 年 11 月登陆纽约证券交易所。2011 年时已拥有《征途》《征途 2》《万王之王 3》等 15 款上线产品。其中《征途》最高同时在线人数达 210 万。目前共有游戏 50 余款，2018 年营业收入 37.8 亿元，净利润 11.6 亿元。

2018 年中国游戏收入 TOP50 企业数量地域分别为：北京占 24% 共 12 家，广东占 28% 共 14 家，上海占 18% 共 9 家。包括盛趣、巨人、游族、网之易、三七互娱等企业，也包括近年崛起的二次元游戏企业哔哩哔哩和米哈游。

2018 年末中国上市游戏公司共 195 家，其中北京占 19.6% 约 38 家，广东占 46.2% 约 91 家，上海占 10.6% 约 21 家。上海上市公司主要在国内 A 股占 80.9%，其次在美股占 14.3%，港股占 4.8%。上海比较有名的上市公司为盛趣、巨人、世纪天成、三七互娱、游族、米哈游、哔哩哔哩、跳跃网络。此外，在新三板挂牌的游戏企业中，上海占比 19%，仅次于北京。

在 2019 年这个时段，上海比较优秀的 20 家游戏企业为：腾讯上海、网之易、盛趣（原盛大）、巨人、游族、莉莉丝、米哈游、锐战、哔哩哔哩、邮通、EA、拳头、上海育碧、恺英、心动、波克城市、三七互娱、完美世界上海、众源、久游等。有一部分是十五年以上的老企业，也有一些是近年涌现的新锐企业。

（三）上海优秀的游戏产品

经过历时十余年的发展，上海目前市场比较活跃、黏性比较高的优秀游戏产品如下：

1. 上海客户端游戏比较优质的新老产品有：《传奇世界》《征途》《劲舞团》《魔兽世界》《蜀门》《龙之谷》《最终幻想 14》《反恐精英 OL》《跑跑卡丁车》《奇迹 Mu》《魔力宝贝》《冒险岛》《仙侠世界》《守望先锋》《永恒之塔》等 15 款。可以看到游戏业产品的特点，既有创新，也有对老品牌不断地补充，使之保持长久的生命力。有的产品上线已有十五年以上，还在吸引玩家。

2．上海网页游戏比较优质的新老产品有：《大皇帝》《三十六计》《神仙道》《传奇霸主》《大天使之剑》《女神联盟》《花千骨》《盗墓笔记》《大天神》《传世永恒》《权力的游戏：凛冬将至》《蓝月传奇》《刀剑乱舞》《赛尔号》《摩尔庄园》等15款。由于网页游戏起步较晚，这里大多是十年内新创的产品。

3．上海手机游戏比较优质的新老产品有：《崩坏3》《剑与远征》《剑与家园》《小冰的传奇》《少年三国志2》《明日方舟》《命运冠位指定》《炉石传说》《少女前线》《不朽的乌拉拉》《球球大作战》《传奇世界（手游）》《征途（手游）》《闪耀暖暖》《恋与制作人》等15款。这些游戏大多是近些年随着智能手机出现而开发出来的，是上海游戏重要的收入板块。

上海最早的游戏是以青年白领为对象的，以后又把年龄向两头延长，如淘米的《摩尔庄园》《赛尔号》以儿童为主，另一些休闲游戏以中老年为主，近年也有公司注意到女性的参与。在女性向游戏研运体验上，上海已研发和上线了多款代表性产品，包括《恋与制作人》《天天爱消除》等均位列2018年女性充值营业额TOP20，其中包括叠纸网络（研发总部位于上海）研发的《奇迹暖暖》，游族发行的《刀剑乱舞online》，哔哩哔哩发行的《梦100》《妖精的衣橱》等。现阶段游戏企业涉足女性向游戏领域的意味也在加强，2018年参与这一领域的企业超过100家。女性向游戏市场的获取有赖企业对于女性用户特点的研究和产品研发实力的积累。上海未来也会重点发展以女性游戏为代表的优势细分领域，以改变现有产品的结构以及占据市场份额。

五、上海游戏产业的发展动力

游戏的发展融合了各种因素，是文化娱乐业与科学信息技术、与金融业发展、与人民的文化需求、也与年轻人创新创业诸种要素紧密结合的产物。是多因而非单因的文化新兴产业。

（一）信息科学技术对游戏业的推动

分析上海游戏业的冠名尤其是2010年前成立的游戏企业，大多以计算机公司命名。原因有两个，一是最初从国外引进产品运营的企业，大多落户在科技园区作为信息技术产业发展起来的；二是作为一个文化出版产品，当时还没有纳入管理的范围。而从技术的层面讲，网络游戏背后需要的科技含量很高，甚至超过很多科技公司、党政机关所配置的设备、技术条件。为了让游戏更唯美、更快捷、玩时更流畅，游戏的研发和体验需要很好的软件技术和装备，否则网络游戏业无法适应人们的需要。所以是游戏业推动着信息技术发展。另一方面，很多技术研发出来了，没有人使用，没有机构来实现购买，又是游戏公司优先采购。

事实上，上海网络游戏的玩家，总是最先使用最先进的网络设施和终端，包括美国微软、苹果、惠普等的产品，最先都是游戏玩家不惜花重金购买，移动、宽带网络公司最主要的消费群，也是网络游戏玩家，而科技、办公甚至军用的设备，还达不到玩家设备的先进性。所以归纳起来，是技术推动了游戏业一步步地进化，又是玩家去购买这个时期的技术及装备。

（二）文化娱乐业以及版权业的发展需求

人类发明原始的棋牌已有数百年了。人类将电影、唱片引入中国文化娱乐业也有一百多年的历史。将电视业引进中国也有四十多年了。这都是文化娱乐业在不断地更新换代。

上世纪末本世纪初，人类社会进入了信息时代，给人们的工作、生活带来了革命性的变化。文化娱乐业也需要求变、求新，因为生产者和消费者都不满足于上百年、几十年的老载体、老产品。这个结合点就产生在娱乐业的游戏与信息时代的网络技术之间。这是一股创新的力量。我们看到创新的成果和节奏越来越快，如果说电影、电视、唱片的成熟需要几十年，网络游戏业仅仅用了十几年的时间，就让人们看到它成熟起来，占据份额很高的文化市场。

从版权和IP需要转移的本质和功能看，文学、美术、戏剧、音乐、舞蹈、摄影、电影、电视，已积累了丰富的品牌资源，从小说到戏剧，又到电影，又到电视连续剧，一个版权或者一个IP，可以被不断地延伸，创意者需要寻找新的生命力，这就给游戏很多可以吸纳的元素。传统上的版权指作者依法对某一著作物享受的权利。这部作品通过合法途径，可以出版、复制、播放、表演、展览、摄影等形式呈现。版权作品也可以被转化为网络游戏。如2014年盛大文学曾在ChinaJoy期间举办过6部网络作品转化为游戏的著作权拍卖，拍出近2000万的价格。而IP知识产权的概念比版权作品还要大，它包括著作权（版权或文学产权），还包括工业产权（也称产业产权）。知识产权或知识财富保护的是人的心智、人的智力的创造，它将人的智力成果权，运用在科技、技术、文化、艺术领域。近五年，中国网络游戏界非常重视IP的保护和运用。特别注意把文学和科技成果，或者一个大数据形成的读者群、读者阅读趣向，植入游戏研发中。无数的 IP 的积累被发掘，在很多游戏研发中可以看到它背后的影子。如《盗墓笔记》就是一个案例。

（三）年轻人追求成功的需求

我国人口众多，人才济济，每个领域都扎堆挤满了竞争者。但是传统的政府机关、传媒业、文化业以及金融业，在我国的国情下，有着严格的行业准入规定，而且形成了一些很难打破的惯性或者陈规，重重叠叠的明文和暗规，使很多有才智的年轻人感到成长空间狭窄。他们需要一些新的空间，这些天地必然在互联网产业或者"互联网＋"的行业。这里是一片蓝海，尤其网络游戏，在十五年前还是一片未开垦的处女地，适合年轻人创新、创业。后有追兵，但前无拦者。

2014 年时，我们上海局对上海约 7 万网络游戏从业者做过一些抽样调查，发现大多数游戏公司从业者的平均年龄才 24.5 岁，他们的管理层也只有 30 岁左右，甚至与员工相仿。即便经过十五年至二十年的发展，相对电影业、出版业、电视业，从业者及管理团队还是保持了年轻人为主的特点。年纪稍大一点的创业者，都自觉地把公司或自己的股份卖给他人，全身而退，让年轻人（也需要年轻团队）来主持。从上海当时初创的管理层面来回顾分析，盛大的陈天桥、九城的朱骏、游族的林奇、莉莉丝的王信文，都是大学毕业不久，有强烈的创业意愿。他们不愿意在传统行业亦步亦趋，他们渴望几年功夫创建企业，打响品牌，上市成功，一举成名天下知。而网络游戏业是个广大的新空间，可以容纳和需要上万种的产品（中国电影 2019 年一年 800 多部故事片 609 亿元的营业额），而游戏业在 2018 年已达 2100 亿元的市场（另说 3100 亿元）。年轻人总是要到蓝海去发展，事实证明网络游戏是年轻人创业、实现老板梦和成才梦的广阔天地，让他们大有作为了一番。这里确实出了很多成功人士！

（四）金融资本的发展需求

在改革开放的时代，创业、社会需求和资本投资三者总是联系在一起、共谋发展的。传统的行业，尤其是国有企业，它的投资一般来自于政府或国有银行的贷款，基本建设如公路、机场、高铁的或大型企业电力、钢铁的发展往往如此。其中土地、实物抵押贷款是一个重要的形式。但轻资产的网络游戏业靠什么来拉动呢？除了有年轻创业者的创意和团队以外，他们往往一无所有。

于是天使投资基金、风险投资基金、大公司收购赚并以及上市就是非常重要的资金支持方式。天使基金主要是给刚刚起步的创业者。在这个初创时期，创业者既吃不到任何贷款的"大米饭"，又沾不了风险投资的"维生素"，所以要靠天使基金提供"婴儿奶粉"，助一臂之力。天使基金分成政府公益投资基金和私人投资基金。其重要特点是，创业者如果投资失败，则不需要归还天使基金数额。如上海在 2005 年设立的"上海市大学生科技行业基金"就不以盈利为目的，是公益性的创业天使基金，也是培育自主创新企业的"种子基金"，由财政拨付。主要资助毕业五年内的大学本科生、硕士生和博士生。至 2015 年已资助项目 959 个。一般 150 万元的创业公司，创业者筹措 100 万，基金资助 50 万元。三年以后如成功，则收回 50 万元投资；如失败，也不必归还。私人募集的天使基金是民间资本，如"蜜蜂会"就是其中之一。破产不必归还，但成功的企业，私人资本将按协议收回投资或占有股权。天使基金不参与企业的经营和管理。上海近 2000 家游戏公司，很多大学生创业得到过天使基金的资助，即吃到第一口奶。

天使基金也是一种风险投资基金，但资本少、助力度小。在成长阶段，需要加大投资力度时，则主要依靠更为强大的风险投资基金。

风险投资也是一种创业投资，向初创业者提供资金支持并获得该公司股份的一种融资方式。风险投资是私人股权投资的方式，本身是专业的金融机构，有一批具有科技、财务知识及管理经验的人组成，一般投向创新事业或某企业未上市之前。但不以经营被投资公司为目的，仅以协助被投资公司获取更大的利润为目的，追求长期利润、高风险、高报酬的事业。它的特点是投资的不确定性和高回报，故称风险投资。如美国的红杉资本成立了红杉中国基金，2005 年 9 月投资了 500 余家企业，其中科技和传媒位居四大领域首位。分众传媒、阿里巴巴、爱奇艺、新浪、360、达达—京东到家、依园科技等。软银中国资本成立于 2000 年，投资了阿里巴巴、淘宝、分众传媒、盛大游戏等企业。截至 2019 年 6 月底，我国共有各类公募基金 5983 只 13.46 万亿元。截至 2019 年 4 月中国有私募基金（即以非公开方式向少数机构投资或募集资金而设立的基金）共 8927 只近 13 万亿，其中 1000 万 −5000 万人民币的 2432 家占 27.24%。私募基金以投资证券和房地产居多，也部分投向文化创意产业和科创板块。

在获得风险投资 A 轮、B 轮或 C 轮投资以后，游戏公司和投资公司一般确定以上市为目标，达到目标时，创业者和投资公司才会达到预期，有的风险投资因为占有原始股票，上市后实现了溢价，得到丰厚的回报，软银投资盛大和阿里巴巴，都是极为成功的案例。

以上海游戏业的案例来分析，可以看到：盛大游戏于 2003 年 3 月获得软银投资 4000 万美元，2004 年 5 月在美国纳斯达克上市募集资金 1.53 亿美金，此后利润持续上升。投资人有丰厚回报。盛大有了资金大发展，包括收购起点中文网成立盛大文学，收购很多游戏创意团队。如 2005 年 12 月收购休闲游戏"游戏茶苑"100% 股权；2007 年 7 月收购成都锦天科技，该公司拥有《风云 Online》和《传说 Online》等产品。2008 年 7 月正式成立盛大文学，又收购了红袖添香、晋江文学、榕树下等网络文学，成为全球最大的中文阅读网站。2008 年 10 月出资 1000 万参股深圳悠游，开发 3D 游戏，同日出资 1000 万参股厦门联手这一网络游戏的研发团队，12 月投资维莱信息、上海猜趣，2009 年盛大游戏单独上市，募集资金 7.88 亿美元。同时 11 月，新加坡政府投资公司收购盛大游戏 5.4% 的股份，市值约为 4700 万美元。2010 年盛大游戏以 8000 万美元收购美国 Mochi Media 游戏开发和运营商，同时又拥有了完善的游戏内置广告和在线支付的网络体系。2010 年 9 月，盛大游戏以 9500 万美元收购韩国游戏开发商 Eyedenfity Games，获得这家成立于 2007 年的优质公司并拥有《龙之谷》的经营权和全部收益。2011 年 1 月，盛大将旗下的边锋网络和浩方游戏以自筹和募集 35 亿出售给浙报传媒。2015 年 3 月盛大文学与腾讯文学合并成立阅文集团。4 月，签署盛大游戏私有化协议，凯德集团以每股 3.55 美元收购盛大游戏，估值 19 亿美元。2015 年 6 月，世纪华通以 64 亿收购盛大游戏 43% 的股份。2017 年 7 月盛大游戏以 8.11 亿美元收购天津盛学和上海盛展两大游戏运营公司。以上可见盛大网络和盛大游戏的成功，就是不断地借助金融手段，不断地募资、出售股权，又不断地收购其他公司。2019 年盛趣游戏（被世纪华通收购后改为世纪华通）营业收入 151 亿、利润 33.34 亿。

巨人网络于 2004 年 11 月在上海成立。2006 年第一款游戏《征途》同时在线突破 68 万。2007 年 11 月 1 日在美国纽约证券交易所成功上市，发行价 15.5 美元，融资 8.87 亿美元约合人民币 73.4 亿，市值达到 50 多亿美元合 415 亿人民币。2009 年 1 月，巨人推出首个天使投资计划名为"赢在巨人"，旨在帮助那些创意丰富、才华出众但尚不具备独立创业条件的年轻人，向他们提供资金、技术、团队补充、全国推广运营等全方位支持。一旦项目成功，创业团队可获 30% 的利润分成。5 月，巨人实行研发子公司改革，把团队改为子公司，团队获 49% 的股份，母公司占股 51%，让创业者及子公司团队拥有独立的财权和用人权，不受母公司干涉。2011 年 10 月，巨人成立"海外运营中心"。2015 年 11 月，巨人以 131 亿正式借壳世纪游轮，世纪游轮购买巨人 100% 的股权，成功成为美股转 A 股的首家游戏企业。2016 年 7 月巨人网络等财团 4 亿美元收购凯撒旗下休闲社交游戏业务。2017 年 4 月与合作伙伴共同出资 5000 万元设立杭州巨人新进创业投资中心，扶持大学生创业。7 月巨人网络 3 亿元发起设立蔷薇控股。2018 年巨人网络首届 48 小时游戏创新大赛举办。2019 年巨人网络营业收入 25.69 亿，股东净利润 8.3 亿。

我们这里再介绍后起的游族如何借助金融手段做大做强的。游族由林奇等三位大学毕业生创业于 2009 年 6 月，以页游、手游等轻游戏为主起家。他们借助少量注册资金起步后，2012 年 2 月上线《七十二变》武侠 2.5D RPG 网络游戏，采用中式卡通画面，以"变幻战斗"为核心策略，以"竞技场"为载体玩转竞技。游戏中用户扮演取经第五人，协同唐僧师徒重取真经。2012 年 9 月游族自主研发游戏《大将军》，是一款支持多人对战的三国题材策略类页游。2013 年 7 月页游《女神联盟》正式发行，是一款 2D 角色扮演类游戏。2013 年 10 月游族借壳 A 股上市公司梅花伞成为首家国内网页游戏公司成功上市，净利润 5.5 亿，市值 213 亿，筹得资金 6.96 亿元。借助融资研发产品《大皇帝》《盗墓笔记》《魔法天堂》《射雕英雄传》《战龙兵团》等。坚持内生增长与外延扩张并举的政策，收购全球最大的移动开发服务平台 MOB，覆盖全球 80 亿移动设备，通过与 Google、Facebook、阿里巴巴的战略合作，采用"产业链 + 孵化 + 投资"的运营思路布局泛娱乐产业，为早期创业团队提供多维创业服务。2018 年度实现营业收入 35.81 亿元，净利润 10.09 亿元。成为上海继盛大、巨人以后的品牌游戏企业。

以上三个案例告诉我们创业者怎么募集资金直达上市，又如何通过企业兼并、重组、发行天使基金、风险投资基金去扶植创新企业发展，从而为我所用。这些案例说明了资本要找项目，项目也需要资金。网络游戏业就是这样互动发展起来的。

六、上海为什么成为我国游戏业的高地

上海是我国当代网络游戏产业的发祥地。在本世纪初引进日本、欧美的单机版游戏和引进网络游戏都从上海这一口岸登陆，由上海波及全国。2010 年以后，北京和广东尤其是深圳的网络游戏业崛起，出现了腾讯、网易、完美世界这样的游戏巨头，使上海的份额逐年下降，面临新的压力和挑战。但综合起来看，上海还有 700 多亿元的市场分量，100 多亿元的出口份额，以及 ChinaJoy 展会等的综合优势，还是我国的产业高地之一，与北京、深圳形成三足鼎立之势。近 20 年的发展说明这是有内在逻辑的：

（一）城市的综合优势和互联网的条件

改革开放以来，上海是中国的工业中心、贸易中心、航运中心和金融中心。党的十八大以后，又定位为我国的科创中心和国际文化大都市。上海与北京的古老历史相比，是比较现代化的；与年轻的深圳相比，又有上百年的城市积淀和文化底蕴。六个功能定位，显示出它的综合优势和超强地位。这对于发展网络游戏业，对于未来走向国际和海外市场，是极为有利的。因为网络游戏的发展所需要的文化艺术、互联网技术和金融产

业的优势，上海在这三个方面都占据优势。与网络游戏最相关的唱片业和电影业，正是从上海引进而形成中心的。上海是民国时期中国的出版业、电影业、音像业、报刊业的中心，新中国时期的文化重镇，改革开放时期的前沿阵地。这为游戏的发展提供了极好的文化背景。

上海又是我国互联网技术、人才、装备先进的城市，宽带、服务器、电信都是超一流的。上海也是我国当代的金融中心，上证交易所的所在地。

（二）上海的人才优势

上海也是我国近代的教育中心。新中国成立以后，高校、名校仅次于北京。目前有高等院校 64 所、年毕业数 17.8 万人。同时上海还有很多海外毕业生回国工作。外省优秀人才也喜欢来上海就业。所以，上海网络游戏业有丰富的人才资源。上海游戏界领军人物，早期的除陈天桥、朱骏、王子杰、张釜锋是本地人外，大量的创业者如史玉柱、林奇、季学锋、刘伟、吴文辉等都来自其他地区。上海以海纳百川、敢为人先的气魄广纳人才，集聚力量，把游戏业发展起来。

（三）政府及政策支持

在中央政府的领导下，上海出版、文化等行政管理机构对网络游戏产业的发展所起的作用集中在两个方面，即加强管理，促进发展。

加强管理，指根据国家《出版管理条例》以及《网络出版管理条例》制定的游戏管理办法，对在上海设立游戏出版、运营机构实现批准制度，发放许可证；对游戏产品建立起严格的内容审查制度以及发放版号；对游戏从业人员进行上岗培训和教育；对优秀企业和产品实施奖励，对出版、运营中出现的违规行为依法依规教育和处理。同时出台文件，积极鼓励开发民族游戏，制定游戏防沉迷规定，督促游戏公司抑制游戏的负面效应。确保了上海游戏业发展，没有偏离政策法规和道德标准。近年还成立上海游戏业协会，鼓励协会加强行业自律。

促进发展，就是以政策推动游戏产业在上海做大做强，形成产业高地、出口基地。除了文件政策，还有相应的经济和土地的支持措施。如 2010 年 3 月新闻出版总署联合九部委发布《关于金融支持文化产业振兴和繁荣发展的指导意见》，鼓励加大信贷投放，促进有条件的企业上市融资。2012 年 7 月上海市新闻出版局出台《上海市动漫游戏产业发展扶持奖励办法》，2010 年上海市政府办公厅印发《关于促进数字出版产业发展的若干意见》，2013 年 12 月国家新闻出版广电总局给上海发了《关于实施国产网络游戏属地管理试点工作的通知》，同意上海占 85% 的国产游戏由上海局审查批准运营，为在上海注册的游戏公司缩短了 50% 的时间，即由一般 6 个月减为 3 个月，加速了企业游戏的上线运营速度，让他们尽快回笼投资资金。2017 年 7 月，上海网络游戏出版管理申报服务平台正式启动，同时给中小企业以税收优惠、资金扶持等帮助。

2017 年 12 月上海市出台《关于加快本市文化创意产业创新发展的若干意见》（简称 50 条），把游戏动漫业列为上海重点发展的文化产业。2018 年 11 月，上海推出《上海市电子竞技运动员注册管理办法（试行）》，拟以电子竞技带动游戏业持续发展。

上海还不断加强游戏版权保护，打击私服外挂、剽窃等侵权行为，保护了企业发展的正常权益。

（四）创意园区的设立助推游戏产业

80 年代上海先发起建设漕河泾高科技开发区，后又建设更大规模的张江高科技园区。这些园区因为网络与传统文化结合，出现了游戏和动漫产品和创意企业，就又兼具了文化创意园区的功能，被授予国家数字出版基地。巨人、游族、莉莉丝、百事通都设在漕河泾，盛大、九城、网之易都设在张江高科技园区。有的园区内又设文化控股投资公司，专管文化项目的植入、扶持与发展。

进入新世纪，各区又将区级文化创意园嫁接到高新开发区内，在上海一下子形成了十余个文化创意园区。包括闵行紫竹园、嘉定南翔园区、虹口园区、卢湾 8 号桥园区、闸北珠江产业园、普陀天地园等地，都积聚了很多游戏公司。

除张江、漕河泾两大龙头以外，这些园区也给予土地、租金、税收及人才政策等的优惠，又加上很好的服务和上海游戏业的发展环境，吸引了很多人和公司前来创业，对上海持续形成游戏产业高地以有力的支撑。

（五）ChinaJoy 游戏展会所起的作用

2004 年 10 月，由国家新闻出版总署与上海市人民政府共同主办的 ChinaJoy 即中国国际互动娱乐产品及技术应用展览会在上海新国际展览中心举办，获得了成功，宣布永久落户上海。这个游戏展先是发展成为中国最大最重要的游戏展。2013 年宣布为世界第二，亚洲第一的展会。随着规模的进一步扩大和品质的提高，近年已位居世界第一。

ChinaJoy2004 年参展商 140 家，2018 年 1025 家，其中海外企业 352 家。2004 年展出游戏 167 款，2018 年 4500 款。2004 年观众人数 7.5 万，2018 年 35.5 万人。展览面积也从最初的 2 万平方米达 2018 年的 17 万平方米，把所有 16 个展厅都用完。成熟期的展会包括三个部分：一是 BtoC 互动区。向玩家提供数千款游戏、几千台游戏体验区以及各种娱乐活动，让玩家参与和互动。包括 Cosplay 游戏动漫角色扮演嘉年华表演和竞赛。二是 BtoB 综合商务洽谈区。2018 年已有 4 个展厅 4 万平方米，640 多家企业（含外商 350 家），携产品洽谈合作和交易，达成意向商务合作 850 多项，意向产品 1600 多款，交易额达 5 亿多美元。很多中国游戏通过这一平台走向国际。三是高峰论坛以及相关会议。会议持续三到四天。以 2014 年为例，就有 9 个场馆 200 多位嘉宾到场演讲，很多新理念、新技术、新方法在此地公布以及交流。经常保留的有：高峰论坛、游戏开发者大会、游戏商务大会、世界移动游戏大会以及全球娱乐合作大会，吸引专业人士和 1000 多家媒体前来参与报道。

正是由于 ChinaJoy 始终定点在上海并持续发展，使上海作为中国的游戏产业高地有了强大的基础。

七、发展网络游戏业的益处与弊端

2005 年 4 月 20 日，上海《新民晚报》曾刊发《勿将网游"妖魔化"——上海市新闻出版局副局长祝君波一席说》，说据 IDG 统计，去年上海互动娱乐产业营销收入约 25 亿元，并以 1∶11 的比例带动 270 亿的相关产业。对于占全国网络游戏产业四分之三的上海企业来说，网游已成为上海发展最快的产业之一。

文章引用祝君波在"绿色网游伴你行"座谈会上的讲话："网游不是天使，但绝不是魔鬼，这是一个比较中性的事物。"根据该局主持的《上海网络游戏出版产业报告》研究结果认为，网络游戏有五项积极意义，并存在两个负面问题。该项研究认为，网络在满足人们的文化娱乐需求、推进信息技术产业发展、引发青少年对科技的兴趣、推动相关产业和促进就业等方面，具有积极意义。而网游的负面影响主要是一些非法运营的"地下游戏"造成的，同时网络的吸引力客观上导致少数青少年为此影响学业。该报道还说政府加强审读、监管以后，正版网络的内容质量会大大提高，"绿色游戏"和"民族游戏"的倡导，将会突破海外集团一统天下的局面。

十五年过去了，我们以上的预判大致符合发展实际。现根据上海地区的情况归纳如下：

（一）满足人民群众文化娱乐的需求

娱乐是人类很需要的方式和载体。从古代休闲小说、说唱文学，到近代报、刊、唱片、电视、电影、体育等各种形式，都在不断地满足人民的需求。喜新厌旧在一定程度上是存在的，传统、简单的样式，总要被新颖的方式所更替。截至 2018 年，全国有 5.83 亿玩家，有数千款线上的游戏，这说明网络游戏所受的欢迎程度。网络游戏可以满足人们的交流需求、娱乐需求、体验需求、创造需求和审美需求。甚至据研究，人们在游戏这一虚拟世界中的行为，满足了他们在现实生活中做不到的事情，在一定程度上释放了他们的冲动、梦想和欲望，减少了现实社会中的暴力行为。这是有科学依据的。更不要说绝大多数的人在工余时间玩一下游戏，调节自己的精神紧张，有利于他们更好地工作。而益智类休闲类游戏还有助于人的智力开发和预防衰老，有更积极的意义。巨人集团开发的《光荣使命》供军队官兵使用，对他们提高军事技术、丰富业余生活也有帮助，受到军队领导层的欢迎。

（二）拉动文化产业，实现结构性调整

自本世纪初以来，新兴的网络游戏发展弥补了传统文化产业的衰弱，在产业经营方面给予了弥补。比如唱片等音响业几乎消亡，比如书报刊业在下降，比如前些年强势的电视业也开始大幅度滑波，其广告由 2014 年 1278.5 亿元下降到 2018 年 958.8 亿元，趋势在逐年下降。传统文化各门类几乎没有好消息、好前景。唯有网络游戏业是从 0 到 2200 亿的营业收入，上海是从 0 到 700 多亿的收入。这是很成功的替代。从国家总体看，完成了文化产业的结构调整和新老交替。从全球看，美国、欧洲以及亚洲重视国民文化教育的韩国、日本看，他们的国民从来也没有认为是游戏使学生不好好读书，反而在国家层面，大力支持网络游戏产业。

我国游戏业的发展还弥补了门户网站等互联网行业的亏损。腾讯、网易当时作为新闻机构没有收入，广告也有限。后来发展游戏业务，以文养文，才生存下来。这个作用是很大的。

（三）解决了部分年轻人的就业和创业

社会就业是每个国家都极为重视的问题、难题，充分就业是社会文明、公平正义的重要指标。我国实现科教兴国战略以来，高校扩招，每年有大量的毕业生需要安排。现在传统国有的文化机构，以前是安排中高层次本科生、研究生的主要地方。如出版社、杂志社、报社、电视台是毕业生理想的去处，近年来这些机构在大幅减少录用年轻人。而网络游戏机构，变成了一个大幅度的增量。高校毕业的大量的软件工程师、美术设计师，以及其他专业技术、管理人才，都被吸纳进来。比如研发团队的策划、软件工程、原画师，客服部门大量的服务人员以及公司的管理层。全国互联网从业人员 2016 年为 1677.2 万人，上海约为 132.1 万，占 7.8%。估计 2005 年全国游戏从业人数 1.3 万多人，全国 2019 年达 60 余万人。上海 2005 年从业人数 5000 多人，2014 年 7 万余人。2019 年上海游戏协会统计约有 15.7 万余人。例如盛趣 4000 多人，巨人 1650 多人，游族 2100 多人，莉莉丝 850 余人。据有关部门的统计，我国 IT 产业新增岗位的 30% 来自网络游戏。更重要的是，它已成为"大众创业、万众创新"的重要目标行业。从中培养出了很多优秀的 IT 产业的领军人才、技术人才和创业人才。

（四）带动相关产业的发展和融合

文化娱乐业在历史上有两个门类对科技、设备等相关产业拉动最大。一是音像业，在上世纪二三十年代和 80 年代至本世纪初，影响最大。唱片业的出现对于留声机和唱片制造业以巨大的机会。80 年代由海外引进的歌曲卡带、学习语言卡带，音像的 CD、VCD、DVD、LD 等载体以及播放设备，引起制造业的大变革，几乎家家都有录音机、录像机的播放设备，而且设备价格不菲。卡拉 OK 除了设备和环境投入，还改变了人们的生活方式。音像设备制造业成了一个大行业，对国家经济发展也贡献巨大。

再一个就是正在发展过程中的网络游戏设备业。以 2005 年的认识，中国以 1∶11 计算相关产业。这是一个短暂的特殊时期。即网络游戏界收入 1 万元，相关产业销售 11 万元。当时上海 25 余亿元的网络营业收入，相关产业收入是 278 亿元。但国际上流行的说法，网游与相关产业的收入比例是 1∶8 或 9。主要分布为两大类：一是计算机软件业。游戏对软件的要求很高，超过很多科研单位、制造业的设备需要，拉动作用很大。

二是硬件设备。需要高级别的电脑和平板电脑、手机、iPad，还要经常更新。很多年轻人不断进行手机升级，不是为了与人通讯方便，绝大部分为了玩游戏。全国 2019 年 4 月底 12.9 亿手机用户，6.67 亿台电脑浏览器，其中游戏玩家 6.4 亿，为了玩游戏加速了他们的产品更新。更不要说豪华的家用机，往往配以高级的家庭影院，配以优质的声响设备，支出不菲。

三是电信业。2019 年我国电信业收入 1.3 万亿元，因为玩游戏的时间长，依存度高，电信业的可观收入相当部分来自游戏。

四是周边产业。比如广告业、图书、音像、玩具、文具、食品、服装、会展。如 2018 年上海网吧产业领域有 1700 家持证经营店，1700 万 PC 网络游戏用户有效地推动了上海网吧业的发展。借助于此，上海也诞生了"网点网咖"这样的连锁网吧品牌，2017 年门店超过 1000 家，会员总数超 1100 万人。在 VR 领域，上海也有体验馆 40 家，全国排名第一。

如果以 1∶5 来推算，2018 年我国游戏业营业收入 2144 亿元，则相关产业收入 10720 亿元。上海 2018 年网络游戏业 712.6 亿元，则对相关产业贡献也要达到 3560 亿元。这是不可忽视的因素。为什么世界各国都在支持网络游戏业发展，这也是重要的原因之一。

（五）平衡我国文化产品贸易的逆差

长期以来，我国的文化产品是进大于出。这既是生意上的吃亏，也是文化上的弱势。随着国产游戏在品质和数量上的提升，我国现在也是世界上重要的游戏出口国。2018年中国游戏海外收入95.9亿美元，约合661.8亿人民币。2019年，上海游戏出口收入15.03亿美元，约合人民币103.7亿。远远超过了其他所有文化产品包括电影的出口总额。目前，我国各大游戏公司已在海外设立分公司或机构，专营网络游戏的进出口业务。除了给海外华人提供产品，也将很多产品译转外文版输出。

网络游戏业的弊端：一是玩家在持续玩乐的过程中可能不能自控，影响上班以及休息。早期还发现有的年轻人在网吧通宵达旦地玩，出现健康问题。尤其是对未成年人的学习影响很大。尽管已要求各游戏公司安装防沉迷系统，但并未根本解决这一问题。需要社会和家长加以关注和管教。二是游戏产品在我国上线前是经过政府以及游戏专家严格审看的，一般没有违规的内容。但游戏的生命力很强，持续一二十年。有的游戏公司在产品升级时，可能植入暴力、色情和赌博等内容，给玩家带来负面影响。这是违规的。政府部门应该加强事中、事后的监管，游戏公司也应严格自律，不能为了多赚钱而降低游戏质量。

目前，社会和家长一直很关心游戏业发展中的弊端，但在各级政府加强管理、游戏行业协会加强行业规范、游戏企业加强自律的条件下，我们可以将游戏业的危害性降到最低。在本文前述的基础上，在此再作如下归纳：

1. 加强管理，提高质量，减少总量。有一段时间，我国年新出游戏的品种达一万余种，层次各异，经过政府宏观调控，加强审读和质量把关，目前游戏业的品种总量已大幅度下降，一些品质不高的游戏不能上线，大大提高了新出游戏的总体质量。

2. 加强对上线游戏内容的审读把关，基本杜绝凶杀、暴力、色情、赌博等内容的出现，净化了游戏业的文化环境。同时加强事中、事后监管，对老游戏运营中的内容修改和补充也进行跟踪了解，及时提醒企业坚守文化底线，对玩家高度负责。

上海文化执法部门加强对网络游戏部门的监管和执法。2018年，对上海某公司提供含有违背社会公德的网络游戏产品和服务作出罚款人民币10000元的行政处罚；2019年4月，对上海某公司某款游戏内存在宣扬暴力的网络游戏产品和服务的违法行为作出罚款人民币10000元的行政处罚。这对上海网络游戏业的健康发展起到了积极效果。

3. 制定各项奖励政策，促进民族游戏的发展以及品质的提高。十余年来，我国企业研发或具有中华文化元素的游戏，已占90%以上。其中2004-2008年5月内开发的

100 款中华民族网络游戏，正在发生基础性作用。上海的《光荣使命》《塞尔号》《摩尔庄园》《黑猫警长》《七魄》《武林神话》《传奇永恒》等都深受玩家和家长欢迎，获得国家评选机构的首肯。

4. 强力推行游戏防沉迷系统，限制玩家连续上网的时间，确保休息以及身心健康，减少游戏对工作、学习、健康的干扰。游戏与书籍阅读、影视观看的不同之处，是玩家容易上瘾造成健康损害和心灵创伤，尤其对未成年人负面影响更甚。

我国政府在 2010 年前后大力推广限制游戏玩家连续性玩耍的时间，起到了积极作用。主要做法是游戏公司在设计的游戏中植入软件，设定时限，超时者无法打开游戏持续玩耍。二是在充值端口加以限制。超时者无法充入钱款，起到自动关机的作用。

参观巨人网络公司在上海松江的创意园区

近年，将这一技术成果从计算机移植到移动手机，强制游戏企业和运营商履行，对违反者由政府追究责任。

5. 对上线游戏实行"适龄提示"，即对游戏进行分级，很多游戏标明不适合儿童、青少年观看。保证青少年有时间学习、休息。这一方式正在通过游戏行业协会等组织加以落实。

6. 其他的相关措施。目前政府、社会、协会组织等方面，非常关注促进游戏业发展，同时抑制其弊端，使网络游戏为文化事业、社会就业、互联网产业发展服务。大家都在关注其中的问题，研究对策，随时加以纠正。我们相信，根据中国国情，能够做到保持游戏业健康稳定的持续发展。

刊于《穿越时空——上海网络游戏业的传奇》（上海交通大学出版社出版，2021 年 7 月）

学习，站上巨人的肩膀

文化出版界的各位同道、各位朋友，大家下午好！

非常感谢上海图书馆和上海文化出版社举办这次活动。今天是周末，也非常感谢在座的朋友前来捧场。

丁绍光先生是我们艺术界也是旅美华人中的一位领袖级人物，我今天能够跟丁先生同场演讲，感到十分荣幸。今年7月份丁先生在一本杂志上发表了一篇重要文章，题目跟今天演讲的主题有点相仿，叫《关于跨国别、跨种族、跨宗教、跨文化的学习和思考》。所以我们两人在讨论演讲题目时，就聚焦到艺术的跨国、跨界、跨文化的融合、发展和学习思考这么一个问题。很多人认为丁先生是一位艺术家，而我认为他不仅是一位艺术家，也是一位社会活动家。丁先生1980年到美国，他是美国华人"百人会"的成员，这个组织非常重要，其中有旅美华人的一些领袖，一些科学家和艺术家。贝聿铭先生、马友友先生也是这个组织的会员。丁先生曾跟我说，他是来自中国大陆的第一个美国"百人会"的成员。他们都是德高望重的前辈，主要致力于中美文化交流和科学技术的发展，他们其实也是社会活动家。

上海文化广场大厅里丁绍光绘巨幅彩色玻璃画《生命之源》（局部）

今天我的演讲主题是跨国学习和跨界融合，第一点讲跨国学习、相互借鉴、为我所用、共同发展的问题。

中国强起来了，中国站起来了，中国厉害了，那我们还要不要学习别的国家？这是摆在当下一个很严峻、很重要的问题。我认为应该要继续学习，因为学习有利于中华民族的崛起和发展，是要站在巨人的肩膀上，比巨人站得更高。

人类社会到现在为止，经历了大约 20 万年时间，最早的一个时期就是渔猎采集时代，后来大概有近一万年的农耕时期。我们现在看到的河姆渡文化、半坡文化，证明中国较早就进入了农耕文明。农耕文明之后，1750 年世界上发生了一件重大事情，就是英国工业革命开始，人类进入了工业时代，到现在已有 270 年。当然今天的交通和互联网通讯的发展，人类对跨国学习、跨国贸易的依存度就非常高了。但是，即便在交通极不发达的农耕时代，人类互相之间还是有很多交流和学习的。我小时候认为，中国的很多东西是中国天然就有的，比如土豆、番薯、辣椒、西红柿、胡椒。长大了才知道，农作物里面很多都是从他国引进的。上海有一位非常了不起的科学家徐光启，他在 450 多年前引进了他国两样重要的东西，一个是番薯，他把番薯引进来，到最冷的北方、最热的南方试种，全部种活了。所以清朝人口发展到四亿五千万人，就是与引进了番薯有关的。牲口吃番薯，人可以吃牲口。人口在农耕文明的时候很重要，人口在我们今天也很重要，所以要开放生三胎。不同国家之间的交流，与粮食是很有关系的。还有一个是古代用 12 时辰，西方是 24 小时制。我们的 12 时辰与 24 小时制是不对应的，沟通不方便，所以必须统一起来。也是徐光启，打破了"祖宗之历法不可变"的枷锁，勇敢地改变了历法。所以现在一天 24 小时的计时方法跟西方是完全一样的，在时间上对应了起来。

在农业文明时代，人类是有交流的。那么到了今天互联网的时代、电的时代、工业发展的时代，就更不用说了。我们不能说一天等于 10 年，那么 10 年恐怕等于过去1000 年了。10 年发生的事情可能等于农耕文明的 1000 年，或者是最原始的渔猎采集时代的 1000 年。在当下信息爆炸的时代，交流和学习更是必要的了。

乾隆年间清廷一度觉得自己很了不得，世界各国都要向我们学习，英国人要跟我们交流，乾隆不要。到了 1840 年才知道工业文明和农业文明是两个级别。鸦片战争是英国人侵略我们，但它在一定程度上又是工业文明国和农业文明国的一次碰撞。他们实现了工业文明，要把我们人口众多的农业国侵吞为他们的市场，这是非正义的战争。但是，他们当时已经拥有绝对领先的武器、科学技术，我们就一败涂地。在这样的情况下，中国人是比较被动的，觉得一定要学习西方，不学习的话差距就越来越大。

我们读中国历史了解到，留日勤工俭学去了 8000 多人，留法勤工俭学去了 1600 多人，然而更早以前是从留美幼童开始的，中国每年派几十个小朋友到美国学习科学文化，这样逐步缩短我们跟强国的差距，开始实现农业国家向现代国家转变的一个历史过程。历史就是这样，在农业的土地上很难快速生长出工业文明。为什么去日本的人更多呢?

因为 1894 年的甲午战争，日本把中国打败了，更多的人就跑到日本去学习。还有一个原因，是去日本价格便宜。通过去日本学习西方的先进技术，然后知道日本实现了明治维新，他们西方化以后便强势起来，所以中国也走上这么一条路。

我们强调对中华民族的崛起要有文化自信，这是非常正确的。这表明了一个人的自信，一个人对祖国传统文化的自信，一个人对当下中国的自信。这种自信，就是说中国人一定能把中国的事情办好，还能参加世界的和平建设和发展，这就是中国人的自信。今年是辛亥革命 110 年，我们有时谈这些问题，对其中的科学文化比较容易理解，而政治就不太好懂了。其实孙中山"五权"分立的民主思想，就是从美国"三权"分立学来的。当时的中国是手中有枪的军阀说了算，孙中山的理想还是与他在美国夏威夷生活了很久有关的。1920 年 5 月在上海建立了中国共产党的发起组，中国共产党的思想哪里来的呢？是俄国十月革命一声炮响，给我们送来了欧洲的马克思主义，所以实际上从先进的思想到文化到艺术到物种和技术，很多东西在世界上都是要交流的，交流就是走人家已经成功的路，可以少走弯路。我们买一个专利进来，这个专利人家已经成功了，我们买一个好的药进来，这个药已经用得很有效了，我们干吗自己还要再重新研究一遍，再搞上几十年，非要用自己的？不是这样的。就如美国这样强大的国家，它也是要学习别的国家，不学习是不能发展的，我觉得这是世界发展的一个根本经验和规律。文化自信，就是面对世界的文明，敢于学习、模仿、引进、创新，为我所用。文化自信，不能狭隘地理解成不学习其他国家先进的东西。学习引进，是世界各国共同的制胜之路。

日本我大概去过 5 次，日本这个国家的物产、人口、国家的地理位置，都无法跟中国相比，但是他们在 1894 年打败中国，1941 年太平洋战争还敢挑战美国、英国。这当然是一个很特殊的国家，我觉得它有两个阶段学习他国学得很好，唐朝和明朝时学习中国，派了很多遣唐使、留学生到中国来，所以中国的很多国宝现在都在日本。日本正仓院有很多连我们自己也没有的唐朝的东西，他们都拿去保存下来。他们还学习西方的制度，你看日本街上的男人一抹色地穿西装。我到过的其他国家中，有两个国家的男人穿西装比例很高，一个是英国，看到街上的男人大多穿着西装，还有一个就是日本。日本学别的国家学得不错的。

文化是一种软实力，文化在一定程度上又可以转化为硬实力，这一点我觉得要深刻认识。现在有一种观点认为，经历了 100 多年的向西方学习，改革开放 40 年的学习，我们已经强大了，我们已经厉害了，我们可以不学习其他国家了，我觉得这一方面是短视，另一方面也没有很好地了解究竟还有多少差距。所以有的话讲过之后，又发现实际差距还是很大的。这是一个认识上的问题。我们要始终保持清醒的头脑，坚持改革开放，坚持学习他国他民族的长处，为我所用。世界上都非常重视文化的学习和交流，因为文化不像经济和军事会有利益和冲突，会立马很尖锐地反映出来。比如说，艺术里面很主要的一个问题是美，美美与共、各美其美，大家在谈论美的时候，就不会那么尖锐地有冲突，大家容易更多地寻找到共同点，同时也理解其他民族对美的认知差异，这很有利于世界的和谐与和平。

下面我用几个案例给大家做一点提示。

第一个案例，讲讲"两弹一星"给我的一个刺激。大家知道最近杨振宁先生过了100岁生日，我对他是非常崇敬的，他将近50年生活在中国，为我们国家作出了巨大贡献，他是我们中华民族令人尊敬的英雄。他在祝寿会上讲过上世纪70年代初回国时的一个故事。他在美国留学时，最好的一个朋友就是中国"两弹一星"的元勋邓稼先。他回国看了中国的"两弹一星"以后，眼泪都流了下来，因为杨振宁在西南联大的时候，是中华民族被日本人打得最惨的时候，他看到自己国家的弱小，所以到美国去学习科学技术。他很懂得中国这样一个农业国把"两弹一星"搞上去是一种什么分量。所以他问了邓稼先一个问题：你们有没有雇外国人参加研制"两弹一星"？邓稼先当时跟他说，我印象中是没有，但是我回去问问领导。问了以后邓稼先给他写了一封信，对他说肯定没有一个外国人参加，都是我们中国人自己搞。然后他还给杨振宁说了一句话，我理解为"希望你以后也能够为中华民族跟我走一样的路，报效祖国"。杨振宁100岁那一天说："稼先，我已经实现了你讲的那句话。"意即希望我为中华民族作出贡献。今天我还要讲讲把"两弹一星"搞上去的人。我上海的一个朋友、一个资深记者跟我讲过，他受组织委派采访过研制"两弹一星"21个最重要的元勋，其中有19个人是欧美留学归国的，只有两人没到欧美留学过。所以我觉得，"两弹一星"确实是中国人自己搞上去的，但又是学习了西方先进技术、回来以后站在巨人的肩膀上艰苦奋斗的人搞上去的。它更好地说明了中国人有自信，中国人不拒绝学习，中国人善于学习。美国人把原子弹搞上去，也是知道怎么才能更快地搞，也是借用了德国的很多科学家。这虽然不是一个艺术的案例，但是我觉得很有说服力。

第二个案例，说说中国的印刷术和出版与世界的交流，今年我特别有心得。今年春天我去扬州两次，带了三个团，现在强调游学，我是带他们去游学的，因为扬州有一个中国雕版印刷博物馆，是唯一的，冠名"中国"，由江泽民同志题写馆名。这个雕版印刷就是我1972年到朵云轩当学徒学的技艺，我就是那个年代的雕版工，朵云轩第一

扬州中国雕版印刷博物馆门厅一角

批培养了 8 个人，当然这个部门后来解散了。今天会场里有一位朋友拿着一本《共产党宣言》叫我签名，就是 1973 年朵云轩雕版刻印的这本《共产党宣言》。到扬州去看雕版博物馆，就是了解世界印刷的起源，中国人在隋唐时是用刀在木板上刻出一个个字来，然后印成书。在大英博物馆，有我们中国在唐咸通九年刻印的《金刚经》残叶，说明当时的印刷术跟传经有关，世界上印刷术的起源都是跟宗教有关系。之后很巧，我今年春天又去了旌德县，皖南的一个县，比较偏，著名的江村，江泽民的祖居地就在旌德。去江村的路上看到有个镇叫版书镇，我问版书镇是什么意思，第二天就去看了这个镇。这个地方有一个活字印刷博物馆，那天我也去了这个馆。元代时这个地方出了一个县长叫王桢，他当时组织刻了 3 万个活字，在旌德这个地方印了一本书《旌德县志》。这么小的一个镇居然保留了这么一个博物馆，而且就在这个原址。活字印刷我们听说得很多，真正看到实物其实并不多，在这个地方居然看到了，我顿时觉得非常亲切。

我参加过两届法兰克福书展，中国出版代表团都要顺便造访法兰克福附近的一个小镇叫美因茨，那里是古腾堡的故乡，是去看古腾堡发明的印刷术的博物馆，他是 1398 年生人，他的发明标志着印刷术的第三个高峰，而且是最重要的。因为木刻的活字毕竟是手工的、不标准的，古腾堡发明的是铸造的合金活字，印刷机采用的是工业动力，与纸张和配套的油墨形成了一个系列。美国《大西洋月刊》曾经组织 12 位科学家讨论 6000 年的 50 项发明，位列第一的是印刷术，电是第 2 名，盘尼西林（青霉素）是第 3 名，半导体是第 4 名，光学镜片是第 5 名，纸张是第 6 名，

古腾堡印刷机（版画）

509

内燃机是第 7 名，牛痘疫苗是第 8 名，互联网是第 9 名，蒸汽机是第 10 名。印刷居然是第一位的，因为他们认为印刷最重要，印刷开启了人类的知识储存与传播，教育培养了更多的人。

西方一开始否认古腾堡得到了中国活字印刷的启发，认为它是跟我们并行的一个文明。近几年德国和法国的科学家出来说话了，说古腾堡印刷术借鉴了我们中国的活字印刷，我们中国的活字印刷传到了欧洲后，古腾堡接受了这个文明，并且把它做得更好。印刷术的互相交流不断持续，又在 100 多年前传到澳门，传到上海。我们现在上海的土山湾就是传出去再传回来的一个例证。

这就是世界上的交流，印刷术到目前已经经历好几代了。我们算一下，从木刻雕版术、木活字、金属活字、照相印刷，到现在的数码印刷，起码经历了五个大的跨越，人类一直在这五个跨越中交流。印刷术和我们近代出版的联系更为紧密。世界上有一个《伯尔尼公约》，就好像全球的专利法一样，我们中国在 1992 年 10 月加入了这个公约，所以才得以看到那么多翻译成汉语的书。科教兴国，很多科学的书、工具书，包括文学的，我们还是要从国外引进，享受人类的文明成果。这就需要通过印刷和出版这样的交流来到中国，中国的文化也要通过这样的交流走向世界。世界上有两百多个国家，有法兰克福书展、伦敦书展、东京书展、上海书展等各种书展，这些书展实际上就是在国际间开展版权贸易，互相买卖版权，中国图书的版权也有一部分是通过书展卖出去的。中国出版的图书里面有一部分是引进的书，翻译出版海外的科学文化图书，对我们的读者特别是科学家和广大学生是非常有用的。

第三个案例，我想讲讲现代的美术教育，怎么通过融合发展向其他国家学习。我们讲到大学的时候会说到圣约翰、清华，还会说到西方在中国的教会学校等。但是我发现有一个例外，就是中国最重要的美术学校都不是教会学校，都是我们中国人独立自主地办起来的。那么，中国人原来学中国画是怎么学的呢？是徒弟到老师家里去学，没有教材，老师画两张画弟子带回去，照着他的画，叫课徒画稿，后来才有《芥子园画谱》等。早先历史上很少有画谱，就是老师画画你拿回去照着画，有点像师傅带徒弟的方式，师傅带徒弟的方式有没有好处？有好处的，就是点对点的教育，但是它不能系统化。同时这种教育也不能批量地培养出美术人才，加上交通又不方便，一个老师也带不了几个学生，所以必然要有所改变。

我有一个忘年交朋友，是香港中文大学的校长叫金耀基，他讲过中国近代的一个巨大转变，就是从太学到大学，经学到科学。我觉得他讲得非常深刻，可以反复体会。因为现在很多同志也在学国学，认为国学能够解决很多问题。历史上中国到了晚清时，用古文的八股考试选人，太学代替了大学，经学代替了科学，包括《论语》等重要的著作都变成"十三经"了，把它当经，你说一件事情整天当经一样来念，这个文化怎么发展、怎么创新？中华民族有很多优秀的文化艺术，但是有的也有一定局限性。所以鲁迅他们那一代人反对读经是有道理的，因为两千年来就这样读，像朱熹他们不做新的学问，就把那些古书拿来注解，没有很好地创新、发展。近现代一个很大的转变，就是大学的开办和科学的普及。我觉得很大程度上我们也是学西方的，美术方面这里有几个人和几所学校是特别要强调一下的。

林风眠 27 岁到杭州创办了后来的浙江美院（中国美院），这是蔡元培叫他去的。刘海粟 20 来岁办上海美专，又到西方留学回来继续办。徐悲鸿到北京办北平国立艺专，就是现在的中央美院。还有一位我们讲得少，我今天多讲两句。有一个从苏州出来的人叫颜文樑，他 1922 年办了苏州美术专科学校，徐悲鸿对他说你要到西方去学习，读几年书。他 1928 年至 1931 年到法国留学，1932 年回来时带来教具石膏像大概有 460 多尊，画册 1 万多本。他当年的确是雄心勃勃。我看到过晚年的他，就是一个干瘪小老头，经常出现在一些画展，真的想象不出他曾在 1922 年创办苏州美专，然后在 1932 年从法国回来时的雄心壮志——要把苏州美专办成东方的威尼斯、佛罗伦萨这样的艺术殿堂。他当时拥有的教室就有 50 多间，是中国最大的美术学院。所以这一代先驱非常了不起，非常爱国，非常自信，去国外学习但是回来一定要把中国的事情办起来。他们并不拒绝向西方学习，也不是学了不回来。他们就是有眼光，也非常勇敢，办成了很多事情。现在中国的几所美院，中央美院、中国美院、南京艺术学院等，都是这样办起来的。南京艺术学院就是刘海粟的上海美专和颜文樑的学校合并而来的。现在最好的美术学院，其实就是当时那一批先驱创立起来的，这些我们要作为深刻的案例去理解，结论就是要交流学习。在中国的太学和经学的基础上，是办不出这样的学校的。

当然，我们国家也有不曾留学的著名艺术家，比如说齐白石，还有吴湖帆，他们很有成就，但没有留过学。这不等于没有感受到 20 世纪的文明，因为他在这里也可以看到很多书，可以读到很多资料，特别是在上海这个城市。比如说张大千也没有到西方留学，但是张大千晚年的泼彩山水哪里来的？他用的纸张颜料一直到他的泼彩山水的元素，都是从西方现代的美术里面采纳以后变化而来的，他游历各国就是学习，特别是他与毕加索两人有过世纪交谈。毕加索对他早期千篇一律地画中国古人采取否定态度，这对他很有启发，促使他改变画风并汲取西方艺术中的精华，中西融合，让张大千后来的泼彩山水很有高度。

我特别要讲的是，在这个融合交流过程中，中国的顶尖美术家占了很大比重，他们就是中西融合跨界回来的，比如说徐悲鸿、林风眠、刘海粟、颜文樑，还有他们学生辈的，林风眠培养了赵无极、朱德群、吴冠中，都是浙江美院的学生，后来到海外留学。留学的还有常玉、潘玉良等人。李可染很有成就，他的艺术也汲取了西方摄影、版刻的元素，他也是浙美毕业的。更不要说改革开放后还出现了朱德群、赵无极、陈逸飞等人，他们其实也都是有与西方艺术交流的背景。上世纪50年代有一些艺术家并没有到西方留学，但是学习了俄罗斯的艺术，俄罗斯艺术很大程度上也是从法国及欧洲过来的，所以这个交流还是非常重要的，这个交流是不是让中国人丧失了主权？我觉得不能这么看。

吴冠中先生说过两句话，我觉得代表了那一代中国人对中国文化的追求和自信。他说油画要民族化，中国画要现代化。这讲到了中国艺术的根本。他说我们学油画是为了民族化，我们研究中国画是要现代化，他讲得真是非常好，说明这些人回来以后，是有理想有追求的。我看除了陈逸飞画过一点西方洋姑娘外，笔下也都是中国的东西，周庄、西藏、浔阳遗韵系列（民国女性）、革命历史题材。吴冠中先生晚年的作品，都是画中国大陆的，几乎都是。说明他们这些人学了西方的东西后，还是推动了中国艺术的发展。

本来还想再讲讲中国艺术市场的形成，时间关系就不讲了。我简单地提一下，中国原来只有画店，只有小空间里面卖画这么一种做法。明年中国艺术拍卖要满30年了，我们现在又有艺术拍卖，又有艺术博览会，又有画廊，又有私人美术馆，这些是在改革开放年代出现的，是哪里来的呢？我学习拍卖是在香港学的，是跟佳士得、苏富比学的，上世纪90年代初我们还跟香港的一个华人拍卖行共同办过四场拍卖会。拍卖这种方式不是现代的东西，其实在西方已经有270多年了，我们原来不掌握，改革开放把它引进了。现在每年11月上海的秋天很热闹，很多拍卖行、很多画廊都有活动，还有三四个艺博会，它们就是原来在马斯特里赫特那里举办的欧洲博览会，我们都是学习他们的。所以整个艺术市场的一个架构体系，是引进西方模仿创新形成中国化，然后中国的艺术市场规模与英美形成三足鼎立，这是多好的事情。

第二点，我稍微讲一下文化艺术的跨界融合。

我们中国人原本的文化里就讲融合，儒释道是不是融合的？中国一个人可以既是儒家，又信佛，又研究道，儒释道文化，在中国是统一的，不是对抗的。

中国绘画的精髓也是强调融合。诗书画印统一在一幅画上，这是世界上独特的。我再讲一个人齐白石，艺术上很有高度，他就是融合了中国最传统的艺术。绘画是什么？诗书

绍兴路：出发与回望

画印四样东西融合在一起，齐白石是最了不起的，张大千好像刻图章我了解得不多，齐白石年轻时已经刻了三百方，自称三百印富翁，说我拥有三百方印章，是我自己刻的，很自豪。人家问齐白石你哪一样最厉害？齐白石没有说我书法最厉害，我画画厉害，他说我诗写得最好。他说诗书画印里面诗是最好的，自信得不得了，因为他觉得我跟人家讲我画画得好，谁不会画画，画家要说诗写得好才了不起，因为中国诗中有画、画中有诗才是最高境界。所以齐白石有这个高度，他恰如奥运会比赛可以拿四项全能一样，每一样都厉害。他的书法好得不得了，我很佩服。齐白石另外一个融合就是雅俗共赏，让八大山人、青藤的极高雅的艺术通俗化，让普通的老百姓也能看得懂。许多乡村的、百姓耳熟能详的物件都入画，而且加彩。中国古代文化书画同源，很多理论就是相互打通的。西方是割裂开的，诗是时间艺术，画是空间艺术，桥归桥，路归路。我们近代的管理不打通了，写字的人到书法家协会，写诗的人到作家协会，画画的人到美术家协会，又把它一块一块切割了。在美院也是每个学生学一个专业，专业之间越搞越专，不打通了，不融合了。我觉得，融合才能出大家，融合才能有高度，融合才能创新，很多成功的案例都是融合的产物。

前年好像是丰子恺120周年诞辰，在香港办了一个展览，在杭州和上海办的时候，只办了丰子恺部分，在香港办的时候，把日本竹久梦二的画也借到香港。我看到书上介绍说，丰子恺在日本留学的时候，就想找一种感觉，创新找不到感觉很痛苦。有一天他在书店里看到了竹久梦二的漫画，拿起来一读，欣喜若狂，他说我要找的老师不就是这个人吗？所以他8个月就回来了，其实他得到了灵感，就是竹久梦二那个人也把日本的诗与画和漫画互相融合。我不同意很多人认为当年上海中国画院是选不出院长，所以叫他来代替，他跟别的人没矛盾。他的这个艺术的高度，我们认识得还不够。他不是跟你光玩笔墨情趣，他把中国的诗与意境、与佛教和那种漫画的幽默完全融为一体，唐诗宋词被他用活了，充满了善意、智慧、人文主义的东西，是具有很高层次的东西。而我们有些艺术家只是重复地画一些东西，把以前的东西稍微变一变，跟丰子恺的这种创新是完全不一样的。但是我要说，即便是丰子恺这样的人，他的创意也是来自于日本竹久梦二、来自勤工俭学时候的心得，这是一种高度。

我再讲一个人，我们以前的艺术是学油画就是学油画，学什么就是学什么，一条路走到底。后来我研究安迪·沃霍尔这个人的经历，受到很大启发。他不像杜尚拿一个小便斗往美术馆一搬，说这个就是我的作品，那太直截了当了。每个人都搬一个东西放在美术馆，搬一个破箱子去，都说是艺术家，这游戏没法玩了。安迪·沃霍尔还是玩得比较高级的，他这个人不是美术专科毕业的，他是设计系毕业的，在一个广告公司里面画设计画，但是他现在成为西方当代艺术的一个开山鼻祖，一个代表人物，而且得到世界上的广泛认同，各国艺术家的当代艺术很多也来源于对他的学习和借鉴。我认为，他的艺术里面有两样东西是神来之笔。第一，他说我的艺术要最通俗。他画可口可乐，他画一块钱美金而不是画一百块美金，因为可口可乐每个人都能喝，一块美金在美国每个人都拿得出来，然后画玛丽莲·梦露、猫王，他把这些通俗的东西都作为他绘画的重要内容，走向大众化，雅俗共赏，所以这个人很有脑子，很会融合。第二，这个人其实油画笔也不用的，他大量地采用照片、丝网印刷等技术手段来形成他的作品。他的作品现在在美国各大博物馆、世界各大博物馆的地位很高，得到大家的认可，在艺术市场上也是卖得非常贵的。他的这种融合创新，对我们同样很有启发。

我演讲的时限快到了，后面有丁先生更精彩的演讲。我要说一下丁先生也有一个跨界融合，我们上海人知道的不多，我是比较早就去看的。现在上海文化广场里面，有一幅巨大的玻璃壁画，比我们这个墙还要宽还要高，这是丁先生几年前与现代建筑融合做成的，花了很大的精力做了一张画，这是一种材料艺术、空间艺术的融合，很有创造性。他这张画原来是画在纸本上的，现在做成了一幅巨大的玻璃彩色画，在灯光下面璀璨耀眼。

人类文明从没有玻璃窗的小房间开始走向大空间，我们现在看到许多艺术品的尺幅非常大。魏晋时期中国人的书法大都是信札，我们现在看到的都是小作品。明清以后，书法也慢慢走到园林空间里面，做成匾，做成对联，现在很多画慢慢都画得更大了。上海有一个北外滩的会客厅，最近可能就要对外使用了，会客厅里面就请了上海的艺术家画了巨幅的中国画和西洋画。这是时代需要的一种融合。

专业艺术的融合，在今天就是艺术生活化。老百姓参与进来了，设计师、企业家也参与进来了。比如老百姓天天在手机上发图、发抖音，大量使用艺术手段；设计师大量参与文化创意产业，提供新产品和服务；企业家追求把产品设计得更美，因为不美的产品年轻一代不喜欢，漂亮的蛋糕、巧克力当然更好卖。可以预计，生活中会有越来越多的融合。还有就是当代艺术，把各种单一的专业艺术融合在一起，声、光、电、国、油、版、雕、摄影，都叠加融合。总之，艺术的发展就在纷繁多变的融合之中。

今天就跟大家做这样一个分享，有机会我们再一起学习交流，谢谢大家！

（注：本文根据作者 2021 年 10 月 10 日在上海图书馆的演讲整理）

刊于 2021 年 10 月 22 日微信公众号《长青艺文》

附 录

跨入"亿元时代"的中国收藏

从 2009 年秋天到今年 6 月 3 日，在中国内地拍卖过"亿"的艺术品已经有六件，然而不少人对中国收藏是否真的进入"亿元时代"抱有不同看法。

在解答疑虑前，有必要先浏览一下 2007 年到 2010 年的中国艺术品市场。2007 年是中国艺术品市场大丰收之年，2008 年则是低潮，受国际金融风波的影响，以拍卖行为主的中国艺术品市场交易指标下降，全球约下降了 26%，中国约 20%，降幅最大的是当代艺术品。但是谁也没想到 2009 年的秋天会转而攀高，中国嘉德拍卖行 2009 年营业额达到 27 亿元，位列世界第五大拍卖公司。从拍卖行的三个基本指标——成交率（低于 50% 是差，70% 是较好，90% 以上是极好了）、成交额前 10 位的拍品、总营业额来看，中国的拍

张大千《爱痕湖》（局部）

卖行去年秋天指标全面好转。今年北京春季拍卖前，业界有人担忧，但结果 5 月嘉德的春拍总额达 20 亿元人民币，刷新纪录；嘉德拍出的张大千的《爱痕湖》加上佣金是 1.088 亿元人民币。几天后，保利将黄庭坚的《砥柱铭》拍过 4 亿多元人民币，创下全球中国艺术品拍卖的最高纪录。眼下，2010 年春季南方的拍卖还没结束，但看起来是一片光明。

"亿元时代"有备而来

日本从 1988 年开始到国际上重金购买印象派画品，但不久后经济萧条到来时，价格有少部分跌至拍卖值的 50%，前车之覆，后车之鉴，中国的"亿元时代"是否真的到来了？

"亿元时代"经由 20 世纪 90 年代至今的百万元、千万元时代，步步累积稳定增长而至。

我的回答是肯定的。我们的"亿元时代"并不存在泡沫，"亿元"是指大陆境内单

件艺术品的拍卖价格。亿元的价格是从 20 世纪 90 年代中期开始，历经 17 年，从 1993 年的百万级，慢慢过渡到千万级，然后上涨到亿元级的，它是一块一块砖瓦的累积所至。

1993 年 6 月 20 日，朵云轩首场拍卖会时，张大千的《晚山看云图》拍到了 143 万元，是 1949 年以来中国艺术品交易的最高价，同场任伯年的《花鸟草虫册》104.5 万元成交。1994 年嘉德首拍张大千的《飞岩瀑布图》，以 209 万元拍出，齐白石的《松鹰图》拍得 176 万元。这四幅作品都是用百万元来计的。1996 年嘉德拍出傅抱石的《丽人行》，据传这是傅先生赠予郭沫若的，成交价是 1000 万元，但有些偶然。到了 2000 年后，用千万来定价艺术品已经很普遍了，去年的秋季大概近 100 件拍品是以千万元成交的，如保利拍卖的齐白石的《可惜无声·花鸟工虫册页》9520 万元，傅抱石的《杜甫诗意百图》，2005 年前就拍到了 6700 万元。可见冲击"亿元时代"已经相当有基础了。

所以说，中国收藏进入"亿元时代"不仅是真实的，而且是必然的。

国家大环境提供保障：61 年和平无战事，30 年经济飞增，15 年市场逐步成形。

中国和平无战事已长达 61 年了，这是收藏事业的重要条件。在战火纷飞、内忧外患的年代，北京故宫的藏画打包放在箱子里，在全国各地"东躲西藏"，直到解放前夕流到了台北故宫博物院。所以今天的盛事收藏首先要感谢和平的环境。

其次，按国际惯例，拍卖事业的成熟取决于人均 GDP 到达 1 万美金的经济环境。1993 年朵云轩第一场拍卖会时，竞拍者以境外买家为主。当前，我们人均 GDP 正在向 3000 美元进军，但在发达地区，我们人口多，聚集起来的能量应该超过香港这个 650 万人口的城市。佳士得、苏富比入驻香港就是 1980 年代初期的事；另外，邓小平同志"让一部分人先富起来"，这个人群中一小部分进入了我们收藏界，国内慢慢出现了高端收藏人群，现在拍卖行的买家主体已经不是境外买家了。台湾收藏家早在 2000 年时，就抱怨抢不过大陆收藏家。现在大陆收藏家已经杀到中国香港和伦敦、纽约去买藏品。

从国际艺术品交易中心发展的轨迹来看，二战以前的中心在伦敦，二战以后的中心在纽约，20 世纪七八十年代佳士得、苏富比等拍卖行看好亚洲"四小龙"的兴起，入驻新加坡和中国香港、台湾地区，20 世纪 90 年代中期，就转到中国内地了。

最近，收藏界最权威的机构——欧洲艺术基金会，发布了《国际艺术品市场 2007 年到 2009 年全球衰退时期艺术贸易趋势》，称 2009 年全球艺术品交易额是 310 亿欧元，比 2008 年下降了 26%，而中国去年是 42 亿欧元，占 14%，增长了 12%。现在中国是位列世界第三的艺术品交易中心。佳士得、苏富比从 1994 年开始就在上海开办事处，看好内地市场，无奈中国《文物保护法》限制外国机构来内地办拍卖会。

从新中国成立至今，内地从无市场到有市场。1949 年后，国家实行了严格的文物政策，由国家文物商店独家经营。当时第一条路是由国营文物公司向民间收购文物，我们朵云轩就经常在市内张贴收购布告，再卖给中国香港、台湾等地区的文物经营商，因此目前香港收藏家手头仍有大量精品，卖到美国、新加坡等地的并非一流藏品。

第二条路就是走私。由于中国境内没有市场，就留不住东西，因此大量珍贵文物被私人偷偷带到香港。但现在，境内市场的五个要素都形成了：供给者、需求者、市场中介（拍卖会、艺博会、画廊、古玩城）、价格体系、艺术品范围也被大大开拓了。"亿元时代"时代的到来就不奇怪了。

《文物保护法》和《拍卖法》的出台使盛世的民间收藏有了法制保证。

1949 年以后不鼓励民间收藏，鼓励个人将收藏交给国家。民间收藏就萎缩了。但我们中华民族的收藏事业自古以来就是官民结合，藏宝于民。我认为国家收藏和私家收藏并举是收藏事业成熟的标志，但是我们长期来对此有误解。国家收藏有很多优点，但有两个弊端，一是容易被战争和自然灾害集中毁坏。阿房宫和火烧圆明园都是例证。据统计，唐宋年间"王羲之和王献之"的作品存在内府的多达 700 多件，但是存放宫廷后有的被烧毁有的被抢劫，目前仅存几件。溥仪皇帝自己偷了 1200 件最好的文物。国家收藏是一个大水库，但闸一放水就流光了，民间收藏则是大大小小的蓄水池，不会同时干涸。

此外，藏品放在国库里，能够展示研究的空间很有限，而私家收藏的藏品也能得到了很好的保护和研究。1949 年以后，北京故宫博物院、辽宁省博物馆、上海博物馆的藏品绝大部分来源于私家收藏。

改革开放以后修订了《文物保护法》，1997 年国家又推出了《拍卖法》，它使民间收藏、交易有法可依，使拍卖事业的发展和收藏事业的发展有了良好的法制环境。所以我说"亿元时代"不是今天来到，明天也会到来。

审美本能和投资本能的相互渗透和激发助推了当今收藏热一浪高过一浪。

人有很多本能，对收藏而言，审美和投资的需求结合在一起必然就推出浪潮。在法律不能保证有收藏权利时，人的投资本能是被压抑的。当环境变了，投资的欲望就会释放并形成一股很大的推动力。今天我们对收藏人群或称投资收藏者，或称收藏投资者，他们已经成为生活中的族群，收藏也已成为一种生活时尚了。

从经济学的原理来看，资本投向稀缺性资源时，才是最安全可靠的。艺术品不仅是稀缺性资源，而且是一个"价格模糊性"的产品。一件拍品从 50 万元拍到 500 万元，有人的主观喜好在里面。在拍卖场上，50万元到500万元是一个模糊地带，有人认为值50万元，有人认为值100万元，最后剩下的两个人从200万元举到了500万元，他们认为500万元也值。而模糊价格产品和稀缺性资源的投资回报是相当大的，甚至被形容为"价值连城"。现在的收藏热，就是艺术品的投资功能被激发后的结果。

我们引进的英式拍卖"温水煮青蛙"的魔力和媒体传播让收藏走出小众圈子。

互联网时代的媒体传播改变了传统经营方式中的个别化和私密性，使之变得公开和普遍了。零售变成竞买了，个别的价格通过媒体传播，让全世界都知道了。比如，2011年已经拍出了一张过亿藏品，大家就有价格参照体系了，轮到黄庭坚的书法真迹，叫到几个亿就很自然。

拍卖行是特殊商品的特殊交易方式。拍卖方式起源于古代巴比伦对奴隶的交易。200多年前英国人将特殊商品延伸到拍卖行。现在的特殊商品就是艺术品。目前世界上有三种拍卖方式，荷兰式拍卖是从高价位拍到低价位，如10万元没有人要，叫价就降至9万元，再没有人要，叫8万元；日本人的拍卖会是每个人发一个小盒子，写好投标价，只有一次机会。而英国式的拍卖很有诱惑性，其魔力就像"温水煮青蛙"一样。在拍卖行里，众手芸芸，你会自觉地朝上加费用，而且感觉很舒服。比如，我出价100万元时，会自认为假如判断有错，至多亏了5万元，因为有人举95万元哩！就这样的心态慢慢会把很多人带入高潮，入场时只想出1亿元的，到了现场2亿元都有可能。而且很多人会自我安慰，看这么多人在一起加价，我出这个价格是有依据的，至少我以后可以略便宜些卖掉。

马未都说中国收藏有五次高潮，现在就是第五次高潮，而且是史无前例的。其中一个原因就是因为有拍卖行和媒体的介入，把整个市场搞得非常热火。这就是全球化、信息化和现代化时代的特点。

因此，如果不是金融风暴插队搅局，"亿元时代"可能前年就要提前到来了。

目前充裕的流动性和拍品本身的艺术价值是"亿元时代"到来的催化剂。

中国收藏"亿元时代"的到来，还有两个直接推手，一是目前充裕的流动性，二是出现了高价值艺术拍品。

中国艺术品拍卖市场一年总量只有200亿元，是个小众市场，因为沪深两地的股票成交有时一天就有3000亿元。当充裕的资金在市场流动，只要很小的比例流入艺术品交易市场就不得了。假如1993年，有一个人带着5000万元到朵云轩拍卖行来举一举牌，那年朵云轩拍卖价格就必然会全涨起来了。所以这两年，过亿拍品的产生，我一点都不奇怪。其次，六件亿元价位的艺术品本身就是重器。张大千的画是六件里边唯——张现代书画拍品，其他都是古代的，很珍贵。台湾人认为"500 年间一张大千"，即 500 年才出这么一个伟大的艺术家，这也有感情色彩，但他的艺术成就确实非常高，山水、花鸟、人物、书法无一不精，他的拍品必然价高。整个 90 年代，几乎就是张大千作品引领了拍卖市场价格。而拍过一亿元的作品《爱痕湖》，是张大千所有瑞士风光里边最好的精品力作，也是扛鼎之作。这个天价是由艺术品的艺术价值所决定的。

我认为这两个是直接的原因，也是催化剂。可见，中国收藏进入"亿元时代"有它内在的必然性。

与国际艺术品交易市场在资本主义发展黄金时期进入"亿元时代"相比，中国晚了20 年。

1980 年代是资本主义发展的黄金期。尤其是日本经济兴起，日币大幅升值，日本成了世界第二大经济体，推动了国际拍卖市场印象派和现代派艺术珍品价格的大幅上扬。1987 年凡·高的《向日葵》第一次拍到 2475 万英镑，是一个天价（传说凡·高共画过 9 张《向日葵》）。1987 年《鸢尾花》成交 5390 万美元。这时珍藏有画作《嘉歇医生》的凡·高私人医生嘉歇的后人坐不住了，当年嘉歇医生给凡·高看病，画家就画了人物画回报他，看《向日葵》拍得这么高价，他的后人便委托佳士得拍卖，1990 年以 8250 万美元成交。凡·高这张《嘉歇医生》拍卖到 8250 万美元是拍卖史上的奇迹，15 年间没有作品超越，它是一件精品力作。这个纪录一直到 2004 年才被毕加索的《拿烟斗的男孩》打破。

毕加索的《拿烟斗的男孩》

凡·高的作品主要是 1990 年前后推起来的。我们看一看毕加索的作品拍卖，基本上也就是在同期。1989 年《皮埃雷特的婚礼》成交 5189 万美元，同年毕加索《自画像》是 4790 万美元。1989 年他有三张作品都在几千万美金。1997 年毕加索的《梦》成交 4800 万美金。2004 年毕加索的《拿烟斗的男孩》拍到了 10416 万美元。这也是目前为止西方油画拍卖的最高价位。

凡·高和毕加索两人作品拍卖的高价，和我们今天"亿元时代"到来的情况有很多相似之处。因此，中国收藏"亿元时代"的到来符合国际上艺术品贸易和文化发展的规律。当经济高速发展，资本急剧扩张的时候，大师名画的价格往往创出新高。这也佐证了中国收藏"亿元时代"到来的真实性和必然性。

开放时代的新收藏观

收藏的动力来自何方？开放时代需要开放的收藏观：最高境界是为守护人类文明物证推动文化而收藏，其次是审美境界，讲究个人娱乐和修身养性，第三也要充分肯定投资的动力，但唯有投资而无文化，必然也走不远。

我认为开放时代的收藏观要用开放的眼光看。前两年，我在筹办世界华人收藏家大会时，时常遇到收藏家这个特殊群体提出的"人以群分"的特殊要求，有人强调中途把藏品卖掉的人不算收藏家，又说有经商行为的人不算纯正的藏家。王世襄、张学良到晚年也把藏品卖掉了，这么一说，王世襄、张学良也不算收藏家了。

其实，这些收藏家的收藏理念还是比较老派，我提倡要用开放的眼光来看收藏。

目前的收藏必然是文化性和投资性的高度融合，只讲收藏不讲投资的人以后会很少，也很难生存；只讲投资不讲文化的，也走不远。今后的概念是收藏投资家，或叫投资收藏家，对投资要素的引进必须给予正视和重视。

为什么这么看？

第一，现代收藏的成本加大了。

20世纪70年代中后期朵云轩店堂里，150元可以买到齐白石的作品，250元可以买到张大千很好的创作。但当时很多老员工的工资是48元，我这样的新员工只有二三十元，当我攒到150元时，首先是购买解决交通的"永久"牌自行车。当时100万元可以做大收藏家，但在今天1000万元也未必能做大收藏家。现在已经到了"以他业养收藏，以藏品养藏品"的时代了。香港有一个大收藏家，当年以近百万元买了徐悲鸿的精品佳作《放下你的鞭子》，前些年拍出时卖到7000多万港币。他是很大的收藏家，但可能要换别的藏品了，需要更多资金周转，这就是用藏品养藏品。藏而不露、藏而不卖的时代已经结束了。

第二，艺术品成了私家理财的理想工具。

拍卖行的出现，它的"三公开"的交易原则，电话委托、网络竞拍方式，使得现在的艺术投资极为方便。美国相关机构统计，房地产年投资回报率是4.5%，股票回报率是13%，而艺术品是24.5%。

举张大千的《晚山看云图》为例，1993年首次拍出143万元，由台湾蔡先生拍得，1997年亚洲金融危机时，他的资金紧张，加了一点钱卖给另一位台湾收藏家，七八年前，又出现在上海某拍卖会上，以500万元成交卖出；2009年秋天衡拍卖会上，《晚山看云图》又出现了，看了图录，当年参与朵云轩首场拍卖的很多人都去了，拍卖行估价600万元，我说会超 1000 万元的。后来拍卖落槌价 1700 万元，加佣金近 2000 万元。这种例子很多。

第三，收藏的文化性转变了。

古代到近代的收藏没有投资这个概念。收藏那些画是用来审美、借鉴、临摹的，所以，历史上很多大收藏家都是大艺术家。现在情况变了，要临摹可用画册、电脑资料，用原作太奢侈了。现在建立私人美术馆的越来越多，文化性也随之转移。如浙江孙海方的越窑瓷博物馆，北京马未都的观复博物馆，上海的刘益谦夫妇已在浦东购地造美术馆，珍藏和展览自己的藏品。这就"变藏为展"，变一人独享为社会共享了。建立私人美术馆也是海外收藏事业发展的成功经验。我们国家的博物馆、美术馆以前全部是国办的，海外很多博物馆、美术馆却是私人或者民间所创的。

第四，收藏的时空观念变化了。

就空间来讲，以前都是上海人在上海收藏藏品，现在任何人只要有实力都可以在全世界收。世界各地的人可以"涌"到同一个拍卖现场，有电话有网络，即时的拍卖完全可以做到；另外，古代的收藏观念是"子子孙孙永宝之"，但是今天社会结构、家庭结构发生变化了，四代同堂、五代同堂极为鲜见，很多人家传统意义上的"香火"也断了，"子子孙孙永宝之"的可能性就更不大了。藏品的流转，可以"独乐乐不如众人乐"，"不在乎终身拥有，只在乎曾经拥有"。因此，在一段时间内曾经拥有相当数量的藏品并且有一定的鉴赏乃至研究水平的人就可以定位为收藏家。

归纳起来，收藏的最高境界是文化，把藏品捐给国家，让社会共享或通过收藏推动文化的研究和展示，乃高风亮节。第二等是审美境界，个人自娱自乐，修身养性。第三个层次是兼有投资的因素，假如只收不卖，收藏无法循环。

徐悲鸿的《放下你的鞭子》

收藏家是人类文明物证的守护神，他们最高的境界应该是为民族做贡献。收藏家张伯驹为了把第一幅书法墨迹《平复帖》留在中国，当年花了 4 万块大洋，变卖夫人嫁妆、家中房产，解放以后捐给了国家。他的举动让人敬仰。上海博物馆 90% 的藏品是私人捐赠，这些捐赠者令人佩服。

这次世博会中国馆中的《清明上河图》，也有私人收藏的功劳，让后人见证了中华文明。此画为宋徽宗时期的宫廷画匠张择端于 1106 年所作，至今有 904 年，其中 190 年是存在国家博物馆，其余 710 年都由私人保管。它所描绘的当年汴梁繁华的商业景象，为今天"城市，让生活更美好"的主题提供了很好的蓝本。因此，民间收藏为国家的文物保护立下了不可磨灭的功劳。

综上所述，我认为当今时代的收藏来自综合的动力。既有资本增长的欲望，也有审美的需求，更有为国家保存文明文化的责任，并非一个孤立的因素。

嘉宾对话和听众提问

怎样看当代艺术品升值过快？

优秀的中国当代艺术是融合中西方艺术特性的一种精神追求，但收藏认可还待时日。

戴小京（上海市书法家协会副主席兼秘书长、资深拍卖师）：当代艺术作品不像传统书画那么被认可，主要存在两个问题：一是中国的当代艺术尚处于发轫期，抬到现在的高度太仓促。二是当代艺术品动辄卖到几百万、数千万，艺术价值令人怀疑。

当代艺术并非泛指所有当代艺术家的作品，而是特指近 30 年左右，在改革开放年代中成长起来的一部分艺术家，以画家为主，包括摄影家及部分书法家的作品。他们认为中国传统的山水水墨画不具备国际艺术的流通要素，于是充分借鉴了西方现代和后现代手法表现风格和审美情趣，提倡新写实主义，即从意象和精神层面锻造出他们自己的认知，更注重精神层面的表现力。比起老一辈艺术家起步阶段向西方学习静物描摹技法等，他们是更有思想的一代人，而且本身也具备一定的中国文化和传统艺术功底，不可否认的是，有些当代艺术家及其作品很优秀。但对收藏市场而言，当代艺术若想成为艺术流派并找到其市场属性，时机尚未成熟。所以，对当代艺术品的过快升值应采取谨慎态度。

艺术品的理性回报周期是 8 年，而非现在的"春播秋收"。

祝君波：当代艺术品有独创性和艺术价值。但当代艺术品最危险的是没有经过长时间检验，如刚毕业的大学生的作品也以名家作品为参照标出 50 万元甚至更高的价格，就不符合市场规则。此外，一些当代艺术家对收藏家不够尊重，用流水线方式画画复制，缺乏对待艺术的严谨。当前由于某些拍卖行和商人的炒作引导，以为当代艺术是"黄金投资"还有一些艺术家忽悠：中国人假如不买当代艺术，若干年后要到国外买回来。这些促使收藏者以重金投资当代艺术。

收藏兼有审美和投资的双重性，为了投资而收藏可以理解，但入行的心态要好，想立即有回报肯定不行。上海有个记者张志雄写过一本《长线价值——艺术品市场大势》，将艺术投资定位成一种长线投资，这非常准确。苏富比、佳士得认为，一幅画在拍卖行第一次出现到下次再拍的周期是 8 年。当然，在经济超常发展的现阶段可能也会有"春播秋收"，但作为艺术品投资，遵循长线才是可取之道，才符合规律。

如何应对鉴定人才大量短缺？

滚摸于市场的人才知晓"造假动态"。

祝君波：就目前而言，我国对鉴定人才的需求是空前的，现有的人才跟不上发展的需要。原因是当今以学院为主的人才培养模式缺乏实战训练，而最好的鉴定家都是身经百战，单纯的学院教育很难培养出大家。

我国的鉴定人才分两类：一类在博物馆，但这类专家在任期间不能入市，所以难以发挥其在市场方面的作用；第二类在市场，但储备量不足。总体来说，过去 30 年里市场上的人才素质进步很大，他们在市场上摸爬滚打，通过情报系统，知道造假的新动向；他们身处拍卖行，能接触到全世界的收藏家，耳濡目染自然也能渐渐明辨"是非"。这种影响潜移默化，是单纯的学院培养所不能达到的。"舜发于畎亩之中"，未来的收藏家也会在民间市场里成长。人才的培养应是学院和实战相结合。

业内存在假拍，但没有拍假。

戴小京：我补充些信息。现在有一些针对民间收藏的拍卖公司，他们设置的全场无底价的拍卖多为骗局，诸多初入行者有此遭遇。所以，建议收藏者在寻求拍卖时应找有品质的公司。但有时"无底价"也会作为拍卖公司的技巧，如标一些中低档的价格但是超值的藏品，目的在于吸引买家，制造竞买气氛。在高品质公司的常规小拍卖会上，有眼光的藏家也能拍到好东西，但成交价可能是起拍价的 10 倍、20 倍。目前业内的情形是，假拍可以，拍假一定不行，这是基于不同目的的两种概念，这也是因为大家鉴定的眼力都在水涨船高。

提倡和艺术家、画廊交朋友。

祝君波：拍卖行的出现已经改变了整个市场的结构，约 70% 的中高档货源都被拍卖行控制。但仍有一些渠道可以做交易，如艺术品博览会、古玩城零售店等。还有与艺术家的私人交易，但现在越来越难，因为现今多数私人交易都是借助拍卖行来实现的。不过这种交易仍有很大空间，如直接到艺术家委托的画廊购买作品，好的画廊信誉度是可取的。也有人坚持每周六到花鸟市场走走，但"地摊捡漏"的机会已经越来越少。如香港收藏家李大鸣说，资讯如此发达的今天，个人捡漏尤其是得到大物件的机会几乎没有。但上述的其他渠道还是有机会的，这仍需有好眼力。

专业学生可在拍卖行中实战成才。

提问：我是复旦大学文物与博物馆系的学生，请嘉宾指点，如何将所学专业和市场相结合？另外，拍卖行会承担培养收藏领域人才的重任吗？（此问题获得本期文汇讲堂"最佳提问奖"）

祝君波：建议你首先要刻苦学习书法，这是中国艺术的基础，也是你实践的基础。第二，要阅读大量文献。第三，拜一个真正有实力的老师。第四，争取有实践机会到画廊或拍卖行工作，可以使你零距离接触文物（或者入博物馆）。很多收藏领域的精英都是市场培养出来的，市场担当着培养业内人才的任务，新人可边工作边从事学术研究。此外，假如我国的博物馆更开放一点，可以直接将在市场上发现的人才招募到博物馆去做兼职研究员。这可能是一个很好的方式。新中国成立初期博物馆从市场吸纳了很多鉴定人才。

根据 2010 年 6 月 17 日在文汇讲坛的演讲整理，刊于 7 月 1 日《文汇报》

我所经历的文化产业

刘素华：祝局长，您好！您在新闻出版系统工作多年，无论是新闻出版行业的发展还是上海市的文化体制改革，您都是亲历者，所以想请您谈谈这么多年来的经历，来帮助我们把《文化产业志》修好。

祝君波：我从1972年到现在，大概在这个行业工作了45年，上海宣传系统从1972年一直工作到现在的人很少。大部分人是在1977年、1978年高考以后，1981年、1982年大学毕业来参加出版工作或者文化工作的。"文革"中上海出版系统于1972年秋从中学生中招收了250个学徒，我是其中之一。因此我就比较早地参加到出版工作中来。在我的职业生涯里，我主要经历了三个行业，一个是艺术品收藏经营业，一个是传统图书出版业，一个是互联网游戏业。作为个人来讲，亲身经历而且管理三个行业并不多见，大部分人可能一辈子只做了一个行业。因为我的经历流动性比较大，所以有这个机会。

一、关于传统出版产业的发展

我要谈的第一个是传统出版业。上海本来就是民国时期传统出版的中心，当时有600多家出版社。在改革开放初期，大概有9个出版社，现在是38个出版社，还有一些副牌。传统出版广义的也可以囊括杂志和报纸，当然报纸有的时候又把它界定为新闻，但从印刷这个角度来讲，把它列为传统出版业也

2018年秋季我国改革开放40周年之际，市政协文史委和市出版协会共同举办上海40年优秀文史类图书评选，40种沪版图书获奖，图为2019年2月21日在市政协举行的颁奖（部分）典礼及研讨会

是可以的。当然我主要经历的是杂志和书的出版，报纸没有办过，只是管理过。图书出版这个行业，从改革开放初期恢复，发展成38家出版社，直到2016年传统图书这一

块还是不错的。很多人说现在互联网冲击下图书出版业遭遇挑战，其实并非如此。就2016年发布的统计资料来看，全国图书行业在2015年有820多亿的营业额，120多亿的利润，还是很好的。这个行业曾经是我们国家文化建设、老百姓文化生活一个最主要的方面。看书、看戏、看电影、看电视、看杂志，很长时间内并没有手机，书一直是最古老、最基本的读物。现在互联网冲击报刊很严重，但冲击图书没有这么严重，图书的营业额还是在持续增长的，820多亿是历史上最高的，所以有一些人类的本质需求，拐了一个弯以后还是喜欢它。一方面互联网和移动手机大发展，一方面传统图书还创销售新高。

我经历过三个出版社，第一个是上海书画出版社，我在这个单位做了20多年，其中1991—2001年担任书画社的社长、党委书记，大概10年。后来又到上海人民美术出版社兼任社长和党委书记（1999—2003年），这是一个知名度很高的出版社，上世纪五六十年代在没有电视连续剧的时候，连环画打天下，上海人民美术出版社的连环画非常有名，绘画的名家有108人，号称"一百零八将"包括贺友直、刘旦宅等。2006年我又到一个单位东方出版中心任总经理兼党委书记，它是中国出版集团下属的一个机构，原来叫大百科上海分社。这单位曾经很有名，王元化先生原来是我们社的副社长。三个出版社做下来以后我发现，出版这个产业它比较古老，也比较稳定。总的来讲它的发展是稳定的，其间也有一些高潮，主要发生在"文革"结束时，重印老书，还有就是80年代的科教兴国战略，国家全面地恢复和发展教育，我们叫"科教兴国"，在这个大背景下出版是最受需要的。还有一个是1992年，我们国家加入《伯尔尼公约》，至此中国的出版融入了世界，外国出版的很多书也同时可以在中国引进、翻译和出版，这是一个很大的变革，这也是改革开放。我们中国图书出版的改革开放不是表现在让外国人到中国来开出版社，这个门我们今天也没开过，而是表现在加入《伯尔尼公约》以后，外国的书可以通过正常的版权贸易，把翻译权授权给中国人。所以很多外文版的书，现在看到奥巴马、克林顿的回忆录，很多传记，很多图书，都能同步在中国出版，这是一个很大的进步。1949年以后，上海是中国出版的重镇，又是新时期改革开放的前沿地带，所以见证了这一时代的发展，图书品种越来越多，越来越丰富，老百姓的选择性也越来越强，当年主要是"文革"中和结束时的书荒一去不复返了。我查了上海新闻出版年度统计，图书出版营业收入2015年33.27亿，2016年55亿，也还是新高。

刘素华：那么转企改制和1999年的出版社集团化改革对出版业有怎样的影响呢？

祝君波：我最近写了一篇一万两千字的回忆文章，收录在市政协编的文史资料《上海出版改革 40 年》里面，我写道，"1985 年前后，国家确定出版社由事业性质转为事业性质兼企业化管理"，所以它是双重属性的。为什么当时选择这个制度呢？我觉得是非常好的一个设计，适应了中国特色出版。事业性质让这些单位去追求社会效益，企业化管理让出版社认识到图书是商品，也要把图书经营起来。1985 年的企业化管理，已经把出版社实际上搞成企业性质了，比如说税收，比如说员工工资（都有很大的弹性）。国家设计的这种新的制度既是事业又是企业，虽然是事业单位，但是按企业的方式来分配员工工资的。事业单位有纯事业单位，有全额拨款和有差额拨款的，我们其实是按照企业来管理的事业单位，所以就搞得很活。在这个体制下面，有的出版社的员工也可以拿到上百万的工资。还实行社长负责制，不是总编辑、书记负责制了，社长是法定代表，从企业的厂长、经理负责制移植过来。还建立了职工代表大会、建立了工会。这一套企业制度在 1985 年到 1990 年转型已基本完成了。所以 2004 年事业转企没有起到很大的作用，原因在这里。

还有一个重大的转折，我最近也写到，就是 1949 年以后我们实行的是计划经济，实行的是苏联模式。出版社、纸张公司、印刷公司和新华书店发行所这四个机构、四个环节是按计划模式设计的。出版社出版的图书自己不可以去推销，要交给新华书店发行，出版社要印书不可以直接找印刷厂，要交给印刷公司安排下去，出版社买纸张不可以到纸张厂去买，你要找出版纸张公司统一采购，就是按照苏联模式搞出一个中国出版的体系来了，出版社就等于不要面向市场，全部由计划来安排。1985 年以后的逐步改革大约到了 90 年代中期，计划经济向市场经济的过渡已经基本实现了。这有三个标志：第一，出版社内成立了发行部，图书不再由新华书店包销，而可以直接找零售书店去卖，这改变了行业的"隔山卖牛"，原来是隔着新华书店发行所去"卖牛"；第二，物资公司统一包销纸张采购的业务也慢慢变成由出版社直接到造纸厂去订货，这叫厂社见面，就不通过物资公司了；第三，出版社发印刷任务给印刷厂不再通过出版印刷公司，这点后来也打破了。所以社会主义市场经济的一个运营体系在物质层面已经完成了，为什么我说在物质层面完成了呢？还有两个至今也没有完成，主要牵涉到政治制度和文化制度，目前也改不了。比如说内容没有放开，有很多的限制。民营不可以办出版社。这两点至今没放开。但是原来计划经济时压在出版社头上的"三座大山"都搬掉了、放开了，印刷、发行、纸张采购原来由三个机构来包销，现在全部由出版社自主采购、自主销售、自负盈亏了。我讲这个是要回应 2004 年、2005 年为什么出版社转企没有造成很大的发展动力，因为可以市场化的事情在 80 年代中期已经逐步解决了，出版社在企业化的过程中，也就是事业单位、企业化管理的那个阶段把这些问题解决了，或者说出版社作为企业法人、市场主体的问题已解决了。中国特色的社会主义出版事业还是事业性质企业化管理最好，因为党管媒体不能变、出版资源配置不能市场化、民营不能准入、内容至今不能开放，改成企业只是一个叫法，实际上做不到。我认为在中国共产党领导新闻出版的体制下，不要去改变事业性质，就让出版社事业性质企业化管理，这是改革开放三十多年来证明最好的一个制度，因为出版社要强调党的领导，要强调社会效益，不能一味追求市场利润。

刘素华：那么上海发行这一块怎样？新华书店有改制吗？

祝君波：新华书店本来就是企业，在上海它一直就是企业包括上海书店、外文书店。有一些省当年书店曾是事业的，也早就改成企业了，因为它不能决定内容生产，它决定卖书，而且它只能卖合法出版的书，所以它是企业、是市场化的。当然，它也在变，在求生存。当出版社自己发行以后，上海发行所的批发功能丧失了，产销直接见面了，书店一大块营业额和利润没有了。所以在上海的书店只能靠教材批发，靠零售店的加强。这就是大书城的建立和书店连锁经营的出现。这是书店业的一个大变化，有积极的意义。

第二个事情是集团化改革。上海是从 1999 年开始的，上海世纪出版集团是全国第一家集团。集团化改革总的来讲是成功的，什么原因呢？我最近谈改革的那篇文章也写道，当时我看到两个中央领导提到了集团化，一是李铁映，做过国家教委主任，管过文化。李铁映有一次讲话里面提到中国的出版社太小，要联合起来组成航空母舰才能够走向世界，要不然中国的出版业就太小，都是单体出版社。二是在 2001

2000 年秋与朵云轩自己培养的拍卖师戴小京（右）、王力生在静安希尔顿酒店拍卖现场

年的时候，有一次丁关根到上海来在虹桥迎宾馆开过一个座谈会，小范围的只有三四十个人参加，我也在场。他当时说加入 WTO 以后，政府和出版社、书店要脱钩，政府不能直接管理出版社，因为以后要公平了，外国人以后到中国来开发行机构，大家都是公平管理，所以要把出版社、上海发行所和印刷集团从出版局剥离，剥离以后怎么管理这些出版社呢？就要成立一个集团。我认为是这两个原因，第一个加入 WTO 以后，这些出版社需要有一个新的管理机构，它们原来都是由地方出版局管理的；第二个李铁映提出来中国单体出版社体量太小，要组成集团，走向国际，参与国际竞争。那么按照这个

思路上海也需要成立出版集团。1999年以后全国成立了几十个集团，我认为出现了两个新的东西，第一是股份制改革上市，因为成立集团以后有了上市的条件，体量比较大；第二成立集团以后，集团的战略转变成以书为主、多元发展。很多集团渗透到其他行业，比如印制、游戏、动漫、电影、数字媒体，甚至于房地产，很多地方的出版社和印刷厂都占了很好的市口，然后把这些土地改建翻了大楼，几十层的大楼一上去它资产就几十亿上百亿了，很多集团资产、营业双百亿不是只靠书，靠多元化发展，所以出版集团就做大做强了。出版集团有了钱以后又反过来刺激了图书出版，因为很多图书如学术书是要亏钱的，成立出版集团以后，出版集团的钱就可以来资助专业学术书出版，这就进入了良性互动。现在像江苏、浙江、山东、湖南、安徽和江西，很多都上市了，做得很好。那么现在回过来说上海出版业的集团化。2003年上海出版、印刷、发行三方面的企业成立出版集团的时候，没有打成一个包即大集团，而是分成了四块。1999年成立的世纪出版集团是5个出版社，当时我们局下面的出版社有18个，出版集团化改革不是一步到位的，它最先合并进去了5个出版社，上海人民、上海教育、上海译文等，到2003年的时候又合并进去7个出版社，科技、古籍、辞书、科教、少儿等7家出版社进去了，世纪出版集团就变成12个出版社。同时并行地成立了文艺出版总社，下辖5个出版社包括朵云轩。这时印刷集团划拨给了文新报业集团。新华传媒即上海的书店包括三百多个门店、上海书城就划给了解放集团，这样出版局的下属企业实际上分成了四块。到2011年的时候，文艺出版总社再合并给世纪出版集团。2016年又把印刷集团也合并到世纪出版集团。所以上海出版集团化过程是循序渐进的。现在看起来2003年完整地打一个资产包可能发展得更好。外省市走得好的出版集团，大多是编印发一条龙发展。

刘素华：新华书店也给了解放日报？

祝君波：都给解放集团了，它成立新华传媒上市以后，主要由解放日报系的人进行管理。印刷给了文新报业集团。但印报纸和印图书还是有差异，印书的市场化属性更强，印报纸主要是报社内部的任务分配。印书却更多是市场行为，出版社选择印刷机构要考虑服务、价格、质量三个因素。上海世纪出版集团就是在这么一个

2007年英国斯特林大学负责人在上海颁发聘书，聘请作者为该校中国出版专业硕士生导师

状况下进行运营。上海世纪出版集团成立已经16年，今年上海市人民政府的工作计划里，上海世纪出版集团的改革是市里面的工作重点，充分说明市里的高度重视。这16年来，上海世纪出版集团拥有17家出版社，是全国出版资源最多的，还有70多种报刊，现在在全国出版界大概排第15位，排得比较后面了。

就出版产业来说，还有一个问题值得探讨，经济效益好和社会效益好是完全分离的还是统一的？卖不出去的书，没有人看的戏，没有收视率的电视，试问有社会效益吗？我认为不会有。社会效益如果没有人来买这张票，那么还是浪费了一笔资产，社会效益并没有做好，没有把事情做到人家愿意来接受，这种社会效益还是失败的。社会效益和经济效益无法完全剥离，它不是两回事情。把挣不到钱的说成有社会效益，把挣到钱的说成没有社会效益，这是不对的。在中国共产党的领导下，在不违背法律和道德的情况下，任何一种经济效益都或多或少具有社会效益，既然年轻人喜欢看，这个节目收视率高，必然有它的道理，为什么要把它完全分离呢？在我国，没有社会效益但是有经济效益的情况有，有社会效益但没有经济效益的情况也有，但是大量的是两者并存，统一的。我在出版社工作了四十多年，做过三个出版社社长，任内没有出过一本坏书被上面批评，也就是说社会效益这个底线是守得住的，与经济效益是兼容的。在市场经济的今天，在出版社已转为企业的今天，要非常注重出版社赚钱，要养活员工，要让他们拿到高工资，给他们买房子住，让他们有积极性、创造性。然后我们要用这些赚来的钱去养那些可能亏本的书，实行"以书养书，以文养书，以商养文"。以上是我对传统图书出版的看法。

二、关于游戏产业的发展

2000年我调到出版局当副局长，直到我退下来的2015年，我参与和见证了上海游戏行业的萌芽、发展。这个文化产业很有时代特色，它是从上海开始的。中国游戏业当年75%到80%的市场份额在上海，时间大概在2004年、2005年、2006年、2007年，全国都没有起来的时候，游戏业的主要营业额在上海。当时上海有三大公司，一个是盛大，一个是九城，还有一个是巨人。三个公司也出了三个业界领袖人物，一是盛大陈天桥，二是九城朱骏，后来也是上海申花队的老板，还有一个是巨人网络的史玉柱。所以当时上海的游戏业在全国独领风骚。那么游戏业怎么会2000年这个时候在中国突然爆发起来，一直到现在成为一个最强盛的文化产业呢？这个里面要把动漫和游戏切开。动漫面对的是小孩，小孩没有自主消费权，由大人控制。游戏面对的大部分是成人，有收入或有自主决定权，如高中生、大学生、白领，是有消费能力的。动漫以卡通、杂志、读物和电视剧为主。你们小时候看的《铁臂阿童木》《聪明的一休》《灌篮高手》《柯南探案》，它的载体主要是电视，我认为中国动漫电视剧没有发展起来，没有市场化，主要是电视业国有垄断，没有开放。但是中国游戏业是开放的，民营为主体，所以发展起来了。它在2000年前后是先从上海开始的，就像朱骏、陈天桥，他们先从韩国引进了游戏，当时主要在PC机上玩的，叫"端游"，后来叫"页游"，现在是手游时代。为什么会有手游时代呢？因为乔布斯发明了新的移动手机，它不再是个电话机了，它是个多媒体阅读器，中国现在有五六亿人有手机，所以现在游戏业转到手游这个载体了。在端游、页游时代，每年的游戏在上海地区发布的游戏产品一二百款，全国三四百款。我管过游戏的审查和许可证发放。但到2016年手游时代，经过新闻出版广电总局发许可证的游戏产品已经有四千多款了，上海就要发布一千多款。去年全国的营业额是1655亿，上海是573亿，约占三分之一。我认为是最大的一个文化产业了，最大而且最实，因为有一些文化产业的统计水分比较大，而825亿的图书、1655亿的游戏是实的，是真金白银。

进入21世纪中国国内游戏业为什么会发展起来？取决于几个因素：第一，游戏是人类的古老需求，人要娱乐，于是就有娱乐业。我们以前把媒体都说成一种高尚的传播，这是不客观的。图书、电影、电视产业，娱乐性占很大比重。全世界的媒介，包括电影业，在西方电影是划入娱乐业的，而游戏是人类古老的需求。第二，互联网的时代，它有条件让游戏变互动、多人联网，而且超越时空，放到电脑或手机上。我们小时候玩的击鼓传花、下军旗这种游戏，一直到打牌，人都要在一个空间。一直到有了电脑、移动手机在线游戏可以实现人类的互动，以前下象棋是两个人下，而现在可以跟一百个人、一千个人比赛，打遍天下，所以它非常有魅力、有刺激性，是互联网造就了这个魅力。第三就是游戏消费成本低，比看电影低得多，而且后来陈天桥首先发明游戏免费使用，为这个行业开创了广阔的发展前景。第四，就是风投基金和资本感兴趣，因此它能够快速地成长。2004年陈天桥的盛大第一个在美国纳斯达克上市成功，他是这一年的中国首富，一百零几亿身价。电子游戏业能够形成产业规模，能够被上市公司看中。风投A轮、B轮、C轮，很多资本就进到游戏业。最早投资盛大的软银公司以小搏大，盛大上市它赚了七倍多的利润，成为一个经典案例。资本进到游戏业可以计算出它的回报率，但是资本进到图书业，它很难计算出增量，图书年25万种，产品分散、利润低，一般年增5%到6%，最多10%。而游戏业，一个好的公司，三个大学生创业，几年以后变几亿营业额，上市成功，如游族、莉莉丝等创业公司，像神话一样的故事都在游戏业产生。人性、互联网、金融这几项碰在一起，游戏业就迅速地发展起来了。

那么为什么上海会出现这个情况？第一，出现了一批英雄、草莽英雄，就是陈天桥、朱骏和史玉柱，大概是2000年到2004年时期的英雄。创意行业是需要英雄的，需要有人来带头冲击传统的观念，给大家一个示范作用，什么示范作用，就是成功和赚钱。第二，上海当时的宽带技术和服务器，全国没有一个城市能达到，基础设施好。网络游戏业不是我们小时候坐在弄堂里摆一个桌，两个人最多四个人下军棋，它需要互联网支撑。跨地域玩，决胜于千里之外。我当时任市新闻出版局副局长，管游戏业，所有的公司都跟我讲，说我们搬到上海来发展，就是因为上海的宽带技术太好了，服务器、配置都能达得到。当时其他省市差太多，早先北京也赶不上上海。第三，这个行业依托年轻人才的高地。为什么游戏业从上海起来呢？2000年到2010年的时候上海人工不贵，但是上海的高校有150多所，每年培养了两批人进游戏业，一个理工学院培养了很多搞软件的，他们游戏业叫工程师。其实游戏业当时对于搜索引擎和技术的要求甚至于比解放军飞机上的精度还要高，他要叫人家玩得好、玩得流畅，必须有技术支持。这需要大批软件工程师，所以很多做高科技的后来很多都转到游戏行业，它能够开高工资吸纳你。科研单位的需求没有那么大，而上海游戏行业一下子就需要七八万人。另一个是需要美术人员。大学扩招以后每个学校都开设计学院、美术学院，画画的人招了一大堆。这么多美术学生毕业到游戏行业。一个大的游戏公司大概需要一二百个美术师在那边画画、电脑画、手工画。游戏公司里面大量的劳动主体、创意就是这两种人，而我们上海正好有这么多高校，有这么多美术院校，很多学校都开了电脑系、美术系、设计系，所以大量的人力就到了这里。现在上海游戏产业大概有七八万员工，而且都是二十几岁。创业者自己也是二三十岁的，到四十岁以上几乎自己就退出了，像陈天桥、史玉柱他们都不再玩游戏了，都玩资本去了。史玉柱前五年就说过把游戏交给年轻人，我开始做资本了，像朱骏去玩申花队玩足球了，就是这个道理，游戏是一个年轻人的世界，是非常活跃的。第四，民营企业为主，几乎没有国有企业。上海文化原来很强，报业、电视业、出版业很牛，但都是国有企业。顺风顺水还可以，真正竞争、搞创意、搞市场不是太行。而网络游戏业是民营的，适合风投进入，又没有人管头管脚，就发展起来了。第五，上海的政府环境好，科委、出版、文化的政府部门都支持。我们局还办了ChinaJoy电子游戏大展，对上海成为游戏产业高地作用很大。

刘素华：那么上海游戏产业目前在全国所占的比重怎样？

祝君波：上海在这个方面还是可以，大概三分之一的市场，就是1655亿里面大概三分之一左右在上海。上海已经宣布了去年（2016年）新闻出版的产业数据，包括杂志业、报业、图书业、印刷业。去年上海互联网出版业（其实主体是游戏业）850 多亿，已经成为上海第一产业了。本来上海网络出版业是第一内容产业，现在是第一产业，它去年超过上海印刷业了，达 850 多亿。还有一个重要的原因，2004 年我们把 ChinaJoy 邀请到上海来，一办十几届，奠定了地位。ChinaJoy 第一届是在北京开的，第二届时我和寇晓伟司长找了市府领导，把 ChinaJoy 搬到上海，在 2004 年的夏天就是在新国际展览中心举办的。初展的时候才用了一个半厅，现在大概已经做到十六个厅了，就是用国际展览中心全部的厅来开游戏展，越做越大。ChinaJoy 是面向大学生、高中生和在职白领的，动漫和游戏是两个消费市场，动漫是家长搀着小孩的手来的，而游戏都是有消费能力的，都是有 PC 机，现在家用机也流行起来了。美国都是那种大的家用机游戏。

刘素华：是的，我记得 2014 年我国版权贸易中唯一出现顺差的就是电子出版物。

祝君波：中国的游戏现在已经迈出国境了，东南亚那边都在玩中国人开发的游戏。2016 年游戏产业 1655 亿元，其中海外市场销售收入 72 亿美元约为 500 亿元人民币。ChinaJoy 成了中国游戏与海外交流合作的一个平台，它在上海成功举办持续十四五届，为上海的游戏产业提供了一个很好的舞台。ChinaJoy 弄到上海来，上海当然是主场，上海游戏公司参会的成本就较低，而 ChinaJoy 展会对上海成为中国游戏产业基地也非常重要。当时 ChinaJoy 为什么会过来呢？因为当时全国 85% 的游戏产业在上海，作为一个会展，它也要迎合企业的需要。当时假如盛大、巨人和九城不参加，这个游戏展会就不好看了。另外从展会管理来讲，上海展馆市场化和人性化，对展览公司的服务更好。

现在中国游戏行业三足鼎立是广东一足，北京一足，上海一足。其实上海的三分之一现在有点危险了，因为广东腾讯太厉害了，尤其到了移动手机的阶段，腾讯的优势充分发挥，所以现在腾讯加上网易，广东现在占到中国游戏业的份额很大，大概一半以上。北京后来居上。现在上海已经处于三分之一可能比重下降的阶段了。

嘉宾与获奖者在 ChinaJoy 的 Cosplay 闭幕式上合影

三、文物和艺术品产业

我最后说一下艺术品贸易以及艺术品拍卖业。大家说我是中国艺术拍卖第一人，因为 1992 年中国的艺术品市场从上海兴起。现在业界公认中国第一拍是我带领朵云轩于 1993 年 6 月进行的。今年（2017 年）朵云轩庆祝拍卖行 25 周年，这是中国第一家庆祝 25 周年的拍卖行。因为我们是 1993 年 6 月第一拍，第二拍是嘉德，由陈东升和王雁南在 1994 年 3 月进行的，瀚海要到 1994 年的秋天了，荣宝斋要到 1995 年了。在 1992 年的时候中国为什么会有艺术品拍卖呢？我两篇文章中都提到了：第一点，当时中国的拍卖界被佳士得和苏富比垄断，它们开发到香港，所以亚洲区的文物艺术品都到香港拍卖，另两个中国文物交易中心是伦敦和纽约，这三个地方集中拍卖中国艺术品。当时中国艺术品都由佳士得和苏富比在组织拍卖赚钱，而我们这些年轻人的志向就是中国人也要参与这个市场，这是第一点。第二点，我 1991 年做书画出版社社长，那一年是 36 岁，很年轻，大家也信任我，当时上面领导和下面群众都举荐我当社长。而我 1991 年做社长以后是很有压力的，因为领导两百多个员工，又从 1985 年起朵云轩和书画出版社已经改成事业性质、企业化管理了，政府不给一分钱。书画出版社和朵云轩是一个单位两块招牌，是一个领导班子。当时美术出版社出版的书比较专业，不像交大、复旦能够面向大众、大学生，没有这种机会，那么要解决单位的员工生活问题、上缴利润、为国家多做贡献，就要动脑筋做生意。传统的朵云轩和文物商店的生意是一个门店生意，假如有四百平方米就在四百平方米里面挂画，这是一个空间的限制。第二个限制，这些画都要买下来，当时店里的画必然要买断，买断就有一个资金流的问题，另外买断还有一个卖不掉的风险，每年积淀下来就发现资金不够用，而存货越来越多。今年买来一百万，卖掉 50%，50% 不能卖掉，明年一百万，又存货 50%，几年就撑死自己了。所以传统的经营方式业务做不大而风险越来越大。还有一个原因，当时整个朵云轩的流动资金只有一百万人民币，要做一千万的生意不可能，这样就要找一个新的模式。为什么我后来找到佳士得、苏富比的模式呢？因为 1991 年我当社长以后有一个机会，到香港去跟当时的一个叫永成的拍卖行联合拍卖。我带了一些书画去试一试，发现在香港直接拍卖的效果很好，价钱高很多，而且是无店铺方式。只要通知大家某一天来哪个酒店就可以，平时不用天天在那里租场，而且东西不要买下来，是借来的，是老百姓把文物委托给你，你选中以后作为代理去拍卖，先不要付钱给他，卖掉的结账，卖不掉还给他。这样就没有资金的问题也没有商品的风险了，所以就找到了这一条借鸡生蛋的路，而不是杀鸡取蛋，就是借老百姓的鸡来生蛋，实现双赢。由于拍卖是价高者得，相比以前高，物主们得到的钱也比以前多，这么一来就发现这是一件好事情。1992 年 4 月 26 日与香港永成拍卖行合作成功，又考察了佳士得、苏富比的春季拍卖，它们每年在全球多处拍卖，

534

收益数亿美元。既能得到数倍于以往的销售利润，又能提高一个民族的国际声望，我决定要在国内创办第一家专业的艺术品拍卖公司。成立朵云轩艺术品拍卖行是基于艺术品拍卖属国际上一种高层次、高质量、高收益的文化产业，又是一件对上海有益的文化经营项目。1992 年 5 月 29 日，上海市新闻出版局批复同意在浦东创办朵云轩拍卖公司。1993 年 2 月 20 日，我们在上海静安希尔顿酒店举行了拍卖公司成立大会。汪道涵、龚心瀚、徐福生等同志出席大会并讲话。1993 年 6 月 20 日下午 1:30 这一刻，中国拍卖史上首场成功的拍卖第一槌在静安希尔顿酒店敲响。成交率 74.5%，成交总价 830 万港币（近 1000 万元人民币），两件拍品超过 100 万。94 春季的拍卖以 255 件拍品的总量，产生了 84.5% 的成交率和 1530 余万元的成交总额，这在那个年代是很了不起的业绩。

文物拍卖的出现引导了全国所有的文物商店转型，有条件的都办拍卖行，还有一些业外的人士也来办拍卖行，这样中国的拍卖业就搞起来了。经统计，全国现在有三四百家拍卖艺术品的。

到 2011 年，我们中国艺术品拍卖居然是世界第一了，2010 年是第

在海口市举行的 1995 年全国拍卖行业协会研讨会与会人员合影

二，然后 2016 年又是第一。中国成为世界艺术品市场的一个中心，与美国、英国三分天下有其一了。我认为是很好的事情，整个改变了中国文物经营的方式和市场化的程度。这也导致国有文物商店出现了分化，办拍卖行成功的就有饭吃，不办拍卖行的慢慢把库存卖光，走老路就生存不下去了。然后一批新的文物经营单位就起来了，艺术品拍卖和经营业比较开放，民营的都进来了。我今天讲的三个行业，出版到现在没开放，网络游戏业基本上是民营为主，艺术品拍卖业到现在也是民营为主了，国有的像朵云轩、瀚海，已经慢慢退到二线了，现在我们国家的一线拍卖行是三个：嘉德、保利、匡时，然后西泠印社也办得不错。朵云轩、瀚海、荣宝纯国有的拍卖行在新一轮的竞争后都到二线了。现在这个行业最好的 2011 年艺术品拍卖是 975 亿，2012 年以后市场转型，变差了，但是现在大概几百亿还有的。

刘素华：那么上海在现在的艺术品拍卖业里位置怎样？

祝君波：上海大概占全国的 10% 以内，最好时有 60 亿—70 亿。现在北京是最大的，香港第二，上海的结构比例大概 6%—7%，现在佳士得也到上海来了，然后去年保利华

谊也来了，可能以后会形成一个各家拍卖行到上海来发展的局面。

我讲的这三个行业是我亲身经历的，我认为总的来讲还是好行业，传统行业里面现在大概也没有比图书业再好的了，报刊受到互联网的冲击非常大，接下来电视也会面临很大挑战，但是我相信书会维持下来，什么道理？一个是阅读感受，还有就是图书这个产品一般是一个人写一本，它的内容特点是很有深度的，而且它的品种量很大，互相不可替代。报纸和杂志就是消息，有的时候你读到一条消息会发现大家在转载，简单和重复。但是书的范围太大，它包罗万象，总的是三大类，一个是大众阅读，一个是教科书，一个是专业学术书，它由三大板块构成。书的每一个方面都可以深下去，而且印数又不多（很多书只印几千本），书的差异性很大，中国每年的新书约是 25 万种，不可能被互联网一下子覆盖。书有深度，而杂志和报纸比较浅显，每天手机的第一面就把报纸的消息扫掉了，所以我倒是觉得图书少不了，现在《论语》两千多年了还要读它，书里面有很多是经典。

刘素华：祝局长，您对三个行业的梳理对我们有很大的帮助。你认为三个行业的消费层次有什么特点呢？

祝君波：共同的特点是需求，消费和投资都是需求。艺术品产业发展起来的原因也是需求。不同的是层次不同，艺术品是高端人士消费，买书是大众消费，玩游戏是中端消费，面广人众。产业的基础是需求，做了游戏没人玩，有艺术品没人买，就不会有产业。艺术品是高端需求，以前是封建遗老遗少收藏，现在是先富起来的人收藏、把玩和投资。国际上把珠宝、古董和美术品这三大类归入一个词叫激情投资，不是用品是感情投资、喜欢性投资，又是小众专业投资。投资者就是超高净值人士（家有 3000 万美元余钱）和高净值人士（家有 100 万美元余钱），他们有钱了要寻求高档消费、高档投资。所以，中国这部分人推动了艺术品市场。我们为他们搭了桥，办拍卖行、办画廊、办古玩城，让他们走进艺术。这就是产业的供求关系。

游戏的消费有上亿人，一年 1655 多亿是由低廉的价格集聚起来的。他们为什么要消费游戏呢？也是多元的，游戏有 PK 类的、有益智类的、有休闲类的，也有娱乐类的。当然总的都是娱乐。有的男性要发泄暴力，他在游戏里发泄，减少了到社会上去发泄，减少了对社会的危害，这是有道理的。中国的年轻人生活压力大，游戏付费少，有很多免费，所以适合他们消费。

至于买书、读书更为古老、传统一点。从图书的三大类分析，教材是学习用的，是强制性消费，大众阅读很多是文学书、休闲书，也是让人愉悦的，至于学术专业或专业书，大多是功能性的，有的人是要研究，有的是靠书指导工作实践，所以读书不是艺术品投资，是对人生有用。是有用的支出，但花钱又不太多。在中国，图书比电影便宜多了。此外，要讲到童书即小儿读物。家长不让他们读电子书，儿童的纸书是个大市场。现在中国可以生二胎，童书会是个大市场。这样一分析，过去和未来，图书市场还有产生的基础。

文化产业是个市场，包括创意方、生产方、中介方、需求方。需求是基础。没有需求或者需求变化转移，再好的创意人也难有作为。比如报纸，再好的报人也难以让报纸妙手回春。另外，文化产业是

2015 年参观莉莉丝游戏出版公司。公司由三个大学生创业，迅速成为上海文化产业的一线品牌，2020 年营业额过百亿

个规模概念。在中国，吹文化产业概念的人很多，但不重视统计数据。一个十三四亿人的大国，一个文化产业没有 500 亿—1000 亿，产业价值不大。还是一般的文化意义，谈不上产业、市场。文化产业要以统计为基础，一个概念说来说去意义不大。而且很多文化产业还是政府在投资，政府在烧钱，没有自然而然地形成市场，意义不大。中国文化产业要发展，政府不要介入太多，要以形成市场主体即企业家为主。在这方面还任重道远。

（注：此文收入《上海市志·文化产业分志（1978–2010）》）

2017 年 4 月

世界华人收藏家大会始末

2007 年秋至 2014 年末，在上海市委宣传部领导下，我和我们秘书团队创办并组织召开了四届世界华人收藏家大会，以盛世收藏为时代背景，为全球华人收藏家搭建了一个交流平台。至今回忆起来，历历在目。

大约是在 2007 年 10 月的某天下午，时任上海市委宣传部部长的王仲伟同志约我谈话。谈话是海阔天空式的，地点在番禺路上的皇冠假日酒店咖啡厅，主题是以你的工作经历，上海在文化方面还可以做些什么，用现在的话说就是有作为。我当时已调任东方出版中心工作，但对收藏还是有一点积累。我说现在会议项目或者会议文化影响力很大，比如财富论坛、世界报人大会、世界工程师大会之类，但都是外国人主持的，能不能由我们上海发起世界收藏家大会，或者至少是世界华人收藏家大会。上海作为一个国际文化大都市，应该发起几个属于自己的会展，而不是都跟着老外走。世界收藏家是个大概念，目前尚没有会议组织，办起来影响会很大。因为一是收藏家层次很高，二是独立人群，三是又可讲又可看（展品），四是中国有十三亿人口，很多人喜欢收藏，对参会者有吸引力。

王仲伟同志听了以后说，设想很好，但恐怕我们现在没有条件开世界收藏家大会，可以考虑先召开世界华人收藏家大会。他说完以后又约我次日去看办公场地，还说钱不要用东方的，第一届可以由宣传部拨款，以后逐步创收。第二天在娄山关路虹桥俱乐部，他把 706 室的钥匙给我，还给了一辆丰田面包车，真是说干就干。王仲伟同志是我出版局的老领导，他的魄力和行事风格给我留下深刻印象。

一、首届大会的筹备和召开

嗣后，我根据王仲伟同志的意向，分别去找了陈东同志、陈启伟同志和陈燮君同志，听取他们的意见，希望给予指示。陈东同志很热情，也很直率，后来她担任收藏家大会组委会主任，我们共事四届八年，合作很愉快。从第一届开始，她就比较放手，每年与她见二三回，大事情请她定，办成了事，也成了朋友。启伟同志那时在新闻办工作，对

538

收藏也有些经验，第一届他参与很多，我们设在周六上午的工作例会他都来参与，与我一起决定一些大事，给了很多支持。

第一届世界华人收藏家大会定于 2008 年 10 月召开，如何开，我们没有底。起先也有过组织江浙沪艺术家展览的设想，后来觉得意思不大，放弃了。早期参与的人员有谢定琨、石建邦等人，大家召开了几次专家座谈会，最后定位大会的核心层是高端收藏人群，以台北清翫雅集、中华文物学会，香港敏求精舍、求知雅集的会员为参照，以论坛、出版和观看展览为大会的主要活动。于是，我和一些朋友进行了组织联络工作。记得我曾在 2008 年春参加美国书展的同时，拜访了美国西部和东部的收藏家、艺术界朋友，比如丁绍光、曹仲英、陆芳耕、刘冰、钟秀雄、冼程万、李定和、余翠雁先生等，通过我的老朋友张子宁先生，联络了美东地区的收藏家，如冯英祥、马成名、邓仕勋、黄杰英、唐贝洽、林秀槐等人，征求他们会议如何开等意见，最重要的是希望他们来上海参与活动。

在北京，拜会了耿宝昌、王世襄、夏更起、陈东升、王雁南、杨伯达、徐邦达夫人滕方、米景扬、傅熹年等。耿老还为我们题词"海纳百川，有容乃大"。当时王世襄和徐邦达先生都还健在。记得我去看王世襄先生的时候是下午，天比较热，他家没开空调，他穿着汗衫出来见我，很朴素，答应做大会顾问，还为我们题了一首诗，印象极其深刻。

我还去了一次香港，拜会敏求精舍当时的会长，葛师科先生等都在场。但会长不热情，不想参与我们大会。后来李大鸣先生是那届唯一代表敏求来参会的会员，他也担任过两届主席。李先生也是大收藏家、企业家，收

为筹备召开 2008 首届世界华人收藏家大会，作者于会前赴京拜访邀请耿宝昌（上）、傅熹年（中）和王世襄（下）先生担任大会顾问

藏古陶瓷量多质高，但没有一点架子。与我个别交谈以后，很快建立了友谊，他来第一届大会讲话，给我很大的鼓励。而求知雅集在陈嘉康会长支持下，会员热情很高，我到港时他们在顶好酒店聚会欢迎，到会人很多，听我介绍设想，态度很积极。除此以外，我还拜会了张宗宪、王世涛、罗仲荣、戴世豪和彭可兆先生，他们都是藏界重要的人物，对我们大会表示支持。

确定大会的主办机构为上海文化发展基金会，发起机构为上海市文物管理委员会、上海市文化广播影视管理局、市政府新闻办和上海市文联，确定宣传部副部长陈东为组委会主任，副主任为四个发起单位的领导陈燮君、朱咏雷、陈启伟、杨益萍。我担任秘书长，负责具体工作。此外，上海十五家机构的负责人都担任委员，对外阵容很强大。

为了开好这个会，我组织了一个兼职的秘书团队。包括朱晓东、顾莹莹、沈毓琪、沈婧、翟红婴、倪淑颖、刘德媛等，程沁是我的硕士生，来参加了会议的后半段筹备，后来成为几届大会都参与的中坚骨干了。因为我平时工作很忙，我们都在每周六开会，平时分头工作。每周抓进度。当时重点抓了三项工作：一是大会论坛设计；二是名家的"口述收藏"；三是大会征文。

2008 年 10 月 8 日—9 日首届世界华人收藏家大会在上海国际会议中心举行，全球 800 多位收藏界人士出席会议，图为晚会上嘉宾合影

上海市领导参加华人收藏家大会

2008 年 10 月 8 日—9 日，首届大会开得很成功，取得了意想不到的效果。一是松散的、各自为政的华人收藏家，总算有一种组织形式把大家联系在一起。二是大会在新落成的刚开过"财富论坛——世界 500 强"的上海国际会议中心召开，效果很好。收藏家戴世豪先生说，我们在海外从来不开大会，这次进了国家的大会堂，感受很深。三是大会的演讲者都是藏界的巨头，使大家一睹风采，三大本的大会资料珍贵，质量高，分量重，大家爱不释手。四是最后一天到苏州参观贝聿铭设计的苏州博物馆、忠王府以及在忠王府听昆曲和评弹，也留下了赏心悦目的一页。

加上上海各大报都是组委会成员，也给予积极的报道，一时收藏家大会声名鹊起。

对我个人而言，当时担任东方出版中心的总经理（相当于社长）和党委书记，为首届大会投下无数的心血，绝大部分工作在业余时间完成，但对首届大会能否成功颇有忐忑，取得这样的效果则是事先意想不到的。

王仲伟、沈晓明、龚学平同志都来与会，对我们肯定有加。陈永泰、李大鸣、蔡一鸣、余秋雨、丁绍光、马未都、杜南发等先生都来演讲，加重了大会的分量。这些人平时请一位都难，我们居然请来了十几位，心里真是乐开了花。令人感动的是旧金山的曹仲英先生也来大会发言，也许是他第一次登上祖国大陆的大会场，讲得很动情、很生动。我认识他有二十余年，他特地说了君波先生请我，我不得不来。第二届大会时，他已过世了。我至今还想念他。王世涛、戴世豪先生是香港上市公司的老板，他们说公司业务那么忙，我们居然在这里坐了两天，听完所有演讲。

2008年旧金山华人收藏家李定和夫妇向收藏家大会代表祝君波赠珍稀图书藏本

王仲伟、沈晓明、陈东三位领导写了贺词。王仲伟同志出席了开幕式，沈晓明同志因事未出席大会，但当天出席了晚宴。开幕式上市政府代表翁铁慧讲话。

首届世界华人收藏家大会顾问有：丁绍光、王世襄、王雁南、冯英祥、杨应群、张海、陈佩秋、陈永泰、范季融、罗仲荣、饶宗颐、耿宝昌、徐邦达、黄君实、黄光男、傅熹年、潘公凯等先生（女士）。

来自海外的收藏界人士出席首届世界华人收藏家大会

主题演讲的嘉宾有：余秋雨、丁绍光、马未都、洪三雄、杜南发、李大鸣、王雁南、陈燮君、萧春源、石允文、曹仲英、张锐、许杰、王定乾、张子宁等先生（女士）。

专题演讲的嘉宾有：郑重、郎绍君、翁真如、潘深亮、徐政夫、董国强、任道斌、章利国、赵榆、钱道明等先生。

2008年春季为筹备世界华人收藏家大会在旧金山拜访当地艺术界代表人物，前排左起李华一、伏文彦、曹仲英、余翠雁等

杨澜与收藏家对话，嘉宾有：杨应群、邓仕勋、张宗宪、杨休、孙海芳、蔡一鸣等先生。

曹可凡与鉴定家对话，嘉宾有：黄君实、萧平、陈佩秋、傅益瑶、张浦生、米景扬等先生（女士）。

2008年大会以"收藏：感知文明，怡养情致"为主题，以收藏文化研究为主旨，成为全球华人收藏家及业界精英的首次聚会，并入选当年度中国网、新华网、《收藏界》等国内16家媒体联合推选的"2008影响中国收藏界十大事件"、台湾《艺术新闻》杂

2008年在上海召开的首届世界华人收藏家大会会场全景

2009年8月首届世界华人收藏家大会的《名人谈收藏》（四卷本）在上海书展主会场举行新书发布会，张宗宪、李大鸣、唐无忌、杨应群、郑重、钱道明、吴继远、徐建融等藏界人士出席并为读者签名

志"年度十大艺术新闻"和雅昌艺术网"AAC艺术中国2008年度十大艺术事件"。

首届大会与会代表621人，其中港澳台地区118人，欧美地区44人。与会媒体100余家、到场记者140余位。总计800余人，可谓盛况空前。

大会就收藏涉及的宏观问题和专业问题进行研讨，分析发展趋势，总结收藏经验，阐述独到见解，并回答与会代表的提问。演讲是这届论坛的亮点之一，演讲嘉宾总计37人。演讲涉及的内容有：（1）大会主题及收藏文化；（2）收藏学科和历史；（3）收藏经验和感想；（4）新观点和建议。

在会前组委会已印制了三本文献，发给与会代表，合计收入118篇原创性文章。其中包括：（1）《收藏文化研究》，从收藏历史、收藏地域、收藏门类、收藏中介等多个角度，尽可能全方位展现华人收藏的沿革、现状和特色，由理论研究专业人士撰稿，字数33万；（2）《收藏理论研究》，从社会学和美学的角度，对收藏的主客体进行研究，是向部分对收藏文化有研究、有见地专业人士特约的稿件，字数17万；（3）《大会采访录》，对海内外60余位收藏家、艺术家、鉴赏家、经纪人所做的专题采访，以实录的形式整理出版，内容包括收藏故事、收藏理念、收藏经验、收藏家与艺术家和市场的关系等等，总字数达37万。这些采访透析出收藏家的执着、智慧、经验和个性，记录了他们的艰辛、痛苦和欢乐，是人们了解收藏家，进入收藏天地的生动教材。

2008年秋正是中国收藏事业即将爆发式增长的时候，我们推出了大会品牌，得到了各界的响应。比如余秋雨先生、丁绍光先生都来演讲，而且不要演讲费，很少见。杨澜女士也是免费出场，为我们主持了一场嘉宾圆桌会议，很成功。

不久，王仲伟同志调到北京工作，他希望我们把大会开下去，争取有一天转向召开世界收藏家大会，这以后，我心里总有一种压力。

二、第二届大会的筹备和召开

2010年11月5日-6日，第二届世界华人收藏家大会在上海展览中心成功举行。大会以"收藏，历史传承和时代创新"为主题，旨在展现华人收藏家在传承中华文明中所做的贡献和注重与时俱进，推动华人收藏事业的深入发展。第二届大会的组织架构有了一点变化，上海文化发展基金会退出主办，原来的上海文管会等四家机构成为主办机构。文联委派陈志强同志担任秘书长，我担任执行副主任。大会吸引了600余位来自全国各地以及海外的业界人士和收藏爱好者参加，大会盛况和精彩纷呈的内容引起了包括电视、电台、报纸、杂志、网络在内的两百多家媒体的关注和一致好评，并荣获中华人民共和国文化部《艺术市场》杂志"2010年度十大艺术事件"，雅昌艺术网"2010艺术给力上海"年度事件以及"AAC艺术中国2010年度十大艺术事件"。上海市委宣传部将其评为2010年上海市重大文化活动之一。大会组委会执行副主任祝君波荣获台湾《艺术新闻》杂志评选的"2010十大风云人物"。

时任上海市政协主席的冯国勤同志参加大会并致开幕词。市委宣传部长杨振武同志参加了会前一天的欢迎晚宴，招待了主要嘉宾约50人。

中华五千年灿烂的文化，收藏事业起了至关重要的历史作用，应该给予肯定和总结。同时，时代的巨大变迁也使收藏面临着新变化和新情况，还需加以关注和探讨。因此，这届大会旨在体现过去与未来收藏活动的相互关系，总结历史上收藏的经验和理论，研究现在收藏的新情况、新问题，并就此提出新思想和新对策。主题演讲嘉宾有：张五常、陈东升、何家良、丁绍光、陈燮君、张宗宪、唐·帕特里夏、马自树、王少方、对中如云、阎振堂、章利国等先生（女士）。参与"收藏与鉴定"专题论坛的嘉宾有：萧平、孙梅芳、杨凯琳、罗青、徐建融、吴继远、赵月汀、李超、任道斌、潘深亮、黄金源等先生（女士）。参与"收藏与市场"专题论坛的嘉宾有：龚继遂、张立行、赵榆、李鸣、马天、徐政夫、赵力、马健、徐文强、顾之骅、萧晖荣等先生和陈念女士。参与"收藏大家谈"的嘉宾有：翁真如、罗启研、朱奎、黄博钧、陈鹏举、张夏帏、王时驷、赵爱国、杨新发、刘波、肖大力、杨永年、陈明成等先生（女士）。参与"古代书画鉴定"的嘉宾有：傅申、马成名和劳继雄先生。

主持人与收藏家对话的嘉宾有：王薇、李大鸣、杨伯达、陆芳耕、张临生、黄蕙英、葛师科、戴志康等先生（女士）。

2010年大会，编撰出版了《大会论文集》《大会采访录》《中国收藏学初探》《京沪收藏家藏品邀请展图目》和《大会演讲录》。主办方还邀请了京沪两地27位收藏家携 411 件珍稀藏品参加展出，展品包括书画、瓷器、犀角雕、印章、文玩、铜镜、家具等十余种品类，此类集众多高端私家收藏的展览在国内也尚属首次。会后，参观了浙江省博物馆，欣赏了古琴演奏和越剧表演，宾主欢聚一堂，气氛融洽热烈。

第二届大会在第一届的基础上展开，难度不是白手起家了，但要有超越，是我们内定的要求。我们把工作的重点放在收藏展、筹款和论坛上。

我们设计了"京沪收藏家藏品邀请展"。首先是选好人，根据我们的经验，选了 27 人。但如何选好藏品，减少争议，实际上难度很大。这也是私人展一贯的难题。国有博物馆有固定的藏品，鉴定、研究都方便，而我们 27 位私人藏家的东西无法集中预检。最后想出一个办法，有难度的都拍照背对背请人评议。于是，由丁国兴先生把展品逐一拍照、编目送给专家鉴定。以书画为例，当时请了钟银兰、萧平、张荣德、徐伟达等先生共同把关，有不同意见的就考虑不展，有争议的只展不印图录。瓷器杂项也是如此。这样，411 件展品选出来质量一流，反响很好。这也是上海地区举办的质量较高的私家收藏展。

第二届大会的论坛和专业论坛品质特别高。第一天大会论坛请到了陈东升、张五常、丁绍光等重要嘉宾主题演讲。讲得比较好的是张五常，很多人只知道他是经济学家，不知他还是位大藏家，尤其在古代书画、林风眠及陈逸飞等作品的收藏方面很有成就。他演讲的题目是《收藏的讯息费用和仓库理论》，很专业，通俗说他认为乾隆是个收藏的"大仓库"，与乾隆相关的收藏要超过凡·高和莫奈。他认为林风眠也是个"好仓库"，即值得投资的艺术门类。可惜他是用广东话演讲的，虽有其夫人同步翻译，但还有很多人反映听不懂。但是陈东升听得很认真，在发言中给予高度评价，说这是第一位大经济学家对收藏做了理论阐述。陈东升主要讲经济与艺术品市场同步发展的现状与趋势。因为他是能做能说的人，在国务院搞过研究，所以讲得深刻。此外丁绍光、张宗宪、王少方、章利国等先生也都讲得不错。

与周志高老师共同出席艺术活动（2010 年秋季）

第一天大会结束时，通过了《大会宣言》，这是这届大会的首创，后来成为一个惯例。《大会宣言》委托陈鹏举先生起草，专家讨论修改，听取意见。结果一致通过。

这次大会主会场在锦沧文华大酒

店，展览和分论坛设在展览中心。次日上午的专业分论坛同步开了4场。分别有40人分成4组演讲。但我们也有担心，怕大会论坛以后，分论坛听众不足。结果我会前到各组看一下，大多听众爆满。我在书画鉴定专场听讲，这一场安排在友谊厅底层会场，由张子宁先生主持，安排了三位重量级的演讲嘉宾，台北傅申先生、美国的马成名先生和劳继雄先生。傅申的演讲很精彩，他早先怀疑《砥柱铭》为赝品，后来又肯定它为真品，致使保利将之拍到4亿多人民币。一时媒体界议论纷纷。那天，傅申先生用大量的事实以及PPT证明此件为真品，听者全神贯注，没有人发出声音，真是一根针掉在地上也能听到声响，静极了。随后马先生讲了另一个热点，从曾巩《局事帖》的回流探索文物回流之路。当时《局事帖》刚刚拍出1.08亿的高价，而马先生就是1996年在纽约佳士得经手此件拍卖50万美元的人。他的演讲也吸引人。而劳继雄先生讲中国古代书画鉴定组的八年巡回鉴定经历，总结了谢稚柳、徐邦达、启功等老先生的鉴定思想，也很成功。

后来其他各组向我报告，演讲质量高，听众互动积极，效果意想不到的好。

下午，我陪大家去浙江省博物馆参观。

三、第三届大会的筹备和召开

第二届大会成功以后，我在考虑下一届大会应该走出上海，面向海外。把会议推向海外，有助于品牌输出，同时调动当地的资源。当时考虑最合适的地方是港台，因为收藏家比较集中，对大陆的收藏界人士吸引力也比较大。如果第三届在上海召开，效果肯定要打折扣。正巧我听说2012年是台北清翫雅集成立20周年，台湾收藏界相较香港的敏求雅集而言，要开放很多，而敏求一贯稳健也比较保守。经过多方努力，最终确定在台北召开大会。当然两地的差异很大，后来证明困难也是不少，可贵的是被我们双方一一克服了。

要召开这样一个跨地区的会议，一是必须建立一个合作机制，于是在台北成立了大会筹备组，成员主要是中华文物学会和清翫雅集的会长、副会长，包括王定乾、石允文、李明德、林木和、洪三雄、施俊兆、翁明显、张益周、潘文华诸位先生。我们确定双方每周或经常交流情况，回答对方的提问以及要求。是与不是？同意不同意？为什么？二是必须有明确的分工。双方原则同意会务工作由台北方面为主，大会主题、论坛、内容、出版、论文仍由上海方面全面负责。三是清翫雅集20周年的展览画册和专业论坛纳入大会的活动。四是会务费用。台北方面赞助我们50间房间，免费提供会场，安排一次招待会，组织"故宫之夜"，让与会代表专场参观。我们还把《旺报》列为协办机构，由林美姿小姐为主，组织对台北收藏家的采访，每篇采访录先在报纸发表，尔后收入上海的大会采访录。

2012年10月24日下午，第三届世界华人收藏家代表参观台北故宫，受到院长冯明珠等的热情欢迎，她亲自作了"故宫的前世今生"的演讲，图为演讲结束后，陈东主任代表大会组委会向故宫赠送了大会文献及画册《海上升明月》

分工中，虽然上海对大会有领导权和掌控权，但台北方面还是充分理解的，所以总体上配合得非常好。由于清翫雅集（仅30多人的高端收藏家团体）和中华文物学会（200多人）在台湾的知名度和影响力，一些有难度的工作都解决了。（1）第一天晚上的欢迎宴在喜来登酒店举行，我们去了460余人，加上全球各地来宾680余人，组织得很好。（2）佳士得、苏富比各赞助台方18万美金，保证了对大会的支持。加上国内拍卖行保利、嘉德、匡时、西泠的赞助，会议费用得到了保证。为此，我们在喜来登主场为六大拍卖行各做了一块巨幅广告以示回报。（3）大会文献4本，都由李维琨、张国樑和丁峰预先去台北通过我朋友王承惠先生安排印出来，保证了安全，避免了大批量在国内印制运送去台北的困难。（4）两市市领导上海韩正和台北郝龙斌、丁庭宇都写了献词，印在会刊上。丁副市长还到会致辞以示祝贺。（5）由于会议敏感，上海台办也派了李雷鸣副主任到会指导我们工作。

第一天大会主题论坛很成功，是因为我们确定了"收藏，回归人文的精神家园"，这在四届大会里是提炼得最好的一次，不断地被发言者提及。同时选择了阮仪三、周功鑫、姜昆、马未都、刘益谦这些有影响的嘉宾演讲，二是通过了《台北宣言》，显示了全球华人收藏家尤其是两岸收藏家的团结和共识。在传承中华文化上，收藏界高度一致，会议气氛极好。

大会期间，我们参观了清翫雅集20周年庆藏品展，他们出了4本画册，准备工作很充分。但展厅设在历史博物馆，面积太小，很多藏品没有充分展现。

24日下午去台北故宫博物院的参观则令我们终身难忘。下午3点，用10余辆大巴把客人带到故宫文化中心，400多人坐得满满当当，先听冯明珠院长做了"故宫的前世今生"的演讲，她借助PPT讲得非常清晰、全面，很精彩。而后陈东主任致答谢词，我认为她这次脱稿讲话也精彩。主持人是潘文华先生。在他们讲完以后，潘会长特地说，这次会议的成功，全靠一位幕后人物，他就是上海的祝君波先生，这两年筹备，我们感受到他的辛勤付出和才华。于是，大家热烈鼓掌，把我请出来。两年来辛苦的日日夜夜，

2012 年 10 月，第三届世界华人收藏家大会在台北召开，时年正逢清翫雅集成立 20 周年。各地 600 余人前往台北参会

也就是在这一刻，感到了放松和愉悦。会议以后，"故宫之夜"开始，台北朋友出了100 多万台币以及他们的面子（很多人给故宫捐过文物），安排我们全体人员独享故宫仿膳晚宴（全包），并且参观故宫各馆。这是多么高级的礼遇啊！多少年后，许多与我同往的大陆同胞说起这次台北故宫博物院之夜就激动不已。

相关资料如下，2012 年 10 月 22 日－24 日，第三届世界华人收藏家大会首度走出上海，移师台北喜来登酒店，以"收藏，回归人文的精神家园"为主题，围绕人文精神的回归等内容，总结中国文人收藏的传统精神，倡导坚持收藏责任和职业操守，获得了空前的成功。大会由上海市政府和台北市政府共同担任指导单位，上海世界华人收藏家大会组委会主办，上海文管会等四家机构为发起单位，台北市文化基金会等三家协办，这是海峡两岸的一次文化交流盛会，也是全球华人收藏界最为隆重的一次世纪聚会，吸引了来自世界各地的华人收藏家、艺术家以及业界人士 660 余人参加。两岸媒体如《解放日报》《文汇报》《新民晚报》、中天电视台、凤凰卫视、东森电视台、《艺术新闻》《典藏》《旺报》都给予大会充分翔实的报道。台湾《艺术新闻》杂志称此次大会为"2012十大艺术新闻""堪称全球世界华人收藏界最大盛事"；上海市台办等单位将其评为"2012年度沪台交流十大新闻"；上海市文联将其评为"2012 重大文化活动项目"。

会议认为当今收藏越来越呈现出与投资相结合的多元倾向，这是经济社会发展的必然结果。但收藏的本源和目的在于人文精神，即保护人类的物质遗产，提升人们的文明素养。这是收藏机构和收藏家存在的根本价值。主题演讲的嘉宾有：阮仪三、周功鑫、马未都、刘益谦、包铭山、王雁南、童衍方、张丁元、姜昆、张益修、翟健民、郑重、伍嘉恩、杜威、陈浩星等先生（女士）。参与"清翫雅集·中华文物学会专场"论坛的嘉宾：石允文、林明哲、施俊兆、王耀庭、陈百忠、熊宜敬等先生。参与"专场对话

2012 年 10 月 24 日下午，参加第三届世界华人收藏家大会的代表在台北故宫会议厅听沪台双方领导演讲

会"的有：何国庆、潘文华、翁明显、王定乾、黄天才等先生和高玉珍女士。

参与"收藏与文化"专题论坛的嘉宾有：陈鹏举、汪涛、张子宁、傅申、游世勋、周勇、刘波、谢冰等先生。

参与"收藏与市场"专题论坛的嘉宾有：赵力、龚继遂、胡懿勋、黑国强、祝君波、李永亮等先生和孙晖红女士。

参与"王明青与收藏家对话会"的嘉宾有：陈佩芬女士、范季融和霍满棠先生。

大会文献出版是"世界华人收藏家大会"四大载体的重要组成部分。本届大会出版的《大会论文集》从不同的角度展现海内外收藏领域的最新研究成果，总结中国文人收藏的传统精神，倡导回归收藏本源，坚守收藏责任。《大会采访录》集中采访了 14 位台湾收藏家，全面展现了他们的收藏理念和实力。此外，新增了广东、江浙以及法国、荷兰、日本和印度尼西亚等地区和国家华人收藏家的访谈录，实现了以往采访范围的零的突破。《大会演讲录》收录了所有演讲嘉宾的 40 篇讲稿共 25 余万字。

值得一提是大会特邀展览——清玩雅集 20 周年庆收藏展。此次展出以器物、珍玩、书画、油画等四个类别全面呈现从器物、书画到现当代艺术的艺术精品，借着这些珍贵的文化载体，探寻每件文物背后所联结诸多不同的文化密码，展览规模宏大，是华人收藏界难得的盛典。大会宣言呼吁，选择收藏事业，头上的天空和心中的道德将是终身的责任和担当。

四、第四届大会的筹备和召开

台北大会成功以后，我们想把大会移到港澳召开。当时相信了澳门艺术馆陈浩星馆长，以为他会热心和有能力把这件事担当起来。为此我们还曾请他来台北观摩会议。但是后来发现我的判断失误，澳门方面没有做好筹备工作。中间有过一次机会，香港的大收藏家也是庄氏集团的老总庄绍绥先生向我发来香港贸易局的文件，邀请我们去香港开会。研究以后，我们提出了一个港澳联合开会的好方案，即设计大会在香港开幕（会期两天），在澳门闭幕（会期两天，包括参观纪念吴湖帆 120 周年的展览）。但这个方案被陈浩星一口拒绝，不同意我们的合办方案而要坚持在澳门召开，却又拿不出措施。澳门方面在会议的经费上迟迟不予决定，终于错失时机。

记得 2014 年春季，我向陈东同志汇报澳门艺术馆的情况，决定第四届会议仍回上海召开。当时分析上海召开的有利条件是，上海新建了刘益谦龙美术馆、陈永泰震旦博物馆、余德耀美术馆和韩天衡艺术馆。我们设想把会议与参观四个博物馆连接起来，这四个馆都是私家收藏，与大会主题相吻合，外埠客人到上海就不虚此行了。于是，第四届大会从港澳又回到了上海。

2014 年 11 月 1-4 日，第四届世界华人收藏家大会在上海国际会议中心成功召开并顺利落幕。大会以"收藏家的责任与素养"为主题，强调增强收藏家的担当意识和其文化素养，回归收藏本源，坚守人文传统，以特有的热诚和道义共同担当时代赋予的历史使命。来自世界各地的华人收藏家、艺术家以及业界人士、新闻记者 750 余人齐聚上海，可谓文化收藏界的一次世纪盛会。有 70 余家海内外媒体对大会进行了充分积极的报道，包括：上海广播电视台、上海第一财经、宁夏卫视、浦江之声、上海外语频道、海峡之声广播电视台、海峡卫视、凤凰卫视、广州广播电视台；新华社上海分社、《人民日报》《解放日报》《文汇报》《东方早报》《新闻晨报》《新民晚报》《上海商报》《青年报》《深圳商报》；境外媒体有：《香港商报》《大公报》《典藏》《艺术新闻》；中国艺术品收藏网、雅昌艺术网、东方网、99 艺术网、新浪收藏网、酷 6 网、网易、搜狐、凤凰网等。

吴志明、徐麟等领导出席了开幕式，市政协主席吴志明致开幕词。主题演讲的嘉宾有葛剑雄、庄绍绥、蔡一鸣、翁真如、徐其明、韩天衡等先生。参与"博物馆专场"的嘉宾有：许杰、何国庆先生和毕宗陶、朱新天、王薇、郑舒兰等女士。参与"收藏人物专场"的嘉宾有：陈浩星、茅子良及李维琨先生。参与"艺术收藏与鉴定"专题论坛的嘉宾有：傅申、翟健民、马成名、李大鸣、叶承耀等先生。参与"当代艺术收藏与市场"专题论坛的嘉宾有：方力钧、余德耀、乔志兵、施俊兆、黄文叡、王南溟等先生和顾维洁女士。参与"地域收藏文化"专题论坛的嘉宾有：赵榆、许礼平、张子宁、陈筱君、萧春源、王琪森、陈金川等先生（女士）。

"大会主题"论坛分成三节，主题阐释由葛剑雄、庄绍绥、蔡一鸣、翁真如、韩天衡、徐其明诸位先生发表了自己对于收藏的经验和看法。"博物馆"专场有许杰、何国庆、毕宗陶、朱新天、王薇、郑舒兰诸位先生（女士）结合自己的工作经验和收藏体会，介绍了美国、英国、法国等海内外各地博物馆在建设、运营、收藏、研究、保护、传播等方面的有益见解，带给大家诸多启发。"收藏人物"部分有陈浩星、茅子良和李维琨先生，分别就吴湖帆、张珩以及近现代以来中华收藏家们的收藏内容、方式、理念、成就等方面作了较为系统的阐述和说明。

这届大会出版了《大会论文集》《大会采访录》《中华收藏家名录》（近现代篇）和《大会演讲录》约140万字。尤其是加强了对文人收藏历史的梳理和收藏名家的研究，全新推出的记述性文献《中华收藏家名录》（近现代篇），受到与会代表的充分肯定。这次我们收集了近现代收藏家名录500多人，写出了300多人的传记，为业界提供了一份珍贵文献。

近年来，上海的私人博物馆和美术馆事业蓬勃发展，并有改造利用旧历史建筑的特色。组委会安排与会嘉宾参观了余德耀美术馆、龙美术馆、震旦博物馆、韩天衡美术馆，欣赏收藏家的私人藏品。大家对上海在文化建设方面的进步给予肯定，对观摩如此多的高端藏品表示赞许。尤其对龙美术馆正在为纪念吴湖帆诞生120周年而举办的藏品展留下深刻印象。参观龙美术馆，是对刘益谦夫妇的肯定，也让海外人士了解了上海私立美术馆的建设进度。龙美术馆安排的全体会议代表的晚宴，气氛也很热烈。

这届大会提出的"责任素养和担当意识"，是对华人收藏家收藏实践的郑重承诺。大会宣言提出收藏家应该共同担当中华文物历史性传承的责任。收藏不仅是个人的修为和践行，也不只是你拥有还是我拥有的问题，为此，收藏家应以特有的热诚和道义担当使命，完善自我，引领收藏事业健康发展。宣言也在全体大会上获得了通过。

这届会议虽然前期准备不顺利，没有达到在港澳开会的预期，但是转弯也算及时，与会者对会议十分满意，会议成果也很丰富。葛剑雄、庄绍绥、韩天衡和朱新天诸位的演讲都很特别。葛先生提出收藏要有世界眼光，要收外国的文物，很有见地；韩先生回顾自己年轻时收藏的艰辛历程，发言很生动；朱新天夫妇在法国办了一个东方博物馆，展览中国和印度的文物备尝艰辛，还遭到打劫，差点丧命，她的演讲很感人。

这届会议的难度在于中央八项规定下来以后，对会议以及接待有明确规定，文联领导严格执行，我们秘书团队很多事难办。比如在会议中心办人均80元的午饭，不能安排晚宴。为此，大家想了很多办法，勉强解决。最后半天，惯例是考察，正好嘉定区马春雷书记希望我们协助海上文博苑工作，我们就安排大家参观嘉定博物馆、韩天衡艺术馆并晚餐，在保利大剧院观看文艺演出。

2014年11月，在第四届收藏家大会闭幕后不久，我递交了辞职报告，辞去组委会执行副主任一职。八年四届会议，创出了一个品牌，做了前人没有做过的事情，深有感情，但深知感情不能代替一切。收藏界人士是批松散的高档次人群，要把大家组织起来绝非易事。而往后组织此类会议受到的限制越来越多。现在，是到了我说再见的时候了。

2010 年夏季拜会香港敏求精舍收藏协会各位前辈

考察香港著名机构继远美术并洽谈合作项目

2021 年 8 月 7 日，旅美画家王安安女士的 40 幅油画在朵云轩义卖。图为王安安向上海慈善基金会等机构捐赠义卖款 160 余万元。长青文化基金及嘉诚收藏中心参与具体协办

辞职报告上交后，没有任何领导找我谈话以及给我电话。此后，陈志强秘书长另组团队于 2016 年秋季召开了第五届大会，地点是上海国际贵都大饭店。他邀请我作为嘉宾去演讲。我去现场一看，会议规模小了很多，大牌收藏家也未参会。后来听说组委会领导在临近开会时压缩了会期和规模。

世界华人收藏家大会在一定意义上是一个跨地区的会议组织，它第一次把分散的收藏家团结起来，相互结识，互相交流，把高端收藏引向正确的方向，给业界以鼓舞和引导。它举办的高质量论坛、出版物以及活动已载入史册，为华人盛世收藏以及文化复兴留下了浓墨重彩的一笔。作为一个经历者，对每一位同事和合作者深怀敬意，感激不尽。

2018 年 12 月 5 日撰于上海

后　记

从 1988 年写有关出版的文章起，一路写来有一些积累。在整理的时候，我与出版界的好友余震琪、杨治埜等多次讨论，最后确定以出版的内容为主，辅以艺术品经营、拍卖、收藏的文章，以反映自己在出版主业和跨界创新两方面的实践和思考。受限篇幅，序言等大多不收录其中。因取名《绍兴路：出发与回望》，感到收照片也有必要，但一整理，照片有几千张之多，只能收录少量。大量的有待日后整理、编辑，作为出版文献留存。

编辑此书最大的感想是，自己所经历的出版岁月，也许就是传统出版的黄金期，许

作者在绍兴路 5 号门前留影

多重要的人和事，作为一个参与者和见证人，有责任加以记录，所以，此书的出版可能并不是结束。我想，关于人物的纪实文字以及照片的整理，可能是以后要继续做的工作。这也是后期在市政协文史委工作十余年的一点心得，培养起来的一种责任感。

我是一个从学徒自学而成的出版人。在成书的过程中深深地感到，上海出版界藏龙卧虎，人才济济。许多德高望重的前辈，他们的人品、学识、专业，都是令我仰望的。自己关于出版的文章，只是发表在报刊上的杂文，更多的是内心的倾诉、事件的记录和直觉思考，算不上理论，结集出版只是给同

行留一点文献，给他们一点参考。为保留历史原貌，这次的文章均按发表或写作的时间顺序排列。文章也许有错误之处，希望大家批评指正。

在成书的过程中，得到如下朋友、领导的帮助，在此表示衷心的感谢！不是他们的帮助和鼓励，此书出版将会遥遥无期。

文章时间跨度很长，很多没有电子版，崔冬玲同志做了大量录入、图文合成的基础工作，使编辑得以顺利进行。

　　柳斌杰署长在百忙之中为本书写序，给我以肯定和鼓励，在此表示衷心感谢！

　　杨治垫、沈峰、张峻松同志在审核、资料、图片方面做了大量细致的工作，提出了很好的建议，在此一并感谢！

　　我毕业于华东师大夜大学，华东师大出版社王焰社长知道我有出书的想法，最早向我表示了欢迎之意，这使我增添了信心，在此向她以及该社同道高山、朱妙津等表示感谢！

　　最后，由于文章发表在不同时期和不同媒介，有的有一些重复，也有的是一些话题被不断提及所致，敬请读者见谅。文章的缺点和不足，也请各位指正。

祝君波

2022 年春于高安居